제1판 특수교사 임용시험 대비

임지원 특수교육의 맥

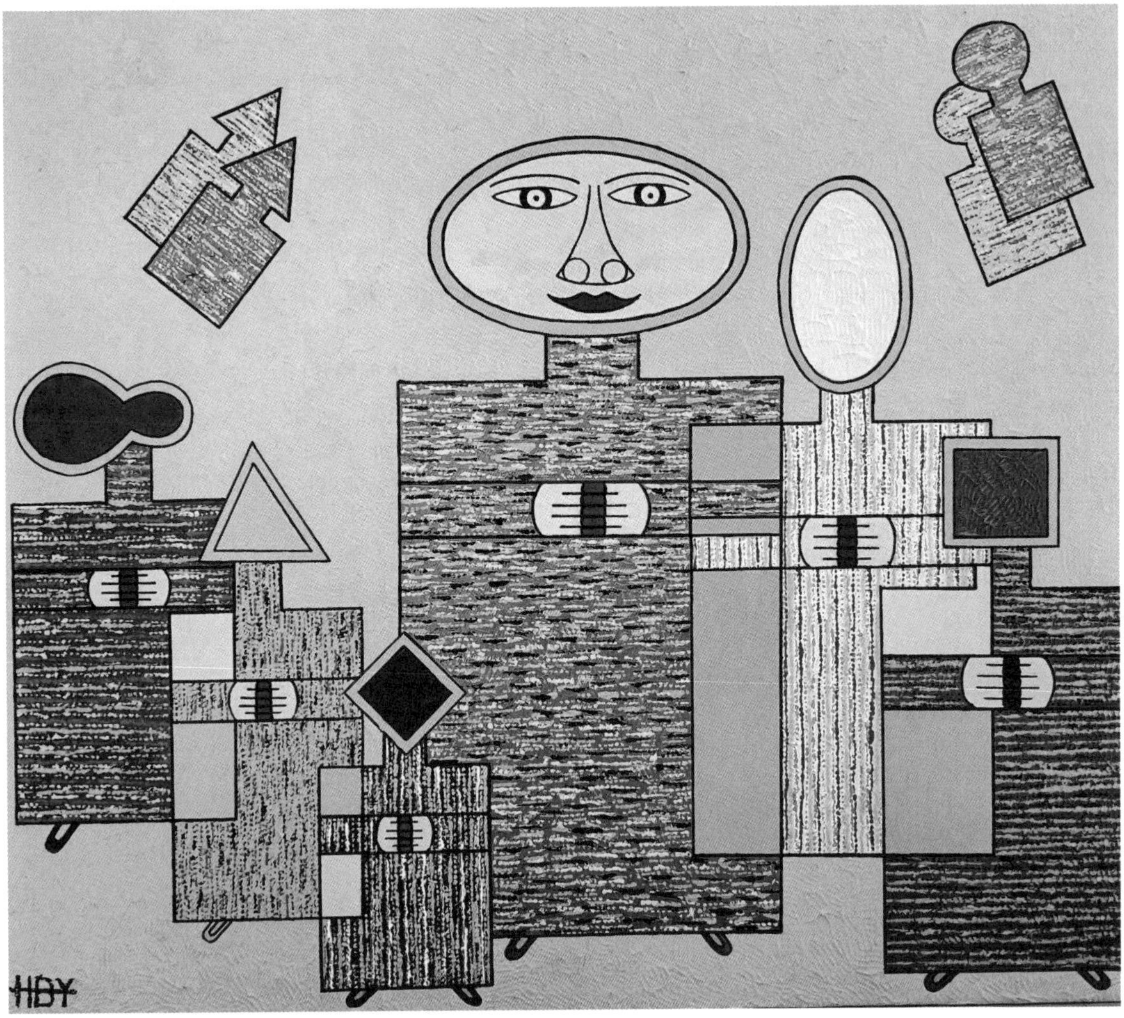

박문각 임용 동영상강의 www.pmg.co.kr

2. 특수아동교육 ❶

지적장애, 정서행동장애, 자폐성장애, 학습장애

임지원 편저

박문각

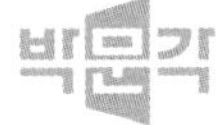

PREFACE

머리말

| 교재 소개

- 본 교재는 특수교사 임용시험을 준비하는 데에 부족함이 없도록 특수교육학 영역별 각론을 풍부하게 반영하여 체계적으로 정리한 수험서입니다.

- 본 교재만으로도 영역별 이론을 넓고 깊게 파악할 수 있도록 하였고, 수많은 각론서를 일일이 찾아봐야 하는 수험생의 수고로움을 덜고자 하였습니다.

- 기존의 '특수교육의 맥(2022)' 교재를 기반으로 하되, 2022~2024년에 새롭게 출간된 최신 각론서의 내용과 최근기출 경향을 반영하여 영역별 구조 및 내용을 재정비하였습니다.

- 기본이론 강의교재로서, 단권화 교재로서, 서브노트의 기반이 되는 교재로서 또는 독학을 위한 교재로서 더욱 효과적이고 효율적인 학습이 가능하도록 구조 및 가독성을 보다 개선하였습니다.

- 본 교재는 총 4권으로 구성하였습니다.

제1권 **특수교육 방법 및 전략**
통합교육 · 개별화교육, 특수교육평가, 행동지원, 특수교육공학, 전환교육

제2권 **특수아동교육 ❶**
지적장애, 정서행동장애, 자폐성장애, 학습장애

제3권 **특수아동교육 ❷**
시각장애, 청각장애, 의사소통장애

제4권 **특수아동교육 ❸**
지체장애, 중도중복장애, 건강장애

교재의 특징 및 활용

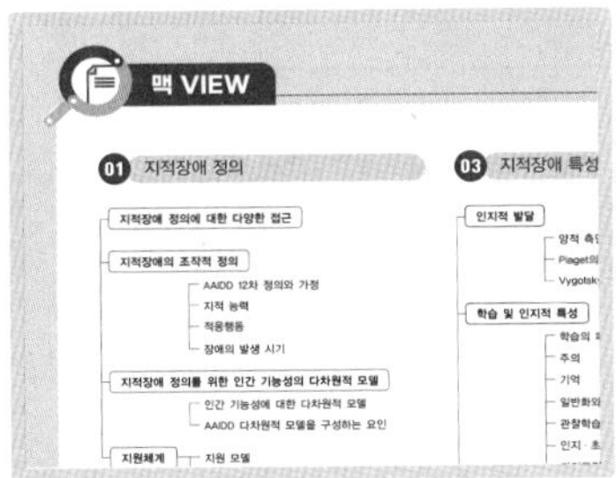

맥VIEW

챕터별로 전체적인 구조를 한눈에 파악할 수 있도록 마인드맵으로 정리

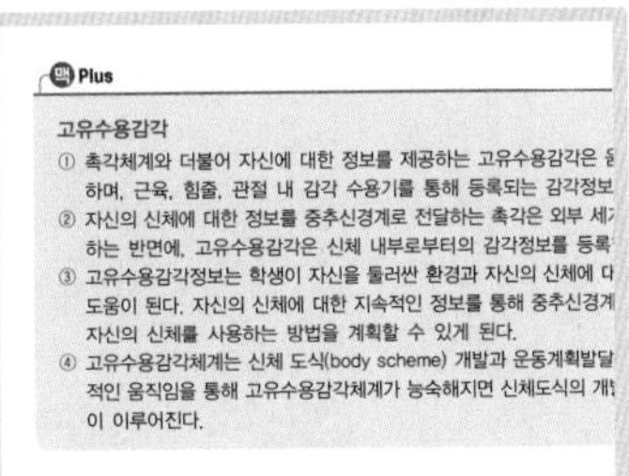

맥Plus

본문의 내용을 보다 확장하거나 깊게 볼 수 있는 관련 이론 및 용어 정리

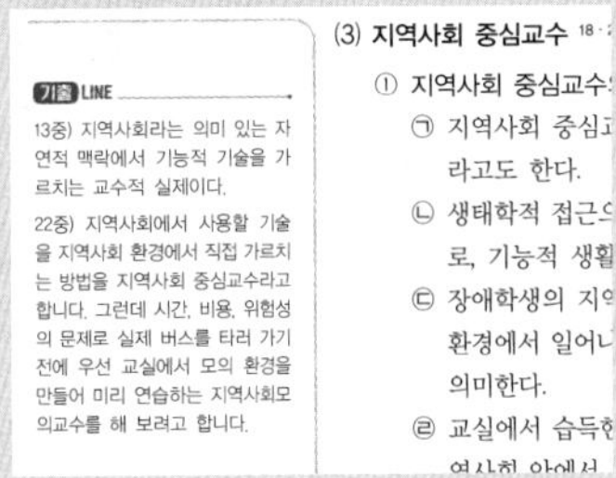

기출LINE

해당 이론이 반영된 기출문제의 제시문 및 예시문

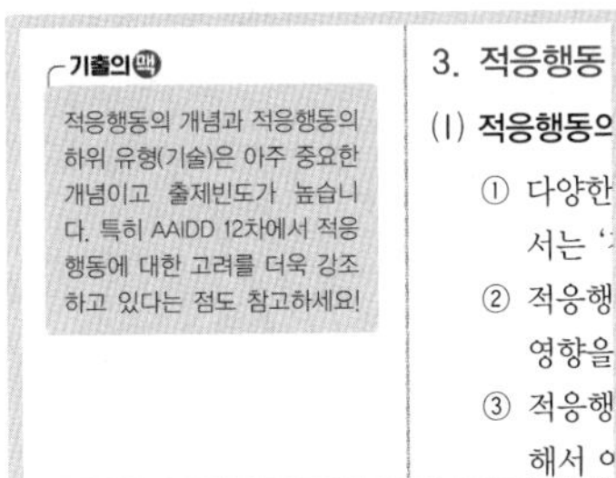

기출의 맥

해당 이론을 쉽게 이해하는 팁이나 유의점, 문제해결을 위한 핵심 등의 코멘트

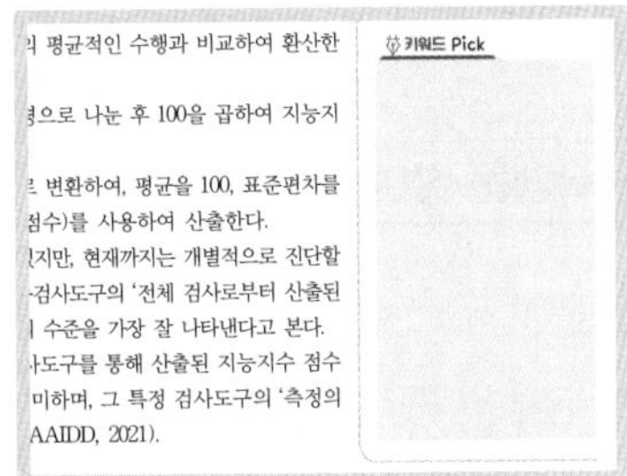

키워드 PICK

오른쪽 날개 하단마다 배치한 여백으로서 매 페이지마다 가장 중요한 핵심이나 키워드, 또는 어려운 부분 등을 메모하는 곳

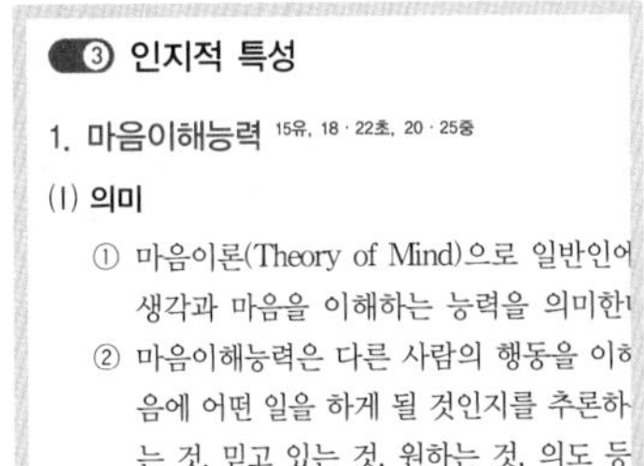

기출 출제연도 표시

기출문제 출제영역에 2009~2025학년도 유·초·중 기출 표시

이번 '특수교육의 맥' 교재 개정작업 내내 초심을 되돌아보며 제가 중요하게 생각하는 강의와 교재의 방향에 더욱 충실하고자 하였습니다.

임용시험 합격을 목표로 이 방대한 특수교육학을 공부할 때에는 올바른 방식으로 더 쉽고 정확하게 이해하는 학습을 해야 하고, 이를 안내하고 돕는 것이 저의 가장 중요한 역할이자 역량일 것입니다.

본 교재 또한 그러한 의미에서 여러분의 합격에 기반이 되는 든든한 수험서가 될 수 있도록 노력하였습니다.

예비 특수교사 여러분의 도전을 언제나 응원하고, 여러분 모두의 고득점 합격을 기원합니다!

2025년 1월, 임지원

CONTENTS

차례

CHAPTER 06 지적장애

CHAPTER 07 정서행동장애

CHAPTER 08 자폐성장애

CHAPTER 09 학습장애

임지원 특수교육의 맥

CHAPTER

지적장애 06

01 지적장애 정의

- 지적장애 정의에 대한 다양한 접근
- 지적장애의 조작적 정의
  - AAIDD 12차 정의와 가정
  - 지적 능력
  - 적응행동
  - 장애의 발생 시기
- 지적장애 정의를 위한 인간 기능성의 다차원적 모델
  - 인간 기능성에 대한 다차원적 모델
  - AAIDD 다차원적 모델을 구성하는 요인
- 지원체계
  - 지원 모델
  - 지원의 구분
  - 지원체계의 개념
  - 지원 강도 및 유형
  - 지원의 평가 및 계획, 실행 과정

02 지적장애 원인 및 예방

- 지적장애 원인에 대한 이해의 중요성
- 다중위험요인 접근
  - 생의학적 요인
  - 사회적 요인
  - 행동적 요인
  - 교육적 요인
- 생의학적 위험요인
  - 염색체 이상
  - 유전자 장애
  - 행동표현형
- 예방을 위한 지원
  - 1차 · 2차 · 3차 예방
  - 출생 전 · 출생 중 · 출생 후 예방지원
  - 포괄적 예방지원 프로그램

03 지적장애 특성

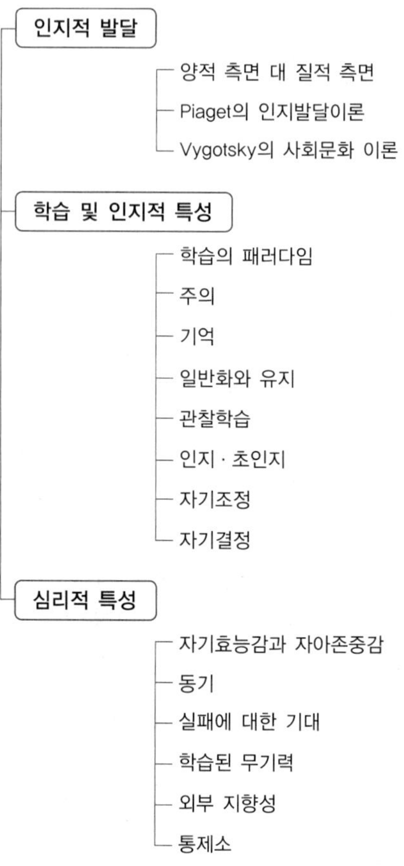

04 지적장애 진단 및 평가

- **지적장애 진단 · 평가 절차**
- **지능검사**
  - 한국 웩슬러 유아 지능검사 4판(K-WPPSI-Ⅳ)
  - 한국 웩슬러 아동 지능검사 5판(K-WISC-Ⅴ)
  - 한국 카우프만 아동 지능검사 2(KABC-Ⅱ)
  - 한국판 라이터 비언어성 지능검사(K-Leiter-R)
- **적응행동검사**
  - 사회성숙도 검사
  - 지역사회 적응행동검사 2판(CISA-2)
  - 국립특수교육원 적응행동검사(NISE-K-ABS)
- **지원정도검사(SIS)**
  - 특징
  - 강점
  - 구성
  - 개인의 지원요구에 영향을 미치는 5가지 요인
  - 평가척도
  - 개인능력을 측정하는 도구와의 다른 점

05 지적장애 학생 교육

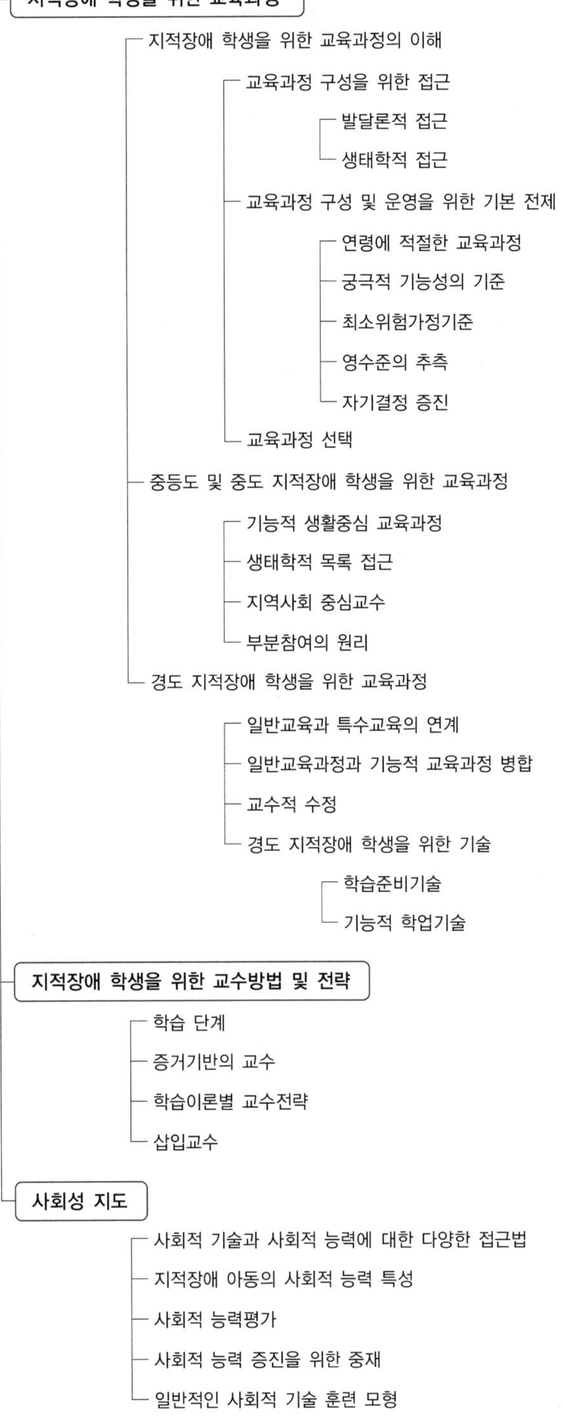

지적장애

01 지적장애 정의

① 지적장애 정의에 대한 다양한 접근

1. 지적장애 정의에 대한 4가지 접근 17중

역사적으로 지적장애를 정의하고자 하였던 다양한 노력은 다음과 같이 크게 4가지로 분류된다.

구분	내용
사회적 접근	자신이 살아가는 환경에서 사회적으로 적응에 실패한 사람들을 지적장애인으로 보았다. 이 시기는 '지능' 개념이 등장하기 이전으로, 지적장애인이 보이는 일반적이고 보편적인 '사회적 행동'에 초점을 두었다.
임상적 접근	유전이나 병리를 다루는 의학이 발달하면서 지적장애에 대한 정의는 개인이 갖고 있는 임상적 증후로 초점이 옮겨졌다. 이러한 접근은 마치 병원에 환자를 격리시켜서 입원시키듯 일반인으로부터 지적장애인을 분리시키는 분리정책을 실시하는 근거가 되었다.
심리측정적 접근	지능에 대한 연구가 활발해지고 지능검사가 유행함에 따라 검사에 의해 측정되고 지수점수로 표현될 수 있는 지적 기능성이 강조되었다. 이를 근거로 지적장애를 정의하고, 지능지수의 수준에 따라 분류하기 시작하였다.
이중기준 접근	지적장애를 정의하기 위해서는 지적 기능성뿐만 아니라 적응행동을 기준으로 할 필요성이 제기되었다. 미국지적장애협회(AAMD: American Association on Mental Deficiency, AAIDD의 전신)의 1959년 정의에서부터 이러한 접근방식이 적용되기 시작하였다. 이 협회의 1961년 정의에서 '성숙, 학습, 사회적 적응'이 하나의 포괄적인 새로운 개념인 '적응행동'으로 제시되기 시작하였다. 이후 이러한 이중기준 접근은 지적장애를 정의하기 위해 지속적으로 사용되고 있다.

2. 지적장애 정의에 대한 다양한 관점

구분	내용
발달장애의 관점	• 지적장애에 대한 AAIDD의 정의와 더불어 지적장애를 발달장애로 보는 관점이다. • 미국 발달장애법에서는 발달장애를 심각한 기능적 생활상의 장애를 가지면서, 동시에 중증지적장애를 갖는 것으로 보고, 연령에 있어서는 만 22세 이전에 나타나며 성인기에 이르기까지, 자조기술, 수용 및 표현언어, 학습, 이동, 자기 방향성, 독립적 삶의 능력, 경제적 자립 등 삶의 주된 영역의 3가지 이상에서 상당한 기능상의 장애를 가지며, 생의 전반에 걸쳐 만성장애를 가지며 따라서 장기간의 간학문적 서비스를 필요로 한다고 하였다.

교육적 관점	• 지적장애의 원인과 관계없이 정상 이하의 인지적 기능을 가지며, 발달기에 나타난다고 본다. • 학습, 논리적 결정, 선택, 판단 능력에서 제한되면서 동시에 환경에 직면하는 능력에 결함을 보인다.
사회학적 관점	• 사회학적 관점에서 지적장애란 '사회적 체계 속에서 획득된 사회적 지위'와 같으며, 사회 속의 역할 담당과 같은 맥락에서 해석되어야 한다고 본다. • 이 관점에서는 사회적 수행기능에 따라 지적장애가 명명된다.
심리 측정학적 관점	• 심리측정학적 관점은 지적장애 인구를 전체 인구의 비율에 비추어 통계적인 수치로 나타내는 것이다. • 이 관점을 수용한 AAIDD에서는 표준편차 2 이하(−2SD)를 지적장애로 보기 때문에 전체 인구 가운데 이 범위에 포함되는 2~3%의 인구는 항상 지적장애로 간주한다.
행동주의 관점	• 행동주의 관점에서는 지적장애를 관찰 가능한 행동과 반응의 관계 속에서 정의해야 한다고 주장한다. • 지적장애 학생들은 제한된 행동의 목록(종류)를 가지고 있으며, 아직 그들이 가지고 있지 않은 행동 역시 나름대로 학습되어질 수 있다고 가정한다.

맥 Plus

출현률과 발생율 09중

1. 발생률과 출현율의 개념

발생률	• 특정 기간 동안 모집단에서 판별된 새로운 사례의 수를 말한다. • 발생률의 추정치는 어떤 형태의 중재 프로그램에 참여하여 임상적으로 판별된 사례 수에서 얻는다. • 발생률은 장애의 원인을 조사하고 예방 프로그램을 개발하는 데 가치가 있다.
출현율	• 특정 지역 혹은 특정 시기에 한 모집단 내에 존재하는 어떤 상태의 총 사례 수를 말한다. • 발생률과 달리 출현율은 새로운 사례 수에 대한 것이 아니므로 원인관계를 밝히는 데 그다지 유용하지 않다. • 서비스에 대한 요구를 파악하는 데는 출현율이 발생률에 비해 유용하다. • 출현율은 종종 백분율로 표시한다.

2. 발생률과 출현율의 요인들

① 정의에 대한 관점
② 성별
③ 지역변인
④ 사회·정치적 변인

키워드 Pick

② 지적장애의 조작적 정의

1. AAIDD 12차 정의와 가정 12·13중

(1) 정의

지적장애(Intellectual disability : ID)는 지적 기능성과 개념적, 사회적 및 실제적 적응기술들로 표현되는 적응행동 양쪽에서 심각한 제한성으로 특징화된다. 이 장애는 개인이 22세에 도달하기 전으로 조작적으로 정의되는 발달기 동안에 시작된다.

① 2021 12차 개정 정의체계는 11차 개정 정의체계와 비교해 보았을 때 장애가 발생하는 시기에 대한 변화를 보인다. 이전 정의에서 장애는 18세 이전에 시작한다고 하였으나, 12차 정의에서는 장애는 발달기 동안 발생하고, 발달기란 한 개인이 22세가 되기 전까지라고 조작적으로 정의한다고 명시하고 있다. 이는 서비스가 지원, 혜택, 보호를 받을 자격을 갖게 되는 연령이 확장되었다는 측면에서 중요한 의미를 갖는다.

② AAIDD(2021)는 지적장애 정의에 대한 12차 개정을 하면서 몇 가지를 강조했다. 그 중 지적 기능성과 적응행동이 서로 상관을 보이나 명확하게 구분되는 요인이라는 점을 강조했다는 사실에 주목할 필요가 있다(인과관계가 아니라 상관관계).

③ 지적장애를 진단할 때, 적응행동은 지적 능력과 동일한 비중으로 함께 고려되어야 한다(AAIDD, 2021).

맥 Plus

「장애인 등에 대한 특수교육법」에 따른 지적장애를 지닌 특수교육대상자
지적 기능과 적응행동상의 어려움이 함께 존재하여 교육적 성취에 어려움이 있는 사람이다.

(2) 가정

지적장애란 지적 기능성과 개념적·사회적·실제적 적응기술로 표현되는 적응행동 양 영역에서 심각한 제한성을 보이는 것이다. 이 장애는 발달기 동안 발생하며, 발달기는 한 개인이 22세가 되기 전이라고 조작적으로 정의한다. 이러한 정의를 적용하기 위해서는 다음과 같은 가정이 반드시 전제되어야 한다.

① 현재 기능성에서의 제한성은 개인의 동년배와 문화에 전형적인 지역사회환경의 맥락에서 고려되어야 한다.

② 타당한 평가는 의사소통, 감각과 운동 및 행동적인 측면에서의 차이뿐만 아니라 문화와 언어의 요인도 함께 고려되어 실시되어야 한다.

③ 한 개인은 제한성만 갖고 있는 것이 아니라 동시에 강점도 갖고 있다.

④ 제한성을 기술하는 중요한 목적은 그 개인에게 필요한 지원이 무엇인지 파악하기 위해서이다.

⑤ 개별화된 적절한 지원이 장기간 제공된다면, 지적장애인의 생활기능은 일반적으로 향상될 것이다.

기출의 맥

지적장애 영역에서 가장 중요한 기본개념은 AAIDD에서 제시한 정의, 가정, 다차원적 모델, 지원체계 등입니다. 꼼꼼하고 정확하게 잘 정리해 두세요!

기출 LINE

23중)
- 획득한 점수와 진점수가 속한 통계적 범위인 신뢰 구간을 바탕으로 지능검사와 적응행동검사결과를 해석함
- 지적장애를 진단할 때 적응행동을 지적 기능성과 동일한 비중으로 고려할 것을 강조함
- 적응행동 측정 시 또래가 활동하는 전형적인 지역사회 환경을 참조함
- 지적장애 하위 집단은 목적에 따라 선택적으로 분류되고, 분류가 되어야 한다면 지원요구에 따른 분류가 가장 적절함

기출의 맥

5가지 각 가정의 핵심의미를 이해한 후, 가정문을 암기해야 합니다.

기출 LINE

17중) 지적장애 학생은 제한점도 있지만 강점도 동시에 갖고 있으므로 이를 잘 파악하여 지원하여야 함

2. 지적 능력

(1) 지적 능력의 정의

① 지적 능력이란 자신을 둘러싼 환경과 사건을 이해하고, 무엇을 해야 할지를 판단해 낼 수 있는 보다 광범위한 능력을 의미한다.

② 각 개인은 복잡한 생각을 이해하고, 환경에 효과적으로 적응하며, 경험으로부터 학습하고, 다양한 방식으로 추론하며, 사고하고 의사소통함으로써 문제를 해결해 나가는 능력 등의 측면에서 차이가 있다는 사실을 설명하기 위해 '지능'이라는 개념을 사용한다.

(2) 지능에 대한 이론 : CHC이론

① CHC이론은 Cattell과 Horn의 유동지능-결정지능이론과 Carroll의 3계층 인지능력 이론을 통합한 것이다.

② CHC이론에 따르면 지능은 일반지능 g요인 아래 16개의 넓은 인지능력과 80개가 넘는 좁은 인지능력으로 구성된다. 16개의 넓은 인지능력에는 유동추론, 결정지능, 일반지식, 양적 지식, 읽기/쓰기 능력, 단기기억, 장기기억과 인출, 시각처리, 청각처리, 후각능력, 촉각능력, 정신운동능력, 운동감각능력, 처리속도, 결정속도/반응시간, 정신운동속도가 포함된다.

③ CHC이론은 웩슬러 지능검사를 포함한 대부분의 지능검사의 이론적 토대가 되었으며 지능검사의 구조와 해석에도 큰 영향을 미쳤다.

(3) 평균보다 심각하게 낮은 지적 기능성

① 지적장애에 대한 조작적 정의의 핵심 요인 중 하나는 '지적 기능성(intellectual functioning)의 제한성'이다. 지적장애로 진단되기 위해서는 '지적 기능성이 평균보다 심각하게 낮다.'라는 첫 번째 요건을 충족시켜야 한다.

② 지적 기능성, 즉 지적 능력은 일반적으로 지능지수(Intelligence Quotient : IQ)로 표현된다.

③ 지능지수란 지적 능력을 검사하기 위해 표준화된 검사를 실시한 후, 검사 수행 결과를 평가해서 계산한 원점수를 자신이 속한 연령의 평균적인 수행과 비교하여 환산한 점수를 말한다.

④ 과거의 지능지수 : 과거에는 정신연령을 생활연령으로 나눈 후 100을 곱하여 지능지수를 산출하였다.

⑤ 최근의 지능지수 : 최근에는 원점수를 표준점수로 변환하여, 평균을 100, 표준편차를 15(또는 16, 17 등)로 하는 편차 지능지수(능력점수)를 사용하여 산출한다.

⑥ 한 개인의 지적 능력을 완벽하게 측정할 수는 없겠지만, 현재까지는 개별적으로 진단할 수 있고, 신뢰도와 타당도가 입증된 표준화된 지능검사도구의 '전체 검사로부터 산출된 지능지수 점수(full scale IQ score)'가 지적 능력의 수준을 가장 잘 나타낸다고 본다.

⑦ '평균보다 심각하게 낮은 지능수준'은 이러한 검사도구를 통해 산출된 지능지수 점수가 대략 평균으로부터 2표준편차 이하인 것을 의미하며, 그 특정 검사도구의 '측정의 표준오차'를 반드시 고려해서 해석되어야 한다(AAIDD, 2021).

키워드 Pick

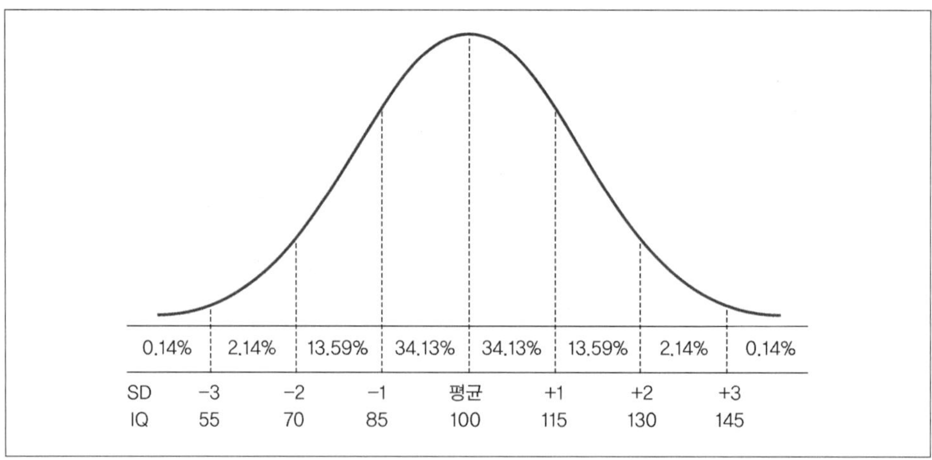

| 지능지수의 정규분포곡선 |

기출의 맥

적응행동의 개념과 적응행동의 하위 유형(기술)은 아주 중요한 개념이고 출제빈도가 높습니다. 특히 AAIDD 12차에서 적응행동에 대한 고려를 더욱 강조하고 있다는 점도 참고하세요!

3. 적응행동

(1) 적응행동의 개념 09 · 12 · 22 · 24초, 10 · 11 · 13 · 14 · 25중

① 다양한 학문 영역에서 적응능력에 대해 설명하고 있지만, 지적장애를 정의하기 위해서는 '적응행동'이라는 용어를 사용하여 적응능력에 대해 설명한다.

② 적응행동은 일상생활 능력뿐만 아니라 삶의 변화 및 환경적 요구에 반응하는 능력에 영향을 미친다.

③ 적응행동은 다면적인 구조를 갖고 있다. 다면적인 구조를 갖고 있다는 것은 쉽게 말해서 여러 기술로 구성되어 있으며, 그 기술들이 서로 다른 속성을 갖고 있다는 의미이다.

④ 한 개인이 자신의 환경에 적응하기 위해 필요한 적응행동은 고정된 것이라기보다는 삶의 다양한 상황에서의 사회적 요구나 환경적 요구에 의해 쉽게 영향을 받을 수 있으며, 삶의 시기별로도 달라질 수 있다는 사실도 주지해야 한다.

⑤ 한 개인이 모든 적응행동 능력에서 제한성을 보이는 것이 아니라 특정 영역의 적응능력에서 제한성을 보인다 할지라도 또 다른 영역에서는 강점을 보일 수 있다는 사실도 중요하다.

⑥ 이러한 적응능력에서의 제한성과 강점은 그 개인이 속한 동년배 및 지역사회와 문화적인 환경의 맥락 안에서 상세하게 파악되어, 향후 그 개인에게 필요한 개별화된 지원을 계획할 때 적절하게 반영되어야 한다.

⑦ AAIDD(2010)에서는 이러한 적응행동 기술들을 세 가지 요인군으로 구분하였으며, 개념적 기술(conceptual skill), 사회적 기술(social skill), 실제적 기술(practical skill)로 제시하였다.

개념적 기술	• 인지적인 문제해결이나 의사소통과 학업에 사용될 수 있는 기술 • 언어와 문해 기술, 금전·시간·수 개념, 자기 지시
사회적 기술	• 사회적 기대와 다른 사람의 행동을 이해하고 사회적 상황에서 적절하게 행동하는 데 필요한 기술 • 대인관계 기술, 책임감, 자기존중, 속기 쉬움, 규칙 준수, 법률 준수, 희생되는 것을 피하는 것 등
실제적 기술	• 평범한 일상생활에서 독립된 인간으로서 자신을 유지하고 보호하며 도구를 활용할 수 있는 기술 • 일상생활 활동(식사, 신변처리, 옷 입기, 이동 등), 작업기술, 금전 사용, 건강과 안전, 여행/대중교통 이용, 일과 계획, 전화 사용 등

(2) 적응행동의 심각한 제한성

① 모든 적응행동을 완벽하게 평가할 수는 없지만, 적응행동을 측정하는 대부분의 표준화된 검사도구는 앞서 설명한 적응행동의 세 가지 요인군이라고 보는 개념적 기술, 사회적 기술, 실제적 기술에 대한 점수를 제공한다.

② 적응행동에 대한 종합적인 평가는 표준화된 검사도구로 측정하여 나온 검사결과뿐만 아니라 당사자나 그 개인을 잘 아는 사람들과의 면담이나 관련된 기록 등을 통해 파악되는 개인의 가족사, 의료사, 학교기록, 고용기록 등에 대한 체계적인 검토 후에 이루어져야 한다.

③ 한 개인이 심각한 적응행동상의 제한성이 있다고 진단되기 위해서는 개념적·사회적·실제적 적응행동 기술에 대해 검사하는 개별적으로 시행된 표준화된 적응행동 검사에서 세 가지 적응행동 유형 중 최소한 하나의 영역 점수가 평균보다 대략 2표준편차 이하의 점수를 보여야 한다. 또한 이 점수를 해석하기 위해서는 진단 시 사용한 특정 검사도구의 '측정의 표준오차'를 고려하여야 한다(AAIDD, 2021).

○ 적응행동에서 심각한 제한성의 예

개념적 기술	• 독립적으로 계획하기, 문제해결하기, 또는 추상적으로 사고하기에서 손상 • 문제나 상황에 직면했을 때 좋은 해결책을 선택하는 데 어려움 • 시간과 수학 함수와 같은 아이디어나 기호를 효과적으로 사용하는 데 어려움 • 사고나 아이디어를 효과적으로 의사소통 하는 데 어려움 • 자기 지시 및/또는 미래생활 활동들을 조정하거나 계획하는 데 어려움 • 자신의 행동의 결과를 예상하는 데 어려움 • 학업에서 어려움(읽기, 쓰기, 산수) • 돈/재정적 개념에서 어려움

키워드 Pick

사회적 기술	• 사회적/대인관계 기술과 경험으로부터 학습하기에서 손상 • 집단 문제해결을 위해 다른 사람들과 효과적으로 일하는 데 어려움 • 복잡한 사회적 상황 동안에 융통성 없고 구체적인 사고와 행동 • 누구를 신뢰할 수 있는지, 누구를 따라야 할지, 어떤 상황이 안전한지에 대해 취약성과 희생화의 증가 • 부적절한 사회적 반응과 사회적 판단 • 자신의 손상에 대한 장애를 부정하거나 최소화하려는 경향 • 상황에 대한 제한된 이해를 기초로 권위 있는 인물을 기쁘게 하고 싶은 강한 바람 • 다른 사람들과의 상호작용에서의 파괴성, 순진성 및 피암시성
실제적 기술	• 자기돌봄과 가정생활 기술에서 제한성 • 지출을 감당하는 안정된 직업 갖기, 업무 능력 충족하기, 동료근로자 및 매니저와 잘 지내기, 직무 갈등을 적절하게 처리하기, 부담 속에서 양질의 업무 유지하기와 같은 직무 기술에서의 제한성 • 돈의 사용에서 제한성(예 거스름돈 처리, 청구서 지불 등)과 재산의 사용에서 제한성(예 자신의 예산/수단과 맞지 않는 구매) • 자신과 자신의 자녀와 관련된 안전한 환경을 유지하는 데에서의 제한성(예 가정 청소 용품, 음식 보관, 의약품 혹은 전기, 자동차 및 기계로부터 다른 사람을 보호하거나 주의를 기울이는 데 제한성)

4. 장애의 발생 시기

① 지적장애에 대한 조작적 정의의 세 번째 핵심 요인은 장애의 발생 시기이다. 발생 시기란 장애가 시작되는 연령을 말한다.

② 발생 시기는 지적장애로 진단받음으로써 서비스나 지원, 혜택, 보호를 받을 자격을 갖게 된다는 측면에서 중요한 의미를 갖는다.

③ AAIDD에서는 2021년 12차 개정을 통해 지적장애는 발달기 동안 발생할 수 있으며, 지적장애 발생 시기로서의 발달기는 '22세가 되기 전'이라고 조작적으로 정의한다.

④ 미국 AAIDD에서 11차 정의에서 제시하였던 18세 기준을 12차 정의에서 '22세 이전'으로 변경한 이유는 발달기가 행정적 관점에서는 서비스와 지원을 위한 적격성과 관련된 연령이므로 「발달장애 지원 및 권리장전법 수정안(Developmental Disabilities Assistance and Bill of Rights Act Amendmensts of 2000)」과 사회보장국의 지적장애 진단 연령 기준인 22세와 일관성을 갖기 위해서라고 밝히고 있다(AAIDD, 2021).

맥 Plus

AAIDD 정의의 개정 변화에서의 주요 내용

회차 (연도)	주요 내용			
	지능지수 절사점	적응행동	발생 시기	의의
9차 (1992)	대략 70~75, 그 이하의 지능지수 점수	• 상황의 요구에 따라 행동을 변화시키고, 환경에 적절하게 맞추어 가는 능력 • 열 가지 적응기술 영역 제시 • 지적 기능성의 제한성과 동시에 존재	임신~ 18세 이전	• 지능지수 수준에 따른 분류체계 삭제 • 지원 수준에 따른 분류체계 제시 • 정의 적용을 위한 네 가지 가정 제시 • 정신지체의 일반적 구조 제시
10차 (2002)	평균에서 2표준편차 이하	• 일상생활에서 기능하기 위해 배워야 하는 개념적·사회적·실제적 적응기술의 집합체	임신~ 18세 이전	• 정의 적용을 위한 다섯 가지 차원 제시 • 정신지체에 대한 이론적 모델 제시 • 측정의 표준오차와 평가도구의 강점과 제한점 평가
11차 (2010)	평균에서 2표준편차 이하	• 10차와 동일	임신~ 18세 이전	• 정신지체에서 지적장애로 용어 변경 • 이론적 모델 정교화
12차 (2021)	평균에서 2표준편차 이하	• 11차와 동일	발달기 (임신~ 22세 이전)	• 장애 발생 시기 변경 • 발달기를 조작적으로 정의 • 적응행동을 지적 능력과 동일한 비중으로 고려할 것을 강조

키워드 Pick

③ 지적장애 정의를 위한 인간 기능성의 다차원적 모델

기출 LINE

23중)
- 장애를 개인으로부터 발생하는 결함이 아니라, 개인과 그 개인이 기능하는 맥락 사이의 상호작용으로 이해함
- 지적장애인의 인간 기능성을 높이기 위한 지원을 강조함

1. 인간 기능성에 대한 다차원적 모델 16 · 17 · 22 · 23중

(1) 인간 기능성의 개념적 틀

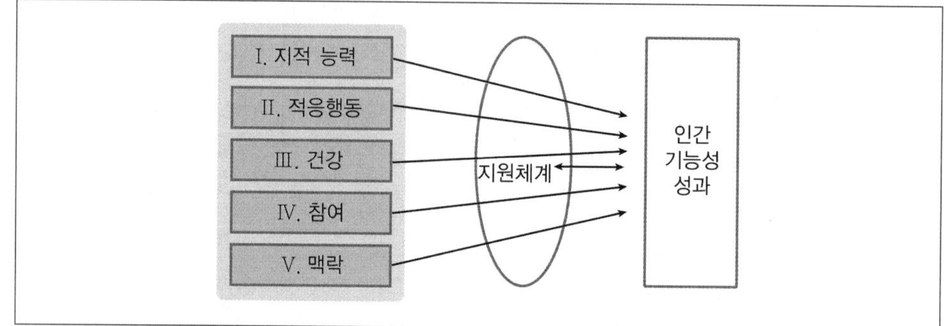

① 2021년 AAIDD의 인간 기능성에 대한 다차원적 모델은 11차 정의에서 제시한 모델을 보완하였다.

② 여전히 이 모델에서는 인간 기능성의 제한성, 즉 지적장애 상태를 이해하기 위해서 생태학적 접근을 하고 있으며, 인간 기능성 성과에 대한 다섯 가지 차원(지적 능력, 적응행동, 건강, 참여, 맥락)의 요인들과의 관계와 중개적 역할을 하는 지원체계로 구성되어 있다.

③ 그러나 이 모델에서 사용하는 용어에서 약간의 변화를 보인다. 11차 정의에서 사용하였던 '지원'이라는 용어가 12차 정의에서는 '지원체계'라는 용어로 변경되었고, '인간 기능성'이라는 용어가 '인간 기능성 성과'라는 용어로 변경되었다. 이러한 변화를 통해 지원의 체계적인 접근과 그에 따른 인간 기능성에서의 구체적인 성과가 이 모델에서 더 강조되고 있음을 확인할 수 있다.

④ 인간 기능성에 대한 다차원적 모델은 이미 앞에서도 밝혔듯이 인간의 기능성과 장애에 대한 ICF 모델과 일관성을 갖는다.

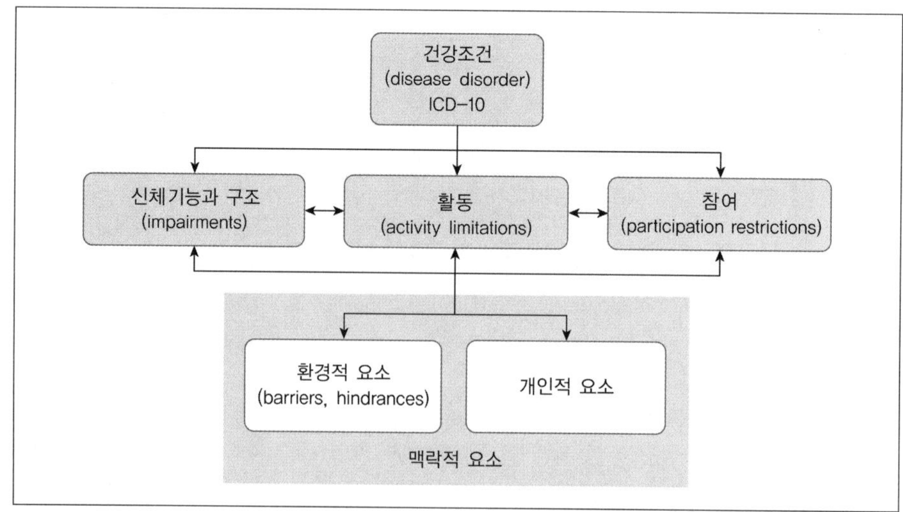

| 인간의 기능성과 장애에 관한 ICF 모델 |

㉠ ICF 모델은 장애가 단순히 주요한 손상만으로는 설명될 수 없음을 나타낸다.
㉡ 신체 기능과 구조(예 지능)는 활동에서의 제한성(적응행동)과 상호작용할 수 있으며, 이것이 사회적 참여에 영향을 줄 수 있다.
㉢ 이러한 활동에서의 제한성은 개인이 갖고 있는 요소뿐만 아니라 환경적 요소에 의해서도 상호 영향을 주고받는다.
㉣ 이렇듯 ICF 모델에서는 인간의 기능성을 인간이 갖고 있는 다면적인 요소들과 환경 사이의 상호작용 과정으로 이해하고 있다.

2. AAIDD 다차원적 모델을 구성하는 요인 22중

기출의 맥
각 구성요인에 해당하는 키워드를 꼼꼼하게 암기해 두어야 해요!

차원 1: 지적 능력	• 지능은 일반적인 정신능력이다. • 추론하기, 계획하기, 문제해결하기, 추상적으로 사고하기, 복잡한 생각 이해하기, 신속하게 배우기, 경험으로부터 배우기 등을 포함한다. • 지능은 단순히 학업기술을 배우거나 시험을 치는 데 필요한 능력만을 의미하지 않는다. 그보다는 우리 주변을 이해하는 데 필요한 보다 광범위한 능력을 의미한다. • 지능은 일생에 걸쳐 개발될 수 있다. • 지능은 모든 인지적 기능성을 포함하는 다양한 정신적 기능을 포괄하는 개념으로 이해되는 지적 기능성에 대한 ICF 정의와도 일치한다.
차원 2: 적응행동	• 적응행동은 일상생활에서 사람들이 학습하고 수행하는 개념적·사회적·실제적 기술의 총합이다. • 적응행동에 대한 평가는 개인이 갖고 있는 최대 수행능력을 알아보기 위한 것이 아니다. 오히려 개인이 일상적인 일과와 변화하는 상황에서 보일 수 있는 전형적인 수행능력을 알아보기 위한 것이다. • 또한 특정한 적응행동기술에서 보이는 제한성은 다른 적응행동기술에서의 강점과 동시에 존재한다. • 이러한 적응행동기술에서의 개인의 강점과 제한성은 개인이 속하는 연령대의 전형적이고 평범한 지역사회환경의 맥락 내에서 기록되어야 하고, 지원에 대한 개인의 요구를 파악하는 데 기반이 되어야 한다.
차원 3: 건강	• 세계보건기구(WHO, 1999)에서는 건강을 "완전한 신체적·정신적·사회적 안녕 상태"라고 정의했다. • 건강은 다른 차원의 요인에 직·간접적으로 영향을 주어 인간 기능성에 영향을 줄 수 있다. • 지적장애인의 경우 건강상 별 어려움이 없는 경우에서부터 뇌전증이나 뇌성마비, 심장장애 등 건강에 심각하게 문제가 있는 경우에 이르기까지 그 건강 상태가 다양하다. • 신체적 건강뿐만 아니라 정신장애로 인해 활동과 참여에 제한을 받거나 다른 차원에 제한성을 초래할 수 있다. • 지적장애인의 경우 지적 능력이나 의사소통상의 제한성으로 자신의 건강상 문제나 증상에 대해 인지하고 다른 사람에게 알리는 데 어려움을 겪을 수 있다.

키워드 Pick

차원 4 : 참여	• 참여란 가정생활, 직업, 교육, 여가, 종교, 문화적 활동 영역에서의 역할과 상호작용을 말한다. • 참여란 사회 생활에서 실제 활동을 수행하는 것을 말하며, 사회에서 그 개인의 기능성과 관련이 있다. • 참여는 한 개인의 학습과 발달과정에 있어 주요한 역할을 한다. 참여는 ① 각종 활동과 행사, 조직에서의 참여, ② 친구, 가족, 동년배, 이웃과의 상호작용, ③ 가정, 학교, 지역사회, 직장, 여가 및 오락에서의 사회적 역할 수행에 대한 관찰을 통해 그 강점과 제한점이 평가될 수 있다.
차원 5 : 맥락	• 맥락은 한 개인의 삶의 전반적인 배경으로서 환경적 요소와 개인적 요소를 포함한다. – **환경적 요소** : 물리적 · 사회적 · 태도적 환경으로 구성되어 있으며, 개인적 요소와 상호작용하여 적응행동을 촉진하기도 한다. – **개인적 요소** : 그 개인의 성, 인종, 연령, 동기, 생활양식, 습관, 양육, 문제해결양식, 개인적인 심리적 상태 등의 특성을 말한다.

④ 지원체계

1. 지원 모델 20초, 20중

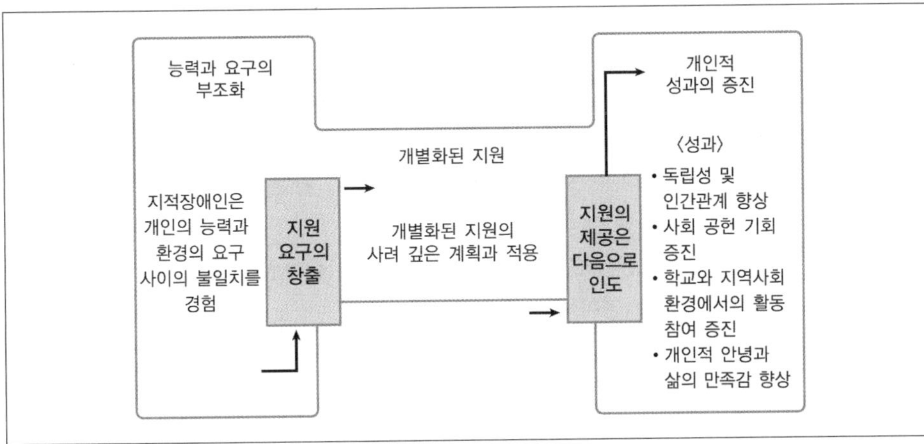

2. 지원의 구분 17·23초, 19중

자연적 지원	주어진 환경 내에서 자연스럽게 제공될 수 있는 인적·물적 자원을 통해 지원되는 것을 말한다.
서비스를 중심으로 제공하는 지원	한 개인의 자연스러운 환경의 일부가 아닌 사람들이나 장비 등에 의해 제공되는 지원을 말한다.

3. 지원체계의 개념 23중

(1) 지원체계의 정의

지원체계는 한 개인의 발달과 권익을 증진시키고, 그 개인의 기능성과 삶의 질을 향상시키는 상호 연결된 자원 및 전략 네트워크이다(AAIDD, 2021).

(2) 효과적인 지원체계의 4가지 특징: 개인중심적, 포괄적(종합적), 협응적, 성과지향적

① 효과적인 지원체계는 개인중심적이다. 개인은 자신의 지원요구에 대해 신뢰할 수 있고 타당한 표준화된 도구를 통해 개별적으로 평가를 받고, 그 평가결과에 근거해서 개인중심적인 지원계획과 실행이 이루어진다.

② 효과적인 지원체계는 포괄적이다. 지원체계가 포괄적이라는 의미는 지원을 통해 개인의 '선택 및 자율성을 향상'시킬 수 있으며, '통합된 환경'에서 비장애인과 함께 성장해 살아 나갈 수 있도록 하며, 누구에게나 가능한 지원 혹은 주어진 환경과 일과 내에서 가족, 직장 동료, 친구, 이웃들로부터 자연스럽게 제공될 수 있는 '자연적 지원'과 같은 '일반적인 지원'과 전문가에 의해 실행되는 '특화된 지원' 등을 포괄하고 있는 측면을 강조하고 있다.

기출 LINE

20중) 장애를 이해하는 데 예전에는 장애학생의 결함에 초점을 맞추었지만, 요즘에는 지원을 강조하고 있어요. 그래서 개인의 능력과 환경적 요구의 불일치(부조화)로 인해 지원 요구가 생긴다고 보고 있고요.

기출 LINE

13중) 지원 유형에는 주어진 환경 내에서 자연스럽게 제공되는 인적, 물적 자원과 개인의 필요와 요구에 따라 제공되는 서비스 중심의 지원이 있다.

23초) 일상생활 속에서 민호에게 도움을 줄 수 있는 사물이나 사람(예 같은 반 친구 등)

기출 LINE

23중)
- 네, 지원체계는 개인의 발달과 유익을 촉진하고 개인의 기능성과 삶의 질을 향상시키는 상호 연결된 자원 및 전략 네트워크입니다.
- 보다 체계적으로 지원체계를 구축하고자 한 점을 저도 주의 깊게 살펴보았어요.
- 미국 지적장애 및 발달장애 협회(AAIDD)에서는 2021년에 효과적인 지원체계의 특징으로 개인 중심성, 포괄성(종합성), 협응성, 성과 지향성을 설명하였어요.
- 그중 포괄성(종합성)은 효과적인 지원체계의 요소로 선택 및 개인 자율성, 통합적인 환경, 일반적인 지원, 전문화된 지원을 제시하였습니다.

키워드 Pick

선택 및 개인 자율성	• 선택하기와 자기결정을 발휘할 기회 • 법 앞에 한 개인으로 인정받고, 비장애인과 함께 동등한 기초에서 법적 능력을 누림 • 의사결정 지원을 통해 촉진됨
통합환경	• 장애인과 비장애인이 통합되고 가치 있게 여겨지는 자연적 환경들 • 접근성이 자원, 정보 및 관계에 제공됨 • 지원은 성장과 발달을 장려하기 위해 제공됨 • 기회는 자율성, 능력 및 관계성과 관련된 심리적인 요구를 충족하기 위해 제공됨
일반적인 지원	• 모든 사람이 이용 가능할 수 있는 지원 • 자연적 지원 • 테크놀로지 • 보철(prosthesis) • 생애를 통한 교육 • 정당한 편의(합리적 조정) • 존엄성과 존중 • 개인적 강점/자산
전문화된 지원	• 교육자, 의학적으로 훈련된 요원, 심리학자, 정신과 의사, 간호사 및 작업, 물리 및 언어 치료를 제공하는 종사자들에 의해 제공되는 전문적인 중재, 치료 및 전략 • 전문화된 지원에 대한 통합된 접근은 지적장애에 대한 4가지 이론적 관점을 포함 – **생의학적 관점**: 지적장애를 초래하는 유전적 및 생리적 요인 강조 – **심리교육적 관점**: 지적, 심리적/행동적, 그리고 학습 제한성들 강조 – **사회문화적 관점**: 지적장애인을 둘러싼 사회의 공통적인 믿음, 행동, 언어 및 사건으로부터 지적장애의 사회적 의미가 나타난 것을 통하여 사람들과 그들의 맥락 사이의 상호작용, 그리고 그 상호작용에 대한 개인들의 반응들을 강조 – **사법적 관점**: 지적장애 진단을 받은 사람들을 포함한 모든 개인들이 동일한 인권과 법적 권리를 가지고 있다는 것을 강조

③ 효과적인 지원체계는 협응적이다. 지원체계에서는 개인의 권리에 중점을 두어 체계적인 사고 과정을 거쳐 의사결정이 이루어지고, 강점 기반의 접근을 하며, 개인의 요구를 파악하는 데 있어 정보공학을 이용하고, 활동 참여를 촉진하기 위해 보조공학을 활용하는 것 등을 포함한다. 즉, 지원이 계획되고 실행되는 전체과정에서 다양한 영역에서의 협응적인 접근이 이루어진다.

㉠ 개인적 지원계획은 개인의 발달과 유익을 촉진하고 개인의 기능성과 개인적 안녕을 향상시키는 자원들과 전략들의 제공에 대해 체계적이고 통합된 접근을 제공한다.

㉡ 개인적 지원계획의 4가지 원칙

- 개인은 자신의 계획을 소유하는데, 이는 한 개인의 지원계획이며 제공자 기관 혹은 개인을 지원하기 위해 유료로 지원하는 사람들을 위한 이행 계획은 아니다.
- 개인적 지원계획은 개인적 목표와 지원요구에 기반을 두고, 개인에게 중요한 것과 개인을 위해 중요한 것을 통합하고, 무엇이 그대로 동일하게 남아 있어야만 하는지와 무엇이 변화될 필요가 있는 것인지를 다룬다.
- 개인적 지원계획은 지원체계를 실행하는 것을 통한 포괄적 지원을 제공한다.
- 사용자에게 친절한 개인적 계획은 장애인을 의미 있게 포함하는 수평적으로 구조화된 교육 혹은 지원팀에 의해 개발되고, 실행되고, 검토되고, 그리고 평가된다.

④ 효과적인 지원체계는 성과 지향적이다. AAIDD(2021)에서는 성과 지향성을 설명하기 위해 인간 기능성 모델의 다섯 가지 차원(지적 능력, 적응행동, 건강, 참여, 맥락)에서 주요성과 및 구체적이고 측정 가능한 성과지표를 제시하였다.

○ 일반적으로 사용되는 성과체계 및 성과범주

성과체계	성과범주	
	아동	성인
생활 활동 영역	• 의료 • 행동 • 가정생활 • 지역사회 및 이웃 • 학교참여 • 건강과 안전 • 사회성 • 자기옹호	• 의료 • 행동 • 가정생활 • 지역사회 생활 • 평생학습 • 고용 • 건강과 안전 • 사회성 • 참여와 옹호
삶의 질 영역	• 개인의 성장 • 자기결정 • 대인관계 • 사회적 통합 • 권리 • 정서적 웰빙 • 신체적 웰빙 • 물질적 웰빙	• 개인의 성장 • 자기결정 • 대인관계 • 사회적 통합 • 권리 • 정서적 웰빙 • 신체적 웰빙 • 물질적 웰빙

키워드 Pick

맥 Plus

인간 기능성 성과 틀

인간 기능성 차원	주요 성과 평가의 초점	성과 지표의 예
지적 기능성	실행기능들	• 행동을 시작하고 유지한다. • 문제행동이나 자극을 억제한다. • 적절한 과제 목표를 선택한다. • 문제해결 전략을 제시한다. • 필요할 때 주의력과 문제해결 전략을 바꾼다. • 자신의 행동을 점검하고 평가한다.
적응행동	적응행동 기술들	• 개념적: 언어사용, 읽기, 쓰기, 돈 사용(개념), 시간 알기 • 사회적: 대인관계 기술 보이기, 사회적 책임감 보이기, 자존감 표현하기, 최소한의 파괴성과 순진성 나타내기, 사회적 문제 해결하기 • 실제적: 일상생활 활동 수행하기, 직업 기술 보이기, 잠재적으로 안전하지 않거나 위험한 상황에서 주의 기울이기, 여행하기와 교통하기 이용하기, 일정 및 일과 따르기
건강	신체적 및 정서적 상태	• 신체적 상태: 의료적 또는 병리적 증상의 정도 및 심각도, 영양 상태 • 정서적 상태: 정신적/행동적 증상의 정도 및 심각도, 학대 및 유기로부터 자유, 안전감 및 안정감 느끼기
참여	포함 및 관여	• 포함(involvement): 가정생활, 지역사회 생활, 평생학습, 고용 및 사회적 활동들과 같은 생활 활동 영역들에 포함 • 관여(engagement): 가족 구성원, 친구, 동료 및 지역사회 구성원들과 함께 관여
맥락	기회들	• 선택하기 위한 자기결정 실행하기 • 법 앞에서 인권과 시민권을 가진 사람으로 인정받기 • 인권과 법적 권리를 경험하기 • 최소제한환경 내에서 살기 • 일반적인 지원과 연결하기 • 평생학습에 대한 접근성 가지기 • 통합학교에서 교육받기 • 통합 환경들에 고용되기 • 준비된 상황에서 나이 들기

4. 지원 강도 및 유형

(1) 지원 강도에 따른 유형 10유, 11 · 13추중

지원수준	설명	예
간헐적	• 필요에 따른 혹은 산발적인 기초에 근거한 지원 • 개인은 항상 지원을 원하지 않거나 개인은 생애 주기의 전환기 동안의 단기적 지원을 필요로 함. 제공이 될 때, 간헐적 지원은 높은 혹은 낮은 강도가 될 수 있음	• 실업 • 심각한 의료적 위기
제한적	• 시간에 걸쳐 일관성, 시간 제한적이나 간헐적이지 않은 것으로 특징화되는 지원 • 더 강한 강도의 지원보다는 더 적은 스텝과 비용이 요구될 수 있음	• 직무 훈련 • 학교에서 성인 신분으로 전이
확장적	• 최소한 어떤 환경들(직장이나 가정과 같은)에서는 정기적 관여(예 매일)와 시간 제한적이지 않은 것으로 특징화되는 지원	• 지속적인 가정생활 도움
전반적	• 지속성과 높은 강도로 특징화되는 지원 • 모든 환경에 걸쳐서, 잠재적으로 삶을 유지하는 성격으로 제공됨 • 전반적 지원은 전형적으로 확장적 혹은 시간 제한적 지원보다 더 많은 스텝과 침입성(intrusiveness)을 포함	• 만성적 의료 상황

(2) 다차원적 분류 방법 23중

① AAIDD에서는 2010년 개정된 지적장애 정의체계에 대한 11차 지침서에서 지원 강도에 따른 지원유형 분류방법보다는 인간 기능성 모델에 근거한 다차원적 분류방법을 강조하고 있다.

② 지원요구를 평가하기 위해 현재 미국에서 사용하고 있는 지원정도척도(SIS)에서도 지원이 각 활동에서 얼마나 자주 요구되는지(빈도), 지원할 때마다 얼마나 많은 시간이 소요될 것인지(지원시간), 어떤 유형의 지원이 필요한지를 구체적으로 평가하도록 되어 있을 뿐, 그것이 간헐적 · 제한적 · 확장적 · 전반적 지원 중 어느 지원에 해당되는지는 제시하고 있지 않다.

③ 특히 지원유형과 관련해서는 관리 · 감독이 필요한 수준, 언어 및 자세 촉진이 필요한 수준, 부분적인 신체 도움이 필요한 수준, 완전한 신체 도움이 필요한 수준으로 구분한다.

④ 이러한 평가방식의 변화는 지적장애 분류체계에서의 명명적 분류의 필요성이 약화되었음을 의미한다.

기출 LINE

10유)
- 만성적인 소아당뇨로 인하여 인슐린 주사를 장기적으로 매일 맞아야 한다.
- 갑자기 생긴 주의 산만한 행동에 대한 단기적인 행동 중재를 받을 필요가 있다.
- 초등학교로의 전환을 위해 필요한 기술들(예 학습준비 기술, 사회성기술 등)을 한 해 동안 배울 필요가 있다.

키워드 Pick

기출의 맥

각 단계마다 적용되는 이론들도 중요합니다. 지원의 과정과 함께 개인중심계획(PCP), 지원정도척도(SIS) 등도 잘 정리해 두세요. 그리고 '개별화된' 지원계획을 위한 것이라는 점도 잊지 마세요!

5. 지원의 평가 및 계획, 실행 과정 21중

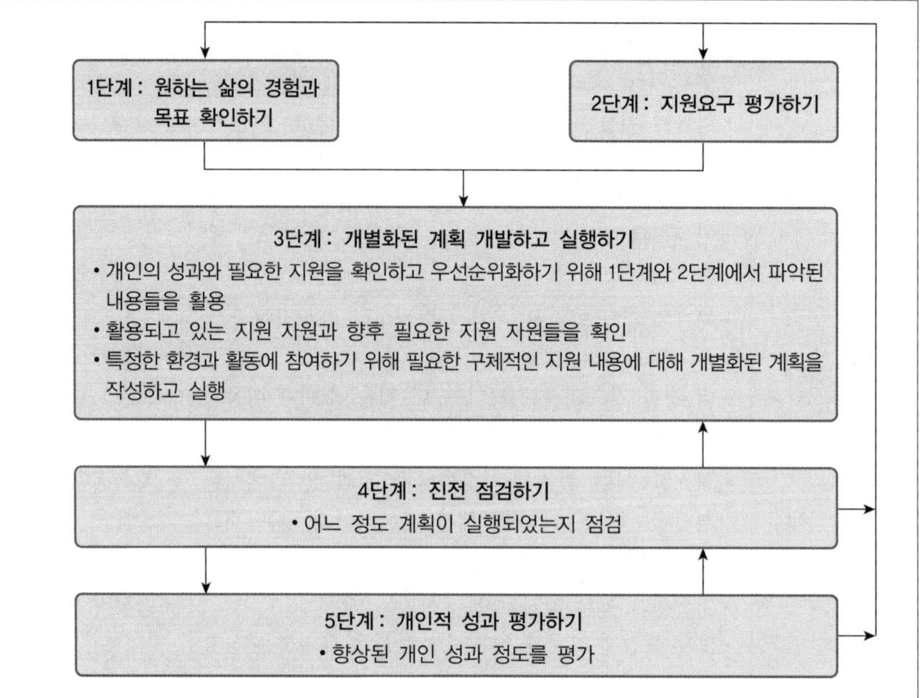

(1) **1단계**: 원하는 삶의 경험과 목표 확인하기

① 첫 단계에서는 그 개인의 꿈과 선호도와 관심에 초점을 둔 '개인중심계획(person-centered planning)' 과정을 사용한다.

② '개인중심계획'의 핵심은 당사자가 자신에게 중요하다고 생각하는 것이 무엇인지를 파악하는 것이고, 그 과정에서 현재 제공되는 서비스나 재정 상태 혹은 그 개인의 능력 등에 국한하지 않고 논의한다.

③ 따라서 이러한 계획과정에 장애 당사자뿐만 아니라 주요 주변인들도 함께 참여해야 하며, 현재의 삶뿐만 아니라 미래의 삶에 대해서도 다루어져야 한다.

맥 Plus

개인중심계획(PCP)

① PCP는 그간의 '시스템 중심' 서비스를 '개인의 독특한 요구에 대한 반응'으로 대체한 일종의 패러다임 변화라 할 수 있다.
② 학생의 주변인들이 모여 그의 강점, 선호도, 요구에 대한 정보를 토대로 미래계획을 수립하고, 필요한 지원체계를 구성해 나가면 의사소통을 통해 문제를 해결해 나가는 상호작용적 과정이므로 특히 대안적 방법이 필요한 중증장애 학생에게 도움이 되는 방법이기도 하다.
③ PCP에는 여러 가지 종류가 있는데 대표적으로 PATH(Planning Alternative Tomorrows with Hope), MAPS(Mcgill Action Planning System) 등이 활용되고 있다.

(2) 2단계: 지원요구 평가하기

① 두 번째 단계에서는 표준화된 평가도구인 지원정도척도(SIS)를 통한 평가나 관찰 혹은 심층면담 등을 통해 다양한 삶의 영역에서 필요한 지원요구를 평가한다.

② 이러한 평가를 통하여 앞서 '개인중심계획' 단계에서 밝혀진 그 개인이 원하는 활동에 성공적으로 참여하기 위해 어떠한 지원이 필요한지에 대한 주요 정보가 수집된다.

맥 Plus

지원정도척도(SIS)

① 지적장애로 진단된 개인의 지원요구에 대한 평가 시 사용할 수 있는 도구

② 지적장애 학생의 사회적응과 관련된 가능성의 다차원적 관점에서 지원도구의 유형과 정도를 결정하기 위한 표준화된 도구

③ 평가 척도

지원빈도	• 지원이 얼마나 자주 필요한지에 대한 척도 • 0~4점 척도로 평정
일일 지원시간	• 지원을 제공하는 날에 지원을 준비하는 데에 일반적으로 소요되는 시간 • 0~4점 척도로 평정
지원유형	• 어떤 사람이 참여해야 하는 활동을 할 때 필요할 수 있는 지원의 성격 • 지원유형의 범위는 없음부터 비교적 중간 정도의 수준, 강한 수준 • 0~4점 척도로 평정

(3) 3단계: 개별화된 계획을 개발하고 실행하기

① 세 번째 단계에서는 개인의 성과와 필요한 지원을 확인하고 우선순위화하기 위해 1단계와 2단계에서 파악된 내용들을 활용한다.

② 현재 활용되고 있는 지원 자원과 향후 필요한 지원 자원을 확인한다.

③ 특정한 환경과 활동에 참여하기 위해 필요한 구체적인 지원 내용, 즉 일주일에 몇 번, 어느 정도의 시간을 소요해서, 누구에 의해, 어떤 지원이 필요할지에 대한 구체적인 계획을 작성하고 실행에 옮긴다.

(4) 4단계: 실행되고 있는 계획 점검하기

① 네 번째 단계에서는 지원계획 팀이 정기적으로 만나서 실제로 어느 정도 계획이 실행되었는지에 대해 체계적으로 점검해 나가는 과정이 필요하다.

② 이러한 점검과정에서 다음 세 가지 질문에 대해 답을 해 나가야 한다.

㉠ 첫째, 어떤 지원목표가 완전히 실행되었다면 그것을 유지할 필요가 있는가? 유지할 필요가 있다면 같은 기간과 정도로 지원이 실행되어야 하는가?

㉡ 둘째, 지원목표가 부분적으로 실행되었다면 부분적 실행의 이유는 무엇인가?

㉢ 셋째, 그 목표가 실행되지 않았다면 그 이유는 무엇인가?

키워드 Pick

(5) **5단계**: 개인적 성과 평가하기

① 다섯 번째 단계에서는 계획했던 지원을 실행함으로써 개인이 원하던 삶의 경험과 목표들이 어느 정도 성취되었는지에 대해 평가한다.

② 평가단계에서는 개인중심 성과, 가족 관련 성과, 사회적 성과 영역의 성과지표를 개발하여 평가할 수 있다.

③ 또한 이러한 개인의 성과가 과연 그동안 제공되었던 지원에 의해 얻어진 것인지에 대해서도 평가한다.

맥 Plus

지적장애 분류체계에 대한 이해

① 지적장애를 정의하고 분류하는 목적은 지적장애인의 교육 및 재활과 고용 등 삶의 다양한 측면에서의 권리를 보호받고 적절한 서비스와 지원을 받기 위한 적격성을 판단받기 위해서이다.

② 지적장애 학생의 교육과 관련된 분류체계는 역사적으로 계속 논쟁의 대상이 되어 왔다. 분류체계가 갖는 가장 큰 논쟁점은 지적장애인 각각이 갖고 있는 교육과 생활에서 필요한 지원요구는 지적 수준에 따른 분류체계에 의해 획일적으로 제시될 수 없다는 점이다.

③ 1992년 AAIDD에서는 지적 수준이 아니라 한 개인이 자신의 환경에서 성공적으로 기능하는 데 필요한 지원의 강도(간헐적 · 제한적 · 확장적 · 전반적)에 따라 분류할 것을 제안하였다.

④ 2002년 지침서에서는 지원에 따른 다차원적 분류체계에 대해 다루면서 이러한 분류는 한 개인의 생의 국면과 영역에 따라 언제라도 변화할 수 있음을 제시하였다.

⑤ 지원 패러다임에 기초한 2021년 AAIDD 지침서에서도 지적장애 영역에서의 분류는 진단 이후에 진행되는 선택사항이고, 분류가 되어야 한다면 지원 정도에 따른 분류체계가 가장 적절하다고 하였다. 또한 어떤 분류체계도 목적이 있어야 하며, 그 개인에게 이익이 되어야 하고, 관련된 정보를 토대로 더 나은 개인의 요구에 대한 이해를 제공해야 한다고 지적하고 있다.

⑥ 따라서 모든 교사는 교육적 결정과 실제에 영향을 미치는 AAIDD의 다차원적 모델과 지원 패러다임을 이해하는 것이 중요하다. 이는 지적장애 학생 개개인에게 특정한 분류체계를 적용하기보다는 그 개인을 둘러싼 생태학적인 맥락을 이해하고 지원요구를 파악하여 지원계획을 개발하고 적용하는 것이 중요함을 의미한다.

Chapter 06

02 지적장애 원인 및 예방

① 지적장애 원인에 대한 이해의 중요성

지적장애 학생을 가르치거나 지원하는 교사나 관련 전문가들은 다음과 같은 이유에서 지적장애의 원인을 이해하는 것이 매우 중요하다(AAIDD, 2010).

① 원인은 지적장애인의 신체적인 기능과 심리적인 기능에 영향을 줄 수 있는 건강과 관련된 다른 다양한 요인들과 연관되어 있을 수 있다.

② 모든 지적장애의 원인이 그런 것은 아니지만 어떤 원인은 예방할 수 있고, 적절한 접근을 통해 지적장애를 최소화하거나 예방할 수도 있다.

③ 행동표현형(behavioral phenotype)을 보이는 원인의 경우 실제적, 잠재적 혹은 미래를 위해 필요한 기능적 지원요구를 예측할 수 있다. 행동표현형이란 겉으로 관찰 가능한 개인의 행동 특성을 말한다. 몇몇 유전장애의 경우 동일한 성향의 행동 특성을 보이기도 한다.

이 외에도 연구를 통해 다양한 원인에 대한 지식과 정보를 구축함으로써 임신 전 상담을 포함하여 유전 상담을 활성화하고, 가족의 선택과 의사결정에 도움을 제공할 수 있다. 특정한 원인으로 인해 지적장애를 갖게 된 경우라면, 동일한 원인으로 진단받은 다른 사람과 가족들을 통해 다양한 정보를 얻고 필요한 지원에 대해 조언을 구할 수 있다. 또한 지적장애인 당사자는 자신이 갖고 있는 장애의 원인을 앎으로써 자기 자신을 더 잘 이해하고 인생에 대한 계획을 세울 수 있다.

무엇보다도 지적장애를 유발할 수 있는 다양한 위험요인들을 연구하고 명확하게 밝혀 나감으로써 그 원인에 대한 이해를 높인다면 지적장애를 예방할 수 있는 기회가 증대될 것이다.

② 다중위험요인 접근 16유, 16초, 10·11중

① 다중위험요인 접근법에서는 지적장애를 초래하는 원인에 대해 전통적으로 제시되었던 이분적인 접근법을 지양하고, 지적장애의 원인이 될 수 있는 위험요인을 4가지 범주(생의학적 위험요인, 사회적 위험요인, 행동적 위험요인, 교육적 위험요인)로 나눈다. 또한 이러한 요인들이 부모로부터 자녀에 이르기까지 세대에 걸쳐 혹은 한 사람의 일생에 걸쳐 장기간 동안 영향을 줄 수 있으며, 제각기 분리되어 개별적으로 지적장애의 원인으로 작용하기보다는 상호작용하여 영향을 끼침을 강조하고 있다.

② 이러한 접근방법은 지적장애가 타고난 '기질'이 아니라 개인에게 영향을 주는 여러 요인의 상호작용을 통해 나타난 개인의 현재 기능 '상태'임을 강조하는 지적장애에 대한 이론적 모델에서의 접근방식과 맥을 같이한다고 할 수 있다.

키워드 Pick

발생 시기	생의학적 요인	사회적 요인	행동적 요인	교육적 요인
	• 생물학적인 처리 과정과 관련 있는 다양한 위험요인들	• 아동 발달에 영향을 줄 수 있는 자극과 상호작용의 질을 좌우하는 여건에서 초래되는 위험요인들	• 당사자뿐만 아니라 부모세대의 부적절한 행동으로 인해 야기될 수 있는 잠재적인 위험요인들	• 지적 능력과 적절한 적응기술을 발달시킬 수 있는 정보 제공 및 교육 지원의 부재로 인해 야기될 수 있는 위험요인들
출생 전	• 염색체 이상 • 단일유전자장애 • 증후군 • 대사이상 • 뇌발육부전 • 산모 질병 • 부모 연령	• 빈곤 • 산모의 영양실조 • 가정폭력 • 산전관리 부족	• 부모의 약물 복용 • 부모의 음주 • 부모의 흡연 • 부모의 미성숙	• 지적장애를 보이는 부모에 대한 지원결여 • 부모 역할에 대한 준비 부족
출생 전후 (주산기)	• 조산 • 출생 시 손상 • 신생아 질환	• 출산 관리를 받지 못함	• 부모의 양육 거부 • 부모의 아동유기	• 퇴원 시 중재 서비스에 대한 의료적 의뢰 부족
출생 후	• 외상성 뇌손상 • 영양실조 • 뇌막염 • 경련성 장애 • 퇴행성 질환	• 아동–양육자 간의 상호작용 문제 • 적절한 자극 부족 • 가정 빈곤 • 가정의 만성 질환 • 시설 수용	• 아동학대 및 방치 • 가정폭력 • 부적절한 안전 조치 • 사회적 박탈 • 다루기 힘든 아동 행동	• 부적절한 양육 • 지체된 진단 • 부적절한 조기중재 서비스 • 부적절한 특수교육 서비스 • 부적절한 가족지원

③ 생의학적 위험요인

염색체			장애명	원인
염색체 유전자와 관련된 원인	상염색체	우성	1. 결절성 경화증 2. 신경섬유종증	• 한쪽 부모가 해당 장애요인 있는 대립유전자를 자녀에게 물려줄 때
		열성	1. 갈락토스혈증 2. 후들러 증후군 3. 단풍나무 시럽병 4. 테이삭스병 5. PKU	• 인체에 특정 물질(단백질이나 당)을 분해하는 효소 결핍에 의한 신진대사장애
	성염색체		1. 프래자일엑스 증후군 2. 레쉬-니한 증후군 3. 레트 증후군	• 성염색체의 X염색체와 관련
염색체 수와 관련된 원인	상염색체		1. 다운증후군 2. 에드워드 증후군 3. 파타우 증후군	• 21번 염색체 3 • 18번 염색체 3 • 13번 염색체 3
	성염색체		1. 클라인펠터 증후군 2. 터너증후군 3. 5염색체 X증후군	• 남성 • 여성 • 여성 XXXXX
염색체 구조와 관련된 원인	상염색체		1. 울프-허쉬호른 증후군 2. 묘성 증후군 3. 윌리엄스 증후군 4. 제이콥슨 증후군 5. 프래더윌리 증후군 6. 안젤만 증후군	• 4번 짧은 가지 손상 • 5번 짧은 가지 손상 • 7번 긴 가지 손상 • 11번 긴 가지 손상 • 15번 긴 가지 손상 • 15번 긴 가지 손상

기출의 맥

생의학적 위험요인에 해당하는 다양한 증후군에 대한 정보는 정확한 암기가 중요합니다. 각 증후군의 특성이나 행동표현형이 문장 그대로 출제되는 편이니 암기해 두면 쉽게 맞힐 수 있어요.

키워드 Pick

1. 염색체 이상

(1) 염색체 수의 이상

① 염색체쌍의 비분리(nondisjunction)

㉠ 염색체 수의 이상은 생식세포가 감수분열되는 과정에서 염색체쌍이 비분리되는 현상이 일어나는 경우에 발생한다.

㉡ 감수분열 중 염색체가 분리되지 않아서 자세포에 한 쌍의 염색체가 한꺼번에 전달되기도 한다. 그러면 수정란에서 3개의 염색체가 한 그룹으로 나타나는 삼염색체(trisomy)가 생기게 되어서 47개의 염색체를 갖게 된다.

㉢ 이러한 현상으로 인해 지적장애가 나타나는 대표적인 경우로는 다운증후군을 들 수 있다.

② 섞임증(mosaicism)

㉠ 섞임증이란 정상적인 수정란이 유사분열을 계속해 나가는 과정 중에 어느 단계에서 염색체 절단이나 비분리현상으로 인해 세포분열에 이상이 생겨서 정상 세포계열과 이상 세포계열이 함께 나타나는 경우를 말한다.

㉡ 즉, 어떤 세포는 46개의 염색체를 정상적으로 가진 세포로 분열되고, 어떤 세포는 삼염색체를 포함하여 47개의 염색체를 갖는 세포로 분열된다.

㉢ 성염색체 섞임증의 대표적인 경우는 클라인펠터 증후군과 터너증후군이 있다.

다운증후군 10 · 12 · 17 · 22중	• 정상적으로 2개 존재해야 하는 21번째 상염색체가 3개가 되는 삼염색체 현상으로 인해 나타난다. • 그 형태에 따라서, 전형적인 삼염색체성 다운증후군(감수분열성 비분리), 전위형 다운증후군, 섞임증 다운증후군 등 3가지로 분류할 수 있다. • 임상증상은 삼염색체성이나 전위형 다운증후군에서 전형적이며, 섞임증 다운증후군에서는 증상이 경미하다. • 일반적으로 낮은 지능을 보이며, 전형적인 얼굴 모양을 가지고 있다. • 안과적인 문제(사시, 눈떨림, 굴절 이상)와 청력 문제도 종종 발견된다. • 소화기계 기형이나 심장의 기형이 동반되는 경우가 많다. • 구강과 콧구멍이 작아 수유곤란증이 있을 수 있고 이유식을 먹일 때에는 딱딱한 고형식을 먹이는 시기를 늦출 필요가 있다. • 선천성 심장기형이 약 40~50% 정도 발생하는데 다운증후군 영아가 호흡기 감염에 잘 걸리고 오래 걷지 못하거나 평상시에도 숨을 거칠고 가쁘게 쉰다거나 우유를 잘 빨지 못하고 힘들어하며 얼굴이 검푸른색으로 변하는 등의 특별한 증상을 보일 경우 일단 심장기형을 의심해야 한다. • 세균이나 바이러스로 인하여 일어나는 감염증에 대한 면역성이 일반인에 비해 떨어져 있어 감염이 12배 이상 많다고 알려져 있다. • 백혈병의 경우 일반인의 18배 정도의 발병률을 보이고 있으며, 1~10세에 그 위험이 증가된다고 보고된다.

클라인펠터 증후군 19중	• 가장 흔한 성염색체 이상 증후군으로 정상적인 남성 염색체 XY에 X염색체가 추가되어 발생한다. • 부모의 생식세포 감수분열 시 성염색체의 비분리현상으로 인해 발생하거나 수정 후 유사분열 단계에서의 성염색체 비분리현상으로 인해 발생하기도 한다(섞임증). • 주요 증상으로는 운동발달지연, 언어지연, 읽기장애 등이 있고 청소년기 중·후반기에는 대부분 생식샘자극 호르몬 과다와 함께 남성 호르몬 수치가 정상이거나 감소되며, 치료받지 않는 경우 80%는 안드로겐 결핍증을 보인다. • 2차 성징의 발현은 남성 호르몬이 결여되어 빈약한 체모와 고음, 여성형 지방분포를 보일 수 있다.
터너증후군	• 여성의 성염색체 이상으로 인해 발생한다. • 터너증후군을 가진 여성의 약 50%에서 모든 세포에 X염색체 하나가 없으며, 약 30~40%에서는 X염색체가 하나 있는 세포와 두 개 있는 세포가 섞여 있다. • 이 증후군은 사춘기(2차 성징) 발달이 안 되거나 미약한 것이 특징이다. 이러한 특징이 나타나는 이유는 난소가 제대로 발달하지 않아서 여성 호르몬인 에스트로겐을 분비하지 못하기 때문이다. • 목이 두껍고 짧으며, 머리카락 선이 뒷목의 아랫부분까지 내려와 있다. • 심장 결함, 신장이상, 여러 가지 신체의 기형이 나타난다. • 특히 골다공증, 2형 당뇨병 그리고 갑상선기능저하증이 잘 생긴다. • 주로 학습장애를 보이며, 지적장애가 나타난다 할지라도 언어적인 지능지수는 평균이거나 높을 수 있지만 시공간 지각력, 수학능력, 기억능력 등에서 문제가 있는 것으로 알려져 있다.
에드워드 증후군	• 18번 염색체에 여분의 염색체가 생김으로써 발생한다. • 소두증(작은 머리), 건강문제, 그리고 심한 지적장애 등으로 귀결된다.
파타우 증후군	• 13번 염색체에 여분의 염색체가 생김으로써 발생한다. • 많은 신체적 기형, 매우 심한 지적장애, 조기사망들을 초래한다.

키워드 Pick

(2) 염색체 구조의 이상

① 염색체를 구성하는 일부가 떨어져 나가 자신의 쌍이 아닌 다른 염색체와 결합하거나, 2개의 서로 다른 염색체 일부가 바뀌어 결합하는 등의 전위(translocation)현상이 일어나거나, 일부가 결손(deletion)이 되는 등 염색체 구조상의 문제로 인해 발생한다.

② 염색체 구조 이상의 예로는 프래더-윌리 증후군, 안젤만 증후군, 묘성 증후군, 윌리엄스 증후군, 스미스-마제니스 증후군 등을 들 수 있다.

프래더-윌리 증후군 12유, 25초, 11·12·14중	• 약 70%에서는 아버지로부터 전달받은 15번째 염색체의 장완 부분이 미세하게 결손되어 있다. • 일부에서는 15번째 염색체쌍이 모두 어머니에게서 전달받는 현상인 UPD (uniparental disomy)가 나타나기도 한다. • 신생아와 영아기에 근긴장 저하와 수유곤란, 발달지연이 나타나다가 유아기부터 중증비만이 온다. • 특이한 얼굴모양과 저색소증을 보일 수 있으며, 작은 손발, 저신장, 성선기능저하증 등도 특징이다. • 가장 심각한 증상은 비만이라고 볼 수 있는데, 이는 비만이 심장병, 당뇨병, 고혈압, 뇌혈관 질환, 수면장애 등의 합병증을 초래할 수 있기 때문이다. • 비만은 시상하부의 병변으로 인한 과식증, 적은 신체 활동과 신진대사율 때문으로 추정된다. • IQ 20~90 정도의 다양한 지능수준을 나타내며 다방면으로 학습에 어려움을 보인다.
안젤만 증후군 19중	• 약 70%는 어머니로부터 전달받은 15번째 염색체의 장완 부분에 결손이 있다. • 15번째 염색체를 아버지에게서 전달받는 현상인 UPD가 나타나기도 한다. • 발생빈도는 프래더-윌리 증후군과 비슷한 반면, 프래더-윌리 증후군에 비해 신경학적 증상이 심하게 나타난다. • 생후 6~12개월에 발달지연이 나타나기 시작한다. 발달지연과 언어장애로 인해 말을 잘 하지 못하지만, 수용언어기술과 비언어적 의사소통기술은 표현언어기술보다는 상대적으로 좋은 편이다. • 움직임과 균형감각에 이상이 생겨 걸음에 장애가 생기며, 자주 웃고, 쉽게 흥분하는 경향을 보이며, 집중시간이 짧다.
묘성 증후군	• 고양이 울음소리와 같은 특징적인 울음소리 때문에 명명되었으며, 5번 염색체 단완의 부분결실이 원인이고, 발생빈도는 3~5만 명 중 한 명으로 나타난다. • 특징적인 고양이 울음소리는 후두의 결함이 원인이며, 영아기 후반부터 사라진다. • 소두증, 둥근 얼굴, 양안격리증, 넓은 콧등, 사시 등의 외양적 특성을 보이며, 근긴장 저하, 심장기형, 발달지연을 나타낸다. • 평균 IQ 20 이하의 지능을 보이며, 대부분 성인까지 생존이 가능하다.

윌리엄스 증후군 11 · 14중	• 7번 염색체 장완의 미세결실이 원인으로서, 출생아 2만 명당 한 명의 발생 빈도를 보인다. • 위로 솟은 작은 코끝, 긴 인중, 큰 입, 두툼한 입술, 작은 볼(협골형성부전), 부은 듯한 눈두덩이, 손톱의 형성 부전, 엄지발가락의 외반증 등의 외양적 특성을 갖고 있다. • 소리에 대단히 민감하게 반응하고, 종종 근력이 저하되거나 관절의 이완성을 보인다. • 매우 사교적이고 친숙한 성격을 나타내며, 지나칠 정도의 정중함과 친밀감을 표시하기도 한다. • 낯선 사람을 두려워하지 않고 자신의 또래보다는 어른들과 더 가까이 하려고 하는 성향이 있다. • IQ 범위는 20~106이고, 평균 IQ는 58 정도로 나타난다. • 발달지연이 있고 집중력 결함을 보이기도 하지만, 성장함에 따라 상태가 좋아지는 경향이 있다. • 학습능력에 있어서는 미세한 운동능력과 시공간적인 사고를 필요로 하는 과제에서는 어려움을 보이지만 상대적으로 기억력과 언어능력은 강한 편이다.
스미스-마제니스 증후군	• 17번 염색체 단완의 일부가 결실되어 나타나며, 2만 5,000명 중 한 명 정도 발생한다. • 튀어나온 턱, 넓은 사각형 얼굴, 납작한 후두골 등의 특징적인 얼굴 형태를 갖고 있으며, 약 62%의 아동들이 자주 깨거나 수면 주기가 감소하는 등의 수면장애를 보이기도 한다. • 낮은 지능과 전반적인 발달지연을 보이는데, 특히 언어지연이 심각하고 연속적인 인지처리과정이 필요한 과제나 수학적 학습에 어려움을 보인다. • 머리를 흔들거나 특정 행동을 반복하는 상동행동, 상대적으로 통증에 민감하지 않아 팔목이나 손톱, 발톱 등을 물어뜯는 자해행동 등 행동문제도 관찰된다.
울프-허쉬호른 증후군	• 4번 염색체 짧은 가지의 부분적인 결손으로 인해 발생하며, 보통 소두증 및 심한 지적장애로 귀착된다.
제이콥스 증후군	• 11번 염색체 긴 가지의 부분적인 결손으로 인해 발생하며, 느린 성장, 비정상적인 신체, 그리고 지적장애 등으로 나타난다.

키워드 Pick

2. 유전자 장애: 유전자 돌연변이 및 유전

유전자 돌연변이로 인한 유전자 장애는 크게 두 유형으로 구분될 수 있다.

① 부모의 생식세포가 분열되기 위해 RNA를 복제하는 과정에서 유전정보를 담고 있는 DNA 분자의 염기 순서에 이상이 생겨서 잘못된 유전정보가 만들어지고, 이로 인해 자녀에게서 새로운 유전형질이 발현되는 유형이다. 이 경우 비록 부모는 질환이 없어도 부모의 세포분열 과정에서 생기는 유전자 돌연변이로 인해 자녀에게 질환이 나타나게 된다.

② 부모의 생식세포 수정 후 진행되는 세포분열 과정에서 새롭게 돌연변이가 생기는 유형이다. 이 경우 부모는 질환을 보유하고 있지 않을뿐더러 가족력도 전혀 갖고 있지 않을 수 있다. 유전자 돌연변이로 인한 여러 장애는 이러한 두 가지 유형의 돌연변이가 모두 원인이 되기도 한다.

(1) 상염색체 우성유전 장애

신경 섬유종증	• 신경계에 영향을 주는 가장 흔한 단일유전자 질환의 하나로 제1형과 제2형으로 구분된다. 이 중 제1형이 지적장애와 연관이 있으며, 약 3,500명당 한 명의 발생율을 보이며 전체 신경섬유종증의 약 85%를 차지한다. • 제1형 신경섬유종증의 경우 약 50%가 17번째 염색체의 유전자로 인해 우성유전되는 경우이고, 나머지는 유전자의 자연발생적인 돌연변이로 인해 생긴다. • 밀크커피색 반점, 겨드랑이 부위의 주근깨 양상, 피하의 신경섬유종 및 홍채에 나타나는 작은 색소를 가진 양성종양인 리쉬결절(lisch nodule) 등이 있다. • 뇌신경계 관련 증상으로는 지적장애, 뇌전증, 뇌수종, 양성 뇌종양, 시신경종양 등이 있을 수 있고 골격계 증상으로는 저신장, 척추측만증, 가성관절(다리의 긴뼈 부분, 특히 정강뼈에 관절과 유사한 부위가 생기는 것) 등도 나타날 수 있다.
아퍼트 증후군	• 첨두유합지증 • 10번 염색체에 위치한 유전자 돌연변이나 우성유전을 통해 발생한다. • 6만 5,000명 중 한 명의 발생빈도를 보이고, 얼굴의 기형과 두정부의 첨형과 사지의 합지증을 특징으로 한다. • 많은 경우 경도에서 중도의 지적장애를 보이기도 하지만, 정상적인 기능을 가지는 경우도 있다. • 신생아기에 두개골의 특정 부위에 섬유성 관절이 일찍 봉합되어 머리가 비정상적으로 위로 뾰족하게 솟은 모양을 갖게 된다. • 뇌가 계속적으로 자라남에 따라 그 압력으로 두개골과 얼굴의 다양한 뼈들이 왜곡된다. • 엄지손가락이 비정상적으로 크거나, 발가락이 크고 손가락이 짧다. 그리고 특정 손가락과 발가락이 부분적으로 또는 완전하게 붙어있는 증상(합지증)이 나타난다.

Chapter 06

(2) 상염색체 열성유전 장애(대사이상 질환)

페닐 케톤뇨증 22초, 09 · 13 · 21중	• 페닐알라닌을 티로신이라는 아미노산으로 전환시키는 효소의 활성이 선천적으로 저하되어서 페닐알라닌이 축적되어 생기는 단백질 대사장애이다. • 원인이 되는 유전자는 12번 염색체 장완에 위치하고 있으며 열성유전된다. • 영아기부터 구토, 습진, 담갈색 모발과 흰 피부색이 나타나며 경련이 일어나고 지능 저하를 일으키지만, 생후 1개월 이내에 치료를 시작하면 이와 같은 증상은 나타나지 않는다. • 혈중의 페닐알라닌 측정검사를 통해 선별할 수 있으며, 치료는 페닐알라닌이 적은 특수 분유를 먹는 식이요법으로 시작한다. • 페닐케톤뇨증 아동의 부모는 자세한 영양교육을 받아 특수조제품을 올바르게 사용해야 하며, 정확하게 식단을 계획해서 아동이 먹어서는 안 되는 식품은 다른 식품으로 대체해야 한다. • 페닐케톤뇨증이 있는 여성은 임신기간 중 식사요법을 철저히 지켜서 혈청 페닐알라닌 수치를 10mg/dℓ 이하로 유지해야 하는데, 이는 혈청 페닐알라닌 수치가 높아지면 지적장애, 저체중, 소두증이나 선천성 심장병을 갖고 있는 아동을 출산할 위험이 높아지고 유산율이 높아지기 때문이다.
선천성 갑상선 기능 저하증	• 신생아 4,000~6,000명당 한 명의 비율로 발생하는 흔한 선천성 내분비 질환으로 갑상선 형성부전이나 갑상선 호르몬 합성장애 등에 의해 일어난다. • 이 중 10% 정도에서 나타나는 갑상선 호르몬 합성장애는 상염색체 열성유전으로 나타난다. • 갑상선 호르몬은 여러 가지 대사에 광범위하게 작용하며 특히 성장기의 정상적인 발육을 위하여 필요한 호르몬이다. • 생후 6주 이내에 발견하여 치료하지 않으면 심각한 지능 저하 및 성장 · 발육 지연을 초래하게 되는 질병이다. • 영아기에는 황달, 변비 · 수유곤란과 근긴장 저하 및 심확대, 심잡음 등이 나타날 수 있다. • 영아기 이후에는 성장 · 발달의 지연으로 키가 작아지고 지능 저하, 행동 및 언어장애와 신경학적 증상들이 나타날 수 있다. • 갑상선 호르몬이나 갑상선자극 호르몬을 검사하여 선별 진단하며, 치료는 갑상선 호르몬 제제인 타이록신을 투여해야 한다. • 생후 4주 이내에 치료를 시작하면 대부분 성장과 발달에 대한 예후가 좋다.
갈락토스 혈증	• 갈락토스(모유와 일반우유에 포함되어 있는 당분)를 포도당으로 전환시키는 능력이 손상되어 체내에 갈락토스가 축적되는 질환이다. • 원인이 되는 유전자는 9번 염색체 단완에 위치하며 열성으로 유전된다. • 출생 후 즉시 발육부진, 구토, 간비종대, 황달, 설사 등이 나타난다. • 조기에 치료받지 못하면 신체발달과 지적발달이 지체될 수 있으며, 특히 유아기 또는 아동기 때 백내장에 걸릴 확률이 높다. • 신생아기에 혈액과 소변에 갈락토스가 증가되어 있어 진단할 수 있고 갈락토스 혈증으로 진단되면 즉시 유당이 함유되지 않은 분유를 먹어야 한다. 이후 우유, 치즈, 버터, 유청 분말과 카제인 함유 식품은 엄격하게 제한해야 한다. • 유제품 제한으로 인해 비타민 D와 칼슘의 보충이 필요하기도 하다. • 엄격한 갈락토스 제한에도 치료결과는 다양하며 완전히 호전되지 않는 경우도 많다.

키워드 Pick

호모시스틴뇨증	• 시스타치오닌 합성효소의 유전적 결핍으로 메치오닌과 호모시스틴이라는 아미노산이 체내에 축적되어 발생하는 아미노산의 대사장애이다. • 원인이 되는 유전자는 21번 염색체의 장완에 위치해 있고 열성유전된다. • 지적장애, 경련, 보행장애 등을 보이며, 수정체탈구, 시력장애, 근시, 백내장 등의 안과적 증상과 골다공증 등 골격계 기형이 나타나기도 하고, 혈전 형성의 경향이 강해서 사망 원인이 되기도 한다. • 혈중 메치오닌 수치가 높고 요에서 호모시스틴이 증가하면 진단할 수 있고, 비타민 B_6를 대량투여하고, 비타민 B_{12}, 비타민 C, 엽산 등을 보충해야 하며, 메치오닌이 적은 식이요법으로 치료한다. • 식품 중의 단백질에는 0.9~3.6%의 메치오닌이 포함되어 있으므로 식품성분표를 참조하여 메치오닌의 섭취량을 계산한다.
단풍당뇨증	• 필수 아미노산인 류신, 이소류신, 발린의 대사장애로 나타나는 질환으로 땀과 소변, 귀지 등에서 특유의 단내가 나는 것이 특징이다. • 단풍당뇨증은 4가지 유형으로 나뉘며 각각 서로 다른 상염색체 유전자의 돌연변이로 인해 발생하고 열성으로 유전된다. • 발생빈도는 18만 5,000명당 한 명꼴이며, 여성과 남성에게 동일한 비율로 발생한다. • 지적장애와 ADHD, 충동성, 불안 또는 우울 등 다양한 행동문제가 발생할 수 있다. • 골다공증, 췌장염, 가성뇌종양 등이 나타날 수 있다. • 단백질을 제한하는 엄격한 식이요법이 요구되는데 류신, 이소류신, 발린을 제거하고 성장과 발달에 필요한 비타민과 무기질 등이 들어 있는 반합성 식이보충 등이 필요하다. • 식이요법 중에도 수시로 감염, 상해, 단식 또는 심리적 스트레스에 의해 급성질환(대사성 위기)으로 악화될 수 있다. • 대사성 위기 시에는 뇌손상 등 신경학적 손상 및 호흡 곤란 등을 겪을 수 있으므로 즉각적인 의학적 조치가 필요하다.
후들러 증후군	• 점액 다당류라 불리는 복합 탄수화물을 분해시키지 못하는 것으로, 뚜렷이 구별되는 신체적 특성들과 심한 지적장애를 야기한다.
테이삭스 증후군	• 강글리오사이드-GM2라 불리는 물질을 신진대사시키기 위한 효소가 부족하여 이 지질이 뇌에 축적되어 발생한다. • 대뇌중추신경계의 악화로 초래된다. • 생후 첫 몇 개월 동안 정상적으로 발달하다가 점차적으로 악화된다. • 생후 첫 18개월 이내 혹은 3~4세가 되기 전에 발생할 때는 매우 치명적이다. • 상염색체의 열성유전을 통해 유전된다. • 현재 치료법은 없으며, 문제 유전자는 임신 중 옮겨지기 전에 발견할 수 있어 태아검사를 통해 테이삭스병의 존재 유무를 확인할 수 있다.

⑶ 성염색체 유전자 장애

약체X 증후군 17중	• X염색체 장완의 끝부분이 끊어져 유전된다. 그러나 전형적인 유전방식을 따르지 않으며 무증상의 남자(NTM: Normal Transmitting Male)를 통해 보인자인 딸을 거쳐 대를 거듭할수록 증상이 심해지고 뚜렷해지는 양상을 보인다. 이러한 현상을 유전학에서 표현촉진(genetic anticipation)이라고 한다. • 남아의 경우 행동장애와 지능 저하를 보이며, 긴 얼굴, 튀어나온 턱, 크고 뚜렷한 귀 등의 특징적인 얼굴 형태를 보인다. • 여아의 경우는 대개 다양한 정도의 지능 저하만을 보인다. • 50~60%의 아동 중 생후 1년쯤에 반복성 중이염이 나타나기 시작하고 영구적인 전도성 난청을 보인다. • 이 증후군을 갖고 있는 성인 약 50%에서 승모판탈출증(심장질환의 일종)이 발견된다. • 아동기에 유뇨증과 대소변 가리기 지연이 흔하게 나타나며, 남아의 80~90%는 고환이 9세경에 두드러지게 커지기 시작하고 사춘기에 그 크기가 지속적으로 증가하여 14세 무렵에는 거대고환을 보인다. • 행동 특성으로는 돌발적으로 잠시도 앉아 있을 수 없는 행동과잉(남아 70~80%, 여아 30~50%), 충동성, 부주의, 불안 그리고 자폐증과 유사하게 손 흔들기나 손 물어뜯기, 눈맞춤의 어려움, 반향어 등이 있다.
레트 증후군	• X염색체의 특정한 단백질 생산을 조절하는 유전자의 자연적 돌연변이로 인해 발생하고, 드물게 어머니로부터 우성유전(우성유전이지만 모체에서는 돌연변이가 된 유전자가 있는 염색체가 불활성화된 상태)된다. • 생후 6~18개월까지는 비교적 정상발달을 하지만 이후 머리 둘레의 성장·발달이 둔화되고, 습득했던 인지운동능력과 언어기능이 급격하게 상실되며, 특징적인 손의 상동행동이 나타난다. 이러한 증상이 나타나는 이유는 유전자의 돌연변이가 감각과 감정, 운동신경과 자율신경의 기능을 담당하는 특정 뇌 영역의 정상적 발달에 필요한 특정 요소의 부족이나 부재를 초래하기 때문이다. 이러한 이유에서 그 요소가 뇌의 발달에 필요하게 되기 전인 영아기에는 발육이 비교적 정상인 것으로 보이는 것이다. • 손의 상동행동은 손의 기능적인 사용이 퇴행하면서 나타나게 된다. 손의 상동행동은 두 손 모두를 사용하여 몸의 상체 부분에서 손을 모아 비틀고 씻는 듯한 동작을 하거나, 입 속에 손을 넣어 침을 묻히거나, 자신의 몸을 지속적으로 치는 등 다양하고 복합적으로 나타난다. 이러한 상동행동은 잠자는 시간을 제외한 모든 시간에 지속적으로 나타난다. • 구강 내 증상으로는 비정상적인 저작과 연하곤란이 있으며, 많은 경우 자발적인 음식물 섭취가 곤란하다. 심한 이갈이로 치아 마모가 일어나며, 타액이 과다하게 분비된다. • 이 외에도 소두증, 호흡불량, 척추만곡증, 보행 실조, 발의 기형, 발달지연, 말초혈관 운동장애 등의 증상이 나타나며, 90%에서 다양한 경련장애가 발생한다.

키워드 Pick

레쉬-니한 증후군	• X염색체의 퓨린 대사에 관여하는 HPRT 효소의 완전한 결핍으로 인해 몸에 요산이 축적되어 나타나는 열성유전 질환이지만, 약 30%에서는 가족력이 없이 새로운 돌연변이로 인해 발생하기도 한다. • HPRT 효소는 체내의 모든 세포 내에 있으나 뇌에, 특히 기저핵 세포에 가장 농도가 높게 존재한다. 이 효소가 완전 결핍(1.5% 미만)된 상태인 레쉬-니한 증후군을 갖고 있는 아동은 지적장애, 충동적 자해행동, 경련, 발달장애, 뇌성마비로 인한 불수의적 운동, 고요산혈증, 요산뇨, 요로결석, 통풍성 관절염 등을 보인다. • 태어날 때에는 뚜렷한 신경학적인 이상이 없으나 4개월 이전에 근긴장도 이상과 반복되는 구토가 나타나며, 8~12개월 사이에 경련성 운동장애가 나타난다. • 10대에 이르면 통증에 대한 감각은 정상임에도 불구하고 강박적 자해행동이 나타나서 자신을 깨무는 자해행동으로 인해 손가락이 절단되거나 입술 주위 조직이 일부 상실되기도 한다. • 알로퓨리놀 투여를 통해 요산의 농도를 조절하는 치료를 시행하지만, 이를 통해 행동문제가 조절되는 것은 아니다. • 긍정적 행동지원을 통해 문제행동을 감소시키고 행동변화에 대한 장기적인 유지가 가능했다고 보고된다. • HPRT 효소가 완전히 결핍된 경우인데도 지적장애만 보일 뿐 심각한 신경학적 장애가 관찰되지 않은 경우도 드물게 보고된다.

3. 행동표현형

① 행동표현형이란 특정 유전 증후군이 없는 개체보다 특정 유전 증후군이 있는 개체에서 더 자주 발생하는 관찰 가능한 특성을 말한다.

② 동일한 증후군을 갖고 있는 아동은 모두 동일한 행동표현형을 갖고 있다는 것을 의미하지는 않는다. 행동표현형은 직접적인 결과라기보다는 다음과 같은 다양한 요인의 영향을 받아 변화할 수 있기 때문이다.

㉠ 동일한 증후군을 갖고 있는 아동들이라도 그들이 갖고 있는 유전자나 염색체 변이과정의 다양성으로 인해 부적응행동이나 언어 및 지적 능력 등에서 다양한 수준을 보일 수 있다.

㉡ 행동표현형은 아동의 성별, 가족 배경, 일상생활양식, 제공되는 자극정도, 가족의 의사소통 유형이나 부모의 문제해결양식 등에 따라서도 다르게 발달할 수 있다.

㉢ 표현형은 생활연령이 증가함에 따라 변화할 수 있다.

③ 행동표현형은 발달적 · 생물학적 · 환경적인 다른 요소들과 복잡하게 상호작용하면서 지속적으로 변화하며 형성된다는 것을 이해해야 한다. 또한 다양한 행동표현형을 맹목적으로 받아들이기보다는 다중위험요인 접근법을 활용하여 아동 개인과 그 주변 환경에 대한 면밀한 관찰과 평가를 통해 실제적이고 잠재적인 장점과 약점을 확인하고, 분류하고, 지원에 대한 요구를 파악할 수 있어야 한다.

증후군별 빈번하게 관찰되는 행동표현형

증후군	종종 발견되는 인지, 언어, 행동 특성
다운 증후군	• 언어나 청각적 과제보다 시공간적 과제수행이 더 우수하다. • 장기기억능력이 요구되는 과제에서의 수행능력이 동일한 정신연령 아동에 비해 지체된다. • 수용언어능력이 표현언어능력보다 상대적으로 우수하다. • 지능에 비해 상대적으로 적응행동에서 강점을 보인다. • 명랑하고 사회적인 성격을 보인다. • 성인기에 우울증과 치매 성향이 나타난다.
윌리엄스 증후군	• 언어 및 청각적 기억, 얼굴 인지에서 강점을 보인다. • 시공간적 기능, 지각-운동 계획과 소근육기술에서 제한을 보인다. • 마음이론 측면에서 강점을 보인다(대인지능). • 손상된 사회적 기능을 갖고 친숙함을 보인다. • 모든 연령에서 불안장애가 나타난다.
약체X 증후군	• 수용 및 표현언어능력이 단기기억능력이나 시공간적 기술보다 우수하다. • 순차적인 처리보다는 동시적인 처리가 요구되는 과제에서 강점을 보인다. • 일상생활기술과 자조기술에서 상대적 강점을 보인다. • 부주의, 과잉행동, 자폐증과 유사한 행동 등을 보인다. • 모든 연령에서 불안장애를 보인다.
프래더-윌리 증후군	• 이상식욕과 비만증상을 보인다. • 순차적인 처리보다는 동시적인 처리가 요구되는 과제에서 강점을 보인다. • 단기기억능력보다 장기기억능력이 우수하다. • 시공간적 처리능력이 요구되는 과제와 직소퍼즐에서 강점을 보인다. • 타인을 꼬집는 행동 및 심한 짜증을 보인다. • 모든 연령에서 강박장애와 충동조절장애가 나타난다.
스미스-마제니스 증후군	• 언어 습득이 지체된다. • 순차적 처리과정이 요구되는 과제에서 상대적으로 약점을 보인다. • 일반적으로 수면장애를 보인다. • 상동행동과 자기상해행동을 빈번하게 보인다. • 아동기에 일반적으로 충동조절장애를 보인다.
안젤만 증후군	• 아동기와 청소년기에 종종 부적절한 웃음발작을 보인다. • 모든 연령에서 일반적으로 행복해하는 기질을 보인다. • 젊은층에서 과잉행동 및 수면장애를 보인다.
레트 증후군	• 손을 씻거나 비트는 듯한 비정상적인 손의 상동행동을 보인다. • 수면장애를 보인다. • 자폐증과 유사한 행동들이 나타난다.
묘성 증후군	• 과잉행동을 보인다. • 자기자극행동 및 자해행동을 나타낸다. • 고양이 울음소리와 같은 소리를 낸다.

키워드 Pick

기출 LINE

16초)
- 주거 환경 속에서 납 성분에 지속적으로 노출되는 것은 정신지체의 원인이 될 수도 있으니, 주거 환경을 정비·규제하는 것은 1차적 예방
- 아이들이 자전거를 탈 때 사고로 인해 뇌 손상을 입지 않도록 안전모를 쓰게 하는 것은 1차적 예방
- 장애 학생의 건강상의 문제를 최소화하기 위해 의학적 접근을 하는 것도 3차적 예방

4 예방을 위한 지원

1. 1차·2차·3차 예방지원 전략

AAIDD에서 제시한 3단계 예방적 노력 16초, 22중

1차적 예방	• 1차적 예방이란 질병이나 장애 자체의 출현을 예방하기 위한 지원을 말한다. 예 예방접종을 통해 아동들이 심각한 질병에 노출되지 않게 한다든지, 임산부에게 술이나 약물과 같은 기형 유발물질에 접근하지 못하도록 교육하고 지원한다든지, 낙상의 위험이 있는 장소에는 아동이 접근하지 못하게 한다든지 하는 사전예방 프로그램을 말한다. • 이러한 지원을 통해 태아와 아동 그리고 부모는 건강한 상태를 유지할 수 있게 된다.
2차적 예방	• 2차적 예방이란 이미 어떤 상태나 질병의 영향을 받고 있는 개인에게서 장애나 증상이 나타나는 것을 예방하는 지원을 말한다. • 장애를 초래할 위험이 현재 있음을 파악하고, 즉시적으로 조치를 취하여 장애로 진척되지 않도록 하는 노력을 말한다. • 2차적 예방은 장애 위험을 발견하는 것과 발견된 위험의 영향을 최소화하여 장애로 발전하지 않도록 조치를 취하거나 중재를 하는 과정 모두를 포함한다. 예 극도의 저체중아로 태어난 아동은 여러 가지 질병에 노출되거나 발달이 지체될 위험을 안고 있다. 그러나 적절한 의학적 관리와 치료를 제공하고, 적절한 조기중재 프로그램을 제공한다면 저체중이라는 상태를 없앨 수는 없지만 그로 인해 초래될 수 있는 문제는 발생하지 않게 할 수 있다. 예 페닐케톤뇨증과 같은 대사장애가 있는 신생아를 위해 선별검사를 하는 것을 들 수 있다. 모든 신생아를 대상으로 생후 7일 이내에 신생아 선별검사를 실시한다면 페닐케톤뇨증 자체를 없앨 수는 없지만 페닐케톤뇨증이 있는 영아에게 식이요법을 통해 질환의 영향을 최소화하여 정상적으로 건강한 상태를 유지할 수 있게 할 수 있다.
3차적 예방	• 3차적 예방은 장애로 인해 나타날 수 있는 기능상의 어려움을 최소화하기 위한 지원이다. • 3차적 예방은 개인의 전반적인 기능을 향상시키는 것을 목표로 한다. • 3차적 예방은 장애의 영향을 최소화하여 전반적인 기능을 향상시키는 것에 중점을 둔다. 예 중도지적장애가 있는 아동에게 통합된 지역사회에서 독립적인 삶을 살 수 있도록 기능적인 교육과정으로 교수하고, 적절한 전환교육을 통해 직업기술과 태도를 갖추게 하여 취업이 가능하도록 지원하는 것이 3차적 예방에 해당할 것이다. 예 이미 장애가 있는 아동의 가정에서 빈곤으로 인해 겪는 여러 어려움을 최소화하기 위해 부모에게 직업교육을 하여 취업 기회를 제공하고, 위험하지 않은 주거지역에서 정착하여 살 수 있도록 지원하며, 자녀가 꾸준히 특수교육을 받을 수 있도록 안정된 삶의 기반을 마련해 준다면 역시 3차적 예방이 될 것이다.

2. 출생 전 · 출생 중 · 출생 후 예방지원

구분	전략
출생 전	• 유전상담 • 유전검사 • 유전질환의 산전검사
출생 시	• 아프가 점수: 출생 직후 신생아의 건강 상태를 빠르게 평가하기 위해 만든 점수체계 • 신생아 대사질환 선별검사
출생 후	• 출생 후 예방지원 전략은 1차, 2차, 3차 예방이 모두 진행될 수 있다. • 의료적 · 특수교육적 · 공중보건 정책적 차원에서 계획되고 실행되어야 한다. • 지적장애에 대한 네 가지 위험요인 모두를 고려하여 진행되어야 한다.

3. 포괄적 예방지원 프로그램

① 포괄적 예방지원 프로그램은 개별화된 접근을 통해서 개발된다.

② 개별화된 포괄적 예방지원 프로그램은 개인뿐만 아니라 가족 구성원 모두를 고려한다.

③ 예방지원 프로그램을 계획하고 실천하기 위해서는 1단계에서는 특정한 사례에서 확인할 수 있는 모든 유형의 위험요인과 요인들 간 상호작용을 확인하여 기술하고, 2단계에서는 확인된 위험요인과 그 요인 간 상호작용을 다룰 수 있는 예방전략을 기술한다.

④ 3단계에서는 지원을 실시하고 그 결과로서 개인과 가족의 기능이 향상되고 건강한 상태를 회복했는지를 확인해야 한다.

03 지적장애 특성

① 인지적 발달

1. 양적 측면 대 질적 측면

발달론	• 발달의 지체(delay)를 보이는 지적장애 학생의 경우 동기나 다른 비인지적 요소가 개입되지 않는다면 단순한 인지능력은 일반아동과 차이가 나지 않는다. 혹은 최고 발달 수준은 일반학생에 비해 낮지만 유사한 양상을 보인다. • 발달론의 관점은 발달 속도는 느리지만 정상과 같은 순서로 같은 단계를 거쳐서 발달한다는 것이다. 이는 주로 경도 지적장애를 설명할 때 유용하다.
차이론	• 발달의 차이(difference)를 보이는 지적장애 학생은 일반학생에 비해 과제수행능력이 낮고 발달단계의 규칙도 다르다. • 차이론은 지적장애의 인지발달이 일반아동과는 다르며 인지과정과 정보처리 방식 등에서 질적으로 차이가 있다는 관점이다. 이 접근의 교육적 함의는 지적장애의 결함을 없애거나 감소시키는 특별한 교수방법과 교재가 필요하다는 것이다.

2. Piaget의 인지발달이론

① Piaget는 환경과의 계속적인 상호작용과 환경에 대한 적응 그리고 환경에 대한 지각을 통해 아동의 발달이 이루어진다고 보았다.

② Piaget에 따르면 인지발달은 반드시 거쳐야 하는 네 단계를 거치고 각 발달단계를 통해서 다음 단계로 성장한다.

③ Piaget의 이론은 지적장애 학생에게도 적용된다. 지적장애 학생의 경우 각 발달단계에 도달하는 연령이 늦을 것이고, 지적장애의 수준이 심각할수록 발달 속도도 느릴 것이다.

④ Inhelder(1968)는 경도 지적장애 학생은 구체적 조작기에, 중도 지적장애 학생은 전조작기 이전에 머무를 것이라고 하였다.

Piaget의 인지발달 단계

단계	특징	예
감각운동기 (출생 후 ~ 2세)	목표지향 행동	손에 닿지 않는 곳에 있는 물체를 꺼내기 위해 그것에 달려 있는 끈을 잡아당기거나 깔개를 잡아당겨 손에 넣을 수 있다.
	대상영속성	장난감이 치워졌어도 엄마 뒤에 있다는 것을 알고 찾는다.
전조작기 (2~7세)	언어능력 성장과 과잉 일반화	"할아버지도 식사하고 동생도 식사하셔."라고 말한다.
	상징적 사고	베개를 아기처럼 업고 다니고 토닥거리며 재우는 시늉을 한다.
	지각에 의한 지배	수도꼭지 안에 물이 담겨 있다고 생각한다.
구체적 조작기 (7~11세)	구체물의 논리적 조작	저울에서 평형을 이룬 물체는 하나가 다른 것보다 부피가 커도 무게가 같다고 한다.
	분류와 서열화	접시를 큰 순서대로 배열한다.
형식적 조작기 (11세 이후)	추상적이고 가상적인 문제해결	생각할 일이 많아서 잠이 안 오는 것이 아니라 지금 해야 할 일이 많아서 잠이 안 오는 것이라고 판단한다.
	조합적인 사고	햄, 치즈, 계란, 빵으로 몇 가지 샌드위치를 만들 수 있을지 생각할 수 있다.

3. Vygotsky의 사회문화 이론

① Vygotsky는 아동의 인지발달에는 사회문화적 요인이 기여한다고 하였다. 인지발달에는 문화적 맥락 속에 내포된 사회적 상호작용과 언어가 직접적인 영향을 준다.

② 학습은 더 많은 지식을 가진 사람과 상호작용하는 경험을 통해 일종의 교육적 혜택으로 증진될 수 있는데, 이와 같은 상황을 근접발달영역(zone of proximal development)에서 이루어지는 경험이라 한다.

③ 지적장애 학생은 그들이 숙달해야 하는 과제에 대해서 근접발달영역을 가지고 있어야 한다. 또한 새로운 것을 학습할 때는 비계(scaffolding, 발판)가 제공되어야 한다.

④ 비계설정은 지적장애 학생이 혼자 완수할 수 없는 과제를 완수하도록 도와주는 성인이나 보다 기술이 뛰어난 다른 학생의 안내와 지원으로 지적장애 학생의 필요에 따라 교수활동을 조정하는 것이다.

⑤ Piaget와 Vygotsky의 이론은 오늘날 교육 현장에서 아동이 주위와 상호작용하면서 어떻게 학습하고 발달하는지에 대한 우리의 이해를 돕는다. 또한 지적장애 학생을 위한 교육과정에서 실제의 경험을 강조하면서 느린 발달 속도와 기능의 최적 수준을 고려할 수 있도록 하고 발달과 차이에 대한 아이디어를 제공한다.

키워드 Pick

○ 비계의 유형과 예

유형	예
모델링	교사가 학생에게 먼저 시범을 보인다.
소리 내어 생각하기	교사가 문제를 풀면서 문제풀이의 과정을 소리 내어 말한다.
질문	중요한 시점에서 관련 질문을 던져 학생이 쉽게 문제를 이해할 수 있도록 한다.
교수학습자료 조정하기	뜀틀 높이를 낮추었다가 익숙해지면 뜀틀 높이를 높여 준다.
조언과 단서	운동화 끈을 끼울 때 엇갈려 가면서 끼우는 것에 대한 힌트를 준다.

② 학습 및 인지적 특성

1. 학습의 패러다임

단계	설명	지적장애 학생의 특성	교수방법
1단계: 기대의 단계	한 개인의 이전 경험에서 비롯된 기대감이 학습상황에의 접근방식을 결정한다는 것	실패의 경험이 많고 실패에 대한 기대감이 높음	학습에서의 실패를 극소화하고 성공의 경험을 최대한 많이 하도록 하여야 함
2단계: 선택적 주의집중의 단계	일정시간 동안 다양한 자극 중 선택하여 연관자극에 주의를 주도록 함	지적장애 아동은 많은 영역에서 주의집중을 하는 것이 어렵고, 많은 연습과 시간을 요구함	유관자극에는 보상을 주고 무관자극에는 보상을 주지 않는 자극통제의 관계를 사용하는 변별학습, 주의를 연관자극에 모아주고 반복연습하는 전략
3단계: 정보의 조직화 단계	정보의 조직화	정보를 유형별로 적절하게 분류・조직하지 못하여 정보의 재인이 어려움	정보처리전략으로 유목화, 매개전략, 쌍연합학습, 질문전략
4단계: 기억과 회상 단계	기억과 회상	언어적 시연이나 시각적 시연을 사용하지 못함	과제를 의미 있게 조직화하거나 강화자극을 보상으로 사용하는 방법, 반복연습, 그리고 학습전략을 사용하도록 아동을 격려하고 상기시키는 방법들을 제시

5단계: 전이의 단계	지식을 새로운 과제에 적응하는 능력	–	사용기회가 빈번한 중요과제 선택, 쉬운 과제에서 어려운 과제로 난이도에 따른 과제 제시, 개념들의 단계적 제시와 함께 각기 다른 상황에서 그 상황들의 공통성을 설명하고 인지시켜 적용을 쉽게 하는 방법, 상황에 따른 적절한 반응에 대해 보상을 하는 방법 등

맥 Plus

매개전략(쌍연합학습) 16초

- 매개전략은 자극과 반응을 연결시키는 과정으로 자극 제시에 사용되는 언어적 매개 혹은 관계에 역점을 둔다.
- 단어학습에 사용되며, 쌍연합학습(paired associated learning)이라고도 한다.
- 적용 방법
  - 우선 두 개의 자극을 함께 제시하고, 그다음에는 자극을 하나만 제시하고, 마지막으로 두 자극 사이의 관계를 말하는 회상(수행)을 돕는다.
  - 이때 과제가 얼마나 학습자에게 의미 있는가 또는 사물이나 단어가 얼마나 친숙한 것인가가 학습에 영향을 미친다. 즉, 친숙하고 익숙한 과제나 단어 혹은 사물일 때 학습이 더 잘된다.

예 '사과', '소년' 두 개의 어휘를 단어카드로 제시하고, 교사는 "소년은 사과를 먹고 있다."라고 말을 하여, 두 개의 어휘를 하나의 문장으로 만든다. 그리고 나서 학생들에게 "소년이 먹고 있는 것이 무엇이지?"라고 물으면서 '사과' 단어카드를 보이면, 학생들이 "소년이 사과를 먹고 있다."라는 문장을 상기하면서 '사과'라는 어휘를 말하게 한다.

2. 주의 09유, 09 · 15초, 11 · 13중

(1) 주의의 개념

선택적 주의집중 19유, 13추중	필요한 자극에는 주의를 기울이고 관련 없는 자극은 무시하는 것
주의유지	시간의 흐름에 따라 일정시간 동안 환경에서 방해하는 자극을 억제하면서 집중하는 것
주의집중의 범위(시간) 18중	과제를 수행하기 위해 일정시간 동안 주의집중을 지속하는 시간의 양
주의집중의 이동	한 과제에서 다른 과제로, 한 감각에서 다른 감각으로 이동하면서 주의집중을 지속하는 능력
주의 초점	정신을 산만하게 하는 자극을 억제하는 능력
연속적 제시에 따른 주의집중	학습 과제를 연속적 · 단계적으로 제시하는 것에 따른 주의집중

키워드 Pick

(2) 주의집중 개선을 위한 전략

구분	전략
주의집중을 위한 일반적인 전략	• 자극을 단순화하여 제시 • 직접적으로 지도 • 과제에 대한 주의를 흩뜨리게 할 수 있는 이상한 자극의 제거 • 과제에 주의집중을 할 때 보상 • 단지 몇 가지 차원에서만 차이가 있는 초기 자극들을 제시 • 아이의 주의를 중요한 차원들로 유도 • 시간이 지날수록 과제의 난이도 증가 • 아동의 수준에 맞는 활동 제시 • 흥미 유발 • 조용한 공간 제공 • 작고 성취 가능한 단계로 활동을 나누어 제시 • 수행에 대해 자주, 구체적인 피드백 제공
관련 자극에 선택적 주의집중	• 특정 자극의 중요성을 인식시킴 • 자극단서의 수나 복잡성을 줄임 • 관련 자극의 강도를 증가시킴 • 신기성과 친밀성을 이용 • 촉각과 운동지각을 적용 • 일상적인 상황에서 자료를 제시 • 의미와 선행경험을 이용
주의집중 지속시간의 증대	• 아동이 성취해야 할 행동목표를 선정 • 타이머 사용 • 과제에 대한 지속시간의 증가 • 활동중단 빈도조절 • 주의집중시간의 증대와 강화
통제된 주의집중 이동의 가변성 증대	• 한 번에 한 가지 채널만 요구 • 주의집중 이동을 위한 시간 허용 • 주의집중 이동시간 단축
연속적 주의집중 행동의 개선	• 항목 수의 증가 • 군단위화 • 시연

3. 기억 11중

(1) 정보처리과정

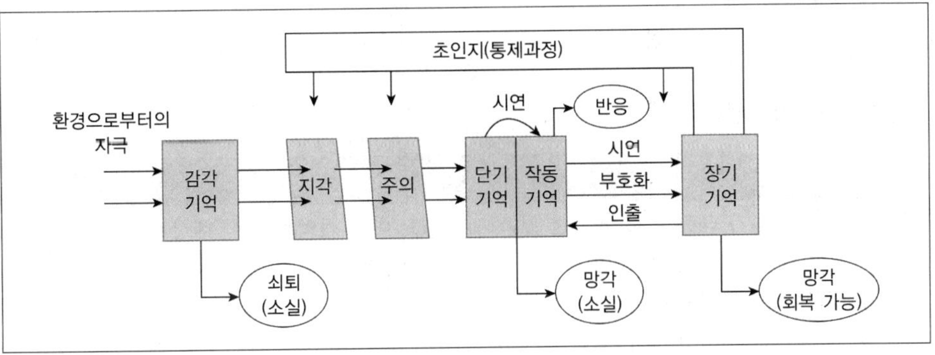

감각기억	• 자극들을 최초로 처리하여 그 의미를 파악하게 한다. 정보들은 감각등록기에서 부호화되는데, 그중 어떤 정보를 단기기억으로 보낼 것인지는 지각과 주의가 결정하게 된다.
지각	• 자극을 탐지하고 그에 의미를 부여하는 과정으로 감각정보를 해석하는 것이다. • 그러나 우리는 모든 자극을 지각할 수 없다. • 감각이 등록되면 학습을 위해서 어떤 자극에 마음을 기울이게 된다.
주의	• 매우 제한적이어서 과제가 어려울 경우 하나의 과제에만 주의를 기울일 수 있다.
단기기억	• 단기간의 사용을 위해 정보를 보유하는 것으로, 몇 초나 몇 분에 걸쳐 내용을 회상할 수 있는 능력으로 투입된 정보를 조작하는 것을 강조한다.
작동기억	• 다른 과제를 하면서 동시에 정보를 잊지 않고 기억해 두는 능력이다. • 예를 들면, 학교에서 몇 분 전에 교사로부터 들은 일련의 작업과제를 순서대로 기억하면서 첫 번째 해야 할 일을 하는 것이다. • 지적장애 학생은 단기기억이나 작동기억 속에 정보를 유지하는 시연 활동과 정보를 범주화하는 데 문제가 있고 정보조작 속도가 느리다. • 보통 단기기억의 용량이 7±2의 범위이나 지적장애 학생은 일반적으로 기억의 용량에도 제한이 있다.
장기기억	• 기억된 정보가 시간이 경과한 후에도 회상되는 것이다. • 지적장애 학생의 장기기억은 단기기억에 비해 덜 손상되어 일반학생과 차이가 거의 없다고 한다.
초인지	• 지적장애 학생의 기억력 결함은 초인지 문제와 관계된다. • 초인지는 주어진 일이나 문제를 해결하고 수행하기 위해서 어떠한 전략을 사용해야 할지, 그리고 어떤 전략이 가장 효율적인지를 평가하고 노력의 결과를 점검하는 능력이다. • 지적장애 학생은 일반학생에 비해 낮은 초인지를 지닌다. • 새로운 상황에서 어떤 전략이 필요한지 잘 모르고 좋은 기억전략을 자발적으로 사용하지 못한다. 또한 자신이 하는 일에 대해 지속적으로 검토하며 결과와 효과성에 대해 점검하는 데 어려움이 있다. 이러한 문제는 자기조절 능력의 어려움으로 나타난다.

키워드 Pick

자기조절 능력	• 건설적으로 정서를 관리하고 초점을 잃지 않는 주의의 유지를 통해 자신의 행동을 조절하는 것이다. • 그러나 대부분의 지적장애 학생은 자신의 통제과정을 바꾸는 법을 배울 수 있기 때문에 자기관리방법이 활용되고 있다.

기출의 맥

기억전략은 지적장애뿐만 아니라 인지적으로 어려움이 있는 경우 모두 적용할 수 있고, 폭넓게 적용할 수 있는 전략인 만큼 중요합니다. 각 전략의 키워드를 잘 파악해 두세요!

(2) 일반적인 기억전략

전략	내용
시연	• 나중에 회상해 낼 것을 생각하고 미리 기억해야 할 대상이나 정보를 눈으로 여러 번 보아 두거나 말로 되풀이해 보는 것으로, 기억력을 증진시키는 데 사용되는 전통적인 전략 • 시연 횟수가 많으면 많을수록, 능동적으로 시연전략을 사용할수록 기억력이 증진됨
조직화	• 제시된 자료를 그것이 가지고 있는 속성에 따라 의미 있는 단위로 묶어서 기억하는 방법 • 군화, 군집화(범주화)
부호화	• 철자를 점과 선으로 변환시킨 것과 같이, 정보를 한 가지 형태에서 다른 형태로 변환하는 것 • 단기기억과 장기기억에 따라 형태가 달라짐. 즉, 단기기억과정에서는 축소형 부호화와 정교형 부호화가 효과적이고, 장기기억에서는 심상 부호화와 의미 부호화가 효과적
정교화	• 기억해야 할 정보에 무엇인가 덧붙이거나 다른 정보와 서로 관련시켜 기억하도록 하는 방법
핵심단어-주제어 기법	• 핵심단어법(keyword method)과 주제어법(pegword method)을 병합한 기억법으로, 기억해야 할 과제가 구체적일수록 기억을 더 잘할 것이라는 생각을 바탕으로, 추상적 개념을 구체적인 형태로 제시하는 방법 • 핵심단어 기억법(mnemonic keyword method)이라고도 하며 본래 학습장애 아동들의 기억을 촉진하기 위해 고안되었음
심상법	• 심상(image)을 이용하여 기억하는 방법 • 인쇄술이 발달되지 않은 고대의 웅변가들은 연설할 때 기억조정술을 사용했는데, 그중 대표적인 방법이 장소법(method of loci)
PQ4R	• 기억을 증진시키기 위한 전략으로서, 제목・장・절・항 등의 요약을 먼저 개관하고(preview), 각각의 제목・장・절・항에 대해 질문을 던지고(question), 질문에 답하면서 절의 제목을 눈으로 읽고(read), 예를 생각하여 다른 사항과 결합시키면서 교재에 대해 숙고하고(reflect), 절을 마친 후에 암송을 하고(recite), 전체 장을 마친 후에 복습을 한다(review)는 것

4. 일반화와 유지 09유, 09초, 09 · 11중

(1) 학습단계와 일반화 · 유지

① 학습단계 13 · 15유, 13중

획득(습득)	새로운 개념, 기술, 행동의 최초 학습을 의미한다. 즉, 기술이 없는 상태에서 기본적인 습득 수준까지의 이동을 획득이라고 할 수 있다. 학습에서 획득의 목표는 정확성이 전혀 없는 수준에서 85%까지 도달하면 수행한 것으로 본다.
숙달	숙달은 한 기술이 자연스러운 환경에서 유용하도록 정확성과 속도의 결합을 의미한다.
일반화	일반화는 새로운 방법 또는 낯선 조건에서도 기술을 사용할 수 있는 것을 의미한다. 이것은 교수가 끝난 후에도 이미 배운 지식이나 기술을 새로운 사람, 장소 또는 일에 적용하는 것, 다른 형태의 행위를 사용하기 위해 그 기술을 수정하거나 변경하는 것을 포함한다.
유지	유지는 교수가 끝난 뒤 한참 후에 개인의 지식과 기술을 사용하는 것을 의미한다.

맥 Plus

학습단계별 체계적인 피드백

1. 교수적 피드백

학생의 수행에 대한 정보를 제시하는 피드백, 교사가 의도적으로 여분의 정보를 제공하는 것

예 정적강화나 칭찬, 틀린 반응에 대한 오류 수정

2. 학습단계별 피드백

학습의 습득 단계에서의 피드백	학생이 수행하는 반응의 정확성과 형태에 따라서 피드백을 제시한다. 학생이 수행하는 것마다 피드백을 해 줌으로써, 교사는 학생이 잘못된 수행을 계속할 수 있는 가능성을 감소시킬 수 있게 한다.
학습의 연습 단계에서의 피드백	학생이 목표기술을 수행하는 비율이나 속도에 따라서 제공한다. 학생이 수행할 때마다 피드백을 주게 되면 오히려 방해가 될 수 있는데, 이는 학생이 학습을 빠르게 수행하는 유창성을 기르는 기회를 방해할 수 있기 때문이다.

② 일반화의 구성요소

요소	내용
시간에 걸친 일반화	프로그램이 끝난 후 시간이 지나도 행동변화가 지속되는 것
환경에 걸친 일반화	훈련 상황과 다른 새로운 환경에서도 행동변화가 지속되는 것
행동에 걸친 일반화	구체적인 목표행동 이외의 다른 행동에까지 변화가 오는 것
대상에 걸친 일반화	목표로 삼은 사람의 행동변화와 비슷하게 목표로 삼지 않은 사람도 그와 같은 행동변화가 이루어지는 것

기출의 맥

일반화와 유지는 학습단계의 맥락에서 이해해야 합니다. 또한 지적장애뿐만 아니라 다양한 장애영역에서 습득한 기술의 일반화와 유지에 대한 사항은 많이 다루어집니다. 여기서 정확히 봐 두면 다양한 문제상황을 해결할 수 있을 거예요!

키워드 Pick

기출 LINE

9유) 친구들과의 인사말 "안녕!"을 가르쳤더니 학교의 다른 선생님들께도 "안녕!"이라고 인사한다.

③ 일반화와 유지 09초

구분	내용
유지	교수가 끝난 뒤 한참 후에 개인의 지식과 기술을 사용하는 것
자극의 일반화	새로운 사람, 새로운 장소, 새로운 일에 지식이나 기술을 사용하는 것
반응의 일반화	다른 형태의 행위를 사용하기 위해 그 기술을 수정하거나 변경하는 것

(2) 지적장애의 일반화 및 유지 특성 24초

① 지적장애 아동은 새로 습득한 기술을 다른 장소, 다른 조건, 다른 사람에게 일반화시키거나 시간이 지나서도 유지시키는 기술이 매우 부족하다.

② 과제의 수행에 있어 이전의 경험을 활용하지 못할 수도 있다.

③ 모델을 관찰하거나 모방하는 것을 통해서 학습하는 능력과 참여하는 것만으로 학습할 수 있는 우발학습(우연학습) 능력이 부족하다. 우발학습은 다른 기능이나 개념 혹은 다른 상황으로 전이하거나 일반화하는 것과 관계가 있다.

④ 한 가지를 배우면 다른 것에 지나치게 적용하는 과잉 일반화의 문제를 나타내며, 한 교과에서 배운 단어를 다른 교과에서는 읽지 못하거나 교실에서 배운 것을 다른 곳에서는 적용하지 못하기도 한다. 이러한 능력의 부족은 경도 지적장애 학생의 경우 학업 수행의 어려움으로 직결되며 또래에 비해 뒤떨어지는 학업성취를 보이게 된다.

⑤ 중도 지적장애 학생은 학습이 가능하다고 해도 더 많은 시간이 필요하고, 모방과 일반화에 많은 어려움이 있으며, 더 적은 기술을 배우게 된다. 따라서 지적장애 학생의 현재와 미래를 고려한 일반화를 위해서는 기능적인 기술을 실생활에서 적용할 수 있도록 직접적이고 세부적이며 다양한 환경에서의 지도와 배운 내용을 적용해 볼 수 있는 충분한 참여와 집중적인 기회의 제공이 필요하다.

⑥ 일반화는 자동적으로 이루어지지 않기에 교사의 명시적인 계획이 필요하다. 즉, 지적장애 학생의 현재와 미래를 고려한 일반화를 위해서는 기능적인 기술을 실생활에서 적용할 수 있도록 직접적이고 세부적이며 다양한 환경에서의 지도와 가능한 한 다양한 예와 자료를 포함하여 배운 내용을 적용해 볼 수 있는 충분한 참여와 집중적인 기회의 제공이 필요하다. 교사나 부모들은 중도 지적장애 학생일수록 모방과 우발학습의 기회 자체가 적다는 것을 기억해야 한다.

(3) 일반화 및 유지 전략 09 · 13 · 17중

일반화 전략	• 의미 있는 기술교수 • 부적응행동을 지원하기 위한 환경의 수정 • 자연적인 강화 사용 • 충분한 자극의 예 제시 • 충분한 반응의 예 제시 • 또래의 참여 • 일반적인 물리적 · 사회적 자극 사용 • 일반화 촉진을 위한 자기교수전략 • 실제 생활환경의 사용 또는 비슷한 환경 제공 • 다양한 구체적 자료 제시 • 역할극 • 다양한 사람 및 장소에서 동일한 기술의 연습
유지 전략	• 습득한 기술을 충분히 연습하여 시간이 지난 뒤에도 사용할 수 있도록 함 • 분산된 시도를 통해 학습하는 것이 효과적임 • 간헐적인 강화를 제공하여 습득한 기술이나 행동의 사용을 촉진 • 학습한 기술과 다른 기술 또는 활동과 연계 • 유지 스케줄을 사용 • 가정과 다른 환경에서 습득한 기술을 사용할 수 있는 기회를 제공
일반화와 유지 전략	• 일상적인 생활환경에서 자연적으로 발생하는 후속결과를 강화로 사용 • 일상적인 생활환경에서 필요하고 중요하게 여겨지는 기능적인 기술을 가르침 • 장애학생이 일상적인 생활환경에서 강화를 받을 수 있을 만큼 새로 학습한 기술을 정확하고 유창하게 수행하도록 가르치고 연습시킴 • 일반자극을 프로그램화함 • 교육환경에서 장애학생이 배울 수 있으면서도 일반화 환경에 용이하게 전이될 수 있는 새로운 일반자극을 만들어 사용 • 지역사회 중심교수를 실시하여 장애아동이 기술을 사용할 실제 환경에서 그 기술을 배울 수 있도록 함

기출 LINE

9중)
• 다양한 환경을 제공한다.
• 과제에 대하여 학생의 반응 양식을 다양화한다.

키워드 Pick

기출의 맥

관찰학습, 모델링 등은 지적장애, 정서행동장애, 학습장애에서 폭넓게 적용되는 개념입니다. 그리고 최근 출제가 더 자주 되고 있으니 관찰학습의 개념과 과정 등을 꼼꼼하게 잘 봐 두세요!

기출 LINE

19유)
- 평소 박 선생님과 제가 원기에게 하던 행동을 아이들이 자세히 본 것 같아요.
- 지난번 현장 체험학습 때 제가 원기를 도와주었던 친구들을 칭찬해 줬더니, 그 모습을 보고 몇몇 유아들은 원기를 도와주는 행동을 따라 하는 것 같아요.

5. 관찰학습 19·22유, 22초, 25중

(1) 지적장애의 관찰학습 특성

① 주위 사람들이 하고 있는 행동을 잘 관찰하지 못한다.

② 관찰을 하더라도 모방을 잘하지 못한다.

③ 지적장애 아동의 외부 지향성, 문제해결 과정에서 다른 사람의 단서 및 지도를 찾는 경향, 영향을 쉽게 받는 특성 등을 잘 활용하면 행동을 습득하거나 수정할 때 효과적일 수 있다.

(2) Bandura의 관찰학습

단계	내용	고려사항
주의집중 과정	관찰자가 모델의 행동에 대해 주의를 집중하면서 단서를 정확히 인지하는 과정	• 적절한 단서를 선택할 수 있는 식별력 있는 관찰요구 • 주의집중력에 영향을 미치는 요인 – 관찰자 자신에 관련된 요인 – 과제 특성에 관련된 요인 – 유인 조건에 관련된 요인 • 아동의 주의집중에 영향을 미치는 주요인 – 모방될 자극의 크기 – 명료성 – 참신성
파지과정	한 번 관찰된 내용을 어떤 형태로든지 머릿속에 보존하고 재현하는 과정	• 시연전략 • 관찰된 행동을 머릿속에 오래 보존시킬 수 있도록 하는 방법이나 필요할 때 인출을 용이하게 할 수 있는 방법이 요구된다.
운동적 재생과정	일단 관찰되고 파지된 표상은 상징적이거나 언어적 내용으로 구성되며, 이것이 외부자극에 따라 구체적이고 표면적인 행동으로 재생되는 과정	• 행동의 재생은 관찰된 형태와 같도록 그 반응을 시공적으로 조직함으로써 일어난다. • 관찰학습의 속도와 수준은 요구되는 반응을 할 수 있는 동작체제에 의해서 좌우된다. • 복잡한 행동은 과거에 이미 학습한 반응을 종합함으로써 행동을 재생할 수 있다. • 과거에 학습하지 않은 행동은 점진적 접근법 등을 활용하여 필요한 반응을 습득한 후에 관찰학습이 가능하다.
동기화 과정	관찰된 행동을 기억하고, 그 행동을 실현할 때 현실적으로 거부당하거나 보상되는 과정	• 보상은 모방한 학습결과를 표현하는 데 영향을 미친다. • 보상은 개인이 특수한 자극에 주의를 기울이게 한다.

6. 인지 · 초인지 09유, 09 · 15초

(1) 인지

① 인지에는 주의, 지각, 기억 등을 포함하여 이해, 해석, 변형, 계획, 예견, 계산, 평가 등의 과정이 해당된다.

② 문장제 수학 문제의 예를 들면 읽고 요약하고, 시각화하고, 가설화하고, 예측하고 계산하고 점검하는 과정이다.

(2) 초인지

① **초인지의 개념**: 초인지는 정신적 활동의 두 가지 주된 범주, 즉 인지에 대한 지식과 사고 작용의 자기조정을 포함한다.

<table>
<tr><td rowspan="5">인지에 대한 지식</td><td colspan="2">• 인지에 대한 지식의 구분</td></tr>
<tr><td>선언적 전략 지식</td><td>– 학습자가 갖고 있는 과제 정보와 전략 속성과 관련된 지식
예 훑기 전략이 무엇인지 아는 것</td></tr>
<tr><td>과정적 지식</td><td>– 전략을 어떻게 사용하는가와 관련하여 실행 과정에 대해 학습자가 가지는 지식
예 훑기를 어떻게 하는지 방법과 관련된 지식</td></tr>
<tr><td>조건적 지식</td><td>– 전략을 언제, 왜 사용하는지 알도록 하는 지식
– 구체적 과정과 상황 속에서 선언적 전략 지식과 과정적 지식의 실행을 가능하게 하는 것
예 훑기를 언제, 왜 하는지 아는 것</td></tr>
<tr><td colspan="2">• 초인지는 학습자가 언제 알고 언제 모르는가를 알고, 무엇을 알고 있는지를 알고, 알아야 할 필요가 있는 정보가 무엇인지 알고, 전략의 유용성을 판단하는 등 학습과정에 필요한 의식적인 각성을 하는 상태이다.
• 학습과정에서 효율적인 전략 선정, 점검 및 수정이 여기에 해당된다. 이 과정에서 초인지는 의도적인 통제 및 조정을 하게 된다.
• 초인지는 문제해결 과정 동안 자기교시, 자기점검, 자기질문 등의 전략을 사용하여 인지 과정을 주도하고 조정하는 활동을 한다.
• 정보적 교수: 교사가 학습자에게 교수전략의 목적과 이점, 교수전략이 언제 어디서 왜 사용되는지 상세하게 설명하는 것이다.</td></tr>
<tr><td>사고 작용의 자기조정</td><td colspan="2">• 학습자는 학습하는 동안 과제를 의식하고 그 난이도를 평가, 계획을 수립한다. 그리고 과제를 해 나가는 동안 자신의 수행 정도를 점검하고, 전략의 효과 정도에 따라 전략 사용의 수정을 꾀하는 정보처리 과정 내의 결정 및 집행 기능을 행하여 모든 인지적 활동을 지휘, 감독한다.
• 성공적인 전략행동은 언제 어떻게 전략 지식을 사용하는지 알려주는 초인지적 지식을 기반으로 다양한 상황에서 실행 가능한 자기조정체계를 갖추어야 한다.</td></tr>
</table>

기출 LINE

9유) 만들기 활동에서 무엇을, 어떻게 만들어야 할지에 관한 계획, 실행, 평가의 전략을 사용하지 못한다.

키워드 Pick

② 초인지 능력에 영향을 미치는 요소

요소	내용
학생의 지식수준	학생이 과제와 관련된 지식을 이미 가지고 있다면 자신의 이해에 대해 점검할 필요가 없게 되며 초인지적 전략을 사용할 필요가 없다.
성취목표 지향성	성취목표 지향성은 숙달목표 지향성과 수행목표 지향성, 실패회피로 나누어진다. • **숙달목표 지향성**: 새로운 능력을 개발해 가면서 자신의 능력을 남에게 보여 주기를 원하고 기회가 된다면 효과적이고 높은 수준의 초인지적 능력을 개발한다. • **수행목표 지향성**: 좋은 점수나 과제에 집중한다. • **실패회피**: 교실 안에서 자신의 이미지에 관심을 둔다. 일반적으로 지적장애 아동은 실패회피 경향성이 높다.
자기효능감 19중	지적장애 아동은 많은 실패의 경험으로 인하여 자신의 실력이 형편없다고 믿고 있다. 그 결과, 문제를 해결할 생각조차 하지 않고 자신의 행동을 관찰하려는 의지도 없게 된다.

③ 초인지적 활동의 단계

단계	내용
1단계	• 과제를 정의 내리는 것으로, 학습자가 일단 문제에 직면하면 문제가 무엇인지를 인지하는 단계이다. • 만약 학습 과제가 학생에게 매우 친숙한 것이면 첫 단계는 생략하고 넘어간다.
2단계	• 목표설정과 계획단계로, 문제를 해결하기 위해 목표를 설정하고 학습 과제를 수행하기 위한 계획을 수립하게 된다.
3단계	• 설정한 목표를 달성하기 위한 학습전략을 수립하게 된다. • 여기서 학습전략을 세울 수 없다고 생각되는 학생은 과제를 포기할 수 있다.
4단계	• 실행단계로서, 과제와 관련된 기본 정보를 여러 매체에서 찾거나 과정을 단순화시키기 위해 개인의 상황을 조정하기도 한다.

7. 자기조정

(1) 자기조정학습

① 자기조정은 시간을 계획·관리하고, 과제에 주의집중하고, 전략적으로 정보를 구성하며, 생산적 환경을 구축하고, 사회적 자원들을 활용하는 능력을 포함한다.

② 자기조정능력을 가지고 효과적으로 사용하게 되면 자기효능감을 향상시킬 수 있다.

③ 자기조정은 개인이 자신의 삶과 학습에 대한 책임감을 인식하느냐의 여부에 따라 영향을 받는다.

④ 자기조정학습이란 사람들이 행동을 자기 스스로 방향 짓고 통제하는 방식을 뜻한다. 학습자 자신은 행동변화 과정에 능동적으로 참여하여 목표를 선정하고 인지적 준비를 하고 점검과 평가를 수행한다.

⑤ 자기조정학습자는 초인지, 동기, 그리고 행동의 능동적 학습과정의 참여자로, 자기조정학습은 자기조정학습자가 자기효능감을 기초로 학업 목표의 성취를 위해 구체화된 전략을 사용하는 것을 뜻한다.

(2) 자기조정학습을 위한 전략교수모형

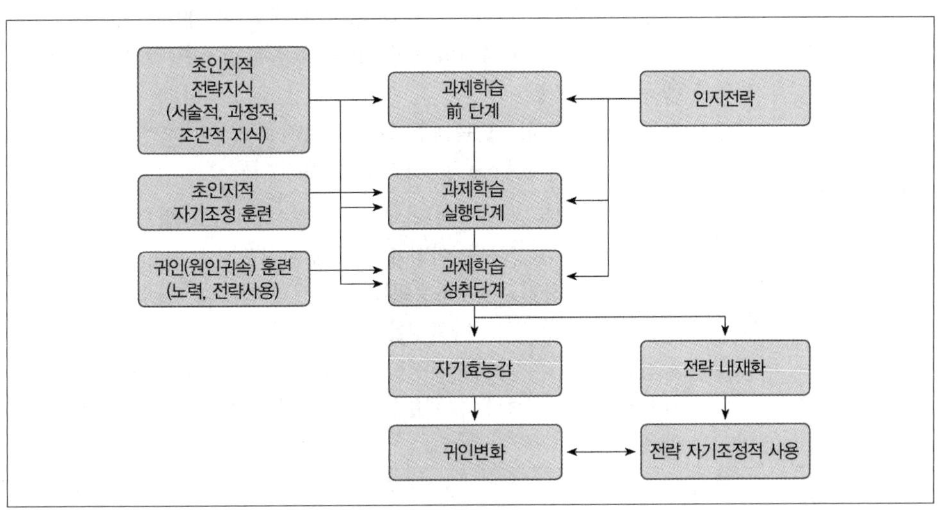

① 초인지적 인식 또는 지식을 기초한 모델이다.

② 학습자 동기를 중요하게 고려하고 있다.

③ 교수과정에서 동기변화를 유도하기 위해 전략의 유용성과 노력의 귀인 훈련을 위한 전략 변인을 개인의 내적체계와 초인지적 지식 및 학업성취의 매개 변수로 전략 습득 모델에 포함시켰다.

키워드 Pick

기출의 맥

자기결정은 모든 장애학생들에게 지도해야 할 중요한 능력이고, 긍정적 행동지원(PBS)과 전환교육 등에서도 매우 강조하는 개념입니다. 출제빈도도 높습니다. 자기결정에 대한 다양한 내용들을 빠짐없이 잘 정리하고 외워 두세요!

8. 자기결정 14 · 21유, 14 · 18 · 23초

(1) 자기결정의 정의

"부당한 외부의 영향이나 방해를 받지 않고 자신의 삶의 질에 관한 선택과 결정을 내릴 수 있는 자신의 삶에서 주도적인 역할을 수행하는 것"(Wehmeyer)

① 자기결정이 된 사람은 자신의 삶에서 주도적인 수행자로서 역할을 한다.
② 자기결정에 중요한 것은 절대적인 통제가 아니고 오히려 개인의 삶에 영향을 미치는 선택과 결정에 주도적인 역할 수행자이다.
③ 자기결정은 아동과 청소년이 자신의 삶에서 주도적인 역할 수행자가 되도록 해주는 태도를 발전시키고 기능을 배우게 하는 삶의 전 영역에 걸쳐서 나타난다.

(2) 자기결정행동의 4가지 필수적인 특성

자율성행동	• **자율성**: 부모로부터 정서적인 분리, 자신의 삶에 대한 개인적인 통제 의식의 발달, 개인의 가치체계의 확립 및 성인 세계에 요구되는 행동과 제수행하기를 포함하는 복합적인 개념 • 자기결정행동의 정의상의 토대 안에서, 만약 한 개인이 부당한 외부 영향이나 간섭 없이 자신의 선호, 흥미 혹은 독립적인 방식으로 행동하면, 행동은 자율적 • **자율성에 공헌하는 행동범주 4가지**: 자기돌보기/가족돌보기 활동, 관리 활동, 오락/여가 활동 및 사회/직업 활동 등
자기규칙행동 (자기조정)	• **자기규칙**: 행동결과의 바람직함 여부를 평가하고 필요한 경우에는 자신의 계획을 수정하고, 어떻게 행동해야 하는가에 관한 결정을 할 그런 환경에 대처하기 위한 반응목록과 자신의 환경을 자기가 확인할 수 있도록 해주는 복잡한 반응체계 • 자기규칙행동은 자기관리전략들(자기모니터링, 자기교수, 자기평가 및 자기강화를 포함하는), 목표설정, 도달행동, 문제해결행동, 관찰학습전략을 포함
심리적 역량을 갖춘 방식으로 행동하기	• 심리적 역량은 기질(통제 소재), 인지(개인의 효능감) 및 동기(외적 기대감)를 포함한 지각된 통제의 다양한 차원을 의미하는 용어 • 심리적 역량을 갖춘 방식으로 행동하는 사람은 자신이 자기에게 중요한 환경에 대한 통제력을 지니고(내적통제 소재), 원하는 성과를 성취하는 데 필요한 기능을 소유하고 있고(자기효능감), 만약 자신이 그러한 기능을 적용하기를 선택하면, 인지된 성과가 이루어질 것이라는 믿음(성과에 대한 기대)에 토대를 두고 행동
자아실현	• 자기결정력이 있는 사람은 지식을 활용할 수 있는 방식으로 행동하기 위해 종합적이고 정확한 자신에 대한 지식과 자기의 강점 및 약점을 이용한다는 점에서 자아를 실현하고 있는 중 • 자기지식과 자기이해는 자신의 환경에 대한 해석과 함께 경험을 통해서 형성되고 주요한 다른 강화 및 자기 행동에 대한 귀인의 영향을 받음

(3) 자기결정행동의 핵심 요소 25유, 25중

주요요소	내용
선택하기기술	선택하기기술은 자기결정의 핵심 요소이다. 학생은 자신의 요구와 선호도를 확인하고 이에 대해 의사소통하기 위해서 '선택할 기회'를 가져야 한다. 이것은 학생에게 자신이 할 활동, 활동할 장소, 학습 과제, 과제를 수행할 순서 등에 대해 선택할 수 있게 함으로써 성취될 수 있다.
문제해결기술	학생에게 문제해결기술을 가르치기 위해서는 학생 스스로 문제를 확인하고 분석하여 잠정적인 해결책을 결정하고, 가장 적절한 해결책으로 문제를 해결하도록 해야 한다. 학생은 일상생활의 문제해결력을 향상하기 위한 지원과 편의를 제공받아야 한다.
의사결정기술	의사결정기술은 다양한 상황에서 잠정적인 해결책 중 어느 것이 가장 좋을지를 결정하는 것과 각각의 서로 다른 해결책의 결과에 대해 이해하는 것을 포함한다. 의사결정기술 교수의 핵심은 선택하기기술을 가르치는 것이다.
목표설정 및 성취기술	목표설정 및 성취기술은 학생에게 목표를 정의하고, 목표와 관련하여 현 위치를 파악하고, 행동을 위한 계획을 세우고, 목표를 향한 자신의 진전도를 평가할 수 있도록 가르치는 것을 포함한다. 목표설정기술은 학생이 자신의 학습에 좀 더 책임감을 갖도록 하는 데 매우 효과적이다.
자기관리기술	자기관리기술은 자기점검, 자기평가 및 자기강화로 구성되어 있다. 자기점검은 학생에게 자신의 행동에 대해 측정하고, 관찰하고 기록하는 것을 가르친다. 자기평가는 학생에게 자신의 다양한 행동에서의 발전을 살피고 평가하는 것을 가르친다. 자기강화는 학생에게 자신의 행동에 따라 결과가 달라짐을 가르친다.
자기옹호와 리더십기술	자기옹호기술은 학생에게 자신의 믿음을 옹호하는 능력을 제공한다. 자기옹호와 리더십교수는 학생에게 자신의 권리와 책임에 대해 가르치고, 그것들을 어떻게 옹호하는지, 크고 작은 집단 내에서 어떻게 의사소통하며 협상하는지에 대해 가르친다.
자기효능	자기효능은 자신이 특정한 목표를 수행하거나 성취할 수 있다고 믿는 것이다. 자기효능은 직접적으로 가르치지는 않지만 다른 자기결정기술들을 성공적으로 적용하는 경험을 통해서 향상될 수 있다.
자기인식이나 자기지식	자기인식이나 자기지식은 한 개인이 자신의 강점이나 능력, 자신의 약점이나 제한점 등을 이해하는 능력을 말한다. 자기인식과 자기지식에 대한 교수는 학생에게 자신이 자신의 삶의 질에 영향을 주는 원인 제공자이며, 자신의 행동이 자신의 주변에 어떻게 영향을 미칠 수 있는지에 대해 이해하도록 가르치는 것을 포함한다.

기출 LINE

21초) 자기결정 행동의 구성요소 중에서 '학생이 학습 문제를 해결하도록 학생 스스로 말해 가면서 실행하는 것'과 같은 요소

키워드 Pick

기출의 맥

이 모델의 특징을 잘 이해해 두세요. SDLMI의 구성요소는 암기영역입니다. 상세하게 출제된 바가 있으니 잘 외워 두세요!

(4) 자기결정 교수-학습 모델(SDLMI) 21초, 23중

① 특징

㉠ 학생의 학업 영역에서부터 기능 영역에 이르기까지 학생 자신이 목표를 세우고 계획을 세울 수 있도록 고안된 교수 모델이다.

㉡ 자기결정 교수학습모형은 다중전략모형으로 삶의 주체로서, 외적인 영향력과 침해로부터 자유롭게 선택과 결정을 하도록 돕는다.

㉢ 학생들이 자신의 삶의 원인 주체가 되어 자신을 관리, 통제하는 힘을 가지며, 자기주도적 학습의 기회를 증가시킴으로써 학생들이 교육 프로그램에 활발히 참여할 수 있도록 교사가 도와주는 교수모형이다.

㉣ 교사주도적인 기존 모형과 달리 학생 스스로 주도하여 학습목표를 설정하고 이를 달성할 수 있도록 교사는 다양한 의사결정기술을 습득시키고 연습하게 한다.

㉤ 자기결정 교수학습모형은 지적장애 학생이 일반교육과정에 성공적으로 적응하기 위한 내적 동기를 촉구하고, 자기조정능력을 향상시킬 수 있다.

② 구성요소

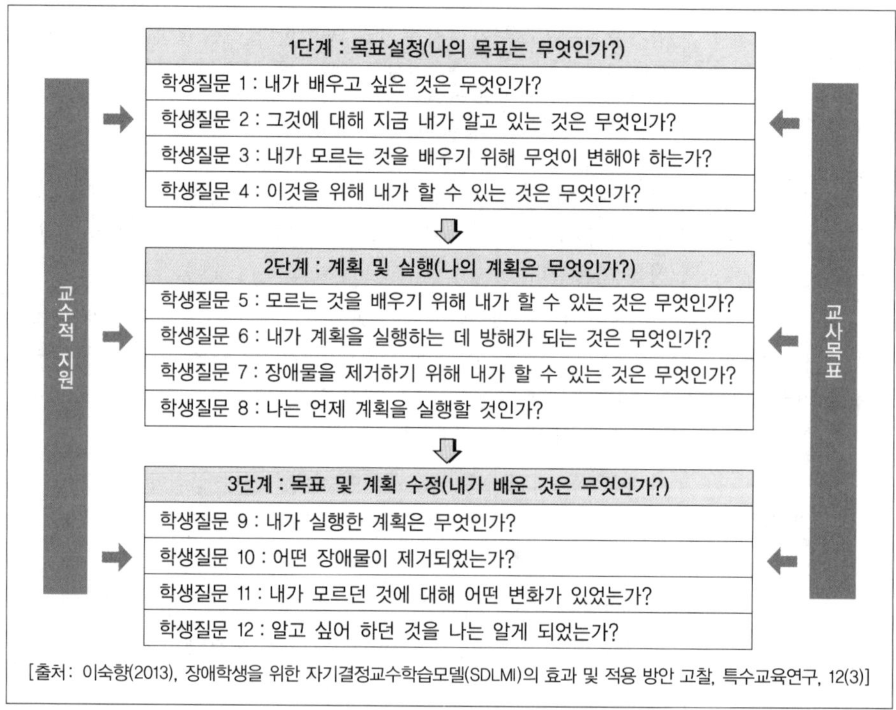

| 자기결정 교수-학습 모델(SDLMI)의 구성요소 |

③ 단계별 활동 및 교수목표

<table>
<tr><td rowspan="6">1단계:
학습목표
세우기</td><td>문제해결하기:
내 목표는 무엇인가?</td><td>지원</td><td>• 학생이 흥미, 능력, 교수적 요구에 대한 자기평가
• 훈련을 인식하기
• 선택하기교수
• 문제해결교수
• 의사결정교수
• 목표설정교수</td></tr>
<tr><td>학생질문</td><td colspan="2">교수목표</td></tr>
<tr><td>① 내가 배우기를 원하는 것은 무엇인가?</td><td colspan="2">• 학생이 특정 영역에서 강점과 교육적 필요를 파악하도록 돕기
• 학생의 선호도, 흥미, 신념, 가치에 대해 의사소통하기
• 우선적으로 필요한 것을 가르치기</td></tr>
<tr><td>② 내가 지금 알고 있는 것은 무엇인가?</td><td colspan="2">• 학생의 교육적 필요와 관련된 현재 상태를 확인하도록 돕기
• 학생의 환경 내의 기회와 장애가 되는 것에 대한 정보를 수집하도록 지원하기</td></tr>
<tr><td>③ 내가 알지 못하는 것에 대해 어떤 변화가 필요한가?</td><td colspan="2">• 능력을 키울 것인지, 환경을 수정할 것인지, 혹은 둘 모두에 초점을 맞출 것인지 결정하도록 하기
• 우선 순위화된 목록에서 학생이 필요한 것 한 가지를 선택하도록 지원하기</td></tr>
<tr><td>④ 이를 위해 무엇을 해야 하는가?</td><td colspan="2">• 성취목표에 대한 기준을 세우고 목표를 진술하도록 가르치기</td></tr>
<tr><td>2단계:
활동하기</td><td>문제해결하기:
내 계획은 무엇인가?</td><td>지원</td><td>• 자기일정
• 자기교시
• 선행단서조절
• 선택하기교수
• 목표획득전략
• 문제해결교수
• 결정하기교수
• 자기옹호, 자기주장 훈련
• 의사소통기술 훈련
• 자기점검</td></tr>
</table>

키워드 Pick

	학생질문	교수목표
	⑤ 내가 알지 못하는 것을 배우기 위해 할 일은 무엇인가?	• 현재 상태에 대한 자기평가와 목표 상태 확인하기
	⑥ 활동을 방해하는 것은 무엇인가?	• 현재 상태에 대한 자기평가와 목표 상태에 대한 차이를 자기인식하고 활동계획을 결정하도록 돕기
	⑦ 이 장애물을 없애기 위해 무엇을 해야 하나?	• 학생이 가장 적합한 교수전략을 선정하도록 협력하기 • 필요한 학생주도 학습전략 가르치기 • 학생주도 학습전략을 실행하도록 지원하기 • 상호 간 동의한 교사주도교수 제공하기
	⑧ 언제 활동할 것인가?	• 활동계획을 위한 일정을 결정하도록 돕기 • 활동계획을 실행하도록 돕기 • 진전도를 자기점검하도록 돕기
3단계 : 목표나 계획을 조정	문제해결하기 : 내가 배운 것은 무엇인가?	지원: • 자기평가전략 • 선택하기교수 • 목표설정교수 • 문제해결교수 • 결정하기교수 • 자기강화전략 • 자기기록전략 • 자기점검
	학생질문	교수목표
	⑨ 내가 한 행동은 무엇인가?	• 목표성취를 위한 진전도 자기평가하기
	⑩ 제거된 장애물은 무엇인가?	• 학생이 원하는 결과와 진전도 간 비교를 위해 협력하기
	⑪ 내가 잘하지 못했던 어떠한 것이 변화되었는가?	• 학생의 진전이 충분하지 않다면 목표를 재평가하도록 지원하기 • 학생이 목표를 계속 유지할 것인지 바꿀 것인지 결정하도록 지원하기 • 학생이 활동계획이 적합한지, 부적합하다면 목표를 수정할 것인지 유지할 것인지 정하도록 협력하기 • 필요하다면 활동계획을 바꾸도록 지원하기
	⑫ 알기를 원하는 것이 무엇인지 알고 있는가?	• 학생의 진전도가 적절한지, 부적절한지, 혹은 목표를 성취했는지를 결정할 수 있도록 하기

③ 심리적 특성 13유, 13초, 10 · 11 · 18중

1. 자기효능감과 자아존중감

① 자기효능감은 과제를 끝마치고 목표에 도달할 수 있는 자신의 능력에 대한 스스로의 평가를 의미한다.

② 자기효능감이 특정한 과제 극복에 대한 자기 자신의 기대수준에 따라 달라질 수 있는 것이라면, 자아존중감은 자기자신에 대한 보다 광범위하고 포괄적인 긍정 또는 부정적인 평가를 의미한다. 일반적으로 자아개념과 자아존중감은 혼용되어 사용되기도 하며, 자아존중감은 평가의 측면을 강조한 자아개념의 특별한 유형으로 설명되기도 한다.

2. 동기

① 동기는 행동이 일어나게 하고, 지시하고, 유지하게 하는 내적 상태이다.

② 내적 동기는 호기심, 흥미와 같은 요인들로부터 시작되는 경향이 있다.

③ 내적 동기와 외적 동기

구분	내용
내적으로 동기화된 사람의 경향	• 흥미를 추구하고, 도전거리를 찾고 정복하려는 경향이 있다. • 외부의 유인이나 처벌에 덜 의존하는 경향이 있다.
외적으로 동기화된 사람의 경향	• 과제 그 자체의 본질보다는 노력의 결과(보상, 처벌)에 대한 흥미로부터 출발하는 경향이 있다.

④ 지적장애 아동은 높은 외적통제소와 실패의 기대로 인해 내적인 것보다 외적 요인에 의해 더 영향을 받기 쉽고, 다양한 행동과제들을 수행하기 위해 다른 사람들의 단서에 더 의존적인 경향이 있다.

3. 실패에 대한 기대

① 과거의 빈번한 실패 경험에 의해 과제의 난이도와 상관없이 실패를 미리 예상하는 경향이 강하다.

② 낮은 기대와 목표를 설정하고, 동기수준이 낮고, 노력의 양이 적어 실패가 거듭되는 악순환을 되풀이하게 된다.

③ 실패의 기대에 대한 방안

㉠ 학생의 수행/기능성 수준에 근거하여 타당하고 성취 가능한 장기목표와 행동목표를 설정한다.

㉡ 행동목표를 작은 학습단계로 세분화하고 정적강화를 풍부하게 사용한다.

㉢ 혼잣말을 사용하여 자신의 행동을 모니터하거나 강화하도록 가르친다.

㉣ 노력과 향상에 대해 보상한다.

19중)
• 학생 D는 주어진 과제를 성취하기 위해 필요한 행동을 성공적으로 해낼 수 있다는 믿음이 있고, 그러한 행동을 잘 수행한다면 원하는 성과를 이룰 것이라고 기대하고 있어요.
• 구체적이고 실제적인 자신의 과제수행 능력을 믿고 있군요. 자기효능감이 높은 학생인 것으로 보입니다. 학업 상황에서 친구들이 과제를 완수하는 것을 보면 자신도 그 과제를 완성할 수 있다고 생각하게 됩니다.

키워드 Pick

기출 LINE

13유) 철희는 손 힘이 약해서 그리기 활동에 많은 어려움을 겪었다. 그 결과 자신은 그리기 활동을 잘 할 수 없다고 생각하여 색칠하기를 거부하였다. 교사는 여러 가지 방법으로 지원하면서 "철희야, 너도 잘 할 수 있을거야."라고 하였다. 그러나 철희는 여전히 "난 잘 할 수 없어요."라고 말하며 그리기를 주저하였다.

4. 학습된 무기력 09 · 20유, 09 · 23초, 11 · 23중

① 새로운 혹은 어려운 과제에 직면할 때 쉽게 포기하거나 전혀 시도하려고 하지 않는 것을 의미한다.

② 사람들은 그들이 자신의 학습을 통제할 어떠한 수단도 더 이상 가지고 있지 못하다고 믿게 되었을 때 학습된 무기력을 발달시킬 수 있다.

③ 반복된 실패, 외적통제소, 다른 사람에 대한 기대 등으로부터 초래될 수 있다.

④ **학습된 무기력에 영향을 미치는 특성들(동기에 대한 특성)**

특성	내용
적극적 반응 경향성	• 사회적 강화로 형성된 반응성 • 도움을 주는 성인으로부터 받는 사회적 강화에 대한 반응성 • 성인에게 지나치게 의존하려는 경향에서 나온 특성
부정적 반응 경향성	• 지적장애인이 성인과의 상호작용에서 지나친 신중함과 꺼림을 나타내는 것 • 신중함은 아동의 사회적 효율성을 약화시킬 수 있음 • 더 위축적이고 자기 고립적이 될 수 있음
성공 기대감	• 개인이 새로운 과제를 만났을 때 성공을 기대하는 정도 • 과거 경험과 관련됨 • 낮은 성공 기대감은 새로운 학습 상황에서 노력이 부족하고 시도를 거의 하지 않는 결과로 이어짐
외부 지향성	• 문제해결을 할 때 자신의 내적 인지능력을 활용하기 전에 외부 세계에서 단서를 찾으려고 하는 것 • 외부 지향적 아동은 독립적으로 문제를 해결하는 대신, 외적 촉진이나 상황적 단서를 안내자로 의존함
효과성 동기	• 어렵고 힘든 문제를 해결하는 데서 오는 만족감 • 환경에서 영향을 받고 그 환경에서 직면하는 도전들을 극복하기 위한 동기 • 환경에서 지식이 축적되고 기술을 획득함으로써 발달
학습된 무기력	• 어려운 과제에 대하여 아예 포기하거나 문제를 해결하려고 시도하지 않는 것 • 상황에 대하여 스스로 통제할 수 없다고 지각하는 심리적 상태를 의미 • 성공했다고 해도 그 결과를 자신의 노력보다는 행운으로 돌림 • 이러한 신념은 과거 실패 경험의 결과로 인한 것
통제 소재	• 내적통제 소재 • 외적통제 소재

5. 외부 지향성 25유, 10중

① 과거의 빈번한 실패 때문에 자신의 능력을 불신한 나머지 문제를 스스로 해결하려고 하기보다 타인의 조언이나 지도를 바라며 외적인 단서에 의존하려는 경향이 있다.

② 끊임없이 교사의 지시를 기다리고, 자발적으로 과제수행을 하려고 하지 않는다.

③ 외부 지향성에 대한 방안

㉠ 주도적 행동을 할 때 보상을 한다.

㉡ 적극적으로 교사에게 도움을 요청하거나 독립적으로 문제에 대한 해결책을 알고 해결될 때까지 시도를 한다.

기출 LINE

10중) 정신지체학생은 자신에 대한 기대수준이 낮음으로 인하여 타인에게 의존

6. 통제소 24유, 23초

① 개인이 삶에서 성과의 원인관계를 어디에 두느냐와 관련이 있다.

② 외적통제소를 가진 사람들은 성과의 원인을 다른 사람들에게서 구하는 경향이 있다.

③ 내적통제소를 가진 사람들은 성과의 원인을 자신에게서 찾고, 자기안내에 더 의존하며, 개인적 책임을 더 강조하는 경향이 있다.

④ 통제소는 개인이 외현적으로 동기화되는지, 내현적으로 동기화되는지에 영향을 미칠 수 있다.

⑤ 외적통제소에 대한 방안

㉠ 적응적이고 기능적인 기술을 획득하여 이를 통해 환경에 대한 통제력을 기른다.

㉡ 적절한 행동을 하고 행위의 결과를 예언할 수 있도록 가르친다.

㉢ 다양한 특정 행동과 이로 인해 야기될 수 있는 긍정적, 부정적, 중립적 결과들을 연결하는 환경적 요인들을 상세히 열거한 학습계약을 사용할 수 있다.

기출 LINE

24유) 소윤이가 친구들에게 "이것 봐, 이거 내가 했어. 혼자 만든 거야. 많이 연습했어. 잘했지? 예쁘지?"라고 자랑했어요. 소윤이가 자신의 노력 덕분에 잘 완성했다고 생각하더라고요.

맥 Plus

심리적 특성에 대한 일반적인 방안

① 자신의 능력을 발휘하여 성공할 수 있는 과제를 제공한다.

② 실패를 처리하는 방법을 지도한다.

③ 아동의 능력범위 내에서 책임을 지워주고 그들에게 무엇을 기대하는지를 정확하게 시사해 준다.

④ 내적으로 지향하고 자립심을 기르는 것이 바람직하더라도, 그들의 외부 지향성도 이익이 될 수 있도록 활용해야 한다.

키워드 Pick

04 지적장애 진단 및 평가

① 지적장애 진단 · 평가 절차

단계	절차	기능	검사도구
7단계	프로그램 평가	프로그램의 효율성 진단	검사, 관찰, 교육과정중심사정, 수행사정, 포트폴리오
6단계	진도 점검	학습 진도의 지속적인 평가	검사, 면담, 교육과정중심사정, 수행사정
5단계	프로그램 계획	교육 프로그램 및 관련 서비스 결정	검사, 관찰, 교육과정중심사정, 수행사정
4단계	적격성 및 배치	특수교육대상자로서의 적격성 여부 결정 및 배치	검사, 관찰, 교육과정중심사정
3단계	장애 진단	문제 특성 및 원인 파악	지능검사, 사회성숙도검사, 적응행동검사, 기초학습검사, 운동능력검사
2단계	의뢰	특수교육대상 적합성 검사를 의뢰	학생의 발달기록, 면담, 건강기록, 학교생활기록 등 학생에 대한 전반적인 정보 수집
1단계	선별	심층적 평가 의뢰 여부 결정	한국 영유아 발달선별검사, 한국판 덴버 발달선별검사-II, 한국판 아동발달검사, 영유아 언어발달검사, ASQ 부모작성형 아동 모니터링

② 지능검사

1. 한국 웩슬러 유아 지능검사 4판(K-WPPSI-IV)

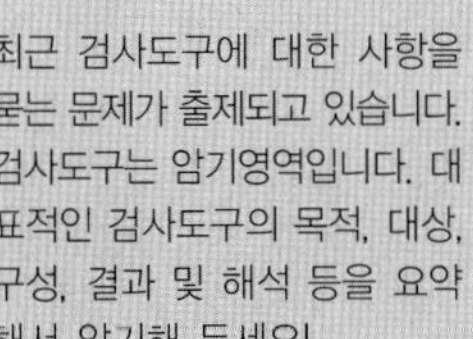

목적 및 대상	• 만 2세 6개월에서부터 7세 7개월까지 유아의 인지능력을 임상적으로 평가하기 위해 개별적으로 실시하는 개인용 지능검사도구이다.
구성체계	• 연령별로 만 2세 6개월에서 3세 11개월용은 3개의 기본지표(언어이해지표, 시공간지표, 작업기억지표)와 3개의 추가지표(어휘습득지표, 비언어지표, 일반능력지표)로 구성되어 있고, 7개의 소검사 총 169문항으로 구성되어 있다. • 만 4세에서 7세 7개월용은 5개의 기본지표(언어이해지표, 시공간지표, 유동추론지표, 작업기억지표, 처리속도지표)와 4개의 추가지표(어휘속도지표, 비언어지표, 일반능력지표, 인지효율성지표)로 구성되어 있고, 15개의 소검사 총 524문항으로 구성되어 있다. • 소검사는 핵심소검사, 보충소검사, 선택소검사로 구분된다. – 핵심소검사는 지표점수와 규준산출에 사용된다. – 보충소검사는 핵심소검사가 생략되거나 유효하지 않은 경우 사용되는 검사이다. – 선택소검사는 보충소검사처럼 지적 기능에 대한 더 많은 정보를 제공해 줄 수 있지만 지표점수 산출에 사용되지 않은 검사이다.
실시 방법 및 채점	• K-WPPSI-IV 연령군에 따라 실시되는 소검사가 다르다. 두 연령군 모두에서, 전체 IQ를 위한 핵심소검사가 제일 먼저 소개되고, 기본지표점수 산출에 필요한 추가적인 핵심소검사를 실시한다. 보충소검사와 선택소검사는 마지막에 실시된다. • 소검사 실시 순서는 임상적으로 필요한 경우(예 장애유아 집중저하)에 변경할 수 있다. • 실시 순서를 변경할 경우에는 변경사항을 기록지에 표시하고 결과 해석 시 고려해야 한다.
결과 및 해석	• 만 4;0~7;11세용은 16개 소검사별 환산점수와 전체 IQ 및 9개 지표(5개 기본지표, 4개 추가지표)에 대한 합산 점수를 제공한다. • 만 2;6~3;11세용은 7개 소검사별 환산점수와 전체 IQ 및 6개 지표(3개 기본지표, 3개 추가지표)에 대한 합산점수를 제공한다. • 검사별 환산점수는 평균이 10이고 표준편차가 3인 표준점수이며, 전체 IQ 및 지표에 대한 합산점수는 평균이 100이고 표준편차가 15인 표준점수이다. 전체 IQ 및 지표에 대해서는 백분위점수도 제공한다.

키워드 Pick

2. 한국 웩슬러 아동 지능검사 5판(K-WISC-Ⅴ) 23중

<table>
<tr><td>목적 및 대상</td><td>• 한국 웩슬러 아동 지능검사 5판(Korean Wechsler Intelligence Scale for Children-Fifth Edition : K-WISC-V)은 아동의 지능을 평가하기 위한 검사도구이다.
• 전반적인 지적 능력을 확인하는 것은 물론, 영재 및 지적장애를 판별하기 위해서 사용할 수 있다. 낮은 학업성취를 보이는 학생들의 경우, 인지적 측면에서의 결함을 찾기 위해서 사용하기도 한다.
• 검사 대상은 만 6세 0개월부터 16세 11개월까지의 아동이다.</td></tr>
<tr><td>구성체계</td><td>• K-WISC-V는 5개 기본지표(언어이해, 시공간, 유동추론, 작업기억, 처리속도)와 5개 추가지표(양적추론, 청각작업기억, 비언어, 일반능력, 인지효율)로 구성되어 있다.
• 전체 IQ를 측정하기 위해서는 전체척도에서 7개 소검사를 실시한다.
• K-WISC-V는 총 16개의 소검사로 구성되어 있다.
• K-WISC-IV와 동일한 13개 소검사(토막짜기, 공통성, 행렬추리, 숫자, 기호쓰기, 어휘, 동형찾기, 상식, 공통그림찾기, 순차연결, 선택, 이해, 산수)에 유동적 추론을 강화시켜 새로운 3개의 소검사(무게비교, 퍼즐, 그림기억)가 추가되었다.
• 16개 소검사는 기본 소검사 10개와 추가 소검사 6개의 두 가지 범주로 나뉜다. 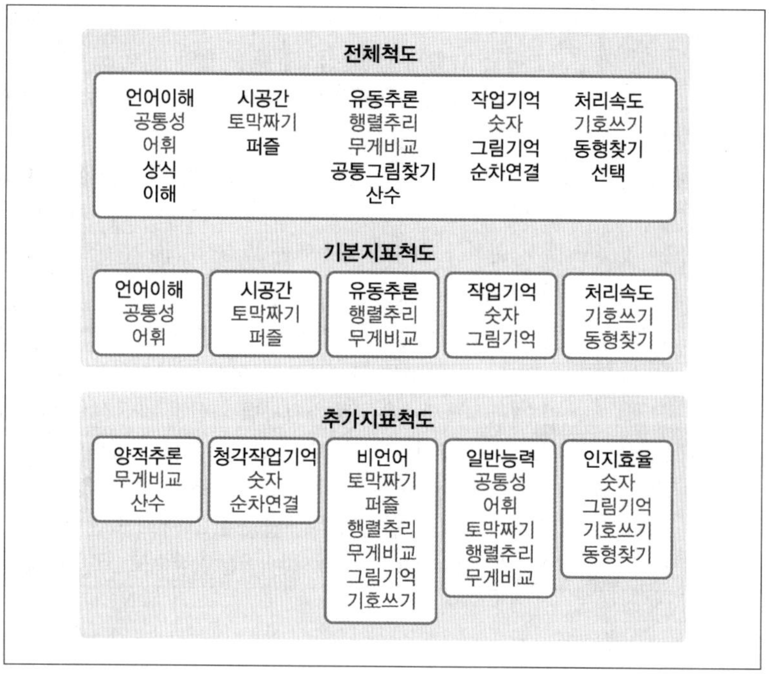

전체척도
언어이해: 공통성, 어휘, 상식, 이해
시공간: 토막짜기, 퍼즐
유동추론: 행렬추리, 무게비교, 공통그림찾기, 산수
작업기억: 숫자, 그림기억, 순차연결
처리속도: 기호쓰기, 동형찾기, 선택

기본지표척도
언어이해: 공통성, 어휘
시공간: 토막짜기, 퍼즐
유동추론: 행렬추리, 무게비교
작업기억: 숫자, 그림기억
처리속도: 기호쓰기, 동형찾기

추가지표척도
양적추론: 무게비교, 산수
청각작업기억: 숫자, 순차연결
비언어: 토막짜기, 퍼즐, 행렬추리, 무게비교, 그림기억, 기호쓰기
일반능력: 공통성, 어휘, 토막짜기, 행렬추리, 무게비교
인지효율: 숫자, 그림기억, 기호쓰기, 동형찾기

〈 K-WISC-V 검사 체계 〉</td></tr>
</table>

실시 방법 및 채점	• 검사 설명서와 기록용지에 제시된 순서대로 검사를 실시한다. • 전체 IQ 소검사들을 제일 먼저 실시하고, 그다음에는 나머지 기본 소검사들을 실시한다. • 추가 소검사들은 필요 시 그 이후에 실시한다. 구체적으로는 ① 토막짜기, ② 공통성, ③ 행렬추리, ④ 숫자, ⑤ 기호쓰기, ⑥ 어휘, ⑦ 무게비교, ⑧ 퍼즐, ⑨ 그림기억, ⑩ 동형찾기, ⑪ 상식, ⑫ 공통그림찾기, ⑬ 순차연결, ⑭ 선택, ⑮ 이해, ⑯ 산수 순으로 소검사를 실시한다. • 소검사 실시 순서의 변경은 임상적으로 필요한 경우에만 가능하다. 실시 순서를 변경할 경우, 변경사항을 기록용지에 기록하고 결과를 해석할 때 고려해야 한다. • 검사는 소검사별로 시작점, 역순규칙, 중지규칙이 있다. 소검사별로 지침서에 기록되어 있는 연령별 시작점에서 실시하며, 지적장애나 낮은 인지능력을 보이는 아동은 생활연령과 관계없이 1번 문항부터 시작한다. 그러나 '기호쓰기, 동형찾기' 소검사는 지적 능력과는 관계없이 항상 아동의 생활연령에 따라 검사를 실시한다. 아동이 처음 제시되는 두 문항 중 어떤 문항에서는 만점을 받지 못하면 역순으로 검사를 실시한다. 중지규칙은 소검사별로 다르며, 일반적으로 아동이 특정 개수의 문항에서 연속으로 0점을 받으면 소검사를 중지한다. '토막짜기, 기호쓰기, 무게비교, 퍼즐, 동형찾기, 선택, 산수' 소검사는 제한시간이 있으며, 정확한 시간 측정을 위해 초시계를 사용해야 한다.
결과 및 해석	• 검사결과는 16개 소검사별 원점수, 환산점수, 백분위, 추정 연령 등이 제시된다. • 전체 IQ 및 5개 기본지표(언어이해, 시공간, 유동추론, 작업기억, 처리속도)에 대한 환산점수 합, 지표점수, 백분위, 백분위에 따른 진단 분류(수준) 등이 제시된다. • 소검사별 환산점수는 평균이 10이고 표준편차가 3인 표준점수이며, 전체 IQ 및 10개 지표에 대한 합산점수는 평균이 100이고 표준편차가 15인 표준점수이다. • 소검사와 지표점수 결과에 대해서는 프로파일이 그림으로 제시된다. 이 외에도 지표점수에 대해서는 강점과 약점, 지표점수 간 차이 비교, 소검사에서의 강점과 약점, 소검사 간 차이 비교 결과가 제시된다. • K-WISC-IV와는 달리 추가분석 결과가 제시되는데, 5개의 추가지표(양적추론, 청각 작업기억, 비언어, 일반능력, 인지효율)에 대한 환산점수 합, 지표점수, 백분위, 백분위에 따른 진단 분류(수준)가 제공된다. 추가지표에 대해서도 지표점수 간 차이 비교 결과와 소검사 간 차이 비교 결과가 제시된다. 끝으로 처리점수에 대한 분석이 이루어지는데, 처리점수의 원점수와 환산점수, 처리점수 간 차이 비교, 처리점수의 누적비율, 이에 대한 차이 비교 결과가 제시된다.

키워드 Pick

맥 Plus

K-WISC-Ⅳ와 K-WISC-Ⅴ 비교

1. 변화한 점

① 전반적인 지적 능력의 구조가 변화하였다. 이와 관련하여, 전체 IQ를 구성하는 소검사가 7개로 수정되면서 전체 IQ를 산출하는 데 소요시간이 단축되었다. 대신, 유동적 추론의 측정을 강화하는 새로운 3개의 소검사(무게비교, 퍼즐, 그림기억)가 추가되었다.

② 구조적으로 변화한 전체 IQ와 5가지 기본지표점수(언어이해, 시공간, 유동추론, 작업기억, 처리속도)와 5가지 추가지표점수(양적추론, 청각작업기억, 비언어, 일반능력, 인지효율)를 제공한다.

③ 인지능력에서 좀 더 독립적인 영역에 대한 아동의 수행을 나타내줄 수 있는 지표점수(예 시공간지표, 유동추론지표)와 처리점수(예 토막짜기 소검사의 부분처리점수)를 추가적으로 제공한다.

④ K-WISC-IV에서 13개의 소검사(토막짜기, 공통성, 행렬추리, 숫자, 기호쓰기, 어휘, 동형찾기, 상식, 공통그림찾기, 순차연결, 선택, 이해, 산수)가 유지되었지만 소검사의 실시 및 채점 절차가 수정되었다.

2. K-WISC-Ⅳ 와 K-WISC-Ⅴ의 전체척도 비교

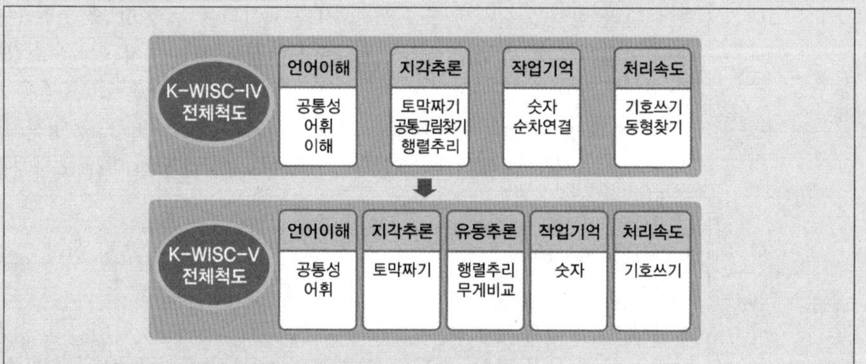

3. K-WISC-Ⅳ와 K-WISC-Ⅴ의 소검사의 주요 변화

K-WISC-Ⅳ	변경사항	K-WISC-Ⅴ
토막짜기	실시방법, 채점방법 변경	토막짜기
공통성	문항 변경	공통성
행렬추리	문항 변경	행렬추리
숫자	순서대로 따라 하기 과제추가	숫자
기호쓰기	문항 변경	기호쓰기
어휘	문항 변경	어휘
동형찾기	실시방법 변경	동형찾기
상식	문항 변경	상식
공통그림찾기	문항 변경	공통그림찾기
순차연결	문항, 실시방법, 채점방법 변경	순차연결
선택	문항 변경	선택
이해	문항 변경	이해
산수	문항, 실시방법 변경	산수

단어추리	삭제	
빠진곳찾기	삭제	
	새롭게 추가	무게비교
	새롭게 추가	퍼즐
	새롭게 추가	그림기억

3. 한국 카우프만 아동 지능검사 2(KABC-II) 25중

구분	내용
목적 및 대상	• 한국 카우프만 아동지능검사-2판(The Kaufman Assessment Battery for Children, Second Edition : KABC-II)은 정보처리와 인지능력을 측정하는 개인 지능검사도구로서, 만 3~18세의 아동 및 청소년을 대상으로 한다. • 한국판 KABC-II는 순차처리, 동시처리, 학습력, 계획력, 지식 등 광범위한 인지능력을 측정할 수 있으며, 이에 따라 교육적 측면에서 아동의 상태를 진단하고 중재 및 배치 계획을 세우는 데 활용할 수 있다. • 또한 비언어성 척도를 포함하고 있어 언어장애나 다양한 문화적 배경을 가진 다문화가정의 아동과 청소년을 평가하는 데 유용하다.
구성체계	• 한국판 KABC-II는 크게 5개 하위척도(순차처리, 동시처리, 계획력, 학습력, 지식)로 구성되어 있으며, 각 척도에 제시된 능력을 측정하기 위해 다양한 하위검사를 실시한다. • KABC-II의 경우, 지능이론에 따라 모델을 적용하여 검사를 실시한다. • 구체적으로는 Luria와 Cattell-Horn-Carroll(CHC) 중 어떤 모델을 사용하느냐에 따라 인지처리 척도(Mental Processing Index : MPI) 혹은 유동성 결정 척도(Fluid-Crystallized Index : FCI)로 산출된다. • 한국판 KABC-II는 총 18개의 하위검사(① 이름기억, ② 관계유추, ③ 얼굴기억, ④ 이야기 완성, ⑤ 수회생, ⑥ 그림통합, ⑦ 빠른길 찾기, ⑧ 이름기억-지연, ⑨ 표현어휘, ⑩ 언어 지식, ⑪ 암호해독, ⑫ 삼각형, ⑬ 블록세기, ⑭ 단어배열, ⑮ 형태추리, ⑯ 손동작, ⑰ 암호해독-지연, ⑱ 수수께끼)로 구성되어 있다. 이 18개 하위검사는 핵심하위검사와 보충하위검사의 두 가지 유형으로 나뉘고, 이러한 검사의 유형은 피검자의 연령에 따라 달라진다.
실시 방법 및 채점	• 한국판 KABC-II는 연령별로 제시된 검사를 실시한다. • 각 하위검사는 1번 문항부터 시작하며, 중지규칙은 하위검사별로 다르다. • 일반적으로 아동이 특정 개수의 문항에서 연속으로 0점을 받으면 소검사를 중지한다. • 검사별로 세 가지 유형의 시간제한(자극문항 노출시간, 시간제한, 시간보너스 점수)이 있는데, 자극문항 노출시간이 정해져 있는 검사가 [3. 얼굴기억]과 [1. 이름기억]이 있으며, 제한시간이 있는 검사로는 [13. 블록세기]와 [7. 빠른길찾기]가 있다. 이 외에 [12. 삼각형], [15. 형태추리], [4. 이야기완성] 검사에서는 정답반응속도에 따라 보너스 점수가 주어진다. • 검사 소요시간은 핵심하위검사를 실시할 경우, 연령별로 다르지만 Luria 모델은 약 25~60분, CHC 모델은 약 70분이 소요된다.

키워드 Pick

결과 및 해석	• 한국판 KABC-II는 실시된 하위검사별로 원점수, 환산점수(평균 10, 표준편차 3), 백분위점수, 연령점수 등이 제시된다. • 하위검사별 점수에 기초하여 전체척도와 5개의 하위척도의 표준점수(평균 100, 표준편차 15), 백분위점수, 백분위점수에 따른 수준을 제공한다. • 5개의 하위척도에 대해서 표준점수와 규준점수를 비교하여 개인 간 강점과 약점을 제시하고, 표준점수와 표준점수의 평균을 비교하여 개인 내 강점과 약점을 제시한다. • 검사결과는 다음의 순서를 따라 해석해 볼 수 있다. – 첫째, 전체척도지수(MPI, FCI, NVI)를 해석한다. – 둘째, 하위척도별 지수, 백분위를 통해 현행 수준을 확인하고, 표준점수를 분석하여 개인 내, 개인 간 강점과 약점을 확인한다. – 셋째, 하위검사별로 점수, 백분위, 연령점수를 확인한다. 하위척도 및 하위검사점수는 그래프로도 제시된다. – 끝으로, 보충 검사를 실시할 경우, 검사결과를 분석한다.

4. 한국판 라이터 비언어성 지능검사 개정판(K-Leiter-R) 25중

목적 및 대상	• 한국판 Leiter 비언어성 지능검사(Korean Leiter International Performance Scale-Revised : K-Leiter-R)는 표준화된 비언어적 지능검사도구이다. • 만 2세 0개월에서 7세 11개월까지의 유아의 지적 능력, 주의력 및 기억력을 평가할 수 있을 뿐만 아니라 일반적인 지능검사로 평가할 수 없는 주의력 및 기억력을 평가할 수 있도록 개발되었다.
구성	• K-Leiter-R은 시각화 및 추론 영역과 주의 및 기억의 두 가지 영역으로 구성되어 있다. • 시각화 및 추론(Visualization and Reasoning : VR) 영역은 일반적인 지능을 평가하는 10개의 소검사로 구성되어 있으며, 주의력 및 기억력(Attention and Memory : AM) 영역은 주의력, 기억력, 신경심리 평가 및 학습장애(LD)와 주의력결핍 과잉행동장애 아동의 인지적 처리과정을 평가하는 10개의 소검사로 구성되어 있다. • 검사자는 필요에 따라 VR과 AM을 둘 다 평가할 수 있고, 둘 중 하나만 선택하여 평가할 수 있다. • 검사자, 부모, 아동 및 교사가 아동의 행동관찰에 대해 평가하도록 하는 사회-정서 평정척도도 함께 포함되어 있다.

	검사	소검사
구성체계	시각화 및 추론(VR)	전경배경
		그림유추
		형태완성
		짝짓기
		계기적 순서추론
		반복패턴 찾기
		그림맥락 추론
		범주화
		접힌형태 추론
	주의력 및 기억력(AM)	쌍대 연합
		즉각재인
		바로 따라 기억하기
		지속적 주의력
		거꾸로 따라 기억하기
		대응도형 찾기
		공간기억
		지연쌍대 연합
		지연재인
		분할 주의력
	사회-정서 평정척도	주의력, 활동 수준, 조직화/충동조절, 사회성, 감각 반응, 불안 및 기분 영역(검사자/부모 평정척도)
실시 방법	• K-Lieter-R 검사 중 VR, AM과 사회-정서 평정척도(부모용, 검사자용)는 목적에 따라 선택하여 사용할 수 있다. • 일반적인 지능만을 확인하고 싶다면 VR을, 아동의 인지 문제나 주의력결핍 과잉행동장애, 학습장애 가능성을 평가하고 싶다면 AM을 선택한다. 물론 두 검사를 다 사용할 수도 있다. • 사회-정서 평정척도의 경우 VR 혹은 AM을 실시한 직후 바로 실시하는 것이 좋으며, 모든 문항에 대해 검사 상황에서 아동의 행동을 생각하고 평가한다. • 평정척도는 일상생활에서 아동과 가장 많은 시간을 함께하는 사람이 실시한다. • VR 및 AM 검사는 완벽하게 비언어적 방식으로 실시하게 되어 있다. 따라서 검사자는 손가락을 사용하여 주의를 돌리거나 다양한 팬터마임 방법을 사용해야 한다. • 사회-정서 평정척도는 검사자용, 학부모용 2개가 있으며, 특히 검사자용은 시각화 및 추론(VR) 검사 혹은 주의력 및 기억력(AM) 검사가 끝난 후 바로 실시한다.	

키워드 Pick

결과 및 해석	• 사회-정서 평정척도는 검사자용, 학부모용 2개가 있으며, 특히 검사자용은 시각화 및 추론(VR) 검사 혹은 주의력 및 기억력(AM) 검사가 끝난 후 바로 실시한다. 검사결과는 아동의 과거력을 검토한 후 전체 지능의 수준을 해석하고, 복합점수를 분석하고, 각 소검사 수행수준을 해석하여 질적 분석 방법을 사용해 진단적 수준을 추론한다. • 실제 결과표를 확인하면 다음과 같은 다섯 가지 점수를 확인할 수 있다. 즉, ① 지능점수, ② 성장점수, ③ 복합점수, ④ 소검사 환산점수, ⑤ 주의력 및 기억력(AM) 검사의 특수 진단 점수이다. • 점수 차이와 사회-정서 평정척도들은 보다 정교화된 진단적 해석을 제공한다. • 물론 이 다섯 가지 점수는 VR 검사와 AM 검사, 사회-정서 평정척도를 다 실시한 경우에 얻을 수 있다.

③ 적응행동검사

1. 사회성숙도 검사 24중

목적 및 대상	• SMS는 개인의 성장, 변화, 개인차 등을 측정하거나 지적장애를 구별하고 또 생활 지도와 훈련의 기초 자료 수집 도구로 사용할 수 있다. • 검사의 적용 대상은 0세부터 만 30세까지이다.
구성체계	• SMS는 6개의 행동 영역(자조, 이동, 작업, 의사소통, 자기관리, 사회화)에 걸쳐 총 117문항으로 되어 있다.
실시 방법 및 채점	• SMS는 검사지를 사용해서 피검사자를 잘 아는 사람(부모, 교사, 기타)과의 면접을 통해 실시한다. 만약 정보 제공자의 대답이 믿기 어려운 경우에는 피검사자를 직접 만나서 그의 행동을 관찰해 보고 판단한다. • 정보 제공자에게 문항에 따른 질문을 할 때에는 1번 문항부터 질문을 시작하기보다는 피검사자의 연령과 능력 등을 고려하여 시작 질문의 번호를 정해 질문한다. • 각 문항의 답은 '+' '+F' '+NO' '±' 또는 '−'로 표시하며 이와 관련하여 기입 방법 및 문항 판단 기준은 표와 같다. • 계속 질문을 하다가 3개 문항이 계속해서 '−'로 표시되면 검사를 끝낸다. 지적장애 학생일 경우에는 5개 문항 정도가 계속 '−'로 표시될 때에 검사를 끝낸다.

	• 기입 방법 및 문항 판단 기준

기입 방법	문항 판단 기준	점수
+	• 부당한 강요나 인위적인 유인이 없어도 각 항목이 지시하는 본질적인 행동을 습관적으로 수행하는 경우 • 현재는 습관적으로 하고 있지 않으나 하려고만 하면 쉽게 수행할 수 있을 경우	1
+F	• 검사 시에는 특별한 제약(예 일시적인 질환, 환경적인 제약)으로 각 항목이 지시하는 행동을 성공적으로 수행하지 못하였지만 평상시에는 성공적으로 수행하였을 경우	1
+NO	• 지금까지는 기회의 부족으로 각 항목이 지시하는 행동을 수행하지 못하였지만 기회가 부여된다면 곧 성공적으로 수행 또는 습득할 수 있는 경우	1/0/0.5
±	• 각 항목이 지시하는 행동을 가끔 하기는 하나 그 행동이 불안정할 경우, 즉 과도적 상태이거나 발현 중인 상태에 있을 경우	0.5
−	• 각 항목이 지시하는 행동을 전혀 수행하지 못할 경우 • 부당한 강요나 유인이 있을 때에만 수행할 경우 • 과거에는 성공적으로 수행하였으나 현재는 노쇠나 비교적 항구적인 정신적 또는 신체적 장애로 수행하지 못할 경우	0

결과 및 해석

• SMS 결과는 각 검사 문항에 대한 총점을 계산하고 사회연령(SA)과 사회지수(SQ)를 산출하고 해석한다.
• 우선, 총점은 기본점과 가산점을 합산하여 구한다. 그리고 이렇게 구한 총점을 바탕으로 사회연령 환산표에서 사회연령을 환산한다. 끝으로 산출한 사회연령을 활용하여 {(사회연령/만 생활연령) × 100}의 공식으로 사회지수(SQ)를 계산 및 정리해 기록 용지 제1면에 적는다.
• SMS 결과는 지적장애를 판별하는 준거로도 활용될 수 있는데, 지적장애 판별준거를 다음과 같이 제시하였다.

분류	IQ(K-WISC)	학력(%)	SQ
교육가능 지적장애(경도)	55~69	하위 0.1~5	55~74
훈련가능 지적장애(중등도)	25~54	하위 0.1 미만	25~54
중도 및 최중도 지적장애	24 이하		24 이하

키워드 Pick

2. 지역사회 적응행동검사 2판(CISA-2) 24중

<table>
<tr><td>목적 및 대상</td><td>• CISA-2는 지적장애인과 자폐성장애인이 지역사회에 통합되는 데 필수적인 적응기술을 포괄적으로 검사하는 도구이다.
• 또한 CISA-2는 지역사회 적응 관련 교육 및 훈련계획을 수립하는 데 필요한 정보도 제공한다.
• 검사의 적용 대상은 만 5세 이상의 지적장애인 및 자폐성장애인이다.</td></tr>
<tr><td>구성체계</td><td>• 3개의 영역(기본생활, 사회자립, 직업생활)에 걸쳐 총 161문항으로 구성되어 있다.
<table>
<tr><th>영역</th><th>하위 영역</th><th colspan="2">문항 수</th><th>총 문항 수</th></tr>
<tr><td rowspan="4">1. 기본생활</td><td>기초개념</td><td>17</td><td rowspan="4">66</td><td rowspan="10">161</td></tr>
<tr><td>기능적 기호와 표지</td><td>16</td></tr>
<tr><td>가정 관리</td><td>16</td></tr>
<tr><td>건강과 안전</td><td>17</td></tr>
<tr><td rowspan="4">2. 사회자립</td><td>지역사회 서비스</td><td>17</td><td rowspan="4">64</td></tr>
<tr><td>시간과 측정</td><td>16</td></tr>
<tr><td>금전관리</td><td>15</td></tr>
<tr><td>통신서비스</td><td>16</td></tr>
<tr><td rowspan="2">3. 직업생활</td><td>직업기능</td><td>15</td><td rowspan="2">31</td></tr>
<tr><td>대인관계와 예절</td><td>16</td></tr>
</table></td></tr>
<tr><td>실시 방법 및 채점</td><td>• 검사자가 질문하면 피검사자가 답변하는 형식으로 실시되며, 요인 1에서 요인 10까지의 순서대로 진행하지만 요인의 실시 순서를 변경할 수도 있다.
• 총 점수가 필요하지 않을 경우 몇 개의 요인을 생략할 수도 있다.
• CISA-2는 검사를 하고 검사지에 기록한 다음, 채점 사이트의 심리검사 채점 프로그램에 입력/출력하는 것으로 바뀌었다.
• 홈페이지의 채점 검사 프로그램에 검사결과를 입력하면 검사 환산점수, 영역지수, 적응지수 등을 자동으로 산출해 준다.
• 검사의 시간 제약은 없지만 보편적으로 검사 소요시간은 1시간에서 1시간 30분 정도이다.</td></tr>
<tr><td>결과 및 해석</td><td>• 결과는 지역사회 적응 정도를 파악하는 데 활용할 수 있으며, CISA의 형식을 유지하였다.
• 적응지수와 환산점수를 통해 적응 수준을 파악할 수 있다.</td></tr>
</table>

3. 국립특수교육원 적응행동검사(NISE-K-ABS/KNISE-SAB)

목적 및 대상

- KNISE-SAB는 장애학생들의 적응행동 능력을 특정하는 데 활용되며 주로 지적장애 및 발달지체(장애)를 구별하는 도구로 사용할 수 있다.
- 검사의 적용 대상은 지적장애 학생의 경우 만 5세부터 17세까지이고, 일반 학생의 경우 만 21개월부터 17세까지이다.

구성체계

- KNISE-SAB는 3개 영역(개념적 적응행동, 사회적 적응행동, 실제적 적응행동)에 걸쳐 총 242문항으로 되어 있다.

유아용			
검사 영역		문항 수	합계
개념적 기술	인지	18	33
	언어	8	
	수	7	
사회적 기술	자기표현	9	49
	타인인식	14	
	대인관계	26	
실제적 기술	운동 및 식사	14	43
	의복	9	
	위생	7	
	일상	13	
전체 문항 수			125

초·중등학생용			
검사 영역		문항 수	합계
개념적 기술	인지	25	49
	언어	12	
	수	12	
사회적 기술	자기표현	10	46
	타인인식	17	
	대인관계	19	
실제적 기술	기본생활	27	63
	가정생활	10	
	지역적응	14	
	IT 활용	12	
전체 문항 수			158

실시 방법 및 채점

- KNISE-SAB는 피검사자를 6개월 이상 관찰해 피검사자의 특성과 행동을 제대로 파악하고 있는 부모나 교사 등의 정보 제공자를 대상으로 실시한다.
- 정보 제공자에게 문항에 따른 질문을 할 때에는 모든 소검사의 1번 문항부터 시작한다. 7세 이상의 일반학생은 중간 문항부터 시작하거나 거꾸로 검사를 실시할 수 있고, 거꾸로 실시하였을 때 연속 2개의 문항을 맞힌 경우 이전의 문항은 모두 맞힌 것으로 한다.
- 3개 문항을 연속해서 수행하지 못할 경우 검사를 중지한다. 이와 관련하여 적응행동 수준에 대한 판단 기준 및 채점은 표와 같다. 검사 소요시간은 40분 정도이다.

키워드 Pick

- 적응행동 수준에 대한 판단 기준 및 채점

적응행동 수준(판단 기준)	채점
세 번 기회가 주어졌을 때 문항의 내용을 또래와 같은 수준으로 한 번도 수행하지 못하는 경우	0점
세 번 기회가 주어졌을 때 문항의 내용을 또래와 같은 수준으로 한 번 수행하는 경우	1점
세 번 기회가 주어졌을 때 문항의 내용을 또래와 같은 수준으로 두 번 수행하는 경우	2점
세 번 기회가 주어졌을 때 문항의 내용을 또래와 같은 수준으로 세 번 모두 수행하는 경우	3점

- 이와 같은 판단 기준 및 채점을 바탕으로 각 문항의 원점수를 계산하고, 각 영역별 총점을 구한다.
- KNISE-SAB는 국립특수교육원 홈페이지에서 무료로 검사(검사 실시 및 결과 분석 자료 제공)를 할 수 있다.

결과 및 해석

- KNISE-SAB의 결과로 원점수, 환산점수, 적응행동지수를 얻을 수 있다.
- KNISE-SAB의 결과는 지적장애를 판별하는 준거로도 활용될 수 있는데, 적응행동지수에 비추어 진단할 수 있다. 적응행동지수의 진단적 분류를 제시하면 다음과 같다.
- 적응행동지수의 진단적 분류

적응행동지수	분류	비율(%)
130 이상	최우수	2.2
120~129	우수	6.7
110~119	평균상	16.1
90~109	평균	50.0
80~89	평균하	16.1
70~79	경계선	6.7
69 이하	지체	2.2

④ 지원정도검사(SIS) 18 · 23중

1. 특징

① 지원정도척도(SIS)는 지원이 각 활동에 얼마나 자주 요구되는지(빈도), 지원할 때마다 얼마나 많은 시간이 소요될 것인지(지원시간), 어떤 유형의 지원이 필요한지를 구체적으로 평가하고 있다.

② SIS는 인쇄용지와 지필양식, CD-Rom으로 된 전자검사, SIS 온라인 웹기반검사, 태블릿이나 노트북 또는 데스크용으로 된 표준화된 검사로 지원요구에 대한 객관적인 평가를 통해 어느 지원 영역에 어떤 유형의 지원이 얼마나 빈번하게 제공되어야 하는지 등을 분석한 후 개별화된 지원계획을 수립할 수 있도록 한다.

2. 강점

① SIS는 전통적인 평가와 다르게 사람들이 부족한 것을 보지 않고 사회에서 성공적으로 살아가기 위해 개인이 필요로 하는 일상의 지원이 무엇인지를 본다.

② SIS는 직접적이고 타당한 결과를 제공해 준다.

③ SIS는 직접 의사소통을 하면서 각 장면마다 개인의 참여를 요구하여 지원의 유형, 지원의 빈도, 지원의 강도를 측정한다.

④ 가족, 친구 장애인, 사례관리자와의 인터뷰를 통해 어떻게 개인이 성장하고 있는지를 고려한다.

⑤ SIS 점수는 장애인의 개별화지원계획을 수립하는 데 도움을 줄 뿐만 아니라, 개인의 요구 순위 및 필요한 지원 영역을 시각적으로 제공해 줌으로써 서비스 결정을 하는 데 실질적인 정보를 제공해 준다.

3. 구성

① 이 검사의 대상연령은 16~72세까지이며, 검사도구는 인터뷰와 3개 장의 프로파일로 구성되어 있다.

② 1장은 가정생활, 지역사회 생활, 평생교육, 고용, 건강과 안전, 사회 활동 영역에 대한 6개 지원요구검사로 구성되어 있다.

③ 2장은 안전과 옹호에 대한 검사로서 자기옹호, 돈과 재정생활, 자기신체보호, 법적인 책임을 경험하기, 조직에 참여하기, 법적인 서비스 받기, 결정하기, 다른 사람을 옹호하기의 8개 활동으로 구성되어 있는데, 각 장의 점수는 전체 지원 강도 검사에 결정적으로 사용되지는 않는다.

④ 3장은 예외적인 의학적이고 행동적인 지원요구로서 15개의 의학적인 상태와 13개의 문제행동이 지적인 장애와 연결되어 있다. 어떤 의학적인 상태와 문제행동은 다른 생활 영역에서 나타나는 지원요구의 상대적 정도와 상관없이, 어떤 사람에게 필요한 지원의 수준을 증가시키리라 예측된다는 것이 기본 가정이다. 의학적인 상태와 문제행동이 지원요구와 관련하여 갖는 상대적 중요성을 평정할 때에는 0~2점 척도를 사용한다.

기출 LINE

18중)
- 지원정도척도(Supports Intensity Scale: SIS)를 활용하여 학생 A에게 필요한 지원 요구를 파악하고자 합니다.
- 지원정도척도는 개인이 사회에서 성공적으로 살아가기 위해 필요한 지원 요구를 지원빈도, 일일 지원 시간, 지원유형의 3가지 차원에서 파악하는 것입니다.

키워드 Pick

4. 개인의 지원요구에 영향을 미치는 5가지 요인

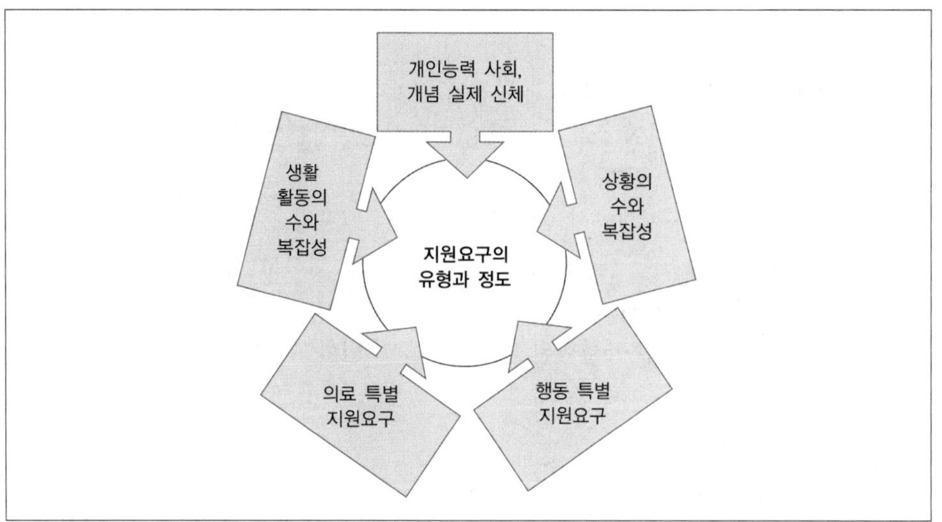

5. 평가척도

① 지원정도척도에서 평가하는 지원빈도란 특별 지원, 즉 대다수의 비장애인에게 일반적으로 필요한 빈도 이상의 지원이 표적 활동 각각에 대해 얼마나 자주 필요한지와 연계된다.

② 빈도는 0~4점 척도로 평정되고, 점수가 높을수록 지원요구가 더 큰 것이다.

③ 일일 지원시간이란 지원을 제공하는 날에 지원을 준비하는 데 일반적으로 소요되는 시간을 의미한다. 어떤 사람은 어떤 활동에 대한 지원을 자주 필요로 하지는 않지만(낮은 빈도), 지원이 필요할 때에는 그 지원을 준비하는 데 상당히 많은 시간이 필요할 수 있다(높은 일일 지원시간). 0~4점 척도로 평정한다.

④ 지원유형이란 어떤 사람이 참여해야 하는 활동을 할 때 필요할 수 있는 지원의 성격이다. 지원유형의 범위는 없음부터 비교적 중간 정도의 수준, 강한 수준까지이며, 0~4점 척도로 평정한다.

6. 개인능력을 측정하는 도구와의 다른 점

① 지능검사는 개인이 개념지능과 관련된 과제에서 나타내는 최대의 수행에 초점을 두고 있고, 적응행동척도는 어떤 사람이 자신의 환경에서 여러 과제를 수행할 때 보이는 전형적인 기술수준에 초점을 맞추고 있는 반면, 지원정도척도(SIS)는 어떤 사람이 가치 있다고 평가되는 상황과 활동에 참여하는 데 필요한 지원의 유형과 정도에 초점을 두고 있다.

② 지능검사와 적응행동검사가 다방면의 개인능력을 직접적으로 측정하는 반면, 지원정도척도는 지원요구를 직접 측정한다.

③ 따라서 지원정도척도와 적응행동검사는 상호 관련성이 있지만 측정하는 구성개념이 다르기 때문에 이들 검사를 사용하는 목적도 달라야 한다.

적응행동검사와 지원정도척도의 차이점

특징	적응행동검사	지원정도척도(SIS)
측정하는 구성개념	어떤 사람이 학습한 적응기술 ⇨ 이는 성취 또는 수행의 측정치임	• 어떤 사람이 일상생활 활동에 참여하는 데 필요한 특별 지원
초점	개인의 적응행동 패턴	• 가정생활과 지역사회 생활 참여를 증진시키는 데 필요한 지원의 패턴과 정도
사용목적	지적장애의 진단과 개별화교육/훈련 계획에 나열할 수 있는 적합한 교육목적과 훈련목적의 확인	• 생활의 다른 영역에서 개인이 지는 요구, 발달장애인과의 비교에서 나타나는 상대적인 지원요구의 결정 및 개별화지원계획의 개발
문항계통	성공적인 사회적 기능에 필요한 일련의 적응행동 또는 적응기술	• 사회에 참여할 때 관련되는 일련의 생활 활동
문항반응	개인의 적응기술 관련 숙달도 또는 능숙함의 수준	• 특정 생활 활동에 참여하는 데 필요한 특별 지원의 정도와 패턴
추가문항	일부 척도에 문제행동 지표가 포함되어 있음	• 특별 지원요구에 영향을 미치는 문제행동과 특별한 의료 조건 • 지원이 필요한 보호/권리주장 활동

키워드 Pick

05 지적장애 학생 교육

① 지적장애 학생을 위한 교육과정

1. 지적장애 학생을 위한 교육과정의 이해

(1) 지적장애 학생의 교육과정 구성을 위한 접근 13중

① 발달론적 접근

㉠ 자신의 발달단계에 적합한 과제를 제공받으며, 내용은 단계 간 관련성이 있는 계열적 순서로 이루어진다.

㉡ 교육과정 내용은 상대평가인 규준지향검사와 체크리스트 혹은 발달검사를 통해서 결정된다.

㉢ 교수계획과 우선순위를 제시하는 데 전형적인 발달계열을 이용하여 설계되며, 생활연령에 적절한 기술들보다 발달에 필수적인 기술들을 통해 발달을 촉진하는 상향식 접근법으로 교육과정을 개발하게 된다.

㉣ 지적장애 학생들에게 발달론적 관점을 적용하면, 비록 발달단계를 통과하는 속도가 느리고 도달하는 한계점이 낮아도 일반학생과 동일한 단계를 거치기 때문에 동일한 발달연령의 일반학생들에게 적용하는 발달과제를 그대로 적용할 수 있다.

㉤ 교과의 기초 기능에 중심을 두어 학생들을 지도하기 위한 전략의 개발에 주안점을 둔다.

㉥ 발달적 평가를 통해 나타나는 점수를 바탕으로 장애학생을 지도하기 때문에 생활연령보다 발달연령이 낮은 장애학생들은 나이가 많은 장애학생일지라도 발달수준에 따라 유아 수준의 기초적인 프로그램을 확장하여 사용한다.

㉦ 발달론적 모델에 대한 문제점으로 '준비도 함정'을 들 수 있는데, 이는 정상발달 순서 및 단계별 필수 선수기술 습득의 강조로 인해 기능적 기술의 교수가 이루어지지 않고, 발달단계 혹은 정신연령을 강조함으로써 장애학생의 실제 생활연령과 차이가 많이 남에도 불구하고 기술 습득을 교수내용을 선정하는 데 근거로 사용한다는 것이다.

㉧ 또한 어린 아동이 학습하는 기술을 교수함으로써 중도 장애학생에 대해 무능력한 부정적 이미지와 낮은 기대감 형성에 기여하는 점도 있다.

② 생태학적 접근

㉠ 학생과 환경에 대한 상호관계에 초점을 맞추는 것으로, 최근 장애학생의 평가와 중재에서 새롭게 시도되는 접근방법이기도 하고 중요한 고려점을 제공하기도 한다.

㉡ 또한 아동과 환경 사이의 상호작용 및 장애 발생 가능 요인들 사이의 유기적 관계에 대해 분석하고 평가하여 팀 접근방식으로 지원체계를 제공하기도 한다.

㉢ 따라서 지적장애 학생의 교육과정을 구성할 때는 다양한 맥락요인을 고려하는 생태학적 접근이 필요하다.

기출 LINE

13중)
- 기능적 교육과정을 결정하기 위해 생태학적인 목록을 활용한다. 학생의 생활연령을 고려하여 다양한 환경에서 가르칠 기술들을 선택한다. 학생의 현재와 미래 환경을 바탕으로 기술을 가르치는 하향식 접근 방법이다.
- 학생이 일정한 능력 수준을 갖추기 전에는 상위의 독립적 기술을 가르치지 않는다. 기술을 습득하기 위해서는 좀 더 많은 시간을 필요로 하는데, 학습의 단계와 위계에 따라 영역별로 발달 단계에 맞추어 학습해야 한다.

㉣ 이 접근에 토대를 둔 기능적 교육과정은 장애학생이 현재나 미래 환경에 가장 필요한 기능적 기술을 익히도록 하는 것으로, 이와 관련된 기술을 실제 생활 장면에서 가르치고자 한다.

㉤ 평가와 중재에서뿐 아니라 지역사회참여에 관해서도 생태학적 접근은 중요한 관점을 제시한다. 장애를 가진 사람도 지역사회의 교육적・경제적・사회적 측면에 참여할 권리가 있고, 교육 프로그램은 특히 지적장애가 심한 사람으로 하여금 그들이 좀 더 범위가 넓은 학교와 지역사회 활동에 완전하게 참여할 수 있도록 지원을 해 주어야 한다는 것이다.

㉥ 분리된 환경에서 기술을 배워 다음 환경에서 그것을 일반화하도록 시도하기보다는 중도 지적장애 학생으로 하여금 특정 기술이 필요한 바로 그 환경에서 학습할 수 있도록 해 준다.

㉦ 따라서 중도 지적장애 학생을 위한 교육 프로그램에서 가장 유용한 학습활동은 기능적이면서도 연령에 적합한 것으로, 일반적으로 지역사회에 기반을 두거나 실제 환경에서 자연적으로 발생하는 상황과 관련이 있다.

㉧ 생태학적 접근의 강점은 중도 장애학생의 학습상의 어려움에 부합하며, 기능적이고 생활연령에 적합한 기술을 실제 환경에서 교수하기 때문에 일반화 능력을 가정하지 않아도 되며, 교수하기로 판별된 기술들은 사회적 타당도에 의해서 기능적이고 적절한 것으로 결정된다는 점을 지적했다. 또한 일반인이 수행하는 활동과 유사하거나 동일한 활동에 참여하는 기술을 교수하기 때문에 다른 사람들의 중도 장애학생에 대한 기대감을 증진시키는 데 기여하고, 일반인과 상호작용할 기회와 일반 지역사회환경에의 접근을 강조하기도 한다.

(2) 지적장애 학생의 교육과정 구성 및 운영을 위한 기본 전제 24유, 17・18・21・23・24・25초, 13추중

① 연령에 적절한 교육과정

㉠ 발달론적 접근에서는 학생들이 위계적 기술단계에서 전 단계를 습득하여 준비되어야(readiness) 다음 단계의 내용을 학습할 수 있다고 본다.

㉡ 학생들이 다른 기술들을 배우기 전에 꼭 숙달해야 하는 어떤 필수적인 전제기술들이 있다는 것이다.

㉢ 발달론적 접근은 아동이 독립적으로 특정한 기술을 사용할 능력이 생기기 전에는 그다음 단계의 기술을 가르치지 말아야 한다는 '준비도 가설(the 'not ready' hypothesis)'과 발달척도에 근거하여 배워야 할 기술을 선택해야 한다는 '조기단계 가설(the early stage hypothesis)', 그리고 나이가 많은 학생들에게도 생활연령보다 정신연령에 근거하여 가르칠 기술을 선택해야 한다는 '정신연령-생활연령 불일치 가설(the MA-CA discrepancy hypothesis)'에 근거한다.

기출의 맥

교육과정 기본전제 사항들은 출제빈도가 높고 중요한 개념입니다. 5가지 사항이 정의 그대로 제시되기도 하지만 예시를 통해 적용력을 요구하는 경우도 많으니, 각 전제사항의 핵심을 정확히 이해하고 암기해야 한다는 점을 잊지 마세요!

기출 LINE

23초) 기능적 생활 중심 교육과정을 계획할 때, 민호의 발달연령 보다 생활연령을 고려할 것

키워드 Pick

㉣ 그러나 이러한 접근에서는 또래들이 이미 가지고 있는 숙련된 기술들을 장애학생이 습득하기 위해서는 계속해서 연습해야 한다는 이유 때문에 중도 장애학생들은 또래 학생들이 포함된 환경에 참여하지 못할 수도 있다. 또한 실제로 사용되는 일상생활 측면을 고려하기보다는 오직 외형적 기술을 가르치는 경향이 있다. 그러나 수정과 조정을 통하여 중도 장애학생들도 일반또래들이 포함된 환경에 접근할 수 있어야 한다.

㉤ 결론적으로, 지적장애 학생의 교육과정은 생활연령에 적합한 내용으로 구성되고 적용되어야 한다. 특히 중도 지적장애 학생은 일반또래학생들을 위한 활동에도 참여할 필요가 있다. 그들을 위한 개별화교육 프로그램의 수립을 위해서는 기능과 연령에 적합한 기술을 고려하는 것이 중요하다. 왜냐하면 지역사회에서도 기술들이 요구되고 일반학생들과 활동하고 상호작용할 수 있기 때문이다. 또한 이러한 기능적이고 연령에 적합한 행동들은 자연적인 환경에서 더 쉽게 강화될 것이며, 결과적으로 학습된 행동들은 유지가 용이할 것이기 때문이다.

㉥ 연령과의 적절성을 보장하기 위해 고려할 3요소

구분	내용
정상화	사회적으로 적절하고, 타당한 활동이라는 의미로 비장애또래들이 관심을 나타내고 참여하는 활동이냐의 여부, 대부분의 또래들이 그 활동을 이용하는 방법과 그 활동이 일생동안 계속되는지의 여부를 고려하는 내용이다.
개별화	학생의 독특한 요구와 선호도를 고려해야 한다.
환경적 요소	활동의 이용 가능성, 영속성, 안전성, 해독성 및 비용과 관련되는 요소를 고려해야 한다.

기출 LINE

24초) 수아가 성인이 되었을 때 스스로 대중교통을 이용하려면 이 낱말을 배우는 것이 꼭 필요해요. 수아가 지역사회 내에서 가능한 독립적으로 적응하기 위해 필요한 것을 지도해야 한다고 생각해요.

② 궁극적 기능성의 기준 24초, 25중

㉠ 지적장애 학생의 교육과정 내용을 결정할 때는 '궁극적 기능성의 기준(criterion of ultimate functioning)'을 고려해야 한다. 이는 중도 장애학생을 위한 교육목표로서, 그들이 성인이 되어 '최소제한환경'에서 일반인들과 함께 자신의 잠재력을 최대한 발휘하여 기능할 수 있도록 하는 것이다.

㉡ 사회적, 직업적, 가정적으로 통합된 성인 사회환경에서 최대한 생산적이고 독립적으로 활동하기 위해서 개개인이 꼭 소유하고 있어야 할 요소들이며, 학생이 성인으로서 또는 다음 해나 5년 후에 궁극적으로 일하게 될 환경으로서 학생과 가족의 선호도, 생활연령의 적합성(또래와 비교하기), 문화적 요소를 고려해야 한다는 것이기도 하다. 따라서 지적장애 학생의 교육과정은 '생태학적 접근'에서 논의되어야 한다는 것이다.

㉢ 가령 학교는 학생의 장애에 제한을 두기보다는 다양한 기회를 제공할 의무가 있기 때문에 학생들의 장애만 보고 미래 환경을 정하거나 패스트푸드 음식점 또는 수리공 같은 제한된 경쟁고용 기회만 고려하지 말고, 정보에 기초한 선택을 할 수 있도록 다양한 환경에서의 다양한 경험을 제공해야 한다. 따라서 지적장애 학생의 교육목표는 일반인들과 함께하는 최소제한환경에서 최대한 독립적으로 활동하는 성인이 되는 것이다.

③ 최소위험가정기준 25초

㉠ 결정적인 자료가 있지 않은 한 교사는 학생에게 최소한의 위험스러운 결과를 가져오는 가정에 기반하여 교육적 결정을 내려야 한다는 개념이다. 예를 들면, 한 아동을 교육하기 위해 드는 비용이 향후 보호·관리를 위해 드는 비용보다 더 크지 않으며, 오히려 교육을 통해 독립성이 향상되고 관리할 부분이 줄어들 수 있도록 하는 기술을 배울 수 있다면 실제로 비용 효과적인 면에서 더 이득이 되는 것이다.

㉡ 지적장애 학생이 배우지 못할 것이 있다는 점이 증명된 것이 없기 때문에, 결정적인 증거가 없는 한 아무리 지적장애의 정도가 심해도 최선의 시도를 통해 교육 가능성(educability)의 신념을 실현해야 한다.

기출 LINE

13중) 확실한 자료나 근거가 없다면 혹시 잘못된 결정을 하더라도 학생의 미래에 가장 덜 위험한 결과를 가져오는 교수적 결정을 해야 해요.

④ 영수준의 추측 24유, 23초, 24중

㉠ 궁극적 기능의 기준에 도달하기 위해서는 다양한 전략이 필요한데, 그중 영수준의 추측(zero degree of inference) 전략이 있다.

㉡ 학급에서 배운 기술들을 실제 사회 생활에서 일반화하지 못할 수도 있다는 전제에 기반을 두고, 배운 기술들을 여러 환경에서 일반화할 수 있는지를 시험해 봐야 한다는 개념이다.

㉢ 일반화가 되지 않을 경우에는 기술이 사용될 실제 환경에서 가르쳐야 한다. 지역사회 중심교수(community-based instruction)와 기능적 교육과정(functional curriculum)의 적용이 그 예이다.

기출 LINE

24유) 여러 가지가 고려되어야 하지만 우선 전제되어야 할 것이 있어요. 무엇보다 교사는 유아에 대해 미리 판단하거나 추측하지 말아야겠지요. 예를 들어, 희수가 실제 도서관에서 책을 빌리고 반납하는 기술을 자연스럽게 습득할 것이라고 미리 단정하지 않아야 해요.

⑤ 자기결정 증진

㉠ 자기결정은 개인이 어떤 방식으로 행동하게 하는 원인이 바로 자기 자신(자아)이라는 것을 의미하는데, 지적장애 학생에게 자기결정된 모델을 이행하는 것은 어려운 일일 수 있다. 인지능력과 대화기술이 제한되어 있기 때문에 지적장애 학생과 함께 선택과 선호에 대해서 대화하는 것은 대단히 어려운 일이며, 특히 장애 정도가 심한 학생의 경우 더욱 어려움이 있다.

㉡ 지적장애 학생이 청소년이 되면 자기결정의 중요성이 부각되는데, 그 학생이 어른이 되기 전에 가능한 한 가장 높은 수준의 자립을 얻을 수 있도록 해야 하기 때문이다. 유익한 기술들에는 선택하기, 의사결정, 문제해결기술, 목표설정 및 달성, 독립성, 자기평가 및 자기강화, 자기교수, 자기옹호와 리더십, 효능성 및 성과 기대에 대한 긍정적인 귀인, 자기지식 등의 기술이 포함된다.

키워드 Pick

(3) 교육과정 선택

① 장애학생에게 적용할 수 있는 교육과정 유형

유형	내용
일반형	• 일반학생을 대상으로 고안된 교육과정을 장애학생에게 적용하는 형태 • 통합교육 장면에서 일반학생이 배우는 그 자체의 교육과정
보완형	• 일반학교 교육과정을 장애학생에게 맞게 목표, 내용, 방법, 평가, 환경 등을 수정한 교육과정 • 일반학교 교과 교육과정의 내용을 단순화하거나, 다양한 지원을 전제로 교육과정 요소들을 수정하는 것
대체형	• 일반학교 교육과정을 적용하기 어려운 장애학생을 위해 그들의 독특한 교육적 요구에 맞게 별도의 교육과정을 구안하고 적용하는 것 • 기능적 교과기술, 일상생활 기술 등을 강조하는 것

② 일반교육과정 접근의 연속체 개념

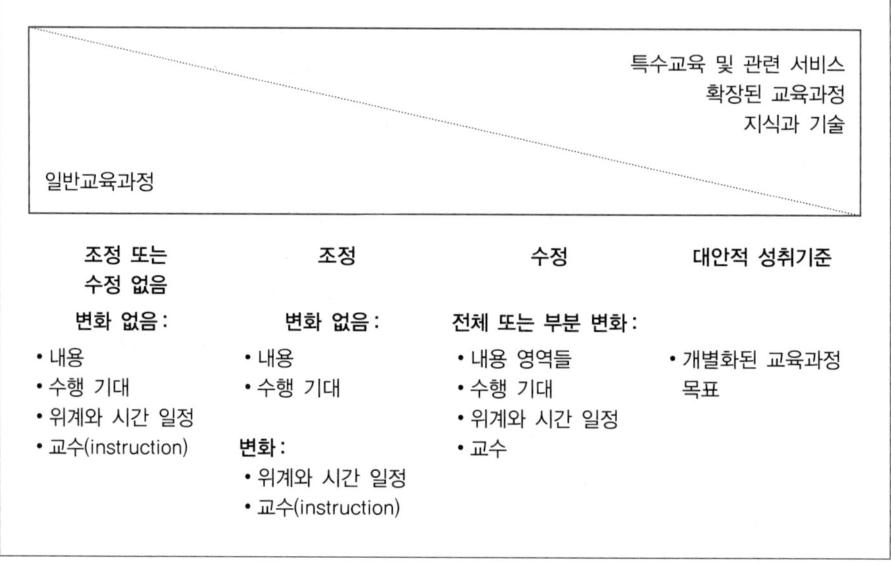

2. 중등도 및 중도 지적장애 학생을 위한 교육과정

(1) 기능적 생활중심 교육과정 21·23초, 13중

① 의미: 기능적 생활중심 교육과정은 경도 장애학생을 대상으로 할 수 있는 전통적인 학업중심 교육과정보다는 실생활에서 활용할 수 있는 기능을 중심으로 가르치자는 취지에서 시작된 중등도 및 중도 장애학생을 대상으로 한 교육과정이다.

② 내용 구성

㉠ 중등도 및 중도 지적장애 학생을 위한 교육과정은 현재 필요한 것이면서 미래의 가정과 직업, 지역사회, 여가 활동 등에 사용될 수 있는 기능적 기술에 중점을 두어야 할 것이다.

㉡ 학교를 졸업한 후에도 가능한 한 유용하고 독립적으로 지역사회의 통합 장면에 참여할 때 필요한 기술을 가르치는 데 중점을 두는 것이 그 대안이 될 것이라는 전제에 따라 교육과정 내용을 구성한다.

- 교수목표의 우선순위 결정이 중요하며 교육활동은 이를 전제로 해야 한다. 중등도·중도 지적장애 학생은 개별화교육 목적 또는 교수목표를 수행하는 데 기술적 결함을 가지고 있다. 이에 교육 프로그램은 이들에게 나타나는 학습욕구와 도전적 행동을 동시에 지도할 수 있도록 구성하고 실행해야 한다.
- 교육과정은 기능성을 우선하여 구성되고 적용되어야 한다. 기능적 기술은 학교 내외 환경에서 자주 요구되므로 즉각적으로 유용하며 다른 사람에 대한 의존심을 줄이게 하여 보다 제한이 적은 환경에 참여할 수 있게 한다. 지적장애 학생을 위한 기능적 기술이란 스스로 옷 입기, 식사하기, 개인위생, 대중교통 이용하기, 간단한 물건 사기, 지역사회 적응하기 등이다.
- 선택하기기술을 일상생활 또는 학교교육에서 가르쳐야 하고, 의사소통기술을 가르치는 것은 필수적인 교육활동이다. 또한 여가기술을 가르치는 것은 삶의 질을 향상시키는 것이다.

③ 기능적 접근에서 기능적 기술 14초

㉠ 기능적 기술은 다양한 환경에서 아동의 삶에 의미 있고 즉시 사용 가능한 기술들을 말한다. 자연스러운 환경인 가정, 직업, 지역사회환경에서 요구되는 기술들로, 특히 중도 장애학생들이 활동하도록 기대되는 환경에서 찾아볼 수 있는 기술들을 의미한다.

㉡ 일반학생들의 정상적인 발달과정에서 볼 수 있는 미리 정해진 순서대로 기술을 습득하는 상향식 접근법이나 발달적 접근법과는 달리, 기능적 접근법을 이용한 교육과정의 개발은 아동의 필수 전제기술 습득과는 상관없이 아동의 현재와 미래 환경에서 필요한 기술들을 교사가 조사하고 그 기술을 가르치는 하향식 접근법이라 할 수 있다.

㉢ 또한 중등도 및 중도 지적장애 학생들의 교육과정은 다양한 환경에서 가르치는 기능들을 포함하고 생활연령에 적합해야 한다.

기출 LINE

21초) 학생의 생활, 경험, 흥미 등을 중심으로 현재 필요한 것이면서 미래의 가정과 직업, 지역사회, 여가활동 등에 활용될 수 있는 생활 기술들을 지도

기출의 맥

기능적 기술은 살아가는 데에 반드시 필요한 기술들을 의미하고, 무수히 많은 기술들이 있습니다. 이 중 개인에게 우선적으로 필요한 기술의 우선순위를 정하는 것이 중요해요!

키워드 Pick

㉣ 기능적 기술은 한 학생에게는 유용하고 의미 있지만 다른 학생에게는 기능적이 아닐 수 있다. 예를 들어, 빨래를 해야 할 때 세탁기를 사용하는 가정에서는 손빨래보다는 세탁기 사용법을 익히도록 해야 한다.

㉤ 어떤 형식이 각 학생의 미래 환경에서 필요할 것인가를 아는 것은 중요하다. 그러나 이러한 기능들이 특수학교나 특수학급에서의 교과수업 안에서 연계되어야 하기 때문에 기능적 기술들은 일반교육 교육과정의 핵심 과목들인 국어, 수학, 과학 등의 과목과의 연관성을 고려해야 한다.

㉥ 기능적 기술의 우선순위는 궁극적 기능화(미래 성인생활과 지역사회에서의 기능화), 다음 환경의 기능화, 현재 환경의 기능화이다.

④ 기능적 기술의 형식과 기능

기술의 형식	• 기술의 형식은 기술이 사용되는 모습, 즉 기술이 어떻게 보이는가에 대한 것이고, 기술의 기능은 기술을 통해 얻는 성과물을 말한다. • 예를 들어 지하철타기, 버스타기 등의 기술 형식을 통해 이동하기 기술을 가르칠 수 있기 때문에 다양한 기술의 형식을 통해 하나 혹은 유사한 기능을 가르친다고 할 수 있다.
기술의 기능	• 기술의 기능을 결정할 때는 기능적 기술의 필요와 선호도를 조사해야 한다. • 생태학적 목록은 학생들이 현재와 미래의 생활에서 기능을 발휘하기 위해 필요한 개별 기술들을 찾을 수 있는 방법을 제공하는 가치 있는 조사표 혹은 관찰지 또는 평가도구이기도 하다. • 생태학적 목록의 주요 교육과정 영역은 보통 주요 생활영역인 가정(주거), 지역사회, 여가활동, 교육적 혹은 직업적 환경으로 구분한다.

(2) 기능적 생활중심 교육과정을 위한 생태학적 목록 접근 13 · 18유, 14초, 16중

① 생태학적 접근의 특징

㉠ 아동의 환경에서 기능적이고 연령에 맞는 기술 지도를 강조하여, 한 상황에서 배운 것을 다른 상황에 일반화하는 데 있어서의 어려움을 극복할 수 있게 한다.

㉡ 지역사회 중심의 교수를 강조한다.

㉢ 정상적인 환경에의 접근과 비장애인과의 상호작용을 강조한다.

㉣ 선정된 기술은 일반학생들이 수행하는 것이기 때문에 장애학생들은 같은 활동에 더 많이 참여할 수 있는 기회를 주어야 한다.

㉤ 가족의 참여를 높인다.

② 생태학적 목록(환경조사법)의 의미

㉠ 생태학적 목록은 학생들이 현재와 미래의 생활에서 기능을 발휘하기 위해 필요한 개별 기술을 찾을 수 있는 방법을 제공하는 가치 있는 조사표 혹은 관찰지 또는 평가도구이기도 하다.

㉡ 환경조사법은 아동의 현재의 환경에 대한 자료 조사를 통하여, 아동의 미래 환경에서의 적응을 위한 교육의 목표를 선정하는 데 사용되는 평가이다.

㉢ 조사, 면담, 또는 관찰평가의 방법을 사용하며 보호자나 부모에게 전화를 하거나 또는 가정을 방문하여 정보를 얻을 수 있다.

기출 LINE

14초) 각 학생의 주요 생활 영역에서 현재와 미래의 환경을 파악하고, 그 환경의 하위 환경에서 요구되는 활동을 하는 데 필요한 기술을 확인해 보고 싶어서요.

24초) 앞으로도 독립적인 생활을 할 수 있도록 가정, 학교, 지역사회 등에서 필요한 기능적 기술이 무엇인가 조사

③ 생태학적 목록 작성 과정

㉠ 우선 지역사회 생활영역에서의 생활환경 및 활동 환경을 설정하고, 환경 내에서의 활동을 선정한다.

㉡ 수많은 활동의 리스트 가운데, 학교에서 아동에게 우선적으로 가르쳐야 할 활동을 선정하기 위한 기준은 사회적 타당도(social validity) 및 경험적 타당도(emperical validity)로, 가르쳐야 할 우선순위의 결정에 작용한다.

- **사회적 타당도**: 아동의 주위 사람들이 생각하기에 아동의 독립적 생활 영위에 중요하며, 지역사회 생활에 있어 필요한 기술인가의 의견에 따라 가르쳐야 할 활동의 우선순위를 선택한다.
- **경험적 타당도**: 활동이 아동의 생명과 안전에 있어서 중요한 기술이라면, 자주 사용되는 기능적 기술이 아니라도 무조건 가르쳐야 한다.

㉢ 가르칠 활동이 결정되면, 그 활동이 구체적으로 일어나는 장소를 부수환경으로 설정하게 되고, 구체적 장소에서의 활동에 필요한 시각적으로 관찰이 가능한 기능적 기술들이 과제분석된다.

㉣ 과제분석된 활동에 대하여 아동이 직접 지역사회환경에서 시행해 보도록 하고 그 수행 여부를 교사가 관찰하고 체크하여, 수행할 수 없는 과제분석의 단계는 나중에 교과 활동 및 교육목표로 선정하여 가르치게 된다.

구분	내용	예시
1. 영역	여러 영역 중 하나의 영역을 선택한다.	지역사회, 학교 등
2. 환경	영역 내의 환경을 선택한다.	교실, 도서실, 운동장, 목욕탕, 마트, 병원 등
3. 하위환경	중요한 하위환경을 선택한다.	교실에서 자신의 자리, 도서실의 도서 대출창구, 마트의 계산대, 병원의 진료실 등
4. 활동	하위환경 내에서 참여할 활동을 확인한다.	교사의 지시에 따라 개별과제수행하기, 도서 대출창구에서 차례 기다리기, 마트에서 구입한 물건값 지불하기 등
5. 기술	중요 활동을 과제분석하여 기술을 선정한다.	–

키워드 Pick

기출 LINE

13중) 지역사회라는 의미 있는 자연적 맥락에서 기능적 기술을 가르치는 교수적 실제이다.

22중) 지역사회에서 사용할 기술을 지역사회 환경에서 직접 가르치는 방법을 지역사회 중심교수라고 합니다. 그런데 시간, 비용, 위험성의 문제로 실제 버스를 타러 가기 전에 우선 교실에서 모의 환경을 만들어 미리 연습하는 지역사회모의교수를 해 보려고 합니다.

(3) 지역사회 중심교수 18·24유, 13·17·21·23초, 15·17·18·20·22·25중

① 지역사회 중심교수의 의미와 특징

㉠ 지역사회 중심교수(CBI : Community-Based Instruction)는 지역사회 기반교수라고도 한다.

㉡ 생태학적 접근으로 지역사회 기능을 증진시키기 위하여 사용되는 교수적 접근으로, 기능적 생활중심 교육과정을 실현하기 위한 전략이라고 할 수 있다.

㉢ 장애학생의 지역사회 통합을 기본 전제로 하고, 장애학생이 지역사회의 다양한 환경에서 일어나는 활동에 참여하는 데 필요한 기술을 직접적으로 교수하는 것을 의미한다.

㉣ 교실에서 습득한 기술을 다른 환경에서 적용하는 일반화 기술에 효과적이고, 지역사회 안에서 사람과 자연스럽게 접촉하는 경험을 갖게 되고, 직업적인 측면에서는 다양한 직업 훈련을 실습할 기회를 갖게 함으로써 직업 경쟁력과 적절한 근무 자세를 배우게 할 수 있다.

㉤ 지역사회 중심교수가 토대를 두고 있는 생태학적 접근에서는 다양한 환경 자체가 교수할 '내용'을 제공하는 자원이면서 동시에 교수를 제공할 적합한 장소로서 인식된다.

㉥ 생태학적 접근은 가르치는 행동의 형태보다는 행동의 결정적인 기능을 강조하며, 지역사회의 다양한 환경에서의 부분참여 원칙하에 개별화된 수정을 적용하여 장애학생의 기능을 확립시켜 나간다.

② 지역사회 중심교수의 원칙

㉠ 교육은 교실뿐 아니라 지역사회환경에서 일어난다.

㉡ 학생들은 일상생활의 참여를 위한 생활의 제 영역에 대해 직접교수를 받아야 한다.

㉢ 학교는 교육목표인 사회적 통합을 위한 지역사회 생활 실현의 한 단계이다.

㉣ 부모와의 긴밀한 유대관계가 이루어져야 한다.

㉤ 학습자의 특성, 생활연령, 학생과 부모의 의견을 수집하여 개별화교수가 이루어져야 한다.

㉥ 활동에서 부분적 참여가 가능하다면 활동에서 제외되어서는 안 된다.

㉦ 다양한 지역사회환경에서 교수가 이루어져야 한다.

③ 지역사회 중심교수와 현장학습의 차이

㉠ 지역사회 중심교수는 자연적이고 실제적인 환경에서 기능적이고 의미 있는 기술을 지도하는 것으로 이동 훈련, 쇼핑, 여가 활동 참여 등을 꼽으며, 성공적 전환에 필요한 기술을 가르치기에 최상의 실제로도 고려된다.

㉡ 지역사회 중심교수가 현장학습과 다른 점은 교사가 다양한 역할을 하고, 계획을 세우며, 학습기회를 제공하는 교육과정적 접근이라는 점이다.

㉢ 따라서 지역사회 중심교수를 '언제' 제공할 것인가에 대한 고민이 필요하며, 자연적인 환경과 기능적 기술을 지도하는 직업, 일상생활, 지역사회 여가와 관련된다.

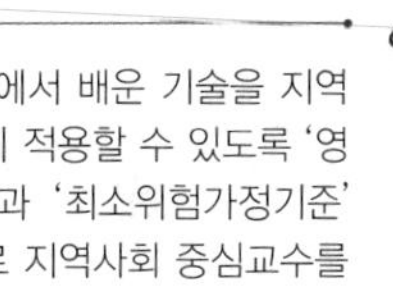

④ 지역사회 중심교수의 실제 20중

㉠ 지역사회 중심교수의 실제는 학생들이 학교에서 배운 후 그 기술을 일반화할 것이라고 추측하지 말 것을 요구하는 '영수준의 추측' 전략과 일반화가 저절로 된다는 증거가 없는 한 학생들로 하여금 자연스러운 환경에서 기능적 기술을 배울 수 있도록 하는 것이 학생들에게 덜 위험하다는 '최소위험가정'을 토대로 하기 때문에 교통수단 활용을 위한 비용이나 위험 등을 감수한다.

㉡ 다만 통합된 환경에서 현실적인 어려움이 있을 수 있으므로 지역사회 참조교수나 시뮬레이션 등의 방법도 활용하여 시간을 절약하고 위험성 등을 줄일 수 있다. 또는 지적장애 학생이 준비 없이 외부에서 직접 지역사회 중심교수를 적용할 경우 위험한 상황에 처할 수 있을 내용 등을 먼저 실행해 보는 이점도 있다. 18중

⑤ 지역사회 교수의 수준 17초, 25중

수준	기술의 예: 물건 사기
지역사회 중심교수	마트에서 휴지 사기, 식당에서 계산하기, 약국에서 약 사기 등
지역사회 참조교수	학교 매점에서 음료수 사기, 자판기 이용하기, 교내 서점에서 책 사기 등
지역사회 가상교수 (지역사회 시뮬레이션)	수업시간에 시장 놀이하기, 수업시간에 돈 계산하기

기출 LINE

20중) 학급에서 배운 기술을 지역사회 환경에 적용할 수 있도록 '영수준 추측'과 '최소위험가정기준'을 바탕으로 지역사회 중심교수를 하려고 합니다.

기출의 맥

지역사회교수의 내용 중 3가지 유형(수준)에 대한 내용이 가장 많이 출제되었어요.

기출 LINE

17초) 교실을 가게처럼 꾸며놓고 실제와 유사한 물건과 화폐를 이용하여 물건 사기 활동을 지도하고 있어요.

18유) 횡단보도 건너기 상황극, 신호 따라 건너기 게임과 같은 활동도 하고, 유치원 내에 설치된 횡단보도 건너기도 해 보면 좋겠네요.

키워드 Pick

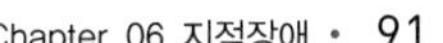

⑥ 지역사회 중심교수의 절차

<table>
<tr><th>단계</th><th>내용</th></tr>
<tr><td>1단계:
목표설정
단계</td><td>
• 목표설정 시 고려사항
– 목표를 정하기 위해서는 그 개인이 목표를 선택해야 하고 목표기술이 현재 필요한지, 목표기술이 연령에 적절한지를 고려해야 한다. 그 외에도 안전, 통합 기회의 증가 등을 고려할 수 있다.
– 고려할 사항: 효과성, 포괄성, 자기결정, 통합, 연령-적합성, 위험과 안전
<table>
<tr><td>효과성</td><td>학생의 삶의 질에 효과를 미칠 수 있는 일정표나 활동이어야 한다.</td></tr>
<tr><td>포괄성</td><td>성공적인 지역사회 및 졸업 이후 적응을 위해서는 장애학생이 지역사회 생활의 모든 측면에 참여할 수 있어야 한다.</td></tr>
<tr><td>자기결정</td><td>교육계획 일정과 활동은 학생 자신의 생활에 대한 통제를 증진하는 것으로 선정되어야 한다.</td></tr>
<tr><td>통합</td><td>선정된 일정과 활동은 학교와 지역사회에서 학생들의 참여를 증진하는 것이어야 한다. 또한 일반또래와 서로 상호작용할 기회를 높일 수 있는 것이어야 한다.</td></tr>
<tr><td>연령-
적합성</td><td>장애학생이 지역사회에서 일과생활을 할 수 있다고 하는 것은 생활을 독립적으로 스스로 할 수 있어야 하고 자신의 삶에 대하여 책임을 질 수 있음을 의미한다.</td></tr>
<tr><td>위험과
안전</td><td>장애학생의 자율성을 높이면 상대적으로 위험 요소와 안전 문제가 발생할 가능성이 높아진다. 그렇다고 학생의 안전을 너무 따진다면 학생을 교육활동에서 고립시키는 결과를 가져올 것이다. 따라서 교육계획에서 학생의 위험과 안전을 균형 있게 고려해야 한다.</td></tr>
</table>
• 학생의 수행방법 결정하기
• 지도 일정표와 활동 그리고 졸업 이후 기대되는 결과와의 연관성 고려하기
</td></tr>
<tr><td>2단계:
과제분석
단계</td><td>
• 과제분석: 과제 일정의 전 과정을 명확하게 하고, 작은 단위의 기술들을 순차적으로 배열하는 것을 의미한다.
– 과제분석과정은 과제의 시작과 끝을 먼저 파악해야 한다.
– 과제분석의 첫 단계: 훈련되지 않은 상황에서 일정을 수행하기 위하여 '자연적 단서'가 바로 이어질 수 있는 과제-관련 행동으로 시작할 수 있다. '자연적 단서'는 활동이 수행되기 전 자연적 환경에서 개인이 일반적으로 받아들이는 정보를 의미한다.
– 과제분석의 마지막 단계: 기대하는 결과 바로 앞의 성취행동을 밝히는 것이다.
• 일반 사례분석(general case analysis): 전통적인 과제분석 절차를 확장하여 수행 상황에서의 단계와 자극 변인을 나타낸 개념이다.
</td></tr>
</table>

<table>
<tr><td></td><td>• 이 단계에서 고려할 사항은 다음과 같다.
– 필수단계선정: 과제분석의 단계 수는 학생의 학습내력과 과제의 난이도에 달려 있다. 학생의 선호도에 따라 목표행동의 과제분석의 수가 달라질 수 있다.
– 부분적인 참여도 인정: 모든 단계를 완전히 수행하지 못해서 일부 단계는 다른 사람의 도움을 받는 부분적 참여도 인정해야 한다.
– 각 단계의 검증: 과제분석이 이루어지고 나면 필요한 단계들이 포함되어 있는지, 그리고 학생의 선호도나 과제수행양식이 고려되었는지를 확인하기 위해 학생과 함께 검증하는 것이 필요하다.</td></tr>
<tr><td>3단계: 교수적 전략 선정 및 적용 단계</td><td>• 과제가 분석되면 목표기술을 가르칠 전략을 선정해야 한다. 이 단계에서는 학생에게 효율적이며 학생의 필요 이상의 관심을 끌지 않는 전략을 계획해야 한다.
– 환경의 선택: 실제 환경과 모의 환경을 선택할 때 대상 학생이 존중되어야 한다.
– 일반화 계획: 자극에 의한 일반화, 연습시간에 의한 일반화, 반응에 의한 일반화, 실제 상황에서의 교수, 행동연쇄 등의 방법을 통해 일반화를 향상시킨다.
– 촉구전략: 최소–최대, 최대–최소, 시간지연 등의 촉구를 사용한다.
– 교수집단 선정: 어떠한 집단 유형이 최상인지를 고려하여 집단교수를 할 것인지 개별화교수를 할 것인지를 정해야 한다.</td></tr>
<tr><td>4단계: 평가를 위한 자료 수집 단계</td><td>• 평가의 유형
<table><tr><td>독립성 평가</td><td>최근 교수한 과제에 대해 평가를 하며, 학생이 과제의 단계 수행을 얼마나 잘 하는지 알아보기 위함이다.</td></tr><tr><td>일반화 평가</td><td>성공적인 교수활용의 최종 평가단계로서 행동이 일반화될 것인지를 평가하는 것이다.</td></tr><tr><td>유지 평가</td><td>지원수준이 가장 적고, 가장 자연적인 보상이 이루어지며, 수용할 만한 기간 내에서 이루어진다.</td></tr></table>• 교사는 학생을 효율적으로 지도하기 위해 충분한 정보를 제공하거나 정보수집전략을 선택해야 한다.</td></tr>
</table>

키워드 Pick

⑦ 지역사회 교수를 위한 교수전략

생태학적 평가	• 학생이 궁극적으로 지역사회의 다양한 환경에서 어느 정도 독립적인 수행이 가능한지에 대한 정보를 제공하는 것이다.
동료지원	• 학생과 같은 환경에서의 동료지원은 가장 실제적이면서 자연스럽고 효율적인 교수전략이다.
교실중재	• 교실 내 교수가 지역사회 중심교수와 함께 이루어진다면 실제 지역사회 환경에서 직접기술을 훈련받으면서 동시에 부가적으로 필요한 훈련을 교실에서 집중적이고 반복적으로 받을 수 있다. • **교실중재의 장점** − 과제분석단계 내에 있는 어려운 단계들을 따로 분리하여서 연습할 수 있는 기회를 여러 번 반복해서 제공하므로 교수 효과가 더 향상될 수 있다. − 교실에서 필요한 능력을 미리 연습하고 나가면 실수도 최소화되므로 동기도 생기고 자신감이 생기게 된다. − 지역사회중재보다 활동 비용을 절감할 수 있다. − 지역사회중재 시에 있을 수 있는 사고나 손상 등의 위험 요소가 적으며 기술변화의 영향을 받지 않는다.
비디오 자기 모델링	• 모델과 관찰자 간 유사성으로 관찰자의 주의집중을 촉진해서 학습이나 행동에 효과가 있으며, 성공한 모습만 보여 주기 때문에 자존감을 증가시키고 행동변화를 가져오게 한다. • 학습에 대한 동기유발을 증가시키며, 행동형성과 자기평가, 사회적 기술을 효과적으로 습득할 수 있다는 장점이 있다. • 자기 모델링 중재를 통해 습득한 기술이 높은 수준으로 일반화되고 유지된다는 것이 큰 장점이다. • **비디오 자기 모델링을 통해 기대할 수 있는 효과** − 자기 모델링을 통해 학생들이 가지고 있지 못한 기술을 배우도록 돕는다. − 학생들이 가지고 있지만 자주 사용하지 않는 기술의 빈도를 증가시킬 수 있다. − 새로운 상황으로 성공적으로 전환하는 데 도움을 줄 수 있다. − 장래를 계획하는 학생들에게 도움을 줄 수 있다. − 비디오라는 매체를 활용하기 때문에 반복적으로 비디오를 관찰할 수 있으므로 역동적인 학습기회를 제공할 수 있다.
비디오와 파워포인트	• 비디오 자료는 학생이 배워야 할 기술을 지역사회에서 배울 때 필요한 부수적인 교재일 수 있으며, 시각적 단서가 필요한 부분을 사진으로 찍어서 파워포인트 자료를 사용할 수 있다.

⑧ 지역사회 중심교수를 위한 일반사례교수법

일반사례교수방법은 학습한 기술은 어떤 상황이나 조건에서도 그 기술의 수행이 요구될 때 사용될 수 있어야 한다는 목표를 가지고 발달된 주요 전략으로 '교수사례의 선택과 계열화를 강조'하는 교수방법이다. 일반사례교수를 사용할 때에는 다음의 다섯 단계를 거친다. 14 · 18 · 24유, 14초, 15 · 17 · 22중

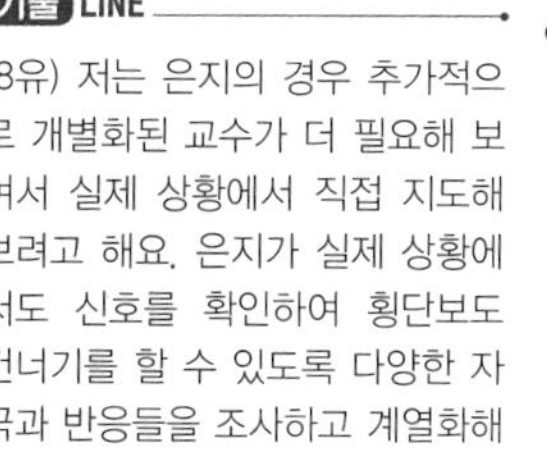

㉠ **어떤 것을 가르칠 것인지 교수 영역을 정의한다.** : 교수 영역은 학습자가 배운 행동이 수행될 다양한 자극 상황을 포함하는 환경이어야 하며, 학습자의 특성, 학습자의 현재 능력, 교수할 행동을 고려하여 결정해야 한다. 예를 들어, 학습자가 '덧셈'을 배웠다면 가게에서 과자를 사기 위해 계산해야 하는 상황을 교수 영역으로 할 수 있다. 교수 영역을 정할 때는 우선 행동이 일어날 것으로 기대되는 상황을 교수 영역으로 할 수 있다. 교수 영역을 정할 때는 우선 행동이 일어날 것으로 기대되는 상황은 무엇이며, 행동이 어떤 다양한 형태로 나타날 것인가라는 질문을 한다. 그다음 학습자의 수행에 영향을 미치는 자극은 무엇이며, 그 자극에 대해서 학습자는 어떻게 반응하는지를 구체적으로 서술한다.

㉡ **교수 영역이 정해지면 그 영역에서 사용할 교수사례와 검사사례를 선택한다.** : 교수사례를 선택할 때에는 모든 반응이 포함되는 대표적인 사례이면서 최소한의 사례를 선택한다. 학습자에게 새로운 정보를 제공하는 사례와 부정적인 교수사례를 적절히 제공한다. 왜냐하면 기술을 일반화하기 위해서는 적절한 자극 상황에서 습득한 기술을 수행하는 것뿐만 아니라 부적절한 상황에서는 습득한 기술을 수행하지 않아야 하기 때문이다.

㉢ **교수사례를 계열화한다.** : 교수사례를 계열화하기 위해서 활동 혹은 기술의 모든 구성요소를 한 중재 회기에서 모두 교수하며 가능한 한 많은 사례를 제시하고, 가장 유사한 긍정적 사례와 부정적 사례를 연이어 교수한다. 또한 모든 교수사례를 한 회기에서 중재할 수 없다면 한 번에 한두 가지 사례를 교수하고 중재 회기마다 새로운 사례를 이미 학습한 사례에 부가하며, 일반적 사례를 교수한 후에 예외적인 상황을 교수한다.

㉣ **계획된 교수사례 순서에 맞추어 교수를 실시한다.** : 교수를 실시할 때에는 촉진, 소거, 강화 등이 있지만, 일반사례교수를 실시한 대부분의 연구에서는 교수전략으로 촉진을 사용한다.

㉤ **검사사례에서 평가한다.** : 일반사례교수의 마지막 단계는 교수한 기술의 일반화 여부를 알아보기 위해 검사사례에서 학습자의 수행을 검토하는 것이다. 일반화 평가는 교수하는 동안 정기적으로 실시할 수도 있고, 교수를 종결한 다음에 실시할 수도 있다.

(4) 부분참여의 원리 25유, 11 · 24초, 12 · 16중

① **원리** : 중도 장애아동들이 주어진 과제 활동의 모든 단계에 혼자의 힘으로 참여할 수 없다 하더라도 선택된 요소들, 또는 적절히 수정된 과제를 수행하도록 가르칠 수 있다.

㉠ 학생은 필요한 기술을 모두 가지고 있지 않다.

㉡ 학생은 기술의 구성요소를 모두 획득할 수 없다.

㉢ 학생은 독립적으로 완전한 활동이나 기술을 완비할 수 없다.

㉣ 학생의 발달연령은 생활연령보다 낮다.

기출 LINE

18유) 저는 은지의 경우 추가적으로 개별화된 교수가 더 필요해 보여서 실제 상황에서 직접 지도해 보려고 해요. 은지가 실제 상황에서도 신호를 확인하여 횡단보도 건너기를 할 수 있도록 다양한 자극과 반응들을 조사하고 계열화해서 가르치려고요.

기출의 맥

부분참여의 원리는 중도중복장애 영역에서도 강조되는 개념이에요. 기출문제에는 부분참여의 원리가 잘못 적용된 오류 유형이 자주 출제됩니다.

키워드 Pick

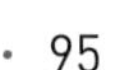

기출 LINE

12중)

- 수업 활동 중에 학생 A가 스스로 하기 어려운 활동도 있겠지만, '부분참여의 원리'를 적용해서 친구들에게 모두 의존하지 않고 활동에 일정 수준 참여하게 한다면 활동을 통해 배우게 될 뿐만 아니라 자존감도 높아진다고 생각해요.
- '부분참여의 원리'를 적용하는 것은 통합학급에서 학생 A의 이미지와 역량에 긍정적인 영향을 줄 수 있다는 점에서 '사회적 역할 가치화(social role valorization)'라는 개념을 실현하는 것으로 볼 수 있어요.

기출의 맥

근시안적 참여는 교사의 좁은 시야에 따른 것입니다. 예시가 주어졌을 때, 이 점을 잘 기억하고 적용해야 합니다.

기출의 맥

예시를 제시하고 잘못된 유형을 쓰거나, 왜 잘못된 유형인지를 설명하는 문제가 주어집니다. 즉, 각 유형의 개념을 이해하고 상황에 적용할 수 있어야 합니다!

② 부분적 참여를 확대하는 전략

㉠ 적극적으로 참여하도록 한다.

㉡ 제한된 기술목록을 가지고 있을지라도 그러한 기술을 다른 방법으로 사용할 수 있도록 목표를 개발한다.

㉢ 참여 형태가 부분적일지라도 학생의 요구에 반응하는 관점을 확인하여야 한다.

㉣ 점차적으로 참여를 확대해 나가도록 한다.

㉤ 언제나 학생의 참여를 보장하여야 한다.

③ 부분적 참여 원리의 잘못된 유형

㉠ 수동적인 참여　　㉡ 근시안적인 참여

㉢ 비정규적 참여(단편적 참여)　　㉣ 부족한 참여(참여기회 상실)

3. 경도 지적장애 학생을 위한 교육과정

(1) 통합 상황에서 일반교육과 특수교육의 연계

① 지적장애 학생이 통합되어 있는 특수학급이나 통합학급에서는 국가수준에서 제공하는 '특수학급 교육과정'이 부재하기 때문에 기본교육과정, 공통교육과정을 통해 수업을 받거나 일반학급에 효과적으로 통합되도록 하기 위해 특수교사가 지원하기도 하고, 통합학급에서 일반교사가 다양한 개인적 노력을 통해 장애학생의 교육적 요구에 부응하기도 한다.

② 통합학급에서는 장애학생의 교육과정 운영을 위한 자료 지원이 미흡하기 때문에 교사의 재량권에 상당히 의존한다고 할 수 있다.

③ 특수학급, 일반학급 등 일반학교에 통합 배치된 지적장애 학생의 교육과정은 해당 학교의 교육과정을 적용하되 특수교육 교육과정을 고려하여 조정한다.

(2) 일반교육과정과 기능적 교육과정의 병합

① 일반교사와 특수교사가 상호 책무성을 가지고 그들이 가르치는 모든 학생을 위해 두 교육과정을 조화롭게 하고 합병하는 작업에 함께 참여하는 것이 필요하다.

② 일반교육과정의 기준(standards)과 장애학생의 교수적 요구와의 적절한 연계 방안을 찾는 것이 중요하다.

(3) 교수적 수정

① 교수적 수정 유형 5가지는 모두 상호 연관성이 있어서 순서와 단계가 있는 것은 아니지만, 교수환경과 교수집단의 경우 장애학생이 통합된 상황에서 우선 고려해 볼 수 있을 것이다.

② 교수적 수정은 지적장애 학생이 통합된 일반학급에서 수행되어야 할 교육과정 운영 방법으로서, 일반학생들이 배우는 교실에서 가르치는 교육내용 가운데 특수교육대상 학생들도 반드시 포함될 수 있도록 교육내용을 학생수준에 맞게 조정하는 것이다.

③ 이러한 교육 프로그램은 통합학급교사의 협력하에 특수교육교사가 계획하며, 직접교수, 협력교수 등을 통하여 실시할 수 있도록 지원할 수 있다.

(4) 경도 지적장애 아동을 위한 기술 25초

<table>
<tr><td>학습준비 기술</td><td colspan="2">• 실제 학업 교과를 배우기 위해 갖추어져야 할 기술
• 저학년의 지적장애 학생들에게 중요시되는 기술
• 학습준비기술의 예: 자리에서 일어나지 않고 앉아서 교사에게 주의집중하기, 지시 따르기, 언어 발달, 근육 협응 발달, 집단에서 또래와 상호작용하기 등
• 학교에서 필요한 학습태도, 습관을 길러 주기</td></tr>
<tr><td rowspan="4">기능적 학업기술
25초</td><td colspan="2">• 생활에서 독립적으로 기능하기 위해 배우는 학업기술
• 기능적 학업기술을 가르치는 이유
– 제한적으로 주어진 시간에 미래 생활에 가장 필요하고 또 학습이 가능한 수준의 내용을 가르치고자 하는 것
– 일반화 능력에 제한이 있는 경우가 많으므로, 교과서만으로 학습하기보다는 실생활에 적용하는 교수방법을 통하여 일반화를 촉진시키고자 하는 것
• 주제별 학습과 기능적 연습 활동</td></tr>
<tr><td>구분</td><td>내용</td></tr>
<tr><td>주제별 학습</td><td>• 생활주제를 선택하고 관련된 기초기술들을 제시한 후 주제와 관련된 기초기술의 연습 기회를 제공하는 방법
• 일반학생 및 지적장애 학생들의 연령, 기술수준, 흥미에 맞는 융통성 있는 활동을 계획
• 재량 활동 또는 체험 활동 등의 형태로 실시할 수 있으며, 교사의 사전 계획에 의해 학급의 사정에 맞게 운영할 수 있음
예 • '시간'이라는 주제: 계절, 명절, 여가, 시계보기 등의 하위 주제와 관련된 여러 가지 기초기술 가르치기
• '교통'이라는 주제: 버스타기, 운전하기, 지하철타기 등의 여러 가지 기술 가르치기</td></tr>
<tr><td>기능적 연습 활동</td><td>• 읽기, 쓰기, 셈하기 등의 학업기술들을 각각 가르친 후 이들을 실생활에 적용시켜 기능적으로 연습할 수 있도록 기회를 제공하는 방법
• 가능한 한 실생활과 연관이 높은 활동으로 계획
• 학생의 기술수준과 필요한 지도·감독의 정도를 고려
예 • 읽기: 어떤 정보를 얻기 위해서 읽어야 하거나 또는 여가 활동을 읽게 하는 방법
• 쓰기: 전화 메모 적기나 편지 쓰기 등과 같이 의사소통을 필요로 하는 다양한 활동으로 구성하는 방법</td></tr>
</table>

기출 LINE

25초)
- 박 교사: 저는 6학년 지적장애 학생 민희의 담임교사입니다. 저번에 선생님께서 (ⓒ) 기술이 중요하다고 하셨는데, 어떻게 지도해야 할지를 잘 모르겠어요.
- 특수교사: 그렇군요. 비장애 학생들은 다른 교과 내용을 잘 습득하기 위해 읽기를 학습하지만, 지적장애 학생들은 실생활에서 독립적인 기능을 배우기 위해 읽기를 배웁니다. 예를 들면, 민희는 안전과 관련된 표지판이나 학급의 시간표와 열차 시간표를 읽기 위해 학습합니다.

키워드 Pick

② 지적장애 학생을 위한 교수방법 및 전략

1. 학습 단계

범주	단계	학습내용
학습 준비	주의집중	수업 시작 시간임을 알린다.
	기대감	수업목표와 유형 그리고 기대되는 수행의 질을 알린다.
	작동기억의 재생	종속되는 개념과 규칙을 상기할 것을 요구한다.
습득과 수행	선택적 지각	새로운 개념과 규칙의 예를 제시한다.
	부호화	정보 기억 방법에 대한 단서를 제공한다.
	재생과 반응	학생들에게 새로운 정보를 기억으로부터 꺼내 반응하게 한다.
	강화	학생들이 학습한 것이 정확한지 확인한다.
학습의 전이	암시된 회상	새로운 과제에 대한 짧은 퀴즈를 낸다.
	일반화 능력	특별한 복습을 제공한다.

2. 증거기반의 교수

(1) 증거기반 교수의 개념

증거기반 교수전략이란 교육자를 대상으로 방대한 문헌을 정리·요약하여 제공한 연구기반을 가지고 있는 교수전략이다.

(2) 증거기반 교수전략의 기준

① 중재 전략은 한 매뉴얼에 잘 묘사되어 있고 그 전략이 잘 사용된 증거가 있어야 한다.
② 특정 전략이 우리가 변화시키기를 원하는 행동들에 긍정적 영향이 있다는 것을 확실히 해야 된다. 주로 다양한 메타분석에 의존할 것이다. 메타분석은 보통 숫자적인 지표를 산출하는데 그것을 효과 크기라 한다. 효과 크기가 더 클수록 전략의 영향력이 더 큰 것이다.
③ 학습자에 대한 나이, 발달 수준, 그들이 가지고 있는 어떠한 장애의 성격과 정도에 대한 명확한 묘사를 포함해야 한다.
④ 연구는 성과가 시간의 단순 경과 혹은 플라시보 효과와 같은 어떠한 혼재변수가 아닌 중재에 의한 것이라는 것을 확실히 할 방법으로 고안되어야 한다.
⑤ 연구의 결과에 영향을 줄 오염이 없거나 혹은 최소한이어야 한다. 실험집단 혹은 통제집단의 성과에 영향을 미칠 수 있는 그 어떠한 것도 일어나지 않는 게 중요하다.
⑥ 가능한 부작용은 평가되어야 하고 긍정적이어야 하며 적어도 부정적이지 않아야 한다.
⑦ 교수전략에 기초하는 심리학적 기제 혹은 학습과정은 명확히 설명되어야 하고 그것을 다른 상황에 일반화하는 것이 가능해야 한다.

⑧ 만약 행동적인 개선이 시간에 걸쳐서 유지되는 것을 확실히 하기 위해서는 6개월 후, 그러나 더 오랜 기간 후에 적절한 추수 연구가 이루어져야 한다.
⑨ 연구는 연구조건이 아닌 일상적인 교수환경에서 수행되어야 한다.
⑩ 연구들은 엄격한 전문가 심사 후에 명성 있는 학술지에 출판되어야 한다.
⑪ 연구는 특정 전략의 긍정적 효과를 나타내기 위하여 적어도 두 편의 높은 질의 집단 연구, 혹은 네 편의 수용 가능한 질의 집단 연구, 최소 다섯 편의 단일대상연구를 포함하여야 한다.
⑫ 중재는 지나치게 비싸지 않아야만 채택된다.
⑬ 연구가 통계적으로 유의한 결과를 산출하는 것은 가능하다.
⑭ 교육자들이 연구된 교수전략들의 유용 가능한 형태에 쉽게 접근할 수 있어야 한다.

3. 학습이론별 교수전략

(1) 행동주의 학습이론에 근거한 교수

① 과제분석적 교수
㉠ 학생이 전체과제를 시도하기 전에 그 과제의 요소와 선행요소를 학습한다면 학습이 촉진될 수 있다고 가정한다.
㉡ 무엇을 가르치고 어떤 순서로 가르쳐야 하는지를 강조하기 때문에 지적장애 학생들에게 복잡한 기술을 가르치는 데 효과적이다.

② 직접교수
㉠ 직접교수전략의 전제는 학생들은 잠재력이나 현재 학습능력에 있어서 훨씬 불리한 위치에 있으며 그들에게 스스로 원리나 내용을 깨닫도록 하기보다는 교사가 직접 명료하게 가르쳐 주어야 한다는 것이다.
㉡ 따라서 학습의 목표를 가장 효과적으로 보여주고 잘 계획된 수업환경에서 반복적으로 익히도록 하는 것이 최선으로 간주된다.
㉢ 절차는 일반적으로 수업안내, 수업시작과 이해 정도의 평가, 피드백 제공 단계로 이루어진다.

③ 우발교수
㉠ 자연스러운 교수인 우발교수는 '밀리외 교수(milieu teaching)', '맨드 모델'을 비롯해 다양한 용어로 사용된다.
㉡ 우발교수는 장애유아들의 사회 의사소통기술의 교수를 위해서 많이 사용되는 자연적 중재의 한 방법이다.
㉢ 중재자는 아동의 요청이 있으면 함께 주의집중을 하고 상황에 따라 모델방법, 요구모델방법, 시간지연방법을 사용해서 언어중재를 한다. 이와 같은 절차를 수행할 때 모델, 요구모델, 시간지연 등의 방법은 두 번 이상 시행하지 않는 것에 주의해야 한다. 아동이 화를 내거나 싫증을 내서 하지 않으려는 것을 방지하기 위해서이다. 두 번째도 정확한 의사소통을 할 수 없으면 정확한 교정을 하고 아동이 흥미를 보이는 물건 등을 바로 주고 자연스러운 강화를 한다.

㉣ 우발교수를 성공적으로 하기 위해서는 교사가 수업목표를 미리 정하고 완벽하게 준비하며 학생들의 반응을 예상해야 한다.

㉤ 우발교수를 성공적으로 이행하기 위해서는 교사는 우선 지적장애 학생의 반응을 불러내는 환경을 만들어 내야 한다. 또한 지적장애 학생들로 하여금 본인들이 요청을 하도록 해야 한다. 지적장애 학생이 목표행동을 하지 못할 경우 교사는 바른 행동을 보여 주어야 한다.

④ 촉진

㉠ 교수적 자극을 제시한 후 반응이 일어나기 전에 제공되는 보조수단으로서 정확한 반응을 유도하기 위하여 필요한 것이다.

㉡ 언어적 촉진, 그림 촉진, 신체적 촉진, 몸짓으로 하는 촉진방법이 있다.

㉢ 과제가 점차 숙달되어 감에 따라 촉진을 최소화해야 한다.

(2) 인지주의 학습이론에 근거한 교수

① 발견학습법

㉠ 교사의 지시를 최소한으로 줄이고, 학생 스스로 자발적인 학습을 통해 학습목표를 달성하도록 하는 교수–학습과정 형태이다.

㉡ 학생 스스로 기본 개념이나 원리를 깨닫게 함으로써 탐구능력과 태도를 기를 수 있다는 것이다.

㉢ 특징으로는 '기본 구조'에 대한 철저한 학습을 강조하고, 학습 효과의 전이를 중시하며, 학습의 결과보다 과정과 방법을 중요시하고, 학습자의 주체적인 학습을 강조한다는 것이다.

㉣ 문제의 발견, 가설의 설정, 가설의 검증, 일반화(적용)의 절차를 따른다.

㉤ 지적장애 학생들은 자발적 학습능력, 개념 형성, 일반화가 부족하다. 따라서 발견학습을 통해서 이들의 부족한 부분에 대한 경험을 확대시키는 것이 필요하다.

㉥ 발견학습은 학습자의 능동적 학습과정을 중시하기 때문에 지적장애 학생들에게는 자칫하면 방만한 수업이 되기 쉽다. 이러한 결함을 피하기 위해서 교사가 프로그램 학습이 갖는 단계와 순서를 함께 사용하는 것이 필요하다.

㉦ 지적장애 학생들을 위해 학습과정에 대한 방법을 먼저 학습하도록 하며, 발견학습을 통해서 내적 보상을 강화하여 학습동기를 유발할 수 있도록 해야 한다.

② 정보처리 모델

㉠ 학습자의 내부에서 학습이 발생하는 기제를 설명하려는 이론으로, 인간의 기억을 마치 컴퓨터가 외부 자극을 정보처럼 받아들여 처리·저장해 두었다가 출력해 주는 것과 같다는 이론이다.

㉡ 정보처리 모델의 첫 단계는 정신적 표상을 형성하는 것으로 Polya의 첫 단계(문제 이해하기)와 유사하다.

Polya의 문제해결 단계

1. 문제 이해하기
2. 계획 고안하기
3. 계획 수행하기
4. 돌아보기

ⓒ 학습이란 것은 장기기억 정보를 부호화하는 것으로 본다. 따라서 학습자는 장기기억의 관련 부분을 활성화하고 새로운 지식을 작업기억의 기존 정보에 연결시킨다.

ⓓ 정보처리 모델에서 자기조절은 초인지 인식과 동일한 의미를 지니는데 이런 인식은 개인의 능력, 관심, 태도에 대한 자기지식뿐만 아니라 과제에 대한 지식을 포함한다.

ⓔ 정보처리 모델에서는 과제를 완성하기 위한 전략을 학생에게 가르치는 것이 중요하다.

③ 인지적 교수

㉠ 지각, 기억, 문제해결과 같은 인간의 내재적 심리과정을 설명하기 위한 접근방법이고, 인지적 교수란 지식을 습득·저장하고 활용하며 관리할 줄 아는 능력을 교수하는 것을 지칭한다.

㉡ 문제해결이란 자동적인 문제해결책을 가지지 못한 사람이 해결책을 찾기 위해 시도하는 노력이라 볼 수 있다. 이를 위해 문제와 관련된 질문을 만들어 답을 하고, 해결방법을 추정하며, 문제해결을 위한 다양한 시도를 하고, 수단과 방법을 찾게 된다.

㉢ 인지적 교수를 실시하기 위해서는 문제이해, 계획고안, 계획실행, 점검의 4가지 단계를 인지적 절차를 통하여 수행해야 하며, 이를 위해서 인지적 전략이 필요하다.

㉣ 인지적 전략을 교수할 때에는 인지적 모델, 언어적 시연, 유도된 연습, 정확하고 긍정적인 피드백 그리고 숙달된 학습과정을 사용하는 교수전략을 사용한다.

(3) 구성주의 학습이론에 근거한 교수 [25초]

① 또래교수

㉠ 또래교수는 한 학생이 다른 학생에게 교수자로서 행동하거나, 번갈아 가며 교수자의 역할을 하는 것이다.

㉡ 또래교수는 연령이 많은 학생이 어린 학생을 가르치기, 같은 학급에 있는 또래 학생을 가르치기, 일반학생이 장애학생을 가르치기 등을 포함한다.

② 협력교수

㉠ 일반교육교사와 특수교사가 특수교육적 지원이 요구되는 학생에게 통합된 일반학급에서 공동으로 수업하며 일반학급 내의 모든 학생에게 질적인 교육을 제공하기 위해 평등한 입장에서 업무 및 역할, 교수, 학습평가, 학급관리, 학생관리 등 제반 결정 사항에 대해 주도적으로 참여하는 교수활동이라고 할 수 있다.

㉡ 협력교수는 협력교사들 개개인의 신념체계를 중요시하며, 효과적인 상호작용기술을 필요로 하고 협력교사들 간에 의견을 교환하여 아동의 학습을 촉진시키며, 지원환경과 학교문화의 변화를 요구한다.

키워드 Pick

③ 교수적 비계

㉠ 비계라는 것은 건축에 있어서 발판이라는 의미로, 교수적 비계란 교수–학습에 있어서 교사나 유능한 동료와 상호작용하는 동안 학습자가 스스로 일어설 수 있는 발판을 마련해 준다는 의미의 은유적인 표현이다.

㉡ 비계설정이라는 것은 아동이 혼자서는 할 수 없는 과제를 완성하도록 도움을 줄 때 사용하는 일시적 지원의 구조로 볼 수 있다.

㉢ 교수적 비계이론의 핵심은 사회적 상호작용을 중요시하며, 지식이라는 것을 둘 혹은 그 이상의 사람들 사이에서 재구성되는 것으로 보는 것이다.

㉣ 자기조절은 사회적 상호작용에서 발생하는 정신적 작용과 행동을 내면화하는 과정을 통해 형성된다고 본다. 이러한 상호작용이 언제, 어디서 일어나는 것이 가장 효과적인 것인가의 문제는 비고츠키의 근접발달영역 안에서 그 답을 찾을 수 있다.

㉤ 근접발달영역이란 독립적으로 문제를 해결할 수 있는 실제적 발달 수준과 성인의 도움이나 자신보다 더 나은 또래와 협력하면서 문제를 해결할 수 있는 잠재적 발달 수준 사이의 거리이다.

㉥ 비고츠키의 관점에서는 수업이 발달에 선행하는 것이 바람직하다. 즉, 수업은 근접발달영역에 작용하여 아동들의 잠재적 능력을 깨우치도록 하는 것이어야 한다. 따라서 지적장애 학생의 인지발달을 이끌기 위해서는 교사가 아동의 근접발달영역을 찾아내는 것이 필요하다.

㉦ Vygotsky의 근접발달영역

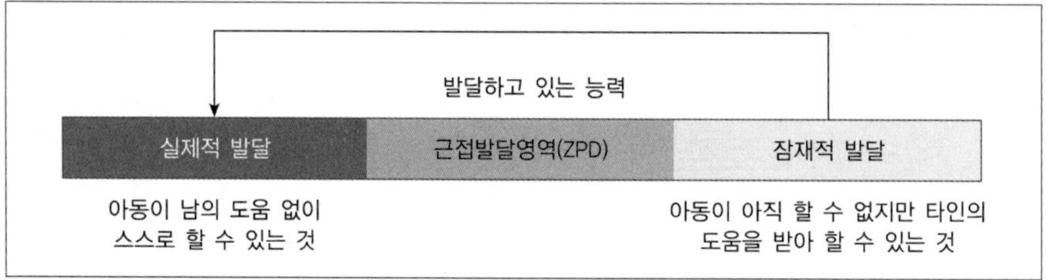

④ 상보적 교수

㉠ 인지발달이론에 토대를 둔 교수로서 교사와 학생의 능동적인 상호작용이 학생의 고등정신 기능의 발달에 도움을 준다.

㉡ 교사와 학생이 서로 대화를 통해 역할을 교체하면서 내용을 이해하고 학습하는 방법을 익힐 수 있도록 하는 수업모형이다.

㉢ 사회적 구성주의에 기초한 사회적 학습의 하나로, 교사와 학생 또는 학생과 학생 사이의 대화 형태로 학습과정이 전개되는 수업 형태이다.

㉣ 학생들은 질문 만들기, 요약, 예측, 명료화의 4가지 전략을 익히고 사용하도록 교수 받게 된다.

㉤ 상보적 교수의 절차는 수업 안내, 전략 설명, 글 읽고 요약하기, 질문 만들기, 역할 바꾸어 질문과 대답하기, 명료화하기, 이어질 내용 예측하기로 진행된다.

⑤ 모델링 25중

㉠ 사회적 인지이론의 핵심 요소로서 모델링 과정은 하나 혹은 그 이상의 모델을 관찰함으로써 행동적·인지적·정서적 변화를 일으키게 하는 일반적인 의미이다.

㉡ 모델링은 학습자가 모델에게 주의를 기울이는 주의집중과정, 모델의 행동을 상징적인 형태로 기억하는 파지과정, 모델의 행동을 따라 해 보는 운동재생과정, 따라 해 보고 강화를 받게 되는 동기화 과정을 거쳐 이루어진다.

㉢ 자기 모델링: 의도적으로 학습자 자신이 직접 모델이 되어 자기 자신을 사용하기도 하는데, 이를 자기 모델링이라고 한다. 이는 행동변화를 이끄는 가장 강력한 형태의 모델링으로, 주어진 상황에서 적절하게 행동하는 잘 편집된 자신의 비디오테이프를 보게 된다. 이에는 목표행동에 대한 논의와 역할극, 교사의 강화가 수반된다.

㉣ 모델링의 기능 25중

기능	내용
반응 촉진	사회적 촉진은 아동에게 모델의 행위를 하도록 동기화한다.
금지/탈금지	모델행동들은 아동에게 유사한 결과가 발생하는 것이 그들의 행위 모방 때문이라고 기대를 만든다.
관찰학습	하위과정들은 주의집중, 파지, 재생, 동기화이다.

⑥ 협동학습

㉠ 통합학급에서 장애학생들을 적극적으로 수업에 참여하게 하여 실질적인 통합이 이루어질 수 있도록 하는 교수전략 중 하나이다.

㉡ 학습능력이 각기 다른 학생들이 동일한 학습목표를 향하여 소집단 내에서 함께 활동하는 수업방법이다.

4. 삽입교수 24유, 24초, 25중

(1) 의미 및 특징

① 삽입교수는 일과가 진행되는 활동 상황에서 교수적 시도를 하는 것이다. 삽입교수가 수행되는 교수 절차는 학생의 개별적 요구, 가르치려는 기술, 제시되는 교수내용에 따라 다양하게 실시된다. 그동안 삽입교수는 통합교육에서 장애학생을 일반교육에 참여시키는 전략으로 권장되어 왔다.

② 삽입교수는 일반학급의 비장애또래를 통한 학습에서도 매우 효과적인 전략으로 보고되었다. 비장애또래에게 삽입교수 절차에 대해 학습시키고 이를 지적장애 학생 친구에게 수행하게 하였을 때 지적장애 학생은 또래학생을 통해 목표한 기술을 잘 수행한 것으로 나타났으며, 또래들 역시 책임감을 가지고 진행 절차를 잘 수행한 것으로 보고되었다. 삽입교수는 또한 지적장애 학생이 있는 일반학급의 일정 속에서 일반교사가 지적장애 학생에게 적용할 수 있는 효과적인 전략인 것으로 나타났다.

기출 LINE

25중) 학생 K에게 필요한 지시 따르기 기술을 지도하기 위해 반두라(A. Bandura)의 관찰 학습 방법 적용: 지시 따르기 기술을 배우기 위한 관찰 학습 중 탈금지(탈제지)가 나타나지 않도록 주의

기출 LINE

25중) 우선, 학생 K에게 필요한 구체적인 의사소통 기술을 파악하고, 학습 목표를 세워요. 그리고 학생 K의 목표 기술 학습을 위한 교수 기회를 구상하고, 그때 사용할 교수 전략도 미리 계획해요. 그런 후 학생 K가 등교하여 하교할 때까지 자연스러운 일과 내에서 배워서 사용할 수 있는 의사소통 기술을 분산하여 연습할 수 있도록 가르치고 있어요. 이런 방법은 의미 있는 맥락에서 목표 기술을 즉각적으로 사용할 수 있게 하고, 일반화도 촉진시킬 수 있다는 장점이 있어요.

키워드 Pick

③ 삽입교수는 일반교육과정을 운영하는 중에 지적장애 학생에 대한 교수활동을 삽입하여 일반학생의 교수목표와 동시에 성취할 수 있게 하는 '활동중심 중재(ABI : Activity-Based Intervention, Bricker & Cripe, 1992)'와 활동 중에 교수기회를 삽입하는 '삽입 학습기회(ELO : Embedded Learning Opportunity, Horn et al., 2000)'의 두 가지 교수전략을 혼용한 용어이다.

(2) 실행지침

① 삽입교수는 하루 일과와 활동 중 삽입된 학습기회를 이용한다.
② 삽입교수는 그 성과를 보장하기 위하여 학습기회가 충분히 주어지도록 계획되고 실행되어야 한다.
③ 삽입교수는 그 성과를 보장하기 위하여 체계적인 계획과 실행을 필요로 한다.
④ 삽입교수는 일반교육과정 내에서 일과와 활동이 진행되는 중에 지적장애 학생의 개별화교육과정상의 교수목표를 교수하는 과정이므로, 그 성과를 보장하기 위하여 일반교사와 특수교사 그리고 관련 모든 성인 간의 긴밀한 협력이 전제되어야 한다.

(3) 실행 절차

단계	내용
1단계	교수목표 점검 및 수정 • 개별화교육계획의 교수목표 검토 • 일과 및 활동의 목표 검토
2단계	학습기회 구성 • 일과 및 활동 분석을 통한 학습기회 판별 • 삽입교수를 위한 일과 및 활동 선정
3단계	삽입교수 계획 • 삽입교수를 위한 교수전략 및 실행계획
4단계	삽입교수 실행 • 활동의 진행 중 삽입교수 실행 • 삽입교수의 중재 충실도 점검
5단계	삽입교수 실행 • 지적장애 학생의 진도에 대한 정기적인 점검 • 자료를 기반으로 한 프로그램 평가

③ 사회성 지도

1. 사회적 기술과 사회적 능력에 대한 다양한 접근법

사회적 기술	• 개인이 구체적인 사회적 과제를 능숙하고 성공적으로 수행하는 특정한 행동이다. • 사회적 기술은 가르치고 배우고 수행해야 하는 행동이다. • **사회적 기술의 4가지 요소**(Vaughn & Hogan, 1990) – 다른 사람과 긍정적인 관계 – 연령에 적절한 사회적 인지 – 부적응행동이 없는 것 – 다른 사람에 대한 적절한 사회적 반응이나 시도 • Gresham(1980) – **사회적 기술 부족**: 요구되는 사회적 인지와 기술을 배우지 못해서 일어나는 것 – **수행 부족**: 기술은 획득되었으나 그것을 수행하는 데 어려움을 지니는 것 – **자기통제 부족**: 적절한 사회적 기술을 획득하고도 수행하는 것을 방해하는 회피적 행동
사회적 능력에 대한 행동적 정의	• 주어진 상황 내에서 유능함을 증명하거나, 다른 말로 하자면 상호작용자를 위한 긍정적인 효과를 산출하고 유지하거나 증진하는 확률을 최대화하는 것이다. • 훈련된 사회적 대리인(교사, 또래, 부모)이 제공한 사회적 과업에 대한 자신의 수행의 적절성을 종합적이고 평가적으로 판단하는 것이다. • 사회적 기술은 개인이 능숙하게 사회적 과제를 수행하는 특정 행동이며, 사회적 능력은 개인이 사회적 과제를 정확히 수행하였는지를 판단하는 평가적 용어라는 것이다. 이러한 판단은 교사, 부모 그리고 또래의 의견, 명확한 비교기준(예 어떠한 기준에 입각하여 정확히 수행된 사회적 과제의 수) 또는 기준집단들과의 비교에 근거할 수 있다.
적응행동과 사회적 기술을 포함하는 사회적 능력	• 사회적 능력에는 적응행동과 사회적 기술이 포함되며, 적응행동과 사회적 기술은 서로 관련이 있다고 보는 관점이다. • 사회적으로 유능하다는 의미의 행동에 대한 이론적 개념에서 보면, 지적장애 아동은 적응행동에 제한이 있다.
다차원적 접근	• 사회적 능력을 지능과 유사한 다차원적 구조로 개념화한 것이다. • 다차원적 구조는 하위 영역 혹은 요소로 분리될 수 있고, 사회적 능력 행동들을 산출하는 하위 영역들 사이에는 서로 관련성이 있다. • 하위 영역들은 ① 사회적 기술, ② 방해하는 문제행동, ③ 또래관계(또래 수용 및 거부), ④ 사회적 자기관점이다.

키워드 Pick

2. 지적장애 아동의 사회적 능력 특성

(1) 지적장애 아동의 사회적 능력 위계모형

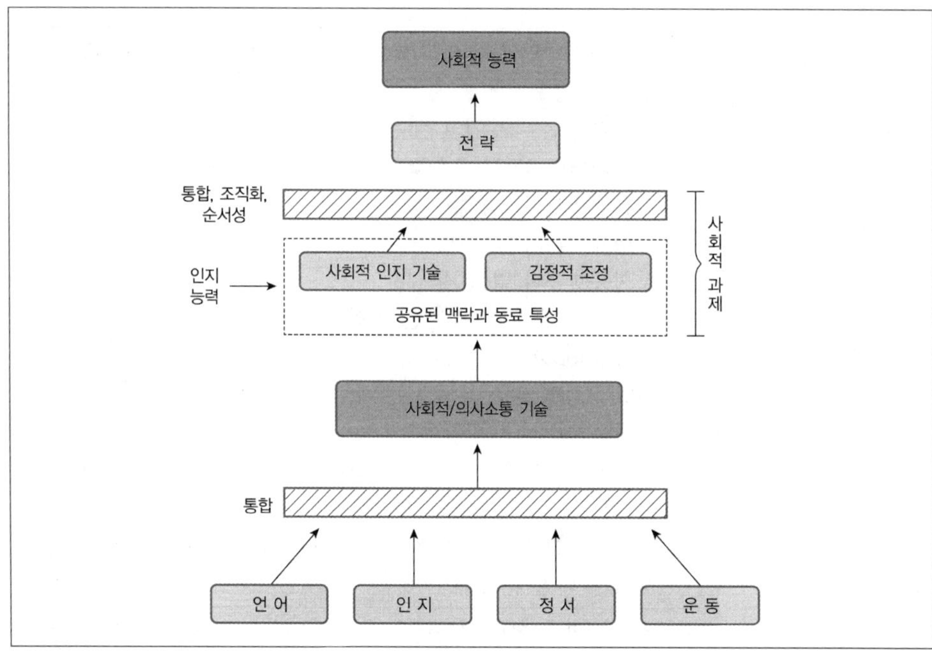

| 사회적 능력의 위계 |

(2) 사회적 능력의 결함 유형

적응행동과 사회적 기술의 결함은 행동을 수행하는 방법에 대한 아동의 지식과 분노나 충동성과 같은 정서적 각성반응 존재 여부에 따라 4가지 결함 유형으로 분류된다.

	획득 결함	수행력 결함
정서적 각성 반응의 부재	기술 결함	수행력 결함
정서적 각성 반응의 존재	자기통제 기술 결함	자기통제 수행력 결함

결함 유형	내용
기술 결함	• 사회적 기술 결함은 적응적이거나 사회적인 방법으로 행동하는 데 필수적인 사회적 능력이 없거나 위계적인 행동을 수행하는 데 있어서 중요한 단계를 알지 못하는 것이다. • 이 기술 결함은 습득 결함 혹은 학습 결함과 비슷하다. • 사회적 기술 획득 결함을 중재할 때는 직접지도, 모델링, 행동시연, 코칭 등의 기법을 이용하는 것이 효과적이다.
수행력 결함	• 개인의 수행력 결함은 주어진 행동을 수행하는 방법은 알지만 인정할 만한 수준에서 행동을 수행하지 못하는 것이다. • 수행력 결함은 동기유발 부족과 관련이 있고 행동을 수행하는 기회 부족이 그 원인이 될 수 있다. • 수행력 결함은 선행사건과 후속결과를 조절함으로써 개선될 수 있으며, 또래주도, 유관강화, 집단강화를 중재방법으로 사용한다.
자기통제 기술 결함	• 자기통제 기술 결함 유형의 사회적 능력 결함을 가진 사람은 특정 유형의 정서적 각성반응이 기술의 습득을 방해하기 때문에 특정한 기술을 배우지 못한다. • 학습을 방해하는 정서적 각성반응으로는 불안을 들 수 있다. • 불안으로 인하여 사회적 기술을 획득하지 못할 때는 불안을 줄이기 위한 둔감법이나 홍수법과 더불어 자기대화, 자기감독, 자기강화 등을 함께 사용한다. • 분노는 사회적 능력의 습득을 방해하는 또 다른 정서적 각성반응이다. • 신체적 및 언어적 공격, 부주의, 과도한 움직임 등과 같은 행동장애로 인하여 사회적 기술을 획득하지 못할 경우에는 강화기법, 집단강화, 가벼운 혐오기법(꾸중, 격리, 반응대가, 과잉교정)과 같은 행동감소 절차를 적용한다.
자기통제 수행력 결함	• 자기통제 수행력 결함이 있는 아동은 그들의 사회적 기술 목록에 특정 기술이 있지만 정서적 각성반응과 선행 혹은 후속결과 통제문제 때문에 기술을 수행하지 못한다. • 아동은 기술을 수행하는 방법을 알고 있지만 부적절하고 일관성 없이 사용한다. • 충동성은 자기통제 수행력 결함의 예다. • 이러한 아동들을 지도하기 위하여 부적절한 행동을 억제하는 자기통제전략, 변별기술을 지도하는 자극통제 훈련, 적절한 사회적 행동을 증대시키는 유관강화 등을 이용한다.

키워드 Pick

3. 사회적 능력평가

(1) 전통적 평가와 대안적 평가

① 전통적 평가는 표준화검사 혹은 선다형 중심의 지필검사를 통하여 아동의 성취수준, 능력, 잠재력 등에 대한 자료를 수집하는 방법을 의미한다. 대표적으로 사용되는 전통적인 사회적 기술 평가도구에는 사회적 행동평가(SBA : Social Behavior Assessment), 사회적 기술 교사 평정척도(TROSS : Teacher Ratings of Social Skills), 사회성숙도 검사, 적응행동검사, 워커-매코넬(Walker-McConell) 검사 등이 있다.

② 대안적 평가는 전통적 평가를 지양하는 일련의 사정방법을 총칭하는 용어로, 전통적 평가에 대한 보완적 · 대용적 의미로 받아들여 사용되고 있다. 대안적 평가는 학습자의 특성을 반영하고, 실제 상황이나 지식 · 기술의 적용능력에 대한 자료를 수집하는 것이 가능하다. 사회적 기술평가에 사용되는 대안적 평가방법으로는 관찰, 면담, 포트폴리오 평가, 자기평가 등이 대표적이라 할 수 있다.

(2) 분류를 위한 평가

분류를 위한 평가 절차는 타인에 의한 평가, 사회관계를 측정하는 기술, 자기보고 평가, 그리고 행동적 역할놀이 과제이다. 이들 절차의 대부분은 관리가 상대적으로 쉽고 시간 소모적이지 않기 때문에 가장 실용적이다.

교사, 학부모, 상담교사 등이 제공한 점수	• 행동문제를 가진 아동과 청소년을 평가하는 데 중요한 근거가 된다. • 특히 교사가 제공한 점수는 사회적 기술을 평가하는 데 유용하다. 교사들은 3점 척도나 5점 척도로 아동의 행동을 평가할 수 있다. 교사는 중요한 척도를 사용하여 행동을 평가함으로써 평가받고 있는 행동의 사회적 가치를 보장하고 중재를 위해 표적이 되는 행동을 뽑아낼 수 있다.
소시오 매트릭스 기법	• 아동이 잘 수용되지 않고, 거부되거나 인기가 없는지를 결정하는 데 유용하다. • 소시오 매트릭스의 절차는 또래지명과 또래평정의 두 가지 유형이 있다. • 둘 다 비행동적 및 행동적 기준의 단서가 될 수 있다. • 비행동적 기준은 특정 행동보다는 아동의 활동이나 특성에 기초를 둔다. 비행동적 기준의 단서가 되는 소시오 매트릭스기법에서는 또래의 행동에 대한 관점보다 또래들과 어떤 활동에 참여하는 동안 나타나는 아동의 태도나 선호도가 평가된다. • 대조적으로, 행동기준은 대상 아동의 특정 행동에 대한 또래의 관점에 기준을 둔다.
자기보고 측정	• 교수평정이나 소시오 매트릭스기법처럼 자주 사용되지는 않지만 평가에 있어서 잠재적으로 중요한 정보를 제공할 수 있다. • 일부 자기보고 평가기법은 사회적 기술중재 프로그램을 설계하기 위해 유용한 정보를 얻는 데 편리하다. • 이 평가결과는 기능적 행동분석을 통한 중재-처치 평가방법에 유용하다.

(3) 면접법

구분	내용
비구조화된 면접법	• 평가자가 질문을 하고 여기에 반응하는 응답자의 대답에 따라 개방적 질문이 이어진다. • 구체적인 질문이 사전에 정해져 있지 않고 응답자의 대답에 대한 평가자의 질문 유형에 따라 달라진다. • 기록방법이나 반응척도가 특별히 정해져 있지 않다. • 사회적 기술평가를 위한 구조화된 면접법 척도 개발의 주요 4단계 – 평가할 구체적인 대인관계기술을 결정한다. – 각 기술에 따른 개별적 행동을 밝힌다. – 각 행동에 대한 척도를 설정한다. – 면접척도에 대한 지시사항 등을 준비한다.
구조화된 면접법	• 평가자가 사전에 질문할 사항, 질문 순서, 질문 형태 등을 구체적으로 정한다. • 질문 유형이나 질문 형태 자체로 인해 면접평가에 영향을 받지 않도록 한다. • 응답자의 반응에 따른 기록 유형도 사전에 어떻게 할 것인지 정해 두는데, 이는 기록상에서 평가자의 편견을 최소화하기 위함이다.

(4) 관찰법

구분	내용
실제 장면 관찰법 (vivo observation)	• 학교, 가정, 일터, 놀이터 등 자연스러운 상황에서 행동을 관찰하는 것이다. • 실제 장면에서 행동을 관찰하기 위하여 다양한 관찰행동양식, 즉 빈도 기록법, 동간 기록법, 지속시간 기록법, 경과시간 기록법(예상 자극의 제시 후 행동이 시작되기 전까지의 경과 시간 기록), 시간표집법, 삽화 기록법(문제행동의 원인 측정에 이용, 되풀이되는 선행사건과 후속사건의 서술적 기록방식, 매일 일정한 상황을 삽화 형식으로 기록 후 분석) 등이 사용된다. • 시간이 많이 소요된다는 점과 모든 사회적 기술과 상황에 적용하기 어렵다는 한계를 지닌다.
제한된 관찰법 (analogue observation)	• 실제 장면 관찰법의 제한점을 극복하기 위해 주로 활용된다. • 제한된 관찰법은 상황과 행동이 반드시 연계된다. • 교사는 학생이 구체적인 행동을 나타낼 상황을 설정하는데, 이는 자연적인 상황이 아니라 임의로 설정한 상황이다. 따라서 실제 장면에서 관찰이 어려운 행동들을 측정하고 싶을 때 많이 활용된다. • 진행 절차 및 관찰결과의 분석은 실제 장면 관찰법과 거의 동일하게 수행된다. • 시간이 많이 소요될 수 있고, 실제로 자연스러운 장면이 아닐 경우 행동을 잘 표현하지 않을 수 있으니 참고해야 한다.

키워드 Pick

4. 사회적 능력 증진을 위한 중재

유아기의 사회적 능력 중재	3~5세 장애유아들을 위한 사회적 기술중재 • **목표행동 촉진 및 연습**: 특정한 환경에서 기대되는 목표행동의 시범을 촉진하기 위한 안내를 포함한다. 촉진의 목표는 아동들이 적절한 행동에 반응하도록 하는 것이다. 아동은 목표행동을 학습하였을 때 그 행동을 유지하기 위하여 연습이나 실행을 하여야 한다. • **놀이 관련 활동**: 장애유아의 사회적 기술 증진을 위해 사용되는 놀이의 구성은 가상놀이, 장난감 조작, 놀이 동안 성인과의 양과 유형 변인, 그리고 사회적 기술을 향상시키기 위한 놀이 활동 패키지 등을 포함한다. • **자유놀이 일반화**: 자유놀이 일반화(free-play generation)는 그 자체가 중재는 아니지만, 중재를 하는 과정에서 중요한 부분을 차지한다. 사회적 기술 훈련이 끝난 후 일반화 기간 동안에는 어떤 방법이든지, 무슨 장난감을 선택하든지 아동이 서로 함께 놀도록 허용한다. 이것은 아동이 학습한 사회적 기술을 연습할 수 있게 해 준다. 종종 체계적인 관찰과 바람직한 사회적 행동이 일어나는 빈도는 일반화 기간 동안 아동들이 배웠던 환경에서 자유놀이 환경으로 사회적 기술이 일반화된 범위를 반영한다. • **적절한 행동에 대한 강화**: 바람직한 행동을 증가시키기 위한 강화에는 적절한 행동을 한 아동에게 체계적인 보상을 하는 것이 포함된다. 보상은 아동이 목표행동을 보다 자주 하도록 동기를 부여한다. 강화는 연령, 성별, 흥미에 따라 달라져야 한다. • **특정한 사회적 기술 모델링**: 유아들에게 또래들의 바람직한 사회적 기술을 모델링하는 것은 장애유아의 사회적 기능을 촉진하기 위해서 사용된다. 특히 사회적 기술이 부족하고 위축된 유아의 사회적 기술을 촉진하는 데 효과적인 방법이다. • **스토리텔링**: 스토리텔링은 3세 정도의 유아들이 화자와 청자로 참여할 수 있는 활동으로, 의사소통을 통하여 정서 및 학업 발달을 연계하는 특별한 기회를 제공한다. 스토리텔링 치료는 다양한 장애유아의 사회·정서적 발달을 성공적으로 증진한다. 유아들이 자발적으로 스토리텔링과 듣기에 참여하여 즐거운 활동을 찾아내기 때문에, 장애유아들의 사회적 기술중재로 스토리텔링 요소가 포함될 수 있다. • **직접교수**: 직접교수는 체계적인 교수 접근이다. 기술을 숙련하기 위하여 분리된 기술을 가르치게 된다. 직접교수는 장애유아들에게 공유하기, 종합적 인지과정, 감정 표현과 같은 특정한 행동을 직접 가르치는 데 사용된다. • **적절한 행동 모방**: 모방은 자폐 유아들에게 주로 사용되는 적절한 사회적 기술 훈련이다. 자폐 유아들이 다른 사람의 얼굴 표정이나 신체 움직임을 모방하고 상보적인 상호작용에 참여하는 것이 어렵기 때문에 모방은 사회적 기술을 증진하는 데 도움이 된다. 그러나 지적장애유아들도 우발교수나 행동 모방이 일어나기 어렵기 때문에 모방을 할 수 있는 기회를 제공하여 교수를 하는 것이 필요하다.

학령기 지적장애 아동의 사회적 능력 증진	통합된 상황에서 필요한 초등학교 지적장애 아동의 사회적 기술 영역과 이에 대한 교사의 중재(McCay와 Keyes, 2002) • 독립성 – 독립성은 대인관계기술의 목표는 아니지만 사회성 발달의 기본이다. – 아동들은 스스로 계획을 세워 자기 활동을 관리하고 결정하는 것을 배워야 한다. 덧붙여서 아동들은 다른 사람들이 가까이 있을 경우에 스스로 독립적으로 활동에 집중하고 계속하는 것을 배워야 한다. 그리고 아동들은 자신이 선택한 행동의 후속결과를 수용하고 관리하는 것을 배워야 한다. – 교사들은 개인과제평가, 선택기회 제공, 독립적으로 수행한 아동에게 자유시간 제공, 개인적 목표수립 교수, 학습의 진보점검 교수를 함으로써 통합학급에서 지적장애 아동의 독립성을 증진시킬 수 있다. • 주장하기: 자기주장기술은 가장 중요한 기술 중 하나로, 어렵기는 하지만 여러 가지 이유로 가르쳐야 할 사회적 기술이다. 주장하기(assertiveness) 기술을 가르치는 것은 지적장애 아동들이 위험한 상황에 직면했을 때 바르게 반응하는 데 필요하다. • 사회적 민감성: 타인의 욕구와 기분을 이해하고 해석하여 공손한 행동을 하는 방법을 배우는 것은 그들의 기능수준과 관계없이 모든 아동에게 중요하다. 이와 관련하여 첫 번째로 가르쳐야 할 것은 공유하기 개념이다. • 우정 형성: 우정 형성(friendship building)과 관련된 기술들은 모델링을 통해서 교수될 수 있고, 특히 이러한 기술들을 직접 가르치는 것은 더욱 효과적이다. 가장 기본적으로, 학급 담임교사는 협력적이고 다른 사람을 배려하는 따뜻한 학급환경을 만들어야 한다. 학년이 시작할 때의 상호 간 관심과 존경의 규칙적인 의사소통 기대는 우정을 증진시키고 동료 거부를 예방한다. • 사회적 문제해결하기: 아동들은 새로운 사회적 기술을 익힌 후에 언제 새로운 기술을 쓸지, 어디에서 쓸지, 그리고 배운 기술 중에서 어떤 기술을 선택해서 사용해야 할지를 알아야 한다. 사회적 문제해결을 위해서는 사회적 기술뿐만 아니라 분석, 종합, 평가, 초인지전략들과 같은 고차원의 사고기술도 요구된다.

키워드 Pick

5. 일반적인 사회적 기술 훈련 모형

(1) 모델링

① 모델링은 관찰을 통해 대리 학습의 기회를 제공하는 것이다.

② 모델은 실생활, 비디오테이프, 오디오테이프 등으로 이루어질 수 있다.

③ 연구에 따르면, 모델은 훈련받는 사람과 연령, 성, 사회적 특성이 비슷하거나 약간 높은 위치(2학년 정도 선배)에 있는 사람이 효과적이다.

④ 효과적인 모델링의 종류

종류	내용
선행 모델링	• 아동에게 반응을 요구하기 전에 각 단계에서 요구하는 올바른 반응을 교사가 먼저 시범하여 주고 이를 모방하도록 하는 것이다. • '교사의 시범 → 학생에게 반응 요구 → 학생의 반응 → 칭찬'의 과정을 거친다.
실수-의존 모델링	• 아동의 반응 오류가 나타날 때에만 교사가 모델링하는 것으로서 이미 학습한 내용을 복습할 경우에 주로 사용한다. • '아동에게 반응 요구 → 아동의 정반응 → 칭찬 → 아동에게 반응 요구 → 아동의 반응 오류 → 교사의 정반응 모델링 → 아동에게 반응 요구 → 아동의 정반응 → 칭찬'의 과정을 거친다.
부분 모델링	• 정반응의 일부를 교사가 제시하여 주고 아동으로 하여금 정반응의 나머지 부분을 완성하도록 하는 방법이다. • '교사가 '모자'라는 낱말 카드 제시 → 아동의 무반응 → 교사가 '모~' 하고 발성 → 아동이 '모자'하고 반응 → 칭찬'의 과정을 거친다.

(2) 시연

① 시연은 일반적으로 교사나 집단 구성원들이 격려를 위한 피드백이나 제안 등을 함께 활용하는 역할놀이나 실행이다.

② 사회적 기술 훈련이라는 맥락에서의 역할놀이

㉠ 특정한 언어적·비언어적 행동을 증진시키려는 의도로 시도된다.

㉡ 교사가 학생으로 하여금 문제 상황을 연출하게 하고, 실생활에서처럼 실제 행동에 따르는 인과관계의 염려 없이 대안적인 새로운 행동을 학습할 수 있는 기회를 준다.

㉢ 학습과정에서 혐오적인 반응결과로부터 보호받을 수 있으며, 역할놀이는 수행과정에서 학생이 긍정적 강화를 받아 실제 생활에서도 그와 같은 바람직한 행동을 할 가능성을 높여 준다.

(3) 강화

① 강화는 긍정적 행동에 대한 인정과 칭찬이다.

② 강화는 행동을 변화시킬 수 있는 효과적인 방법이며, 가치 있는 기술이다.

(4) 지적해 주기(coaching)

① 지적해 주기는 학생의 긍정적인 반응을 유도하기 위해 구체적으로 제안을 하는 교정적 피드백이다.

② 지적해 주기는 개인의 적절한 사회적 반응을 발달시키고 유지하도록 하는 데 도움을 준다.

③ 교정적 피드백은 수정하려는 상황에서 긍정적인 측면과 함께 제인하면 효과적이다.

(5) 긍정적 자기-진술

① 개인은 자기-진술을 통해 강한 영향을 받게 된다. 즉, 사건이나 상황에 대하여 자신의 평가나 해석을 자신의 말로 해 봄으로써 강화를 받는다.

② 이 메시지에는 평가적(예 "그렇게 한 건 정말 바보 같은 짓이었어.") 요소와 교수적(예 "계속해, 보고 있는 사람이 없어.") 요소를 담고 있다.

(6) 일반화

상황 일반화	• 사회적 기술 훈련 상황이 아닌 다른 상황에서 행동을 하게 하는 것
행동 일반화	• 사회적 기술을 훈련시키고자 한 행동이 아닌 다른 행동을 변화시키는 것 • 동일한 자극이 주어질 때 아동이 다른 행동을 수행하게 되는 것
시간 일반화	• 지도 상황에서 지도 프로그램을 철회한 후에도 지속적으로 훈련받은 행동을 하는 것

CHAPTER 07

정서행동장애

맥 VIEW

01 정서행동장애의 이해

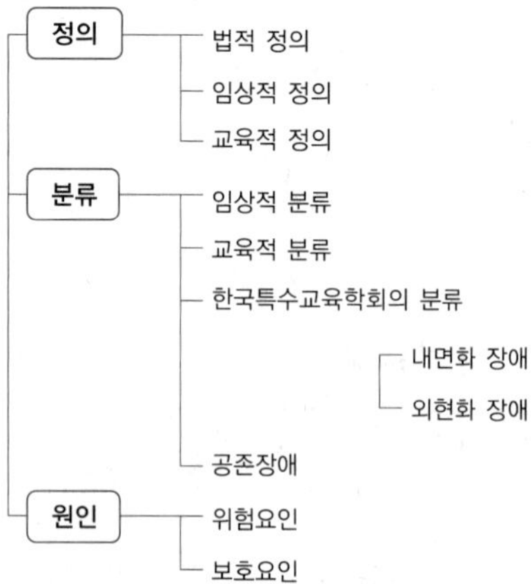

02 정서행동장애의 선별, 진단 및 평가

- **선별**
  - 사정방법
  - 정서행동장애의 체계적 선별(다관문 절차)
- **선별 및 진단을 위한 검사도구**
  - 정서행동장애 선별검사(국립특수교육원)
  - 국립특수교육원 정서 · 행동 검사(NISE-K · EBS)
  - 아동 · 청소년 행동평가척도와 유아 행동평가척도(ASEBA)
  - 한국판 정서행동문제 검사 2판(K-SAED-2)
- **교수적 평가의 실제**
  - 간접적 방법을 통한 평가
  - 직접적 방법을 통한 평가
  - 환경에 대한 평가

03 개념적 지도 모델

- **신체생리학적 모델**
- **심리역동적 모델**
- **인지주의적 모델**
- **행동주의적 모델**
- **생태학적 모델**
- **통합모델**

04 정서행동장애의 하위 유형

- **주의력결핍 과잉행동장애(ADHD)**
- **틱 장애**
  - 뚜렛증후군
  - 만성 틱
  - 잠재성 틱
- **적대적 반항장애와 품행장애**
- **우울장애**
  - 파괴적 기분조절장애
  - 주요 우울장애
  - 지속적 우울장애
- **양극성 및 관련 장애**
  - 제 I 형 양극성 장애
  - 제 II 형 양극성 장애
  - 순환성 장애
- **불안장애**
  - 분리불안장애
  - 범불안장애
  - 공황장애
  - 특정 공포증
  - 사회적 불안장애
  - 광장공포증
  - 선택적 함구증
- **강박 및 관련 장애**
  - 강박-충동장애
  - 신체추형장애
  - 저장강박장애
  - 털뽑기 장애
  - 피부뜯기 장애
- **외상 및 스트레스 관련 장애**
  - 외상 후 스트레스 장애
  - 반응성 애착장애
  - 급성 스트레스 장애
- **급식 및 섭식장애**
  - 신경성 식욕부진증
  - 신경성 폭식증
  - 반추장애
  - 회피적/제한적 음식섭취장애
- **조현병 스펙트럼**

정서행동장애

01 정서행동장애의 이해

① 정의

1. 법적 정의:「장애인 등에 대한 특수교육법」

> 장기간에 걸쳐 다음 각 목의 어느 하나에 해당하여, 특별한 교육적 조치가 필요한 사람
> 가. 지적·감각적·건강상의 이유로 설명할 수 없는 학습상의 어려움을 지닌 사람
> 나. 또래나 교사와의 대인관계에 어려움이 있어 학습에 어려움을 겪는 사람
> 다. 일반적인 상황에서 부적절한 행동이나 감정을 나타내어 학습에 어려움이 있는 사람
> 라. 전반적인 불행감이나 우울증을 나타내어 학습에 어려움이 있는 사람
> 마. 학교나 개인 문제에 관련된 신체적인 통증이나 공포를 나타내어 학습에 어려움이 있는 사람

2. 임상적 정의

① 정서행동장애의 임상적 정의(clinical definition)란 정신건강전문가들이 정신장애의 진단이라는 임상적 목적을 가지고 진단체계를 명시한 정의이다.

② 정신건강전문가들이 주로 사용하는 진단체계인 『정신건강의 진단 및 통계 편람(DSM)』에 명시된 정의가 여기에 해당한다.

3. 교육적 정의

① 정서행동장애의 교육적 정의(educational definition)란 교육전문가들이 정서행동장애의 중재와 예방이라는 교육적 목적을 가지고 비공식적으로 사용하는 정의이다.

② 법적 정의나 임상적 정의처럼 법체계나 진단체계와 같은 특정 체계에 명시되기보다는 교육전문가들이 개념적으로 선호하는 정의이다.

③ 교육적 정의는 명문화되어 있지 않지만 관련 문헌들을 참고하여 '자신의 발달이나 타인의 생활 혹은 양자 모두를 뚜렷이 방해하여 특수교육이 필요하거나 필요할 위험이 있는 부정적인 정서와 행동'으로 정의할 수도 있다.

④ 교육적 정의와 관련하여 한 가지 주목할 점은 교육적 정의가 현재는 장애가 없지만 향후 장애를 보일 가능성이 보통 이상이라고 할 수 있는 위험(at-risk)아동과 청소년들도 포함하고 있다는 것이다. 이는 장애에 대한 중재와 더불어 장애의 예방을 특히 강조하는 추세를 반영하고 있는 것으로 볼 수 있으며 근래 교육현장에서 예방에 초점을 둔 학교차원의 긍정적 행동지원(SW-PBS)이나 중재에 대한 반응(RTI)의 관심이 높아지는 경향에 비추어 볼 때도 적절한 정의라고 볼 수 있다.

기출 LINE

17초) 정서·행동장애 학생으로 진단하기 위해서는 문제행동의 발생 빈도나 강도가 높은 심각성, 지속성, 교육적 성취의 어려움을 종합적으로 고려해야 해요.

키워드 Pick

법적, 임상적, 교육적 정의의 비교

① 첫째, 개념적 세 가지의 정의는 차이가 있다. 즉, 법적 정의는 특수교육대상자를 선정하기 위해 정부가 특수교육 관련 법에 명시한 정의이고, 임상적 정의는 정신장애를 진단하기 위해 정신건강 전문가들이 진단체계에 명시한 정의이며, 교육적 정의는 정서행동장애를 중재 또는 예방하기 위해 교육전문가들이 비공식적으로 사용하는 정의라고 할 수 있다.

② 둘째, 이 세 가지 정의는 포함 범위에서 차이를 보인다. 왜냐하면 임상적 정의에 근거하여 정신장애를 진단받았다고 해서 특수교육대상자 선정을 위한 법적 정의를 충족시킬 수 있는 것은 아니므로 임상적 정의가 법적 정의보다 더 광범위하다고 할 수 있고, 또한 중재뿐만 아니라 예방도 강조하여 장애를 가진 것으로 진단된 경우와 장애를 가질 위험이 있는 것으로 판단되는 경우를 모두 포함하는 교육적 정의는 임상적 정의보다 더 광범위하다고 할 수 있기 때문이다. 따라서 법적 정의가 가장 좁은 범위의 정의라면 교육적 정의는 가장 넓은 범위의 정의이고 임상적 정의는 그 중간 정도 범위의 정의라고 하겠다.

③ 셋째, 정의의 포함 범위 차이는 정서행동장애의 출현율 차이를 가져온다. 즉, 포함 범위가 좁을수록 출현율이 낮아지고 포함 범위가 넓을수록 출현율이 높아질 것이므로 법적 정의에 의한 출현율이 가장 낮고 교육적 정의에 의한 출현율이 가장 높으며 임상적 정의에 의한 출현율은 그 중간 정도가 될 것이다.

④ 넷째, 포함 범위와 출현율에 있어서의 차이는 여섯 단계(선별, 진단, 적부성, 프로그램 계획 및 배치, 형성평가, 총괄평가)로 구성된 일련의 점진적인 과정을 통해 이루어지는 정서행동장애의 평가에서 해당되는 단계의 차이와 관계가 있다. 즉, 가장 좁은 포함범위와 가장 낮은 출현율이 특성인 법적 정의가 아동이 특수교육대상자로 적격한가를 결정하는 '적부성'에 해당되고 중간 정도의 포함 범위와 출현율이 특성인 임상적 정의는 아동이 장애를 가지고 있는가를 결정하는 '진단'에 해당된다면, 가장 넓은 포함 범위와 가장 높은 출현율이 특성인 교육적 정의는 아동을 더 심층적인 평가에 의뢰할 것인가를 결정하는 '선별'에 해당된다고 할 수 있다.

정서행동장애의 법적, 임상적, 교육적 정의의 포함 관계: A⊃B⊃C⊃D

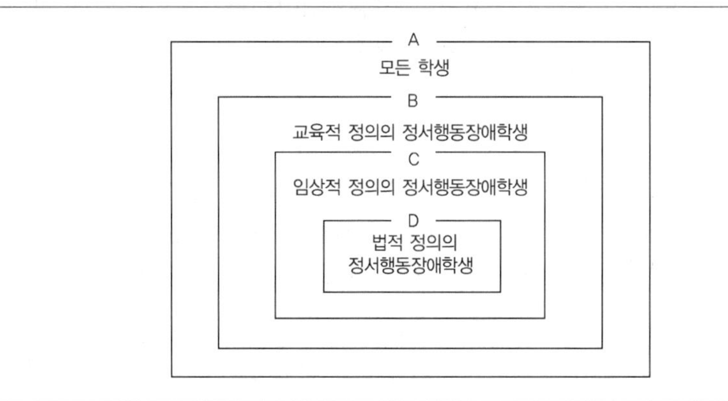

- 법적 정의: 국가가 특수교육대상자 선정이라는 행정적 목적을 가지고 특수교육 관련 법에 명시한 정의
- 임상적 정의: 정신건강전문가들이 정신장애의 진단이라는 임상적 목적을 가지고 진단체계에 명시한 정의
- 교육적 정의: 교육전문가들이 정서행동장애의 중재와 예방이라는 교육적 목적을 가지고 비공식적으로 사용하는 정의

맥 Plus

정서행동장애 학생의 행동 특성

① 일반아동도 정서행동장애 아동과 같이 일탈 혹은 부적절한 행동을 하는데, 정서행동장애 아동은 그 행동이 보다 심각하고 장기간 지속되며 발생빈도가 높고 복합적이라는 점에서 다르다.
② 우리는 아동들이 어떠한 환경을 요구하고 있는지 고찰해 보아야 한다. 아동들이 고통을 토로하는 주된 영역은 다양한 일상 활동, 즉 먹고 놀고 잠자는 것 등이다.
③ 정서행동장애 아동의 일반적 징후는 즐기지 못하고, 경직된 행동을 하며 긴장해 있는 것이다. 따라서 또래나 성인과의 효과적인 대인관계, 학교에서 만족할 만하게 공부하는 것, 일상의 요구에 적응하는 것, 생활의 즐거움을 발견하는 것, 지적인 판단 등을 조사해 볼 필요가 있다.

교사의 포용범위

① 교사가 문제행동에 대해서 가지고 있는 '포용범위(range of tolerance)'도 다르다. 심각한 정서행동장애 아동이라고 간주될 수 있었던 아동조차도 어떤 교사들에 의해서 일반교실에 배치될 수 있는가 하면, 또 다른 교사들은 '정상행동'에서 약간만 일탈하여도 참을 수 없는 경우가 있다.
② 교사의 포용력에 영향을 미치는 4개 요소는 문제행동의 빈도, 심각성, 지속시간, 복합성 등이다. 빈번하게 발생하는 방해행동은 누적 효과를 가지며, 교사로 하여금 자기 충족적 예언을 발생케 한다. 신체공격과 같은 심한 행동은 심리적·신체적 위협이며 교사들이 참을 수 없지만, 함부로 행동하는 것과 반대인 위축된 행동은 아동에게는 문제가 되지만 교사는 쉽게 참는다. 어떤 부적절한 행동은 순식간에 끝나 버리기 때문에 교사의 인내심을 자극하지 않는다. 그러나 심각하지 않지만 장기간 그리고 자주 행하는 부적절한 행동은 교사의 인내심을 자극하고, 복합적인 문제를 내포하는 행동은 단순행동보다 교사의 인내심을 쉽게 훼손한다.

Chapter 07

키워드 Pick

② 분류

1. 임상적 분류

① 임상적 분류는 정신의학적 분류 또는 범주적 분류라고도 하는데, 이 분류에 의한 대표적인 분류체계가 『정신장애의 진단 및 통계 편람(DSM)』이다.

② DSM은 미국정신의학회(APA)가 발간하는 정신장애 분류체계이다. 특정 집단의 개인들이 보이는 행동양상에 대한 관찰을 근거로 특정 특성들이 함께 발생한다는 임상적 합의에 의해 정신장애를 범주로 분류하고 함께 발생하는 특성들을 그 범주의 진단준거로 선택하는 과정을 거쳐 개발된다.

2. 교육적 분류 18초

① 교육적 분류는 경험적 분류 또는 차원적 분류(일부에서는 범주적 분류라고도 함)라고도 하는데, 이 분류에 의한 대표적인 분류체계가 「Achenbach 경험기반 사정체계(ASEBA)」이다. ASEBA는 이전에 개발되었던 「Child Behavior Checklist(CBCL)」, 「Teacher's Report Form(TRF)」, 「Youth Self Report(YSR)」를 토대로 하여 전 연령대에 걸쳐 행동문제를 평가할 수 있는 시스템으로 구축된 것인데 특히 아동과 청소년들을 위한 척도들은 ASEBA 학령기용(School-Age Forms)으로 명명되었다.

② ASEBA는 차원적으로 문제행동을 분류하기 때문에 아동들은 모든 차원에서 높은 수준, 중간 수준, 혹은 낮은 수준을 보일 수 있다. 즉, 모든 아동과 청소년들은 정도만 다를 뿐 모든 차원에서 특성을 나타낸다. 따라서 정상과 이상의 차이는 질적 차이가 아닌 양적 차이로 본다.

③ 의학적 분류(임상적 분류)는 정서 및 행동장애의 각 유형을 매우 특이한 하나의 현상으로 보지만, 교육적 분류를 지지하는 전문가들은 정서와 행동의 문제는 누구나 경험하는 것이나 이를 매우 심한 정도로 나타내는 것이 정서 및 행동장애라는 관점을 견지한다.

○ CBCL, TRF, YSR의 협대역 차원과 광대역 차원

행동적 차원			비고
협대역 차원		광대역 차원	
1	불안/우울	내재화	내재화 차원은 3개의 협대역 차원(불안/우울, 위축/우울, 신체증상)의 합으로 구성됨
2	위축/우울		
3	신체증상		
4	사회적 미성숙	–	–
5	사고문제		
6	주의집중문제		
7	규칙위반	외현화	외현화 차원은 2개의 협대역 차원(규칙위반, 공격행동)의 합으로 구성됨
8	공격행동		

맥 Plus

임상적 분류와 교육적 분류의 비교

① 임상적 분류가 임상적 합의에 의한 정신의학적 분류라면 교육적 분류는 통계적 기법에 의한 경험적 분류이다.
② 임상적 분류가 정서행동장애를 범주(category)로 분류하는 범주적 분류라면 교육적 분류는 정서행동장애를 차원(dimension)으로 분류하는 차원적 분류이다.
③ 임상적 분류에 의하면 어떤 범주에서의 진단준거 충족 여부에 의해 정서행동장애가 판별되지만 교육적 분류에 의하면 어떤 차원에서의 특정 수준 초과 여부에 의해 정서행동장애가 판별된다.
④ 임상적 분류에서는 정상과 이상의 차이를 종류(kind)의 차이로 간주하지만 교육적 분류에서는 정상과 이상의 차이를 정도(degree)의 차이로 본다. 따라서 임상적 분류에서는 정상과 이상이 질적으로 구분되지만 교육적 분류에서는 정상과 이상이 양적으로 구분된다.
⑤ 임상적 분류는 정서행동장애를 진단하는 정신건강전문가에게 유용한 반면 교육적 분류는 정서행동장애를 예방하고 중재하고자 하는 교육전문가들에게 더 유용한 것으로 보인다. 따라서 임상적 분류는 임상적 정의와 일맥상통하고 교육적 분류는 교육적 정의와 일맥상통한다고 할 수 있다.

3. 한국특수교육학회의 분류(교육적 분류) 09유, 09초, 13중

구분	내용
내면화 장애 (내재화 장애)	• 우울 · 불안 · 위축 집단에 해당한다. • 과잉통제(overcontrolled)라고도 부른다. • 우울, 위축, 불안 등과 같은 개인의 정서 및 행동상의 어려움이 외적으로 표출되기보다는 내면적인 어려움을 야기하는 상태를 포함한다. • 내재화 문제를 가진 학생들은 가시적인 문제행동을 일으키지 않는 경우가 많기 때문에 다수의 학생이 함께 공부하는 학교 상황에서는 교사의 주목을 받지 못할 가능성이 높으며, 이로 인해 적절한 중재와 지원을 받지 못하는 가운데 내재화 문제가 더욱 심각해질 가능성이 크다.
외현화 장애	• 주의력결핍 과잉행동장애(ADHD), 품행장애(CD), 반항성 장애(ODD) 등이 있다. • 통제결여(undercontrolled)라고도 부른다. • 공격성이나 반항행동 등과 같이 개인의 정서 및 행동상의 어려움이 타인이나 환경을 향해 표출되는 상태를 포함한다.

기출 LINE

13중) 행동적 · 차원적 분류체계의 내재화 문제행동 범주에는 사회적 위축, 우울 등과 같이 개인의 정서 및 행동적 어려움을 야기하는 문제가 포함된다.

키워드 Pick

기출 LINE

13중) 정서·행동장애가 학습장애 등과 같이 다른 장애와 함께 나타나거나, 정서·행동장애의 하위 유형인 품행장애와 우울장애 등이 함께 나타나는 경우, 이를 장애의 공존(comorbidity) 또는 동시발생이라고 한다.

4. 공존장애 09중

의미	• 임상적 분류체계를 사용하느냐 또는 교육적 분류체계를 사용하느냐에 관계없이 두 가지 이상의 유형이 함께 나타나는 경우가 종종 있다. 이러한 경우를 설명하고자 할 때 보편적으로 사용하는 용어가 공존장애(comorbidity, 공존장애를 합병 또는 동반이환이라고도 함)인데 연구자에 따라 동시발생(co-occurrence)이라는 용어를 선호하기도 한다. • 따라서 공존장애란 한 아동이나 청소년이 정서행동장애 유형의 다수 범주(임상적 분류)에서 진단준거를 충족시키거나 다수 차원(교육적 분류)에서 분할점수(cut-off score)를 초과하는 경우로 정의될 수 있다.
유념할 사항	• 정서행동장애를 가진 아동이나 청소년들 가운데 한 가지 유형만 보이는 경우보다 두 가지 이상의 유형을 함께 보이는 공존장애가 더 흔하다는 것이다. • 두 가지 이상의 유형을 함께 보이는 경우는 한 가지 유형만 보이는 경우에 비해 더 오래 지속되고 더 심각한 문제를 가질 가능성이 높은 것으로 알려져 있다. • 정서행동장애에서 공존장애가 매우 흔하고 심각한 문제를 보일 가능성이 높음에도 불구하고 앞서 살펴보았듯이 정서행동장애의 법적 정의에 이러한 공존장애가 반영되어 있지 않다는 점이다.

맥 Plus

명칭 붙임의 장단점

장점	• 특수교육 프로그램과 연구를 위한 연방 및 지역의 예산이 특정한 장애 범주와 연관되어 있다. • 명칭 붙임은 교사, 행정가 및 전문가들이 서로 특정한 장애의 일반적 특성에 대해 의사소통하고 서로의 의견을 전달할 수 있도록 한다. • 명칭 붙임은 옹호자 집단이 특정한 프로그램을 장려하도록 하며, 법률적 활동을 촉진시킬 수 있도록 한다. • 명칭 붙임은 장애를 갖지 않는 아동이 장애아동을 이해하고, 인내할 수 있도록 할 수 있다.
단점	• 명칭 붙임은 교사가 부적절하게 기대하도록 한다. 이것은 정서 및 행동장애 학생들에게 더 나타나는 편이다. • 명칭 붙임은 학생들에게 오명을 줄 수 있다. • 명칭 붙임은 학생들의 자존감에 영향을 줄 수 있다. • 명칭 붙임은 학생들이 학습문제를 가지고 있다고 제시한다. 이러한 점은 비효과적인 교수법의 변명으로 사용될 수 있다. • 학생들은 명칭이 붙여지기 전까지는 특수교육 서비스를 받을 수 없다. • 명칭을 사용하는 것은 문화적이며 언어적으로 다양한 학습자들이 장애를 지닌 것으로 부적절하게 정의되는 것을 초래한다. • 특수교육 명칭(예 정신지체, 정서장애 등)은 학생이 학교에 다니는 동안 계속적으로 붙어 다닐 수 있다.

③ 원인 10 · 12중

1. 위험요인

① 위험요인이란 한 아동이 나중에 정서행동장애를 보일 가능성을 증가시키는 변인이라고 할 수 있다.

② '심리적 손상에 선행하고 그 가능성을 증가시키는 변인' 또는 '특정 결과와 경험적으로 관련되어 있는 상태나 상황'으로 정의되기도 한다.

③ 정서행동장애 위험요인의 예

구분		영역	위험요인의 예
생물학적 위험요인		유전	• 유전적 영향
		신체적 환경	• 뇌장애
		기질	• 까다로운 기질
심리사회적 위험요인	심리적 위험요인	정서	• 낮은 자아존중감
		학습	• 부적절한 행동의 학습
		인지	• 인지적 왜곡 • 인지적 결함
	사회적 위험요인	가족	• 부적절한 양육방식 • 부부갈등 • 부모의 정신병리 • 아동학대 • 빈곤
		또래	• 긍정적 또래관계의 부재 • 바람직하지 않은 또래사회화
		학교	• 학생-교사 간 갈등관계 • 부적절한 행동관리
		지역사회	• 사회적으로 불리한 지역사회
		대중매체	• 대중매체의 부정적 영향

기출 LINE

12중) 부모의 부정적 양육 태도, 가정 내 학대 등이 품행장애의 원인이 될 수 있으므로, 가족 내의 긍정적 요인을 증가시키는 것이 품행장애 예방의 한 가지

키워드 Pick

2. 보호요인

① 어떤 아동들은 다수의 위험요인에 노출되었음에도 불구하고 정서행동장애를 보이지 않는데 이러한 특성을 탄력성(또는 적응유연성, 회복력)이라고 한다.

② 탄력성(resilience)이란 부정적인 상황에도 불구하고 역경 또는 위험요인들을 극복하고 적응적으로 기능하는 능력을 말한다.

③ 탄력성은 위험요인의 영향을 상쇄하는 보호요인의 영향을 통해 발달되는데, 보호요인(protective factors)은 한 아동이 나중에 정서행동장애를 보일 가능성을 감소시키는 변인이라고 할 수 있다.

④ 이러한 맥락에서 최근에 정서행동장애의 중재 또는 예방과 관련된 프로그램은 위험요인, 특히 변화 가능한 것으로 보이는 위험요인들을 줄이고 탄력성을 향상시키는 보호요인들을 강화하는 데 초점을 맞추고 있다.

⑤ 정서행동장애 보호요인의 예

범주	보호요인의 예	
개인	• 높은 지능 • 자아효능감 • 사교적 성향	• 순한 기질 • 높은 자아존중감
가족	• 권위적 양육 • 지지적 확대가족 구성원	• 부모의 따뜻함 • 경제적 혜택
가족 외부	• 또래와의 유대관계 • 효율적인 학교	• 친밀한 학생-교사 관계 • 친사회적 단체와의 연계

02 정서행동장애의 선별, 진단 및 평가

① 선별

1. 사정방법

① 선별에서는 사정방법 가운데 주로 검사에 의존하는데 특히 규준참조검사가 일반적으로 실시된다.

② 선별도구는 간단, 저렴하고, 규준참조검사이며, 표준화되었고, 객관적으로 채점되며, 신뢰할 만하고 타당해야 한다.

2. 정서행동장애의 체계적 선별(SSBD : Systematic Screening for Behavior Disorder, 다관문 절차)

(1) 의미

① 다관문 절차(multiple gating procedures)라고도 불리는 '행동장애의 체계적 선별'은 정서행동장애 선별을 위한 모델이다. SSBD를 '모델'이라고 부르는 이유는, SSBD가 질문지 형태의 평정척도가 아니라 다수의 많은 학생들 중 정서나 행동에 문제를 가진 학생을 체계적으로 선별하는 '과정'이기 때문이다.

② SSBD는 교사의 추천, 리커트척도를 이용한 평정, 직접 관찰을 모두 활용하는 통합적 선별 절차로, 향후 우리나라에서 학교 단위, 교육청 단위로 정서행동장애의 조기 선별을 실시할 때 참고할 수 있는 모델이라고 할 수 있다.

③ SSBD는 개별 차원이 아닌 학급, 학교, 교육청과 같은 대규모 선별을 염두에 두고 개발된 모델이므로, 단기간에 국내에 도입될 수 있는 성격의 모델은 아니다. 그러나 학급, 학년, 학교 단위에서 정서 및 행동장애 위험학생을 선별하여 중재 프로그램을 실시하고자 하는 연구자들에게는 유용한 대상 선정 절차로 활용될 수 있을 것이다.

(2) 단계

1단계	• 각 학급 담임교사는 자신의 학급에서 외현화 행동(예 공격행동, 과잉행동 등)을 가장 심하게 보인다고 생각되는 3명과 내재화 행동(예 위축, 우울 등)을 가장 심하게 보인다고 생각되는 3명을 추천한다. • 이때 내재화 행동과 외현화 행동에 대한 교사의 이해를 돕기 위해 안내문이 제공된다. • 이 단계를 통해 학급마다 6명의 학생들이 선별되므로, 학교 내 학급 수의 6배에 해당하는 학생들이 2단계 절차의 대상이 된다.

키워드 Pick

2단계	• 각 담임교사가 자신이 추천한 6명의 학생들을 대상으로, 위기사건척도(CEI : Critical Events Index)와 문제행동 총빈도척도(CFI : Combined Frequency Index)를 작성하게 된다. • CEI는 33문항으로 이루어진 체크리스트로, 자주 일어나지는 않지만 매우 심각한 행동들(예 절도, 방화, 식후 구토)을 그 내용으로 하고 있는데, 교사는 그 행동이 지난 6개월 이내에 발생한 적이 있는지의 여부를 체크하게 된다. • CFI는 12개의 적응행동과 11개의 부적응행동을 각 문항으로 하는(즉, 총 23문항) 5점 평정척도이다. • CEI와 CFI를 실시한 결과로 얻은 점수는 SSBD 매뉴얼에 제시된 표를 참조하여 표준점수와 백분위점수로 환산되며, CEI, CFI 중 어느 하나에서 매뉴얼에 제시된 분할점수(cutoff score)를 초과한 학생은 3단계 절차의 대상이 된다.
3단계	• 훈련된 관찰자가 학생의 수업 참여(교실)와 쉬는 시간의 사회적 행동(운동장)을 직접 관찰하게 된다. 관찰은 교실에서 두 번, 운동장에서 두 번 실시하며 매 관찰은 15분간 실시한다. • 3단계의 관찰에서 성별, 연령별 규준을 초과한 학생은 개별화교육지원을 위한 평가 팀에 의뢰되거나 일반학급에서 의뢰 전 중재를 받게 된다.

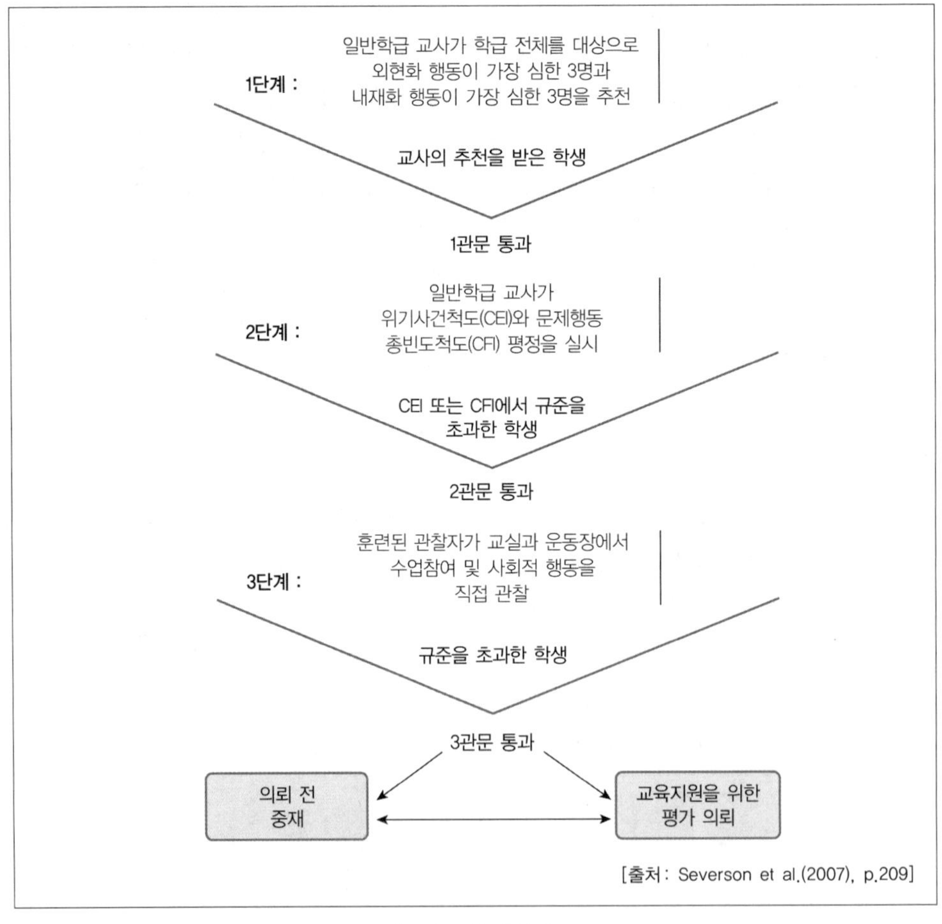

| SSBD의 절차 |

Chapter 07

② 선별 및 진단을 위한 검사도구

1. 정서행동장애 선별검사(국립특수교육원)

목적	• 2009년 국립특수교육원은 '특수교육대상 아동 선별 검사'를 개발하고 표준화하였으며, 이 검사는 특수교육을 필요로 할 가능성이 큰 학생(유치원생~고등학생)을 선별하기 위해 개발되었다.
대상	• 특수교육을 할 가능성이 큰 유치원생~고등학생
구성	• 유아용과 초・중・고등학생용으로 구성되어 있다. • 이 검사는 특수교육법에 제시된 선정기준에 따라 교사 및 또래와의 관계에 관한 4개의 문항, 일반적 상황에서의 부적절한 행동이나 감정에 관한 4개의 문항, 우울과 불행감에 관한 4개의 문항, 신체적인 통증과 공포에 관한 4개의 문항을 포함하는 16문항으로 이루어져 있다. • 중・고등학생용의 경우 학업성취를 묻는 1개의 문항이 더 있다.
특징	• 문항 수가 많지 않아 응답하는 데 걸리는 시간이 짧기 때문에 학부모나 일반교사의 거부감을 줄일 수 있다. • 각 문항이 특수교육법에 따른 정서행동장애 선정기준을 충실하게 반영하였다는 장점이 있다.

2. 국립특수교육원 정서・행동 검사(NISE-K・EBS)

목적	• 2021년 국립특수교육원은 국립특수교육원 정서・행동검사(NISE-K・EBS)'를 개발하고 표준화한 후 이를 온라인으로 출시하였다. • 이 검사는 정서행동 문제의 진단과 평가를 위한 도구가 필요하다는 특수교육 현장의 요구에 부응하여 개발되었다.
대상	• 유아부터 고등학교 3학년 학생을 위한 것으로, 유아용, 초등학교 저학년용, 초등학교 고학년 및 중등용의 세 가지 버전이 있다.
구성	• 유아용 검사는 과잉행동, 감정 표현, 공격성향, 주의산만, 피해의식, 타인 의존, 불안우울, 무기력증, 상호작용, 자기평가, 신체 증상, 특이행동의 12개 요인으로 구성되어 있다. • 초등학교 저학년용 검사는 불안위축, 자기평가, 신체 증상, 감정상태, ADHD, 일탈행동, 분노조절, 자폐성향, 타인의존, 상호작용, 교류의지의 11개 요인으로 구성되어 있다. • 초등학교 고학년 및 중등용 검사는 불안위축, 건강염려, 감정상태, 자기평가, 자기절제, 신체 증상, 주의산만, 일탈행동, 폭력행동, 과잉행동, 분노조절, 자폐성향, 상호작용, 타인인식, 교류의지, 타인 의존의 16개 요인으로 구성되어 있다.
해석	• 각 요인별 척도점수로 전체 T점수를 산출하며, T점수가 70 이상이면 특수교육 지원 및 기타 지원이 신속하게 제공되어야 함을 의미한다.

키워드 Pick

3. 아동 · 청소년 행동평가척도와 유아 행동평가척도(ASEBA)

- 1983년에 개발된 아동 · 청소년 행동평가척도(CBCL)는 2000년에 이르러서는 연령대와 평가자를 다양화한 행동평가 체계를 수립하였고, 이를 ASEBA라 부른다.
- ASEBA는 1.5~5세의 영유아용, 6~18세의 아동 · 청소년용, 19~59세의 성인용, 60세 이상의 노인용에 이르는 4개 연령군으로 구분되어 있다.
- 영유아기와 아동 · 청소년기에 대한 ASEBA 검사군

평가 대상 연령 / 평가자	1.5~5세	6~10세	11~18세
부모보고형 (Child Behavior Checklist)	유아 행동평가척도 부모용 (CBCL 1.5~5)	아동 · 청소년 행동평가척도 부모용 (CBCL 6-18)	
교사보고형 (Teacher Report Form)	유아 행동평가척도 교사용(C-TRF)	아동 · 청소년 행동평가척도 교사용(TRF)	
자기보고형 (Youth Self Report)	실시하지 않음	실시하지 않음	청소년 행동평가척도 자기보고용(YSR)

- 우리나라에서는 영유아기와 아동 · 청소년기 ASEBA검사군에 대해 예비 표준화 및 전국 규모의 국내 표준화가 이루어졌다.

(1) 유아 행동평가척도

대상	• 1.5~5세 유아
구성	• 부모보고형, 교사보고형 모두 100문항으로 된 문제행동을 3점 리커트 척도로 답하는 형식이다. • 교사용(C-TRF)의 경우 교육기관의 교사뿐만 아니라 보육교사도 답할 수 있다.

(2) K-ASEBA : 아동 · 청소년 행동 평가척도(CBCL 6-18)

목적	• CBCL 6-18은 만 6~18세 아동 및 청소년을 대상으로 부모가 사회적 적응능력 및 정서행동문제를 지필식 설문으로 평가하는 도구로서 정서행동장애 학생의 선별과 진단에 사용된다.
대상	• 생물학적 연령보다 교육연령이 심리적 적응에 중요한 영향을 미칠 수 있다는 점을 감안하여 우리나라에서는 초등학교 1학년부터 고등학교 3학년까지를 대상으로 실시하도록 권장하고 있다.

기출의 맥

CBCL은 문제 상황으로 자주 제시됩니다. 결과지를 해석할 수 있어야 하고, CBCL의 구성이나 관련 정보를 물을 수 있으니 기본적인 사항은 꼭 암기해 두세요!

Chapter 07

구성

- K-ASEBA는 K-CBCL 6-18과 TRF 그리고 YSR의 세 가지 검사로 구성되어 있다.
- 이 세 검사에는 공통적으로 불안/우울, 위축/우울, 신체증상, 사회적 미성숙, 사고문제, 주의집중문제, 규칙위반, 공격행동, 기타 문제의 10개 하위 영역으로 구성되어 있다.
- K-CBCL 6-18과 TRF는 총 120문항으로, YSR은 총 105문항으로 이루어져 있다.
- K-ASEBA는 집이나 학교에서 아동과 청소년이 가족 및 친구들과 관계를 유지하고 학업을 수행하는 과정에서 얼마나 잘 적응하는지를 평가한다.
- CBCL6-18은 문제행동척도와 적응척도로 크게 나뉜다.
- 문제행동척도는 8개의 증후군 척도와 한 개의 기타 척도로 내재화 문제행동(불안/우울, 위축/우울, 신체증상), 외현화 문제행동(규칙위반, 공격행동), 사회성 미성숙, 사고문제, 주의집중문제, 기타 문제 문항의 총 120문항으로 구성되어 있다.
- 적응척도는 사회성과 학업수행의 14개의 문항으로 이루어져 있다.
- 이외에 DSM-Ⅳ상의 ADHD 진단기준에 따라 문제행동을 6개의 하위 영역(정서문제, 불안문제, 신체화문제, 주의력결핍/과잉행동문제, 반항행동문제, 품행문제)으로 분류한 DSM 진단 척도와 문제행동 특수척도 문항들로 구성되어 있다.
- K-ASEBA의 구성체계

척도	하위척도		CBCL 6-18 문항 수	YSL 문항 수	TRF 문항 수	비고
증후군 척도	내재화	① 불안/우울	13	13	16	
		② 위축/우울	8	8	8	
		③ 신체증상	11	10	9	
		⑩ 소계	32	31	33	①+②+③
	외현화	④ 규칙위반	17	15	12	
		⑤ 공격행동	18	17	20	
		⑪ 소계	35	32	32	④+⑤
	⑥ 사회적 미성숙		11	11	11	
	⑦ 사고문제		15	12	10	
	⑧ 주의집중문제		10	9	26	
	⑨ 기타문제		17	10	8	
	⑫ 총 문제행동		120	105	120	⑥+⑦+⑧+⑨+⑩+⑪

키워드 Pick

<table>
<tr><td></td><td>

• 증후군 하위척도별 평가 내용

불안/우울	정서적으로 우울하고 지나치게 걱정이 많거나 불안한 정도를 평가함
위축/우울	수줍음이 많고 혼자 있기 좋아하며 소극적인 태도를 평가함
신체 증상	특정한 의학적 원인 없이 신체증상을 호소하는 정도를 평가함
사회적 미성숙	나이에 비해 어리게 행동하거나 성인에게 의지하는 성향 등 미성숙하고 비사교적인 면을 평가함
사고문제	강박적 사고와 행동, 환청이나 환시와 같은 비현실적으로 기이한 사고와 행동을 평가함
주의집중 문제	산만한 정도와 과잉행동의 정도를 평가함
규칙위반 (행동일탈)	거짓말, 가출, 도벽 등 행동일탈의 정도를 평가함
공격행동	공격적 성향과 싸움, 반항행동을 평가함
기타 문제	위 요인 이외의 다양한 부적응행동을 평가함

</td></tr>
<tr><td>실시</td><td>

• K-ASEBA는 검사 실시 대상에 따라 실시하는 검사가 다르게 구성되어 있다.
• 부모가 검사에 참여하는 경우에는 CBCL 6-18을 실시하고, 피검 아동이 직접 검사에 참여할 때에는 YSR를 실시한다. 그리고 교사가 검사에 참여할 때에는 TRF를 실시하여야 한다.
• 전반적인 검사 시간은 약 15~25분 정도가 소요된다. 부모, 교사, 아동은 각각 자신에게 맞는 검사(CBCL 6-18, YSR, TRF)의 문항을 자세히 읽고 적절한 응답을 하면 된다. 응답은 문제행동 및 적응력과 관련된 행동이 얼마나 나타나는지에 대한 빈도(0점: 전혀 해당하지 않음, 1점: 자주 그런 일이 있음, 2점: 많이 그러함)를 선택한다.
• 검사문항을 빠트리거나 중복해서 선택하지 말아야 하고, 피검대상에게 맞지 않는 문항에 대해서는 가장 가까운 빈도를 선택하고 그 옆에 사유를 기록하여야 한다.
• 검사를 실시하고 난 후, 홈페이지(www.aseba.or.kr)에 방문하여 검사결과를 입력하고, '저장 후 해석'을 클릭하면 검사에 대한 결과 해석을 확인하고 출력할 수 있다.
• CBCL6-18의 검사 소요시간은 약 15~20분이다.
• 부모에게서 대상 아동이나 청소년의 문제행동과 사회적 적응능력 영역에 관한 자료를 수집하는 도구로서 '전혀 해당되지 않는다(0점)', '가끔 그렇거나 그런 편이다(1점)', '자주 그렇거나 많이 그렇다(2점)'의 범위에서 응답 표시를 하게 한다.
• 빠뜨린 문항이나 이중으로 답을 해서는 안 되며, 특히 적응척도의 경우 각 소척도들 중 하나라도 기재가 누락되어 있는 경우 총점을 계산하지 않는다.
• 문제행동 총점은 내재화문제 점수와 외현화문제 점수를 합산한다.

</td></tr>
</table>

	• 채점은 온라인과 오프라인으로 가능하다. 온라인 채점의 경우, 부모의 평가 결과를 ASEBA 개발사 홈페이지에 입력하면 결과가 막대그래프 형태로 제공되어 하위척도별 비교가 가능하기 때문에 별도의 환산표나 계산 과정을 거치지 않고도 즉시 결과를 해석할 수 있어 편리하다.
해석	• K-ASEBA의 결과는 문제행동증후군 척도, DSM 진단척도, 문제행동 특수척도라는 하위척도에 대하여 산출된다. • 결과 해석에는 원점수, T점수, 백분위점수가 활용되는데, 주로 T점수로 문제의 정도를 분류한다. • 문제의 분류는 정상범위, 준임상범위, 임상범위의 세 가지로 구성되어 있다. • 문제행동증후군 소척도(9개 하위 영역), DSM 진단척도, 문제행동 특수척도의 경우에는 표준점수가 70점(백분위 98) 이상이면 임상범위, 65점(백분위 93) 이상 70점 미만이면 준임상범위로 해석한다. • 문제행동증후군 소척도 중 내재화 척도(불안/우울, 위축/우울, 신체증상)와 외현화 척도(규칙위반, 공격행동)를 합산한 문제행동 총점의 경우, 표준점수 64점(백분위 92) 이상이면 임상범위, 60점(백분위 84) 이상 64점 미만이면 준임상범위로 해석한다. • 적응척도에서는 적응척도의 총점과 사회성, 학업수행 척도의 점수에 대한 표준점수 기준이 다르다. 사회성과 학업수행 척도는 표준점수 30점(백분위 2) 이하이면 임상범위, 표준점수 30점 초과 35점 이하이면 준임상범위로, 적응척도의 총점에 대해서는 표준점수 36점(백분위 8) 이하이면 임상범위, 표준점수 36점 초과 40점(백분위 16) 이하이면 준임상범위로 본다. 적응척도는 표준점수가 기준치보다 낮을 때 증상이 심각한 상태로 해석된다.

4. 한국판 정서행동문제 검사 2판(K-SAED-2)

목적	• 정서행동장애 학생 선별을 목적으로 한 검사도구이다. • 평정척도 외에 면담 관찰을 위한 검사지도 함께 포함되어 있기 때문에, 이 도구는 선별의 목적뿐 아니라 본격적인 진단·평가의 목적으로도 사용이 가능하다.
대상	• 5~18세를 대상으로 한다.
구성	• 6개의 하위척도로 이루어진 총 45개의 정서·행동 문제 평정 문항과 학생의 정서 및 행동 문제가 교육적 수행에 불리한 영향을 미치는 정도를 묻는 1개의 문항으로 구성되어 있다. • 6개의 하위척도: 학습 무능력, 대인관계 문제, 부적절한 행동, 불행감 또는 우울, 신체적 증상 또는 공포, 사회 부적응
실시	• 교사나 상담가, 부모 또는 학생을 잘 아는 사람이 문항에 응답하게 되어 있다.
해석	• 영역별로 판단할 때는 표준점수 13점(백분위 91)을 초과할 때 문제가 있다고 보는데, 표준점수 14~16점인 경우 정서장애의 가능성이 있고, 17점 이상일 때 명백하게 정서장애인 것으로 해석한다. • 37개 문항의 총점은 SAED 지수로 환산되는데, 이 지수가 높을수록 문제가 심각하다는 의미이다.

키워드 Pick

③ 교수적 평가의 실제

1. 간접적 방법을 통한 평가

질문지를 이용한 평가

- 행동 및 정서 평정척도 제2판(BERS-2 : Behavioral and Emotional Rating Scale-2nd)은 모든 문항이 긍정적으로 서술되어 있어 강점을 측정하는 데 유용한 도구이다.
- BERS-2는 모든 아동이 강점을 가지고 있으며 이러한 강점에 근거하여 교육, 정신건강, 사회적 지원 및 아동을 위한 서비스가 이루어져야 한다는 철학 위에서 개발된 척도로, 청소년용, 부모용, 교사용의 3가지 유형이 있다.
- 청소년용 BERS-2는 대인관계 강점(IS), 가족에의 참여(FI), 개인 내적 강점(IS), 학교에서의 기능적 활동(SF), 정서적 강점(AS), 미래조망 강점(CS) 등의 하위 영역으로 구성되어 있다.
- BERS-2 결과 해석 지침

정서 및 행동 강점	하위척도 환산점수	정서 및 행동장애 학생일 가능성	BERS-2 강점지수	정상분포에서의 차지 비율(%)
매우 우수	17~20	거의 없음	> 130 (130 초과)	2.34
우수	15~16		121~130	6.87
평균 이상	13~14	매우 낮음	111~120	16.12
평균	8~12	낮음	90~110	49.51
평균 이하	6~7	높음	80~89	16.12
부족	4~5	매우 높음	70~79	6.87
매우 부족	1~3	극히 가능함	< 70 (70 미만)	2.34

학생의 주변인 면담

- 면담은 학생을 잘 아는 사람들로부터 학생에 관련된 다양한 정보를 수집하는 과정이다.
- 면담을 통해 얻게 되는 정보에는 학생의 발달적 특성, 교육경험상의 특징, 피면담자가 생각하는 학생의 시급한 요구와 강점 등이 있다.
- 강점 : 질문지가 요구하는 일정 수준의 읽기능력을 요구하지 않고, 면담자가 피면담자의 응답에 따라 더욱 구체적인 질문을 할 수 있으며, 피면담자와 면담자가 상호작용할 수 있다.
- 단점 : 피면담자의 기억이 부정확할 수 있고 잘못된 판단이나 주관적인 진술을 할 가능성이 항상 존재한다.

2. 직접적 방법을 통한 평가

직접 관찰	• 학생이 생활하는 자연스러운 환경에서 학생의 정서적 특징, 행동상의 특징, 대인관계 등을 직접 측정하는 것이다. • 직접 관찰을 하게 되는 가장 일반적인 계기는 어떤 문제행동이 매우 심각하다고 판단되어 행동의 발생패턴을 파악하고자 할 때이다. 이 경우, 관찰하고자 하는 행동을 모호하지 않게 서술함으로써 관찰 결과가 관찰자에 따라 달라지지 않게 하는 것이 중요하다.
교육과정 중심평가	• 교육과정중심평가는 교수적 결정을 내리기 위해 학생이 배우고 있는 교육과정에서의 학생수행을 직접 관찰하고 기록하는 일련의 절차를 말한다. • 교육과정중심평가는 연간교육과정에서의 일반적 수행을 측정하는 형태로 실시할 수도 있고, 교육과정의 특정 영역에서 기술 습득 정도를 측정하는 형태로 실시할 수도 있다.

3. 환경에 대한 평가

① 학생이 속한 환경상의 특징과 이러한 환경들이 학생에게 어떤 영향을 주고 있는지를 알아보는 것이다.

② 교수환경평가와 사회적 관계망평가 등이 대표적인 예이다.

③ 교수환경척도(TIES-II)의 학교관련 요소

영역	환경 요소	지표
교수계획	교수적 적절성	• 학생의 필요를 정확하게 진단하여 그에 맞는 교수를 제공하는가?
	교사 기대	• 현실적이면서도 높은 기대가 설정되어 있고 그것이 학생들에게 전달되었는가?
교수관리	교실환경	• 규칙과 일과가 정해져 있는가? • 전이가 신속하게 이루어지는가? • 교실 분위기가 긍정적이고 협동적인가? • 부적절한 행동은 신속하게 다루어지는가? • 생산적인 시간 활용이 이루어지고 있는가?
교수전달	교수 제시	• 명확하고 효과적인 방식으로 교수가 제시되는가? • 학생이 자신에게 요구되는 행동이 무엇인지 이해할 수 있도록 충분한 정보가 포함된 지시어가 사용되는가? • 지시에 대한 학생의 이해도를 확인하는가?
	인지적 강조점	• 과제완성을 위한 사고기술과 학습전략이 학생에게 명백하게 전달되는가?
	동기화 전략	• 학생의 관심과 열심을 높일 수 있는 효과적인 전략이 사용되는가?

키워드 Pick

	연습 기회	• 적절한 자료를 제공하여 충분한 성공 경험을 할 수 있도록 연습의 기회를 제공하는가? • 교실에서 주어지는 과제가 교수목표를 달성하는 데 확실히 도움이 되는 것들인가?
	피드백	• 학생이 자신의 수행이나 행동에 대해 즉각적이고 구체적인 정보를 제공받는가? • 학생이 잘못한 것에 대해 교정해 주는가?
교수점검 및 평가	과제참여시간	• 학생이 학업 내용에 활발하게 반응하며 참여하는가? • 교사는 학생의 참여도를 점검하면서 학생이 참여하지 않을 때는 참여를 잘 유도하는가?
	교수수정	• 학생의 고유한 필요를 충족시키기 위해 교육과정을 수정하는가?
	진보평가	• 교수목표를 향한 학생의 진보를 자주 측정하는가? • 학생의 수행과 진보에 관한 자료가 이후의 교수계획에 사용되는가?
	학생의 이해도	• 학생이 교실에서 해야 할 것이 무엇인지와 어떻게 해야 할지를 정확하게 이해하고 있는가?

03 개념적 지도 모델 16 · 21유, 13추초, 10 · 12 · 13추 · 17 · 24중

○ 단일 모델들의 요약

모델	원인		중재		교사를 위한 유용성
생물학적 모델	• 생물학적 결함	• 유전적 영향 • 뇌장애 • 까다로운 기질	• 약물치료 • 영양치료 • 뉴로피드백치료 • 감각통합치료		교사가 문제행동을 더 잘 이해 할 수 있도록 도움을 주지만 교사들에게 직접적이고 실제적인 시사점은 거의 제공하지 못함
정신분석적 모델	• 발달단계(심리성적 발달단계 또는 심리사회적 발달단계)에서 해결되지 못한 갈등 • 무의식수준의 갈등 • 방어기제의 과도한 사용		• 정신분석적 심리치료 • 정신분석적 놀이치료 • 정신분석적 미술치료		훈련된 전문가에 의해 실시되며 시간이 집중되는 정신분석적 중재는 교사들에게 그다지 유용하지 않음
행동적 모델	• 부적절한 학습		• 전통적 행동중재 • 긍정적 행동지원(PBS) • 학교 차원의 긍정적 행동지원(SW-PBS)		다른 모델과 비교해 볼 때 가장 과학적인 증거에 기반하고 있을 뿐 아니라 교사들에게도 가장 유용함
인지적 모델	• 부적응적인 인지적 과정	• 인지적 왜곡	• 인지적 재구조화	• Ellis의 합리적-정서행동치료 • Beck의 인지적 치료	인지적 중재는 교사들에게 유용하지만, 주로 임상전문가에 의해 실시되는 인지적 재구조화보다는 학교나 교육기관에서 사용되는 인지적 대처기술 훈련이나 학교중심의 중재기법인 자기관리 훈련이 특히 교사에게 유용함
		• 인지적 결함	• 인지적 대처기술 훈련	• D'Zurilla와 Goldfried의 문제해결 훈련 • Meichenbaum과 Goodman의 자기교수 훈련	
	• 자기통제의 결여		• 자기관리 훈련	• 자기점검 • 자기평가 • 자기강화	
생태학적 모델	• 개인과 환경의 부조화		• Re-ED • 랩어라운드		다양한 분야의 협력과 작업을 전제로 하는 생태학적 중재는 교사의 책임 범위를 벗어나고 있으나, 교사 자신이 아동과의 관계나 아동에게 미치는 영향을 더 잘 이해할 수 있도록 함

키워드 Pick

기출 LINE

24중) 학생 A와 같은 행동이 나타나면 의사와 먼저 상담을 하고 진단을 받아 봐야 할 것 같아요. 혹시 특정 영양소가 결핍되어 그런 행동이 발생할 수도 있지 않나 싶습니다.

① 신체생리적 모델 24중

원인	평가 절차	중재방법
• 유전적 요인 • 생화학적 · 신경학적 요인 • 기질적 요인	• 발달력 조사 • 신경학적 평가 • DNA검사 • 기질검사	• 유전공학 • 약물치료 • 영양치료(비타민요법, 식이요법) • 행동치료

1. 기본관점

① 생리적 모델은 기본적으로 문제 혹은 병리라는 것은 개인의 내적인 측면에 존재한다고 가정하는 의료적 모델의 일종이다.

② 한 개인은 자신의 신체 기관과 신경생리학적 도움 없이는 지각하거나 생각하거나 행동할 수 없다고 본다.

③ 이 모델에 따르면 장애는 유전적 원인, 뇌와 신경생리학적 요인 및 기질적 요인에 기인한다.

2. 신체생리학적 관점에서 보는 장애의 원인

(1) 유전적 요인

인간은 환경과 상호작용하여 환경을 조작하는 기본 능력을 습득하고, 주변 세상에 대한 정보를 받아들여 처리하며, 다른 사람과 의사소통하고 사회적 유대감을 형성하도록 유전적으로 프로그램화되어 있다.

(2) 생화학적 요인 · 뇌와 신경학적 요인

화학적, 신경학적 요인에 대한 연구들은 크게 3가지 주제, 즉 신경전달물질, 기질적 원인, 신진대사에 관한 연구들로 나누어진다.

(3) 기질적 요인

① 기질의 의미

㉠ 기질이란 생득적 경향성뿐만 아니라 환경적인 영향으로 표출되는 행동 스타일을 말한다. 개인의 활동수준, 생물학적 기능의 균형성, 적응능력, 반응역치, 반응강도, 정서 특질, 산만성, 지속성 그리고 주의력 지속시간의 기질적 요인들은 나이가 들어도 지속되며 안정적으로 나타난다고 한다.

㉡ '행동 스타일'이나 '행동의 종류나 정도'가 아니라 '행동을 하는 방식(how)'을 말한다.

㉢ 영아는 생물학적인 요인으로 주로 결정되는 행동 스타일을 이미 가지고 있으며, 아기가 태어났을 때와 출생 후 수주일 동안에 보이는 행동방식은 다른 사람들이 그 영아에게 반응하는 형태에도 영향을 미친다. 그러나 기질은 아동이 자라는 환경에 의해서 변화될 수 있다.

② **기질의 9가지 특성(Thomas, Chess와 Birch, 1968)**
- ㉠ **활동수준**: 아이가 젖을 먹고, 목욕하고, 잠자고, 놀 때에 움직이는 정도
- ㉡ **리듬**: 아이가 먹고 자고 배설하는 것과 같은 일상적인 일의 규칙성 또는 예측성
- ㉢ **접근 또는 위축**: 아이가 사람, 장소, 장난감, 음식과 같은 새로운 사건에 어떻게 반응하는가에 대한 것
- ㉣ **적응**: 아이가 새로운 상황이나 자극에 대해서 얼마나 빨리 익숙해지거나 수정하는가에 대한 것
- ㉤ **반응의 강도**: 어떤 상황이나 자극에 긍정적이든 부정적이든 반응하는 데 소비되는 에너지의 양
- ㉥ **반응역치**: 아이로부터 반응을 이끌어 내는 데 필요한 자극의 양이나 강도
- ㉦ **기분의 질**: 아이가 보이는 싫어하거나 울거나 친근하지 않은 행동을 하는 것과 비교되는 즐겁고 기쁘고 친근한 행동의 정도
- ㉧ **주의산만**: 어떤 주어진 상황에서 아이가 하는 일과 관련이 없는 의학적 자극이나 적절하지 못한 자극에 주의를 빼앗기는 빈도나 정도
- ㉨ **주의집중 범위와 지속성**: 아이가 방해물이 있음에도 불구하고 주어진 활동을 계속하는 시간의 양이나 계속하려는 경향성

③ **기질의 3가지 특성** 13유, 13초, 13중
- ㉠ 어떤 아동은 '순한(easy)' 기질의 아동으로 묘사되기도 한다. 이러한 아동들은 규칙적이고 적응을 잘하며, 새로운 자극에 긍정적인 반응을 보이고, 일반적으로 부드러운 반응과 긍정적인 기분을 보인다.
- ㉡ '다루기 어려운(difficult)' 기질(난기질)을 가진 아동들은 문제를 일으키는 행동을 더 많이 하는 경향이 있다. 이러한 다루기 어려운 기질을 가진 아동은 생물학적 기능의 불규칙성, 새로운 자극에 대해 부정적이거나 위축된 반응, 환경의 변화에 대한 느린 적응, 부정적인 기분을 자주 보이거나, 대부분 강하게 반응하는 경향 등으로 묘사될 수 있다.
- ㉢ 어떤 아동의 기질은 '전반적으로 느리게 행동한다(긍정적 반응이 느린 아동)'라든가 또 다른 형태의 기질로서 '통제가 안 된다', '내성적이다', '활달하다', '게으르다', '잘 적응한다' 등의 형태로 묘사되기도 한다.

키워드 Pick

3. 평가기법

① 발달력 조사 ② 신경학적 평가 ③ 행동의 기능적 분석

4. 신체생리학적 모델의 중재

① 유전공학 ② 정신약물학 또는 약물치료
③ 영양치료 ④ **교사의 역할**: 약물치료, 식이요법 등과 관련되는 관리 등

기출 LINE

16유) 심리적으로 무척 위축되고 불안한 시기를 보낸 것 같아요. 그러한 부정적인 경험들이 내재되어 있다가 지금 친구를 때리는 공격행동으로 나타나는 것

② 심리역동적 모델(정신역동적 모델) 13유, 13초, 13 · 17중

원인	평가절차	중재방법
• 무의식적 충동과 의식적 욕구 간의 갈등 • 개인과 사회적 가치 간의 갈등 • 방어기제의 과도한 사용 • 생물학적(심리성적) 혹은 대인관계(심리사회적) 발달상의 위기 해소 실패	• 투사적 기법(Rorschach 검사, 아동용 주제통각검사 등) • 인물화 검사 • 문장완성검사 • 자기보고식 평정척도	• 인간중심교육 • 서비스 학습 프로그램 • 치료적 환경 • 생활공간면접 • 현실치료 • 심리치료(미술, 음악, 놀이치료 등) • 정서교육

1. 기본관점

① 정서장애 아동들은 사회적 규제와 인습에 대하여 적응할 수 없고 효율적으로 기능하는 데 어려움을 느낀다. 그리고 이로 인해 안전과 정서, 수용, 자아존중감에 대한 자신의 욕구 등 환경의 일상적 요구를 해결할 수 없어 갈등과 불안, 죄의식으로 힘들어 한다.

② 정신역동적 이론가들은 정신 내적 기능의 정상/비정상적 발달과 개인의 욕구에 초점을 둔다. 특히 정신분석학자들은 갈등, 불안, 죄의식 등이 성격발달과 밀접한 관련이 있으며, 정서행동문제는 해결되지 못한 갈등, 방어기제의 과도한 의존, 성격구조의 심한 일탈 등 정신 내적 장애가 가시적으로 드러난 것이라고 보고 있다. 따라서 이 모델에서는 개인의 무의식적 충동, 욕구, 불안, 죄의식, 갈등 등을 주로 평가하게 된다.

2. 심리역동적 관점의 주요 견해

(1) 정신분석적 견해

① 프로이트의 정신분석학적 이론

㉠ 인간 본성에 대한 프로이트의 기본관점은 결정론이며, 인간행동은 비합리적인 힘, 무의식적인 동기, 생물학적 및 본능적 충동, 생의 초기 6년 동안의 심리성적 사상의 발달에 의해 결정된다고 보고 있다.

㉡ 이 관점에 따르면, 성격은 원초아(id), 자아(ego), 초자아(super ego)의 세 체계로 이루어져 있으며 이들은 분리된 요소가 아니라 전체로서 기능한다. 원초아는 생물학적 구성요소로 쾌락의 원리에 지배되며, 자아는 심리적 구성요소로 현실의 원리에 지배된다. 초자아는 사회적 구성요소로 현실보다는 이상을, 쾌락보다는 완벽을 추구하며 행위의 선악을 구분하는 도덕으로 볼 수 있다. 따라서 초자아는 원초아의 충동을 억제하도록, 자아가 현실적 목표보다는 도덕적 목표와 완벽을 추구하도록 통제한다.

ⓒ 자아방어기제

구분	내용
억압	위험적이거나 고통스러운 생각이나 감정들을 의식하지 못하도록 강제함
투사	인정할 수 없는 부정적인 충동, 욕망, 감정들을 다른 사람들에게 귀인시킴
반동형성	불안이나 자신이 느끼는 욕망에 대한 정반대되는 의식적 태도나 행동을 나타냄
고착	심리성적 빌달단계에 있어서 다음 단계로 넘어가지 못함
퇴행	심리성적 발달의 초기단계로 되돌아가거나 통제된 현실적인 사고에서 일시적으로 벗어남

ⓔ 심리성적 발달단계의 고착으로 인해 야기될 수 있는 적응상의 문제들

구분	내용
구강기(출생~2세)	빈정거림, 논쟁적, 탐욕적, 욕심스러움, 과잉의존, 긴밀한 관계 형성에 대한 불안이나 공포
항문기(2~4세)	분노, 울화와 같은 정서적 발작, 강박적 질서정연, 과잉통제된 행동, 인색함
남근기(4~6세)	성정체성 확인과 관련된 문제, 부적절한 성적 태도, 지나친 과시욕
잠복기(6~12세)	열등감 형성, 소극적이고 회피적인 성격
성기기(12~18세)	나르시시즘, 지나친 자기애

② 신프로이트 학파이론(Horney, Erikson)

㉠ K. Horney는 아동들은 적대적이라고 인식하는 세상에서 고립감과 무력감을 느끼게 되고 이로 말미암아 불안의 감정을 가지게 된다고 봤다. 따라서 안전에 대한 아동의 기본적인 욕구는 살아가면서 주변 사람들의 온정, 지지, 애정 등을 통해 해소되어야 한다.

㉡ E. Erikson은 전통적 정신분석이론에서 벗어나 '자아'의 역할을 강조했다. 아동기 이후의 발달에서 심리사회적인 측면을 강조하였고, 심리성적 발달과 심리사회적 발달은 동시에 일어나며, 생의 각 단계에서 주어지는 특정 요구와 갈등을 적절하게 해결하고 또 사회와 균형을 이루어야 한다고 주장했다.

단계	적응상의 문제	내용
영아기(0~1세)	신뢰 대 불신	타인에 대한 불신
초기 아동기(1~3세)	자율 대 수치와 의심	자신의 능력에 대한 수치와 의심, 환경에 대한 불신
학령 이전(3~6세)	주도 대 죄책	독립적 행동을 저해하는 과도한 자의식, 지나친 죄책감
학령기(6~12세)	근면 대 열등	부정적 자아개념, 자신의 능력에 대한 의심, 사회적 관계에서 열등감, 의존성
청소년기(12~18세)	정체 대 역할 혼미	성적, 윤리적, 직업적 정체성에 대한 혼란

키워드 Pick

(2) 인본주의적 견해

구분	내용
로저스 (Rogers)	• 유아는 자신의 기본적 욕구만족을 통해 가치화 과정을 습득하게 되고, 가치화 과정은 유아로 하여금 부정적 경험을 피하고 긍정적인 경험을 선택할 수 있게 한다. 이는 개체보존과 자아실현을 위한 생득적 지혜의 발현이다. 자아와 경험의 불일치는 장애와 부적응, 경험의 왜곡과 부정을 초래하며, 자아개념의 심각한 손상은 비합리적이거나 정신증적 행동으로 표출될 수 있다. • 불일치는 아동이 부모의 무조건적인 긍정적 관심 속에서 성장하고 그 결과로 이상적인 발달을 한다면 예방될 수 있다. • 교사는 교실에서 경험학습의 분위기를 조성하고 학습과정을 촉진시키는 역할을 담당하도록 제안한다.
매슬로우 (Maslow)	• 매슬로우의 욕구위계이론에서 위계적으로 다소 상위에 속하는 정의, 미, 선 등과 같은 상위 욕구보다 안전이나 배고픔, 애정, 안정감, 자아존중감 등과 같은 다소 낮은 수준의 욕구가 먼저 충족되어야 한다는 점을 강조한다. • 상위 욕구를 내면화하고 실현할 수 있는 사람은 매우 소수지만 이러한 자기실현을 성취한 사람들은 자율성, 자발성, 민주적 가치, 창의성, 순응에 대한 저항 등의 특성을 나타낸다. 그들은 환경을 참아내기보다 초월할 수 있는 완성된 인간상으로 나아갈 수 있다.

3. 평가기법

(1) 투사법

① 투사적 기법은 중성적 혹은 불분명한 자극이 주어졌을 때, 사람이 자극에 대하여 의식적 느낌뿐만 아니라 무의식적 느낌도 투사할 것이라는 전제에 기초하고 있다.

② 투사법에서 오는 정보는 잠재의식으로부터 폭넓게 오는 것이고, 따라서 보다 직접적인 방법에 의해서는 유도될 수 없는 것이라는 점이 정신분석적 전제이다.

③ 투사적 기법은 현실에 대한 무의식적 지각을 끌어내기 때문에 의도적 왜곡이나 위조의 여지가 덜하다.

④ 그러나 이러한 모호성과 구조의 부족 때문에 신뢰도와 타당도를 구하기 어렵다는 것이 이 기법의 문제점으로 지적되고 있다.

⑤ 투사법에는 로르샤흐 잉크반점 검사, 아동통각검사(CAT), 문장완성법, 인물화 검사 등이 있다.

(2) 자기보고식 검사

① 피어스-해리스 아동용 자기개념검사

② 아동용 자기지각검사

4. 심리역동적 모델의 중재

① 심리치료

② **인본주의적 중재**: 학교역할, 집단중재, 정서교육 등

③ 인지주의적 모델

원인	평가 절차	중재방법
• 부정적 사고는 부정적 기대, 평가, 귀인 그리고 비합리적인 신념으로 나타남 • 자기관리 또는 자기규제 기술의 결핍	• 자기보고식 질문지법 • 사고목록 기록법 • 소리 내어 생각하기 기법 • 면담	• 합리적 정서행동치료 • 대인관계 문제해결기술 • **자기관리**: 자기교수, 자기점검, 자기평가, 인지전략 교수

1. 기본관점

① 장애에 대한 인지주의적 접근은 근본적으로 행동주의 모델에 대한 차별화된 관점에서 출발했다. 인지주의 심리학자들은 행동이란 외적 사상뿐만 아니라 그 사상에 대한 개인의 해석방법에 의해 결정된다고 주장한다. 나아가 개인의 사고, 감정, 행동 간에는 상호작용적인 관계가 존재하는 것이다.

② 인지주의적 모델은 정서 및 행동에 대한 외적 사상의 영향은 인정하지만 인간의 내적 과정이 장애의 근본적 원인이라고 가정한다는 점에서 정신역동적 모델이나 신체생리적 모델과 유사성을 가진다. 이 모델의 가장 주된 관심은 개인의 지각과 사고이다. 외적 사상에 대한 개인의 신념과 왜곡된 사고가 스스로 불행과 두려움을 만들어 낸다고 본다. 자신에 대한 부정적 시각과 삶에 있어서 이겨낼 수 없는 장애물, 미래에 대한 절망감 등을 떨쳐 내지 못하는 부적절한 인지나 사고가 부적절한 감정과 행동을 유발한다는 것이다.

기출 LINE

12중) 학생 C는 무단결석을 빈번히 하고, 친구들과 자주 싸운다. 이에 교사는 학생에게 자신이 처한 상황에서의 문제를 파악해 기록하게 한 후, 그 문제를 해결할 수 있는 여러 방법과 결과에 대해 생각해보도록 하였다. 그리고 자신이 선택하여 실행한 방법과 결과를 기록하도록 지도하였다.

10중) 문제행동이 사고, 감정, 행동 간 상호작용에 의해 발생하는 것으로 보고

키워드 Pick

2. 인지주의적 모델의 이론과 개념

(1) 정보처리이론

① 정보처리의 다단계 모델

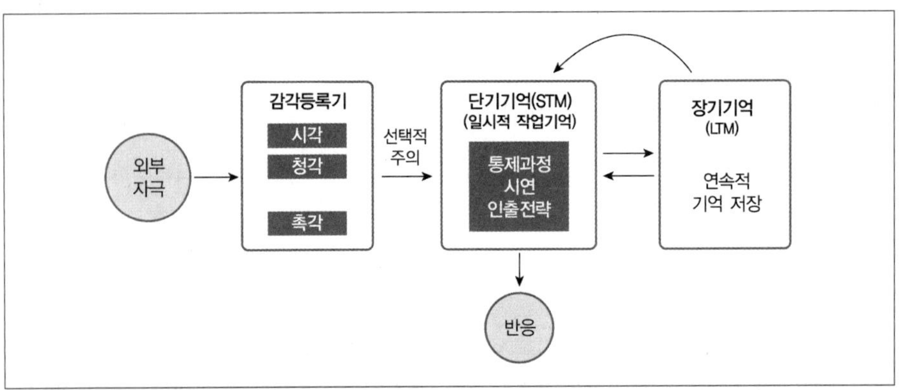

구분	내용
감각 등록기	• 외부에서 들어오는 자극을 아주 짧은 기간 동안 감각기관에 주어진 그대로 저장하는 곳 • 오감을 통해 들어온 정보가 감각등록기에 1초 이내 또는 5초 이내에 입력되는 것을 말함 • **영상기억**: 시각적 감각저장 • **청상기억**: 청각적 감각저장 • 감각등록기에 등록된 많은 정보는 기억쇠잔으로 정보가 유실되나, 입력된 정보 중 일부는 선택적 주의를 통해 단기기억으로 넘어가게 됨
단기 기억	• 작업기억이라 부르기도 함 • 일반적으로 20~30초의 짧은 기억 • **기억용량**: ±7청크(chunk) • 단기기억에 저장된 정보는 기억쇠잔과 부적절한 통제과정으로 인해 일부 유실 • 단기기억의 정보는 시연과 다양한 기억전략을 통해 장기기억으로 넘어감
장기 기억	• 시간 경과에 따라 급속히 소멸되는 감각기억이나 단기기억과는 달리 무제한 용량의 영구적인 정보 저장을 의미 • 장기기억이 오래 지속되는 기억이라고는 하지만 쇠잔이나 간섭으로 망각이 일어남 • 장기기억은 정보들 간의 연결, 연합, 조직화 등을 통해 저장 • 장기기억에 저장된 정보는 인출전략에 따라 운동과 활동으로 나타나게 됨

② 정보처리과정에서 발생하는 장애

지각장애	기억에 어려움 없이 주어진 정보를 저장하더라도 잘못되거나 불필요한 정보를 습득하는 결과를 초래한다.
단기기억장애	입력된 정보를 장기기억까지 유지하지 못하고 망각한다.
장기기억장애	전략 사용의 부재로 정보를 효율적으로 저장하지 못하여 기억을 하는 양이 적다.
인출장애	기억된 정보를 조직화하지 못하여 저장된 정보를 필요할 때 기억해 내지 못한다.

③ 정보를 처리하는 방법

㉠ 정보의 자동적 처리: 주의를 덜 필요로 하며, 시간의 변화에도 안정적으로 유지되는 빠르고 잘 학습된 반응에서 나타난다.

㉡ 정보의 통제된 처리: 새로운 정보를 통합하여 하나의 반응을 내어놓기 때문에 지속적인 주의집중과 논리를 필요로 한다.

㉢ 불안장애와 우울증과 같은 이상행동은 부적절한 자동적 처리의 결과로 볼 수 있다.

(2) 사회인지이론 19초

① 모델링

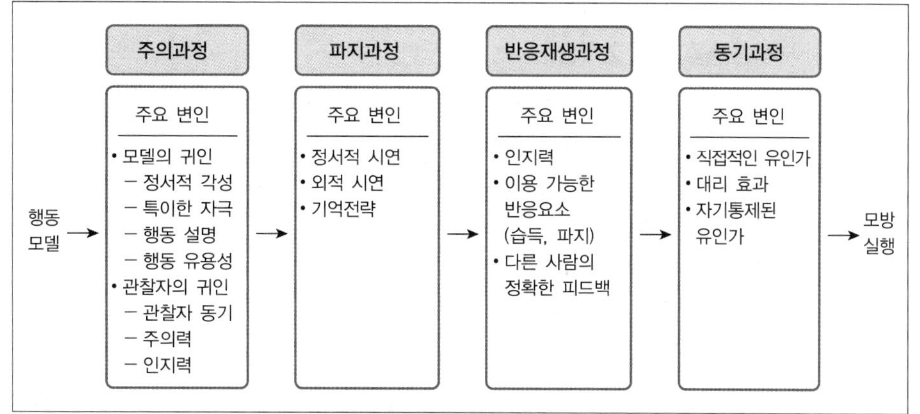

| 모델링 과정의 주요 변인 |

㉠ 습득과 관찰학습

- 인지적 습득은 관찰학습으로 인해 나오는 효과이다.
- Bandura는 모델링에서 습득의 효과를 관찰학습이라 불렀다.
- 학생들은 관찰학습을 통해 행동뿐만 아니라 정서도 습득한다. 이것은 정서가 관찰 가능한 인지·행동·심리적인 면을 포함하기 때문이다.
- 관찰학습에서는 관찰과 대리적 벌에 의해 문제행동이 감소될 수 있고, 관찰과 대리적 강화에 의해 새로운 행동을 학습할 수 있다.

기출의 맥

지적장애에서도 자주 언급되었던 모델링과 관찰학습은 정서행동장애에서도 폭넓게 적용됩니다. 기본 개념을 장애영역별 특성에 맞게 적용해서 이해해 보세요!

키워드 Pick

㉡ 수행과 대리 효과

- Bandura의 모델링 과정에서의 주의, 파지, 반응재생은 새로운 행동 습득과 관련 있으나, 동기는 이론적으로 행동 습득에 포함시키지 않는다. 그러나 동기과정은 어떠한 환경하에서 모델을 관찰한 결과에 따라 학생의 행동이 변화했는가와 관련이 있다. 모델관찰 결과로 학생의 행동이 변화하였다면 이를 대리 효과라 부른다.
- 대리 효과는 모델행동의 관찰결과에 따라 학생의 행동이 더 나타나기도 하고 덜 나타나기도 하는 것이다.
- 모델행동으로부터 좋은 결과를 습득하면, 학생은 그 행동을 모방할 것이다.
- 대리 효과는 모델의 특성과 관련이 있다.

  예 모델의 나이, 성, 인종, 옷 입는 스타일, 말투 등의 여러 특성
- 또한 학생이 그 모델을 따라 할 경우 자신이 동일한 보상을 받을 것이라는 이유로 모델을 모방할 것이다. 반면에 모델이 학생과 상이한 특성을 가졌다면 학생 자신과 모델은 다른 기준으로 평가를 받고 다른 보상을 받을 것이라고 생각할 것이다.
- 모델링은 실제로 행동을 수행하도록 하는 학생의 동기에 영향을 줄 수 있는 정보를 제공한다.

② 정서행동장애 학생의 사회인지

㉠ 부적응행동과 관찰학습

- 다른 사람의 적대감, 공포, 슬픔, 충동성, 위축, 규칙 위반, 약물 복용, 자살과 같은 부적응행동을 관찰한 학생은 이러한 행동을 실행하는 방법을 배우기 쉽다.
- 부적응행동의 관찰학습은 다양한 부적응행동에 노출, 수많은 모델에 반복적으로 노출, 부적응행동에 혜택이 주어진 것을 관찰하는 상황에서 자주 발생한다.
- 또한 적절한 행동의 관찰학습 부족이 정서행동장애에 영향을 미칠 수 있다.

㉡ 부적응행동과 대리 효과

- 탈억제(disinhibition)는 외부자극에 따라 일시적으로 억제력을 잃는 것을 말한다.
- 모델이 새로운 부적응행동을 가르치지 않을 때도 부적응행동에 강한 영향을 줄 수 있다. 예를 들어, 아무렇지도 않게 규칙을 어기는 것을 관찰한 학생은 다음에 규칙 위반을 하지 않았던 행동을 바꿀 수도 있다. 학생은 이전에 회피했던 부적응행동을 자유롭게 시작할 것이다.
- 학생은 특정 상황에 반응하는 사람을 관찰함으로써 희로애락의 정서적 각성을 경험할 수 있다. 관찰을 통해 정서적 각성을 경험한 학생은 비슷한 상황에서 모방하려는 모델이 없어도 이전과 같은 정서적 각성을 경험할 수 있다. 이러한 정서적 반응이 사회적 관계에 방해가 된다면 그것은 부적응적인 정서이다.

Chapter 07

ⓒ 기능부전적 자기효능감

- 기능부전적으로 높거나 낮은 자기효능감의 지각이 정서·행동적 문제를 야기할 수 있다.
- 불안행동을 보이는 학생은 친구를 사귀는 데 낮은 자아효능감을 가진다. 이러한 학생은 자신이 친구를 사귀는 데 어색하고 무력하게 보일 것이라 믿는다. 그러므로 학생이 친구 사귀는 방법을 알더라도 친구 사귀는 데 필요한 반응을 하지 않을 수 있다.
- 공격행동을 하는 학생은 또래에게 고통을 주는 능력에 대해 높은 자기효능감을 가질 수 있다. 따라서 학생은 갈등을 해결하는 데 다른 학생들보다 더 폭력적인 방법을 사용할 수 있다.

(3) 사회정보처리

단계	내용
1단계 : 부호화	• 부호화는 사회적 정보를 탐색하고, 주의집중하며, 파지하는 것을 포함한다.
2단계 : 해석	• 해석은 의미를 판단하기 위하여 자신의 경험과 사회적 정보를 비교하는 것이다.
3단계 : 반응접근	• 반응접근은 친근한 반응이 발견되지 않으면 적합한 반응을 만들기 위해 정신적인 탐색을 하는 것이다.
4단계 : 반응결정	• 반응결정은 반응을 결정하는 것이다. • 반응을 적절하게 선택하기 위해서 학생은 3단계에서 만들어진 반응의 결과를 예측해야 한다. 그리고 그가 원하는 목표가 무엇인지를 고려해야 한다.
5단계 : 시행	• 시행은 선택된 반응을 행하는 것이다.
6단계 : 성과평가	• 성과평가는 시행의 효과를 평가하기 위하여 반응결과를 관찰하는 것이다. • 이것은 유사한 환경이 다시 발생했을 때 학생이 과정을 수정할 필요가 있는지를 결정할 수 있게 한다.

(4) 인지결함과 인지왜곡 12중

인지결함	인지결함의 관점에서 보면, 정서행동장애는 필요한 인지처리과정의 부재로부터 나타난다.
인지왜곡	인지왜곡의 관점에서 보면, 정서행동장애는 왜곡된 인지처리과정으로 인해 발생한다.

키워드 Pick

인지왜곡의 예

구분	내용
흑백논리적 사고	모든 것을 흑 아니면 백으로 본다. 어떤 것이 완벽하지 않으면 수용하지 않는다.
과잉 일반화	하나의 부정적 사건을 보고 어떤 것이 전부 안 좋다거나 항상 안 좋아질 것이라는 증거로 여긴다.
긍정적인 면 평가절하	한 상황이나 사건에는 항상 긍정적인 면과 부정적인 면이 있다. 하지만 상황이나 사건이 아주 긍정적일 때라도 긍정적인 면을 깎아내리거나 무시하고 부정적인 면에 초점을 둔다.
성급하게 결론 내리기	증거가 없는데도 임의적으로 성급하게 부정적인 결론을 내린다. 여기에는 독심술, 다른 사람의 생각 넘겨짚기, 증거도 없이 미래의 부정적 사건 예측하기가 포함된다.
과장 혹은 축소	부정적인 사건을 지나치게 부풀리거나 긍정적인 사건의 중요성을 축소시킨다.
명명하기와 잘못 명명하기	사건과 자신을 부정적으로 명명한다. 이것은 자신과 세상을 어떻게 보는가에 영향을 미친다.
개인화	증거가 없음에도 불구하고 자신에게 부정적인 사건 발생의 책임이 있다고 생각한다.

(5) 단기인지과정과 장기인지과정

단기인지 과정	• 기대: 결과 기대는 특정 행동이 특정 결과를 이끌어 낼 것이라고 예상하는 것이다. 효율성 기대는 특정 방식으로 수행할 수 있는 자신의 능력에 대한 신념을 갖는 것이다. 사람들은 자신의 능력으로 감당할 수 없다고 믿는 과제나 상황을 회피하고, 스스로 처리할 능력이 있다고 판단되는 활동을 수행하려는 경향이 있다. 부정적 결과 기대와 부정적 효율성 기대는 불안이나 공포와 관련이 있다. 불안이나 공포를 가지는 사람은 바람직하지 않은 어떤 일이 일어날 것이라고 예상한다. • 평가: 자신에게 일어나는 일과 자신이 하는 일에 대해 감정·사정하는 것이다. 자기평가는 의식적으로 행해지기도 하지만 때로는 자동적으로 나타나기도 한다. • 귀인: 부적절한 기대와 귀인이 복합되면 학습된 무력감이라는 결과를 낳을 수도 있다.
장기인지 과정	• 장기인지과정은 의식적 인지를 지배한다고 가정된 구성 개념이며 추론된 요인이다. 예를 들자면 신념과 같은 것을 말한다. • Ellis는 심리적 장애는 비합리적 신념, 즉 단기적인 기대나 평가, 귀인으로 형성되는 신념에서 기인된 것이라고 주장한다. 이러한 생각은 합리적 정서치료(RET), 합리적 정서행동치료(REBT)로 발전되었다.

3. 평가기법

질문지	• 질문지 형식의 자기보고는 편리하고, 일반적으로 치료 효과에 민감하기 때문에 인지평가도구로 자주 사용되고 있다. • 아동용 인지검사(CTI-C): 자신, 세상 혹은 미래에 대한 생각과 자신의 느낌과 관련된 36개의 자기진술문을 가지고 있다. 응답자는 자신의 생각과 느낌에 기초하여 '즉각' 답해야 한다.
생각목록 (사고목록화)	• 피검자에게 특정한 시간이나 활동을 하는 동안에 생각했던 모든 것을 목록화하도록 하는 개방형 인지기법이다. • 답은 부정적 사고 내용에 대한 긍정적 사고 내용의 비율로 채점된다.
소리 내어 생각하기	• 개방형 인지평가기법이다. • 예를 들면, 카세트테이프상에서 모의실험적 상황을 준 후, 대상에게 그 상황을 경험했던 것처럼 반응하도록 하고 또한 자신의 마음속에서 일어나고 있는 것을 말하도록 하는 것이다. 이렇게 언어화되는 것을 녹음하고 내용을 암호화한다.
면담	–

4. 인지주의적 모델의 중재

<table>
<tr><th>문제의 원인</th><th>방법</th><th>기법</th><th colspan="3">구분</th></tr>
<tr><td rowspan="2">인지적 왜곡</td><td rowspan="2">인지적 재구조화</td><td>Ellis의 합리적-정서행동치료</td><td rowspan="2">인지적 치료</td><td rowspan="4">인지적 행동치료</td><td rowspan="4">인지적 중재</td></tr>
<tr><td>Beck의 인지적 치료</td></tr>
<tr><td rowspan="2">인지적 결함</td><td rowspan="2">인지적 대처기술 훈련</td><td>D'Zurilla와 Goldfried의 문제해결 훈련</td><td rowspan="2">–</td></tr>
<tr><td>Meichenbaum과 Goodman의 자기교수 훈련</td></tr>
<tr><td rowspan="3">자기통제의 결여</td><td rowspan="3">자기관리 훈련</td><td>자기점검</td><td rowspan="3">–</td><td rowspan="3">–</td><td rowspan="3"></td></tr>
<tr><td>자기평가</td></tr>
<tr><td>자기강화</td></tr>
</table>

(1) 인지적 중재의 기본가정

① 모든 행동은 인지적 사건에 의해 중재된다고 가정한다.

② 인지적으로 중재된 사건의 변화가 결과적으로 행동의 변화를 이끌어 낸다고 가정한다.

③ 모든 사람은 자신의 학습에 있어 능동적인 참여자라고 가정한다.

(2) 모델링

① 대부분의 인지중재는 모델링에 크게 의존한다.

② 모델링은 일반적으로 관찰학습과 대리 효과를 사용하며, 교수 도구로서의 효과를 증진시키기 위해 사용한다.

키워드 Pick

③ 모델링을 사용한 인지적 중재에는 비디오와 역할극이 있다.

④ 모델링은 인지적 문제와 정서행동적인 문제를 개선시키는 데 효과가 있으나 모델링을 단독으로 사용하는 경우는 많지 않다. 모델링을 일반적인 교수 실행과 인지적 중재의 중요한 부분으로 사용할 수 있다.

(3) 인지결함에 대한 중재

① 인지전략

㉠ 인지전략

- 문제해결 과정 및 특정 과제수행을 용이하게 하기 위해서 사용하는 정신적인 전략을 말한다.
- 인지전략은 지적 기능 특히, 문제해결 기능의 한 특수한 영역으로서 개인의 사고, 학습, 기억 등의 행동을 지배하는 내적행동방식을 말한다.
- 인지전략은 사고 전략이며, 학습방법이며, 기억전략이다.

㉡ 초인지전략

<table>
<tr><td>초인지전략</td><td>• 과제수행에 사용한 전략의 모든 과정을 알고 조정하는 전략</td></tr>
<tr><td>초인지
전략의
두 요소</td><td>ⓐ 초인지적 지식: 학습자가 학습에 영향을 주는 개인·과제·전략 변인을 아는 것이다.
<table><tr><td>선언적 지식</td><td>자신과 전략에 관한 지식</td></tr><tr><td>절차적 지식</td><td>전략 사용에 관한 지식</td></tr><tr><td>조건적 지식</td><td>전략 사용 시기와 이유에 관한 지식</td></tr></table>ⓑ 자기조정: 인지과정을 스스로 조절하는 것으로 인지전략을 효율적으로 선택·관리하고, 목표에 도달하기 위해서 학습하는 동안 학습활동을 점검하고 재지시하는 것이다. 자기조정의 과정에는 결과 예측, 전략계획, 다양한 형태의 대리적 시행착오와 같은 계획 활동, 학습전략의 점검, 수정, 재계획과 같은 점검 활동, 전략 효과에 대한 평가와 같은 결과 점검이 있다.</td></tr>
<tr><td>초인지전략
훈련</td><td>• 초인지전략 훈련에서는 자기교수가 있고, 이는 자신의 행동을 조절하기 위해 자기 자신에게 이야기하는 과정이다.
• 자기교수의 단계
<table><tr><td>환경인식</td><td>학생은 과제수행이 요구되는 환경을 인식해야 한다. 또한 자기교수가 요구되는 환경을 인식하는 학습을 해야 한다.</td></tr><tr><td>자기교수
시작</td><td>환경이 인식되면, 학생은 일련의 자기교수과정을 시작해야 한다. 학생이 일련의 과정을 기억할 수 있도록 도움을 주기 위해 교사는 기억 단어, 약어, 그림 등의 보조도구를 사용하는 방법을 지도한다.</td></tr></table></td></tr>
</table>

자기교수 활동 수행	학생은 각 단계에 해당하는 행동을 실행하면서 각 단계에 맞는 순서대로 말하거나, 혹은 마음속으로 생각해야 한다.
결과 평가	학생은 자기교수결과를 평가하여 추가적인 활동이 필요한지를 판단한다.

• 자기교수의 지도단계 13추 · 18 · 23유, 13추 · 15초, 13추중

단계 1	인지적 모델링단계로, 성인 모델이 큰 소리로 말하면서 과제를 수행하고 아동이 관찰한다.
단계 2	외현적 교수단계로, 성인 모델이 하는 말을 아동이 큰 소리로 따라 말하면서 과제를 수행한다.
단계 3	외현적 자기교수단계로, 아동이 혼자서 큰 소리로 말하면서 과제를 수행한다.
단계 4	외현적 자기교수 감소단계로, 아동이 작은 소리로 혼잣말을 하면서 과제를 수행한다.
단계 5	내재적 자기교수단계로, 아동이 마음속으로 말을 하면서 과제를 수행한다.

② 사회적 문제해결 전략

1단계: 문제해결방법 설정	• 교사는 정서적 · 행동적 문제에 대해 희망적인 해결방법을 설정하고, 학생으로 하여금 사회적 문제해결을 할 수 있는 능력자로 생각할 수 있게 해야 한다. • 학생에게 타인의 행동, 비사회적인 신체적 사고, 자신만의 사고와 같은 다양한 문제 요소들을 식별하는 방법을 지도해야 한다.
2단계: 문제 정의	• 교사는 학생이 문제 상황의 외적인 면과 내적인 면을 검토할 수 있도록 지도한다.
3단계: 대안적인 일반화	• 교사는 문제 정의 단계에서 설정한 변화를 달성하도록 하기 위해서 학생에게 대안적인 해결방법을 모색하도록 시킨다.
4단계: 의사결정	• 교사는 각 대안적인 방법의 결과를 고려하여 학생을 지도한다. • 대안적인 방법이 첫 번째 문제해결방법으로 선택될 때까지 3단계와 4단계의 교수과정을 반복한다.
5단계: 수행 및 확인	• 학생은 자신이 선택한 해결방법을 시도한다. • 학생은 문제 상황, 문제해결 시도, 문제를 해결하는 동안의 감정 및 사고, 그리고 전략의 성과에 대한 정보를 기록한다. 이러한 기록은 전략을 평가할 때 고려된다.

키워드 Pick

D'Zurilla와 Goldfried의 문제해결 훈련

구분		내용
단계 1	일반적 방향제시	내담자가 문제를 인식하고 충동적으로 행동하기보다는 체계적으로 행동하면서 문제들을 다룰 수 있다는 것을 인식할 수 있도록 도와준다.
단계 2	문제정의	문제의 내력과 문제를 통제하는 변인들을 상세하게 기술하면서 문제를 정확하게 정의한다.
단계 3	대안산출	문제를 구체적으로 정의한 후 내담자에게 가능한 해결방안들을 모두 생각해 보도록 한다.
단계 4	의사결정	대안들을 신중하게 검토하면서 명백하게 수용할 수 없는 것은 제거한다. 그 다음 나머지 대안들을 수행할 경우에 나타날 수 있는 단기적인 결과와 장기적인 결과에 대해 고려한다. 이러한 고려사항에 근거하여 내담자로 하여금 가장 적합한 해결책으로 보이는 대안을 선택하도록 한다.
단계 5	수행	내담자는 치료사의 도움을 받아 문제에 대한 최선의 해결책을 수행하는 계획을 짠 후 실행한다.
단계 6	검증	계획이 효과가 있으면 내담자에게 문제해결을 위해 그 계획을 계속 수행하도록 격려한다. 만약 그 계획이 문제를 해결하는 데 도움이 되지 않는다면 위의 문제해결 과정을 다시 시작하여 다른 해결책을 시도하여야 한다.

⑷ 인지왜곡에 대한 중재

① 왜곡된 정보처리의 수정

㉠ 정서행동장애 학생은 사회적 정보를 부정확하거나 선택적으로 인식하고, 그에 따라 부정적으로 인식하는 경우가 많다.

㉡ 정서행동장애 학생은 사회적 정보에 대한 왜곡된 정보 처리과정 때문에 사회 내의 각 구성원이 사회적 상황에 대해서 다른 방법으로 해석할 수 있다는 것을 인식하지 못한다.

㉢ 왜곡된 정보처리를 수정하는 방법에는 분노대처 프로그램이 있다.

- 분노대처의 주요목표는 강한 정서적 각성과 공격행동을 초래하는 사회적 지각의 오류를 수정하는 것이다.
- **분노대처 프로그램의 구성**

구분	내용
목표설정	• 학생은 프로그램 초기에 수업과 관련된 목표를 세우고, 실천하며, 평가하는 방법을 배운다.
자기대화	• 학생이 조롱과 경솔한 분노를 참는 방법을 배울 때, 인형과 역할극의 모델링을 통해서 자기대화를 배운다. • 자기교수와 유사한 자기대화는 학생의 분노를 진정시킬 수 있다.
분노 개념	• 분노 개념은 분노와 연관된 행동, 정서, 사고, 생리적 반응을 포함한다. • 교사는 이러한 개인적인 반응들을 시청각 매체를 통해 정의하고, 논의하며, 조사한다.

분노에 대한 대안행동	• 교사는 갈등 상황에서 분노에 대한 대안행동을 조사한다. • 교사는 학생이 대안행동의 과정을 순서대로 생각할 수 있도록 돕는다.
사회적 조망수용	• 사회적 조망수용은 분노대처 프로그램의 중요한 특징이다. • 교사는 학생이 다양한 상황에서 수용할 수 있는 조망들을 찾게 하기 위해 다양한 수업과 기법을 사용한다.
분노대처 실행의 활성화	• 학생은 분노 개념의 학습과 더불어 분노대처 실행을 활성화하기 위한 전략을 배운다. • 학생은 자기 자신에게 다음과 같은 질문을 한다. – 무엇이 문제인가? – 나는 어떻게 느끼는가? – 내가 할 수 있는 대안은 무엇인가? – 결과는 어떠한가?

② 왜곡된 신념 및 귀인의 수정

㉠ 합리적 정서행동치료(REBT : Rational Emotive Behavior Therapy)

14유, 14 · 22초, 16 · 20중

<table>
<tr><td>개념</td><td colspan="3">• REBT의 일반적인 목표는 학생의 비합리적 신념을 합리적 신념으로 바꾸는 것이다.
• 합리적 신념은 상황의 변화에서 유연하고 논리적이며, 상황의 현실과 일치하며, 목표를 성취하려는 사람에게 도움을 준다.</td></tr>
<tr><td rowspan="3">ABC 체계</td><td>A</td><td>선행사건</td><td>관찰 가능한 상황과 그 상황에 대한 학생의 해석</td></tr>
<tr><td>B</td><td>신념</td><td>발생한 상황에 대한 다양한 평가 및 조망, 학생의 삶에 대한 철학 및 신념</td></tr>
<tr><td>C</td><td>결과</td><td>학생의 신념에 뒤따르는 정서 및 행동</td></tr>
<tr><td>인지 재구조화</td><td colspan="3">• 합리적 정서행동치료의 초점은 학생의 신념을 비합리적인 것에서 합리적인 것으로 전환시키는 인지 재구조화에 있다.
<table><tr><th>자동적 사고</th><th>인지적 왜곡</th><th>합리적 반응</th></tr><tr><td>나는 학교에서 비참해. 공부를 열심히 할 이유도, 대학에 갈 이유도 없어.</td><td>나는 공부도 못하고 친구관계도 나쁘고 모든 면에서 점점 더 나빠지고 있어.</td><td>나는 어떤 과목에서는 성적이 좋지 않아. 그러나 다른 과목은 좋아. 모든 사람들은 장점과 단점을 가지고 있어.</td></tr></table></td></tr>
<tr><td>기본원리</td><td colspan="3">• 원리 1 : 학생은 문화적, 환경적, 가족 영향력을 포함하여 자신이 겪은 경험의 총체이다.
• 원리 2 : 자신의 정서와 행동을 책임지는 것은 학생 자신이다.
• 원리 3 : 유해한 정서와 역기능적 행동은 비합리적 사고나 인지적 왜곡의 결과이다.
• 원리 4 : 학생은 자신의 비합리적 신념을 인식할 능력을 지니고 있으며, 자신의 사고를 변화시키고 행동을 변화시킬 수 있다.</td></tr>
</table>

키워드 Pick

• 합리적 정서행동치료의 ABCDE 과정

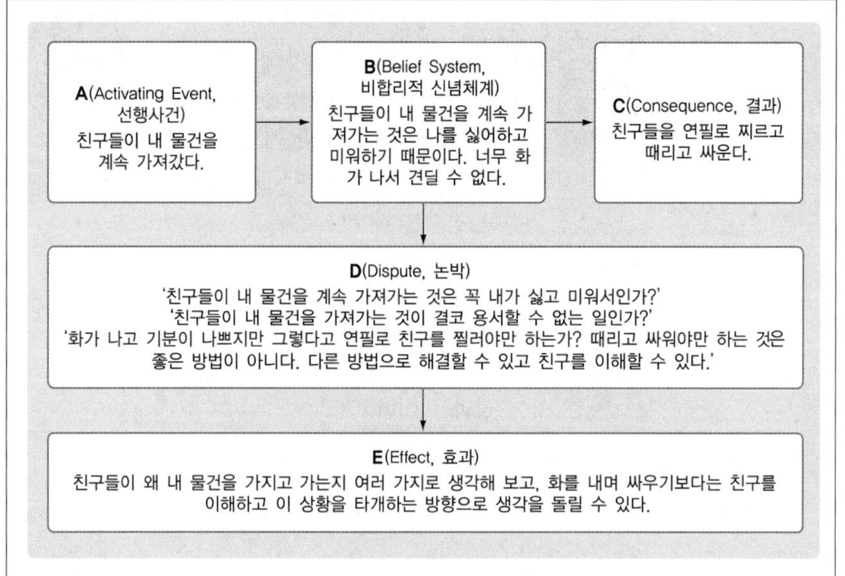

• 합리적 정서치료의 비합리적 신념과 합리적 신념

구분	비합리적 신념	합리적 신념
막다른 생각	이 선행사건은 나에게 끝이다.	이 선행사건은 나에게 매우 불편하고 혐오스럽고 나쁘지만, 끝이 아니다.
참을 수 없다는 생각	이 선행사건은 내가 참을 수 있는 한계를 넘었다.	이 선행사건은 나에게 고통스럽고 어렵고 큰 변화를 요구할 것이지만, 나는 이것을 해낼 수 있다.
마술적 사고	이 선행사건은 부당하고, 일어날 수 없는 일이고, 아주 불공평하고, 결코 일어나지 말았어야 한다.	일어나지 말았어야 할 일이 일어났다면, 나는 지금 그것을 바꿔야 하고 참아야 하며 다른 방법으로 처리해야만 한다.
비난	이 선행사건을 일으킨 나쁜 사람은 사악한 행동에 대해 반드시 비난과 벌을 받아야 한다.	나는 그가 나에게 대했던 방법과 다르게 생각하고 대응해야 한다.
흑백논리적 사고	나는 항상 불행하다. 내가 사랑하는 사람이 나를 전혀 받아들이지 않는다. 이런 중요한 과제를 성공하지 못했기 때문에 내가 성취한 것들은 무가치하다.	거의 모든 사람과 같이 나는 행복과 슬픔, 사랑과 거절, 성공과 실패를 경험한다.

ⓛ 귀인 재훈련 17유, 13중

- 귀인은 일상생활에서 경험하는 사건의 원인에 대해 학생이 생각하는 신념으로, 수행에 대한 성공과 실패의 원인이 어디에 있는지를 설명한다.
- 귀인의 종류에는 능력, 노력, 과제 곤란도, 행운, 타인의 도움 등이 있으며, 그 특성에 따라 안정성, 원인의 소재, 통제성으로 분류된다.

귀인	특성		
	안정성	원인의 소재	통제성
능력	안정	내적	통제 불가능
노력	불안정	내적	통제 가능
과제 곤란도	안정	외적	통제 불가능
행운	불안정	외적	통제 불가능
타인의 도움	불안정	외적	통제 가능

맥 Plus

행동주의와 인지주의의 비교

중재배경	중재방법	중재결과
행동주의	• 강화와 벌 • 행동형성, 행동연쇄 • 모델링 • 차별화 훈련 • 혼합기법	⇨ 행동변화
인지행동주의	• 문제해결 • 자기관리	⇨ 인지변화 ⇨ 행동변화
	• 자기교수 훈련 • 인지적 사회적 기술 훈련 • 스트레스 대처 훈련 • 합리적 정서치료 • 합리적 정서 집단상담	⇨ 인지변화 ⇨ 정서변화 ⇨ 행동변화

키워드 Pick

기출의 맥

행동주의적 모델은 행동지원에서 공부한 모든 내용이 적용되는 관점이라고 보면 됩니다.

기출 LINE

10중) 문제행동의 원인을 잘못된 학습에 의한 것으로 보고, 문제행동과 관련된 환경적 변인을 파악하고, 이를 조작하여 학생들의 행동 변화를 이끌어 낸다.

④ 행동주의적 모델 24중

원인	평가 절차	중재방법
• 수동적(고전적) 조건화 • 조작적 조건화 • 사회적 학습(관찰학습, 모델링)	• 검목표(체크리스트) • 행동평정척도 • 행동기록법 • 기능적 행동평가	• 사회적 기술 훈련 • 행동증가기법(강화자극 사용, 행동계약, 토큰강화 등) • 행동감소기법(차별강화, 타임아웃, 벌, 신체적 구속)

1. 기본관점

① 정서장애는 부적응적 행동들로 구성된다. 이 행동들은 학습된 것이므로 다른 모든 행동들처럼 발전되고 유지되어 왔다.

② 행동주의자들은 인간의 모든 행동, 즉 장애행동이나 정상행동 모두가 학습된 것이라고 보며, 장애행동과 정상행동의 차이는 행동의 빈도, 강도, 사회적 적응성에 의해 설명될 수 있다고 한다. 즉, 이 행동들이 지금보다 더 적게, 더 약하게, 더 적응적으로 나타났다면 결코 장애행동이라고 불리지 않을 것이다. 또한 이 행동들은 원래부터 본질적으로 일탈된 것이 아니라 사회적인 기대에 비해 어느 정도 벗어나 있을 뿐이라고 주장한다.

2. 행동주의적 관점의 주요 견해

① 수동적 · 고전적 조건화 이론

② 조작적 조건화 이론

③ 사회적 학습 · 모델링 이론

3. 평가기법

① 행동검목표와 행동평정척도

② 행동관찰 기록

③ 기능적 행동평가(행동사정)

4. 행동주의적 모델의 중재 17중

(1) 경쟁행동모델

① **개념**: 기능적 사정 정보에 근거한 행동중재계획을 수립하는 데 있어서 매우 명쾌한 접근방법의 하나이다.

② **단계**

1단계	• 기능적 행동사정 정보를 가설 진술 요약의 형태로 간결하게 요약한다. • 이 진술은 응용행동분석의 핵심이라 할 수 있는데, 배경사건, 선행사건, 행동, 후속결과의 행동주의적 연속체에 따라 조직화된다. • 진술 요약은 행동중재계획의 중추이며 모든 중재와 논리적으로 연관되게 된다.
2단계	• 각각의 후속결과와 관련된 경쟁행동이나 대안행동을 선택하는 과정이다. • **2가지 종류의 대안행동**: 대체행동/문제행동과는 그 기능이 다른 바람직한 반응이다.
3단계	• 문제행동을 무관하고, 비효율적이며, 쓸모없게 만드는 변화가 무엇인지를 확인한다. • 문제행동을 일으키는 조건을 변화시킴으로써 문제행동이 무관한 것이 되게 만들 수 있다.

(2) 위기관리

① 긍정적 행동지원은 포괄적이고 중다요소적인 지원계획을 개발함으로써 문제행동의 발생 가능성을 감소시키는데, 여기에 행동지원의 부가적인 구성요소로 위기관리가 있다.

② 위기관리의 목적은 공격적이거나 난폭한 행동이 발생하는 환경에서 학생이나 다른 사람의 위험을 방지하는 데 있다.

③ 위기관리는 문제행동이 발생했을 때 누군가가 다칠 가능성을 줄이기 위한 것이다.

④ 긍정적 행동지원과 위기관리는 행동관리에 있어서 매우 중요한 측면이다. 두 가지 방법 모두 주로 기술 개발에 중점을 두고 문제행동에 대해 반응하는 것이면서도, 또한 안전망을 갖춤으로써 기술개발의 구성요소가 보다 정교해지는 과정에서 아무도 다치지 않아야 함을 전제로 한다.

⑤ **위기관리계획에 포함해야 하는 필수 요소**

㉠ 어떤 상황이 위기 상황인지, 언제 교사나 위기 관리자가 계획 절차의 요소를 실행해야 하는지를 확인해야 한다.

㉡ 누가 위기 상황에 대응할 것인지 결정해야 한다.

㉢ 문제가 발생했을 때 그 팀을 어떻게 호출할 것인지 정해야 한다.

㉣ 문제가 발생했을 때 팀 구성원들이 각자 어떤 역할을 맡을지에 대한 내용도 계획에 기록해야 한다.

㉤ 관리계획은 어디에서 위기 중재가 일어나는지에 대해서도 명시해야 한다.

키워드 Pick

(3) 학급관리

① 성공적인 학급관리체계를 계획하는 데 필요한 중요 선행조건이며, 또한 연구로부터 확증된 세 가지 차원에 근거한다.

② 이러한 차원은 높은 학생 참여율과 낮은 파괴행동비율 학급을 조성하기 위해서, 학급 내에서 교사가 고려해야 할 행동과 기술을 포함한다.

③ 이러한 차원에는 예방, 반응, 중재가 포함된다.

예방	• 이 차원에는 학급 내의 문제행동 예방이 포함된다. • 학급관리를 잘하는 교사는 이미 발생한 문제행동에 대해 미흡하게 반응하기보다는 문제행동이 발생하기 전에 예방한다.
반응	• 교사는 학생의 부적절한 행동에 적절하게 반응하는 방법을 알아야 한다. • 학생의 부적절한 행동에 교사가 반응할 때, 학생과 힘으로 대결하지 않고 혹은 작은 문제를 큰 문제로 확대하지 않도록 하기 위해서 스스로의 행동을 결정하는 데 매우 유용하다.
중재	• 적절한 행동을 격려하고 가르치며 부적절한 행동을 감소시키기 위해 학급에서 연구 중심의 중재방법을 사용하는 것이다.

(4) 학교차원의 긍정적 행동지원

① 반사회적 행동문제 예방을 위한 체계

수준	대상 학생	내용
1차 예방 (보편적 중재)	정상학생	• 학교 차원의 훈육계획 • 갈등해결/분노조절 전략교수 • 효과적인 수업 및 교육 절차
2차 예방 (개별화된 중재)	위험학생	• 위험학생집단 및 가족집단 판별 • 도덕에 대한 논리적 사고 직접교수 • 분노조절과 자기통제 • 가족지원과 부모관리 훈련 • 1 : 1 중재중심의 상담가
3차 예방 (포괄적 중재)	만성적 학생	• 학생/양육자와 지역사회 서비스기관의 연결 • 개별 맞춤의 랩어라운드 중재 • 계획/치료 활동에 있어서의 의미 있는 가족참여 • 서비스기관, 법집행기관, 법원, 교정기관과의 조정 • 약물/알코올 상담 • 대안적 배치(주간치료센터, 특수학교 거주시설 등)

② 폭력 예방을 위한 세 가지 수준의 접근

수준	대상 학생	내용
학교 차원의 토대 확립하기	모든 학생	배려하는 학교 분위기, 적절한 행동 및 문제해결기술 교수, 긍정적 행동지원, 적절한 수업 등을 통해 긍정적인 훈육, 성공적인 학업, 정신적 · 정서적 건강을 지원함
조기에 중재하기	약간의 학생	심각한 학업적 또는 행동적 어려움의 가능성이 있는 학생들의 위험요인을 파악하고 보호요인을 형성하는 서비스와 지원을 제공함
집중적 중재 제공하기	소수의 학생	포괄적이고 집중적이며 지속적이고 문화적으로 적절한 아동–가족 중심적 서비스와 지원을 제공함

⑤ 생태학적 모델

원인	평가 절차	중재방법
• 생태체계 내의 장애 – 가정 – 학교 – 지역사회 – 사회	• 교실교수 요구 분석 • 행동평정 프로파일–2 (BRP–2) • 교수환경척도 • 기능적 행동평가(FBA)	• 부모참여, 지원, 훈련 집단 • 재통합 • RE–ED 프로젝트 • CASSP 모델 • 랩어라운드 서비스

기출 LINE

21유) 지호를 둘러싼 사회적 맥락과의 상호작용도 중요한 것 같아요. 지호가 다녔던 기관은 소규모이고 굉장히 허용적인 곳이었다니, 지호에게 요구하는 것이 크게 달라진 것이죠. 지호뿐만 아니라 지호 어머니도 새 선생님들과 관계를 맺고 소통하는 것이 큰 부담이시래요. 이런 점도 영향이 있겠지요?

1. 기본가정

① 학생의 개인적인 특성뿐 아니라 학생의 행동에 대한 환경과의 상호작용 요소가 일탈행동의 발생 및 지속에 영향을 미친다고 본다.

② 생태학 모델에서는 정서행동장애가 학생의 환경 내에 있는 사람들의 기대 및 판단에 따라 달라질 수 있으며 상황에 따라 다르게 판단될 수 있으므로, 학생이 다른 사람과 상호작용하는 환경 내에서 지속적으로 일관되게 부적절한 행동을 보이는 것을 정서행동장애로 정의하고 있다.

③ 생태학 모델은 생태심리학과 지역사회심리학에 기반을 두고 있다. 생태심리학은 생물 또는 생물군과 환경 간의 상호관계를 연구하는 생태학(ecology)에 근거하여 인간을 둘러싼 생태계를 지각의 장(場)으로 보고, 인간과 생태계 간의 상호작용 과정을 통한 인간의 능동적 변화를 강조한다. 지역사회심리학은 개인, 집단, 기관, 사회적 수준에서 일어나는 행동에 미치는 사회 및 환경적 요인을 알아보는 것으로 사회적 규범으로부터의 일탈에 대처할 수 있는 다른 대안을 찾고자 한다. 지역사회심리학에서는 문제해결을 위해 개인 차원뿐 아니라 개인의 환경적 요인의 변화 및 개선을 강조한다.

키워드 Pick

2. Bronfenbrenner의 생태학적 체계이론 09 · 13 · 21 · 23유, 15 · 22중

① 생태학적 체계이론은 아동의 행동과 행동이 발생하는 환경 간의 상호의존성을 강조한다.

② 아동과 환경과의 상호작용을 이해하기 위한 모델을 개발하였다.

③ 아동이 발달함에 따라 생태학적 환경에 대한 이해가 증가하고 생태학적 환경에 대한 영향력도 증가한다.

④ 다섯 가지 요소

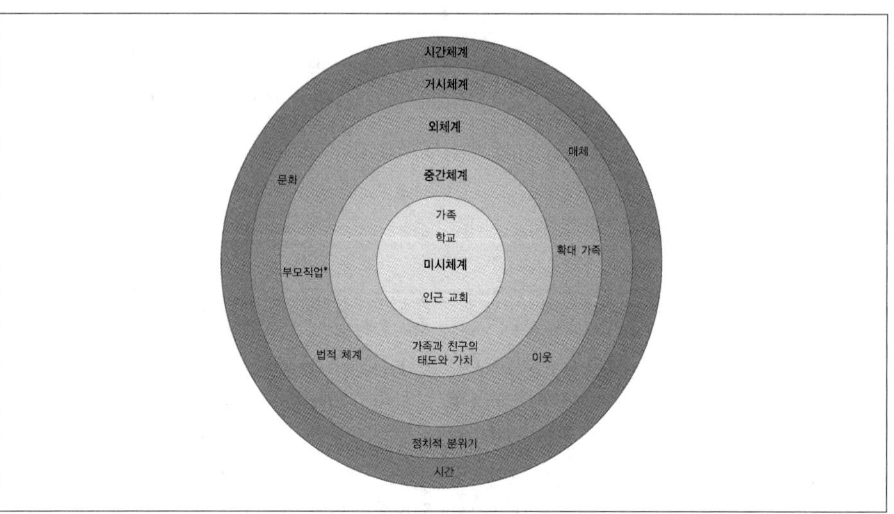

| 다섯 가지 체계 |

체계	내용
미시체계	• 브론펜브레너는 미시체계를 '성장하는 사람과 그 사람을 포함하는 직접적인 상황 내에서의 환경과의 복잡한 관계'라고 정의하였다. 이 체계는 아동의 직접적인 가족 내에서의 관계와 상호작용을 말한다. • 아동이 살고 있는 환경, 즉 아동에게 가장 인접해 있는 환경이다. • 미시체계에는 가족, 또래, 학교, 이웃 등의 구성물이 포함된다. 아동은 부모, 친구, 교사들과 대부분 직접적이고 능동적인 상호작용을 한다. • 예를 들어, 부모의 부적절한 양육방식이 아동의 문제행동을 초래하기도 하지만 아동의 문제행동이 부모에게서 엄격한 규칙과 벌을 유발시킬 수도 있다. • 부모, 형제, 학교와 또래집단 등과 같이 아동을 둘러싼 중요한 영향력 있는 환경이다. • 관계는 쌍방향적이며 상호적이다. • 미시체계의 기능적 수준은 아동의 발달에 영향을 미친다. • 낮은 사회경제적 지위, 편부모, 부모의 이혼, 학대와 다른 스트레스 요인들이 아동의 발달에 해로운 영향을 줄 수 있다. • 아동이 경험하는 복합적인 가족 스트레스 요인의 수가 증가함에 따라 심리학적 부적응의 위험도 증가하게 된다.

중간체계	• 브론펜브레너는 중간체계가 성장하는 인간의 생애 중 특정 시기의 주요 환경들 간의 상호관계로 구성된다고 하였다. 즉, 미시체계 내에 있는 구성물들 간의 관계로 이루어지는 환경이다. • 중간체계는 가족이 상호작용하는 다른 환경과 가족 사이의 상호관련성을 말한다. 이러한 구조수준에서의 주요 관계는 가족과 다른 사회적 단체, 그리고 가족과 학교가 해당한다. • 즉, 부모와 친구의 관계, 부모와 교사의 관계, 친구와 교사의 관계 등으로 이루어지는데 아동은 이러한 관계들로부터 영향을 받게 된다. • 미시체계 구성물들 간의 관계가 부정적이며 중간체계의 질이 떨어지는데 여기에는 미시체계 구성물들 간의 의미 있는 연결이 거의 없거나 전혀 없는 경우도 포함된다. 예를 들어, 부모가 자녀의 친구에 대해 모르거나 교사가 아동의 친구에 대해 모르는 경우이다. • 이와 같은 경우 특히 미시체계 구성물들이 제각기 다른 가치관을 표방하게 되면 잠재적인 위험도 따른다. 예를 들면, 친구들은 음주, 흡연 등을 부추기고 강화하는 반면 부모나 교사는 이러한 행동들을 금지하고 벌하는 경우이다. • 가정, 운동장, 학교와 같은 많은 환경들이 포함되며, 이러한 환경들 또한 상호작용한다. • 예를 들어, 부모가 학교를 적대적 환경으로 보고교육에 가치를 두지 않는다면 이러한 태도가 학교에서의 아동행동과 학업수행에 영향을 주는 것처럼, 중간체계는 아동에게 있어서 가장 친밀한 학습환경이며 다른 세상에 대한 참조가 된다.
외체계	• 외체계란 그 자체는 인간이 포함되지 않지만 그 사람이 속해 있는 즉각적인 환경을 포함하며, 이로 인해서 그 환경 내에서 무슨 일이 발생하는지에 영향을 미치고 제한하고 심지어는 결정하기까지 하는 형식적이고 비형식적인 기타 특정 사회적 구조를 포함한다. • 이 구조에는 의도적으로 조직하거나 구체적인 지역수준에서 활동함으로써 자연 발생적으로 조직된 사회의 주요 기관들이 있다. • 아동이 직접 참여하지는 않지만 아동에게 영향을 미치는 사회적 환경이다. • 부모직장, 교육위원회, 사회복지기관 등의 구성물이 포함된다. 아동은 이러한 구성물들과 직접적인 상호작용은 하지 않지만 이런 구성물로부터 간접적으로 영향을 받게 된다. • 예를 들어, 부모의 직장환경이 불만족스럽고 억압적이면 부모와 자녀의 상호작용 방식에 영향을 줄 수 있으며 육아휴직의 가능 여부도 아동의 발달에 영향을 미칠 것이다. • 또한 아동은 교육위원회에 참여하지는 않지만 교육위원회의 결정에 의해 영향을 받는다.

키워드 Pick

거시체계	• 아동이 살고 있는 문화적 환경이다. • 거시체계는 아동의 삶에 직접적으로 개입하지는 않으나 아동의 발달에 지속적이고 강력한 영향을 미친다고 할 수 있다. • 문화적 신념, 가치, 법률과 이념뿐만 아니라 테러범들이 9월 11일에 미국을 공격한 사건이나 전쟁, 가난과 인종차별과 같은 세계적인 사건들과 현상들로 구성된다. • 생태학적 모델의 다층적 사회환경들이 아동 발달에 영향을 미친다. • 특정한 문화에 대한 사회적 청사진과 같은 의미이다.
시간체계	• 시간이 흐르면서 발생하는 특정 사건들과 문화의 변화와 같은 시간적 영향을 설명하는 체계이다. • 개인의 환경에서 발생하는 사건들의 양식과 생애에 있어서 전환점이 되는 중요한 역사적·사회적 사건들로 이루어지는 환경적 조건이다. • 시간체계에는 전 생애에 걸쳐 일어나는 사건과 사회역사적 조건이 포함된다. 전 생애에 걸쳐 일어나는 사건이란 아동이 성장함에 따라 겪게 되는 사건을 말하는데, 이러한 사건들은 외적인 사건이거나 내적인 사건일 수 있고 통상적인 사건이거나 비통상적인 사건일 수도 있다. 사회역사적 조건이란 사회역사적으로 발생하는 상황을 말하는데 이러한 상황의 예로는 전쟁 또는 경제적 공황 등이 있다. • 시간이 흐름에 따라 우리가 경험하는 정상적인 사건들에는 사춘기, 학교에서 직장으로의 전환, 결혼과 은퇴 등이다. • 가족 구성원의 죽음, 이혼, 부모로서의 신분과 이사 등이 있다. • 사건들은 일생을 통해 발생하며 개인의 발달에 중요한 영향을 미칠 수 있다.

3. 생태학적 관점에서 보는 장애의 원인

요인	내용
유기체요인	• 기질적 특성 • 인지적 특성 • 사회적 특성 • 언어 및 의사소통 특성
가족요인	• 가족의 근본적인 기능: 보호, 통제, 지식, 정서, 자기이해 • 가족의 구조 • 대체 양육과 보호 • 가족 상호작용 • 아동관리: 권위적 훈육(신뢰적), 권위주의적 훈육(독재적), 관대한/허용적 훈육, 무관심한 훈육 • 아동학대
교사요인	• 행동관리 관련 요인: 비일관 행동관리, 부적절한 행동에 대한 정적강화 등 • 교과지도 관련 요인
또래요인	• 또래관계 • 공격의 경험, 따돌림의 가해자 또는 피해자였던 경험 등
지역사회요인	• 지역사회환경과 사회적 지원의 부재 • 지역사회의 빈곤 • 위험학생 및 가족을 지원할 수 있는 지원체계의 부재 또는 부족
대중매체요인	• 음란 및 폭력물 • 인터넷: 유해적인 요인에 대한 무방비 상태의 매체

4. 평가기법

① 의미 있는 환경 판별
② 환경 내 기대 및 허용 한계와 요구 분석
③ 성공적인 기능수행을 위해 필요한 기술 및 행동의 정의
④ 기능적 행동평가(FBA), 행동평정 프로파일(BRP-2) 등의 생태학적 사정도구

5. 생태학적 모델의 중재

(1) 가족 관련 중재

① 건강한 가족의 특성
㉠ 합리적 근거를 가진 권위
㉡ 일관되게 적용하는 규칙체계
㉢ 일관되고 안정적인 양육행동
㉣ 효과적인 양육과 결혼생활 유지를 위한 노력
㉤ 가족 공동의 목표 설정 및 실행
㉥ 발달 위기 및 변화에 대한 적응 유연성
㉦ 분명하고 일치된 의사소통

② 교사의 역할

㉠ 학생과 긍정적 상호작용을 하고 이를 부모가 알게 한다.

㉡ 개별 가족의 강점을 파악하여 이에 맞는 지원을 한다.

㉢ 가족이 또래, 이웃, 또는 지역사회 관계자들로부터 받을 수 있는 비형식적인 지원을 활용할 수 있도록 돕는다.

㉣ 가족의 문화적인 차이를 인정하고 이해한다.

㉤ 가족의 요구를 판별하여 포괄적이고 융통성 있으며 활용 가능한 서비스를 제공할 수 있는 광범위한 협력 지원체계를 구축해야 한다.

(2) 학교중심의 생태학적 프로그램

① 의미

㉠ 학교는 가정과 더불어 학생에게 가장 직접적인 상호 영향을 주고받는 미시체계이므로 정서 및 행동장애를 위한 효과적인 중재의 직접적인 환경을 제공할 수 있다.

㉡ 학교환경은 사회성 발달을 위해 매우 중요할 뿐 아니라 교사가 직접적으로 통제할 수 있는 환경이기도 하다.

㉢ 학교 맥락에서 생태학적 접근에 따라 정서 및 행동장애 학생을 대상으로 중재하면, 학교환경 내의 체계상의 문제와 더불어 문제 상황에 따라 가장 부정적으로 영향을 받는 학생들의 기술 부족, 동기문제, 행동문제를 파악할 수 있다.

㉣ 교사가 시행할 수 있는 생태학 모델의 중재 원리

- 필요한 학업, 행동 및 사회적 기술을 교수한다.
- 학생의 개별 특성에 따라 차이를 인정하고 허용 한계 수준을 높게 설정한다.
- 학생의 행동변화를 위해 교사 자신의 행동을 먼저 수정하고자 노력한다.
- 학생에게 개별적으로 높은 수준의 임무와 교사의 기대를 제공한다.
- 학교, 가정, 지역사회의 영역을 포함하여 학생이 기능수행하는 모든 환경에 걸쳐서 중재를 실행한다.

② Re-ED 프로젝트

㉠ 생태학적 이론을 반영하는 프로그램으로 미국 내에서 실시하고 있는 정서장애 청소년의 재교육이라는 Re-ED 프로젝트가 있다.

㉡ 학교의 네트워크로, 정서 및 행동장애 학생을 위한 생태학 모델에 근거한다.

㉢ 목적은 학생이 기능수행하는 모든 환경(가정, 학교, 지역사회)에서의 일관성을 길러주는 것으로, 학생뿐 아니라 일상의 모든 환경에 대해 중재를 제공하는 포괄적인 접근이다.

㉣ 4가지 기본 철학

- 문제행동을 보이는 청소년과 상호작용하는 사람은 이 청소년들이 긍정적인 변화를 보일 수 있음을 믿어야 한다.
- 문제행동을 보이는 아동과 성인 간의 긍정적인 관계가 행동변화를 위한 필수적인 선수 기술이다.
- 어린 아동의 성공적 수행을 위해서는 적절한 학업 및 사회적 기대, 평가, 프로그램이 중요하다.
- 교사 및 관련인의 기대가 개별 학생 및 집단과 지속적으로 의사소통이 되어야 한다.

③ 긍정적 행동지원

㉠ 문제행동은 특정 환경 사건 또는 조건 간의 상호작용을 통해 나타나며 해당 상황에서 원하는 성과를 얻으려는 기능과 관련이 있다.

㉡ 개인뿐 아니라 개인을 둘러싼 환경, 학생에게는 직접적이고 공식적 지원이 가능한 대표적 환경인 학교 내에서 이루어져야 한다.

㉢ 무엇보다도 교사의 일차적 과제는 학생의 적응과 친사회적 행동, 그리고 학업성취에 도움이 될 수 있도록 학교환경을 조절하는 것이다.

㉣ 교사는 정서 및 행동장애 학생의 학업기술 획득을 위한 효과적인 교수를 제공하고, 문제행동 발생을 예방하고 자기조절능력을 향상시키기 위한 전략을 제공해야 한다.

(3) 아동청소년 서비스체계 프로그램(CASSP)

① 아동을 위한 정신건강 서비스에 있어 체계변화에 영향을 미치도록 하기 위한 기술적 보조 프로그램이다.

② CASSP 모델의 정서·행동장애 아동과 그 가족을 돌보는 체계를 계획하고 전달하기 위한 절차

㉠ 보호체계는 아동 및 가족이 중심이 되어 추진되어야 한다.

㉡ 서비스는 지역사회에 기초하여야 하고 기관 간 연계가 되어야 한다.

㉢ 현실적인 기관 간 협력과 조정이 필수적이다.

㉣ 서비스는 문화적으로 민감해야 하며 개별화되어야 한다.

㉤ 중도장애를 가진 청소년은 체계로부터 서비스를 받아야 한다.

㉥ 최소 제한에서 최대 제한에 대한 선택의 균형이 유지되어야 한다.

㉦ 지원과 사례관리가 장려되고 제공되어야 한다.

키워드 Pick

③ CASSP의 기본 안내 원칙은 조기 규명과 예방 서비스를 장려하고 성인 서비스체계로의 전이를 강조하는 것이다.

| CASSP 모델의 차원 |

(4) 랩어라운드 모델

① 랩어라운드 계획과 프로그램은 흔히 학교중심의 서비스를 제공하며, 다기관, 다수준 지원을 포함하는 유일하고도 융통성 있는 아동 및 가족 서비스계획이다.

② 훈련, 기술적 지원 그리고 연구 등이 랩어라운드 모델의 요소들이다.

③ 랩어라운드 모델은 프로그램이라기보다는 하나의 접근방법이며 서비스 조화에 대한 창조적인 태도를 전제로 한다.

④ 치료 절차에 대한 체계접근은 등교일이 아닌 날까지 확대할 것과 몇몇 삶의 영역을 고려할 것을 계획한다.

Chapter 07

 Plus

학교 차원의 긍정적 행동지원과 랩어라운드의 상호보완점

학교 차원의 긍정적 행동지원		랩어라운드
• 기능평가와 지원 절차 • 교수전략 • 연속체 수정 • 환경의 배열 • 목표의 조작화 • 측정 가능한 목표행동 확인과 삶의 스타일의 변화결과들 • 행동과 환경 사이의 관계들에 관한 특별한 문제들에 대답하기 위한 구조화된 정보를 수집하는 과정	→ ←	• 진단과 중재에 초점을 맞춘 넓고 체계적인 지원 • 삶의 영역에 따라 아동과 가족의 요구를 확인하고 설명하는 것 • 자연스러운 환경에서 아동과 가족의 강점에 강조를 두고 협력하는 것 • 부모와 동반자 관계를 형성하고 전략을 세울 때 가족의 목소리와 선택을 가장 중요시하는 것

⑥ 통합모델

1. 취약성-스트레스 모델

① 취약성-스트레스 모델(vulnerability-stress model)은 특정한 장애에 걸리기 쉬운 개인적 특성인 취약성과 생활사건으로 야기되는 스트레스가 상호작용하여 정서행동장애가 유발된다는 입장이다.

② 즉, 정서행동장애는 취약성 요인과 스트레스 요인이 함께 작용하여 나타나는데 이러한 요인들은 생물학적일수도 있고 심리적일 수도 있으며 혹은 사회적일수도 있다.

③ 스트레스 요인은 스트레스원(stressor)이라고도 하는데, 과학적 영역에서 가장 먼저 스트레스 개념을 제시한 Hans Selye는 스트레스를 일으키는 요인 또는 자극을 스트레스원이라고 하고 스트레스원에 의한 유기체의 비특이적 반응을 스트레스로 명명하며 구분하였다.

2. 생물심리사회적 모델

① 생물심리사회적 모델(biopsychosocial model)은 정서행동장애를 이해하기 위해서는 생물학적, 심리적, 사회적 요인을 종합적으로 고려해야 한다는 입장이다. 즉, 정서행동장애가 생물학적 요인(생리적 요인, 유전 등), 심리적 요인(인지, 정서, 성격, 학습 등), 사회적 요인(사회적 환경, 역사, 문화 등)이 함께 작용하여 나타나며 요인들 간의 상대적 중요성은 연령 및 발달단계뿐만 아니라 개인에 따라 달라질 수 있다는 것이다.

② 이러한 견해는 질병의 생물심리사회적 모델을 제안한 George L. Eagle에 의해 비롯되었는데, 건강은 생물학적 요인만으로 설명되기보다는 생물학적, 심리적, 사회적 요인들의 조합에 의해 가장 잘 이해될 수 있다고 본다.

③ 현재 이 모델은 의학, 간호학, 심리학, 사회학 등의 분야에서 널리 사용되고 있으며 특히 정신건강의학, 건강심리학, 임상심리학 등의 특수 분야에서 많이 적용되고 있다.

키워드 Pick

04 정서행동장애의 하위 유형

○ 특수교육대상자와 관련되는 DSM의 범주 및 장애유형

DSM의 범주	장애유형
신경발달장애	자폐스펙트럼장애, 주의력결핍 과잉행동장애, 틱 장애 등
조현병 스펙트럼 및 기타 정신병적 장애	조현병 등
양극성 및 관련장애	제Ⅰ형 양극성 장애, 제Ⅱ형 양극성 장애, 순환성 장애 등
우울장애	파괴적 기분조절장애, 주요 우울장애, 지속적 우울장애 등
불안장애	분리불안장애, 선택적 함구증, 특정 공포증, 사회공포증, 공황장애, 광장공포증, 범불안장애 등
강박 및 관련장애	강박장애, 신체이형장애 등
외상 및 스트레스 장애	반응성 애착장애, 외상 후 스트레스 장애 등
급식 및 섭식장애	이식증, 되새김장애, 회피적/제한적 음식섭취 장애, 신경성 식욕부진증, 신경성 폭식증, 폭식장애 등
배뇨장애	유뇨증, 유분증 등
수면-각성장애	불면장애, 과다수면장애, 호흡관련수면장애 등
파괴적, 충동조절 및 품행장애	적대적 반항장애, 품행장애, 반사회적 성격장애 등

기출의 맥

ADHD의 DSM 진단기준은 빠짐없이 꼼꼼하게 이해하고, 암기해야 하는 유형입니다. 그리고 ADHD 학생의 특성을 부주의, 과잉행동, 충동성으로 구분할 수 있어야 해요!

① 주의력결핍 과잉행동장애(ADHD)

1. ADHD 진단기준(DSM-5) 25유, 18중

DSM-5

A. 기능 또는 발달을 저해하는 지속적인 부주의 및 과잉행동-충동성이 1. 그리고/또는 2.의 특징을 갖는다.

1. 부주의: 다음 9개 증상 가운데 6개 이상이 적어도 6개월 동안 발달 수준에 적합하지 않고 사회적·학업적/직업적 활동에 직접적으로 부정적인 영향을 미칠 정도로 지속된다.

   주의: 이러한 증상은 단지 반항적 행동, 적대감 또는 과제나 지시 이해의 실패로 인한 양상이 아니어야 한다. 후기 청소년이나 성인(17세 이상)의 경우에는 적어도 5가지의 증상을 만족해야 한다.

   (a) 흔히 세부적인 면에 대해 면밀한 주의를 기울이지 못하거나, 학업, 직업, 또는 다른 활동에서 부주의한 실수를 저지른다.

   예 세부적인 것을 간과하거나 놓친다, 일을 정확하게 하지 못한다.

   (b) 흔히 일 또는 놀이를 할 때 지속적인 주의집중에 어려움이 있다.

   예 수업, 대화, 또는 긴 문장을 읽을 때 지속적으로 집중하기 어렵다.

(c) 흔히 다른 사람이 직접적으로 말을 할 때 경청하지 않는 것처럼 보인다.

예 분명한 주의산만이 없음에도 생각이 다른 데 있는 것 같다.

(d) 흔히 지시를 따르지 못하고, 학업, 잡일, 또는 직장에서의 임무를 수행하지 못한다.

예 과제를 시작하지만 빨리 집중력을 잃고, 쉽게 곁길로 빠진다.

(e) 흔히 과업과 활동조직에 어려움이 있다.

예 순차적 과제수행의 어려움, 물건과 소유물 정돈의 어려움, 지저분하고 조직적이지 못한 작업, 시간관리 미숙, 마감 시간을 맞추지 못함

(f) 흔히 지속적인 정신적 노력을 요하는 과업에의 참여를 피하고, 싫어하고, 저항한다.

예 학업 또는 숙제, 청소년과 성인들에게는 보고서 준비, 서식 완성, 긴 논문 검토

(g) 흔히 과제나 활동에 필요한 물건들을 분실한다.

예 학교 준비물, 연필, 책, 도구, 지갑, 열쇠, 서류, 안경, 휴대폰

(h) 흔히 외부자극에 의해 쉽게 산만해진다(청소년과 성인에게는 관련 없는 생각이 포함된다).

(i) 흔히 일상 활동에서 잘 잊어버린다.

예 잡일하기, 심부름하기, 청소년과 성인에게는 전화 회답하기, 청구서 납부하기, 약속 지키기

2. 과잉행동-충동성: 다음 9개 증상 가운데 6개 이상이 적어도 6개월 동안 발달 수준에 적합하지 않고 사회적, 학업적/직업적 활동에 직접적으로 부정적인 영향을 미칠 정도로 지속된다.

주의: 이러한 증상은 단지 반항적 행동, 적대감 또는 과제나 지시 이해의 실패로 인한 양상이 아니어야 한다. 후기 청소년이나 성인(17세 이상)의 경우, 적어도 5가지의 증상을 만족해야 한다.

(a) 흔히 손발을 가만히 두지 못하거나 의자에 앉아서도 몸을 움직거린다.

(b) 흔히 앉아 있도록 기대되는 교실이나 기타 상황에서 자리를 뜬다.

예 교실, 사무실이나 작업장, 또는 자리에 있어야 할 다른 상황에서 자리를 이탈한다.

(c) 흔히 부적절한 상황에서 지나치게 뛰어다니거나 기어오른다(주의: 청소년이나 성인에게는 주관적 안절부절못함으로 제한될 수 있다).

(d) 흔히 여가활동에 조용히 참여하거나 놀지 못한다.

(e) 흔히 끊임없이 움직이거나 마치 자동차에 쫓기는 것처럼 행동한다.

예 식당, 회의장과 같은 곳에서 시간이 오래 지나면 편안하게 있지 못한다, 지루해서 가만히 있지 못하거나 지속하기 어렵다는 것을 다른 사람들이 경험한다.

(f) 흔히 지나치게 수다스럽게 말한다.

(g) 흔히 질문이 채 끝나기 전에 성급하게 대답한다.

예 다른 사람의 말에 끼어들어 자기가 마무리한다. 대화에서 차례를 기다리지 못한다.

(h) 흔히 차례를 기다리지 못한다.

예 줄서서 기다리는 동안

(i) 흔히 다른 사람의 활동을 방해하고 간섭한다.

예 대화, 게임, 또는 활동에 참견함, 요청이나 허락 없이 다른 사람의 물건을 사용함, 청소년이나 성인에게는 다른 사람이 하는 일에 간섭하거나 떠맡음

B. 몇 가지의 부주의 또는 과잉행동-충동성 증상이 12세 이전에 나타난다.

C. 몇 가지의 부주의 또는 과잉행동-충동성 증상이 2가지 또는 그 이상의 환경에서 존재한다.

예 가정, 학교나 직장, 친구들 또는 친척들과의 관계, 다른 활동에서

키워드 Pick

D. 증상이 사회적·학업적 또는 직업적 기능의 질을 방해하거나 감소시킨다는 명확한 증거가 있다.

E. 증상이 조현병 또는 기타 정신병적 장애의 경과 중에만 발생되지는 않으며, 다른 정신질환(예 기분장애, 불안장애, 해리장애, 성격장애, 물질 중독 또는 금단)으로 더 잘 설명되지 않는다.

- 다음 중 하나를 명시할 것
  - **복합형**: 지난 6개월 동안 진단기준 A1(부주의)과 진단기준 A2(과잉행동–충동성)를 모두 충족한다.
  - **주의력결핍 우세형**: 지난 6개월 동안 진단기준 A1(부주의)은 충족하지만 A2(과잉행동–충동성)는 충족하지 않는다.
  - **과잉행동/충동 우세형**: 지난 6개월 동안 진단기준 A2(과잉행동–충동성)는 충족하지만 A1(부주의)은 충족하지 않는다.
- 다음의 경우 명시할 것
  - **부분 관해 상태**: 과거에 완전한 진단기준을 충족하였고, 지난 6개월 동안에는 완전한 진단기준을 충족하지는 않지만 여전히 증상이 사회적, 학업적 또는 직업적 기능에 손상을 일으키는 상태이다.
- 현재의 심각도를 명시할 것
  - **경도**: 현재 진단을 충족하는 수준을 초과하는 증상은 거의 없으며, 증상으로 인한 사회적, 학업적 또는 직업적 기능의 손상은 경미한 수준을 넘지 않는다.
  - **중등도**: 증상 또는 기능적 손상이 "경도"와 "고도" 사이에 있다.
  - **고도**: 진단을 충족하는 수준을 초과하는 다양한 증상 또는 특히 심각한 몇 가지 증상이 있다. 혹은 증상이 사회적 또는 직업적 기능에 뚜렷한 손상을 야기한다.

---

2. ADHD 정의

① ADHD는 부주의와 과잉행동 및 충동성을 보이는 발달장애로 12세 이전에 나타나서 성인까지 지속될 수 있으며, 주로 사회적 기술, 학업 및 직업 기술에 영향을 미치고 다른 장애와 공병(comorbidity)으로 나타날 수 있다.

② ADHD는 부주의, 과잉행동 및 충동성에 기초해서 복합형, 부주의 우세형, 과잉행동 및 우세형의 세 가지 하위 유형으로 분류된다.

Chapter 07

3. ADHD의 특성

(1) 부주의

① ADHD 학생은 선택적 주의와 지속적 주의에 문제가 있다.

선택적 주의	적절한 환경 자극에 주의를 기울이고 부적절한 자극으로부터 방해받지 않는 능력
지속적 주의	시간이 지나도 과제에 주의를 기울이는 능력

② ADHD의 주의력결핍을 다음의 유형으로 설명하기도 한다.

선택적 주의	• 관련된 자극에만 집중하고, 환경으로부터의 방해자극에 산만해지지 않는 능력 • 어떤 과제를 하고 있을 때 주변의 자극에 의해 얼마나 쉽게 산만해지는가로 결핍을 기술
주의 용량	• 주의를 기울일 수 있는 단기기억 속에 있는 정보의 양 예 불러주는 숫자를 듣고 몇 번째 숫자까지 기억하는가를 뜻하는 것
주의 지속	• 시간이 지나면서, 혹은 피곤할 때 지속적으로 관심의 초점을 유지하는 능력 • 주의경계라고도 함

(2) 과잉행동 및 충동성

① 과잉행동

㉠ 과잉행동은 성장하면서 큰 근육운동에서 작은 근육운동으로, 외적행동에서 내적행동으로 변화한다.

㉡ 학령전기 아동에게는 뛰고 돌아다니는 것과 같은 큰 근육 활동이 문제가 되지만, 학령기가 되면 이러한 큰 근육운동은 더 이상 문제가 되지 않고 꼼지락거림, 자리에서 뒤돌아보기, 말하기, 다른 아동 집적거리기, 연필 입에 물기 등과 같은 작은 근육 활동이 문제가 된다.

② 충동성

㉠ 충동성의 본질은 생각하지 않고 행동하는 데서 드러나듯이 행동억제능력의 결함에 있다.

㉡ ADHD 학생은 참고, 억제하고, 행동을 통제하는 능력이 부족하다. ADHD 학생은 충동성 때문에 조심성이 없고, 무책임하고, 미성숙하고, 게으르거나 버릇이 없어 보이기도 한다.

㉢ 충동성의 유형

인지적 충동성	• 비조직화, 성급한 사고, 지시에 대한 요구 • 부주의성과 관련
행동적 충동성	• 교실에서 큰 소리로 외치거나 자신의 행동의 결과를 고려하지 않은 채 하는 행동 • 과잉행동과 관련 • 반사회적 행동을 예언 • 반항성과 품행 문제에 대한 위험의 구체적 신호가 될 수 있음

키워드 Pick

(3) 일반적인 특성

① ADHD 아동의 지능은 일반아동에 비해 약간 낮게 나타난다.
② ADHD 학생은 학업성취수준이 낮다.
③ ADHD 학생들 사이에서 학습장애 출현율은 80%로 높게 나타났다.
④ 사회적 상호작용에서도 어려움을 겪는다. 이들은 흔히 순종적이지 않고 반항적이며, 화를 잘 내고 자주 말다툼을 한다. 이는 DSM-5 분류체계에서 반항성 장애에 속하는 행동이며, 반항성 장애는 품행장애로 발전할 수 있다.
⑤ ADHD에 대한 교사의 반응에도 문제가 있다. 교사들은 일반학생에 비해 ADHD 학생에게 더 지시적이고 통제적인 경향이 있었다.
⑥ **장애의 공존**: 적대적 반항장애, 품행장애, 특정 학습장애, 간헐적 폭발성 장애, 물질남용 장애, 반사회적 성격장애, 강박-충동장애, 틱 장애, 자폐스펙트럼 장애 등이 나타난다.

(4) 이차적인 특성

운동기술	• 운동조절장애는 ADHD 아동 가운데 절반가량에게 영향을 미치며, 이는 비교집단보다 많은 숫자이다. • ADHD 아동은 복잡한 동작과 순서가 포함된 과제에서 특히 어려움을 겪는데, 이는 행동의 조직화와 조절 같은 상위 통제과정에 ADHD가 영향을 주고 있음을 시사한다.
지능과 학업성취	• 집단의 평균으로 보면 ADHD 아동은 지능검사에서 비교집단에 비해 평균 9점 정도 더 낮다. • 이들의 지능은 일반적인 지능의 범위에 속하며, 때로 영재의 범주까지도 포함한다.
실행기능	• 실행기능이란 목표지향적인 행동에 필요한 여러 인지과정을 가리키는데, 활동의 계획, 조직화 및 자기조절과 관련이 있으며, 작업기억, 언어적인 자기조절, 행동억제, 정서조절, 운동통제 등이 포함된다. 이러한 상위 과정들은 뇌 전두엽 및 그 연결망과 연관이 있다.
적응기능	• ADHD 아동은 그들의 전반적인 지능수준에 비해 일상적인 적응행동의 많은 영역에서 문제를 보인다. 그 불일치의 정도는 비교집단 아동이나 다른 장애가 있는 아동들에 비해 더 크다. 많은 아동들이 자신의 능력수준보다 더 미성숙한 행동을 하며, 일반적으로 예상되는 정도보다 더 많은 성인의 감시·감독을 필요로 한다.
사회적 행동과 사회적 관계	• 많은 ADHD 사례에서 보고되는 사회성 문제들은 성인들이 전문가의 도움을 구하게 만드는 중요한 이유이다. 산만하고 과도하게 활동적이고 부적절하게 말이 많고, 다른 사람을 방해하므로 다른 사람들로부터 부정적인 반응을 얻는다. 이러한 특성이 때로 ADHD와 연결되는 불복종 및 공격성과 합쳐지면 이들의 사회성 문제는 더욱 가중된다.

4. ADHD에 대한 다양한 이론

이론	내용
각성수준	• ADHD 아동은 과잉각성을 나타내거나 과소각성을 나타낼 수 있는데, 과소각성에 대한 증거가 더 많음 • 각성: 경계 또는 자극에 대한 반응 강도나 속도 예 ADHD 학생은 실험실 과제에서 느린 반응을 보이며 뇌반응에서도 더 낮은 흥분 상태를 보였음
보상에 대한 민감성	• 일관성 있는 관찰은 아니지만 보상에 대한 ADHD 아동의 특별한 민감성이 보고되었음 예 다른 강화가 별로 없는 상태에서 부분강화계획을 적용할 때 수행이 저조 예 지연보상보다 즉시보상을 비정상적으로 강하게 선호함 • 보상체계의 이상을 의미하는 연구결과가 있으며, 따라서 주의를 기울이고 과제에 집중하고 규칙을 따르는 등의 일상적인 상황에 비정상적으로 반응할 수 있음
지연에 대한 혐오	• 지연 혐오: 지연 상황을 회피하거나 그 상황에서 빠져나가려고 하는 것
억제기능과 실행기능	• ADHD 아동은 실행기능(계획, 조직화, 목표지향적 행동 실현 등에 필요한 고차원 기술)에 결여를 보임 • 실행기능의 한 가지 요소는 반응을 억제하는 능력으로 ADHD 아동에게서 많이 나타나는 억제력 결여는 이 장애를 설명하는 데 핵심 • 다면모형(Barkley, 2006): 행동억제가 ADHD의 핵심 요소라고 봄 • 행동억제의 3가지 능력요소 – 강화를 받은 적이 있거나 강화를 받을 가능성이 큰 강력한 반응을 억제하는 능력 – 이미 진행 중이지만 효과가 없다고 판명된 반응을 중지하는 능력 – 경쟁자극을 억제해서 실행기능이 방해받지 않고 작동하도록 보호하는 능력 – 이 모형에 포함된 4가지 실행기능 작업기억(비언어적) 언어의 내재화 정서, 동기, 각성에 대한 자기조절 재구성
이중경로 모형	• 일부 연구자들은 ADHD 발생과 관련하여 2가지 독립된 경로를 제안 – 실행기능 결여 – 지연 혐오 • 실행기능의 결여는 주의력결핍증상과 관련이 있는 것으로, 지연 혐오는 과잉행동–충동성과 관련이 있는 것으로 봄

키워드 Pick

맥 Plus

Barkley 모형

Barkley(1997)는 행동억제기능이 실행기능을 매개로 운동통제 기능에 영향을 미치는 통합모형을 제안했다. 이 모형에서 행동억제는 다음의 3가지 방식으로 설명된다.

첫째는 사건에 대한 초기 우성반응을 억제하는 것, 둘째는 현재 진행 중인 반응을 억제하는 것, 셋째는 주변의 다른 사건들로부터 현재 진행 중인 반응이 간섭받지 않도록 보호하는 것이다. 이런 3가지 방식의 행동억제는 전전두엽 실행기능의 활성화를 매개로 운동통제에 영향을 미친다.

통합모형의 핵심주장은 억제기능의 손상이 전전두엽 실행기능의 매개를 거치거나 혹은 직접적으로 ADHD의 일차증상인 운동통제의 손상을 초래한다는 것이다. 이러한 ADHD의 증상형성과 전전두엽 기능이상 간의 관계는 Barkley(2003) 이전에도 많은 연구자들에 의해 보고되어 왔다(Benton, 1991; Fuster, 1989; Grattan & Eslinger, 1991; Mattes, 1980; Stuss & Benson, 1986).

Barkley의 통합모형에서는 다음과 같은 4가지 실행기능을 제안한다.

① 작업기억
② 언어의 내면화
③ 정서, 동기, 각성에 대한 자기조절
④ 재구성

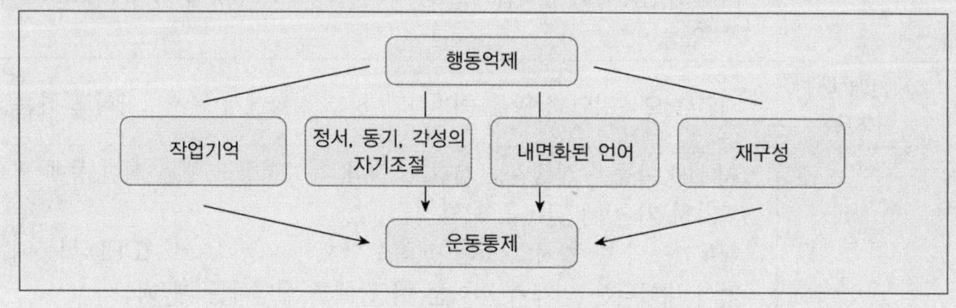

② 틱 장애 13유, 13초, 13 · 15중

1. 틱 장애 진단기준(DSM-5)

(1) 뚜렛장애 진단기준(DSM-5) 13추유, 13추초, 13추 · 15중

DSM-5
A. 여러 가지 운동성틱과 한 가지 또는 그 이상의 음성틱이 질병 경과 중 일부 기간 동안 나타난다. 2가지 틱이 반드시 동시에 나타날 필요는 없다.
B. 틱 증상은 자주 악화와 완화를 반복하지만 처음 틱이 나타난 시점으로부터 1년 이상 지속된다.
C. 18세 이전에 발병한다.
D. 장애는 물질(예 코카인)의 생리적 효과나 다른 의학적 상태로 인한 것이 아니다.

(2) 만성(지속성) 운동틱 또는 음성틱 장애 진단기준(DSM-5) 23중

DSM-5
A. 한 가지 또는 여러 가지의 운동틱 또는 음성틱이 장애의 경과 중 일부 기간 동안 존재하지만, 운동틱과 음성틱이 모두 나타나지 않는다.
B. 틱 증상은 자주 악화와 완화를 반복하지만 처음 틱이 나타난 시점으로부터 1년 이상 지속된다.
C. 18세 이전에 발병한다.
D. 장애는 물질의 생리적 효과나 다른 의학적 상태로 인한 것이 아니다.
E. 뚜렛장애 진단기준에 맞지 않아야 한다.
• 다음의 경우 명시할 것: 운동틱만 있는 경우, 음성틱만 있는 경우

(3) 잠정적 틱 장애 진단기준(DSM-5)

DSM-5
A. 한 가지 또는 다수의 운동틱 또는 음성틱이 존재한다.
B. 틱은 처음 틱이 나타난 시점으로부터 1년 미만으로 나타난다.
C. 18세 이전에 발병한다.
D. 장애는 물질의 생리적 효과나 다른 의학적 상태로 인한 것이 아니다.
E. 뚜렛장애나 지속성(만성) 운동 또는 음성틱 장애의 진단기준에 맞지 않아야 한다.

기출의 맥

뚜렛장애, 만성틱, 잠정적 틱은 모두 틱 증상을 보이지만, 각 유형이 구분되는 기준이 있어요. 각 유형을 구분하는 핵심을 정확히 파악해 두세요!

기출 LINE

15중) 다른 사람과 대화를 할 때나 혼자 있을 때, 본인의 의지와 상관없이 거의 매일 어깨 움츠리기 행동과 반복적 발 구르기 행동이 작년 1월부터 10월까지 10개월간 나타났고, 작년 11월 한 달 동안은 이 행동들이 나타나지 않다가 작년 12월부터 올해 2월까지 3개월간 다시 나타났다. 올해 3월부터는 이전 행동들이 나타나지 않았으나, 다른 행동인 킁킁거리기 행동과 상대방이 마지막으로 말한 단어를 반복하는 행동이 9개월째 나타나고 있다. 이로 인해 사회적 대인관계에 고통을 호소하고 있다.

키워드 Pick

맥 Plus

운동틱(motor tic)

근육의 일부(예 안면, 혀, 사지)가 불규칙적이고 순간적으로 빠르게 수축되는 현상이다. 운동틱은 눈 깜빡임, 목 젖히기, 어깨 들썩이기, 얼굴 찡그리기 등의 단순 운동틱과 자신을 치는 행동, 갑자기 뛰어오는 행동, 다른 사람을 만지는 행동 등의 복합 운동틱의 유형으로 구분된다.

— **「특수교육학 용어사전」**

음성틱(vocal tic)

갑작스럽고, 빠르며, 반복적, 비율동적, 상동적인 음성이 나타나는 증상이다. 스트레스에 의해 악화되고 차분하게 활동하는 동안 수면 중에는 감소된다. 음성틱은 단순형과 복합형으로 나뉜다. 단순 음성틱은 헛기침하기, 꿀꿀거리기, 킁킁거리기, 콧바람 불기, 짖기 등이며, 복합 음성틱은 관계없는 단어나 구를 반복하기, 외설증, 동어반복증, 반향어증 등이 있다. 열거한 증세 중 한 가지 증세가 18세 전에 발병되며 이로 인해 사회적, 직업적, 다른 영역에서 심각한 고통이나 장애를 일으킨다.

— **「특수교육학 용어사전」**

2. 틱 장애 중재

(1) 정신치료

① 정신치료를 할 경우 일차적인 목적은 틱이란 비자발적인 것이며 대부분의 경우에 주요 유전적 요인, 즉 뇌 기저핵에 있는 분명한 신경발달적 장애표현이라는 생각을 갖게 하는 데 있다.

② 비록 이런 것들이 아동과 가족에게 상당한 스트레스를 준다 하더라도 틱은 무의식적인 갈등, 가족 역기능의 표현이 아니라는 점을 강조하여야 한다.

③ 비록 틱은 상당히 노력하면 잠시 억제할 수는 있지만, 결코 의도적인 것이 아니라는 점도 강조되어야 한다.

(2) 환경조작과 2차적 문제관리

① 아동이 틱 장애를 더 잘 관리할 수 있도록 환경을 변화시킬 때에는 미리 얻은 정보를 이용한다.

② 틱 빈도와 관련이 있는 선행사건과 후속결과를 제거하고 수정해 준다.

③ 아동이 이완할 수 있고 틱을 통제하려는 시도를 할 수 있는 기간, 즉 학교에서 쉬는 시간, 등하교 시간 등과 같은 일일 전환기 이후 비교적 혼자 있는 조용한 시간을 아동에게 정하여 준다.

④ 학교에서 아동이 시험을 볼 때 별도로 앉아서 보게 한다. 특히, 아동이 음성틱이 있는 경우에 그러하다.

⑤ 이상적인 경우에는 구두시험이나 지필시험, 수행시험에서 음성틱이 시험에 방해되는 정도를 고려한다. 시간 압력을 시험 상황에서 최소화하도록 하고 아동에게 시험 중 틱을 줄여 주기 위하여 일시적으로 시간을 더 주도록 한다.

(3) 습관반전

틱 알기 훈련	• 틱 알기 훈련의 목적은 아동이 틱에 대한 본질, 빈도 그리고 그 빈도에 영향을 미치는 선행사건과 후속결과를 잘 알도록 교육하는 것이다. • 먼저 아동에게 틱에 대해 상세히 설명해 준다. 거울이나 비디오테이프를 사용하여 틱의 발생과 본질에 대하여 즉각적이고 정확한 피드백을 제공하여 준다. • 심리학자는 아동에게 훈련기간 중 틱이 발생하면 주의를 기울이도록 한다. 이와 같은 과정으로 아동은 틱을 알게 되고, 그것을 통제하고자 하는 동기를 가지게 되며, 틱이 발생하려고 하는 경고 사인을 일찍 발견하게 된다. • 이와 같은 경고 사인을 일찍 알게 되면 이후에 설명할 경쟁반응 수행단서로 사용할 수 있게 된다. • 틱 알기 훈련의 또 다른 방법은 아동에게 틱 기록양식을 사용하도록 가르치는 것이다.
경쟁반응 훈련	• 아동에게는 틱이 발생한 2분 동안 또는 틱이 발생하려는 경고 사인이 있는 2분 동안 경쟁반응을 하도록 훈련시킨다. • 틱의 경우, 경쟁반응법은 틱환경과 관련 있는 것과 반대의 같은 크기의 근육긴장을 가지는 것이다. • 예를 들어, 눈 깜박거림의 경쟁반응은 눈을 크게 뜨기, 어깨를 으쓱하는 것의 경쟁반응은 같은 크기의 어깨 긴장하기, 발모벽의 경쟁반응은 눈을 꼭 감기 등이다.
이완 훈련과 상황관리 훈련	• 이완 훈련은 습관 반전 프로그램에 포함되는 것으로 아동이 스트레스 상황에서 자각 수준을 낮출 수 있도록 하여 틱 발생빈도를 줄이는 것이다.

(4) 후속사건 중심중재법

① 후속사건 중심중재법은 불편한 습관을 살펴보는 것에서 시작한다. 아동에게는 색인카드에 있는 틱이나 습관으로 인한 당황스럽고 불편한 후속결과 목록을 작성하도록 하고, 한편으로는 틱을 줄임으로써 얻을 수 있는 이점을 모두 적도록 한다. 이 카드를 언제나 가지고 다니게 하여 아동이 빈번하게 이를 살펴보게 하고 중재 프로그램을 따르면 이득이 된다는 것을 생각하게 한다.

② 부모에게는 적절한 방법으로 경쟁반응과 이완기술을 사용한 것을 강화하여 주기 위해 아동을 칭찬하는 보상 시스템 사용법을 가르친다. 틱을 심하게 많이 하는 경우, 보상 시스템은 하루 중 특정 기간만으로 한정한다. 그리고 이 기간을 점차 늘려서 아동이 틱이나 습관을 더욱 통제할 수 있게 한다.

(5) 상황 역실행

① 아동에게 아동의 집과 학교환경에서 틱이 발생할 때마다 30초 동안 계속해서 스스로 틱을 하도록 지도한다. 또한 틱이 일어나지 않도록 노력하라고 가르친다. 이와 같은 과정을 상황 역실행(negative)이라고 한다.

② 상황 역실행법은 틱 증상을 완화시키는 데 효과가 있는 것으로 나타났다.

키워드 Pick

(6) 약물치료

뚜렛장애는 약물에 현저한 반응을 보인다. 뚜렛장애 아동의 70% 이상이 약물치료를 받으면 증상이 줄어든다.

(7) 틱이 나타났을 때 지켜야 할 주의사항

틱 증상이 나타난 지 얼마 되지 않았고 증상이 심하지 않다면 다음과 같은 몇 가지 주의사항을 지키는 것만으로도 증상이 악화되는 것을 방지할 뿐만 아니라 틱을 없앨 수도 있다.

① 아동의 틱 증상을 지적하거나 쳐다보지 않아야 한다.
② 컴퓨터, TV, 게임기, 핸드폰 등의 전자제품 사용을 제한해야 한다.
③ 아동의 틱 증상에 민감하게 반응하지 않아야 한다.
④ 적절한 운동이나 취미생활은 도움이 된다.
⑤ 일시적인 악화에 민감하게 반응하지 않아야 한다.

③ 적대적 반항장애와 품행장애

1. 적대적 반항장애와 품행장애 진단기준(DSM-5)

(1) 적대적 반항장애(DSM-5) 22초

DSM-5
A. 화난 민감한 기분, 시비를 걸거나 반항하는 행동, 보복적인 행동이 최소 6개월간 지속되고, 형제가 아닌 다른 사람 1인 이상과의 상호작용에서 다음 항목 중 적어도 네 가지 증후를 보인다. ■ 화난 민감한 기분 1. 자주 화를 낸다. 2. 자주 다른 사람에 의해 쉽게 기분이 상하거나 신경질을 부린다(짜증을 낸다). 3. 자주 화를 내고 쉽게 화를 낸다. ■ 시비를 걸거나 반항하는 행동 4. 권위적인 사람 또는 성인과 자주 말싸움(논쟁)을 한다. 5. 권위적인 사람의 요구에 응하거나 규칙 따르기를 거절 또는 무시하는 행동을 자주 보인다. 6. 의도적으로 다른 사람을 자주 괴롭힌다. 7. 자신의 실수나 비행을 다른 사람의 탓으로 자주 돌린다. ■ 보복적인 행동 8. 지난 6개월간 두 차례 이상 다른 사람에게 악의에 차 있거나 보복적인 행동을 한 적이 있다. 비고: 행동의 지속성과 빈도에 따라 장애의 증후적인 행동과 정상적인 제한 내에서의 행동을 구별해야 한다. 5세 이하의 아동을 대상으로 적용할 때에는 최소한 6개월 동안 일상생활의 대부분 시간에 행동이 나타나지 않을 경우 진단을 내리지 않는다. 5세 이상의 경우, 최소한 6개월 동안 일주일에 적어도 한 차례 나타나야 준거에 부합하는 것이다. 이러한 빈도 준거는 증후를 판별하는 데 적용할 수 있는 최소한의 빈도 수준으로, 행동의 빈도와 강도는 개인의 발달 수준, 성별, 문화별로 수용될 수 있는 기준이 다름을 감안해야 한다. (1) 행동의 장애가 개인의 사회적 맥락(예 가정, 또래집단, 직장동료)에서 개인 또는 다른 사람에게 고통을 주는 것과 관련이 있거나, 사회적·학업적·직업적 또는 다른 중요한 기능수행 영역에 부정적인 영향을 미친다. (2) 행동이 정신병적 장애, 물질사용장애, 우울장애, 양극성 장애에 의해 주로 나타나는 것이 아니다. 또한 준거는 파괴적 기분조절장애(disruptive mood dysregulation disorder)에 부합하지 않는다. • 장애 정도 – 경도: 증후가 단지 한 상황에서만 나타난다. 예 가정에서, 학교에서, 일터에서, 또는 또래와의 관계에서 – 중등도: 일부 증후가 최소 두 가지 상황에서 나타난다. – 중도: 일부 증후가 세 가지 이상의 상황에서 나타난다.

기출의 맥

정서행동장애 하위 유형 중 출제빈도가 가장 높습니다. 특히 적대적 반항장애와 품행장애를 구분하는 기준을 정확히 알아 두어야 하고, 두 장애의 DSM의 진단기준은 빠짐없이 외워 두어야 해요!

기출 LINE

16초) 적대적 반항장애는 품행장애의 주된 특성인 타인의 권리 침해나 사회적 규칙 위반이 없거나 두드러지지 않는다는 점이 달라요. 그래서 적대적 반항장애를 품행장애의 아형으로 보기도 하고, 발달 전조로 보기도 해요.

키워드 Pick

(2) **품행장애**(DSM-5) 13 · 16 · 19 · 20 · 23초, 22중

DSM-5

A. 연령에 적합한 주된 사회적 규범 및 규칙 또는 다른 사람의 권리를 위반하는 행동을 반복적이고 지속적으로 보이며, 아래의 항목 중에서 세 가지 이상을 12개월 동안 보이고 그중에서도 적어도 한 항목을 6개월 동안 지속적으로 보인다.

■ 사람과 동물에 대한 공격성

1. 다른 사람을 괴롭히거나 위협하거나 협박한다.
2. 신체적 싸움을 먼저 시도한다.
3. 다른 사람에게 심각한 신체적 손상을 입힐 수 있는 무기(예 방망이, 벽돌, 깨진 병, 칼, 총 등)를 사용한다.
4. 사람에 대해 신체적으로 잔인한 행동을 한다.
5. 동물에 대해 신체적으로 잔인한 행동을 한다.
6. 강도, 약탈 등과 같이 피해자가 있는 상황에서 강탈을 한다.
7. 성적인 행동을 강요한다.

■ 재산/기물 파괴

8. 심각한 손상을 입히고자 의도적으로 방화를 한다.
9. 다른 사람의 재산을 방화 이외의 방법으로 의도적으로 파괴한다.

■ 사기 또는 절도

10. 다른 사람의 집, 건물, 차에 무단으로 침입한다.
11. 사물이나 호의를 얻기 위해 또는 의무를 회피하기 위해 자주 거짓말을 한다.
12. 피해자가 없는 상황에서 물건을 훔친다.

■ 심각한 규칙 위반

13. 부모의 금지에도 불구하고 밤늦게까지 자주 집에 들어오지 않는다. 이러한 행동이 13세 이전부터 시작되었다.
14. 부모와 함께 사는 동안에 적어도 두 번 이상 밤늦게까지 들어오지 않고 가출한다(또는 장기간 집에 돌아오지 않는 가출을 1회 이상 한다).
15. 학교에 자주 무단결석을 하며 이러한 행동이 13세 이전부터 시작되었다.

B. 행동의 장애가 사회적 · 학업적 · 직업적 기능수행에 임상적으로 심각한 장애를 초래한다.

C. 18세 이상의 경우, 반사회적 인격장애(antisocial personality disorder)의 준거에 부합하지 않아야 한다.

- 다음 중 하나를 명시할 것
  - **아동기 발병형**: 10세 이전에 품행장애의 특징적인 증상 중 적어도 한 개 이상을 보이는 경우이다.
  - **청소년기 발병형**: 10세 이전에는 품행장애의 증상을 전혀 충족하지 않는 경우이다.
  - **명시되지 않는 발병**: 품행장애의 진단기준을 충족하지만, 첫 증상을 10세 이전에 보였는지 또는 10세 이후에 보였는지에 대한 정보가 없어서 확실히 결정하기 어려운 경우이다.

• 다음의 경우 명시할 것
  - **제한된 친사회적 정서 동반**: 이 명시자를 진단하려면 적어도 12개월 이상 다양한 대인관계나 사회적 장면에서 다음 중 적어도 2개 이상의 특징을 보여야 한다. 이러한 특성은 해당 기간 동안 그 개인의 대인관계적·정서적 기능의 전형적인 형태를 반영해 주며, 몇몇 상황에서만 가끔 발생하는 것이 아니다. 따라서 명시자를 평가하기 위해서는 다양한 출처에서 정보를 얻는 것이 필수적이다. 자기 보고뿐만 아니라 그 개인을 장기간 동안 알고 있는 사람들(예 부모, 교사, 동료, 친척, 또래)의 보고를 반드시 고려해야 한다.
  - **후회나 죄책감 결여**: 본인이 잘못을 저질러도 나쁜 기분이나 죄책감을 느끼지 않는다(붙잡히거나 처벌을 받는 상황에서만 양심의 가책을 표현하는 경우는 배제해야 한다). 자신의 행동으로 인한 부정적인 결과에 대해 일반적인 염려가 결여되어 있다. 예를 들면, 다른 사람을 다치게 하고도 자책하지 않거나 규칙을 어겨 발생하는 결과에 대해 신경을 쓰지 않는다.
  - **냉담, 즉 공감의 결여**: 다른 사람의 감정을 무시하거나 신경 쓰지 않는다. 다른 사람들은 이들을 차갑고 무정한 사람으로 묘사한다. 심지어 자신이 다른 사람에게 상당한 피해를 주는 경우에도, 자신이 타인에게 미치는 영향보다는 자기 자신에게 미치는 영향에 더 신경을 쓴다.
  - **수행에 대한 무관심**: 학교나 직장 또는 다른 중요한 활동에서 자신이 저조한 수행을 보이는 것을 개의치 않는다. 심지어 충분히 예상 가능한 상황에서도 좋은 성과를 보이기 위해 필요한 노력을 기울이지 않으며, 전형적으로 자신의 저조한 수행을 다른 사람의 탓으로 돌린다.
  - **피상적이거나 결여된 정서**: 피상적이거나, 가식적이고, 깊이가 없는 정서(예 행동과 상반되는 정서 표현, 빠른 정서 전환)를 제외하고는 다른 사람에게 자신의 기분이나 정서를 드러내지 않는다. 또는 얻고자 하는 것이 있을 때만 정서를 표현한다(예 다른 사람을 조종하거나 위협하고자 할 때 보이는 정서 표현).

• 현재의 심각도를 명시할 것
  - **경도**: 진단을 충족하는 품행 문제가 있더라도, 품행 문제의 수가 적고, 다른 사람에게 가벼운 해를 끼치는 경우(예 거짓말, 무단결석, 허락 없이 밤늦게까지 집에 들어가지 않는 것, 기타 규칙 위반)이다.
  - **중등도**: 품행 문제의 수와 다른 사람에게 끼치는 영향을 정도가 "경도"와 "고도"의 중간에 해당되는 경우(예 피해자와 대면하지 않는 상황에서 도둑질하기, 공공기물 파손)이다.
  - **고도**: 진단을 충족하는 품행 문제가 많거나, 또는 다른 사람에게 심각한 해를 끼치는 경우(예 성적 강요, 신체적 잔인함, 무기 사용, 피해자가 보는 앞에서 도둑질, 파괴와 침입)이다.

키워드 Pick

2. 적대적 반항장애와 품행장애 정의

① DSM-5에서 정서 및 행동조절(통제)에 문제를 보이는 대표적인 외현화 장애로 파괴적, 충동조절, 품행장애라는 범주에 포함된다. 이 범주에는 품행장애와 더불어, 적대적 반항장애(ODD), 간헐적 폭발성 장애, 방화벽, 병적 도벽, 반사회적 인격장애가 포함되어 있다. 여기서 반사회적 인격장애는 인격장애 범주 내에 해당하며 그 범주에 준거가 제시되어 있지만, 품행장애에서 나타나는 증후와 매우 유사하여 파괴적, 충동조절, 품행장애에도 포함되어 있다.

② 품행장애는 공격행동, 절도, 공공시설 파괴, 방화, 거짓말, 무단결석, 가출 등과 같은 반사회적 행동을 포함하며 다양한 형태로 나타나지만 주된 사회적 규칙과 기대를 어기는 것이 특징이다.

③ 품행장애는 타인의 기본 권리를 침해하고 연령에 적합한 사회적 규범을 위반하는 반사회적 행동을 지속적이며 반복적으로 보이는 것이다.

④ 품행장애에서 나타나는 행동에는 크게 공격행동과 규칙위반행동이 있다. 다른 사람의 기본 권리를 침해하는 반사회적 행동은 공격행동으로, 연령에 적합한 사회적 규범을 어기는 반사회적 행동은 규칙위반행동(비행)으로 구분할 수 있다.

⑤ 경도의 품행장애라고도 볼 수 있는 적대적 반항장애는 화난 민감한 기분, 시비를 걸거나 반항하는 행동, 보복적인 행동이 최소 6개월간 지속적으로 나타나는데, 전문가들은 적대적 반항장애를 품행장애의 발달적 전조라고도 한다.

⑥ 적대적 반항장애는 사회적 규범의 위반과 타인 권리의 침해를 보이지 않으므로 품행장애보다 심각하지 않은 장애로 간주된다.

⑦ 아동의 행동이 적대적 반항장애에서 품행장애로 발전되어 그 준거에 부합하면 아동은 적대적 반항장애가 아닌 품행장애로 진단된다.

3. 품행장애의 다양한 원인

(1) 생물학적 요인

① **신경생리적 요인**: 행동억제체계(BIS)와 행동활성체계(BAS)의 불균형과 부정적 환경이 연계되어 문제행동을 일으킨다. 행동억제체계는 새롭고 두려우며, 보상이 없고 처벌받는 상황에서 행동을 억제하는 불안과 관련이 있는 반면, 행동활성체계는 보상을 추구하며 행동을 활성화하는 쾌락 정서와 관련이 있다.

② **뇌 기능 관련 요인**: 뇌 기능장애도 아동이 보이는 반사회적 행동 및 비행과 관련이 있다. 일부 품행장애 아동은 언어, 기억, 운동협응, 시각 및 청각 단서 통합, 실행기능과 관련된 다양한 뇌 기능수행에서 결함 및 곤란을 보인다.

③ **기질**: 타고난 본유적 행동방식인 기질만이 문제행동의 원인이 되지는 않지만, 기질이 문제를 쉽게 유발할 수 있는 요인이 되기도 한다.

(2) 환경적 요인

① **가정**: 부모-자녀 상호작용, 부모의 관리 및 감독의 소홀, 부모의 정신병리, 부부간 불화 및 갈등 등

② **학교**: 교사의 영향, 또래의 영향 등

③ **지역사회**: 지역사회의 빈곤, 높은 범죄수준, 사회적 응집력의 부족, 비효과적인 건강 및 복지 서비스, 지역사회 지원 프로그램의 부족, 성공적인 교육수행 및 취업 기회의 부족, 방과후 활동 및 여가 활동 프로그램의 부족 등

④ 약물 관련 요인

(3) 문제행동의 발달 경로(Loeber와 Stouthamer-Loeber, 1998)

① **외현 경로**: 사소한 공격에서 시작하여 신체적 싸움과 폭력으로 발전하는 경로

② **내재 경로**: 사소한 내재화 행동에서 시작하여 기물 파괴 및 손상과 심각한 비행으로 발전하는 경로

③ **권위 갈등 경로**: 고집스러운 행동에서 시작하여 반항 및 불순종, 그리고 권위회피행동으로 발전하는 경로

(4) 위험 및 보호요인

① 공격 및 품행 문제에 영향을 미치는 객관적 요인인 위험요인과 이러한 위험요인에 직면했을 때 부정적 영향력을 완화시켜 문제행동의 발생 가능성을 낮추는 보호요인이 있다.

② **적응 유연성**: 보호요인은 적응 유연성과 관련이 깊으며, 적응 유연성은 문제행동을 일으킬 수 있는 위험을 극복하고 자신을 보호하여 긍정적인 결과를 이끌어 낼 수 있는 능력을 의미한다.

4. 품행장애의 진단 및 평가

(1) 품행장애를 사정할 때 고려할 점

① 품행장애 학생이 품행장애 외에 다른 문제를 가지고 있을 수도 있으므로 다양한 영역을 포함하고 있는 평가척도를 사용한다.

② 학생이 보이는 품행장애 관련 행동문제뿐 아니라 현재 가지고 있는 적절한 친사회적 기술도 알아본다.

③ 학생의 연령과 성별에 따른 규준과 비교한다.

④ 가정, 학교, 지역사회를 포함한 사회적 맥락을 사정한다.

⑤ 중재의 효과 및 진보를 측정하기 위해 정기적으로 재평가를 한다.

(2) 품행장애 진단 및 평가를 위해 적용할 수 있는 도구들

① 아동·청소년 행동평가척도(K-CBCL)

② 미네소타 다면적 인성검사(MMPI-A 청소년용)

③ 청소년 비행행동 측정도구(SMDB)

④ 주제통각검사(TAT)

⑤ 로르샤흐검사

⑥ 집-나무-사람검사(HTP검사)

키워드 Pick

5. 품행장애 중재

(1) 부모훈련

① 부모에게 아동과의 상호작용방법을 지도한다.
② 문제행동을 판별하고 정의하며 관찰하는 방법을 지도한다.
③ 사회적 강화, 토큰강화, 타임아웃 등 사회학습의 원리와 절차를 지도한다.
④ 부모로 하여금 획득한 기법을 연습할 수 있는 기회를 제공한다.
⑤ 부모가 적용하는 강화 프로그램이 학교에서의 행동지도 프로그램에 통합될 수 있도록 한다. 교사는 학교에서 이루어지는 행동지도의 결과를 부모에게 정기적으로 알려준다.

(2) 기능적 가족중재

① 중재자는 사회학습 원리를 쉽게 설명하는 읽기과제를 가족 구성원들에게 제공한다.
② 중재자는 가족 관찰 및 면담을 통해 아동의 품행장애행동과 관련 있는 가족 상호작용이 무엇인지를 판별한다. 이는 가족의 문제적 상호작용을 보다 생산적이고 다정한 상호작용으로 만드는 데 도움이 된다.
③ 첫 회기부터 가족 구성원들은 아동의 품행장애행동과 관련하여 중재자가 제시하는 가족문제를 해결하는 과정에 참여한다. 중재자는 분명하고 효율적이며 적응적인 의사소통기술을 적극적으로 시범 보이며 문제해결 조정을 하면서 가족 구성원들이 이러한 기술을 사용하도록 촉진하고 강화한다. 조정 활동 동안에 중재자는 가족 구성원들이 사용하는 다양한 언어 및 비언어적 의사소통의 수단과 목적에 대한 가정을 자주 진술해 준다. 가족 구성원들은 이러한 해석을 수정하고 명확하게 한다.
④ 지속적으로 문제해결 조정 기회를 가지면서, 중재자는 가족 구성원들에게 구성원 간의 의사소통의 기능 및 명확성을 향상시키는 다양한 방법을 지도한다.

(3) 다중체계중재(MST : Multisystemic Treatment)

① **의미**: 아동의 품행장애행동을 유지시키는 가족, 학교, 또래, 지역사회와 같은 체계를 수정하는 것에 주안점을 두고 있다.
② **주된 목적**: 자녀가 보이는 문제에 역점을 두고 이를 다루는 데 필요한 기술과 자료를 부모에게 제공하는 것이다.
③ **중재과정**
   ㉠ 중재자가 대상자의 집을 방문하여 첫 만남을 갖는다. 모든 가족 구성원이 관련 문제에 관해 토론하고 중재자는 가족이 문제를 명확히 알고 합리적인 장·단기목표를 설정하는 것을 돕고, 문제를 감소시키는 데 도움이 되는 가족의 장점을 파악한다. 분명하고 합리적이며 일상적인 과제중심으로 단기목표를 설정하고, 단기목표 달성을 위해 활동중심의 계획을 세운다.
   ㉡ 가족 구성원들이 계획을 실행하는 동안 중재자는 아동의 학교교사와 또래 등 관련인을 만나 아동에게 추가적인 문제가 있는지 살펴보고 문제해결을 위해 활용할 수 있는 방안을 모색한다.

㉢ 기본적인 요구가 판별되면, 중재자는 부모 훈련, 아동의 문제해결기술 훈련, 지역사회 및 학교 기반 중재 등 적절한 심리적 중재를 적용한다. MST의 일차적 목적은 가족의 현재 문제에 초점을 두는 것이지만 과거 사건과 관련된 문제도 필요한 경우 다룰 수 있다.

㉣ 가족 구성원들이 함께 만나는 시간을 중재기간 중 정기적으로 갖는다. 중재자는 회기마다 가족 구성원들이 할당과제를 수행하기 위해 노력했는지를 평가하고 과제를 수행했으면 충분한 칭찬이나 보상을 제공한다.

㉤ 중재자는 각 체계(예 가정, 학교, 또래) 내 그리고 체계 간의 적절한 중재를 개발하고 각 체계 내에서 아동의 행동을 지속적으로 사정 및 점검한다.

(4) 학교차원의 긍정적 행동지원

○ 예방의 차원

차원	대상	전략
일차원 예방	전체 학급	• 발달적으로 적절한 프로그램을 제공한다. • 학생과 치료적 관계를 형성한다. • 학급 관리 체계를 조정한다. • 학생과의 힘겨루기를 피한다.
이차원 예방	고위험 아동 및 집단	• 기능적 행동평가(FBA)와 유인자극 분석을 한다. • 갈등해결 및 분노조절 기술 지도를 위해 인지적 행동관리 기법을 사용한다. • 괴롭힘 감소 프로그램을 실행한다.
삼차원 예방	만성적 품행장애 아동	• 개별 학생에게 멘토를 제공한다. • 부모 훈련 및 지원을 실시한다. • 품행문제가 발생하면 이를 보고하게 한다. • 집중적인 치료를 제공한다.

(5) 지역사회 기반 프로그램

① **가족교수 모델(TFM)**: 가정과 유사한 거주 형태에서 훈련된 교사역할을 배운 부모가 비행청소년과 살면서 학생에게 적절한 행동을 중재한다.

② **치료적 위탁보호(TFC)**: 위탁부모가 한두 명의 청소년과 함께 가정 주거 형태에서 생활하면서 이들의 행동을 체계적인 행동중재 프로그램에 따라 관리한다.

(6) 인지행동중재

① 문제해결 훈련

㉠ 문제해결 훈련은 갈등, 선택, 문제 상황에 직면했을 때 효과적으로 대처하고 해결하는 능력을 지도하는 것이다.

㉡ 학생들은 필요한 문제를 인식하고, 문제를 정의하며, 문제를 해결할 방안을 만들고, 우선적으로 적용할 방안을 선정하며, 실행계획을 세우고, 해결방안의 결과를 점검하는 문제해결 절차를 학습한다.

키워드 Pick

㉢ 문제해결 훈련의 단계: 학생이 학습해야 할 문제해결 전략을 학생들이 숙달할 수 있도록 하는 것이 매우 중요하다.

단계	내용
1단계: 문제해결 훈련의 중요성을 설명하라.	교사는 학생에게 문제해결하기를 배우는 것이 왜 중요한지를 가르친다. 학생은 문제해결하기를 배우고 그것을 적용하기 위해서 최선을 다하는 것이 왜 중요한지를 이해해야 한다.
2단계: 학생에게 효과적인 문제해결 단계를 가르쳐라.	교사는 문제해결 과정의 단계를 설명해야 한다. 예 문제를 정의하고, 대안을 생성하고, 행동 방향을 결정하고, 잠재적 해결책을 실행하고, 결과를 점검하기
3단계: 문제해결을 시범 보여라.	교사는 문제해결 전략이 사용될 상황과 이 전략의 특성에 대해서 설명한다. 그런 다음, 교사가 공동 훈련자나 다른 학생들과 함께 절차에 대해 시범을 보인다.
4단계: 문제해결하기에 대한 역할놀이의 사례를 보여 줘라.	학생은 문제해결을 보여 주는 역할놀이에 참여한다. 미리 준비된 상황이나 실제 생활의 예들이 사용될 수 있을 것이다. 모든 학생들이 역할놀이에 참여해야 한다. 교사는 역할놀이 이후에 피드백을 제공한다.
5단계: 과제를 제시하라.	학생은 실제 생활 장면에서 절차를 훈련하는 과제를 받게 된다. 이 단계에서 개인별 분노 일기를 활용할 수 있다.
6단계: 피드백과 강화를 제공하라.	교사는 학생의 문제해결 절차 사용에 대하여 피드백을 제공하며, 학생에게 문제해결 전략의 사용에 대한 강화를 제공한다.

㉣ 학생은 문제에 대한 해결책을 배우는 것이 아니라 문제해결 과정에서 필요한 전략인 ⓐ 문제 인식하기, ⓑ 문제 정의하기, ⓒ 문제해결방안 만들기, ⓓ 해결방안 검토하기, ⓔ 해결방안 실행하기, ⓕ 결과 점검하기를 학습하는 것이다.

㉤ 문제해결에 필요한 전략

전략	내용
대안적 해결책 생각하기	효과적인 문제해결의 핵심이 되는 잠재적 해결책이나 다양한 선택을 생성해 낼 수 있는 능력
결과 생각하기	행동을 이끌어 낸 후속결과에 대해 고려할 수 있는 능력
인과관계 생각하기	왜 특정 사건이 일어나고, 일어나게 되는지 그 이유를 여러 번에 걸쳐 생각해 봄으로써 한 가지 사건이 다른 사건과 관련되어 있음을 아는 능력
대인관계에 대한 민감성	대인관계에 문제가 있음을 알아차리는 능력
수단-목적 생각하기	주어진 목표에 도달하기 위해서 단계적으로 계획을 세우는 능력
관점 수용하기	다양한 사람들이 다양한 동기를 지니고 있고, 다양한 행동을 취할 수 있다는 사실을 인식하고 고려할 줄 아는 능력

② 분노조절 훈련

㉠ 자기교수를 통해 분노와 공격행동을 자제하거나 조절하는 것을 지도하는 것이다.

㉡ 분노조절 중재는 인지 준비 단계, 기술습득 단계, 적용 훈련 단계로 구성된다.

인지 준비 단계	• 분노 각성과 분노 결정 요인, 분노를 유발하는 상황의 판별, 분노의 긍정 및 부정적 기능, 그리고 대처 전략으로 분노조절기법에 관해 학습
기술습득 단계	• 인지 및 행동 대처 기술 학습 • 분노를 인식하고 대안적인 대처 전략을 사용하는 것을 학습 • 자기교수 요소의 훈련이 강조됨
적용 훈련 단계	• 역할놀이와 숙제를 통해 기술을 연습함 • 분노조절 훈련은 시범, 역할놀이, 수행 피드백으로 구성됨 • 역할놀이에서는 학생이 자신의 분노가 언제 일어났고 어떤 일이 벌어졌으며 그 상황에 어떤 사람들이 있었고 그 사람들은 무엇을 했으며 자신의 감정을 어떻게 다루었는지 등에 관한 분노일지를 활용함 • 이완 훈련을 함께 적용하여, 깊은 숨 쉬기, 기분 좋은 상상하기, 거꾸로 숫자 세기, 생각 멈추기 등과 같은 이완 방법을 습득할 수 있도록 지도함

키워드 Pick

㉢ 화가 난 상황에서 화를 조절할 수 있도록 가르친다.

- 화를 유발하는 요인들을 파악한다. 예 '철수는 내가 좋아하는 컴퓨터를 건드렸다.'
- 신체적 단서를 알아낸다. 예 '내 얼굴이 화끈거리는 것 같다.'
- 혼잣말을 한다. 예 "조용히 있자. 필요하면 걸을 수도 있어."
- 화를 감소시킬 수 있는 방법들을 사용한다.
  예 걷기, 쉬는 시간 요청하기, 10까지 세기
- 자기평가를 한다. 예 '나는 너무 화가 났지만 가만히 있었어.'

㉣ 분노조절 프로그램 지도의 예

분노 및 분노 상황에 대한 자각	• 감정 이해하기: 감정의 의미와 중요성 이야기 나누기, 다양한 감정 표현하기, 감정곡선 그리기 • 나의 감정 이해하기: 나의 감정 그래프 그리기, 나의 분노 감정 확인하기, 나의 분노 유형 찾고 이야기 나누기 • 타인의 감정 이해하기: 타인의 감정 인식하기, 친구와의 대화 역할극하기, 친구의 마음 이해하기 • 분노 상황 이해하기: 분노 상황의 원인 및 신체 변화 이야기 나누기, 나의 분노 상황 찾기, 분노 상황 토의하기 • 분노조절의 필요성 알기: 분노 및 분노 표현의 긍정적 또는 부정적 예시 확인하기, 분노 조절의 필요성 토의하기, 분노 경험 이야기 나누기
분노 감정 대처 기술 훈련	• 감정이완 훈련하기: 심호흡하기, 숫자 세기, 화난 상황 피해 있기, 기분이 좋아지는 상상하기, 분노 상황에서 모델링하기 • 자기교수, 자기통제하기: 혼잣말하기, 분노 일지 쓰기, 마음속으로 생각하기, 분노 상황에서 모델링하기
분노 관련 사고 변화	• 합리적 사고하기 1: 분노의 A-B-C 찾기(분노의 원인과 결과 찾기), 비합리적 생각 찾기, 나의 A-B-C 찾기 • 합리적 사고하기 2: 또래, 가족 관련 분노 유발 상황 브레인스토밍하기, 분노 유발 상황에서 문제해결 방법 찾기
분노 유발 상황 해결을 위한 훈련	• 자기주장: 자기주장의 필요성 알기, 주장적 대사와 행동 찾기, 분노 유발 상황에서 역할극하기 • 나-전달법 연습하기: 나-전달법의 장점 알기, 너-전달법 대화를 찾고 나-전달법으로 바꾸기, 분노 유발 상황에서 역할극하기 • 적극적인 청자 되기: 듣기 검목표 확인하기, 경청 및 공감 기술 찾기, 친구와의 대화 상황에서 경청 및 공감 기술 모델링하기 • 문제해결하기: 문제 확인하기, 대안 적어 보기, 결과 확인하기, 적절한 대안 선택하기, 솔루션위원회 열기 • 분노조절 전략 정리 및 평가하기: 분노조절 전략 토의하기, 나의 분노조절 실천 전략 목록 만들기, 적절한 분노조절 전략 사용 다짐하기

③ 자기관리 훈련

㉠ 학생이 자신의 행동을 관리하도록 가르치는 것이다.

㉡ 자주 사용되는 절차로는 자기점검, 자기평가, 자기강화 등이 있다.

㉢ 자기관리의 효과를 증진시키기 위한 지침

제안	내용
외적통제	• 처음에는 자기관리를 받는 행동이 외적통제에 놓이게 함으로써 학생이 적절한 행동과 강화를 연결 지을 수 있게 한다. • 처음에는 구조를 제공하기 위해서 자기관리를 위한 행동계약을 사용할 수 있다.
교수와 연습	• 직접교수, 모델링, 안내된 연습, 독립된 연습, 잦은 피드백 등을 사용하여 학생에게 자기관리 절차를 가르쳐야 한다. • 즉각적인 피드백이 주어지는 자기관리 연습을 할 수 있도록 학생에게 충분한 기회가 제공되어야 한다.
동기부여	• 실제로 자신이 절차를 운영해야 하기 때문에 이 과정에 참여하는 데 대하여 충분히 동기화되어야 한다. • 프로그램의 초기단계에서부터 학생이 과정에 참여할 수 있도록 동기화를 증가시켜야 한다. • 자기관리체계를 적용할 때는 학생을 위한 목표 선정 시 학생과 교사가 함께 참여해야 한다. • 학생이 직접 자신의 행동적 성취를 기록하고 게시하도록 함으로써 학생의 참여와 동기화가 증진될 수 있다.
진보점검	• 교사는 절차를 점검하고 필요하다면 추가 기회를 제공해야 한다. 절차가 학생이 활용하기에 너무 어렵다면 수정하는 것이 바람직하다. • 자신의 목표를 향한 학생의 진보를 지속적으로 점검해야 한다.
강화	• 학생이 성공적으로 자기관리전략을 적용한 데 대하여 강화를 제공한다.

④ 자기교수

㉠ 과잉 및 충동 행동을 보이는 품행장애 학생은 내적 언어와 언어조절능력의 결함 때문에 자신의 행동을 조절하기 위해 자신에게 말하는 방법을 사용하지 않는다.

㉡ 자신의 행동을 조절할 수 있도록 하기 위해 사용되는 자기교수 훈련은 다양한 상황에서 학생에게 적용할 수 있으며 자신에게 내적으로 말을 하는 언어적 진술문의 학습을 지도하는 것이다.

키워드 Pick

ⓒ 자기교수 훈련 단계

1단계: 인지적 모델링	• 교사는 과제수행의 시범을 보인다. • 이 단계에서 교사는 큰 소리로 과제수행의 단계를 말하면서 시범을 보이고 학생은 이를 관찰한다.
2단계: 외적 안내	• 학생은 교사의 지시에 따라 같은 과제를 수행한다. • 교사는 학생이 과제를 수행하는 동안 큰 소리로 과제수행 단계를 말한다.
3단계: 외적 자기교수	• 학생은 큰 소리로 과제수행 단계를 말하면서 같은 과제를 수행한다. • 교사는 관찰하며 피드백을 제공한다.
4단계: 자기교수 용암	• 학생은 작은 목소리로 과제수행 단계를 속삭이면서 과제를 수행한다. • 교사는 관찰하고 피드백을 제공한다.
5단계: 내적 자기교수	• 학생은 소리 내지 않고 내적 언어를 사용하며 과제를 수행한다.

⑤ 대안반응 훈련

㉠ 대안반응 훈련은 바람직하지 않은 반응을 보일 수 있는 기회를 차단하는 대안적 반응을 지도하는 것이다.

㉡ 대안반응 훈련의 하나로써 활용되는 이완 훈련 절차는 갈등 및 스트레스 상황에서 자신의 근육을 점진적으로 이완시키는 것으로 이는 방해 및 공격행동을 감소시키고 사회적 기술과 학업수행을 향상시킨다.

㉢ 이완 반응으로는 심호흡하기, 숫자 세기, 화난 상황 피해 있기, 기분 좋아지는 상상하기, 음악 듣기 등 개별 학생들의 특성에 맞는 이완 방법을 교사가 함께 찾아 연습해 보도록 한다.

㉣ 대안적 반응을 가르칠 때 사용할 수 있는 일반적인 절차

1단계: 학생이 자기점검을 할 수 있게 하라.	학생이 자기점검을 통하여 표적행동을 인식할 수 있도록 가르친다. 학생은 해당 행동을 대안적 반응으로 대신하기에 앞서 해당 표적행동을 분명히 인식할 줄 알아야 한다.
2단계: 표적행동을 선택하라.	–
3단계: 대안반응 사용에 관하여 논리적으로 설명하라.	학생에게 부적응행동을 점검하는 방법과 대안적인 반응을 사용하는 것을 배우는 것이 왜 중요한가에 대하여 가르친다.
4단계: 대안반응을 선택하라.	–
5단계: 대안반응을 가르쳐라.	학생이 언제, 어떻게 대안 반응을 사용하는지 가르친다. 대안반응을 그 구성요소의 단계에 따라 작은 단계로 나눈다(즉, 과제분석). 각 단계에 대한 시범을 보인다.

6단계 : 표적행동을 점검하고 학생의 진보를 평가하라.	표적행동을 점검한다. 또한 학생과 교사가 자주 평가회의를 함으로써 교사가 학생에게 피드백을 제공하고 진보를 점검할 수 있도록 한다.
7단계 : 학생을 강화하라.	학생이 성공적으로 목표에 도달하면 강화를 제공한다.

⑥ 귀인 재훈련

㉠ 귀인이론에 근거한 귀인 재훈련은 긍정적 귀인을 가진 학생은 성공이 자신의 노력과 능력에 따른 것이며 실패는 노력이 부족했기 때문이라고 여긴다고 본다.

㉡ 부정적 귀인을 긍정적 귀인(자신의 성공과 실패에 대한 노력 중심의 진술)으로 대체하여 과제수행의 지속성을 높이고자 하는 것이다.

⑦ 합리적 정서행동치료

㉠ 정서행동장애 학생들이 보이는 문제행동과 부정적 정서 반응의 원인을 왜곡된 비합리적 신념으로 본다.

㉡ 정서행동장애 학생의 비합리적인 신념을 논박하여 이를 합리적으로 신념으로 바꾸어 인지적 재구조화를 이루게 되면 바람직한 정서 및 행동 반응이 나타나게 된다는 것이다.

(7) 사회성 기술 훈련 11중

품행장애 학생의 사회적 발달을 향상시키며, 문제행동을 감소시킬 수 있는 구체적인 사회적 기술의 획득을 증진시키고 기술수행을 향상시키며, 문제행동을 감소 또는 제거하고 사회적 기술의 일반화 및 유지를 이루는 것을 목적으로 한다.

① 사회성 기술 프로그램의 구성요소

구성요소	내용
사회성 기술의 직접교수	• 사회성 기술을 가르치는 첫 번째 단계는 특정 기술을 직접 가르치는 것이다. • 교사는 수업을 시작할 때 가르칠 특정 기술을 확인해야 하고, 그것을 어떻게 숙달하는 것이 학생들에게 이로울 것인지를 설명해야 한다. • 일반적으로 또래와 어른들과의 상호작용을 개선시키기 때문에 학생들에게 이롭다. • 만일 학생들이 사회성 기술을 배울 필요성에 대해 알지 못하면 그 기술을 습득하고 유지하기가 쉽지 않기 때문에 이에 대한 수업은 반복될 필요가 있다.
모델링	• 가르칠 기술의 시범 혹은 수행이다. • 모델링은 부적절한 행동을 감소시키고 사회성 기술 결함을 교정하기 위한 입증된 중재기법이다. • 실제적 모델링, 청각적 모델링, 혹은 비디오 모델링을 통하여 학생들은 사회성 기술의 예를 접하게 된다.

키워드 Pick

또래 개입의 사회성 기술중재	• **또래모방 훈련**: 또래가 사회성 기술 결함을 가진 아동을 가르치게 하는 것이다. • **근접중재**: 사회성 결함을 가진 아동과 또래 간의 자연스러운 상호작용에 초점을 맞춘다. 아동은 또래와 짝이 되어 서로 놀이하거나 상호작용하게 된다. • **또래 촉구 및 강화**: 적절한 사회적 행동을 증가시키도록 촉구와 강화를 사용하는 것이다. • **또래개입기법**: 또래 사회성 주도이다. 교사가 또래를 훈련시켜서 사회적으로 위축된 학생과 사회적 상호작용을 주도하게 하는 것이다. 또래는 사회적 상호작용을 주도할 책임을 갖는다.
사회 상황 이야기	• 시각적 단서와 문자를 통하여 사회적 상황에 따른 적절한 반응을 그려낸 특정 기술중심의 이야기이다. • 지시 따르기, 형성, 문제해결 등과 같은 기술을 묘사한 것이다.
역할놀이	• 역할놀이는 학생으로 하여금 '안전한' 환경, 즉 사회성 기술을 가르치는 교실에서 사회성 기술을 연습하게 하거나 배우도록 하는 것이다. • 역할놀이는 교사와 또래가 기술을 배우는 학생에게 도움을 제공할 기회를 준다. • 역할놀이 활동은 학생이나 교사가 대본을 쓰거나 기획을 한다. • 대본이 만들어지면 활동에 포함되는 모든 참여자들이 자신의 역할과 책임을 이해해야 한다. • 대본이 없는 역할놀이 활동을 학생의 실제 생활 상황에서 만들어야 한다.
피드백	• 수행 피드백은 주연 역할을 했던 학생이 역할놀이 활동을 하면서 자신이 어떻게 수행했는지를 알게 해 준다. • 조연이 피드백을 제공하는 첫 번째 사람이 되어야 한다. • 다음으로는 집단 내에 있는 학생이 피드백을 제공해야 하고, 마지막으로 학생의 소견이 다 끝난 다음에 교사가 피드백을 제공해야 한다. • 피드백은 칭찬, 승인, 건설적 비판 등의 긍정적이고 행동에 초점을 맞춘 것이어야 한다.
일반화	• 습득한 기술을 다른 장면과 상황에서 일반화시키고 유지하는 능력이다. • 다양한 장면에서 기술을 연습할 기회를 가진다면 일반화를 더 쉽게 학습할 수 있을 것이다.

② **사회적 기술 훈련의 절차**: 사회적 기술 훈련은 다음과 같은 4가지 과정이 근거를 이루고 있다(McGinnis & Goldstein, 2003).

언어적 지시와 모델링	언어적 지시는 전통적으로 사회적 기술을 기술・조장・설명・규정하며 요구하는 등 언어를 중심으로 이루어지는데, 사회적 기술 습득을 촉진할 수 있는 구체적 개념이나 추상적 개념을 이용한다. 모델링은 행동을 실제로 하거나 영상화하여 사회적 기술을 어떻게 수행하는지를 보여 주는 것으로 아동이 사회적 기술을 효율적으로 하기 위해 사회적 기술의 요소들을 어떻게 종합해야 하는지를 배울 수 있다.
시연	시연은 사회적 기술의 반복연습을 말하는데, 사회적 기술의 개념을 파지시켜 주거나 효율적으로 행동을 할 수 있게 한다. 시연은 언어적 시연, 사고적 시연, 행동적 시연의 3가지 유형이 있다. 언어적 시연은 아동이 특정의 사회적 상황에서 무엇을 해야 하는지를 말하게 하는 것이다. 사고적 시연은 아동이 사회적 기술을 실제로 행동하기보다 생각하고 상상하는 것이다. 행동적 시연은 아동이 실제로 행동을 하는 것이다.
피드백과 강화	피드백은 학생에게 사회적 기술의 실제 수행이 목표에 일치하는지에 대한 정보를 제공하는 것이다. 강화는 행동빈도를 증가시키기 위해 환경적 자극을 제시하거나 철회하는 것을 말하며 정적강화와 부적강화로 구분된다. 이것은 바람직한 행동이 증가하면 그에 따른 바람직하지 못한 행동은 감소할 것이라는 행동주의 이론에 근거하고 있다.
문제행동 감소 절차	문제행동은 효과적인 사회적 기술 지도를 방해하기 때문에 문제행동을 감소시키거나 제거하는 절차가 필요하다. 이 절차는 문제행동의 빈도를 감소시키기 위해 환경적 사건을 제시하거나 제거하는 것으로 차별강화, 소거, 반응대가, 과잉교정, 타임아웃 등이 있다.

③ 사회적 행동지도의 4가지 요소

모델링 (시범 보이기)	• 사회적 행동에 대한 시범 보이기
역할 수행 (역할놀이)	• 실제 생활 상황에서처럼 연기할 수 있음 • 역할연기는 체계적으로 적용할 수 있으므로 한 사람이 역할을 수행하는 데 만족을 느낄 수 있도록 다양한 기회를 제공
피드백 (수행에 대한 토론)	• 아동은 자신이 수행한 한 장면을 평가하고 부적절한 행동을 수정 • 교사는 아동의 수행결과에 따라 수행에 대한 토론시간을 늘리거나 줄일 수 있으며, 피드백을 받은 후 아동이 동일한 장면을 수행하자고 요청하는 경우에는 수행에서 거의 진보적인 향상을 보임
일반화와 유지 (실제 생활 상황에의 적용)	• 아동이 다양한 상황에서 사회성 기술을 사용할 수 있도록 촉진시켜 주는 활동들로 구성 • 교사와 가족, 친구들은 갈등 상황에서 친사회적인 대안적 행동들을 사용하는 것이 중요함을 강화시켜 주는 적극적인 역할을 수행해야 함

Chapter 07

키워드 Pick

④ Mcginnis와 Goldstein이 개발한 사회적 기술 훈련의 절차 18중

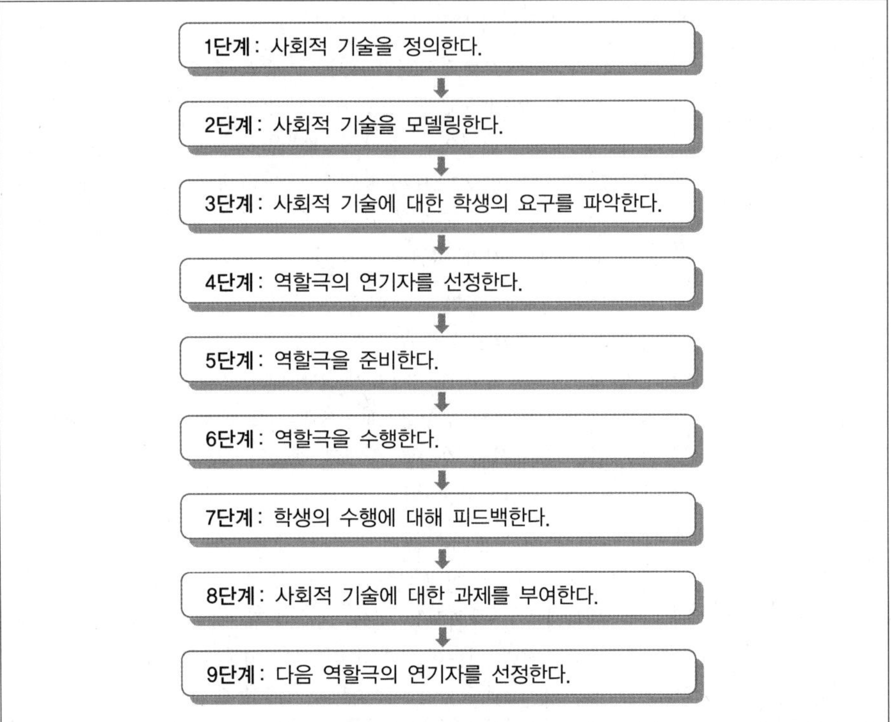

| 사회적 기술 훈련의 교수단계 |

맵 Plus

반사회적 행동중재 성과의 크기에 영향을 미치는 요인

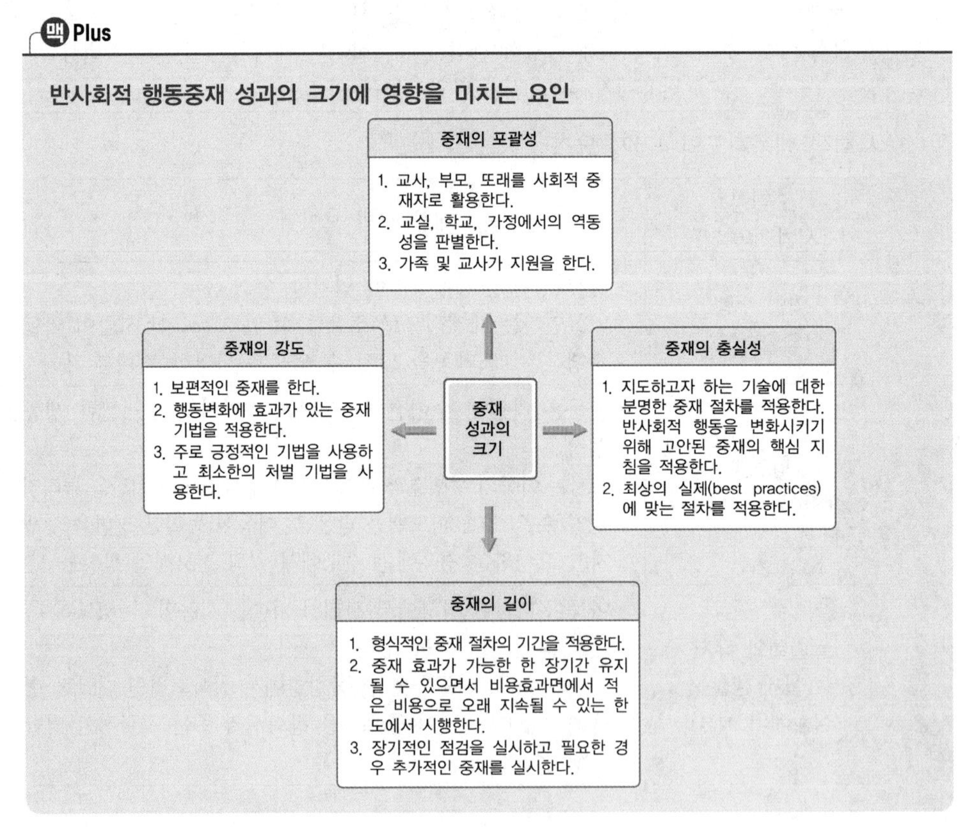

④ 우울장애

1. 우울장애 진단기준(DSM-5)

(1) 파괴적 기분조절장애(DSM-5)

기출의 맥
우울장애의 하위 유형별 진단기준은 각 유형의 주요사항을 중심으로 파악해 두면 됩니다.

DSM-5
A. 상황이나 화낼 이유에 대해 심한 울화 폭발을 부적절한 강도 또는 기간 동안 언어적으로(예 언어적 분노) 그리고/또는 행동적으로(예 사람이나 사물에 대한 신체적 공격) 반복해서 나타낸다.
B. 울화 폭발이 발달단계와 일관성이 없게 나타난다.
C. 울화 폭발을 일주일 평균 세 번 이상 나타낸다.
D. 울화 폭발이 나타나지 않는 기간의 기분도 거의 매일, 하루 종일 지속적으로 짜증을 내거나 화가 나 있으며, 그러한 기분이 부모, 교사, 또래에 의해 관찰될 수 있다.
E. 진단기준 A~D가 12개월 이상 지속되었으며, 진단기준 A~D의 증상 없이 3개월 이상 지속된 기간이 없다.
F. 진단기준 A와 D가 가정, 학교, 또래와 있는 상황 중 최소한 2가지 상황에서 나타나며, 이 중 한 가지 이상의 상황에서 심하게 나타난다.
G. 만 6세 이전이나 18세 이후에 첫 번째 진단을 받아서는 안 된다.
H. 진단기준 A~E가 만 10세 이전에 나타난다.
I. 조증 삽화나 경조증 삽화의 진단기준(기간 제외)에 맞는 기간이 하루 이상 지속되지 않는다. 주의: 행복한 일이 있거나 기대하는 상황에서 일어나는 발달적으로 적절한 기분 상승을 조증 삽화나 경조증 삽화로 간주해서는 안 된다.
J. 진단기준에 맞는 행동들이 주요 우울장애 삽화 기간에만 일어나는 것이 아니며, 자폐스펙트럼 장애, 외상 후 스트레스 장애, 분리불안장애, 지속적 우울장애 등의 다른 정신장애에 의해 더 잘 설명되지 않는다. 주의: 파괴적 기분조절장애의 진단이 적대적 반항장애, 간헐적 폭발성 장애의 진단과 공존할 수 없으나, 주요 우울장애, 주의집중결핍/과잉행동장애, 품행장애, 약물사용장애 등의 진단과는 공존할 수 있다. 파괴적 기분조절장애와 적대적 반항장애의 진단기준을 둘 다 충족하는 사람은 파괴적 기분조절장애로 진단되어야 하며, 조증 삽화나 경도 조증 삽화를 경험한 사람은 파괴적 기분조절장애로 진단되어서는 안 된다.
K. 진단기준에 제시된 증상들이 약물이나 다른 의학적 또는 신경학적 상태의 생리학적 효과에 기인한 경우는 제외한다.

키워드 Pick

(2) 주요 우울장애(DSM-5)

DSM-5

A. 다음 증상 가운데 5가지(또는 그 이상) 증상이 2주 연속으로 지속되며, 이러한 상태가 이전 기능으로부터의 변화를 나타내는 경우 ; 위의 증상 가운데 적어도 하나는 (1) 우울 기분이거나, (2) 흥미나 즐거움의 상실이어야 한다.

주의: 분명히 다른 의학적 상태에 기인한 증상들은 포함하지 않는다.

1. 하루의 대부분, 그리고 거의 매일 지속되는 우울한 기분이 주관적인 보고(예 슬프거나 공허하게 느낀다)나 객관적인 관찰(예 울 것처럼 보인다)에서 드러난다.
2. 모든 또는 거의 모든 일상 활동에 대한 흥미나 즐거움이 하루의 대부분 또는 거의 매일 같이 뚜렷하게 저하되어 있을 경우(주관적인 설명이나 타인에 의한 관찰에서 드러난다)
3. 체중 조절을 하고 있지 않은 상태(예 1개월 동안 체중 5% 이상의 변화)에서 의미 있는 체중감소나 체중증가, 거의 매일 나타나는 식욕 감소나 증가가 있을 때
   주의: 소아의 경우 체중증가가 기대치에 미달되는 경우 주의할 것
4. 거의 매일 나타나는 불면이나 과다 수면
5. 거의 매일 나타나는 정신 운동성 초조나 지체(주관적인 좌불안석 또는 처진 느낌이 타인에 의해서도 관찰 가능하다)
6. 거의 매일 피로나 활력 상실
7. 거의 매일 무가치감 또는 과도하거나 부적절한 죄책감을 느낌(망상적일 수도 있으며, 단순히 병이 있다는 데 대한 자책이나 죄책감이 아님)
8. 거의 매일 나타나는 사고력이나 집중력의 감소, 또는 우유부단함(주관적인 호소나 관찰에서)
9. 반복되는 죽음에 대한 생각(단지 죽음에 대한 두려움뿐만 아니라), 특정한 계획 없이 반복되는 자살생각 또는 자살기도나 자살수행에 대한 특정 계획

B. 이러한 증상들이 사회적, 직업적 및 다른 중요한 기능 영역에서 임상적으로 심각한 고통이나 손상을 초래한다.

C. 우울증 삽화가 어떤 약물이나 다른 의학적 상태의 생리적 효과에 기인하지 않는다.

주의: 진단기준 A~C가 주요 우울증 삽화를 나타낸다.

주의: 중대한 상실(예 가족의 사망, 재정적 파산, 자연재해, 심각한 질병이나 장애)에 대한 반응은 우울 삽화의 진단기준에 A에 기술된 강렬한 슬픔, 상실에 대한 반추증, 불면증, 식욕부진, 체중감소 등을 포함한다. 이러한 증상들을 보이는 것을 이해할 수 있고 상실에 대해 적절하다고 간주되지만, 중대한 상실에 대한 이러한 증상들과 주요 우울증 삽화가 동시에 존재할 경우에 주의를 요한다. 이 경우에 개인사와 상실에 대한 고통의 표현에 대한 문화적 규준에 근거하여 임상적인 판단을 내려야 한다.

D. 주요 우울증 삽화는 분열정동장애, 정신분열증, 정신분열형 장애, 망상장애, 또는 다른 정신 분열 스펙트럼과 정신장애에 의해 더 잘 설명되지 않는다.

E. 조증 삽화나 경조증 삽화가 없다.

주의: 만약 조증이나 경조증 같은 삽화 모두가 약물이나 다른 의학적 상태의 생리적 효과에 기인한 경우는 제외한다.

(3) 지속적 우울장애(DSM-5)

DSM-5
지속적 우울장애는 DSM-Ⅳ의 만성적 주요 우울장애와 기분부전장애를 통합한 것이다. A. 본인의 주관적 설명이나 다른 사람의 관찰에 따르면, 최소한 2년 동안 우울한 기분이 하루의 대부분 지속된다. 주의: 아동이나 청소년의 경우, 최소한 1년 동안 짜증을 내는 것으로 나타날 수도 있다. B. 우울할 때 다음 6가지 중 2가지 이상의 증상을 나타낸다. 1. 식욕 저하 또는 과식 2. 불면증 또는 수면 과다 3. 활기저하와 피곤 4. 낮은 자존감 5. 집중력과 의사결정능력 저하 6. 절망감 C. 우울장애를 나타낸 2년(아동과 청소년은 1년) 동안 한 번에 2개월 이상 진단기준 A와 B의 증상을 나타내지 않은 기간이 없다. D. 주요 우울장애의 진단기준을 2년 동안 지속적으로 나타낸다. E. 조증이나 경조증 삽화가 나타난 적이 없으며, 순환성 기질장애의 진단기준에 부합하지 않는다. F. 이러한 증상들은 분열정동장애, 정신분열증, 정신분열형 장애, 망상장애, 또는 다른 정신분열 스펙트럼과 정신장애에 의해 더 잘 설명되지 않는다. G. 이러한 증상들이 어떤 약물이나 다른 의학적 상태(예 갑상선 기능저하증)의 생리적 효과에 기인하지 않는다. H. 이러한 증상들이 사회적, 직업적 및 다른 중요한 기능 영역에서 임상적으로 심각한 고통이나 손상을 초래한다.

키워드 Pick

2. 우울장애 정의

① DSM-5는 성인기 우울장애의 진단기준은 매우 상세하게 제시하고 있는 반면에, 아동기와 청소년기 우울장애의 진단기준에 대한 설명은 불충분하게 제시하고 있다. 또한 아동기와 청소년기 우울장애와 성인기 우울장애를 동일한 현상으로 취급하고 있는데, 이는 바람직하지 않다. 왜냐하면 아동이나 청소년은 성인에 비하여 인지적 능력이 미성숙하고 경험이 제한되어 있으므로 동일한 장애도 다른 양상으로 표출할 수 있기 때문이다.

② DSM-Ⅳ-TR에서는 우울장애와 조증이 기분장애로 묶여 있었으나, DSM-5에서는 두 장애가 분리되었다. DSM-5의 우울장애는 파괴적 기분조절장애, 주요 우울장애, 기분부전장애로 명명되었던 지속적 우울장애, 월경 전 불쾌장애, 약물에 기인한 우울장애, 다른 의학적 조건에 기인한 우울장애, 다른 특정 우울장애, 달리 분류되지 않는 우울장애를 포함한다.

③ 새롭게 추가된 진단분류인 파괴적 기분조절장애는 12세 이전의 아동이 지속적으로 초조해하거나 극단적으로 행동을 조절하지 못하는 삽화(episode)를 자주 나타내는 것이다. 파괴적 기분조절장애라는 진단분류가 추가됨으로써 청소년기 이전의 아동들을 과다하게 양극성 장애로 진단하는 것을 예방할 수 있을 것으로 기대된다. 파괴적 기분조절장애의 증상 유형을 나타내는 아동들은 청소년기와 성인기에 양극성 장애를 나타내기보다는 단극성 우울장애 또는 불안장애를 나타내게 된다.

④ 우울장애에 포함되는 모든 하위 유형의 공통적 특징은 슬픔, 공허함, 초조함이며 개인의 기능할 수 있는 능력에 영향을 미칠 수 있는 신체적 및 인지적 변화를 수반한다.

⑤ 각 하위 유형은 우울 정서가 얼마나 지속되는가, 우울 정서가 언제 나타나는가, 또는 우울 정서의 원인이 무엇인가에 따라 차이가 있다.

3. 우울장애 원인

(1) 신체생리 모델

유전적 요인, 기질적 요인, 생화학적 요인이 우울장애에 영향을 미친다고 간주한다.

(2) 인지 모델

인지적 왜곡, 귀인, 학습된 무기력 등에 초점을 맞추어 접근한다.

① **부정적 인지**: 우울장애가 있는 사람이 자신과 세상 및 미래에 대해 부정적인 생각, 태도, 관점을 가지는 것을 의미한다.

② **부정적 도식**: 우울장애가 있는 사람이 자신과 세상 및 미래에 대해 부정적 사고 유형을 확고하게 가지고 있는 것을 의미한다.

③ **인지적 왜곡**: 우울장애가 있는 사람이 부정적 자기도식과 일치하지 않는 정보를 처리하는 데 실패하고, 새로운 정보나 경험에 부정적인 논리를 적용하여 해석함으로써 부정적 도식을 계속 유지한다는 것이다.

④ 개인이 통제할 수 없는 사건이 왜 일어났는지에 대한 원인론적 기인에 따라 우울장애가 나타날 수 있다. 우울장애를 가지고 있는 사람은 모든 부정적인 사건에 대해 항상 자기자신을 비난하고(내인성), 시간이 지나도 같은 양상을 보이며(안정성), 모든 상황에서 자기비난을 나타내는(보편성) 경향이 있다.

(3) 생태학 모델

우울장애를 설명하는 생태학 모델에서 가장 중요하게 간주하는 생태환경은 가정과 학교이다.

4. 우울장애 진단 및 평가

(1) 자기보고식 측정도구

① 아동용 우울장애 검사도구(CDI : Children's Depression Inventory)
② 레이놀즈 청소년 우울장애척도(RADS : Reynolds Adolescent Depression Scale)
③ 레이놀즈 아동용 우울장애척도(RCDS : Reynolds Child Depression Scale)

(2) 구조화된 면접이나 행동평정척도

① 또래지명 우울장애 선별도구(PNID : Peer Nomination Inventory of Depression)
② 청소년 성격평가 질문지(김영환 외, 2006)
③ 한국 아동 성격검사(홍상황, 김지혜, 안이환, 2007)
④ 우울척도(CES-D : Center for Epidemiological Studies-Depression Scale)

(3) 직접 관찰법

5. 우울장애 중재

행동치료	• 주된 치료목표는 정적인 강화를 이끌어 내는 행동을 증가시키고 환경으로부터의 벌을 줄임 • 행동치료에는 사회적인 능력과 대인관계기술을 가르치고 불안관리 훈련과 이완 훈련이 포함됨
인지치료	• 일차 목표는 자신의 비관적이고 부정적인 사고, 억압적인 신념과 편견, 실패에 대해서는 자신을 비난하고 성공에 대해서 자신을 인정하지 않는 자신의 귀인 양식을 깨닫도록 도와줌 • 일단 이런 억압적인 사고 패턴을 인식하게 되면, 아동은 부정적이고 비관적인 관점을 긍정적이고 낙천적인 관점으로 바꾸는 법을 배우게 됨
자기조절법	• 주된 목표는 자신의 장기목표에 맞게 행동을 조직화하는 법을 가르치는 것 • 자기조절치료는 자신의 생각과 기분을 스스로 모니터링, 단기보다 장기 목적을 중시, 좀 더 적응적인 귀인양식과 현실적인 자기평가기준을 갖도록 하며 자기강화의 증가와 자기처벌의 감소를 강조
인지행동치료	• 심리사회적인 중재의 가장 일반적인 형태인 CBT는 행동적, 인지적, 자기조절법 등의 요소를 통합시킨 접근법 • 귀인양식에 대한 재훈련을 통해 비관적인 신념들을 바꾸고자 함

키워드 Pick

기출의 맥

양극성 장애의 하위 유형별 핵심을 파악해 두세요. 각 유형을 구분할 수 있으면 돼요!

⑤ 양극성 및 관련 장애

1. 양극성 장애 진단기준(DSM-5)

(1) 제Ⅰ형 양극성 장애(DSM-5)

DSM-5

제Ⅰ형 양극성 장애를 진단하기 위해서는 조증 삽화에 대한 다음의 진단기준을 만족시켜야 한다. 조증 삽화는 경조증이나 주요 우울 삽화에 선행하거나 뒤따를 수 있다.

〈조증 삽화〉

A. 비정상적으로 들뜨거나, 의기양양하거나, 과민한 기분, 그리고 목표 지향적 활동과 에너지의 증가가 적어도 일주일간(만약 입원이 필요한 정도라면 기관과 상관없이) 거의 매일, 하루 중 대부분 지속되는 분명한 기간이 있다.

B. 기분 장애 및 증가된 에너지와 활동을 보이는 기간 중 다음 증상 가운데 3가지(또는 그 이상)을 보이며(기분이 단지 과민하기만 하다면 4가지) 평소 모습에 비해 변화가 뚜렷하고 심각한 정도로 나타난다.

1. 자존감의 증가 또는 과대감
2. 수면에 대한 욕구 감소
   예 단 3시간의 수면으로도 충분하다고 느낌
3. 평소보다 말이 많아지거나 끊기 어려울 정도로 계속 말을 함
4. 사고의 비약 또는 사고가 질주하듯 빠른 속도로 꼬리를 무는 듯한 주관적인 경험
5. 주관적으로 보고하거나 객관적으로 관찰되는 주의산만
   예 중요하지 않거나 관계없는 외적 자극에 너무 쉽게 주의가 분산됨
6. 목표 지향적 활동의 증가(직장이나 학교에서의 사회적 활동 또는 성적 활동) 또는 정신운동 초조
   예 목적이나 목표 없이 부산하게 움직임
7. 고통스러운 결과를 초래할 가능성이 높은 활동에의 지나친 몰두
   예 과도한 쇼핑 등 과소비, 무분별한 성행위, 어리석은 사업 투자 등

C. 기분장애가 사회적·직업적 기능의 현저한 손상을 초래할 정도로 충분히 심각하거나 자해나 타해를 예방하기 위해 입원이 필요, 또는 정신병적 양상이 동반된다.

D. 삽화가 물질(예 남용약물, 치료약물, 기타 치료)의 생리적 효과나 다른 의학적 상태로 인한 것이 아니다.

주의: 우울증 치료(예 약물치료, 전기경련 요법) 중 나타난 조증 삽화라 할지라도 그 치료의 직접적인 생리적 효과가 나타날 수 있는 기간 이후까지 명백한 조증 증상이 지속된다면, 제Ⅰ형 양극성으로 진단할 수 있다.

주의: 진단기준 A부터 D까지는 조증 삽화를 구성한다. 일생 동안 적어도 1회는 조증 삽화가 있어야 제Ⅰ형 양극성 장애로 진단할 수 있다.

〈경조증 삽화〉

A. 비정상적으로 들뜨거나, 의기양양하거나, 과민한 기분, 그리고 활동과 에너지의 증가가 적어도 4일 연속으로 거의 매일, 하루 중 대부분 지속되는 분명한 기간이 있다.

B. 기분 장애 및 증가된 에너지와 활동을 보이는 기간 중 다음 증상 가운데 3가지(또는 그 이상)를 보이며(기분이 단지 과민하기만 하다면 4가지) 평소 모습에 비해 변화가 뚜렷하고 심각한 정도로 나타난다.

1. 자존감의 증가 또는 과대감
2. 수면에 대한 욕구 감소
   예 단 3시간의 수면으로도 충분하다고 느낌
3. 평소보다 말이 많아지거나 끊기 어려울 정도로 계속 말을 함
4. 사고의 비약 또는 사고가 질주하듯 빠른 속도로 꼬리를 무는 듯한 주관적인 경험
5. 주관적으로 보고하거나 객관적으로 관찰되는 주의산만
   예 중요하지 않거나 관계없는 외적 자극에 너무 쉽게 주의가 분산됨
6. 목표 지향적 활동의 증가(직장이나 학교에서의 사회적 활동 또는 성적 활동) 또는 정신운동 초조
   예 목적이나 목표 없이 부산하게 움직임
7. 고통스러운 결과를 초래할 가능성이 높은 활동에의 지나친 몰두
   예 과도한 쇼핑 등 과소비, 무분별한 성행위, 어리석은 사업 투자 등

C. 삽화는 증상이 없을 때의 개인의 특성과는 명백히 다른 기능의 변화를 동반한다.

D. 기분의 장애와 기능의 변화가 객관적으로 관찰될 수 있다.

E. 삽화가 사회적, 직접적 기능의 현저한 손상을 일으키거나 입원이 필요할 정도로 심각하지는 않다. 만약 정신병적 양상이 있다면, 이는 정의상 조증 삽화이다.

F. 삽화가 물질(예 남용약물, 치료약물, 기타 치료)의 생리적 효과로 인한 것이 아니다.
   주의: 우울증 치료(예 약물치료, 전기경련 요법) 중 나타난 경조증 삽화라 할지라도 치료의 직접적인 생리적 효과가 나타날 수 있는 기간 이후까지 경조증 증상이 지속된다면 이는 경조증 삽화로 진단할 수 있는 근거가 된다. 하지만 진단 시 주의가 필요하고, 한두 가지 증상(증가된 과민성, 불안 또는 항우울제 사용 이후의 초조)만으로 경조증 삽화를 진단하지는 못하며, 이는 양극성 경향에 대해서도 마찬가지이다.
   주의: 진단기준 A부터 F까지는 경조증 삽화를 구성한다. 경조증 삽화는 제Ⅰ형 양극성 장애에서 흔히 나타나지만 제Ⅰ형 양극성 장애를 진단하는 필수조건은 아니다.

〈주요 우울 삽화〉

A. 다음 증상 가운데 다섯 가지 (또는 그 이상) 증상이 연속 2주 기간 동안 지속되며, 이러한 상태가 이전 기능으로부터의 변화를 나타내는 경우; 위의 증상 가운데 적어도 하나는 (1) 우울 기분이거나, (2) 흥미나 즐거움의 상실이어야 한다.
   주의: 분명히 다른 의학적 상태에 기인한 증상들은 포함하지 않는다.
1. 하루의 대부분, 그리고 거의 매일 지속되는 우울한 기분이 주관적인 보고(예 슬프거나 공허하게 느낀다)나 객관적인 관찰(예 울 것처럼 보인다)에서 드러난다.
   주의: 소아와 청소년의 경우는 초조하거나 과민한 기분으로 나타나기도 한다.
2. 모든 또는 거의 모든 일상 활동에 대한 흥미나 즐거움이 하루의 대부분 또는 거의 매일같이 뚜렷하게 저하되어 있을 경우(주관적인 설명이나 타인에 의한 관찰에서 드러난다)
3. 체중 조절을 하고 있지 않은 상태(예 1개월 동안 체중 5% 이상의 변화)에서 의미 있는 체중 감소나 체중 증가, 거의 매일 나타나는 식욕 감소나 증가가 있을 때
   주의: 소아의 경우 체중 증가가 기대치에 미달되는 경우 주의할 것
4. 거의 매일 나타나는 불면이나 과다 수면
5. 거의 매일 나타나는 정신 운동성 초조나 지체(주관적인 좌불안석 또는 처진 느낌이 타인에 의해서도 관찰 가능)
6. 거의 매일 피로나 활력 상실

키워드 Pick

7. 거의 매일 무가치감 또는 과도하거나 부적절한 죄책감을 느낌(망상적일 수도 있으며, 단순히 병이 있다는 데 대한 자책이나 죄책감이 아님)
8. 거의 매일 나타나는 사고력이나 집중력의 감소, 또는 우유부단함(주관적인 호소나 관찰에서)
9. 반복되는 죽음에 대한 생각(단지 죽음에 대한 두려움뿐만 아니라), 특정한 계획 없이 반복되는 자살 생각 또는 자살 기도나 자살 수행에 대한 특정 계획

B. 이러한 증상들이 사회적 직업적 및 다른 중요한 기능 영역에서 임상적으로 심각한 고통이나 손상을 초래한다.

C. 우울증 삽화가 어떤 약물이나 다른 의학적 상태의 생리적 효과에 기인하지 않는다.

주의: 진단기준 A~C가 주요 우울증 삽화를 나타낸다. 주요우울 삽화는 제Ⅰ형 양극성 장애에서 흔히 나타나지만 제Ⅰ형 양극성 장애를 진단하는 필수 조건은 아니다.

주의: 중대한 상실(예 가족의 사망, 재정적 파산, 자연재해, 심각한 질병이나 장애)에 대한 반응은 우울 삽화의 진단기준 A에 기술된 강렬한 슬픔, 상실에 대한 반추증, 불면증, 식욕부진, 체중 감소 등을 포함한다. 이러한 증상들을 보이는 것을 이해할 수 있고 상실에 대해 적절하다고 간주되지만, 중대한 상실에 대한 이러한 증상들과 주요 우울증 삽화가 동시에 존재할 경우에 주의를 요한다. 이 경우 개인사와 상실에 대한 고통의 표현에 대한 문화적 규전에 근거하여 임상적인 판단을 내려야 한다.

〈제Ⅰ형 양극성 장애〉

A. 적어도 1회의 조증 삽화를 만족한다("조증 삽화" 하단의 진단기준 A부터 D까지).

B. 조증 및 주요 우울 삽화는 조현정동장애, 조현병, 조현양상장애, 망상장애, 달리 명시된, 또는 명시되지 않는 조현병 스펙트럼 및 기타 정신병적 장애로 더 잘 설명되지 않는다.

(2) **제Ⅱ형 양극성 장애**(DSM-5)

DSM-5

제Ⅱ형 양극성 장애를 진단하기 위해서는 다음에 나오는 현재 또는 과거의 경조증 삽화의 진단기준을 만족하는 동시에, 현재 또는 과거의 주요 우울 삽화의 진단기준을 만족해야 한다.

A. 적어도 1회의 경조증 삽화("경조증 삽화"의 진단기준 A~F)와 적어도 1회의 주요 우울 삽화("주요 우울 삽화"의 진단기준 A~C)의 진단기준을 만족시킨다.

B. 조증 삽화는 1회도 없어야 한다.

C. 경조증 삽화와 주요 우울 삽화의 발생이 조현정동장애, 조현병, 조현양상장애, 망상장애, 달리 명시된, 또는 명시되지 않는 조현병 스펙트럼 및 기타 정신병적 장애로 더 잘 설명되지 않는다.

D. 우울증의 증상 또는 우울증과 경조증의 잦은 순환으로 인한 예측 불가능성이 사회적, 직업적 또는 다른 중요한 기능 영역에서 임상적으로 현저한 고통이나 손상을 초래한다.

(3) 순환성 장애(DSM-5)

DSM-5
A. 적어도 2년 동안(아동・청소년은 1년) 다소의 경조증 기간(경조증 삽화의 진단기준을 충족하지 않는)과 우울증 기간(주요 우울 삽화의 진단기준을 충족하지 않는)이 있어야 한다.
B. 2년 이상의 기간 동안(아동・청소년은 1년), 경조증 기간과 우울증 기간이 절반 이상 차지해야 하고, 증상이 없는 기간이 2개월 이상 지속되어서는 안 된다.
C. 주요 우울 삽화, 조증 삽화 또는 경조증 삽화가 존재하지 않는다.
D. 진단기준 A의 증상이 조현정동장애, 조현병, 조현양상장애, 망상장애, 달리 명시된, 또는 명시되지 않는 조현병 스펙트럼 및 기타 정신병적 장애로 더 잘 설명되지 않는다.
E. 증상이 물질의 생리적 효과나 다른 의학적 상태로 인한 것이 아니어야 한다.
F. 증상이 사회적, 직업적, 또는 다른 중요한 기능 영역에서 임상적으로 현저한 고통이나 손상을 초래한다.
• 다음의 경우 명시할 것: 불안증 동반

2. 양극성 장애 정의와 진단

① 양극성 관련 장애는 양극성 Ⅰ장애, 양극성 Ⅱ장애, 순환기질장애 약물에 기인한 양극성 관련 장애, 다른 의학적 상태에 기인한 양극성 관련 장애, 다른 특정 양극성 장애, 달리 분류되지 않는 양극성 관련 장애를 포함한다.

② 양극성 Ⅰ장애는 최소한 한 번의 조증 삽화가 조증의 진단기준 A~D에 부합하며 주요 우울장애를 경험한 것이 필수조건이다.

③ 양극성 Ⅱ장애는 최소한 한 번 이상 발생한 경조증 삽화가 경조증의 진단기준 A~F에 부합하고, 최소한 한 번 이상 발생한 주요 우울장애가 주요 우울장애 진단기준 A~C에 부합해야 하며 조증 삽화를 경험한 적이 없어야 한다.

④ 순환기질장애는 최소한 2년(아동과 청소년은 1년) 중 반 이상의 기간 동안 경조증의 진단기준에 부합하지 않는 경조증의 증상들과 주요 우울장애의 진단기준에 부합하지 않는 우울장애의 증상을 나타내지 않은 기간이 없다.

⑤ 아동기와 청소년기 양극성 장애를 진단할 때는 다음과 같은 측면을 고려해야 한다.

㉠ 초조한 기분은 우울장애의 특성이기도 하고 조증 삽화의 특징이기도 하므로 아동이 초조한 기분을 보이는 것을 우울장애, 조증 삽화, 양극성 장애 중 어느 장애의 특성으로 간주해야 할 것인지 매우 신중하게 살펴야 한다.

㉡ 성인기 양극성 장애와 청소년기 양극성 장애 간에 차이가 있음을 간과해서는 안 된다. 예를 들어, 성인기 양극성 장애는 비연속적으로 증상발현을 보이는 것이 특징이며, 증상발현을 보이지 않을 때는 비교적 양호한 생활 기능을 수행할 수 있다. 반면에, 청소년기 양극성 장애는 만성적으로 나타나며, 매우 급격히 기분이 바뀌는 것이 특징이다.

㉢ 청소년은 성인에 비해 양극성 장애와 다른 장애를 동시에 나타내는 경우가 많아서 청소년기 양극성 장애는 주요 정신건강문제로 다루어져야 한다.

키워드 Pick

기출의 맥

불안장애는 무엇인가에 대해 걱정을 하는 것이에요. 하위 유형별로 무엇에 대해 불안해하고 걱정하는지에 초점을 두고 구분할 수 있으면 돼요!

⑥ 불안장애 12유

1. 불안장애 진단기준(DSM-5)

(1) 분리불안장애(SAD : Separation Anxiety Disorder)

DSM-5
A. 집이나 애착대상으로부터의 분리에 대해 발달적으로 부적절하게 과도한 불안을 느끼는 것으로, 다음 8가지 특성 중 3가지 이상을 나타내야 한다. 1. 집이나 주요 애착대상으로부터 분리되거나 분리를 예측할 때 극도의 불안을 반복적으로 나타낸다. 2. 주요 애착대상을 잃거나 주요 애착대상이 해를 입을 것이라는 걱정을 과도하게 지속적으로 한다. 3. 곧 다가올 사건이 주요 애착대상으로부터 분리를 초래할 것이라는 걱정을 과도하게 지속적으로 한다. 4. 분리불안 때문에 학교나 다른 곳에 가기를 지속적으로 꺼려하거나 거부한다. 5. 집에 혼자 있거나 주요 애착대상이 없는 집이나 다른 환경에 있는 것을 꺼려하며, 그에 대해 지속적으로 과도하게 두려움을 느낀다. 6. 주요 애착대상 없이 잠을 자거나 집 이외의 장소에서 잠을 자는 것에 대해 지속적으로 꺼려하거나 거부한다. 7. 주요 애착대상으로부터 분리되는 악몽을 반복해서 꾼다. 8. 주요 애착대상으로부터 분리되거나 분리를 예측하는 경우에 신체적 증상들(예 두통, 복통, 구역질, 구토 등)을 반복해서 나타낸다.
B. 두려움, 불안, 또는 회피가 아동이나 청소년은 최소한 4주 이상, 성인은 6개월 이상 지속되어야 한다.
C. 이 장애가 사회적, 학업적, 직업적 및 다른 중요한 기능 영역에 임상적으로 중요한 손상 또는 결함을 초래한다.
D. 이러한 증상들이 자폐스펙트럼 장애의 집 떠나기를 거부하는 저항, 정신장애의 분리에 대한 망상이나 환각, 광장공포증의 신뢰하는 사람을 동반하지 않는 외출 거부, 범불안장애의 건강에 대한 염려, 질병불안장애의 질병에 대한 걱정 등 다른 정서장애로 더 잘 설명되지 않는다.

(2) 범불안장애(GAD : General Anxiety Disorder) 20중

DSM-5

A. 최소한 6개월 이상 몇 개의 사건이나 활동에 대해 과도하게 불안해하며 걱정한다.
　예 학교 수행평가

B. 자신이 걱정하는 것을 통제할 수 없다.

C. 불안이나 걱정은 다음 6가지 중 3가지(아동의 경우 한 가지) 이상이 최소한 6개월 동안 나타난다.
1. 안절부절 못하거나 벼랑 끝에 서 있는 느낌이 든다.
2. 쉽게 피곤해진다.
3. 집중하기 어렵다.
4. 과민하다.
5. 근육이 긴장되어 있다.
6. 수면장애가 있다.

D. 불안, 걱정, 또는 신체적 증상들이 사회적, 학업적, 직업적 및 다른 중요한 기능 영역에 임상적으로 중요한 손상 또는 결함을 초래한다.

E. 이 증상들은 약물이나 다른 의학적 상태의 생리적인 효과에 기인한 것이 아니다.

F. 이 증상들은 공황장애의 공황발작에 대한 불안과 염려, 사회적 불안장애의 부정적 평가, 강박-충동장애의 강박, 분리불안장애의 애착대상으로부터의 분리, 외상 후 스트레스 장애의 외상성 사건의 회상, 거식증의 체중 증가에 대한 염려, 신체증상장애의 신체적 고통 호소, 신체변형장애의 자각된 외모 결함, 질병불안장애의 심각한 질병에 대한 걱정, 또는 정신분열증이나 망상장애의 망상적 신념 등 다른 정신장애로 더 잘 설명되지 않는다.

(3) 공황장애

DSM-5

A. 예기치 않은 공황발작이 반복된다. 몇 분 내에 두려움이나 불쾌감이 급등하여 절정에 달하는 동안 다음 증상들 중 4가지 이상이 나타난다.
　주의: 두려움이나 불쾌감의 급등은 차분한 상태에서 나타날 수도 있고 걱정하는 상태에서 나타날 수도 있다.
1. 심장박동 수가 빨라지고 심장이 두근거린다.
2. 땀이 많이 난다.
3. 몸이 심하게 떨린다.
4. 숨이 가빠지고 숨을 못 쉴 것 같은 느낌이 든다.
5. 질식할 것 같은 느낌이 든다.
6. 가슴에 통증이 있거나 압박감이 있다.
7. 구토증이 나고 배 속이 불편하다.
8. 어지럽거나 기절할 것 같은 느낌이 든다.
9. 오한이 오거나 몸에서 열이 오른다.
10. 마비된 것 같거나 따끔거리는 느낌이 드는 등 지각에 이상이 있다.
11. 비현실감이나 이인증(자신으로부터 분리된 느낌)이 나타난다.

12. 통제력을 잃어버리거나 미쳐 버릴지도 모른다는 두려움이 있다.
13. 죽어가고 있다는 두려움이 엄습한다.

🔎 주의: 귀 울림, 목의 통증, 두통, 통제할 수 없는 비명, 또는 울음 등의 증상들이 나타날 수도 있다. 그러나 이러한 증상들을 4가지 진단기준의 한 가지로 간주해서는 안 된다.

B. 최소한 한 번 이상의 공황발작 후 한 달 이상 다음 2가지 중 1가지 또는 둘 다 발생한다.
1. 공황발작과 결과(예 통제력 상실, 심장마비, 정신 이상)에 대해 지속적으로 걱정하고 염려한다.
2. 공황발작과 관련하여 심각한 부적응적인 행동의 변화가 있다.

예 공황발작을 피하기 위하여 운동이나 친숙하지 않는 상황을 회피하는 행동

C. 이 증상들은 약물이나 다른 의학적 상태의 생리적인 효과에 기인한 것이 아니다.

D. 이 증상들은 사회적 불안장애처럼 두려운 사회적 상황, 특정 공포증처럼 공포를 유발하는 물건이나 상황, 강박-충동장애의 강박, 분리불안장애의 애착대상으로부터의 분리, 외상 후 스트레스 장애의 외상성 사건의 회상 등의 다른 정신장애에 의해 더 잘 설명되지 않는다.

(4) 특정 공포증

DSM-5

A. 특정 사물이나 상황(예 비행기 여행, 동물, 주사)이 존재하거나 예상될 때 상황에 맞지 않을 만큼의 심한 두려움이나 불안을 지속적으로 나타낸다.

🔎 주의: 아동의 경우 울거나, 심술을 부리거나, 성인에게 달라붙는 반응을 보일 수도 있다.

B. 공포의 대상인 사물이나 상황에 노출될 때마다 거의 매번 즉각적으로 두려움이나 불안을 나타낸다.

C. 특정 공포증을 가지고 있는 사람은 공포 대상인 사물이나 상황을 회피하거나 또는 과도한 불안과 두려움을 느끼면서도 견딘다.

D. 두려움이나 불안은 공포 대상인 특정 사물이나 상황이 야기하는 실제적인 위험이나 사회문화적 상황에 맞지 않을 정도로 심하게 나타난다.

E. 두려움, 불안, 또는 회피가 최소한 6개월 이상 지속된다.

F. 두려움, 불안, 또는 회피가 사회적, 학업적, 직업적 및 다른 중요한 기능 영역에 임상적으로 중요한 손상 또는 결함을 초래한다.

G. 이러한 두려움, 불안, 또는 회피 증상들은 공황장애와 연관된 두려움, 불안, 또는 회피, 광장공포증의 무능력 상태, 강박-충동장애와 연관된 사물이나 상황, 분리불안장애의 애착대상으로부터의 분리, 외상 후 스트레스 장애의 외상성 사건의 회상, 사회적 불안장애의 사회적 상황 등의 다른 정신장애에 의해 더 잘 설명되지 않는다.

Chapter 07

(5) 사회적 불안장애

DSM-5
A. 사회적 상황(예 대화 또는 친숙하지 않은 사람과의 만남), 관찰되는 상황(예 먹거나 마시는 것), 다른 사람 앞에서의 수행(예 발표) 등 타인으로부터 세심하게 관찰 당할 가능성이 있는 한 가지 이상의 사회적 상황에 대해 현저한 두려움이나 불안을 나타낸다. 주의: 아동의 경우, 사회적 불안장애로 진단받기 위해서는 성인과의 상호작용뿐만 아니라, 또래와의 상호작용에서도 불안반응을 나타내야 한다.
B. 자신이 불안증상을 보임으로써 부정적인 평가(예 굴욕을 당하거나 당황스럽게 되거나 거절당하거나 다른 사람을 기분 상하게 하는 등)를 받게 될 것을 두려워한다.
C. 두려워하는 사회적 상황에 노출되면 거의 예외 없이 두려움이나 불안반응을 일으킨다. 주의: 아동의 경우, 낯선 사람과의 사회적 상황에 노출될 때 울거나, 심술을 내거나, 몸을 움직이지 못하거나 위축되거나 말을 못하는 것으로 두려움이나 불안이 나타날 수도 있다.
D. 두려워하는 사회적 상황을 회피하거나, 또는 심한 불안이나 두려움을 느끼면서도 인내한다.
E. 두려움이나 불안은 사회적 상황이 야기하는 실제적인 위협이나 사회문화적 상황에 맞지 않을 정도로 심하게 나타난다.
F. 두려움, 불안, 또는 회피가 최소한 6개월 이상 지속된다.
G. 두려움, 불안, 또는 회피가 사회적, 학업적, 직업적 및 다른 중요한 기능 영역에 임상적으로 중요한 손상 또는 결함을 초래한다.
H. 이 증상들은 약물이나 다른 의학적 상태의 생리적인 효과에 기인한 것이 아니다.
I. 이러한 두려움, 불안, 또는 회피 증상들은 공황장애, 신체변형장애, 또는 자폐스펙트럼 장애 등의 다른 정신장애에 의해 더 잘 설명되지 않는다.
J. 다른 의학적 상태(예 파킨슨병, 비만, 화상이나 상해에 의한 손상)가 있는 경우에 두려움, 불안, 또는 회피가 이러한 의학적 상태와 관련된 것이 아니어야 사회적 불안장애로 진단받을 수 있다.

키워드 Pick

(6) 광장공포증

DSM-5

A. 다음 5가지 상황 중 2가지 이상의 경우에서 극심한 공포와 불안을 느낀다.
   1. 대중교통을 이용하는 것 예 자동차, 버스, 기차, 배, 비행기
   2. 열린 공간에 있는 것 예 주차장, 시장, 다리
   3. 밀폐된 공간에 있는 것 예 상점, 공연장, 영화관
   4. 줄을 서 있거나 군중 속에 있는 것
   5. 집 밖에 혼자 있는 것

B. 공황 유사 증상이나 무능력하거나 당혹스럽게 만드는 다른 증상(예 낙상에 대한 공포, 실금에 대한 공포)이 발생했을 때 도움을 받기 어렵거나 그 상황에서 벗어나기 어려울 것이라는 생각 때문에 그런 상황을 두려워하고 피한다.

C. 광장공포증 상황은 거의 대부분 공포와 불안을 야기한다.

D. 광장공포증 상황을 피하거나, 동반자를 필요로 하거나, 극도의 공포와 불안 속에서 견딘다.

E. 광장공포증 상황과 그것의 사회문화적 배경을 고려할 때 실제로 주어지는 위험에 비해 공포와 불안의 정도가 극심하다.

F. 공포, 불안, 회피 반응은 전형적으로 6개월 이상 지속된다.

G. 공포, 불안, 회피가 사회적, 직업적, 또는 다른 중요한 기능 영역에서 임상적으로 현저한 고통이나 손상을 초래한다.

H. 만약 다른 의학적 상태(예 염증성 장 질환, 파킨슨병)가 동반된다면 공포, 불안, 회피 반응이 명백히 과도해야만 한다.

I. 공포, 불안, 회피가 다른 정신 질환으로 더 잘 설명되지 않는다. 예를 들어, 증상이 특정 공포증의 상황에 국한되어서는 안 된다. (사회불안장애에서처럼) 사회적 상황에서만 나타나서는 안 된다. (강박장애에서처럼) 강박 사고에만 연관되거나, (신체이형장애에서처럼) 신체 외형의 손상이나 훼손에만 연관되거나, (외상 후 스트레스 장애에서처럼) 외상 사건을 기억하게 할 만한 사건에만 국한되거나, (분리불안장애에서처럼) 분리에 대한 공포에만 국한되어서는 안 된다.

주의: 광장공포증은 공황장애 유무와 관계없이 진단된다. 만약 공황장애와 광장공포증의 진단기준을 모두 만족한다면 2가지 진단이 모두 내려져야 한다.

(7) 선택적 함구증

DSM-5
A. 다른 상황에서는 말을 할 수 있음에도 불구하고 말을 해야 하는 특정 사회적 상황에서 일관되게 말을 하지 않는다.
B. 장애가 학습이나 직업상의 성취 혹은 사회적 소통을 방해한다.
C. 이러한 증상이 최소 1개월 이상 지속된다(학교생활의 첫 1개월에만 국한되지 않는 경우).
D. 사회적 상황에서 필요한 말에 대한 지식이 부족하거나, 언어가 익숙하지 않은 것으로 인해 말을 하지 않는 것이 아니다.
E. 장애가 의사소통장애로 더 잘 설명되지 않고, 자폐스펙트럼 장애, 조현병 또는 다른 정신병적 장애의 경과 중에만 발생되지는 않는다.

2. 불안장애 원인

① **신체생리학적 측면**: 유전적 요인, 신경생물학적 요인, 그리고 기질적 요인을 포함한다.

② **행동주의적 측면**: 수동적 조건화, 조작적 조건화 및 사회 학습원리가 불안장애의 원인을 설명하는 데 사용되기도 한다.

③ **인지적 측면**: 병리적인 불안은 위험에 대한 비현실적인 지각으로부터 초래되며, 비현실적인 지각은 인지적 오류와 관련되어 있다.

④ **생태학적 측면**: 부정적 생활사건 등과 같은 환경적 스트레스 요인을 의미하며, 가족 요인이 가장 중요한 요인 중의 하나이다.

3. 불안장애 진단

① **주관적 측면**: 진단대상인 아동이나 청소년에게 인터뷰나 자기보고식 설문지를 사용하여 불안과 공포에 관련된 자신의 주관적 생각이나 감정에 대한 정보를 수집한다. 임상적 진단을 위해서는 구조화된 진단 인터뷰와 반구조화된 인터뷰가 사용될 수 있다.

② **행동적 측면**: 진단대상인 아동이나 청소년을 자연적 또는 임상적 상황에서 직접관찰하여 두려움이나 불안을 진단할 수도 있고 진단대상이 스스로 기록한 자기점검표나 일지에서 자료를 수집하여 진단할 수도 있다.

③ **생리적 측면**: 심장박동 수, 피부 전도, 손바닥의 땀 등을 측정하는 것이다.

키워드 Pick

기출의 맥

불안장애에 대한 중재전략은 자주 출제되는 편입니다. 이완 훈련과 둔감법이 주로 출제되지만 다른 전략들도 동일하게 다뤄질 수 있으니 전체적으로 키워드를 파악해 두세요.

기출 LINE

19중)
- 불안과 긴장에 대해서는 깊고 느린 호흡, 심상 등을 통해 근육의 긴장을 감소시키는 방법

18중)
- 이완 기술을 습득하고 유지하면서 짝, 모둠, 학급 전체로 점차 대상을 확대하여 발표를 해보도록 하는 방법
- '발표 성공 사례' 영상을 보고 영상 속 주인공의 발표 행동을 따라하는 절차를 반복하는 방법

4. 불안장애 중재

(1) 인지행동중재

<table>
<tr><td>모델링</td><td>• 모델링은 두려움을 야기하는 사물이나 상황에서 다른 사람들이 불안해하거나 두려워하지 않고 바람직하게 행동하는 것을 보여주는 것이다.
• 모델링 절차에서 아동은 다른 사람이 공포자극에 접근하거나 공포 활동에 참여하는 것을 관찰한 후에 유사한 행동을 더욱 쉽게 수행할 수 있게 된다.
• 공포를 가진 사람은 모델을 관찰하거나 영화 또는 비디오 모델을 볼 수 있다.</td></tr>
<tr><td>이완 훈련
19중</td><td>• 공포와 불안문제를 구성하는 자율적 각성의 경험을 감소시키는 전략이다.
• 특정한 이완행동에 참여하는 개인은 자율적 각성에 반대되는 신체적 반응을 하게 된다.
• 이완 훈련은 근육의 긴장, 빠른 심장박동, 차가운 손, 빠른 호흡 등 자율적 각성이 되는 신체반응 대신, 근육의 긴장을 감소시키고 심장박동과 호흡을 느리게 하며 손을 따뜻하게 한다. 이러한 신체적 반응을 경험한 사람들은 불안 감소를 보고하게 된다.
• 가장 많이 알려진 4가지 이완 훈련으로는 점진적 근육이완, 횡격막 호흡, 주의집중 연습, 행동이완 훈련이 있다.</td></tr>
<tr><td>체계적 둔감법
19유</td><td>• 공포를 야기하는 자극을 상상하면서 공포를 이완에 이용하는 것이다.
• 두려움을 야기하는 사물이나 상황에 점진적으로 노출하는 방법으로서, 불안을 일으키는 정도가 가장 약한 자극부터 강한 자극까지 차례로 노출시키는 것이다.
• 치료자가 불안을 야기하는 장면을 점진적으로 묘사하는 것을 상상하면서 이완하는 것을 학습하여 공포반응을 감소시킬 수 있다고 본다.
• 내담자에게 중요한 것은 공포를 야기하는 자극을 상상하면서도 이완반응을 유지하는 것이다.
• 3단계로 이루어진다.
<table><tr><td>1단계</td><td>내담자는 앞서 기술된 절차들 중 하나를 사용하는 이완기술을 획득한다.</td></tr><tr><td>2단계</td><td>치료자와 내담자는 공포를 야기하는 자극의 위계를 만든다.</td></tr><tr><td>3단계</td><td>내담자는 치료자가 위계에 따라 장면을 묘사하는 동안 이완기술을 연습한다. 내담자가 위계에 따른 모든 장면을 상상하는 동안 이완반응을 유지할 수 있게 되면 체계적 둔감법을 마치게 된다. 그러면 내담자는 실제 삶에서 공포를 야기하는 자극에 직면하더라도 공포 반응(불안과 회피 행동)에서 자유로워지게 된다.</td></tr></table></td></tr>
</table>

실제 상황 둔감법 19 · 23유, 18중	• 접촉둔감법으로도 불리는 실제 상황 둔감법은 내담자가 실제 공포를 야기하는 자극에 점진적으로 접근하거나 점진적으로 노출된다는 점을 제외하고는 체계적 둔감법과 유사하다. • 실제 상황 둔감법 절차를 사용하기 위해서 내담자는 우선 이완반응을 학습해야 한다. 다음으로 내담자와 치료자는 공포를 야기하는 자극을 수반하는 상황의 위계를 만든다. 실제 상황 둔감법에서는 내담자가 위계의 각 장면을 상상하는 것이 아니라 공포반응을 대체하는 반응으로서 이완을 유지하면서 각 위계 상황을 직접 경험하도록 한다.
홍수법	• 개인이 오랫동안 충분한 강도로 공포자극에 노출되는 절차이다. • 중재 초기에 불안을 일으키는 정도가 가장 심한 자극에 아동을 오랫동안 노출시키는 절차로서 체계적 둔감법의 점진적인 접근과 대조된다. • 우선 내담자는 공포자극이 있을 때보다 높아진 불안을 경험하지만, 시간이 지나면서 소거저항의 과정을 통해 불안수준이 감소한다. • 홍수법은 전문가에 의해서만 수행되어야 한다. 내담자가 최초로 공포자극에 노출되면 공포로 인해 매우 불안해지기 때문에 홍수법 절차가 진행되는 상황에서 회피할 수 있고 공포가 더 악화될 수 있기 때문이다.
재노출 요법	• 아동으로 하여금 중재자와 함께 안전하고 지원적인 환경에서 아동에게 정신적 충격을 일으킨 사건을 재검토하고 재생하는 것이다. • 아동이 주어진 상황에서 바람직하게 대처하며 자신의 스트레스를 관리할 수 있도록 돕는다.
인지적 재구조화	• 아동이나 청소년의 불안 또는 공포가 비현실적이고 비합리적인 인지적 왜곡에 근거한 것이므로 아동으로 하여금 현실적이고 합리적인 사고를 할 수 있도록 돕는 것이다.
자기통제 기술	• 스스로 자기점검법, 자기강화법, 자기교수법, 긍정적 자기 말, 거울기법, 문제해결 기술, 사회성 기술 등을 적용하며 불안이나 두려움을 감소시키도록 하는 것이다.

(2) 가족중재

가족 프로그램에는 부모에게 아동을 다루는 법, 불안을 다루는 법, 의사소통 및 문제해결 기술 등을 훈련시키는 것이 포함된다.

(3) 약물치료

선별적 세로토닌 재흡수 억제제, 삼환계, 불안완화제(벤조디아제핀) 등이 있다.

키워드 Pick

기출의 맥

강박 및 관련장애의 하위 유형은 크게 구분하여 무엇에 대한 강박이 있는지를 파악해 두면 됩니다.

기출의 맥

강박과 충동의 각 개념을 먼저 파악하고 진단기준을 보세요!

⑦ 강박 및 관련장애(DSM-5)

1. 강박-충동장애

① 강박-충동장애는 강박적 증상과 충동적 증상으로, 일반적으로 이 두 증상이 함께 나타난다.

② 강박은 비합리적인 생각을 반복하는 것이고, 충동은 특정 의식이나 행동을 반복하는 것이다.

③ 가장 일반적인 강박적 증상들은 환경적 오염이 자신에게 해를 끼칠지도 모른다는 생각, 자신이나 주변의 중요한 사람들이 죽거나 병에 걸릴지도 모른다는 생각, 모든 사물이 대칭으로 배치되어야 한다는 생각, 폭력이나 공격을 받을지도 모른다는 생각 등을 반복적으로 하는 것이다.

④ 충동적 증상의 가장 전형적인 행동들은 씻는 행동(예 씻은 손을 반복하여 씻기), 점검(예 전기 기구가 모두 꺼졌는지 반복하여 확인하기), 순서(예 침대 위에 있는 인형들의 순서가 정확한지 반복하여 확인하기), 반복(예 완벽해 보일 때까지 글씨를 다시 쓰기), 정리정돈(예 방 안의 모든 물건을 정확한 위치에 배치하기) 등이다.

⑤ 강박-충동장애로 진단되기 위해서는 자신의 생각이나 행동이 비합리적이라는 것을 스스로 인식하고 있어야 하고, 증상들이 매우 시간 소모적이며, 아동이나 청소년의 학업기능 또는 사회적 기능에 심각한 결함을 초래하여야 한다.

DSM-5

A. 강박, 충동, 또는 둘 다 나타난다.

- 강박은 다음 2가지 증상에 의해 정의된다.

1. 대부분의 사람에게 불안이나 고통을 일으킬 만한 생각, 충동, 또는 영상을 지속적으로 반복하여 경험
2. 본인 스스로 강박적인 생각, 충동, 또는 영상을 무시하고 억누르려고 하거나 다른 생각이나 행동으로 중화시키려고 시도

- 충동은 다음 2가지 증상에 의해 정의된다.

1. 강박 또는 규칙을 철저하게 지켜야 한다는 생각으로 인해 수행되는 반복적인 행동(예 손 씻기, 순서적 배열하기, 점검하기) 또는 정신적 활동(예 기도하기, 수 세기, 조용히 단어 반복하기)
2. 이러한 행동이나 정신적 활동은 불안이나 고통을 예방하거나 감소시키기 위해서 또는 두려운 사건이나 상황을 예방하기 위해서 수행되지만, 현실에서 이러한 행동이나 정신적 활동은 예방하려는 사건이나 상황과는 무관

B. 강박 또는 충동은 시간 소모적이며(예 하루에 한 시간 이상 소요), 사회적, 학업적, 직업적 및 다른 중요한 기능 영역에 임상적으로 중요한 손상 또는 결함을 초래한다.

C. 강박-충동 증상들은 약물(예 투약, 알코올)이나 다른 의학적 상태의 생리적인 효과에 기인한 것이 아니다.

D. 이러한 강박 또는 충동 증상들은 범불안장애, 신체추형장애, 저장강박장애, 모발 뽑기 장애, 피부 벗기기 장애, 섭식장애, 질병불안장애, 중독장애, 품행장애, 주요 우울장애, 망상장애, 정신분열 스펙트럼 장애, 또는 자폐스펙트럼 장애 등의 다른 정신장애에 의해 더 잘 설명되지 않는다.

2. 신체추형장애

DSM-5
A. 다른 사람들이 관찰할 수 없거나 대수롭지 않은 자신의 외모에서 한 가지 이상의 결함에 집착한다. B. 장애가 진행되는 어떤 시점에 자신의 외모에 대한 걱정 때문에 반복적 행동(예 계속 거울 보기, 지나치게 머리 빗기, 피부 벗기기, 지속적으로 재확인하기) 또는 정신적 활동(예 자신의 외모와 다른 사람의 외모 비교하기)을 한다. C. 이러한 외모에 대한 집착은 사회적, 학업적, 직업적 및 다른 중요한 기능 영역에 임상적으로 중요한 손상 또는 결함을 초래한다. D. 이러한 외모에 대한 집착은 섭식장애를 가지고 있는 사람의 피하지방이나 체중에 대한 염려로는 설명될 수 없다.

3. 저장강박장애

DSM-5
A. 실제 가치와는 상관없이 소지품을 버리거나 분리되는 것을 지속적으로 어려워한다. B. 이런 어려움은 소지품에 대한 보관욕구와 이를 버리는 데 따르는 고통 때문에 생긴다. C. 소지품을 버리기 어려워서 결국 물품들이 모여 쌓이게 되고, 이는 소지품의 원래 용도를 심각하게 저해하며 일상생활을 어지럽히게 된다. 생활이 어지럽혀지지 않는 경우는 가족 구성원, 청소부, 다른 권위자 등 제3자의 개입이 있을 때뿐이다. D. 저장강박장애 증상은 자신과 타인의 안전한 환경을 위협할 뿐만 아니라, 사회적, 직업적, 또 다른 중요한 기능 영역에서 임상적으로 현저한 고통이나 손상을 초래한다. E. 저장강박장애 증상은 뇌손상이나 뇌혈관 질환, 프래더-윌리 증후군과 같은 다른 의학적 상태에 기인한 것이 아니다. F. 저장강박장애 증상은 다른 정신장애로 더 잘 설명되지 않는다. 예 강박장애의 강박적 사고, 주요 우울장애의 에너지 저하, 조현병이나 다른 정신병적 장애의 망상, 주요신경인지장애의 인지능력 결함, 자폐성장애의 제한된 흥미 • 다음의 경우에 해당하면 명시할 것 – 과도한 습득 동반: 소지품을 버리는 데 어려움이 있으면서 동시에 필요가 없거나 보관이 가능한 공간이 없음에도 불구하고 과도하게 소지품을 습득하는 행위가 동반되는 경우

키워드 Pick

• 다음의 해당하는 경우에 명시할 것
  - **좋거나 양호한 병식**: 저장강박장애와 관계된 믿음과 행동(소지품을 버리는 데 어려움, 소지품을 채우거나 과도하게 습득)에 문제가 있다고 스스로 인식한다.
  - **좋지 않은 병식**: 저장강박장애와 관계된 믿음과 행동들이 반론의 증거에도 불구하고 대체로 문제가 없다고 스스로 확신한다.
  - **병식 없음/망상적 믿음**: 저장강박장애와 관계된 믿음과 행동들이 반론의 증거에도 불구하고 전혀 문제가 없다고 스스로 확신한다.

4. 털뽑기 장애

DSM-5
A. 반복적으로 스스로 털을 뽑아 탈모로 이어진다. B. 털뽑는 행위를 줄이거나 멈추려는 시도를 반복적으로 한다. C. 털뽑기가 사회적, 직업적, 또는 다른 중요한 기능 영역에서 임상적으로 현저한 고통이나 손상을 초래한다. D. 이런 털뽑기는 (피부과적 질환과 같은) 다른 의학적 상태에 기인한 것이 아니다. E. 이런 털뽑기는 (신체추형장애 환자가 자신이 인식하는 외모 결함을 개선 시키려는 시도처럼) 다른 정신장애로 더 잘 설명되지 않는다.

5. 피부뜯기 장애

DSM-5
A. 반복적으로 피부를 뜯어서 피부병변으로 이어진다. B. 피부뜯기 행위를 줄이거나 멈추려는 시도를 반복적으로 한다. C. 피부뜯기는 사회적, 직업적, 또는 다른 중요한 기능 영역에서 임상적으로 현저한 고통이나 손상을 초래한다. D. 피부뜯기는 물질(예 코카인)의 생리적 효과나 다른 의학적 상태에 기인한 것이 아니다. E. 이런 피부뜯기는 (신체추형장애 환자가 자신이 인식하는 외모 결함을 개선시키려는 시도처럼) 다른 정신장애로 더 잘 설명되지 않는다.

⑧ 외상 및 스트레스 관련 장애(DSM-5)

1. 외상 후 스트레스 장애

DSM-5
〈성인, 청소년, 6세 초과 아동의 진단기준〉 A. 다음 중 한 가지 이상의 죽음, 심각한 상해, 또는 성폭행에 실제 노출되었거나 위협을 당한 적이 있다. 1. 외상성 사건을 직접 경험한 경우 2. 다른 사람에게 일어난 외상성 사건을 목격한 경우 3. 가까운 가족이나 친구에게 외상성 사건이 일어난 것을 알게 된 경우: 가까운 가족이나 친구에게 일어난 실제 죽음이나 죽음에 대한 위협을 알게 된 경우 4. 외상성 사건의 혐오적인 세부사항들의 반복적이거나 극단적인 노출을 경험하는 경우 예 죽은 사람의 시체를 처리하는 최초의 대처자, 아동학대의 세부사항에 반복적으로 노출되는 경찰 주의: 진단기준 A4는 전자매체, 텔레비전, 영화, 또는 사진 등에 대한 노출을 의미하지 않는다. B. 외상성 사건이 발생한 이후에 외상성 사건과 관련된 다음 중 한 가지 이상의 증상이 나타난다. 1. 외상성 사건에 대한 반복적이고 무의식적이며 집요하게 떠오르는 고통스러운 회상 주의: 6세 초과 아동은 외상성 사건과 관련된 주제의 놀이를 반복할 수도 있다. 2. 외상성 사건의 내용과 정서에 대한 반복적인 괴로운 꿈 주의: 아동의 경우, 내용이 인지되지 않는 무서운 꿈 3. 마치 외상성 사건이 재발하고 있는 것 같은 행동이나 느낌을 가지게 되는 분열적 반응(예 갑자기 너무 생생하게 떠오르는 회상)이 연속체상에서 나타나는데, 가장 극심한 경우에는 현실에 대한 자각 상실 주의: 아동의 경우, 외상성 사건의 특유한 재연이나 놀이를 통해 재경험된다. 4. 외상성 사건과 유사하거나 상징적인 내적 또는 외적 단서에 노출되었을 때 심각한 심리적 고통 5. 외상성 사건과 유사하거나 상징적인 내적 또는 외적 단서에 노출되었을 때 심각한 현저한 생리적 반응 C. 외상성 사건의 발생 후 다음 중 한 가지 이상 외상성 사건과 관련된 자극을 지속적으로 회피한다. 1. 외상성 사건과 밀접하게 관련된 고통스러운 기억, 생각, 또는 느낌을 회피하거나 회피하려고 노력 2. 외상성 사건과 밀접하게 관련된 고통스러운, 기억, 생각, 느낌을 상기시키는 외부적인 자극(예 사람, 장소, 대화, 활동, 사물, 상황)을 회피하거나 회피하려고 노력 D. 외상성 사건이 발생한 후, 사건과 관련된 인지와 기분이 부정적으로 변화되기 시작하거나 악화되며 다음 중 2가지 이상이 나타난다. 1. 뇌손상, 알코올, 또는 약물과 같은 요인에 기인한 것이 아니고, 분열성 기억상실에 기인하여 외상성 사건의 중요한 측면을 기억하지 못함

기출의 맥

외상 및 스트레스 관련 장애의 하위 유형은 각 유형의 핵심을 파악해 두세요!

기출의 맥

외상 후 스트레스 장애의 진단기준은 외상 후 스트레스 장애에 따른 다양한 증상 및 특성으로 이해하면서 읽어두면 됩니다. 학생 특성이 제시되었을 때, 외상 후 스트레스 장애라는 것을 알아볼 수 있으면 돼요.

키워드 Pick

2. 자신과 타인 및 세상에 대한 부정적인 생각과 기대가 과장되어 지속됨
   예 "내가 나빠.", "아무도 믿을 수 없어.", "세상은 정말 위험해.", "내 몸의 신경계가 영원히 망가졌어."
3. 외상성 사건의 원인이나 결과에 대해 왜곡된 인지를 지속적으로 가지게 됨으로써 자기 자신이나 타인을 비난
4. 지속적인 부정적 감정 상태
   예 두려움, 공포, 분노, 죄책감, 또는 수치심
5. 중요한 활동에 대한 흥미와 참여가 현저히 감소
6. 사람들로부터 멀어지고 소외된 느낌
7. 지속적으로 긍정적 정서를 경험할 수 없음
   예 행복, 만족, 사랑을 경험하지 못함

E. 외상성 사건의 발생 후 사건과 관련된 각성반응이 현저하게 변화되며, 다음 증상 중 2가지 이상이 나타난다.
1. 사람이나 사물에 대한 언어적 또는 신체적 공격성이 (자극이 전혀 없거나 거의 없어도) 과민한 행동이나 분노폭발로 표출
2. 난폭하거나 자기파괴적 행동
3. 지나친 경계
4. 과장된 놀람반응
5. 집중의 어려움
6. 수면장애
   예 잠들기 어렵거나 지속적으로 자기 어렵거나 숙면하기 어려움

F. 진단기준 B, C, D, E의 증상들은 최소한 1개월 이상 지속되어야 한다.

G. 이러한 증상들이 사회적, 학업적, 직업적 및 다른 중요한 기능 영역에 임상적으로 중요한 손상 또는 결함을 초래한다.

H. 이 증상들은 약물(예 투약, 알코올)이나 다른 의학적 상태의 생리적인 효과에 기인한 것이 아니다.

〈6세 이하 아동의 진단기준〉

A. 다음 중 한 가지 이상의 죽음, 심각한 상해, 또는 성폭행에 실제 노출되었거나 위협을 당한 적이 있다.
1. 외상성 사건을 직접 경험한 경우
2. 다른 사람에게 일어난 외상성 사건을 목격한 경우
   주의: 목격은 전자매체, 텔레비전, 영화, 또는 사진 등에서만 목격된 사건은 포함하지 않는다.
3. 가까운 가족이나 양육자에게 외상성 사건이 일어난 것을 알게 된 경우

B. 외상성 사건이 발생한 이후에 외상성 사건과 관련된 다음 중 한 가지 이상의 증상이 나타난다.
1. 외상성 사건에 대한 반복적이고 무의식적이며 집요하게 떠오르는 고통스러운 회상
   주의: 자발적인 회상이 반드시 고통스러워 보이지 않을 수도 있고 놀이에서 재연될 수도 있다.
2. 외상성 사건의 내용과 정서에 대한 반복적이고 괴로운 꿈
   주의: 무서운 꿈이 외상성 사건과 연관이 있다는 확신이 안 들 수도 있다.

3. 마치 외상성 사건이 재발하고 있는 것 같은 행동이나 느낌을 가지게 되는 분열적 반응(예 갑자기 너무 생생하게 떠오르는 회상)이 연속체상에서 나타나는데, 가장 극심한 경우에는 현실에 대한 자극 상실
4. 외상성 사건과 유사하거나 상징적인 내적 또는 외적 단서에 노출되었을 때 심각한 심리적 고통
5. 외상성 사건과 유사하거나 상징적인 내적 또는 외적 단서에 노출되었을 때 심각한 현저한 생리적 반응

C. 외상성 사건의 발생 후 다음 중 한 가지 이상 외상성 사건과 관련된 자극을 지속적으로 회피하거나 사건과 관련된 인지가 부정적으로 변화되기 시작하거나 악화된다.

■ 자극의 지속적 회피

1. 외상성 사건을 상기시키는 활동, 장소, 사물을 회피하거나 회피하려고 노력
2. 외상성 사건을 상기시키는 사람, 대화, 대인 간 상황을 회피하거나 회피하려고 노력

■ 인지의 부정적 왜곡

3. 증가된 부정적 감정상태
   예 두려움, 죄책감, 슬픔, 수치심, 또는 혼동
4. 중요한 활동에 대한 흥미와 참여가 현저히 감소
5. 사회적으로 위축된 행동
6. 긍정적 감정 표현의 감소

D. 외상성 사건의 발생 후 사건과 관련된 각성 반응이 현저하게 변화되며, 다음 증상 중 2가지 이상이 나타난다.

1. 사람이나 사물에 대한 언어적 또는 신체적 공격성이 (자극이 전혀 없거나 거의 없어도) 과민한 행동이나 분노폭발로 표출
2. 지나친 각성
3. 과장된 놀람 반응
4. 집중의 어려움
5. 수면장애
   예 잠들기 어렵거나 지속적으로 자기 어렵거나 숙면하기 어려움

E. 진단기준 B, C, D의 증상들은 최소한 1개월 이상 지속되어야 한다.

F. 이러한 증상들이 부모, 형제자매, 또래 및 다른 양육자와의 관계와 학교에서의 행동에 임상적으로 중요한 손상 또는 결함을 초래한다.

G. 이 증상들은 약물(예 투약, 알코올)이나 다른 의학적 상태의 생리적인 효과에 기인한 것이 아니다.

키워드 Pick

2. 반응성 애착장애

DSM-5

A. 성인 양육자에 대해 정서적으로 억제되고 위축된 행동을 일관성 있는 양상으로 보이며 다음 2가지로 나타난다.
  1. 괴로울 때도 거의 위안을 구하지 않는다.
  2. 괴로울 때 제공되는 위안에 거의 반응하지 않는다.

B. 지속적인 사회적 및 정서적 장애를 다음 중 2가지 이상에서 나타난다.
  1. 다른 사람에 대한 최소의 사회적 및 정서적 반응
  2. 제한된 긍정적 정서
  3. 성인 양육자와 비위협적인 상호작용을 할 때에도 나타나는 설명할 수 없는 과민함, 슬픔, 또는 두려움의 삽화

C. 아동이 다음 중 한 가지 이상의 극단적으로 불충분한 양육양상을 경험하였다.
  1. 성인 양육자에 의해 제공되어야 하는 위안, 자극, 사랑 등 기본적인 정서적 필요가 지속적으로 제공되지 않는 사회적 방치 또는 사회적 박탈
  2. 주양육자가 반복적으로 교체됨으로써 안정적인 애착관계를 형성할 기회 제한
     예 대리부모의 빈번한 교체
  3. 선택적 애착관계를 형성할 기회가 극도로 제한적이고 비정상적인 양육환경
     예 아동 대 양육자 비율이 높은 시설

D. 진단기준 C에 제시된 바와 같이 적절한 돌봄과 배려를 받지 못한 채 양육되어 진단기준 A에 제시된 행동양상을 보인다.

E. 진단기준이 자폐스펙트럼 장애에 맞지 않는다.

F. 이 증상들이 만 5세 이전에 나타난다.

G. 아동의 발달연령이 9개월 이상이어야 한다.

3. 급성 스트레스 장애

DSM-5

A. 실제적이거나 위협적인 죽음, 심각한 부상, 또는 성폭력에의 노출이 다음과 같은 방식 가운데 한 가지 이상에서 나타난다.
  1. 외상성 사건(들)에 대한 직접적인 경험
  2. 그 사건(들)이 다른 사람들에게 일어난 것을 생생하게 목격함
  3. 외상성 사건(들)이 가족, 가까운 친척 또는 친한 친구에게 일어난 것을 알게 됨
  4. 외상성 사건(들)의 혐오스러운 세부사항에 대한 반복적이거나 지난친 노출의 경험
     예 변사체 처리의 최초대처자, 아동학대의 세부사항에 반복적으로 노출된 경찰관

  주의: 진단기준 A4는 사건과 관계된 노출이 아닌 한, 전자미디어, 텔레비전, 영화 또는 사진을 통해 노출된 경우는 적용되지 않는다.

B. 외상성 사건이 일어난 후에 시작되거나 악화된 침습, 부정적 기분, 해리, 회피, 각성의 5개 범주에 해당하는 총 14가지 증상 중 9가지 이상이 나타난다.

■ 침습증상

1. 외상성 사건의 반복적, 불수의적, 침습적인 고통스러운 기억
   주의: 아동에게서는 외상성 사건의 주제 또는 양상이 표현되는 반복적인 놀이로 나타날 수 있다.
2. 꿈의 내용과 정동이 외상성 사건(들)과 관련되어 반복적으로 나타나는 고통스러운 꿈
   주의: 아동에게서는 내용을 알 수 없는 악몽으로 나타날 수 있다.
3. 외상성 사건이 재생되는 것처럼 그 개인이 느끼고 행동하게 되는 해리성 반응
   예 플래시백: 갑자기 너무 생생하게 떠오르는 회상
   주의: 아동에게서는 외상의 특정한 재현이 놀이로 나타날 수 있다.
4. 외상성 사건을 상징하거나 닮은 내부 또는 외부의 단서에 노출되었을 때 나타나는 극심하거나 장기적인 심리적 고통 또는 현저한 생리적 반응

■ 부정적 기분

5. 긍정적 감정을 경험할 수 없는 지속적인 무능력
   예 행복, 만족, 또는 사랑의 느낌을 경험할 수 없는 무능력

■ 해리증상

6. 주위 환경 또는 자기 자신에의 현실에 대한 변화된 감각
   예 자기 자신을 다른 사람의 시각에서 관찰, 혼란스러운 상태에 있는 것, 시간이 느리게 가는 것
7. 외상성 사건의 중요한 부분들을 기억하는 데의 장애(이는 두부 외상, 알코올 또는 약물 등에 기인한 것이 아니며, 전형적으로 해리성 기억상실에 기인)

■ 회피증상

8. 외상성 사건에 대한 또는 밀접한 관련이 있는 고통스러운 기억, 생각 또는 감정을 회피하려는 노력
9. 외상성 사건에 대한 또는 밀접한 관련이 있는 고통스러운 기억, 생각 또는 감정을 불러일으키는 외부적 암시(사람, 장소, 대화, 행동, 사물, 상황)를 회피하려는 노력

■ 각성 증상

10. 수면교란
    예 수면을 취하거나 유지하는 데 어려움 또는 불안한 수면
11. 자극이 없는데도 사람 또는 사물에 대한 언어적 또는 신체적 공격이나 분노폭발
12. 지나친 각성
13. 집중력의 문제
14. 과장된 놀람 반응

C. 진단기준 B의 증상이 나타나는 기간은 외상 노출 후 3일에서 1개월까지이다.
   주의: 증상은 전형적으로 외상 후 즉시 시작하지만, 장애 진단기준을 충족하려면 최소 3일에서 1개월까지 증상이 지속되어야 한다.

D. 장애가 사회적, 직업적, 또는 다른 중요한 기능 영역에서 임상적으로 현저한 고통이나 손상을 초래한다.

E. 장애가 물질(예 치료약물이나 알코올)의 생리적인 효과나 다른 의학적 상태(예 경도 외상성 뇌손상)로 인한 것이 아니며, 단기 정신병적 장애로 인해 더 잘 설명되지 않는다.

키워드 Pick

4. 적응장애

DSM-5
A. 인식 가능한 스트레스 요인에 대한 반응으로 감정적 또는 행동적 증상이 스트레스 요인이 시작된 지 3개월 이내에 발달한다. B. 이러한 증상 또는 행동은 임상적으로 현저하며, 다음 중 한 가지 이상에서 명백하게 나타난다. 1. 증상의 심각도의 발현에 영향을 미치는 외적 맥락과 문화적 요인을 고려할 때 스트레스 요인의 심각도 또는 강도와 균형이 맞지 않는 현저한 고통 2. 사회적, 직업적, 또는 다른 중요한 기능 영역에서 현저한 손상 C. 스트레스와 관련된 장애는 다른 정신질환의 기준을 만족하지 않으며 이미 존재하는 정신질환의 단순한 악화가 아니다. D. 증상은 정상적인 애도 반응을 나타내는 것이 아니다. E. 스트레스 요인 또는 그 결과가 종료된 후에 증상이 추가 6개월 이상 지속하지 않는다. • 다음 중 하나를 명시할 것 – 우울동반: 저하된 기분, 눈물이 나거나 절망감이 두드러진다. – 불안동반: 신경과민, 걱정, 안절부절못하거나 분리 불안이 두드러진다. – 불안 및 우울동반: 우울과 불안이 함께 두드러진다. – 품행장애 동반: 품행장애가 두드러진다. – 정서 및 품행장애 동반: 내재화증상(예 우울, 불안)과 품행장애가 함께 두드러진다. • 명시되지 않는 경우 – 적응장애의 특정 하위 유형으로 분류할 수 없는 부적응반응이 있는 것 • 다음의 해당하는 경우를 명시할 것 – 급성: 장애가 6개월 미만 지속되는 경우 – 지속성(만성): 장애가 6개월 이상 지속되는 경우

⑨ 급식 및 섭식장애

1. 신경성 식욕부진증

DSM-5
A. 필요한 에너지 섭취를 제한하여 나이, 성별, 발달적 궤도 및 신체적 건강에 근거할 때 심각한 정도로 저체중이다. B. 심각할 정도로 저체중임에도 불구하고 체중이 증가하고 살이 찌는 것에 대해 강한 두려움을 가지고 있거나, 또는 체중이 증가하는 것을 막기 위한 지속적인 행동을 한다. C. 체중과 몸매에 대한 자기평가가 비현실적이며, 저체중의 심각성을 인식하지 못한다.

2. 신경성 폭식증

DSM-5
A. 폭식의 증상이 반복적으로 재현된다. 폭식은 다음 2가지에 의해 정의된다. 1. 대부분의 사람들이 유사한 상황에서 유사한 시간 동안 먹는 것보다 훨씬 많은 양의 음식을 일정시간(예 2시간 내) 동안 섭취 2. 폭식 삽화가 발생하는 동안 자신의 음식 섭취에 대한 통제력 상실 예 음식 섭취를 멈출 수 없고 섭취하는 음식의 양을 조절할 수 없다. B. 체중증가를 방지하기 위하여 자기유도 구토, 설사제와 이뇨제 등의 약물남용, 금식, 과도한 운동 등 부적절한 보상행동을 반복적으로 한다. C. 폭식과 부적절한 보상행동이 3개월 동안 주당 최소한 한 번 이상 발생한다. D. 자기평가는 몸매와 체중에 의해 과도하게 영향을 받는다. E. 이 증상들이 거식증 삽화가 발생하는 기간 동안에만 발생하는 것은 아니다.

3. 폭식장애

DSM-5
A. 폭식 삽화가 반복적으로 나타난다. 폭식 삽화는 다음의 두 가지로 특징지어진다. 1. 대부분의 사람들이 유사한 상황에서 동일한 시간 동안 먹는 것보다 훨씬 많은 양의 음식을 일정시간(예 2시간 내) 동안 섭취 2. 폭식 삽화가 발생하는 동안 자신의 음식 섭취에 대한 통제력 상실 예 음식 섭취를 멈출 수 없고 섭취하는 음식의 양을 조절할 수 없다. B. 폭식 삽화는 다음 중 세 가지(또는 그 이상)와 관련이 있다. 1. 평소보다 훨씬 더 빨리 먹는다. 2. 불편할 정도로 포만감이 들 때까지 먹는다. 3. 배가 고프지 않은데도 많은 양의 음식을 먹는다. 4. 먹는 양이 너무 많은 것을 부끄러워하여 혼자서 먹는다. 5. 폭식 후에 자신에 대해 혐오감을 느끼거나 우울하거나 죄책감을 느낀다.

기출의 맥

급식 및 섭식장애의 하위 유형은 각 유형의 핵심을 파악해 두세요!

키워드 Pick

C. 폭식에 대한 현저한 고통이 있다.

D. 폭식은 적어도 3개월 동안 주당 최소한 한 번 이상 발생한다.

E. 폭식은 신경성 폭식증에서 나타나는 반복적인 부적절한 보상 행동과 연계되지 않으며 신경성 식욕부진증이나 신경성 폭식증이 발생하는 기간 동안에만 발생하는 것이 아니다.

4. 이식증

① 먹을 수 없는 종이, 머리카락, 벌레, 먼지, 지우개, 크레용, 모래, 페인트 등을 먹는 것이다.

② 아동에게 감염, 장 폐색, 중독 등 다양한 손상을 초래한다.

③ 정상적으로 발달하는 아동들은 일반적으로 만 3세가 지나면서 인지적으로 먹을 수 있는 것과 먹을 수 없는 것을 분별하므로 자연스럽게 이식증의 특성들은 더 이상 나타나지 않는다.

④ 이식증은 발달장애인에게서 출현율이 높은 것으로 보고되고 있으며, 이식증으로 진단되기 위해서는 증상이 1개월 이상 지속되어야 한다.

5. 반추장애

DSM-5
A. 최소한 1개월 동안 반복적인 음식물의 역류를 보인다. 역류된 음식을 다시 씹거나, 삼키거나, 뱉을 수 있다.
B. 반복적인 역류는 관련 위장 상태 또는 기타 의학적 상태(예 식도 역류, 유문협착증)에 기인하지 않는다.
C. 증상이 신경성 식욕부진증, 신경성 폭식증, 폭식장애, 또는 회피적/제한적 음식섭취장애가 발생하는 기간 동안에만 발생하는 것이 아니다.
D. 증상이 다른 정신질환이나 신경발달장애와 관련하여 발생하는 경우, 이 증상이 별도로 임상적 관심을 받을 수 있을 정도로 충분히 심각해야 한다.

6. 회피적/제한적 음식섭취장애

DSM-5

A. 섭식 또는 급식장애가 지속적으로 나타나 적절한 영양 그리고/또는 에너지가 부족하게 되고 이는 다음과 관련이 있다.
1. 심각한 체중감소(혹은 아동에서 기대되는 체중에 미치지 못하거나 더딘 성장)
2. 심각한 영양 결핍
3. 위장관 급식 혹은 경구 영양 보충제에 의존
4. 정신사회적 기능에 많은 영향을 줌

B. 장애는 구할 수 있는 음식이 없거나 문화적으로 허용되는 처벌 관행으로 인한 것으로 더 잘 설명되지 않는다.

C. 섭식장애는 신경성 식욕부진증이나 신경성 폭식증의 경과 중 나타나는 것이 아니고, 사람의 체중이나 체형에 관한 장애의 증거가 없어야 한다.

D. 섭식장애는 동반되는 의학적 상태로 인한 것이 아니고, 다른 정신질환으로 더 잘 설명되지 않는다. 만약 이 섭식장애가 다른 상태나 질환과 관련하여 발생한다면, 섭식장애의 심각도는 일반적으로 나타나는 것보다 심해야 하거나 별도로 임상적 관심을 받아야 할 만큼 심각한 것이어야 한다.

• 다음의 경우 명시할 것
 – 관해 상태: 이전에 회피적/제한적 음식섭취장애의 모든 진단기준을 만족한 후 일정 기간 동안 진단기준을 만족시키지 않을 경우

⑩ 조현병 스펙트럼

DSM-5

A. **특징적인 증상들**: 다음의 증상들 중 최소한 2개 이상이 나타나야 하며, 1개월을 기준으로 하였을 때 1개월 중 상당시간 이러한 증상들이 존재하여야 한다(이 기간 동안 성공적으로 치료된 경우에는 이 기간보다 짧을 수도 있다).
다만, 이들 중 하나는 망상, 환각 또는 와해된 언어여야 한다.
1. 망상
2. 환각
3. 혼란된 언어(흔히 말의 중심 내용에서 벗어나거나 지리멸렬한 사고)
4. 뚜렷이 혼란된 행동 또는 긴장형 행동
5. 음성증상들(감정의 둔마, 운동성 실어증, 무의지)

B. **사회적/직업적 기능장애**: 발병 후 전체 시간의 상당 부분에서 직장에서의 일, 대인관계, 자기 돌봄 등의 기능 분야에서 발병 전에 성취하였던 수준에 비하여 현저히 저하되어 있다(소아 또는 청소년인 경우에는 대인관계, 학습 또는 직업적 성취에 있어서 기대수준에 미치지 못한다).

키워드 Pick

C. **지속기간**: 장애의 징후가 최소 6개월 동안 지속된다. 이러한 6개월의 기간에는 최소 1개월(또는 성공적으로 치료된 경우 그 이하 기간)의 진단기준 A를 충족시키는 증상들(즉, 활성기 증상들)을 포함해야 하며, 전구기 또는 잔류기 동안 장애의 징후는 음성증상만 있거나 진단기준 A의 증상들 중 2가지 이상의 증상이 악화된 형태(기이한 믿음, 흔치 않은 지각적 경험들)로 나타날 수 있다.

D. **분열정동장애와 기분장애의 배제**: 분열정동장애(조현정동장애)와 정신증적 특성을 가진 우울 또는 양극성 장애는 배제된다.
   - 주요 우울증 삽화나 조증 삽화가 활성기 증상들과 동시에 나타나지 않는다.
   - 기분 삽화가 활성기 증상 동안 일어난다고 해도 병의 활성기와 잔류기의 전체 기간 중 짧은 기간 동안에만 존재하기 때문이다.

E. **약물/일반적 내과적 질환의 배제**: 상기 장애들이 약물의 작용이거나 일반적 내과질환에 의한 것은 아니어야 한다.

F. **전반적 발달장애와의 관계**: 아동기에 발병한 자폐스펙트럼 장애나 의사소통장애의 병력이 있는 경우 조현병의 진단기준에 요구되는 다른 증상에 더해 현저한 망상이나 환각이 최소 1개월(또는 성공적으로 치료된 경우, 그 이하의 기간) 이상 나타날 경우에만 조현병의 추가적인 진단이 내려진다.

〈아형들(subtypes)〉

A. **망상형**
   1. 한 가지 또는 그 이상의 망상 또는 자주 경험하는 환청
   2. 다음 증상들은 뚜렷이 나타나지 않음. 즉, 혼란된 언어, 해체된 또는 긴장성 행동, 감정의 둔마, 부적절한 감정

B. **혼란형**: 다음 모든 증상이 뚜렷해야 한다.
   1. 혼란스러운 언어
   2. 혼란스러운 행동
   3. 감정의 둔마 또는 부적절성
   4. 진단기준이 긴장형의 진단기준을 만족시키지는 않음

C. **긴장형**: 다음 중 적어도 2개 이상의 진단기준을 만족시켜야 한다.
   1. 강경증(catalepsy, 납굴증 등이 포함됨) 또는 혼미 상태로 특징지어지는 부동 상태
   2. 과다한 운동량(특별한 목적도 없고 외부자극에 의하여도 전혀 영향을 받지 않음)
   3. 극심한 거부증(모든 지시에 대한 이유 없는 저항 또는 움직여 보려는 외부의 시도에 대하여 특정한 자세를 완강히 유지하는 것) 또는 함구증
   4. 자의적 운동이 아주 이상한 모습을 띠는데, 의도적으로 괴상한 자세를 취하거나 상동적인 운동, 매너리즘, 얼굴 찡그림 등으로 표현됨
   5. 반향어 또는 반향행동

D. **미분화형**: 정신분열의 진단기준 A를 만족시키기는 하지만, 망상형, 혼란형 또는 긴장형의 진단기준을 만족시키지는 않는 경우에 내릴 수 있다.

E. **잔재형**
   1. 뚜렷한 망상, 환각, 혼란스러운 언어 그리고 혼란행동 또는 긴장행동은 나타나지 않음
   2. 그럼에도 불구하고 조현병의 증상들이 남아 있음. 즉, 음성증상의 형태로 나타나거나, A의 증상들 중 2개 또는 그 이상이 약화된 형태로 나타나는 경우에 이 진단명을 사용함

MEMO

CHAPTER

자폐성장애 08

맥 VIEW

01 자폐성장애 정의

- DSM-5 진단기준
  - 자폐스펙트럼 장애
  - 사회적 의사소통장애
- 「장애인 등에 대한 특수교육법」 정의

02 자폐성장애 진단 및 평가

- 진단과 평가의 중요성
- 대표적인 진단 · 평가 영역과 검사도구
  - K-CARS-2
  - E-CLAC
  - PEP-R
  - K-ADS
  - SCQ

03 자폐성장애 특성

- 사회적 특성
  - 자폐성장애의 사회적 특성
  - 자폐성장애 학생에게 필요한 주요 사회적 기술
- 의사소통 특성
  - 사회적 의사소통의 결함
  - 비구어적 의사소통의 결함
  - 언어발달적 특성
  - 의사소통에서의 일탈적 특성
  - 함묵증
  - 반향어
  - 음성상동행동
- 인지적 특성
  - 마음이해능력
  - 실행기능
  - 중앙응집능력
  - 기억
  - 모방
- 행동적 특성
  - 자폐성장애의 일반적인 행동 특성
  - 상동행동과 의식행동
  - 변화에 대한 저항
  - 사물에 대한 애착
  - 제한적인 관심
  - 흥미 및 활동
- 감각적 특성
  - 과잉반응과 과소반응
  - 감각조정 어려움의 예
  - Dunn의 감각처리 모델

04 자폐성장애 교육

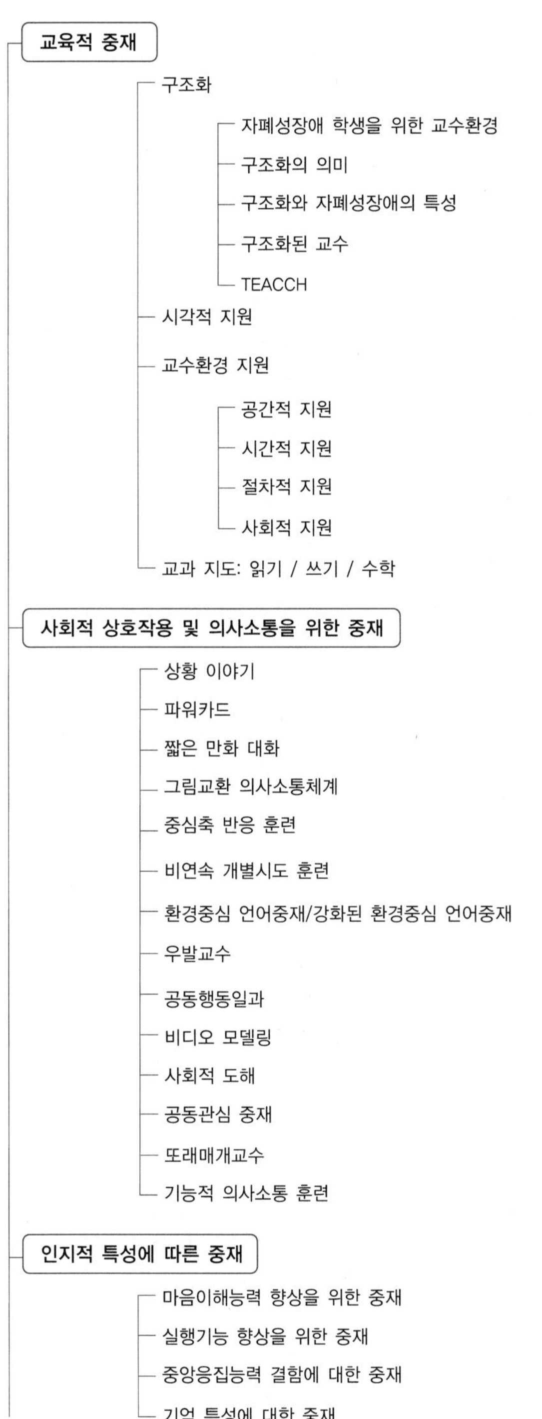

- 감각 특성에 따른 중재
  - 환경분석 및 환경지원
  - 감각 특성에 따른 학습지원 전략
  - 감각처리 패턴에 따른 학습전략
  - 감각중재 관련 유의점
- 발달적 · 관계중심 중재
  - DIR/FLOOR Time 접근
  - 반응적 교수
  - 관계발달중재(RDI)
  - 덴버 모형

자폐성장애

01 자폐성장애 정의

① DSM-5 진단기준

1. 자폐스펙트럼 장애 17·18유, 25초, 17중

DSM-5

A. 다양한 분야에 걸쳐 나타나는 사회적 의사소통 및 사회적 상호작용의 지속적인 결함으로 현재 또는 과거력상 다음과 같은 특징으로 나타난다(예시들은 실례이며 증상을 총망라한 것이 아님).

1. 사회적-감정적 상호성의 결함
   - 예 비정상적인 사회적 접근과 정상적인 대화의 실패, 흥미나 감정 공유의 감소, 사회적 상호작용의 시작 및 반응의 실패
2. 사회적 상호작용을 위한 비언어적 의사소통 행동의 결함
   - 예 언어적, 비언어적, 의사소통의 불완전한 통합, 비정상적인 눈맞춤과 몸짓 언어, 몸짓의 이해와 사용의 결함, 얼굴 표정과 비언어적 의사소통의 전반적 결핍
3. 관계 발전, 유지 및 관계에 대한 이해의 결함
   - 예 다양한 사회적 상황에 적합한 적응적 행동의 어려움, 상상놀이를 공유하거나 친구 사귀기가 어려움, 동료들에 대한 관심 결여

- 현재의 심각도를 명시할 것
  - 심각도는 사회적 의사소통 손상과 제한적이고 반복적인 행동 양상에 기초하여 평가한다.

B. 제한적이고 반복적인 행동이나 흥미, 활동이 현재 또는 과거력상 다음 항목들 가운데 적어도 2가지 이상 나타난다(예시들은 실례이며 증상을 총망라한 것이 아님).

1. 상동증적이거나 반복적인 운동적 동작, 물건 사용 또는 말하기
   - 예 단순 운동 상동증, 장난감 정렬하기, 또는 물체 튕기기, 반향어, 특이한 문구 사용
2. 동일성에 대한 고집, 일상적인 것에 대한 융통성 없는 집착, 또는 의례적인 언어나 비언어적 행동양상
   - 예 작은 변화에 대한 극심한 고통, 변화의 어려움, 완고한 사고방식, 의례적인 인사, 같은 길로만 다니기, 매일 같은 음식 먹기
3. 강도나 초점에 있어서 비정상적으로 극도로 제한되고 고정된 흥미
   - 예 특이한 물체에 대한 강한 애착 또는 집착, 과도하게 국한되거나 고집스러운 흥미
4. 감각정보에 대한 과잉 또는 과소 반응, 또는 환경의 감각 영역에 대한 특이한 관심
   - 예 통증/온도에 대한 명백한 무관심, 특정 소리나 감촉에 대한 부정적 반응, 과도한 냄새 맡기 또는 물체 만지기, 빛이나 움직임에 대한 시각적 매료

C. 증상은 반드시 초기 발달 시기부터 나타나야 한다(그러나 사회적 요구가 개인의 제한된 능력을 넘어서기 전까지는 증상이 완전히 나타나지 않을 수 있고, 나중에는 학습된 전략에 의해 증상이 감춰질 수 있다).

기출의 맥

DSM-5 진단기준은 자폐성장애를 이해하는 기반이며, 출제 빈도가 높습니다. 진단기준을 꼼꼼하게 이해하고 정확히 암기하세요!

기출 LINE

17유)
- 지난 회의에서 자폐성 장애의 주요 특성은 '사회적 의사소통 및 사회적 상호작용에서의 어려움'과 '제한된 반복 행동, 흥미, 활동'을 보이는 것이라고 하셨지요?
- '제한된 반복행동, 흥미, 활동'을 이해하는 것도 필요한데, 여기에는 상동행동, 동일성에 대한 고집과 그 외에 다른 특성들이 더 있어요.

D. 이러한 증상은 사회적, 직업적 또는 다른 중요한 현재의 기능 영역에서 임상적으로 뚜렷한 손상을 초래한다.

E. 이러한 장애는 지적장애(지적발달장애) 또는 전반적 발달지연으로 더 잘 설명되지 않는다. 지적장애와 자폐스펙트럼 장애는 자주 동반된다. 자폐스페트럼 장애와 지적장애를 함께 진단하기 위해서는 사회적 의사소통이 전반적인 발달 수준에 기대되는 것보다 저하되어야 한다.

주의: DSM-IV의 진단기준상 자폐성장애, 아스퍼거장애 또는 달리 분류되지 않는 광범위성 발달장애로 진단된 경우에서는 자폐스펙트럼 장애의 진단이 내려져야 한다. 사회적 의사소통에 뚜렷한 결함이 있으나 자폐스펙트럼 장애의 다른 진단항목을 만족하지 않는 경우에는 사회적(실용적) 의사소통장애로 평가해야 한다. 18중

• 다음의 경우 명시할 것
- 지적장애를 동반하는 경우 또는 동반하지 않는 경우
- 언어손상을 동반하는 경우 또는 동반하지 않는 경우
- 알려진 의학적·유전적 상태 또는 환경적 요인과 연관된 경우
  (부호화 시 주의점: 관련된 의학적 또는 유전적 상태를 식별하기 위해 추가적인 부호를 사용하시오)
- 다른 신경발달, 정신 또는 행동장애와 연관된 경우
  (부호화 시 주의점: 관련된 신경발달, 정신 또는 행동장애를 식별하기 위해 추가적인 부호를 사용하시오)
- 긴장증 동반(정의에 대해서는 다른 정신질환과 관련이 있는 긴장증의 기준을 참조하시오)
  (부호화 시 주의점: 공존 긴장증이 있는 경우에는 자폐스펙트럼 장애와 관련이 있는 긴장증에 대한 추가적인 부호를 사용할 것)

○ 자폐스펙트럼 장애의 심각도 수준

심각도 수준	사회적 의사소통	제한적이고 반복적인 행동
3단계: "상당히 많은 지원을 필요로 하는 수준"	언어적·비언어적 사회적 의사소통 기술에 심각한 결함이 있고, 이로 인해 심각한 기능상의 손상이 야기된다. 사회적 상호작용을 맺는 데 극도로 제한적이며, 사회적 접근에 대해 최소한의 반응을 보인다. 예를 들어, 이해할 수 있는 말이 극소수의 단어뿐인 사람으로서, 좀처럼 상호작용을 시작하지 않으며, 만일 상호작용을 하더라도 오직 필요를 충족하기 위해 이상한 방식으로 접근을 하며, 매우 직접적인 사회적 접근에만 반응한다.	융통성 없는 행동, 변화에 대처하는 데 극심한 어려움, 다른 제한적이고 반복적인 행동이 모든 분야에서 기능을 하는 데 뚜렷한 방해를 한다. 집중 또는 행동변화에 극심한 고통과 어려움이 있다.

키워드 Pick

2단계 : "많은 지원을 필요로 하는 수준"	언어적 · 비언어적 사회적 의사소통 기술의 뚜렷한 결함, 지원을 해도 명백한 사회적 손상이 있으며, 사회적 의사소통의 시작이 제한되어 있고, 사회적 접근에 대해 감소된 혹은 비정상적인 반응을 보인다. 예를 들어, 단순한 문장 정도만 말할 수 있는 사람으로서, 상호작용이 편협한 특정 관심사에만 제한되어 있고, 기이한 비언어적 의사소통이 뚜렷하게 나타난다.	융통성 없는 행동, 변화에 대처하는 데 극심한 어려움, 다른 제한적이고 반복적인 행동이 우연히 관찰한 사람도 알 수 있을 정도로 자주 나타나며, 다양한 분야의 기능을 방해한다. 집중 또는 행동변화에 고통과 어려움이 있다.
1단계 : "지원이 필요한 수준"	지원이 없을 때에는 사회적 의사소통의 결함이 분명한 손상을 야기한다. 사회적 상호작용을 시작하는 데 어려움이 있으며, 사회적 접근에 대한 비전형적인 반응이나 성공적이지 않은 반응을 보인다. 사회적 상호작용에 대한 흥미가 감소된 것처럼 보일 수 있다. 예를 들어, 완전한 문장을 말할 수 있는 사람으로서 의사소통에 참여하지만, 다른 사람들과 대화를 주고받는 데에는 실패할 수 있으며, 친구를 만들기 위한 시도는 괴상하고 대개 실패한다.	융통성 없는 행동이 한 가지 또는 그 이상의 분야의 기능을 확연히 방해한다. 활동 전환이 어렵다. 조직력과 계획력의 문제는 독립을 방해한다.

2. 사회적(화용적, 실용적) 의사소통장애 18중

의사소통장애 진단적 범주는 언어장애, 말소리장애, 아동기 발병 유창성장애(말더듬), 사회적(실용적) 의사소통장애, 그리고 달리 명시된/명시되지 않는 의사소통장애가 있다.

DSM-5

A. 언어적 · 비언어적 의사소통의 사회적인 사용에 있어서 지속적인 어려움이 있고, 다음과 같은 양상이 모두 나타난다.
  1. 사회적 맥락에 적절한 방식으로 인사 나누기나 정보 공유 같은 사회적 목적의 의사소통을 하는 데 있어서의 결함
  2. 교실과 운동장에서 각기 다른 방식으로 말하기, 아동과 성인에게 각기 다른 방식으로 말하기, 그리고 매우 형식적인 언어의 사용을 피하는 것과 같이 맥락이나 듣는 사람의 요구에 맞추어 의사소통 방법을 바꾸는 능력에 있어서의 손상
  3. 자기 순서에 대화하기, 알아듣지 못했을 때 좀 더 쉬운 말로 바꾸어 말하기, 상호작용을 조절하기 위해 언어적 · 비언어적 신호를 사용하기와 같이 대화를 주고받는 규칙을 따르는 데 있어서의 어려움

4. 무엇이 명시적 기술이 아닌지(예 추측하기), 언어의 비문자적 또는 애매모호한 의미(예 관용구, 유머, 은유, 해석 시 문맥에 따른 다중적 의미)가 무엇인지를 이해하는 데 있어서의 어려움

B. 개별적으로나 복합적으로 결함이 효과적인 의사소통, 사회적 참여, 사회적 관계, 학업적 성취 또는 직업적 수행의 기능적 제한을 야기한다.

C. 증상의 발병은 초기 발달 시기에 나타난다(그러나 결함은 사회적 의사소통 요구가 제한된 능력을 넘어설 때까지는 완전히 나타나지 않을 수 있다).

D. 증상은 다른 의학적 또는 신경학적 상태나 부족한 단어 구조 영역과 문법 능력에 기인한 것이 아니며, 자폐스펙트럼 장애, 지적장애(지적발달장애), 전반적 발달지연, 또는 다른 정신질환으로 더 잘 설명되지 않는다.

② 「장애인 등에 대한 특수교육법」의 정의

대상자 선정기준	• 자폐성장애를 지닌 특수교육대상자 • 사회적 상호작용과 의사소통에 결함이 있고, 제한적이고 반복적인 관심과 활동을 보임으로써 교육적 성취 및 일상생활 적응에 도움이 필요한 사람	
진단평가 영역	• 적응행동검사 • 행동발달평가	• 성격진단검사 • 학습준비도검사

맥 Plus

고기능자폐(HFA)와 저기능자폐(LFA)

① 자폐장애는 지능지수 70점을 기준으로 고기능자폐와 저기능자폐로 구분된다.

② 고기능자폐는 평균 이상의 지능(IQ > 70)을 가지고 있으나 자폐 특성을 그대로 가지고 있는 아동을 말하며, 자폐아동의 약 25%가 이에 해당하고, 이 가운데 약 10%는 특정 영역에서 뛰어난 능력이나 기술을 보이는 아동으로서, 이들이 특정 영역에서 나타내는 능력 등을 일컬어 '자폐적 우수성' 또는 '서번트 신드롬'이라고 한다.

키워드 Pick

02 자폐성장애 진단 및 평가

① 진단과 평가의 중요성

1. 자폐성장애를 진단 · 평가하는 주요목표

① 추후 좀 더 자세한 평가가 필요한지를 결정하기 위한 선별
② 특정 서비스를 받을 수 있는지 여부를 판정하기 위한 진단적 평가
③ 자폐성장애를 다른 신경정신과적 증상과 구별하기 위한 감별진단
④ 중재 제공 시 진보를 측정할 수 있도록 발달영역에서의 현행 수준 판별
⑤ 중재목표와 과정을 개발하기 위한 개인의 강점과 요구의 특징 파악
⑥ 발달영역(예 언어발달, 사회성 발달 등) 간의 기능수준에 대한 자세한 설명

2. 조기진단의 필요성

① 자폐성장애교육에 있어 조기발견과 진단은 빠른 조기교육과 중재로 이어져 이를 통해 이후 아동의 발달에 큰 영향을 줄 수 있다는 점에서 매우 중요하다.
② 자폐성장애 아동에 대한 조기중재의 중요성은 그동안 꾸준히 증명되어 왔으며, 보다 빠른 시기에 적절하고 집중적인 지원을 할수록 아동의 예후가 더욱 좋아진다는 점이 강조되었다.
③ 지원 영역은 언어, 정서, 학업발달 등을 모두 포함하며, 결국 이러한 조기중재를 제공하기 위해서는 무엇보다 정확한 조기진단이 필수적이다.
④ 한편, 최근 연구는 유전자 혹은 혈액 검사 등을 통해 자폐성장애를 객관적으로 측정하고 평가할 수 있는 바이오 마커(biomarker)와 같은 표지자(indicators) 찾기를 강조하고 있다. 이러한 노력은 자폐성장애를 보다 빠르고 체계적으로 진단하기 위한 것이지만 여전히 더 많은 연구가 필요한 분야이다.
⑤ 국내에서도 영유아에 대한 선별도구를 개발하려는 다양한 노력이 지속되고 있다. 2007년 이후 전국적으로 시행된 영유아 검강검진 제도 역시 좀 더 체계적인 보완은 필요하나 조기발견에 긍정적인 영향을 주고 있다.

② 대표적인 진단 · 평가 영역과 검사도구

자폐성장애 특성 선별진단 검사도구	• 한국판 자폐증 진단 면담 개정판(K-ADI-R) • 자폐증 진단 관찰 스케줄-2(ADOS-2) • 한국형 아동기 자폐증 평정척도(K-CARS) • 한국어판 사회적 의사소통 설문지(K-SCQ) • 한국판 길리암 자폐증 평정척도 2판(K-GARS-2) • 한국판 아스퍼거 증후군 진단척도(K-ASDS) • 한국판 영유아 자폐 선별검사(KM-CHAT) • 한국판 영유아기 자폐증 선별검사(K-CHAT)
지능검사도구	• 한국판 웩슬러 유아 지능검사 4판(K-WPPSI-4) • 한국판 웩슬러 아동 지능검사 4판(K-WISC-4) • 한국판 카우프만 아동용 지능검사(KABC-Ⅱ) • 국립특수교육원 한국형 개인 지능검사(KISE-KIT)
의사소통 평가를 위한 검사도구	• 그림어휘력검사(PPVT) • 영 · 유아 언어발달검사(SELSI) • 취학 전 아동의 수용언어 및 표현언어 발달척도(PRES) • 한국어판 사회적 의사소통 설문지(K-SCQ) • 한국판 맥아더-베이츠 의사소통 발달평가(M-B CDI-K) • 수용 · 표현 어휘력 검사(REVT) • 구문의미 이해력 검사 • 언어문제 해결력 검사
적응행동 검사도구	• 사회성숙도 검사(SMS) • 한국판 적응행동검사(K-ABS) • 국립특수교육원 적응행동검사(KISE-SAB) • 한국판 적응행동검사 개정판(K-SIB-R) • 지역사회 적응검사(CIS-A)
문제행동 검사도구	• 한국판 아동 · 청소년 평가척도 부모용(K-CBCL 6-18) • 한국판 정서-행동 평가 시스템(K-BASC-2) • 한국판 아동 · 청소년 행동평가척도 교사용(K-C-TRF) • 한국판 청소년 행동평가척도 자기보고용(K-YSR)
운동 및 감각 특성 평가를 위한 검사도구	• 감각프로파일 • 오세레츠키 운동적합성 검사2판(BOMPT-2) • 한국판 시지각 발달검사(K-DTVP-2)

키워드 Pick

1. 아동기 자폐증 평정척도 2판(K-CARS-2) 24중

<table>
<tr><td>목적 및 대상</td><td colspan="2">• 한국판 아동기 자폐 평정 척도 2(Korean Childhood Autism Rating Scale 2 : K-CARS-2)는 자폐범주성 장애를 판별하고 다른 장애와 구별하기 위하여 개발된 평가도구이다.
• 이 검사의 목적은 피검자의 자폐적 특성과 정도를 명확하게 확인하고, 자폐범주성 장애를 진단하는 데 필요한 종합적인 정보를 제공하는 데 있다.
• 이 검사는 만 2세부터 36세까지의 아동, 청소년, 성인을 대상으로 실시할 수 있다.</td></tr>
<tr><td rowspan="4">구성체계</td><td colspan="2">• 평가지의 구성 : 표준형 평가지(standard version : ST)와 고기능형 평가지(highfunctioning version : HF)로 구성되어 있고, 두 평가결과를 객관적이고 타당하게 분석하기 위하여 부모/양육자 질문지(questionnaire for parent or caregivers : QPC)가 포함되어 있다.</td></tr>
<tr><td>표준형
평가지
(ST)</td><td>• 표준형 평가지(ST)는 피검자의 지능지수(IQ)가 79 이하이면서 의사소통 능력이 손상되었거나 측정된 지능지수(IQ)와 상관없이 6세 미만의 피검자에게 실시한다.
• 표준형 평가지는 자폐범주성 장애 아동과 심각한 지적 결함을 지닌 아동을 구별하고, 경도에서 중등도 범위에 속하는 자폐범주성 장애 아동과 중등도에서 중도 범위에 속하는 자폐범주성 장애 아동을 구별하는 데 유용하다.</td></tr>
<tr><td>고기능형
평가지
(HF)</td><td>• 고기능형 평가지(HF)는 지능지수가 80 이상이고 구어기술이 비교적 양호한 6세 이상의 피검자에게 실시한다. 고기능형 평가지(HF)는 고기능자폐범주성 장애인이 자폐범주성 또는 아스퍼거장애로 진단되기에 충분한 증상을 보이는지 결정하는 데 유용하다.</td></tr>
<tr><td colspan="2">• 표준형 평가지(ST)와 고기능형 평가지(HF)의 차이는 고기능형 평가지를 작성할 때 반드시 다양한 정보에 근거해야 한다는 것이다. 표준형 평가지는 부모 면담이나 직접 관찰과 같은 단일 근거로부터 얻은 정보에 근거하여 작성할 수 있지만, 고기능형 평가지는 피검자가 다양한 상황에서 보이는 행동에 대하여 잘 아는 사람과의 면담과 직접 관찰로부터 수집된 정보 등에 근거하여 작성하여야 한다.
• 평가지를 작성할 때, 부모에게 표준형 평가지나 고기능형 평가지를 직접 작성하게 하는 것은 부적절하다. 부모에게서 피검자에 대한 정보를 얻고자 할 때에는 부모/양육자 질문지(QPC)와 직접 면담을 통하여 자료를 수집하여야 한다.</td></tr>
</table>

<table>
<tr>
<td></td>
<td>

• CARS2-ST와 CARS2-HF의 평가 항목 구성(이소현 외, 2019)

<table>
<tr><th>평가유형</th><th>CARS2-ST</th><th>CARS2-HF</th></tr>
<tr><td>평가대상</td><td>6세 미만의 아동 또는 6세 이상이면서 측정된 전반적 IQ가 80 미만이거나 의사소통이 눈에 띄게 손상된 아동</td><td>측정된 전반적 IQ가 80 또는 그 이상이면서 의사소통이 유창한 6세 이상의 아동</td></tr>
<tr><td>항목 구성</td><td>1. 사람과의 관계
2. 모방
3. 정서 반응
4. 신체 사용
5. 사물 사용
6. 변화에 대한 적응
7. 시각 반응
8. 청각 반응
9. 미각, 후각, 촉각 반응 및 사용
10. 두려움 또는 불안
11. 구어 의사소통
12. 비구어 의사소통
13. 활동 수준
14. 지적 반응 수준 및 일관성
15. 전반적 인상</td><td>1. 사회・정서 이해
2. 정서 표현 및 정서 조절
3. 사람과의 관계
4. 신체 사용
5. 놀이에서의 사물 사용
6. 변화에 대한 적응/제한된 관심
7. 시각 반응
8. 청각 반응
9. 미각, 후각, 촉각 반응 및 사용
10. 두려움 또는 불안
11. 구어 의사소통
12. 비구어 의사소통
13. 사고/인지적 통합 기술
14. 지적 반응 수준 및 일관성
15. 전반적 인상</td></tr>
</table>

</td>
</tr>
<tr>
<td>실시 방법 및 채점</td>
<td>

• 피검자의 연령이나 인지능력을 먼저 파악하고, 피검자의 상황에 맞게 표준형 평가지나 고기능형 평가지를 선택하여야 한다.
• 검사자는 기본적으로 표준형이나 고기능형 평가지에서 제시하고 있는 15개 항목을 모두 평가하여야 한다.
• 이때 평가자는 다양한 상황에서 피검자를 관찰하여야 하고, 자녀에 대한 부모의 보고와 종합적인 임상 기록 등을 참고하여야 한다.
• 그리고 관찰을 할 때 피검자가 보이는 행동의 특이함이나 빈도, 강도, 지속시간 등을 모두 고려하여야 한다.
• 검사자가 평가를 할 때에는 피검자에 대한 관찰에 근거하여 표준형 평가지나 고기능형 평가지에서 제시된 각 문항에 대하여 7점 척도 중에 하나를 선택하고, 각 문항에 대하여 관찰한 내용을 기록하여야 한다.
• 15개 항목에 대하여 주어진 평정값을 모두 합해서 총점을 산출하고, T점수와 백분위점수를 활용하여 검사결과를 산출한다.

</td>
</tr>
</table>

키워드 Pick

결과 및 해석

- K-CARS-2는 표준형 평가지(ST)와 고기능형 평가지(HF)에 대하여 원점수와 T점수 및 백분위점수를 제공한다.
- 원점수 총점에 대한 분할점
  - 원점수의 총점에 대해서는 표준형 평가지(ST)와 고기능형 평가지(HF) 모두 분할점(Cut-off score)를 가지고 있다.
  - 표준형 평가지(ST)에서는 원점수가 30점 이상일 경우 자폐범주에 포함되고, 고기능형(HF)에서는 원점수가 26.5점 이상인 경우에 자폐, 아스퍼거장애 등이 있음을 의미한다.
- T점수
  - T점수를 이용하여 자폐의 정도를 나타내고 있다.
  - 피검자의 자폐 관련 행동의 수준이나 정도와 관련하여 규준 집단과 비교하여 판단하기 위하여 T점수를 활용하고 있다.
  - T점수가 25점 미만인 경우에는 정상 범주에 해당하지만, 25점 이상인 경우에는 다양한 수준의 자폐 증상이 있음을 의미한다.
- K-CARS-2-ST 또는 K-CARS-2-HF의 T점수 범위와 관련된 해석

T점수 범위	설명
> 70	자폐로 진단된 사람과 비교할 때 극심한 수준의 자폐 관련 증상
60~70	자폐로 진단된 사람과 비교할 때 매우 높은 수준의 자폐 관련 증상
55~59	자폐로 진단된 사람과 비교할 때 높은 수준의 자폐 관련 증상
45~54	자폐로 진단된 사람과 비교할 때 평균 수준의 자폐 관련 증상
40~44	자폐로 진단된 사람과 비교할 때 낮은 수준의 자폐 관련 증상
25~39	자폐로 진단된 사람과 비교할 때 매우 낮은 수준의 자폐 관련 증상
< 25	자폐로 진단된 사람과 비교할 때 최소한에서 전혀 없는 수준의 자폐 관련 증상

2. 이화-자폐아동 행동발달 평가도구(E-CLAC)

목적 및 대상	• 자폐성장애 아동의 일반적인 행동발달 및 병리적 수준을 평가하기 위해 만들어진 검사도구이다. • 만 1세부터 6세까지를 대상으로 한다. • 저항, 주의산만 등으로 검사 실시가 불가능한 자폐성장애 아동을 대상으로 실시할 수 있는 검사이며, 검사결과는 아동의 개별 수업프로그램 수립을 위한 기초자료로 사용할 수 있다.
구성체계	• 총 18개 영역으로 나누어져 있으며 56개 문항으로 구성되어 있다. • 이는 단계별로 표시하도록 되어 있는 43개의 척도 문항과 해당하는 모든 항목에 표시 하도록 되어 있는 13개의 비척도 문항으로 구성되어 있다.
실시 방법 및 채점	• 아동의 일상생활을 전반적으로 잘 알고 있는 부모 혹은 부모 대리자가 검사를 실시할 수 있으며 검사 시간은 40분에서 50분이 소요된다. • 결과에서 나온 원형 사이코그램은 각 문항이 방사선 하나하나로, 각 단계는 5개의 동심원으로 나타난다. 1단계는 각 문항을 나타내는 방사선과 중심원의 교차점으로, 5단계는 방사선과 외곽원의 교차점으로 구성된다.
결과 및 해석	• 검사결과는 검사 이후 사이코그램을 작성하여 파악한다. • 아동의 발달 정도를 정확히 파악하기 위하여 '발달문항에서의 단계별 달성 연령', '병리문항에서의 단계별 달성 연령'을 해당 사이코그램으로 옮겨 그 결과를 시각화하고 해석한다. • 그림의 면적이나 각 문항에 따른 요철 상태를 살펴봄으로써 대상 아동의 발달이나 병리 상태를 알 수 있다.

3. 심리교육 프로파일(PEP-R)

목적 및 대상	• 자폐성장애 아동과 유사 발달장애 아동의 발달 수준과 특이한 학습 및 행동 패턴을 평가하기 위해 제작된 검사도구이다. • 만 1세부터 7세 5개월까지를 대상으로 하는 검사이다. • 이 검사는 아동의 현재의 발달기능과 행동 특성을 평가할 뿐 아니라 아동의 특이한 학습 및 행동 패턴을 평가하며 이를 바탕으로 개별 치료교육 프로그램에 활용하기 위해 제작되었다.
구성체계	• 발달척도와 행동척도를 합쳐 174문항이다. • 행동척도는 자폐증의 비정상적인 행동패턴 특징을 규정하도록 구성되어 있으며 큰 발달변화를 나타내지는 않는다.
실시 방법 및 채점	• 본 검사는 숙련된 검사자를 통해 이루어지며 검사도구를 활용하여 순서대로 진행된다. 문항별로 검사가 끝난 즉시 정상, 경증, 중증의 세 수준으로 채점한다. • 검사의 소요시간은 45분에서 1시간 30분 정도이다. • 항목들은 발달상 쉬운 것에서부터 어려운 과제로 나열되어 있다. 표준화된 순서를 준수할 필요는 없지만 일반적으로 번호 순서대로 진행한다.

키워드 Pick

결과 및 해석	• 검사결과는 발달척도와 행동척도별로 총 합격점을 근거로 하위 영역별 발달연령과 저체 발달연령을 산출하여 발달척도 결과표를 작성한다. • 행동척도에서는 4개의 하위 영역이 표시되어 있는 사분원의 중심에서 바깥쪽으로 중증에 해당하는 문항 수만큼은 회색으로 칠하여 행동척도 결과표를 작성한다. • 문항 통과 결과가 합격, 싹트기 반응, 실패의 세 수준으로 나타나기 때문에 싹트기 반응이 나타난 문항을 중심으로 개별 지도계획을 수립하여 지도하면 성취도를 높일 수 있다.

4. 한국 자폐증 진단검사(K-ADS)

목적 및 대상	• 자폐성장애에 대한 선별뿐 아니라 자폐성장애를 평가하여 적절한 중재 방안을 제시할 수 있는 평가도구이다. • 만 3세부터 21세까지의 아동 및 청소년을 대상으로 하는 검사이다.
구성체계	• 상동행동(14문항), 의사소통(14문항), 사회적 상호작용(14문항)에 대한 3개의 하위검사에 걸쳐 총 42문항으로 구성되어 있다.
실시 방법 및 채점	• 아동과 적어도 2주 이상 정기적으로 접촉해 온 교사나 부모가 실시할 수 있다. • 하위검사별로 4점 척도로 평정하도록 되어 있으며 검사 소요시간은 약 5~6분이다. • 의사소통이 어려운 검사 대상의 경우 검사문항의 생략이 가능하며 나머지 하위검사를 통해 점수를 산출할 수 있으므로 의사소통이 어려운 대상자도 검사가 가능하다.
결과 및 해석	• K-ADS는 검사를 하고 검사지에 기록한 다음 테스피아 홈페이지의 온라인 심리검사 채점 프로그램에 입력·출력한다. • 검사결과는 자폐지수와 백분위점수로 제시되며, 하위검사별로 표준점수와 백분위점수를 산출할 수 있다. • 결과 해석은 하위검사의 표준점수로 자폐지수, 자폐 정도, 자폐 확률을 구하며, 검사프로파일의 그래프를 작성하여 분석하도록 한다. • 검사결과, 자폐지수가 높을수록 자폐 가능성이 높다고 해석된다.

5. 사회적 의사소통 설문지(SCQ)

목적 및 대상	• 임상적으로 자폐성장애의 가능성에 대해 철저한 임상적 평가가 필요한 아동을 선별하기 위한 도구로 이용될 뿐만 아니라 자폐성장애 증상의 대략적인 심각성 수준을 알려 주는 지표로 이용할 수 있는 검사이다. • 만 2세 이상의 자폐성장애가 의심되는 아동 및 성인을 대상으로 한다. • 이 검사는 일생형(lifetime form)과 현재형(current form)의 두 가지 양식이 있다. 일생형은 진단 의뢰를 목적으로 전반적인 발달을 평정하는 것이고, 현재형은 중재 효과의 평가를 목적으로 진보를 평정하는 것이다.
구성체계	• 일생형과 현재형 검사문항으로 나뉘어 있으며 각각 40문항으로 이루어져 있다. • 일생형은 아동의 평생 동안의 행동에 대한 것으로 지금까지 또는 아동의 인생 중 어떤 시점에서 발생한 행동을 진단하며 진단적 선별검사의 목적으로 이용할 수 있다. • 현재형은 아동의 현재 행동에 대한 것으로 현재부터 지난 3개월 사이에 일어난 행동을 통해 자폐증상을 검사할 수 있다. 현재형은 이전에 자폐성장애로 진단받은 개인의 시간에 따른 변화에 초점을 맞출 경우 유용하다.
실시 방법 및 채점	• 아동의 발달과 현재 행동에 대하여 잘 알고 있는 부모나 보호자가 사회적 상호작용, 언어와 의사소통, 행동의 제한적·반복적·상동적 패턴 등 3개 하위 영역의 각 문항에 대하여 '예' 또는 '아니요'로 평정한다. • 검사시간은 10분 정도가 소요되며, 점수 계산에 5분 정도가 소요된다. • 일생형을 시행할 때는 부모에게 "여기에 제시된 대부분의 질문은 지금까지 아동의 삶에서 어떤 시점에서든지 부모가 아동의 이런 행동을 본 적이 있는지 묻는 것이고, 몇몇의 질문은 만 4~5세 사이 아동의 부모가 아동의 이런 행동을 본 적이 있는지를 묻는 것입니다."라는 내용을 말해 준다.
결과 및 해석	• 1번 문항은 아동이 2개 이상의 단어(구절)를 말하는지 아닌지를 기록할 뿐 점수와는 무관하며, 2번에서 40번의 동그라미 0 또는 1의 점수를 나타낸다. • 총합을 계산하기 위해 각각의 세로열에서 '1'의 응답수를 세고 그 세로열의 맨 밑에 합계를 기록하며 총 4개의 세로열 합계를 합산한 것이 총계에 해당된다. • 검사의 결과는 현재형과 일생형별로 별도로 제시되며, 일생형의 경우 15점 이상이면 자폐성장애의 가능성이 있는 것으로 해석한다. • 이 검사는 집단 간 비교나 지도 전후의 효과 분석에도 유용하다.

키워드 Pick

기출의 맥

자폐성장애 학생의 다양한 특성은 기출문제에서 학생 특성의 예로 자주 제시됩니다. 제시된 특성을 보고 어떤 개념에 해당하는지 파악할 수 있어야 합니다.

03 자폐성장애 특성

① 사회적 특성 15유

1. 자폐성장애의 사회적 특성

사회 의사소통 특성	관련 행동의 예시
사회·정서적 상호성의 어려움	• 다른 사람에게 사회적으로 적절한 접근을 하는 데 어려움 • 다른 사람의 감정 인식의 어려움 • 자신의 감정 표현의 어려움 • 즐거움, 관심, 정서, 애정 등을 다른 사람과 공유하는 데 어려움 • 관심 있는 물건 보여주기, 가져오기, 가리키기 행동의 어려움 • 다른 사람의 칭찬에 적절한 반응을 나타내는 데 어려움 • 자신의 관심사를 다른 사람과 공유하는 데 어려움
사회적 상호작용을 위해 사용하는 비언어적 의사소통 행동의 어려움	• 눈맞춤, 응시행동의 어려움 • 다른 사람의 몸짓을 이해하거나 의사소통을 위한 몸짓 사용에서의 어려움 • 얼굴표정을 포함한 비언어적 의사소통행동 사용의 어려움 • 의사소통을 위해 목소리의 크기를 조절하거나 적절한 억양을 사용하는 데 어려움 • 문서화되지 않거나 비유적인 표현(예 유머 풍자, 속담 등)을 이해하는 데 어려움
사회적 관계 형성과 유지 어려움	• 사회적 규약과 사회적 기대를 이해하지 못함 • 다른 사람의 사회적 행동을 적절히 해석하는 데 어려움 • 대인 간 사회적 상호작용의 어려움 • 다양한 사회적 맥락에 맞게 행동하는 데 어려움 • 사회적 상호작용을 시작하고 반응하는 데 어려움 • 발달 수준에 적절한 또래관계 형성의 어려움

2. 자폐성장애 학생에게 필요한 주요 사회적 기술

(1) 의사소통기술

① 사회적 상호작용을 위한 의사소통기술에는 상호작용 대상자를 만났을 때 "안녕?" 하고 말하며 상호작용을 시작하는 시작행동, 다른 사람들이 이미 이야기를 나누고 있는 상황에서 적당한 때 이야기에 끼어들어가 대화에 참여하기, 대화 주제에서 벗어나지 않으면서 대화 유지하기, 다른 친구들의 시작행동에 반응하기, 다른 사람의 이름을 부르기, 다른 사람에게 칭찬을 하거나 다른 사람의 칭찬을 듣는 행동, 다른 사람에게 인사하기, 무엇인가에 대하여 이야기를 하거나 지시하기, 다양한 주제로 이야기하기 등이 있다.

② 이 외에도 다른 사람과 상호작용을 하는 동안 일어나는 모든 행동은 의사소통기술이 될 수 있는데, 이러한 의사소통행동은 구두어(verbal language)만이 아닌 몸짓이나 얼굴표정과 같은 다양한 행동으로도 이루어질 수 있다.

(2) 비구어적 사회적 기술

① 비구어적 사회적 기술은 사회적 단서를 파악하여 이해하고 적절히 사용하는 능력이다.
② 명시적 언어로 표현되지 않은 미묘하고 복잡한 비구어적인 사회적 단서를 이해하는 것은 사회적 상호작용의 필수 요소이다.
③ 자폐성장애 아동은 복잡한 사회적 단서를 이해하고 사용하는 데 어려움을 보이기 때문에 적절한 사회적 관계를 형성하고 사회적 상호작용을 하는 데 많은 어려움을 나타낸다.
④ 구체적으로 다른 사람의 얼굴 표정이나 눈맞춤, 몸짓과 같은 비언어적 단서를 이해하고 사용하는 데 어려움을 보인다.
⑤ 언어를 사용할 때도 목소리 크기, 높낮이 등과 같은 운율학적 요소를 적절히 사용하지 못하는데 이 또한 사회적 단서를 이해하고 표현하는 데 어려움이 있는 것으로 해석된다.

(3) 협력적 행동

① 협력적 행동이란 다른 사람의 지시를 따르거나 규칙을 따르고, 다른 사람을 도우며 공동작업을 해야 하는 상황에서 다른 사람을 참여시킬 수 있는 능력을 의미한다.
② 사회적 상황에서 다른 사람과 협력하는 행동은 그 사회 내에서 한 구성원으로 인정받을 수 있는 매우 중요한 행동이다. 예를 들어, 교실 청소를 하는 동안 친구들과 함께 청소를 하는 행동 역시 협력적 사회적 행동이다. 교실과 지역사회, 가정의 규칙을 따르는 것과 교사나 부모의 지시를 따르는 것도 협력적 행동에 포함된다.
③ 사회적 기대와 관습을 이해한다는 것은 사회적 상황과 연령에 적합한 행동을 한다는 것을 의미하여 사회적 상황에서 다른 사람과 행동을 조율하고 조절한다는 의미에서 협력적 행동으로 이해된다.
④ 대부분의 자폐성장애 학생들은 이러한 사회적 기대와 사회적 관습을 이해하는 데 많은 어려움이 있기 때문에 사회적 기대에 적합하지 않은 행동을 할 가능성이 높다. 그러므로 대상 학생이 소속된 사회에서 요구하는 사회적 기대와 사회적 관습을 포함한 협력적 행동을 명시적인 언어와 구체적인 내용으로 안내할 필요가 있다.

키워드 Pick

(4) 중심행동

① 중심행동의 의미

㉠ 중심행동(Pivotal Behaviors)이란 사회적 상호작용을 위해 필요한 기본행동을 의미한다.

㉡ 구체적으로 상호작용 대상자에게 눈을 맞추고 대상자를 바라보는 응시행동, 상호작용 대상자와 공동의 관심 기울이기, 다른 사람의 관심을 이끌어 내는 행동이나 관심 요청하기, 사회적 상호작용을 시작하기 위한 시작행동과 다른 사람들에게 도움 요청하기 등은 사회적 상호작용을 위한 기본적인 행동이다.

㉢ 사람들은 이러한 행동을 습득하여 점차 복잡하고 다양한 사회적 행동을 하게 된다. 따라서 이러한 행동을 중심행동이라 한다.

② 눈맞춤과 응시행동

㉠ 사회적 상호작용 대상자에게 눈을 맞추고 바라보는 응시행동은 매우 중요한 사회적 행동이다.

㉡ 간단하게 눈을 마주치는 행동에서부터 상호작용 대상자의 시선을 계속 추적하는 행동에 이르기까지 다양한 행동을 하게 되며, 이러한 행동은 상호작용 대상자를 향한 방향성(orientation)으로 수많은 사회적 자극 중 필요한 자극에 집중할 수 있도록 조절하기 위한 중요한 생물학적 특성이다.

㉢ 사회적 방향성(social orienting)은 청각적 자극이나 시각적인 사회적 자극을 향한 행동으로 주로 자극을 향해 머리를 돌리거나 쳐다보는 행동으로 나타난다.

㉣ 자폐성장애 아동은 이러한 사회적 자극에 대한 방향성을 나타내는 행동인 눈맞춤과 응시행동을 발달시키지 못하거나, 발달시키더라도 일반아동에 비해 낮은 수준의 행동을 나타낸다.

③ **사회적 상호작용 시작행동 및 다른 사람의 관심 요청하기**: 자폐성장애 학생들은 상호작용 시작행동이나 관심 요청하기 행동에 어려움을 겪는다. 따라서 사회적 상호작용을 위한 교육을 실시할 때 이러한 중심행동을 우선적으로 지도하는 것이 바람직하다.

④ 공동관심 23 · 24유, 19중

> **기출의 맥**
> 공동관심은 자폐성장애에서뿐만 아니라 의사소통장애에서도 매우 중요한 개념이에요. 기본 개념을 정확히 알아 두어야 하고, 다양한 상황에서 예를 들 수 있어야 합니다.

㉠ 사회적 상호작용 대상자와 상호작용을 하는 과정에서 특정한 사물이나 대화 주제에 대해 서로 같은 관심을 보이는 것 또한 중심행동의 하나이다.

㉡ 일반아동들은 6~18개월 사이에 지적하기(pointing)를 하거나 다른 사람의 시선의 움직임을 따라가면서 그 사람의 관심을 함께 공유할 수 있다. 그러나 자폐성장애 아동은 시선의 움직임이나 지적하기와 같은 시각적 단서를 따르지 못하거나 다른 사람의 관심을 불러일으키기 위한 시작행동을 하거나 다른 사람이 공동관심을 유도하기 위해 나타내는 비구어적 몸짓을 이해하지 못한다.

㉢ 공동관심(joint attention)에는 '공동관심에 반응하기(RJA: Response to Joint Attention)'와 '공동관심 시작하기(IJA: Initiation of Joint Attention)'라고 하는 두 가지 상호보완적인 행동이 있다. 23 · 24유, 19중

유형	기술	정의
공동관심 시작하기	협동적인 공동주시	아동은 성인과 사물을 번갈아 쳐다보고 관심을 공유하기 위해서 다시 성인을 바라본다. (이러한 행동은 사물을 보고 성인을 본 후에 다시 사물을 보는 반대 순서로 행해질 수도 있다.) 이러한 몸짓은 "저거 봐, 재미있는데!"라는 뜻이다.
	보여 주기 23유	아동은 손에 놀잇감을 들고 관심을 끌기 위해서 성인 앞에 들고 보여 준다. 아동은 성인에게 놀잇감을 주지는 않는다. 이러한 몸짓은 "내가 뭐 가졌는지 봐!"를 의미한다.
	공유하기 위해 건네주기	아동은 놀잇감에 대한 도움을 얻기 위해서가 아니라 단순히 공유하기 위해서 성인에게 놀잇감을 준다. 이러한 몸짓은 "여기 놀잇감이 있으니까 너도 놀아도 돼!" 또는 "네 차례야!"라는 뜻이다.
	가리키기	아동은 단순히 성인의 관심을 흥미로운 어떤 것으로 이끌기 위해 사물을 가리킨다. 아동은 성인이 놀잇감에 대해 행동하기를 원하지 않는다. 이러한 몸짓은 "저거 봐요! 재미있어요."라고 의사소통하는 것이다.
공동관심 반응하기	가리키는 곳 따르기	성인이 사물을 가리킨 후에 아동은 가리킨 곳을 따라 동일한 사물을 바라보는 것으로 반응한다.
	시선 따르기	아동은 성인이 바라보고 있는 것으로 성인의 시선을 따른다.

㉣ 공통참여 상태의 정의

참여 상태	정의
비참여	하나의 사물이나 사람에게 적극적으로 관심을 기울이지 않는다.
대물참여	놀잇감이나 사물을 가지고 기능적인 방법으로 적극적으로 놀이한다. 다른 사람은 이 활동에 참여하지 않는다.
대인참여	놀잇감이나 사물 없이 다른 사람과 적극적으로 상호작용을 한다(노래 부르기, 손바닥치기 놀이하기).
지원된 공동참여	아동과 성인이 놀잇감이나 사물을 가지고 상호작용을 한다. 그러나 아동은 상호작용을 시작하거나 성인 상호작용을 분명하게 의식하지는 않으며 상호작용의 결과도 의식하지 않는다. 성인은 상호작용을 "지원한다."
협동적인 공동참여	아동과 성인 모두가 적극적으로 상호작용을 한다. 아동은 성인의 존재를 분명하게 의식하며 양쪽 모두 상호작용 중에 시작행동을 보인다.

키워드 Pick

맥 Plus

공동관심

어떤 사물이나 사건에 대한 주의를 타인과 공유하는 상호작용이다. 공동관심에는 사물이나 사건에 대해 다른 사람의 주의를 탐지하고 따라 하려는 시도, 즉 시선주시, 가리키기, 주기, 보이기 등이 포함된다. 이러한 행동, 즉 상대방이 바라보거나 손가락으로 가리키는 곳을 함께 바라보는 행동을 통해 상호 개인 간에 정서적인 교류가 일어난다. 공동관심은 생의 초기 전형적인 발달에 있어서 중요한 요소로 작용하는데, 일반적으로 아동의 수용 및 표현 언어와 동시적으로 관련되며, 그 이후에 출현하는 더욱 복합적인 표현 언어, 상징놀이 및 마음이론의 발달에도 중요한 역할을 한다. 전형적으로 발달하는 영아는 6개월경에 다른 사람의 눈과 머리가 향하는 곳을 정확하게 따를 수 있다. 예컨대, 타인의 눈길을 따를 수 있는 공동관심 능력은 사회적 의사소통기술의 발달에 중요한 역할을 하며, 다인의 마음 상태를 추측하는 데 있어서 결정적인 역할을 한다.

— 「특수교육학 용어사전」

(5) 놀이기술

① 어린아이들에게서 자연스럽게 나타나는 놀이기술은 매우 다양한 능력을 필요로 한다. 예를 들어, 친구에게 "놀자"라고 놀이를 제안하거나 놀이를 유지하기 위하여 놀이를 구성하고 역할을 정하려면 충분한 의사소통능력이 있어야 하며, 그와 더불어 인지능력과 사회적 능력이 필요하다. 또한 유아들의 거친 놀이나 규칙이 있는 게임 등을 위해서는 충분한 운동능력이 필요하다. 그리고 상상력을 필요로 하는 가장놀이는 놀이에서 매우 많은 부분을 차지하는데, 자폐성장애 학생들의 경우 이러한 놀이기술의 발달에 전반적인 어려움을 보인다.

② 주고받기는 모든 놀이과정에서 필요한 핵심기술 중 하나이다. 즉, 다른 한 친구가 이야기를 하면 앞에 있는 친구는 그 이야기에 반응하는 것과 같은 순서를 지키며 놀이 행동을 교대하고 주고받는 행동 또한 매우 중요하지만, 자폐성장애 학생에게는 매우 어려운 기술에 해당한다.

(6) 정서인식과 표현

① 정서인식이란 자신과 다른 사람의 다양한 정서를 이해하는 것이다. 사람들은 일상생활을 하는 동안 다양한 정서를 이해하고 표현하게 되는데, 정서 표현의 적절성은 사회적 수용도에서 매우 중요한 요소이다.

② 자폐성장애인들은 다른 사람의 정서를 인식하고 자신의 정서를 표현하는 데 어려움을 보인다. 더불어 다른 사람이 행동하고 생각하고 감정을 느끼는 것과 관련해서 자신의 행동을 조절하는 데 어려움을 보인다.

③ 다른 사람의 정서를 잘 이해하고 그에 적절한 반응을 하려면 다양한 정서를 아는 것도 필요하지만 다양한 표현방식을 이해할 수 있어야 한다. 다양한 방식으로 표현되는 다른 사람의 정서를 이해하려면 대인지각으로 불리는 사회적 인지, 즉 다른 사람의 마음을 이해할 수 있는 마음이해능력이 발달되어야 하는데 자폐성장애인들은 이러한 마음이해능력에 어려움이 있다.

④ 이러한 여러 가지 어려움으로 인하여 다른 사람의 정서를 이해하고 반응하는 부분에서 많은 어려움을 나타낸다. 또한 자신의 정서이해에 어려움을 보이며 적절한 방법으로 자신의 정서를 표현하고 조절하는 데 어려움을 나타낸다.

(7) 사회 · 정서적 상호성

① 사회 · 정서적 상호성이란 사회적 상호작용을 하는 과정에서 다른 사람과 적절한 사회적 관계와 정서적 상호작용을 하는 것을 의미한다.

② 자폐성장애 학생들은 이러한 사회 · 정서적 상호성에서 많은 어려움을 보이며 때로는 이러한 부분에 전혀 관심이 없는 것으로 보일 수 있다. 그러나 자폐성장애인들은 표현하는 방식이 일반인의 방식과 다른 형태로 표현할 수도 있다. 따라서 자폐성장애 학생이 나타내는 행동의 기능을 이해하고 이를 사회적으로 적절한 형태로 대체할 수 있도록 바람직한 사회적 기술을 지도할 필요가 있다.

② 의사소통 특성

1. 사회적 의사소통의 결함

① 자폐성장애 아동은 초기 의사소통 발달단계에서 몸짓을 이용하여 가리키기를 하지 않거나 주변 사람의 주의를 끌기 위해 이를 활용하지 못하는 경향을 보인다.

② 타인과의 상호작용에 있어 비전형적인 사회적 접근을 보이거나 적절한 대화의 시작과 유지에 실패하며, 흥미나 감정을 공유하는 데 어려움을 보이고, 사회적 상호작용을 시작하거나 이에 반응하는 것의 실패 등은 사회적 상호작용의 결함을 보여주는 예라고 할 수 있다.

2. 비구어적 의사소통의 결함

① 자폐성장애 아동의 경우 의사소통하면서 눈맞춤을 하는 것을 어려워하고 상대방의 몸짓 언어나 얼굴 표정과 같은 비구어적 단서를 이해하거나 의사소통을 위해 이를 사용하는 데 어려움을 보인다.

② 언어발달의 지체가 없는 고기능자폐장애와 아스퍼거장애로 진단된 청소년집단이라 하더라도 비장애 또래집단에 비해 비언어적 의사소통행동에 대한 지식이 부족한 것으로 나타났으며, 또래에 비해 부적절한 시선, 얼굴표정, 몸짓/손짓, 신체적 거리 순으로 문제를 보인다.

3. 언어발달적 특성 15유

(1) 의미론적 언어발달 특성

① 일반화 과정으로 넘어가지 못하고 특정 사물을 특정 낱말로만 명명하는 특정화 단계에 머무르는 경우가 많다.

② 사물의 기능보다는 물리적 유사점에 근거하여 분류해 나간다.

③ 초기 어휘는 비생동적인 사물에 국한되며, 어휘의 대부분이 명사인 경향이 있다.
④ 관계어의 습득에 어려움이 있다.
⑤ 외적행동을 나타내는 행위동사들에 비해 내적 상태를 나타내거나 상태의 변화를 나타내는 상태동사들을 습득하는 데 큰 어려움이 있다.
⑥ 시제를 나타내는 형태소 사용에 결함을 보인다.
⑦ 문장을 이용하거나 표현할 때 낱말들 간의 의미론적 결합보다는 낱말의 순서에 따라서 처리한다.

(2) 화용론적 언어발달 특성

① 고기능자폐아동이나 성인자폐들은 화자와 청자가 교대로 말을 한다는 것을 이해하지 못하며, 화자와 청자의 역할이 수시로 바뀔 수 있다는 것을 인식하는 데 어려움을 겪는다.
② 저기능자폐아동들은 비구어적 교대 활동에서도 어려움을 보인다.
③ 시선 맞추기 행동에 어려움이 있다.
④ 대화를 시작할 때 상대방의 주의를 끄는 행동에 있어서도 어려움을 나타낸다.
⑤ 일반적으로 다른 사람과 의사소통을 하려는 의욕 자체가 부족한 것으로 보인다.
⑥ 일반아동들과 마찬가지로 다양한 의사소통 기능들을 짧은 시기에 습득하기보다는 오랜 기간에 걸쳐서 단계적으로 습득해 나간다.
⑦ 정보제공 및 통제 기능이 유의하게 제한되어 있으며 부적절한 문장이 많이 포함되어 있다.
⑧ 상대방의 입장이나 감정에 대한 인식이 부족하기 때문에 언제 주제를 바꿀지, 상대방이 그 주제에 흥미를 갖고 있는지, 또는 상대방이 무엇을 원하는지에 대하여 민감하게 반응하지 못한다.
⑨ 부적절하게 주제를 전환하거나 주제에 대한 몰두와 고집을 보일 수 있다.
⑩ 대화 상대자의 단서에 대해 적절히 반응하지 못하고, 상호교환성이 부족하다.
⑪ 본인을 알지만 대화 상대자는 알기 어려운 막연한 언급을 하거나, 대본같이 정형화된 대화를 보이기도 한다.

(3) 비구어 의사소통

① 눈맞춤 행동에 질적 결함을 보이며 감정을 표현하기 위해 얼굴표정을 사용하지 못하고 의미 있는 몸짓을 사용하는 데 있어서 양적, 질적으로 다를 뿐만 아니라, 특히 공동관심을 위한 가리키는 행동에 있어서 결정적인 결함을 보인다.
② 상대방을 모방하는 것이 의사소통의 형성에 있어서 중요한 역할을 한다는 사실을 이해하지 못할 뿐만 아니라 모방기술 자체도 많이 제한되어 있다.
③ 다른 사람들과 신체적으로 접촉하는 것을 좋아하지 않기 때문에 의사소통기술의 발달에 영향을 받는다.

(4) 준언어적(반언어적) 측면 13 · 15유, 16초, 16중

① 억양이 단조롭다.

② 평서문과 의문문의 억양에서 차이가 없다.

③ 리듬과 강세가 없다.

④ 말에서 쉼이 문맥에 따라 적절하게 이루어지지 않는다.

기출 LINE

13추유) 말의 높낮이, 강세, 리듬, 속도와 같은 언어의 준언어적 측면에서는 전혀 변화가 없어요.

4. 의사소통에서의 일탈적 특성

① 구어 발달이 전혀 나타나지 않거나 지체될 수 있다.

② 몸짓과 같은 의사소통의 대체 양식을 사용하는 데 어려움이 있다.

③ 사람을 '도구'로 사용하는 경향이 있다.

④ 반향어(즉각 또는 지연 반향어)를 사용한다.

⑤ **대명사 반전**: 반향어는 일반적으로 대명사를 바꿔 사용하는 대명사의 반전으로도 나타난다. 자폐아동이 "너 이 과자 먹을래? 나는 하나만 먹어야겠다."라는 말을 들으면, 아동은 여기서 말하는 '너'는 자기 자신이고 '나'는 상대방으로 생각하여 자신을 표현할 때 '나'가 아닌 '너'로 표현하게 된다.

⑥ **독특한 어조와 억양**: 높낮이가 없는 기계음과 같이 말을 하거나 매우 높은 어조로 말하거나 모든 문장을 의문문으로 말하기도 한다. 구어의 이러한 독특한 소리와 억양은 자폐스펙트럼장애인을 빠르게 구별할 수 있는 가장 분명한 특징이라 할 수 있다.

⑦ **언어를 독특한 방식으로 사용**: 예를 들면, 5세의 자폐아동이 (네모 모양의) 생선 튀김을 다 먹을 때까지는 (동그란 모양의) 과자를 먹을 수 없다는 말을 들었을 때, 이 아동은 생선 튀김처럼 네모난 음식을 먹고 싶지 않고 동그란 음식을 원한다고 말한다. 계속해서 아동은 특정 모양 또는 색의 음식을 요구한다. 아동이 포도를 원할 때 포도라는 말 대신에 초록색 타원형 음식을 달라고 할 수 있다.

5. 함묵증

완전 함묵증	• 어떠한 소리도 내지 않는다. • 언어이해력이 거의 없다.
기능적 함묵증	• 자기자극이나 소리 유희를 위한 약간의 소리를 동반한다. • 언어발달이 매우 제한되어 있다.
준함묵증	• 욕구나 거부 등 즉각적인 표현을 하기 위한 어휘가 충분하지 못하다. • 언어가 비교적 발달되어 있다.
선택적 함묵증	• 특정한 장소와 사람에게만 말을 하는 형태이다(자폐아동의 초기 함묵증세와는 별개).

키워드 Pick

6. 반향어 13 · 13추 · 14 · 25유, 25초, 16 · 18중

(1) 반향어의 의미

전에 들은 낱말이나 문장을 의도나 의미 없이 반복하는 현상이다.

(2) 반향어의 유형

① 즉각 반향어

유형	기능	예시
언어적 이해가 전혀 없이 비상호적으로 나타나는 반향어	비초점	시선이나 동작이 사람이나 사물을 향하지 않고 발화 후에도 그 의도를 나타내는 증거가 보이지 않음
언어적 이해는 전혀 없지만 상호적으로 나타나는 반향어	주고받기 반응	시선이나 동작이 사람이나 사물을 향하고 있으나, 주고받는 순환적인 반응이나 이해를 동반하지 않음
언어적 이해는 있지만 비상호적으로 나타나는 반향어	연습	행동을 일으키기 전에 생긴 반향어로서, 직후의 동작이나 의도가 추측됨
	자기규제	동작을 행하는 중에 자기가 행해야 할 동작에 대해서 반향어로 말함
언어적 이해가 이루어지고 상호적으로 나타나는 반향어	기술	시선이나 동작이 사람이나 사물을 향해 있고, 사물의 명칭을 반향어로 말함
	긍정 대답	반향어로 긍정을 표현하는 것으로, 직전 또는 직후의 동작으로 그 의도가 표현되어 있다는 것을 알 수 있음
	요구	필요한 물건을 얻거나 하고 싶은 행동을 하기 위하여 반향어를 말하는 것으로, 허가가 주어지면 사물을 가져가거나 하고 싶은 행동을 함

기출의 맥

반향어의 예시가 주어지면 그 기능을 파악할 수 있어야 해요. 기능은 반향어를 사용함으로써 무엇을 얻고자 했는지, 무엇을 얻게 되었는지를 확인하면 됩니다.

기출 LINE

14유) 오전 자유선택활동이 끝나고 정리 정돈하는 시간이 되자 보라는 교사를 화장실 쪽으로 끌면서 며칠 전 들었던 "화장실 갈래?"라는 말을 반복하였다. 교사는 "화장실에 가고 싶어요."라고 말한 후 화장실로 데리고 갔더니 용변을 보았다.

18중) 광고에 나오는 단어나 문장을 일정한 시간이 지난 뒤에 다시 말할 때가 자주 있어요.

② 지연 반향어

유형	기능	내용
상호작용적 반향어	차례 지키기	번갈아 가며 언어를 교환하는 데 있어 화자가 바뀔 때 사용되는 말
	언어의 완료	다른 사람들이 시작한, 익숙한 언어 일과를 완성하는 말
	정보 제공	상황에 따른 맥락에서 분명하지 않은 새로운 정보를 제공하는 말
	명명하기	주위에 있는 물건들이나 행동들을 명명하는 말
	항의	다른 사람들의 행동에 항의하는 말, 다른 사람들의 행동을 막는 데 사용될 수도 있음
	요청	물건들이나 행동들을 요청하는 데 사용되는 말
	부름	자신에게 주의를 돌리게 하거나 상호작용을 수립·유지하게 하기 위해 사용되는 말
	확인	이전에 나왔던 말을 확인함을 가리키는 데 사용되는 말
	지시	다른 사람들의 행동을 지시하는 데 사용되는 말(종종 명령)
비상호작용적 반향어	분명치 않음	분명한 의사소통 의도가 없거나 상황에 따른 맥락에 적절하지 않은 말
	상황 연계	분명한 의사소통 의도가 없는 말로 어떤 물건이나 사람, 상황, 혹은 활동에 의해 촉발되는 것으로 보임
	자기지시	자신의 행동을 조절하는 데 사용되는 말, 운동기능을 이용한 행동과 동시에 산출됨
	시연	낮은 소리로 산출되는 말로 더 커다란 상호작용적 음성 산출이 뒤따름. 후속 산출을 위한 연습일 수 있음
	명명	분명한 의사소통 의도가 없이 주위에 있는 물건들이나 행동들을 명명하는 말, 언어를 학습하기 위해 연습하는 것일 수도 있음

키워드 Pick

7. 음성상동행동

① 자폐아동들은 음성상동행동으로서 혀 굴리는 소리라든지, 의미가 없는 소리나 말을 반복한다. 이는 마치 자폐 특유의 자기자극행동을 연상시키는데, 이때 자기자극행동이란 자기에게만 어떤 감각적 자극을 줄 뿐 행동 자체에는 어떤 의미가 없다는 뜻이다.
② 의미가 없는 말을 반복하는 음성상동행동 역시 통제되어야 하는 행동 중 하나로 알려져 있다.

맥 Plus

삼중손상(Wing, 1996)

① Wing에 따르면 3가지의 손상(삼중손상)은 다양한 방식으로 나타났지만, 그 저변에 잠재하는 유사성이 있다.
② 윙 모형의 강점은 자폐스펙트럼의 모든 범위를 포괄하기에 충분할 정도로 탄력적이면서도 개념적으로 일관성이 있으며 3가지 핵심적 손상에 초점을 맞추고 있다는 점이다.
③ 3가지 원이 교차하는 지점에서 자폐증이 발생한다.
④ 3가지 손상이 모두 나타나야 하지만, 이 요소들 각각이 자폐성장애인에 영향을 미치는 정도는 개인에 따라 다르다.

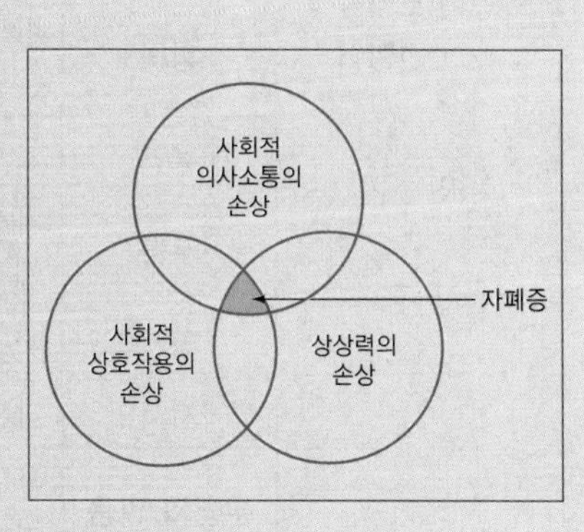

③ 인지적 특성

1. 마음이해능력 15유, 18 · 22초, 20 · 25중

기출의 맥

마음이론이나 마음이해능력을 지칭하는 용어가 다양한데, 모두 유사용어로 보면 됩니다.

(1) 의미

① 마음이론(Theory of Mind)으로 일반인에게 잘 알려진 마음이해능력은 다른 사람의 생각과 마음을 이해하는 능력을 의미한다.
② 마음이해능력은 다른 사람의 행동을 이해하고 그 사람의 행동을 통해 그 사람이 다음에 어떤 일을 하게 될 것인지를 추론하는 능력을 의미한다. 즉, 다른 사람이 생각하는 것, 믿고 있는 것, 원하는 것, 의도 등을 인식하고 이해하는 능력이다. '마음읽기' 혹은 '생각의 원리'라고도 소개된 바 있다. 일반아동은 대개 5세 정도가 되면 다른 사람의 생각이나 느낌을 나타내는 여러 가지 사회적 단서를 이해하고 파악하는 능력이 발달된다.
③ 마음이해능력은 사회인지발달영역의 한 부분이며 조망수용능력(perspective taking)이나 공감(empathy), 조금 더 일반적인 용어로는 '눈치' 등과 같이 다른 사람의 입장과 견해를 이해하는 능력을 포함한다.
④ 마음이론(ToM : Theory of Mine, 혹은 생각의 원리)은 믿음이나 관심, 의도, 관점, 감정 등과 같은 타인의 정신 상태를 추론하고 이해하며, 이해한 결과를 다른 사람의 행동을 설명하고 예측하는 데 적용할 수 있는 능력을 일컫는다.

⑤ 이 용어는 사회적 인지(social cognition), 마음읽기(mind-reading), 관점바꾸기(perspective-taking) 등의 용어로도 대체하여 쓰일 수 있다.

⑥ 다른 사람의 행동에 대한 정보를 처리하고 그에 따라 반응할 수 있도록 하는 '사회적 지능', 이 적응행동은 대체로 4세 이상부터 뚜렷하게 나타난다. 그러나 자폐아동들은 '생각에 대한 사고' 능력이 부족한 것으로 보이며 전부는 아니지만 결정적인 특정 사회화 영역과 의사소통 및 상상력에 치명적인 손상을 입었음을 시사한다.

⑦ 마음맹과 관련될 수도 있는 초기 발달상의 어려움에는 상호 관심갖기 기술을 보이는 유아들의 문제점도 포함된다. 이는 보통 14개월쯤 되면 뚜렷이 나타나다가 나중에는 모방놀이를 할 수 없게 되는데, 보통 20~24개월 사이에 나타난다.

⑧ 다른 사람의 생각을 이해하는 영역에서 나타나는 어려움을 예상하지 못하는 것이 곧 마음맹이다.

⑨ 마음이해능력은 넓은 의미와 좁은 의미로 이해할 수 있다.

넓은 의미	넓은 의미의 마음이해능력은 다른 사람의 마음에 대한 모든 지식을 모두 포함한다.
좁은 의미	보다 제한된 의미의 마음이해능력은 다른 사람의 믿음과 바람, 의도 등과 같이 다른 사람의 행동을 보면서 직접적으로 관찰할 수 없는 정신적 상태를 추론하고 이러한 추론에 의하여 다른 사람의 정서적 상태나 정보적 상태를 예측하도록 하는 심리적 체계이다.

맥 Plus

생각의 원리

① ASD의 특성 중 하나로 관심을 받고 있는 또 다른 가정은 ASD 학생의 의사소통 및 사회작용의 결함이 '생각의 원리(ToM : Theory of Mind)', 다른 말로는 '마음이해능력'의 결함에 기인한다는 것이다.
② 이는 ASD 학생이 타인의 신념, 태도 그리고 정서를 이해하는 데 어려움이 있다는 것이다.
③ ToM은 아동이 타인의 생각, 감정, 사고 그리고 의도를 아는 능력이며, 이는 다른 사람의 행동을 예측하는 데 사용하는 능력으로, 사회적 환경을 이해하고 사회적 요구에 맞게 행동하는 데 필요한 선수기술이다.
④ 타인의 마음을 이해하기 위해서는 특정 대상 및 상황(표상대상 : referent)을 특정 방식(표상내용 : content)으로 나타내는 표상(representation)의 개념과 관련하여, 표상대상과 표상내용은 대체로 같지만 마음 또는 생각에서는 표상내용을 다르게 표상할 수 있다는 틀린 믿음(false belief)에 대한 이해가 있어야 한다.
⑤ 생각 원리의 결함은 고기능 ASD 학생이 아스퍼거장애 학생보다 더 심각한 결함을 보인다. 이는 아스퍼거장애 학생이 정상적인 언어발달을 보인다는 점에서 생각의 원리와 관련된 능력이 언어능력과 관련이 있다고 할 수 있다.

키워드 Pick

기출 LINE

11유) 자신과 친구의 기분을 나타내는 얼굴 표정을 찾아 문제 상황 그림에 붙이게 하고, 왜 기분이 그런지에 대해 답하게 한다.

(2) 자폐성장애 학생의 마음이해능력

① 자폐성장애 학생들은 다른 사람의 정서적 표현을 이해하고 이에 관심을 기울이는 능력이 부족하다.

② 자폐성장애 학생들은 언어연령을 일치시킨 일반학생집단에 비해 심리적 상태에 관련한 표현어휘의 빈도와 다양도에서 유의하게 낮은 수행을 보였다. 즉, 일반학생들은 다양한 정서를 나타내거나 마음 상태를 나타내는 어휘인 '재미있는', '신나는' 등과 같은 용어를 자주 사용하는 것에 비해 자폐성장애 학생들은 이러한 용어를 적게 사용했다.

③ 자폐성장애 학생들은 일반학생들에 비해 다른 사람의 정보적 상태에 대한 이해능력에서 어려움을 보인다. 예를 들어, 다른 사람의 시각적 조망 수용을 이해하거나 다른 사람의 틀린 믿음을 이해하는 데서 많은 어려움을 보인다. 틀린 믿음 이해란 '나는 알고 있지만 다른 사람은 알지 못하는 것'을 이해하는 것을 의미한다.

(3) 일상생활에 미치는 영향

① 다른 사람의 얼굴표정에 나타나는 사회・정서적 메시지 이해의 어려움

② 글자 그대로 해석하기

③ 다른 사람을 존중하지 않는 듯한 태도

④ 지나친 솔직함

⑤ 다른 사람의 실수, 장난과 의도적 행동을 구분하는 데 어려움

⑥ 갈등관리의 어려움(자신이 한번 정한 규칙이나 결정을 바꾸기 어렵기 때문에 여러 상황에서 다른 사람들의 견해를 수용하거나 조절하는 데 어려움이 있을 수 있음)

⑦ 당황스러운 정서이해의 어려움

⑧ 다른 사람의 정서적 상태이해의 어려움

⑨ 심리적 상태 관련 어휘사용의 어려움

⑩ 다른 사람의 정보적 상태이해의 어려움(다른 사람이 알고 있는 것은 내가 알고 있는 것과 다를 수 있다는 것, 다른 사람이 보고 있는 것은 내가 보고 있는 것과 다를 수 있다는 것을 이해하는 데 어려움이 있음. 예를 들어, 나는 그림의 앞면을 보고 있으나 다른 사람은 그림의 뒷면을 보고 있기 때문에 나와 다른 장면을 볼 수 있다는 것을 이해하는 데 어려움이 있을 수 있음)

⑪ 목소리 톤이나 운율 이해와 사용의 어려움

2. 실행기능 18 · 20초, 10 · 18중

(1) 의미

① 실행기능(Executive Functions)은 두뇌의 전두엽에 의해 조정되는 인지적 변인이다.

② 실행기능은 우리의 관심을 한 가지 활동이나 대상에서 다른 것으로 유연하고 용이하게 옮겨갈 수 있게 하는 기제이다.

③ 행동 및 사고와 관련하여 실행기능은 인지적 유연성, 계획 및 조직, 행동억제능력의 3가지 하위요인으로 구성된다. 이 중에서 ASD 학생은 인지적 유연성에서 심각한 결함을 보여 다른 다양한 상황적 요구에 맞게 사고과정 및 행동을 변화시키지 못하고 동일한 인지적 틀을 적용하여 동일성에 대한 고집과 행동문제를 보인다.

④ 실행기능의 주요 요소와 역할은 다음과 같다.

㉠ 조직 및 계획능력
㉡ 작업 기억
㉢ 반응억제 및 충동조절
㉣ 자기반성 및 자기점검
㉤ 시간관리 및 우선순위 결정
㉥ 복합적이거나 추상적인 개념의 이해
㉦ 새로운 전략 및 유연한 사고

⑤ 실행기능은 일부 기억이나 주의집중과 중복되는 특성을 지니고 있으나 기억이나 주의집중에 비해 보다 포괄적인 기능을 한다.

⑥ 이 기제가 결여되면 모든 행동은 환경의 통제를 받게 되어 단서와 자극에 따라 반응하고 의미 없는 행동을 하게 된다.

⑦ 행동과 활동이 비조직적이고 일관성 없는 방식으로 지배하려고 경쟁하며 목표지향적인 행동을 계획하고 수행하지 못하게 된다.

⑧ 이 상태가 학교 환경에서 나타날 때는 의례적이고 틀에 박힌 일에 매달리며 학교 수업시간이나 과제 완성에 무심한 태도와 함께 매우 산만한 행동이 나타나게 된다.

⑨ 실행기능은 ㉠ 작동기억을 통해 정보를 유지하고 필요 시 활용하는 것, ㉡ 언어의 내재화를 통해 행동의 지침이 될 규칙 및 지시사항을 기억하고 활용하는 것, ㉢ 자기조절을 통해 정서, 동기, 각성을 통제하고 이를 재설정하는 것, ㉣ 경험을 분석, 통합하고 창조적 사고를 할 수 있도록 재구조화하는 것 등과 같은 행동 및 사고를 계획하고 조직하는 데 직접적인 영향을 미친다.

맥 Plus

실행기능(executive functions)

최선의 문제해결을 위해 어떤 전략을 언제, 어디서, 어떻게 적용할 것인지를 알고 적용하는 기능이다. 심리학자들이나 신경과학자들 사이에서는 인지조절과 동일한 개념으로 사용되고 있다. 문제해결 과정에는 자신이 현재 어느 위치에 있는지를 알아 적절히 조절하는 자기점검(self-monitoring)과 자신의 행동을 계획하고 진행하고 평가하는 자기조절(self-regulation) 등이 있다.
— 「특수교육학 용어사전」

기출의 맥

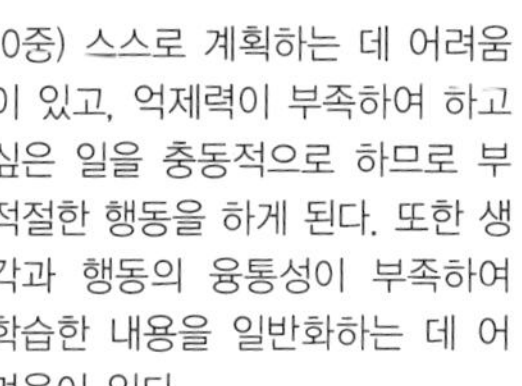

기출 LINE

10중) 스스로 계획하는 데 어려움이 있고, 억제력이 부족하여 하고 싶은 일을 충동적으로 하므로 부적절한 행동을 하게 된다. 또한 생각과 행동의 융통성이 부족하여 학습한 내용을 일반화하는 데 어려움이 있다.

키워드 Pick

(2) 자폐성장애와 실행기능

① 전두엽 손상은 상위인지능력에서의 결함을 초래하기 때문에 자폐성장애인들의 상위인지능력에서의 결함은 전두엽에서의 손상과 관련된 것으로 보인다.

② 자폐성장애 학생들은 반응을 억제하는 데 어려움을 보이고 반복적이고 전형적인 행동을 나타내며 제한된 관심을 보이고, 다른 사람의 입장을 이해하지 못한다. 또한 환경 내의 작은 변화에도 많은 어려움을 나타내며 특별하고 사소한 것에 관심을 기울이는 경향이 있으며 계획하는 일에 서툴고, 융통적인 사고능력이 부족하며, 반응억제에도 어려움을 보인다. 또한 의미 있게 사용할 수 없는 정보들이 포함된 긴 이야기를 이해하는 데도 많은 어려움을 보인다.

③ 실행기능의 어려움은 자폐성장애인에게서만 나타나는 것이 아니며, 주의력결핍 과잉행동장애(ADHD) 아동도 실행기능의 어려움이 많은 것으로 알려져 왔다. 그러나 자폐성장애인과 ADHD 집단 간에는 임상적인 차이가 있다. 대개 자폐성장애인들은 계획하기와 인지적 유연성, 반응 선택과 반응 모니터링에서 더 많은 어려움을 나타내고, ADHD 집단은 반응억제과제에서 보다 많은 어려움을 보인다.

④ 자폐성장애 학생들은 반응억제와 충동조절에 어려움을 보이는데 이는 실행기능의 결함과 관련된 것으로 추론한다. 고노고 과제(Go-no-Go Task)는 반응억제능력 측정을 위해 주로 사용되는 과제이다. 반응억제능력이란 어떤 행동을 하거나 말을 하기 전에 생각한 후에 반응하는 능력을 의미한다. 고기능자폐아동의 경우 어느 정도 반응억제능력을 사용할 수 있지만 스트레스를 받거나 감정적으로 어려움을 경험하게 될 경우 반응억제에 어려움이 있어 충동적으로 행동하게 될 가능성이 있다.

⑤ 자폐성장애 학생들은 작업기억을 사용하는 데 어려움을 보인다. 작업기억은 정보를 일시적으로 저장하여 그것을 사용할 수 있도록 하는 두 가지 기능을 가지고 있는데 자폐성장애 학생들은 일시적으로 저장된 정보를 회상하고 조직하는 데 어려움을 보인다.

⑥ 자폐성장애 학생들은 특정 학업과제 및 일상적인 과제를 조직하고 계획하는 데 어려움을 보인다.

⑦ 자폐성장애 학생들은 시간 관리나 여러 가지 과제를 수행해야 할 때 우선순위를 결정해야 하는 데서 많은 어려움을 나타낸다.

⑧ 자폐성장애 학생들은 인지적 융통성의 어려움으로 인해 새로운 전략을 사용하거나 유연하게 생각하는 데서도 어려움을 보인다. 구체적으로 자폐성장애 학생들은 특정 과제를 수행하는 과정에서 실수를 하게 될 경우에도 잘못된 전략을 계속해서 사용하는 경향이 있는데 이러한 특성은 인지적 융통성의 어려움 때문인 것으로 이해할 수 있다.

⑨ 자폐성장애 학생들은 복잡하고 추상적인 개념을 이해하는 데 어려움을 보인다.

⑩ 자폐성장애인들은 규칙학습과 규칙이나 범주 내에서의 전환은 정상범주에 있었으며 고기능자폐인들의 경우 개념 파악 및 규칙과 절차학습은 비교적 잘 수행하는 것으로 나타났다.

(3) 실행기능 검사방법

검사도구	설명
위스콘신 카드 분류검사 (WCST)	• 인지적 융통성 문제해결검사 – 전략적 계획, 조직화된 탐색, 인지적 세트를 바꾸기 위해 환경적 피드백 사용하기, 목표지향적 행동, 충동조절능력검사 • 자폐아동의 경우 인지적 유연성의 결함과 새롭고 추상적인 개념 이해 능력의 결함으로 복잡한 정보나 새로운 상황에서 어려움을 보임
델리스-카플란 실행기능검사 (D-KEFS)	• 대표적인 실행기능검사로 9개의 하위검사로 구성되었음 – 흔적 만들기 – 구어 유창성 검사 – 디자인 유창성 검사 – 색깔-단어 간섭검사 – 분류검사 – 스무 가지 질문검사 – 단어상황검사 – 타워검사 – 속담검사 • 자폐성장애인의 경우 이 검사의 하위과제인 흔적 만들기 검사, 색깔-단어 간섭검사, 단어 유창성 검사, 디자인 유창성 검사에서 어려움을 보임 – 이 과제는 모두 인지적 융통성을 요하는 과제임. 개념적 융통성과 지각 및 주의집중의 융통성은 자폐성장애인에게 매우 부족한 부분임
하노이 탑 과제	• 3개의 막대와 막대에 넣을 수 있는 여러 가지 크기의 원반 조각으로 구성됨 • 계획능력 측정, 즉 행동하기 전에 계획하는 능력과 목표 달성에 필요한 하위 목적 계획능력 측정에 활용됨 • 이 과제는 규칙학습과 절차적 학습능력과 관련됨 • 자폐성장애인들은 이 과제수행에서 어려움을 보이는데 그 이유는 계획하기와 목표-하위목표 갈등해결에서 어려움이 있기 때문인 것으로 해석될 수 있음
Go-no-go 과제	• 반응억제기능 측정
스트룹 검사	• 인지적 억제능력 측정
Rey 복합도형 검사	• 조직화 능력 측정

키워드 Pick

기출의 맥

중앙응집능력의 의미를 정확히 이해해야 합니다. 중앙응집능력은 단순히 부분에 치중한다는 것으로만 이해하면 안 돼요. 중앙응집능력은 정보를 어떻게 처리하는가에 대한 개념이라는 점을 잊지 말고 정확하게 이해해 두세요!

기출 LINE

10중) 정보처리 방식이 상향식이어서 임의로 주변 환경에 의미를 부여함으로 인하여, 의미 있는 환경을 받아들이는 데 어려움을 겪는다. 따라서 사소하거나 중요하지 않은 일에 사로잡히게 된다.

22중) 우리 반 학생 F는 여러 가지 정보 중에서 필요한 정보를 선택하고 이것을 의미 있게 연계하는 것을 힘들어해요. 그리고 복잡한 정보를 처리하는 것도 어려워하는 것 같아요. 국어 시간에 글을 읽고 나서 특정 부분이나 사소한 내용은 잘 기억하는데, 전체적인 흐름과 내용 파악은 어려워해요.

3. 중앙응집능력 15 · 20 · 21유, 10 · 22중

(1) 의미

① 중앙응집능력(central coherence)이란 외부환경에서 입력된 정보를 의미 있게 연계하고 총체적인 형태로 처리하는 능력을 의미한다.

② 중앙응집능력은 장의존성 대 장독립성이라는 장이론을 근간으로 한다. 장이론은 인지처리양식을 설명하는 학습이론으로, 어떤 학습자의 경우 장의존적인 인지양식을 선호하고 또 다른 학습자는 장독립적인 인지양식을 선호한다. 일반적으로 장의존적인 학습자는 제시된 정보를 통합된 전체로 인식하고 이야기의 흐름과 의미의 요점을 파악하는 능력이 좋은 편이다. 이에 반해 장독립적인 학습자는 보다 분석적이고 세부적인 부분에 초점을 맞추고 정보를 처리하는 데 사회적 맥락이나 주변 요소들을 적극적으로 활용하지 못하는 경향이 있다.

③ 이에 따라 장독립적인 학습자는 중앙응집능력이 비교적 약한 것으로 파악되는데 자폐성장애 학생들은 이러한 특성을 지닌 인지 처리자로 이해된다.

(2) 자폐성장애와 약한 중앙응집능력

① 자폐성장애 학생들은 전체보다는 부분적인 것에 초점을 맞추는 경향이 있다.

② 자폐성장애인들은 지엽적이고 세부적인 정보를 보다 잘 처리하고 전체적이고 상황과 관련된 정보를 처리하는 데 어려움을 보이는 독특한 인지양식을 나타내어 중앙응집능력이 낮은 것으로 알려졌다. 그러나 자폐성장애 학생들의 약한 중앙응집능력을 결함으로 이해하기보다 인지적 성향으로 이해해야 하며, 세부적인 과제를 잘 수행할 수 있는 강점이 될 수도 있다는 점에 보다 많은 관심을 기울여야 한다.

③ 외부의 여러 복잡한 정보 중에서 필요한 정보를 선택하고 그 정보를 의미 있게 연계하고 사용하는 데 어려움을 보이며, 복잡한 정보를 처리하는 데 어려움을 나타낸다.

④ 학습해야 할 여러 가지 정보와 메시지를 요약하거나 핵심 부분을 선택하고 기억하는 데 어려움을 보인다. 이로 인해 자폐성장애 학생들은 이야기 내용의 특정 부분이나 사소한 내용을 잘 기억하지만, 이야기의 주요 주제나 전체 흐름을 파악하는 데 어려움을 보인다.

⑤ 자폐성장애 학생들은 여러 가지 정보를 종합적으로 이해하는 데 어려움을 보인다. 일반학생들의 경우 학습을 할 때 총체적이고 통합적으로 학습하고자 하지만, 자폐성장애 학생의 경우 외부 정보를 분리된 채로 학습하여 정보를 종합하거나 분석하는 데 어려움을 보인다. 자폐성장애 학생들이 이야기의 흐름과 관련 없는 내용을 말하는 것도 이와 같이 개별적인 정보를 통합하거나 기존의 습득된 정보를 연계하고 분석하는 능력이 부족하기 때문인 것으로 파악할 수 있다.

⑥ 사람은 흔히 사실을 개관하고 좀 더 '큰 그림'을 추구하여 세부적 사항을 전체 속에 동화시키곤 한다. 그러나 자폐성장애인들은 전체적인 것보다는 세부적인 것에 초점을 두는 경향이 있어서 큰 그림을 이해하기보다는 사소한 항목을 들추어낸다.

⑦ 그림 속에서 '숨은 그림'을 찾는 데 탁월한 능력을 보이는 것으로 밝혀졌으며, 장애를 갖지 않은 친구들보다 그림의 한 부분을 가지고 낯익은 얼굴을 찾는 능력도 더 우월하다.

⑧ 독서할 때 문맥의 단서를 사용할 줄 모르며, 동형이의어의 의미를 파악하지 못하는 경우가 많다.

⑨ 자폐아동의 편협한 관심, 종종 기술을 일반화시키지 못하는 방식, 또는 '능력의 작은 섬'으로 표현되는 상대적 강점의 영역을 드러내는 방식을 통해 중앙응집능력의 결함을 탐지해 낼 수 있다.

(3) 중앙응집능력검사

검사도구	설명
아동용 잠입 도형검사 (CEFT)	• 사물을 인식할 때 장을 고려하면서 인식하는지 혹은 장과 상관없이 사물을 분석적으로 인식하는지 여부를 살펴봄 • 자폐성장애 아동은 장에 대한 고려 없이 사물을 분석적으로 인식하는 경향이 있음. 따라서 잠입도형검사를 보다 잘 수행함
블록 디자인검사	• 웩슬러 지능검사의 블록디자인 과제수행 • 지적 능력을 일치시켰을 경우 블록 디자인을 보다 잘 수행하는 경향이 있음

4. 기억

(1) 기억의 유형

암묵적 기억	• 암묵적 기억은 비분석적이고 비언어적인 '사용'으로서의 기억을 의미 • 즉, 의도적인 기억의 인출이나 회상을 요하지 않으며, 자연스러운 상황 내에서 무의식적으로 사용되는 기억으로 수행방법을 회상하려는 경우보다 어려움을 느끼게 되지만 필요한 경우 의식적인 노력 없이 행동하는 기억
명시적 기억	• 명시적 기억은 기억하고자 하는 의식적인 의도에 의해서 이루어지는 기억으로 선언적 기억이라고도 함 • 명시적 기억은 의미기억과 일화기억으로 구분됨 – 의미기억은 사실에 대안 지식이나 외부 세계에 대한 지식을 의미하지만 그 지식이 환경과 밀접한 관련이 있는 것은 아님 – 일화기억은 특별한 경험을 회상하는 기억으로 환경이나 상황과 연계된 기억

키워드 Pick

(2) 자폐성장애의 기억

① 자폐성장애 학생들은 의미 기억을 회상하는 데 어려움을 보인다. 즉, 자폐성장애 학생들은 의미가 연결된 단어 목록을 회상하는 과제수행에 어려움을 보였는데, 이는 습득된 과제를 회상하기 위하여 의미적 연관성을 사용하는 회상전략을 사용하는 능력이 부족하기 때문이다.

② 자폐성장애 학생들은 일화 기억에 어려움을 보인다. 일화 기억은 환경 내 상황과 연계된 기억인데 자폐성장애 학생들에게 일상적 경험을 자유롭게 회상하도록 했을 때 회상하는 데 어려움이 있었다. 또한 일화 중 가장 두드러진 점이나 요점을 말하는 데 어려움을 보였고, 사회적으로 관련된 것을 표현하는 데 더욱 많은 어려움을 보였다.

③ 자폐성장애 학생들은 회상을 할 때 사회적 상황과 관련된 내용을 기억하는 데 어려움을 보인다.

④ 자폐성장애 학생은 무의미 숫자 폭(digit span) 과제와 의미적으로 관련이 없는 단어 항목 회상과제수행능력에서는 비교적 결함이 적은 것으로 나타났다. 웩슬러 아동 지능검사결과 자폐성장애 학생들은 사실적 정보나 어휘지식과제를 비교적 잘 수행하는 것으로 나타났다. 구체적으로 특정 영역에서 매우 뛰어난 기계적 암기능력을 보인다.

⑤ 자폐성장애 학생들은 암묵적 기억과제를 다른 과제에 비해 비교적 잘 수행한다. 암묵적 기억은 과제를 수행하기 위하여 많은 인지적인 노력을 기울이지 않고 이미 오랫동안 반복된 경험의 결과로 자동적으로 수행할 수 있는 능력을 의미한다. 우리가 습관적으로 하는 행동, 예를 들어 아침에 일어나서 세수하고 이를 닦는 행동이나 운전하기 등은 암묵적 기억과제에 해당한다. 따라서 자폐성장애 학생에게는 지속적이고 체계적이며 반복된 경험을 누적하여 암묵적 기억과제 목록을 확장할 수 있도록 지도할 필요가 있다.

5. 모방

(1) 모방의 개념

① 모방은 사회적 상호작용 대상자의 행동을 따라 하는 기본적인 행동으로 기본적으로 상호작용 대상자에 대한 반응행동이다.

② 모방은 다른 사람의 행동을 보고 그것을 내적으로 표상화한 후 다시 자신의 행동으로 표현하는 것이므로 다른 사람의 행동에 대한 표상을 내면화할 수 있을 때 가능하다. 이러한 모방행동의 결함은 다른 사람에 대한 이해 능력, 즉 마음이해능력의 결함과도 관련되어 있다.

③ 모방은 즉각적 모방과 지연모방으로 나뉠 수 있다.

㉠ 즉각적 모방은 다른 사람의 행동을 바로 그 자리에서 즉각적으로 따라 하는 것이다.

㉡ 지연모방은 일정시간이 흐른 뒤 다른 사람의 행동을 따라 하는 것이다.

④ 모방은 첫째, 전반적인 발달을 촉진시키고, 둘째, 대인관계의 매개 요소로 다른 사람들과 사회적 의사소통의 방법이며, 셋째, 자신과 다른 사람을 이해하는 데 영향을 미친다. 또한 전언어기 자아 및 다른 사람에 대한 인식능력을 측정하는 방법으로도 활용될 수 있다.

(2) 자폐성장애의 모방

① 자폐성장애 학생의 모방능력은 이들의 전반적인 인지능력에 비해 낮은 수행을 보인다.

② 자폐성장애 학생은 사물모방보다 사람의 행동모방에서 보다 낮은 수행을 보였다.

③ 자폐성장애 아동은 정서 표현을 모방하는 데 보다 많은 어려움을 보인다.

④ 자폐성장애 학생의 모방능력의 결함은 사회인지능력의 결함과 관련된 것으로 이해할 수 있다. 즉, 모방은 지극히 상호작용적인 행동이며 따라서 다른 삶에 대한 관심이 있고, 다른 사람과 공동관심을 기울일 수 있을 때 자연스럽게 발달할 수 있다. 또한 모방은 마음이해능력이 발달하기 위해 필요한 행동이다. 그러므로 자폐성장애 학생의 모방능력의 결함은 사회인지능력의 결함과 관련되었다.

맥 Plus

자폐성장애의 인지적 기능 수행

① **일반화 능력의 결함**: ASD 학생은 학습 상황과 유사한 상황에서도 학습된 결과를 보이는 일반화 능력의 결함을 보인다.

② **자극과잉 선택성의 문제**: ASD 학생들은 복잡한 자극과 새로운 자극에 반응하는 데 어려움을 보인다. 자극의 제한된 범위에 반응하는 특정한 현상인 자극과잉 선택성이 ASD 학생들에게서 보편적으로 나타나는데, 이러한 자극과잉 선택성이 주의집중의 결함을 이끌고 학습의 곤란을 초래할 수 있다.

③ **기억의 곤란**: 기억은 정보의 부호화, 유지, 인출의 기본과정에 기초한다. ASD 학생은 언어성 작동기억에서는 비장애학생과 차이가 없으나 공간 작동기억에서는 어려움을 보인다.

인지적 특성	경향	약점
주의	• 과잉선택성 • 집중된 주의	• 융통성 없음 • 주의의 이동
지각	• 시각적-고정적	• 청각적-일시적
정보처리과정	• 한 번에 하나씩 • 구체적 • 분석적	• 통합 • 추상적 • 전체 형태적
기억	• 기계적 암기	• 회상
사회적 인지	• 구체적	• 마음이론

키워드 Pick

④ 행동적 특성 15유

1. 자폐성장애의 일반적인 행동 특성

① 반복적이고 상동적인 형태의 제한된 행동을 보인다.
② 특정 사물에 지나친 관심을 보인다.
③ 환경의 변화나 일과의 변경에 대해서 매우 민감하게 반응한다.
④ 앉아 있을 때 몸을 흔들고, 주변을 빙빙 돌며, 손으로 날개짓하는 등의 상동행동을 보인다.
⑤ 공격행동, 자해행동, 성질부리기(텐트럼), 기물파손 등의 문제행동을 보이곤 한다.
⑥ 지속적이고 독특한 흥미를 보인다.
⑦ 사물의 특정 부분이나 개별적인 사실에 대한 흥미를 보인다.
⑧ 선호하는 활동에 대하여 지나치게 몰두한다.
⑨ 동일성에 대한 고집으로 융통성 없는 행동이 나타난다.
⑩ 자기자극행동이나 상동행동과 같은 반복적인 신체 움직임을 보인다.
⑪ 감각자극에 대한 비정상적 반응을 보인다.

맵 Plus

자기자극행동(SSB : Self-Stimulatory Behavior)

신체의 일부분이나 사물을 반복적으로 움직임으로써 자신의 감각기관을 자극하는 행동이다. 자신의 신체를 상해하는 것이 목적이 아니라는 점에서 자기상해(SIB : Self-Injurious Behavior)와 구별된다. 자기자극행동은 하나의 감각 또는 모든 감각을 포함할 수 있다. 시각적 자기자극행동은 형광등을 응시하는 행동, 반복적으로 눈을 깜박이는 행동, 손을 자신의 눈앞에서 흔드는 행동 등이 있다. 청각적 자기자극행동은 귀를 치는 행동, 손가락으로 딱 소리를 내는 행동, "에" 하는 소리를 내는 행동 등이 있다. 촉각적 자기자극행동은 자신의 손 또는 사물을 비비는 행동 등이 있다. 전정(기관)성 자기자극 행동은 신체를 앞뒤 또는 옆으로 흔드는 행동 등이 있다. 미각적 자기자극행동은 신체의 부분 또는 사물을 자신의 입에 넣는 행동이나 사물을 핥은 행동 등이 있다. 후각적 자기자극행동은 사물이나 사람의 냄새를 맡는 행동 등이 있다.

— **「특수교육학 용어사전」**

2. 상동행동과 의식행동 12유

(1) 상동행동(stereotypic behavior)

① 환경에 미치는 명백한 기능적 효과를 가지고 있지 않는 반복적인 동작이나 몸짓이다.
② 물건을 돌리거나 흔들기 또는 손이나 손가락을 퍼덕거리거나 몸을 앞뒤로 흔들기 등은 전반적 발달장애 아동들이 흔히 보이는 행동들이다.
③ 아동들이 아주 어릴 때에는 이러한 행동들이 그다지 이상하게 보이지 않을 수 있고 또 다루기가 그리 어렵지 않다. 그러나 아동이 성장하면서 상황은 달라진다.

기출 LINE

20유) 몸을 앞으로 숙였다 펴고, 손을 들어 손가락을 접었다 펴는 행동을 반복해요. 그러면서 "까악까악"이라는 의미 없는 소리를 내기도 해요.

④ **예시**

㉠ 몸을 앞뒤로 흔드는 행동은 정상적인 어린 아동들에게서도 비교적 흔하게 나타나며 3세 무렵에는 문제가 없어 보이지만 13세가 되면 또래들로부터 따돌림을 받는 이유가 될 수 있다. ⇨ 상동행동들은 심심하거나 할 일이 없을 때 나타나기 쉽기 때문에 새로운 놀이를 개발하는 것이 특히 중요하다.

㉡ 손을 퍼덕거리고 있는 아동에게 새롭거나 흥미로운 장난감을 주면 하던 행동을 일시적으로 멈출 수 있다. ⇨ 좀 더 나이가 든 아동들에게는 상반행동 차별강화 또는 대체행동 차별강화를 사용할 수도 있다.

㉢ 자주 손을 퍼덕거리는 아동에게 언제든지 손을 넣을 수 있는 커다란 호주머니가 달린 바지를 입게 함으로써 손을 퍼덕거릴 때마다 호주머니에 넣도록 훈련할 수 있다.

⑤ **유의사항**: 상동행동과 관련하여 한 가지 유념할 점은 성인이 주의를 너무 많이 기울이면 오히려 강화되어 더 심해질 위험이 있다는 것이다.

(2) **의식행동**(ritualistic behavior)

① 같은 음식만을 먹거나 사물을 일렬로 세우거나 양손에 물건을 쥐고 있으려고 하는 등 틀에 박힌 일상 활동을 고집하는 행동이다.

② 상동행동은 인지적 결함을 가지고 있는 전반적 발달장애 아동들에게 더 많이 나타나는 반면 의식행동은 정상적 지능을 가지고 있는 전반적 발달장애 아동들에게 더 많이 나타난다.

③ 상동행동이나 의식행동이 이전에는 제거되어야 할 행동으로 여겨졌으나 지금은 중요한 기능을 수행하고 있는 것으로 간주되고 있으며, 따라서 그 행동이 아동이 속한 환경에서 무엇을 의미하는지를 분석하지 않고 그 행동을 수정하려 해서는 안 된다는 것이 보편적인 생각이다.

④ 상동행동과 의식행동은 전반적 발달장애 아동들에게 불안을 감소시켜 주는 역할을 할 수도 있으므로 갑자기 제한하거나 금지하려고 하면 아동들은 견디기 어려울 정도의 불안을 겪을 수 있다.

⑤ 점진적 변화를 통하여 불안을 견딜 수 있는 수준으로 유지시켜 주고 언제, 누구와, 얼마나 오래 그러한 행동을 할 수 있는지를 분명하게 밝히는 규칙을 서서히 도입하는 것이 필요하다.

⑥ 아동에게 그 행동을 할 수 있다는 것을 분명하게 해 줌으로써 불안이 커지는 것을 막아주고 동시에 그 행동을 어느 정도 제한하는 효과가 있다.

키워드 Pick

3. 변화에 대한 저항 15유

① 전반적 발달장애 아동들은 특히 어릴 때 어떤 종류의 것이든 변화에 크게 저항하곤 한다.

② 사물의 위치나 일과의 순서가 조금만 달라져도 참지 못하는 아동들이 있는데 이와 같은 경우 사물의 위치를 알아차릴 수 없을 정도로 조금씩 바꾸거나 일과를 구조화하고 안정되게 유지하는 것이 필요하다.

③ 어떤 아동들은 변화 그 자체보다는 변화의 불예측성 때문에 혼란스러워 한다. 그러나 변화를 완전히 피하는 것이 가능하지도 않고 바람직하지도 않으므로 이와 같은 경우에는 앞으로 일어날 변화에 대하여 가능한 한 아동이 많이 알게 해 주는 것이 좋다. 이때 말로 설명해 주는 것보다는 앞으로 일어날 일이나 규칙적인 일과의 변화를 시각적으로(즉, 달력이나 그림 또는 글로 작성된 목록의 형태로) 제시하면 더 효과적이다.

④ **유의사항**: 변화에 대한 저항과 관련하여 한 가지 유념할 점은 정상적으로 발달하는 아동들이라면 즐거워할 변화들을 전반적 발달장애 아동들의 경우 아주 고통스럽게 받아들일 수도 있다는 것이다.

4. 사물에 대한 애착

① 정상적으로 발달하는 많은 아동들이 곰인형, 담요, 또는 옷 등의 특정 물건에 강한 애착을 형성하며 어떤 아동들에게는 어떤 물건들이 아프거나 피곤하거나 불안할 때 특히 필요할 수도 있다.

② 애착은 여러 해 지속될 수도 있지만 학교에 들어갈 나이가 되면 대부분의 아동들은 이런 애착을 다른 사람들 앞에 드러내면 안 된다는 것을 인식하게 되고 다른 활동에 방해가 되지도 않는다.

③ **전반적 발달장애 아동들의 애착의 다른 점**

㉠ 애착을 느끼는 물건의 성질이 유별난데 정상적으로 발달하는 아동들과 같이 인형이나 옷이 아니라 끈조각, 특정한 종류의 고무밴드, 특정 회사에서 제작한 우유병 같은 것들이다.

㉡ 학교에 들어갈 나이가 되어도 애착이 줄어들지 않으며 애착 대상을 항상 가지고 다니기를 고집하기 때문에 다른 활동들에 방해가 된다.

④ 애착 대상의 상실이나 제거는 전반적 발달장애 아동들에게 심각한 고통을 초래할 수 있으므로 상동행동이나 의식행동에서와 마찬가지로 그 물건을 언제, 어디서, 누구와 있을 때 가질 수 있는지를 점진적으로 제한해 나가는 것이 효과적인데 이때 주변의 성인들이 일관되게 행동하는 것이 중요하다.

5. 제한적인 관심

① 비교적 어린 자폐성장애 아동들은 특정 사물을 가지고 놀거나 수집하는 것에 몰두하지만 보다 능력이 있고 나이 든 아동은 특정 주제에 제한된 흥미와 관심을 가지고 몰두하는 경향이 있다.

② 예를 들어, 컴퓨터, 운송수단, 조명기구, 기상학, 지리, 스포츠, 필체 등과 같은 특정 주제에 몰두하여 많은 관련 정보를 수집하고 그에 따른 시간과 경비가 많이 요구된다. 이와 같은 특정 주제에 대한 몰두는 특정 사물에 대한 애착과 마찬가지로 다른 활동에 방해가 된다.

③ 특정 주제에 대하여 제한된 관심을 보이고 수집하는 행동도 확고하게 자리를 잡은 다음에 감소시키려고 하면 엄청난 분노와 저항을 불러일으킬 수 있다. 따라서 조기에 개입하여 한계를 설정하는 것이 필요하다.

④ 특정 주제에 대한 제한된 관심과 관련하여 한 가지 유념할 점은 그러한 관심이 권장되고 개발되었을 때 이후의 사회통합에 중요한 역할을 하는 경우도 있다는 것이다.

6. 흥미 및 활동

① ASD 학생은 자신이 좋아하는 활동이나 주제에 대해 끊임없이 반복적인 행동을 하고, 중간에 방해가 있을 때는 흥분을 하며, 판에 박힌 일이나 의식에 집착한다. 이러한 특징은 이전에는 약점으로 여겨졌으나 최근에는 ASD 학생이 가진 강점으로 보고 이를 활용하여 학급 일과의 구조화를 통해 수업을 날마다 하는 일의 일부가 될 수 있도록 교수에 적용하기도 한다.

② 동일성을 추구하며 주변 상황 또는 활동의 아주 작은 변화에도 불안해하고 우울해한다. 그래서 자신의 패턴에 방해를 받으면 강한 거부와 불안을 보인다. 새로운 활동으로 시간 및 장소를 옮기거나 자신의 판에 박힌 일 또는 의식을 바꾸는 데도 심각한 장애를 보인다.

③ ASD 학생은 비정상적이고 매우 제한된 범위의 흥미를 보이며, 사물의 전체보다는 특정 부분에 대해 특별한 선호를 보인다.

④ 한정된 흥미 및 활동은 상동행동과 자기자극행동이라는 반복적인 운동으로도 나타난다.

⑤ 감각적 특성 15 · 18 · 24유, 24중

기출 LINE

23유) 요즘 바다반 친구들이 물감놀이를 즐기고 있습니다. 평소에 끈적이고 미끌거리는 액체를 만지는 것에 대해 강한 거부감을 보이던 혜진이는 물감놀이에 참여하는 것을 어려워했습니다.

1. 과잉반응과 과소반응

구분	내용
과잉반응	• 과잉반응은 감각자극에 대한 역치가 낮은 경우에 나타난다. • 특정한 소리에 견디지 못하고, 타인이 몸에 손을 대는 것이나 어떤 옷에 대한 감촉을 싫어할 수도 있으며, 특정 냄새나 맛을 거부할 수도 있다.
과소반응	• 과소반응은 감각자극에 대한 역치가 높은 경우에 나타난다. • 보통 대부분의 사람들이 반응하는 감각자극에 대해 둔해 보인다. • 일부 자폐아동은 정상적인 방식으로 고통을 느끼지 못하는 것처럼 보인다. • 과소반응적인 아동은 빙글빙글 돌기, 앞뒤로 흔들기, 어떤 형태를 만들기 위하여 자기 피부에 단단한 물체로 문지르기나 밀어 넣기 등의 행동을 한다.

2. 감각 조정 어려움의 예

구분	내용
촉각	• 옷의 상표 • 접촉하거나 안는 것을 싫어함 • 목욕이나 머리빗기를 힘들어 함 • 몇 개의 실로 된 천인지에 대해 알고자 함 • 특정 음식을 먹을 수 없음 🔎 일부 아동은 다량의 촉각적 자극을 필요로 함(스스로 때릴 수도 있음)
청각	• 귀를 막음 예 많은 아동이 소방작업이나 진공청소기에서 나는 소음을 싫어함 • 다른 사람에게 계속 "소리 좀 멈춰"라고 말함
후각	• 세제를 바꾸면 불만을 표시함 • 손가락, 음식, 장난감의 냄새를 자주 맡음
시각	• 실내나 해가 없는 곳에서 선글라스를 착용함 • 특정한 색에 대해 강하고 이상한 선호를 나타냄

3. Dunn의 감각처리 모델 24초

(1) 감각처리 모델의 개념

① Dunn은 개인의 신경학적 역치와 자기조절전략 간에 관계가 있으며 이들 변인 간의 상호작용에 의해 네 가지 기본적인 감각처리 패턴이 나타난다고 한다.

구분	내용
신경학적 역치	• 행동이 발생할 수 있는 감각자극의 수준으로 우리가 주목하거나 반응하는 데 필요한 자극의 양을 의미한다. • 자극이 역치에 도달할 만큼 충분하면 활동을 유발한다. • 신경학적 역치는 행동발생을 위한 역치가 높아서 자극이 충분히 등록되지 않은 수준과 역치가 낮아서 대부분의 자극이 등록되어 적은 자극에도 민감하게 반응을 하는 수준으로 구분된다.

자기조절 전략	• 행동반응이라고도 하는 자기조절전략은 자극과 반응을 조절하기 위해 적극적인 자기조절전략을 사용하는 것과 수동적인 자기조절전략을 사용하는 것으로 구분된다. • 수동적인 자기조절전략을 사용하는 학생은 자신의 주변에서 일이 일어난 후에 반응을 한다. • 적극적인 자기조절전략을 사용하는 학생은 자신이 이용할 수 있는 자극의 양과 유형을 조절하기 위한 행동을 한다.

② 대부분의 사람은 중간 정도의 역치를 가지고 있다. 일반적인 중간 정도의 역치를 가진 사람에게 활동을 유발할 정도의 적절한 자극이 역치가 낮은 사람에게는 과도한 자극으로 여겨질 수 있는 반면에, 역치가 높은 사람에게는 활동을 유발할 정도로 충분하지 않아서 등록이 되지 않을 수 있다. 그런데 한 개인이 모든 감각체계에서 동일한 역치를 갖지는 않는다.

③ 행동반응과 신경학적 역치라는 이 두 가지 변인은 각각 두 가지 양상으로 구분되는 것이 아니라 연속체라 할 수 있다. 이 두 연속체의 상호작용에 의해 낮은 등록, 감각추구, 감각민감, 감각회피라는 네 가지 감각처리과정 패턴이 나타난다. 각 패턴에서 나타나는 특징적인 행동은 진단적 준거가 아니라 개별 학생이 보이는 패턴을 파악하여 이에 대한 적절한 지원을 제공하는 데 근거가 되는 행동으로 이해되어야 한다.

(2) 4가지 감각처리 패턴 24초

자기조절전략(행동반응) / 신경학적 역치	수동적 ◀──	──▶ 적극적
높음 ↑	낮은 등록	감각추구
↓ 낮음	감각민감	감각회피

낮은 등록	• 높은 역치를 가지고 수동적인 자기조절전략을 사용하는 낮은 등록 패턴의 학생은 자극에 대해 둔감반응을 보인다. 이러한 둔감반응은 환경자극의 지나치게 제한된 범위에만 반응하는 것과도 관련이 있다. • 이 학생들을 위해서는 환경 내 관련된 감각 단서에 주목하고 반응하도록 지도해야 한다. 이를 위해 일상적인 일과에서 과제와 맥락의 특성을 강조하여 제시할 수 있다. 즉, 감각 경험의 강도, 빈도 또는 지속시간을 높이는 활동을 제공하는 것이다.
감각추구	• 높은 역치를 가지고 적극적인 자기조절전략을 사용하는 감각추구 패턴의 학생은 역치를 충족시키고자 매일의 일상적 사건에 시각, 청각, 촉각, 고유수용계 등의 자극을 추구한다.

키워드 Pick

	• 이 학생들을 위해서는 학생의 감각적 요구에 맞는 강도 높은 감각활동을 선정하여 지도하면 감각추구행동으로 인한 방해를 최소화하고 수업 참여를 이끌 수 있다. 이때 해당 활동은 사회적으로 수용 가능한 행동이어야 한다. • 학생이 일과 중 어떤 감각을 좋아하는지를 파악하여 원하는 감각을 일과 내로 병합시키는 것이 가장 효과적이다.
감각민감	• 낮은 역치를 가지고 수동적인 자기조절전략을 사용하는 감각민감 패턴의 학생은 자극에 대해 과민하게 반응한다. • 이 유형은 낮은 역치로 인해 적은 자극에도 민감하여 또래보다 더 많은 것에 주의를 기울이며 계속해서 새로운 자극에 주의를 기울여 과잉행동 또는 산만한 경향을 보인다. • 이 학생을 위해서는 예측 가능하도록 물리적 환경을 구조화하고, 예기치 않은 자극의 유입을 최대한 차단하며 일반 활동에서 발생할 수 있는 감각적 혐오감을 줄여주는 것이 도움이 된다. 과제 또는 일과 내에 예측 가능한 감각경험의 패턴을 제공할 수 있다.
감각회피	• 낮은 역치를 가지고 적극적인 자기조절전략을 사용하는 감각회피 패턴의 학생은 유입되는 자극의 감소를 위해 활동참여를 강력히 거부하는 경향을 보이며 이는 친숙하지 않은 활동에 대해서 더욱 그러하다. • 과도한 자극의 유입으로 인한 불편한 느낌을 피하기 위해 자신의 활동을 줄이고, 위축되거나 통제할 수 없는 자극을 줄이기 위해 타인에게 해당 장소에서 나가게 해 달라는 강력한 요구의 표현으로 공격적인 행동을 보이기도 한다. • 이 학생들은 낮은 역치를 가지고 있어서 감각자극에 의해 쉽게 방해되기 때문에 감각 유입을 제한하기 위한 자기조절전략으로 적극적인 회피전략을 사용한다. • 특히 이들은 적극적인 자기조절전략으로 일상에서 판에 박힌 일이나 의식을 만들어 이에 집착한다. 이러한 전략은 과도한 자극의 유입을 조절하기 위해 사용하는 전략이므로 이를 존중해 주고 학생의 역치수준, 즉 편안함을 의식하는 수준에서 아주 작은 변화를 주어 학생이 추가되는 변화에 주목하지만 과도하게 불안해하지 않고 일과에 참여할 수 있도록 체계적인 지원을 제공해야 한다.

맥 Plus

고유수용감각

① 촉각체계와 더불어 자신에 대한 정보를 제공하는 고유수용감각은 움직임의 방향과 속도를 감지하며, 근육, 힘줄, 관절 내 감각 수용기를 통해 등록되는 감각정보를 다룬다.
② 자신의 신체에 대한 정보를 중추신경계로 전달하는 촉각은 외부 세계로부터의 자극 정보를 등록하는 반면에, 고유수용감각은 신체 내부로부터의 감각정보를 등록한다.
③ 고유수용감각정보는 학생이 자신을 둘러싼 환경과 자신의 신체에 대해 느끼는 것을 조절하는 데 도움이 된다. 자신의 신체에 대한 지속적인 정보를 통해 중추신경계는 무엇인가를 할 수 있도록 자신의 신체를 사용하는 방법을 계획할 수 있게 된다.
④ 고유수용감각체계는 신체 도식(body scheme) 개발과 운동계획발달에 중요한 역할을 한다. 반복적인 움직임을 통해 고유수용감각체계가 능숙해지면 신체도식의 개발과 움직임 계획능력의 발달이 이루어진다.

04 자폐성장애 교육

① 교육적 중재

1. 구조화 11 · 15 · 21유, 14 · 18 · 19초, 21중

(1) 자폐성장애 학생을 위한 교수환경 13추유, 20초

① 자폐성장애 학생은 사회적 환경에 비해 물리적 환경과의 상호작용에서는 큰 어려움을 보이지 않는다. 물리적 환경과 사회적 환경의 특성을 살펴보면 그 이유를 이해할 수 있다. 물리적 환경은 구체적, 조직적, 예측 가능한, 정돈된, 형태적, 정적인 특징 등을 가지고 있다. 반면에 사회적 환경은 추상적, 비조직적, 예측 불가능한, 유연한, 동적인 특징 등을 가지고 있다.

② 사회적 능력에 제한이 있는 자폐성장애 학생은 이러한 역동적이고 예측 불가능한 사회적 환경과의 상호작용에서 심각한 어려움을 보인다. 반면에 정적이고 조직적이며 구조화되어 예측 가능한 물리적 환경에 대해서는 사회적 능력의 제한에 따른 불안감이 감소하여 보다 잘 상호작용한다. 이에 사회적 환경에 대한 혼란을 보상할 수 있도록 물리적 환경의 특성을 교수환경에 반영하여 자폐성장애 학생의 참여를 지원하는 것이 바람직하다. 물리적 환경의 특성을 반영하여 교수 · 학습환경을 구체적이며 조직적이고 예측 가능하도록 구조화하면 자폐성장애 학생의 불안수준은 낮추고 안정수준을 높여서 활동참여를 증진시킬 수 있다.

(2) 구조화의 의미

① 구조화는 학생이 교수 · 학습활동의 순서와 과제를 예측할 수 있도록 체계적으로 계획하고 구성하는 것이다.

② 구조화는 매우 포괄적인 개념으로, 학생이 보다 더 참여하고 쉽게 이해할 수 있도록 학습환경이 설정된 것을 의미한다.

③ 구조화는 자폐성장애 학생의 시각적 강점과 조직성을 선호하는 특성을 활용하여 이들의 학습참여를 촉진하도록 안정감과 동기화를 증진시키고자 하는 것이다.

④ 구조화의 목적은 자폐성장애 학생이 무엇을 해야 하는지를 이해하고 과제를 성공적으로 수행할 수 있도록 돕는 것이다.

⑤ 구조화는 활동이 이루어지는 장소가 어디인지, 사용되는 교재 또는 교구가 무엇인지, 자신의 것은 무엇이고 또래와 함께 공유해야 하는 것은 무엇인지, 해야 하는 행동이 무엇인지, 누구와 함께 해야 하는지, 얼마나 오랫동안 해야 하는지, 언제 끝내는지 등에 대해 예측할 수 있도록 구체적인 정보를 포함하여 체계적으로 교수 · 학습환경을 구성하는 것이다.

기출의 맥

자폐성장애 학생의 특성에 근거하여 구조화가 왜 필요한지, 구조화를 왜 강조하는지를 이해한 후 구체적인 사항들을 보세요!

키워드 Pick

(3) 구조화와 자폐성장애의 특성 13추유, 20초

자폐성장애 학생이 예측 가능한 패턴을 선호하여 구조화된 교수·학습환경에서 활동 참여에 동기화될 수 있음을 내포하는 자폐성장애의 특성을 제시하면 다음과 같다.

① 시각적 정보처리의 상대적 강점과 선호를 가지고 있다.

② 전체보다는 부분에 과도하게 주의를 둔다. 이러한 부분들은 계열화하거나 통합하거나 연결 짓거나 의미를 도출하는 데 어려움을 보인다. 이러한 결함을 보완하기 위해 예측 가능성과 반복성에 집착한다.

③ 주의집중의 변동성을 보인다. 어떤 때에는 매우 산만하고 또 어떤 때에는 매우 집중을 하여 주의를 효과적으로 돌리는 데 어려움을 보인다. 주의산만으로 인해 외부의 중요자극을 우선적으로 해석하는 데 어려움을 보인다.

④ 발달 수준에 따라 다양한 의사소통 문제를 보인다. 그러나 어떤 발달 수준에서든 언어의 사회적 사용(화용)에서의 제한을 보인다.

⑤ 시간 개념을 잘 이해하지 못한다. 한 활동에서 다음 활동으로 너무 빠르게 또는 너무 느리게 이동을 하거나, '끝'이라는 개념을 포함하여 활동 내 하위단계를 계열화하는 데 어려움이 있다.

⑥ 특정 상황에서 판에 박힌 일과에 집착하는 경향이 있다. 그래서 본래의 학습 상황에서 보인 기술이 일반화되지 못하고 일과가 방해받게 되면 혼란스러워하거나 불안해한다.

⑦ 조직화 기술에 제한을 보인다. 사물이 어떻게 놓여 있어야 하거나 보여야 하는지, 활동이 어떻게 이루어져야 하는지에 대한 동일성의 고집을 보인다. 이러한 동일한 고집 관련 특성은 개별적이고 매우 독특하다. 일반적인 조직화의 기준과는 맞지 않는 경우가 많다.

⑧ 추상적 사고에 제한을 보인다. 교수·학습 상황에서 제시되는 많은 언어들이 대부분 추상적 개념을 가지고 있다. 이러한 추상적 개념을 이해하지 못하여 적절한 학습참여를 수행하는 데 어려움을 겪는다.

⑨ 선호 활동에 대한 과도한 관심과 충동을 보인다. 그래서 선호 활동에서 벗어나는 데 어려움이 있다.

⑩ 두드러진 감각적 선호 또는 회피를 보인다.

(4) 구조화된 교수

① 구조화된 교수는 자폐성장애 학생의 교육 및 지원을 위한 원리전략을 의미한다.

② 구조화된 교수의 효과로는 상황에 대한 이해 증가, 혼란과 불안 감소, 학습에 대한 주의력 및 반응성 증진, 행동조절 가능 등을 들 수 있다.

③ 구조화된 교수는 특정 공간 및 학습활동과 연계된 물리적 환경구성, 시각적 일과표의 활용, 자연적인 상황에서 다양한 기능적 기술의 개별화된 학습기회 제공, 일관되고 체계적인 접근과 같은 특성을 가지고 있다.

④ 구조화된 교수는 자폐성장애 학생의 학습 과제 참여를 동기화하고 증진시켜 새로운 개념 및 기술의 학습을 돕기 위해 앞서 언급한 자폐성장애 학생의 특성을 활용하는 것이다.

⑤ 구조화된 교수의 목적은 자폐성장애 학생이 무엇을 해야 하는지를 이해하며 성공적으로 과제를 완수할 수 있도록 돕는 것이다.

⑥ 구조화된 교수의 기본원리는 다음과 같다.

㉠ 전략과 목표를 개별화한다.

㉡ 환경과 활동을 구조화한다.

㉢ 시각적 지원을 사용한다.

㉣ 학생의 특별한 관심을 활용한다.

(5) TEACCH 16초, 11 · 21중

① TEACCH의 의미

㉠ 구조화된 교수의 원리 및 전략을 체계적으로 적용한 대표적인 프로그램의 예로 TEACCH를 들 수 있다.

㉡ TEACCH는 자폐성장애 학생의 학습참여를 지원하기 위해 교수환경의 구조화를 체계적으로 적용한 대표적인 사례인 것이지 TEACCH의 구성요소가 구조화된 교수의 전부가 아님을 분명히 이해해야 한다.

㉢ TEACCH의 궁극적인 목적은 자폐를 가지고 있는 사람들이 자율적인 성인으로 살아갈 수 있도록 돕는 것이다.

㉣ TEACCH의 가장 핵심적인 키워드는 자폐성장애 학생의 의사소통능력의 증진이다.

키워드 Pick

② TEACCH의 절차

<table>
<tr><td>1. 의사소통평가</td><td>• 아동의 의사소통 표본 수집: 최소한 50개의 의사소통 행위 표집(언어 표본이 아니라 의사소통 표본)
• 의사소통 비율이 낮을 경우에는 최소한 2시간 동안 관찰을 통해서 의사소통 행위를 표집</td></tr>
<tr><td>2. 표본분석</td><td>• 일차적인 목적: 아동이 사용하는 의사소통이 어떤 기능으로 사용되고 있는지, 어떠한 형태를 주로 사용하는지 그리고 사용되는 단어는 어떤 의미론적 범주에서 사용되고 있는지에 대한 정보를 앎으로써 교수목표를 설정할 수 있도록 함
• 표본의 영역: 기능, 형태, 의미, 단어, 상황
<table>
<tr><td>기능</td><td>– 의사소통의 목적
– 하위 기능: 관심끌기, 요구하기, 거절하기, 언급하기, 정보찾기, 정보제공, 감정 표현 등</td></tr>
<tr><td>형태</td><td>– 의사소통을 하기 위해 사용되는 수단
– 형태 영역: 운동적 행동, 몸짓, 음성, 그림, 글씨, 사인, 구두어 등</td></tr>
<tr><td>의미</td><td>– 의사소통할 때 사용되는 단어가 갖는 의미론적 관계
– 의미 영역: 사물, 행위, 사람, 위치 등</td></tr>
<tr><td>단어</td><td>– 의사소통에서 사용되는 구어, 사인, 글씨, 그림, 제스처에서 사용되는 어휘</td></tr>
<tr><td>상황</td><td>– 의사소통 장면</td></tr>
</table></td></tr>
<tr><td>3. 중·단기목표 설정</td><td>• 3개월~1년 동안의 중간목표 그리고 단기목표를 각각 설정
• 단기목표: 현재 기능수준보다 약간 위의 단계에 두고, 교사는 한 번에 한 가지 의사소통 영역에서의 변화만을 유도하여 그 학생에게서 나타나기 시작한 기술을 강화시켜 주고, 점차 프로그램의 장기목표에서 의도된 방향으로 새로운 기술을 터득하게 하는 활동을 계획하여야 함</td></tr>
<tr><td>4. 교수전략</td><td>• 구조를 명료하게 해 주어야 하며, 이를 위한 바탕이 되는 전략들은 다음과 같다.
– 실제 맥락에 맞는 교수법 제공
– 개인적인 발달 수준에 맞추어야 함
– 내부적으로 행위를 계획하고 조정하는 데에 결함이 있으므로 외부의 구조화 필요
– 우연학습의 기회를 최대한 활용
– 시각적 자극에 대한 지각을 잘 활용할 것(활동 순서의 시각화 상징물, 사진, 견본 등을 활용하여 지시, 강조해야 할 부분에 줄을 긋거나 색연필 활용)
– 교실공간의 구조화
– 일과의 구조화</td></tr>
</table>

③ TEACCH의 구성요소

물리적 조직화 (물리적 구성)	• 물리적 구조화는 학생이 어디에 있어야 하는지 그리고 거기서 해야 하는 과제와 활동이 무엇인지에 대한 정보를 제공한다. • 분명한 특정 경계를 제시하는 것과 같은 예측 가능한 방법으로 학생이 해야 할 활동을 알려 주는 시각 정보를 제공한다. • 또한 물리적 구조화는 학생의 주의집중 분산이나 감각자극의 과부화를 유발할 수 있는 환경적 요소를 줄여 준다. • 물리적 구조화는 환경적 지원 중 물리적 지원에 해당한다고 볼 수 있다. • 교실과 기타 학습 관련 영역의 배치와 관련이 있다. • 학교 강당이나 공공 놀이터와 같은 활동 장소들, 화장실과 세면장, 식당과 운동장 등이 포함된다. • 교실 내 물리적 조직화의 중심 특징은 시각 구조화 영역을 사용하는 것이다. 시각 구조화 영역은 자폐성 아동들이 변화를 이해하면서 겪는 어려움에 대처하고자 하는 것이므로, 모든 변화의 세부 사항들을 표시하여 정보의 요점을 제공하도록 한다. • 물리적 조직과는 교실 내의 감각자극과 관련이 있다. 잠재적인 주의산만이나 과잉자극을 줄이기 위해 구조화된 물리적 환경이 도움이 될 수 있다. • 교실 안에서 안정되고 조용한 분위기를 장려하면서 낮은 소음수준을 유지하는 접근방식을 채택하는 것이 일반적으로 바람직하다.
일과의 구조화 (계획표, 시각적 일과표) 19초	• 학생은 일과표를 통해 자신이 언제 무슨 과제 또는 활동을 할 것인지를 알 수 있다. 이는 언제 활동이 일어날 것인지, 다음에 어떤 활동을 할 것인지, 자신이 좋아하는 활동은 언제 일어날 것인지 등에 관한 정보를 제공한다. • 일과의 구조화는 하루에 일어나는 일의 계열을 조직하고 의사소통을 위해 일과를 구조화하는 것이다. • 일과의 구조화는 주로 일과표(schedule)의 개발과 활용을 통해 이루어진다. • 시각적 일과표는 활동의 예측 가능성을 제공하므로 학생의 불안감소에 도움이 된다. • 일과표의 가장 중요한 특징은 학생에게 시각적이고 의미 있는 정보를 제공하며 변경 또는 갱신이 용이하다는 점이다. • 일과의 구조화는 시간적 지원에 해당한다고 볼 수 있다. • 계획표의 구체적인 작성은 아동의 인지능력과 계획표 사용 경험에 따라 세부적으로 다양하다. • 인지능력이 부족한 아동에게는 다음 활동을 표시하기 위한 참조 물건들을 사용하도록 한다. • 계획표는 시간을 재거나 순서를 정할 때 직면하는 문제들을 보상하며, 아동이 행사를 예상하고 하루를 구조화한다. • 시간을 명확하고 순차적인 방식으로 구조화함으로써 독립성을 장려하도록 시각적으로 상기시켜 주는 것이다. • 각 과제나 활동이 완성되면 그 일이 지나갔음을 보여 주고 다음 순서의 과제가 기다리고 있음을 표시하기 위해 계획표에서 제거한다.

Chapter 08

키워드 Pick

과제 조직 (과제 구성)	• 과제를 수행하기 위해 학생이 무엇을 해야 하는지, 얼마나 많은 항목을 수행해야 하는지, 그리고 최종 결과물은 어떠한 것인지에 대해 시각적으로 명확한 정보를 제공하는 것이다. • 개별과제 조직은 학생이 수행할 과제의 자료를 조직하는 것으로, 학생이 해야 하는 과제가 무엇인지, 어떻게 과제를 수행해야 하는지, 얼마 동안 과제를 해야 하는지, 얼마나 많은 과제를 해야 하는지, 과제를 완수할 때까지 자신의 수행을 어떻게 점검할 수 있는지, 과제의 완성을 어떻게 확인할 수 있는지, 다음에 해야 하는 것이 무엇인지에 관한 정보를 시각적 지원을 활용하여 학생에게 제공하는 것이다. • 시각적 지원은 이러한 조직화된 개별과제를 지도하는 데 필수 요소이다. 시각적 지원을 통해 학생이 과제 완성 전략을 학습하고 무엇을 성취해야 하는지를 명확하게 학습할 수 있다. • 과제 완성을 위한 교수라고 볼 수 있을 만한 것을 의미하며, 이 프로그램에서 'jigs'라는 용어로 사용된다. • 지그는 자폐아동에게 노력의 방향을 안내하는 지침을 찾도록 유도하기 위한 것이다. • 이러한 기술의 발달은 이후 삶에서 새로운 기술 습득에 대한 중요한 암시가 되며, 아동으로 하여금 다양한 환경에서 기술을 일반화할 수 있게 한다.
작업 시스템 (학업체계) 21초	• 개별 작업시스템이라고도 하는 구조화된 작업시스템은 교사의 직접적인 지도와 감독을 통해 습득된 개별과제를 연습하거나 숙달하는 시각적으로 조직화된 공간을 의미한다. • 작업시스템의 목적은 학생에게 독립적으로 작업하는 것을 지도하는 것이다. 이는 학생이 어떤 활동을 독립적인 작업 영역에서 수행해야 하는지를 알게 해 준다. • 작업시스템은 학생이 해야 하는 작업(어떤 작업을 수행해야 하는지), 해야 하는 작업의 양(얼마나 많은 작업을 해야 하는지), 작업이 종료되는 시점(작업은 언제 끝나는지)에 관한 정보를 제공한다. • 작업학습상자와 이에 대한 내용은 항상 볼 수 있도록 왼쪽에 배치한다. 학생들은 왼편에서 오른편으로 작업을 수행한다. 작업학습구역을 거친 자료를 오른편에 있는 완료 상자에 넣는다. 왼편의 모든 자료가 없어지면 작업이 끝남을 의미한다. • 작업시스템은 작업공간에서 학생이 독립적으로 모든 활동을 완수하는 것이 목표이므로, 새로운 기술을 가르치는 것보다는 기술의 숙달을 촉진하는 것에 주안점을 두어야 한다. • 독립적인 과제수행을 통해 학생이 습득한 기술이 유창하게 숙달될 수 있도록 학습의 기회를 제공하는 것이다.

	• 교사와 학생의 일대일 또는 소집단학습을 통해 획득한 기술이 숙달되기 위해서는 반복된 학습의 기회가 제공되어야 한다. 학교 현장에서는 학생이 기술의 숙달을 보일 때까지 교사가 충분한 학습의 시간을 일대일 또는 소집단학습을 통해 제공하기 어렵다. 따라서 이러한 독립적으로 작업할 수 있는 구조화된 작업시스템을 통해 학생이 기술의 숙달을 이룰 수 있도록 교실 내에 개별 작업공간을 구성하고 여기에 작업과제를 비치하여 학생이 독립과제수행을 반복하여 숙달할 수 있도록 한다. • 학생에게 독립적으로 작업하는 것을 지도하기 위하여 학생이 수행해야 하는 작업이 무엇인지, 어느 정도의 많은 작업을 해야 하는지, 그리고 개별 작업은 각각 언제 끝나는지에 대한 시각적 정보를 제공하는 것이다. • 잘 설계된 학업체계는 아동에게 과제가 기대하는 것에 대한 명확한 정보를 주고, 수업시간에 학생이 좀 더 독립성을 개발할 수 있도록 하는 데 필수적이다. • 학업체계도 계획표처럼 만족이라는 보상을 제공함으로써 자기동기부여가 될 수 있다.

2. 시각적 지원 23초

(1) 시각적 지원의 이해

① 시각적 지원과 자폐성장애

㉠ 자폐성장애 학생은 구어적 정보에 주의집중하고 기억하고 이해하는 데 어려움을 보인다. 반면에 상대적으로 시각적 정보처리에서 강점을 보인다.

㉡ 시각적 지원은 자폐성장애 학생의 독특한 학습 및 사회적 요구에 부합하는 지원으로, 이해와 학습을 증진시키고 전이를 용이하게 하며 문제행동을 감소시키고 의사소통을 촉진할 수 있다.

㉢ 시각적 지원은 너무 많은 언어적 정보처리과정이 요구될 때 초래될 수 있는 혼란과 불안을 감소시킨다.

㉣ 자폐성장애 학생의 학습참여와 상호작용 촉진을 위한 시각적 지원은 관련 구체적 정보를 제공하며, 무엇을 해야 하는지, 어떻게 말해야 하는지를 구체적으로 상기시킬 수 있는 단서를 제공하고, 독립적으로 수행할 수 있는 기회를 제공한다.

㉤ 시각적 지원은 교수환경지원(공간적 지원, 시간적 지원, 절차적 지원, 사회적 지원)에서 활용할 수 있는 지원전략이다.

② 시각적 지원을 통한 교수환경

㉠ 교실에서의 시각적 지원은 학생들에게 필요한 정보를 제공하여 분명하고 예측 가능한 기대를 의사소통할 수 있으며 다양한 상황에서 적절한 언어를 제공할 수 있다.

㉡ 교실, 운동장, 식당 등과 같은 학교 내 모든 상황에서 시각적 지원의 활용을 고려할 수 있다.

키워드 Pick

ⓒ 자폐성장애 학생의 학교생활을 보다 예측 가능하게 만들고 학생의 독립성 증진을 지도하는 데 효과적임이 입증된 시각적 지원이 있다. 대표적인 것이 시각적 일과표이다. 시각적 일과표는 다양한 연령대를 대상으로 과제참여행동의 증진, 반응지연시간의 감소, 부적절한 행동의 감소, 일과변화에 다른 불안감소 등을 위해 학급에서 폭넓게 활용되고 있다.

③ 시각적 지원의 장점

㉠ 시각적 지원은 만질 수 있는 구체적 정보를 제공하고, 관련된 사회적 정보를 강조하며, 구체적인 단서를 제공하고, 언어 및 사회적 촉구의 의존을 줄여 주며, 독립심을 강조할 수 있고 단서의 용암이 용이하다는 장점이 있다.

㉡ 학습자가 시각적 정보를 선호하며, 비조직적이고 언어적인 면에서 어려움을 보이며 공동주의집중의 결함을 보이고 모방을 잘하지 못하고 다른 전략이 효과적이지 못할 때 이러한 시각적 지원이 효과적이다.

(2) 시각적 지원을 통한 전략

① **시각단서교수**: 교수에 시각적 요소를 추가한 시각단서교수(visually cued instruction)는 교수·학습 상황에서 주어지는 다양한 자극 및 정보 중에서 필요한 자극 및 정보에 주의집중하고 적절하게 반응할 수 있도록 지도하여 타인 의존의 외부통제 소재를 감소시키고 일반화를 촉진시킨다.

② 도해조직자(그래픽 조직자)

㉠ 도해조직자는 개념이나 주제의 주요 측면들을 특정 양식으로 배열함으로써 정보를 구조화하여 나타내는 시각적 표현을 말한다. 구조화된 개관(structured overview), 시각적 조직자(visual organizer), 의미지도(semantic map) 등의 다양한 명칭으로 쓰인다.

㉡ 도해조직자는 다양한 교과 영역에서 다양한 방식으로 사용된다. 도해조직자의 활용은 학생이 교과 내용을 이해하고 학습 과제와 교과지식 간의 관계를 파악하는 데 도움이 된다.

ⓒ 개념학습을 지원하기 위한 도해조직자는 교사가 구성하여 아동들에게 제공할 수도 있고 아동들이 구성할 수도 있다.

- **교사가 도해조직자를 구성할 경우**: 교과 자료의 철저한 분석과 함께 중요한 내용들을 잘 조직하고 이에 적절한 도해조직자를 선택하는 데 많은 시간과 노력을 들여야 한다.
- **아동들이 도해조직자를 구성할 경우**: 교과 자료로부터 도해조직자를 어떻게 구성하는지를 가르쳐야 하는데 이때 명확하고 체계적인 교수를 통하여 혼자서 구성할 수 있는 훈련과 지원을 제공해야 한다.

㉣ 도해조직자에는 교과 자료의 내용에 따라 선택하여 구성할 수 있는 다양한 형식들이 있으나 일반적으로 개념적 도해조직자, 위계적 도해조직자, 순환적 도해조직자, 순서적 도해조직자의 4가지 범주로 분류된다.

○ **대표적 유형** 13중

개념적 도해조직자	• 하나의 주요 개념과 그 개념을 지원하는 사실, 증거, 또는 특성들을 포함 • 한 단어나 구절로 표현된 하나의 주요 개념으로 시작하여 이를 지원하는 생각들(즉, 사실, 증거, 또는 특성들)이 주요 개념에서 파생된 것으로 묘사
위계적 도해조직자	• 하나의 개념으로 시작하여 그 개념 아래 몇 개의 등급 또는 수준을 포함 • 하나의 개념 아래 몇 개의 뚜렷한 등급 또는 수준들을 선형적으로 제시
순환적 도해조직자	• 시작과 끝이 없는 일련의 사건들을 묘사 • 유기체의 일생과 같은 사건을 원형적이고 연속적으로 구성
순서적 도해조직자	• 시작과 끝이 분명한 사건들을 시간적 순서로 배열 • 연대적 순서를 가지고 있는 사건들이나 인과관계의 사건들을 선형적으로 제시

③ 미리 보여 주기(priming, 프라이밍)

㉠ **미리 보여 주기**: 수업 전에 수업 내용에 대한 정보를 아동에게 제공하는 것

㉡ 수업에 사용될 자료들을 수업 전에 미리 보여 주어 이를 검토하게 함으로써 아동이 수업 중에 무엇을 하게 될 것인지를 알게 한다.

㉢ 미리 보여 주기는 해당 수업의 하루 전, 해당 수업이 있는 날 아침, 또는 수업이 시작되기 직전에 실행될 수 있다.

㉣ 부모, 교사, 또는 또래가 실시할 수 있다.

㉤ 미리 보여 주기의 실행에 앞서서 점검할 사항
- 어떤 수업이 미리 보여 주기를 필요로 하는지 결정한다.
- 미리 보여주기를 누가 할 것인지를 결정한다.
- 미리 보여주기를 실제 자료로 할 것인지 유사 자료로 할 것인지 결정한다.
- 언제, 어디서 미리 보여 주기를 할 것인지 결정한다.

④ 두문자어 사용하기(acronym)

㉠ 두문자어는 머리글자(initial letter)로 된 말이다.

㉡ 두문자어에서 사용되는 머리글자는 한 단어가 아닌 한 구절이 될 수도 있는데, 예를 들어 아동들에게 개념적 도해조직자의 구성단계를 교수할 때 다음과 같은 머리글자로 만들어진 'CONCEPT'라는 두문자어를 제시할 수 있다.

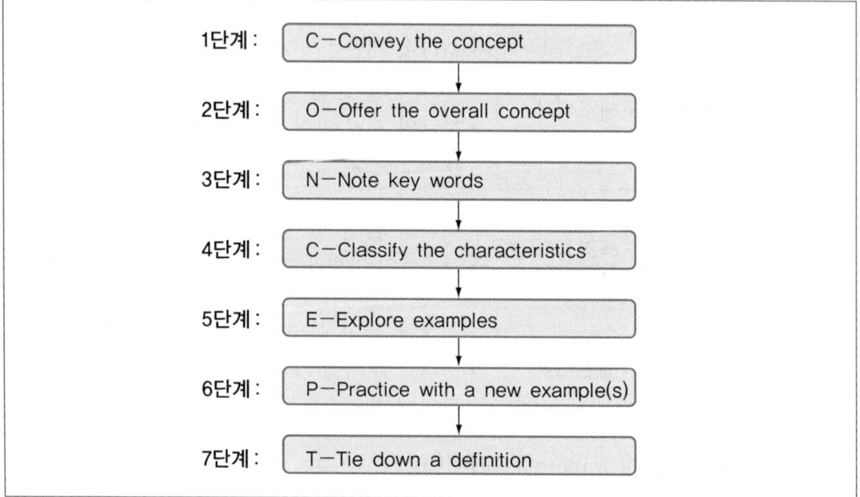

⑤ 활동 시간표

㉠ 자폐성장애 아동이 어떤 활동이나 그 순서를 좀 더 독립적으로 수행하는 데 도움

㉡ 활동의 어느 한 순서에 참여하도록 단서를 주는 그림이나 단어의 모음

⑥ 체크리스트

㉠ 학생이 행동의 순서, 식료품점에서 사야할 것 혹은 해야 할 일 등을 기억하도록 돕는 좋은 지원체계이다.

㉡ 본래는 나이가 있고 읽기가 가능한 학생을 위해 고안된 것으로, 한 활동에서 완수한 것과 그렇지 못한 부분들을 시각적으로 나타낸다.

⑦ 짧은 만화 대화

㉠ 긍정적 행동지원의 방법으로서, 부적절한 행동에 대한 처벌보다는 바람직한 행동을 교수하고 강화하는 데 초점이 있다.

㉡ 구어와 문어에 좀 더 어려움이 있는 어린 학생들을 위해 이 방법을 고안했다.

㉢ 짧은 만화 대화는 간단한 그림과 상징들을 짧은 만화 형식(역주: 신문의 4컷 만화와 같이 짧은 만화 형식)에 넣는다.

⑧ 그림교환 의사소통체계

㉠ 그림교환 의사소통체계는 자폐성장애 학생을 위한 보완·대체 의사소통체계이다.

㉡ PECS는 구체적이고 체계적인 형식으로 교수되며 자폐성장애 학생이 그림교환을 시작하도록 하는 데 초점을 둔다.

㉢ PECS를 이미 사용하는 학생이라면 시각적 지원으로 사진을 사용하는 데 잘 준비되어 있다. 의사소통을 위해 그림을 사용하는 것은 학생이 그림 자체를 이해하고 있음을 보여 주기 때문이다.

⑨ 파워카드

㉠ 학생의 강한 흥미를 이용해 이것이 행동변화의 동기가 되도록 고안되었다.

㉡ 전형적인 파워카드는 명함 크기 정도로 작으며, 읽기가 가능한 아동이 사용하도록 만들어졌다.

㉢ 카드에는 내용을 대표할 만한 그림과 함께 배워야 할 규칙을 따라 하도록 단계들이 적혀 있다.

㉣ 읽기가 가능한 고학년 학생을 위해 고안되었지만, 배워야 할 개념을 명확히 나타내 주는 그림이 있다면 카드를 좀 더 크게 만들어 글자 없이도 사용할 수 있다.

㉤ 작은 크기 때문에 여러 환경에서 쉽게 사용할 수 있으며, 지갑이나 카드지갑 등에 넣어 다닐 수 있고 코팅해 열쇠고리에 달고 다닐 수도 있다.

⑩ 상황 이야기

㉠ 목표가 되는 사회성 기술 혹은 규칙에 대한 이야기를 그림·글 형식으로 개발하는 것이다.

㉡ 이때 아동의 능력에 맞게 수정된 언어로 이야기를 써야만 한다.

㉢ 이야기 형식에 그림을 사용하는 것은 정보가 시각적으로 제시되었을 때 가장 잘 학습하는 학생에게 유용하다.

㉣ 그림은 사진일 수도 있고, 집에서 제작한 만화 그림일 수도 있다.

⑪ 비디오 모델링

㉠ 한 명 혹은 여러 명이 가르치고자 하는 행동의 시범을 보이고 이를 비디오로 찍는 것이다.

㉡ 자료들은 최소한의 저장 공간에 많은 비디오를 보관할 수 있게 CD에 저장할 수도 있다.

㉢ 비디오 모델링은 정지된 사진으로는 바로 설명할 수 없는 좀 더 복잡한 행동을 보여 주는 데 사용될 수 있다.

㉣ 모델은 비디오를 볼 학생과 같은 연령으로 선택하는 것이 도움이 된다.

키워드 Pick

3. 교수환경 지원

• 자폐성장애 학생은 체계화하고 계열화하는 데 제한을 보이며 시간을 관리하는 데 어려움을 나타내는 특성이 있기에 교수환경의 조직적 지원이 필요하다. 자폐성장애 학생을 위한 교수환경지원은 개별 학생의 감각 요구, 시간의 흐름을 이해하고자 하는 요구, 학습 양식과 강점, 정확하고 신뢰할 수 있는 정보에 대한 요구 등을 고려하여 지원적인 환경을 구성하는 것이다.
• 개별 학생의 특성에 따라 다양한 교수환경지원이 요구될 수 있으나 무엇보다 중요한 것은 자폐성 장애 학생별로 신중하게 개별화되어야 하고 사회적으로 타당하며 지속적으로 활용되고 학생의 연령에 적합하며 상황과 대상에 따라 융통성 있게 실행되어야 한다는 것이다.
• 교수환경시원은 교사와 학생, 학생과 학생 간의 사회적 상호작용 이외의 학습에 영향을 미치는 환경적 요인을 조성하는 것으로, 교수환경지원은 자폐성장애 학생을 위한 교수환경의 특성인 구조화와 시각적 지원이 반영된 것이라 할 수 있다.

(1) 공간적 지원

① 물리적 환경 구조화의 의미

㉠ 구조화된 물리적 환경은 자폐성장애 학생에게 교실 내 어느 영역에서 개별 활동, 소집단 활동, 대집단 활동이 이루어지는지에 대한 명확한 정보를 제공하고 영역의 한계를 알게 하여 참여를 촉진시킬 수 있다.

㉡ 구조화된 물리적 환경은 학생에게 분명한 기대를 제공하고, 상황과 관련된 단서에 주의집중을 이끌며, 학생이 목적에 부합하는 의도된 활동을 할 수 있도록 한다.

㉢ 또한 학생의 독립성을 증대시키고, 다른 사람을 관찰하는 능력을 기르며, 사회적 상호작용을 증진시키고, 학생이 예측할 수 있고 유연하게 변화를 이룰 수 있다.

㉣ 물리적 공간을 구조화할 때 교실 내에 특정 활동이 이루어지는 장소에 대한 정보를 제공할 수 있도록 경계를 정하여 표시할 수 있다. 해당 활동을 어디에서 해야 하는지에 대한 정보를 제공한다. 색 테이프, 카펫, 색 테이블보 등을 활용하여 경계를 표시할 수 있다.

㉤ 자폐성장애 학생이 자신이 원하는 것에 접근하는 방법을 알기 위해서는 사물이 놓여 있는 곳을 알거나, 서랍과 같은 닫힌 공간의 외부에 붙은 그림이나 글자를 알거나, 사물함 안에 무엇이 있는지를 알면 도움이 된다. 정돈되고 계획된 환경은 학생이 자신의 세계를 조직하고 보다 효과적으로 활용하는 데 도움이 된다.

② 물리적 환경 구조화의 효과와 유의점

㉠ 학교 내 물리적 환경을 구조화하면, 자폐성장애 학생에게 환경에 따른 기대를 보다 분명히 전달할 수 있고, 적절한 행동지원을 제공할 수 있다.

㉡ 교사는 환경 단서에 근거한 연계행동을 지도해야 한다. 이때 교사는 시각적 단서를 활용할 수 있다.

㉢ 자폐성장애 학생은 사적인 공간에서의 사적인 행동에 대해 잘 알지 못할 수 있다. 화장실 사용과 같은 사적인 공간을 지도할 때, 이를 자연적인 학습환경에 통합시켜 지도하는 것이 중요하다. 예 쉬는 시간에 학생이 이용하는 화장실에서 지도

㉣ 자폐성장애 학생은 구체적이고 예측 가능한 상황에서 편안함과 안정감을 갖는다. 그렇기에 적어도 몇 달 동안은 교실 내 영역 구분을 변경하지 않고 활동이 이루어지는 영역에 대한 지정을 변경하지 않는 것이 좋다. 학생이 일정 기간이 지나 교실 영역의 구조에 편안함을 느끼면 점진적으로 작게 변화를 줄 수 있다.

㉤ 자폐성장애 학생은 작은 변화에도 불안감을 가질 수 있으므로 변화에 대해 시각적 지원을 제공하여 학생이 최소한의 불안을 견디면서 환경에 적응할 수 있는 기회를 갖도록 할 수 있다.

㉥ 교실 구조화에서 작은 변화가 주어졌을 때, 학생이 불안해하거나 과제이탈행동을 보이면, 교사는 필요한 경우 시각적 지원을 통해 학생이 변화에 대한 유연성을 가질 수 있도록 돕는다.

③ 물리적 배치의 구조화(물리적 환경 배열하기)

㉠ 교실의 물리적 구조는 학습공간의 기본적 토대를 확립하고 아동의 행동에 지대한 영향을 미칠 수 있다.

㉡ 집은 이미 여러 개의 공간, 즉 침실, 거실, 욕실, 부엌 등으로 분리되어 있고 각 공간은 침대, 소파, 식탁, 세면대 등으로 그 기능을 쉽게 식별할 수 있다.

㉢ 대부분의 자폐성장애 아동들을 위해서는 자신이 어디에 있는지, 기대되는 행동은 무엇인지, 원하는 물건을 어디서 찾을 수 있는지, 사용한 물건을 어디에 가져다 놓아야 하는지 등을 알 수 있도록 가구나 물건이 배치되어야 한다.

㉣ 필요한 경우 안정을 되찾거나 유지할 수 있는 혼자만의 공간을 마련해 주어야 한다.

구분	내용
가구의 배치	• 가구는 활동에 대한 기대가 분명해지도록 배치되어야 한다. • 만약 교실의 공간이 넓다면 개인과제, 소집단과제, 학급전체과제를 위한 특정 영역들을 구분해야 한다. • 교실의 공간이 넓지 않다면 가구를 재배열하여 특정 영역들을 구분할 수 있는데, 이때 사람들의 왕래를 방해하지 않고 산만함을 최소화하도록 하는 것이 중요하다. • 과제 영역을 구분하고 가구를 배치할 때 전반적 발달장애 아동들이 일반적으로 시각적 처리에 강점을 보이는 경향에 맞추어 시각적 단서를 제공하는 것이 좋다. • 유색 테이프를 이용하여 시각적 경계를 만들어 주거나 문자, 사진, 그림 등을 이용한다면 각 영역의 기능을 이해할 수 있도록 하는 데 도움이 된다.
물건의 배치	• 특정 영역들의 구분과 더불어 교재, 교구, 자료 등 교실에서 사용되는 물건들도 조직적으로 배치되어야 한다. • 원하는 물건을 어디서 찾을 수 있는지 또는 사용한 물건을 어디에 가져다 놓아야 하는지 등을 알 수 있도록 물건의 종류별로 보관하는 장소를 조직적으로 구분해 주는 것이 좋은데 이 경우에도 시각적 단서(예 문자, 그림, 사진)를 이용할 수 있다.

키워드 Pick

혼자만의 공간 설정 19초	• 전반적 발달장애 아동들을 위해서는 필요한 경우 안정을 되찾거나 유지할 수 있는 혼자만의 공간을 마련해 주어야 한다. • 진정 영역(cool down area), 이완 영역(relaxation area), 안전 영역(safe area), 본거지(home base), 쉼터(vacation spot) 등으로 다양하게 불리고 있는 이 공간은 자극수준을 낮게 유지하는 장소이다. • 수업환경이 아동을 당황하게 만든다거나 행동문제로 아동이 안정을 취할 필요가 있을 때 유용하다. • 혼자만의 공간은 교사가 아동에게 가도록 지시하거나 필요한 경우 아동이 스스로 선택해서 갈 수 있다. • 혼자만의 공간을 설정하는 특별한 기준은 없으나 시각적 경계가 명백한 물리적 공간을 선정하는 것이 좋다. • 몇 가지 유념할 사항 – 첫째, 혼자만의 공간은 타임아웃을 위한 장소가 아니다. 타임아웃은 바람직하지 않은 행동이 발생했을 때 강화가 많은 상황에서 강화가 적은 상황으로 이동시킴으로써 행동의 발생을 감소시키는 것이지만 혼자만의 공간은 아동이 안정을 취할 수 있도록 자극수준이 낮은 곳으로 이동시키는 것이다. – 둘째, 혼자만의 공간은 아동이 과제를 회피하기 위한 장소가 아니다. 따라서 아동들에게 혼자만의 공간을 활용할 수 있게 하는 행동이 무엇인지 인식시킬 필요가 있다. – 셋째, 혼자만의 공간에는 아동의 특성에 따라 이완을 촉진시킬 수 있는 물건을 둘 수도 있다. 따라서 혼자만의 공간에는 아동의 안정을 위하여 필요한 물건을 정리해 두는 보관함이 필요할 수 있다. – 넷째, 혼자만의 공간에 있는 동안 아동은 강화를 계속 받을 수 있고 과제를 계속 수행할 수도 있다. 즉, 혼자만의 공간이 타임아웃을 위한 장소나 과제를 회피하기 위한 장소가 아니라 과제에 대한 집중을 유지시키는 데 필요한 조건을 제공하는 곳이 될 수 있다.

④ 공간 내 감각자극 조절

㉠ 자폐성장애 학생은 비정상적 감각 특성으로 인해 학습 참여 및 반응을 위한 최적의 각성 상태인 신경학적 감각역치가 과도하게 높거나 낮아서 둔감 또는 민감 반응을 보이고 이러한 반응은 학습참여를 제한한다.

㉡ 학습환경은 감각자극을 줄인 학습환경으로 구성되어야 한다.

㉢ 교실 내 물리적 환경을 구조화할 때, 자폐성장애 학생의 자리는 학생의 감각 특성을 고려하여 가능한 한 감각적 방해를 적게 받는 위치에 배치하고 자주 위치를 바꾸어 주기보다는 정해진 자리를 일정 기간 동안 일관되게 유지하는 것이 좋다.

㉣ 학습환경을 계획할 때 소음, 시각적 산만함, 열린 공간, 움직임, 거리감각, 냄새, 촉각적 민감 또는 요구 등이 모두 고려되어야 한다.

㉤ 학급교실 외 다른 장소에도 자폐성장애 학생이 효과적으로 참여하는 데 영향을 미칠 수 있는 요인을 파악하여 이를 고려한 공간 내 감각자극의 조절이 필요하다.

㉥ 대부분의 자폐성장애 학생은 시각적 학습에 강점을 가지고 있다. 자폐성장애 학생의 다양한 학습양식에 맞는 환경지원을 제공하는 것이 바람직하다.

ⓢ 색은 가능한 한 자연적인 것이 좋다. 교실이 자연채광이 잘되는 곳이라면 좋겠지만, 그렇지 않고 학생이 형광등에 민감한 경우 개별 활동하는 영역의 불빛을 조절하는 것이 중요하다.

ⓞ 교실 내 복도 쪽의 창이 클 경우, 커튼을 달거나 불투명 시트지를 붙이는 것만으로도 감각자극을 줄이는 데 도움이 된다.

ⓙ 감각자극에 대해 민감반응을 보이는 학생에게는 학생의 학습참여를 위해 교실환경에서 학생이 민감반응을 보이는 감각자극을 줄여 교수환경을 조절해 줄 수 있다.

ⓒ 감각자극에 대해 둔감반응을 보이는 학생에게는 학생이 수업 중 자극추구행동을 하여 수업 방해 또는 과제 비참여를 이끄는 감각체계가 무엇인지를 판별하여 수업 전에 이를 충분히 경험할 수 있도록 환경을 제공하거나 수업 활동 내에서 자극추구 행동과 참여행동이 연계되도록 조성해 줄 수 있다.

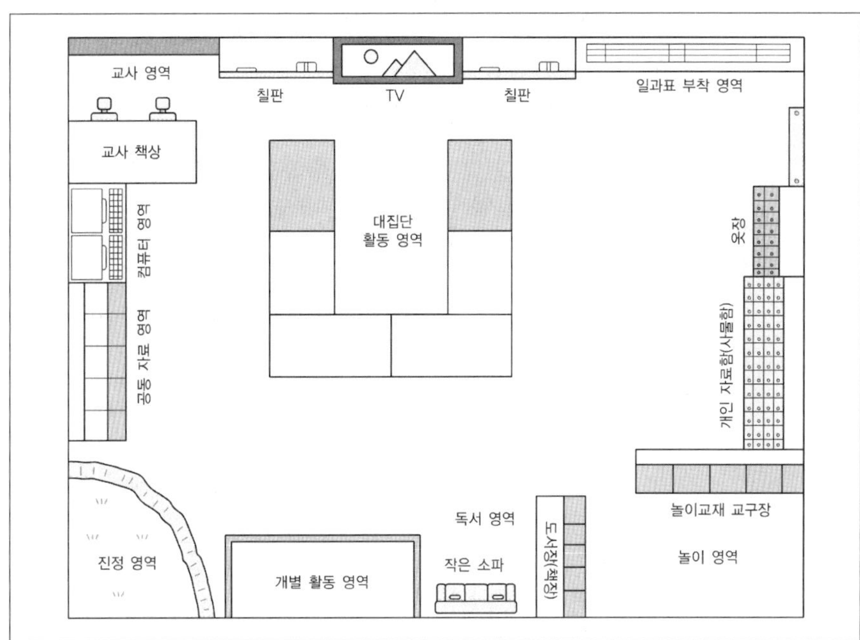

| 자폐성장애 학생을 위한 교실공간의 예 |

(2) 시간적 지원 11유

① 시간적 구조화의 의미와 효과

㉠ 시간적 지원은 추상적인 시간 개념에 대한 이해를 돕기 위해 시간의 구조를 확립하는 것이다.

㉡ 교실의 물리적 구조(공간적 지원)는 해당 공간에서 무엇을 할지에 대한 기대를 전달하고 적절한 행동을 지원하며, 시간적 구조(시간적 지원)는 학습에 대한 동기와 가능성에 영향을 미친다.

㉢ 시간적 구조는 시간이 어떻게 사용되는지를 의미한다.

㉣ 자폐성장애 학생은 일상에서 벗어나거나 예측이 어렵거나 혼란스러울 때 심리적 불편감을 심하게 느끼며 학습 등의 일상적인 활동에 참여하는 데 어려움을 보인다.

ⓜ 시간이 어떻게 사용되는지에 관한 정보를 제공하는 시간 구조화는 일과를 예상할 수 있도록 지원해 주고 심리적 불안을 완화하여 학습에 대한 동기와 가능성을 높일 수 있다.

ⓑ 시간의 구조화는 활동에 걸리는 시간, 활동의 변화와 순서, 해야 할 활동에 대한 묘사, 시작과 끝에 대한 안내, 활동의 전환 안내 등을 제공한다.

ⓢ 예상할 수 있는 일과를 확립하는 것은 심리적 불안을 일부 완화시켜 줄 수 있고 학생이 학습에 더 집중할 수 있도록 만들어 줄 수 있다.

ⓞ 예측 가능한 일과의 확립은 궁극적으로 융통성을 가르치는 능력을 촉진하게 된다.

ⓙ 사건들이 예측하기 어렵거나 혼란스러울 때 심리적으로 불안한 아동으로 하여금 무슨 일이 일어나고 있는지 알아내려고 하거나 안정감을 되찾기 위하여 활동들을 통제하려고 하는 데 자신의 인지적 에너지 대부분을 사용하게 한다.

ⓒ 예측 가능한 일정을 설정하는 것은 심리적 불안을 일부 완화시켜 줌으로써 아동들의 학습 가능성을 높일 수 있다.

② 예측 가능한 일과를 확립하는 데 고려할 요소

활동에 걸리는 시간	• 학생의 연령 및 능력에 따른 활동의 유형은 그 활동이 얼마나 오랫동안 지속되어야 하는지를 알려준다. • 어떤 활동은 매우 빨리 끝날 수 있고, 어떤 활동은 더 많은 시간을 요구한다. 일부 자폐스펙트럼 장애 학생들은 자신이 과제를 끝내기 전에 활동이 끝나든 그렇지 않든 개의치 않지만, 일부 학생들은 자신이 맡은 과제 전체를 마칠 때까지 그만두려 하지 않는다.
활동의 변화	• 활동들을 어떻게 순서화할 것인가를 결정할 때, 교사는 하나의 활동을 완수하는 데 필요한 노력의 양과 프리맥의 원리를 고려할 수 있다. • 프리맥의 원리 : 프리맥의 원리는 활동들을 신중하게 순서화할 것을 권고한다. 어떤 학생을 그 학생이 선호하지 않는 활동에 참여하도록 동기부여하기 위해 활동을 일정에 넣어 활동이 완수된 후 매우 좋아하는 활동이 뒤따르도록 한다. 20 · 24유, 14 · 24초 • 높은 수준의 에너지와 노력을 요구하는 활동 다음에는 더 적은 에너지와 노력을 요구하는 활동이 따라올 필요가 있다. 수동적인 참여를 포함하는 활동은 능동적인 참여를 요구하는 활동들을 중간중간에 배치한다. • 행동타성(behavioral momentum) : 과제를 완수하고자 하는 동기는 행동타성의 활용을 통해 촉진될 수 있다. 학생은 빠르고 쉽게 해결할 수 있는 과제 몇 가지를 더 어렵거나 덜 좋아하는 과제를 도입하기 전에 완수하게 된다. 먼저 한 과제들을 성공적으로 완수함으로써 학생이 타성을 확립할 것으로 기대되며, 더 어렵거나 덜 좋아하는 과제를 시도하는 데 저항을 덜 하게 된다.
활동에 대한 묘사방법	• 해야 할 일의 순서를 분명하게 전달하기 위해 시간 일정은 반드시 시각적인 방식으로 표현되어야 한다. • 일정을 나타내기 위해 선택된 시각 자료들은 학생 개개인의 특성에 기초해야 한다.

활동의 시작 및 종료 시기	• 보조도구를 활용하여 활동들의 시작과 끝을 알려 줄 수 있다. • 교사들은 하나의 활동이 종료되었음을 알려주는 반복적인 일과를 활용할 수 있다. 초기 아동기의 학생들에게 교실에서 활용할 수 있는 가장 일반적인 예는 활동이 종료했음을 알려 주기 위해서 '청소' 노래를 부르는 것이다.
전환을 알리는 신호 21유	• 전환에는 하나의 활동에서 다음 활동으로 옮겨 가는 것이 포함되는데, 자폐스펙트럼 장애 학생들은 전환에 어려움을 보인다. • 대상 학생들에게는 예측가능성(전환을 알리는 신호를 통해서)이 일관성보다 더 중요하다고 한다. • 하나의 활동에서 다음 활동으로의 이동은 시각적 일정표를 통해 촉진될 수 있다.

③ 시간적 지원을 위한 전략(시간구조의 확립)

㉠ 추상적 개념 습득에 어려움이 있는 자폐성장애 학생에게 추상적 개념인 시간을 청각적인 언어자극만으로 제시하기보다는 시각적 자극을 함께 제시할 때보다 참여를 용이하게 할 수 있다. 시간의 흐름을 시각적으로 보여 줄 수 있는 모래시계, 시간 타이머, 시간 타이머 앱 등을 활용할 수 있다.

㉡ 시간적 지원은 시간을 조직하기 위해 사용되는 지원으로, 일정, 완료지침, 대기(기다림)지원, 시간변화 수용전략 등이 포함될 수 있다.

일정	• 일정은 하루의 한 부분, 하루 전체, 일주일, 한 달, 또는 일 년에 대한 정보를 제공한다. 일정에 관한 시각적 지원은 시각적 일과표를 통해 이루어질 수 있다.
완료지침	• 완료지침은 활동이 언제 종료되는지에 관한 정보를 제공하는 활동 종료에 대한 신호를 제공한다. 활동이 얼마나 오래 지속될 것이며 언제 끝나는지에 대한 정보를 제공하여 학생의 활동참여를 증진시킬 수 있다. 종료 신호의 표상수준은 학생의 기능수준을 고려하여 적절한 시각적 표상수준을 적용할 수 있다.
대기지원	• 대기지원은 기다려야 할 때 어느 정도 기다려야 하는지에 대한 정보를 제공하고 기다리면서 할 수 있는 활동에 대한 정보를 제공한다. • 대기는 자폐성장애 학생에게 매우 어려운 추상적인 시간 개념이다. 자폐성장애 학생은 대부분의 학습 상황에서 '기다리기'라는 언어적 지시만을 받는다. 이에 학생들은 상황에 따른 적절한 전략과 행동을 이해하지 못한다. • 시간 정보는 어느 정도 기다려야 하는지에 대한 정보를 제공한다. 또는 학생이 기다리는 동안 할 수 있는 '대기행동/활동'을 지도할 수 있다. 따라서 대기 상황에서 요구되는 시간 정보와 대기 활동이 주어지면 학생은 구체적으로 일정시간 동안 특정 활동을 하면서 기다릴 수 있게 된다. • 대기행동은 교수되는 상황에 따라 구체적인 행동이 다르고 복잡하므로 각 상황에 적용되는 행동을 학습할 수 있는 기회가 학생에게 제공되어야 한다.

키워드 Pick

시간변화 수용전략	• 시간변화 수용전략은 예기치 못한 시간변화에 대처할 수 있는 전략에 대한 정보를 제공한다. • 시간변화 수용전략으로 주간 또는 그날의 사건(사상)에 관한 구체적인 정보가 시각적 지원과 함께 주어지면, 단지 구어적 설명만 주어졌을 때보다 더 쉽게 변화에 대해 설명할 수 있다. • 예상에 없던 변화에 대한 설명이 학생에게 제공되어야 한다. 변화를 계속 생각하게 하기보다는, 학생이 변화를 이해하도록 무슨 일이 일어나는지에 대한 시각적 자료를 활용하여 정보를 제공하고 대체할 수 있는 활동을 찾아보도록 하며 이 또한 일과임을 안내하는 것이 도움이 된다.

기출 LINE

19초) 지난 번 연수 후 지수를 위한 환경 구조화의 일환으로 제작해 사용하고 있는 시각적일과표를 적용해 봐야겠다. 벨크로를 이용해 만들었기 때문에 과목 카드를 쉽게 붙였다 떼었다 할 수 있다. 그것으로 지수에게 음악시간과 원래 교과 시간이 바뀌었음을 설명해 주면 금방 이해하고 안정을 찾을 것 같다.

④ 시각적 일과표 23초

㉠ 시각적 일과표의 의미와 특징

- 시간의 구조화를 확립하는 대표적인 방법은 시각적 일과표의 활용이다. 시각적 일과표는 학생의 독립성을 향상시키고 교사의 지속적 감독과 지원에 대한 요구를 줄여 줄 수 있다.
- 시각적 일과표는 하루의 대부분, 하루 전체, 일주일, 한 달, 또는 일 년에 관한 정보를 제공하는 일정에 관한 대표적인 시각적 지원이다.
- 시각적 일과표를 통해 학생은 해당 일의 활동을 순서에 맞게 진행할 수 있고 시간 구조와 환경적 배열을 이해할 수 있다.
- 시각적 일과표에서 제시되는 상징의 유형은 다양하다. 낮은 수준인 몸짓에서부터 실제 크기 사물, 소형 모형 사물, 사진, 컬러 그림, 흑백 선 그림, 단어, 문장이나 구절, 수화 아이콘의 높은 수준까지 시각적 표상의 수준은 다양하다.
- 시각적 일과표를 활용하여 학생 스스로 일과를 점검하고 조정할 수 있도록 지도하면 이후 독립적 기능수행을 촉진하는 데 도움이 된다.
- 시각적 일과표는 다양한 정보를 매우 효과적으로 전달한다.
- 시각적 일과표는 구조를 제공하며, 프리맥 원리가 적용될 수 있고, 시간에 관한 교수가 가능하며, 예측과 선택을 학습할 수 있으며, 독립심을 증진시킬 수 있고, 일과와 관련한 담화를 강화할 수 있으며, 학생의 시각적 강점을 활용하는 장점을 가지고 있다.
- 자폐성장애 학생을 위한 시각적 일과표를 개발할 때, 학생의 요구와 강점에 근거하여 시각적 제시 수준, 시각적 제시 배열, 학생의 참여 정도를 결정해야 한다.
- 시각적 일과표는 학생이 어떠한 활동을 해야 하는지, 그날에 해야 하는 활동의 순서는 어떻게 되는지를 구체적으로 알 수 있도록 조직된 것이다. 잘 조직된 시각적 일과표는 학생이 독립적으로 수행하고 활동 간 전이/전환을 할 수 있고 보다 더 유연해져서 변화를 수용할 수 있게 한다.

ⓛ 시각적 일과표(일정표)의 유형

일일 일정표	• 일일 일정표(daily schedule)는 하루의 활동순서를 알려주는 표로서, 아동으로 하여금 다음 활동을 예측할 수 있게 한다. 아동들은 일일 일정표를 통해서 다음에 해야 할 활동을 알고 전환을 준비할 수 있기 때문에 일일 일정표는 한 활동에서 다른 활동으로의 전환을 촉진시키는 역할도 한다. • 일일 일정표에는 일정의 시간적 순서에 따라 시간, 활동(또는 과목), 장소에 대한 정보가 제시된다. • 아동이 글을 읽을 수 있는 경우에는 단어나 문장을 사용하고, 아동이 글을 읽을 수 없는 경우에는 단어와 그림을 함께 사용하거나 그림만 사용한다. • '이 일정표는 변경될 수도 있음'이라는 문구를 포함하여 설정된 일정으로부터 벗어나는 일은 언제나 있을 수 있으므로 이에 대해 아동들이 이해할 수 있도록 가르친다. • 이러한 문구는 일정표에 사용된 서체와 다르게 표시하는 것이 좋다. 예 글자의 색을 바꾸기, 글자를 크게 하기, 글자를 진하게 하기 • 일정이 변경되는 경우에는 가능한 한 빨리 변경된 사실을 아동에게 알려주어야 한다. 이때 아동들이 좋아하는 물건(예 사탕, 스티커)을 나눠주는 것은 일정을 방해하지 않으면서 예기치 않은 일에 대한 개념을 매우 긍정적으로 받아들일 수 있는 방법이 된다.
미니 일정표	• 일일 일정표의 특정 활동(과목)을 대상으로 그 활동(과목)에서 이루어지는 과제들의 순서를 알려주는 표라고 할 수 있다. • 일일 일정표에 제시된 하나의 활동(과목) 내에서 이루어지는 과제들의 순서를 제시함으로써 일일 일정표를 보충해 준다. • 해당 활동(과목)에서 이루어지는 과제들에 대한 정보가 제시되는데, 이때 활동(과목)에 대한 표시는 일일 일정표에서 사용된 단어 그리고/또는 그림을 동일하게 사용한다. • 그다음 과제들에 대한 정보를 제시할 때도 일일 일정표에서처럼 아동이 글을 읽을 수 있는 경우에는 단어나 문장을 사용하고 아동이 글을 읽을 수 없는 경우에는 단어와 그림을 함께 사용하거나 그림만 사용한다.
작업 일정표	• 미니 일정표 내의 특정 과제를 대상으로 그 과제를 완수하는 데 필요한 단위행동들의 순서를 알려주는 표라고 할 수 있다. • 작업 일정표를 만들기 위해서는 일반적으로 해당 과제에 대한 과제분석을 하게 되며 따라서 작업 일정표를 과제조직자라 부르기도 한다. • 작업 일정표에는 해당 과제의 수행에 필요한 단위행동들에 정보가 순서대로 제시되는데, 이때 해당 과제에 대한 표시는 미니 일정표에서 사용된 단어 그리고/또는 그림을 동일하게 사용한다. • 그다음 단위행동들에 대한 정보를 제시할 때도 단어 외에 그림이나 다른 비언어적 단서를 사용하여 표시해 주면 더 쉽게 지시를 따를 수 있다. • 작업 일정표는 작업을 얼마만큼 해야 하고 언제 끝내야 하는지를 알려주는 시각적인 그림 또는 목록으로 설명되기도 한다.

키워드 Pick

(3) 절차적 지원

① 절차적 지원의 의미

㉠ 절차적 지원은 활동 단계 간의 관계 또는 사물과 사람과의 관계를 조직하기 위해 사용되는 지원이다.

㉡ 절차적 지원이 요구되는 대표적인 것이 일과(routine)이다. 일과는 활동 내에서 순서를 설명하는 지원이다. 활동 내 일과표(과제 구성도)가 이러한 일과 지원의 한 예가 될 수 있다.

㉢ 다양한 교과 내용과 학습 상황에 걸쳐서 일과를 연습할 수 있는 다양한 기회를 제공하면 학습 과제 수행 시 학생의 참여, 독립성, 상호작용을 증진시킬 수 있다.

② 절차적 지원이 요구되는 대표적인 경우

일과조성	• 학생이 무엇을 해야 하며 얼마나 해야 하는지를 분명하게 이해할 수 있는 익숙한 활동들로 일과를 구성한다. 이러한 일과에 대한 지원은 시각적 지원을 통해 이루어질 수 있다. • 일과 조성을 통해 교실에 들어오면 어떠한 활동이 이루어지는지를 알려 주는 활동 내 일과표(과제 구성도)가 학생별로 시각적으로 제시되고 해당 활동이 어느 영역에서 이루어지며 해당 활동이 어떠한 단위행동으로 이루어지는지 그 절차를 알려주는 시각적 지원이 제공될 필요가 있다. • 모든 과제와 활동은 명확한 기대와 시작과 끝을 가지고 있다. 학생에게 과제와 활동은 잘 조직되고 중요해야 하며, 관련 정보가 이용 가능해야 한다. • 과제에 참여해야 하는 시간, 완수해야 하는 과제의 양, 과제의 질에 대한 시각적 지원을 제공한다. 이는 구조화된 교수에서 살펴본 작업시스템 및 과제 조직과 연계될 수 있다.
선택기회 제공	• 자폐성장애 학생의 학습참여를 촉진하기 위해 학생의 흥미를 통합하여 활동을 수정하는 효과적인 전략 중 하나는 선택기회의 제공이다. • 선택하기는 일상생활에서 필요하고 가치 있는 의사결정과정의 중요요소 중 하나로 선호에 대한 표현을 포함한다. • 선택하기는 장애학생의 독립적 기능수행을 위해 필수적인 자기결정기술의 하위 기술 중 하나로, 자신의 선호를 선택하고 표현할 수 있는 기회를 지속적으로 경험하는 것이 중요하다. 선택하기는 학생의 주의집중과 관심을 이끌고 학습참여를 동기화시킬 수 있다. 자폐성장애 학생의 학습참여를 위해서는 동기화가 요구되고, 학생의 동기화를 이끄는 데 선택하기는 매우 중요하다. 교사는 교수·학습 상황에서 학생이 선택할 수 있는 기회를 만들고 지속적으로 선택의 기회를 제공해야 한다. • 선택을 할 때 자폐성장애 학생은 팔을 뻗거나 밀어내는 등의 일반적이지 않은 방식으로 선택을 표현할 수 있으므로 교사는 자폐성장애 학생의 비언어적 표현방식에 민감해야 한다. 그래서 학생의 선택표현을 격려하고 다른 사람이 알아차릴 수 있는 일반적인 방식으로 표현할 수 있도록 함께 지도해야 한다.

	• 개별 학생의 선호를 포함한 선택과제의 제공은 자연스러운 강화제로서 기능할 수도 있다. 교사는 학생의 수업 참여를 증진시키기 위한 다양한 선택의 조건을 만들 수 있다. • 사물, 그림 또는 문자 형식으로 정보가 제공되는 시각적 지원이 자폐성장애 학생이 선택하기를 하는 데 도움이 된다. 구어적으로만 정보가 제공될 경우, 학생은 혼란스러워하고 잘못 이해할 수도 있다. • 학생이 실제로 선택을 할 수 있도록 선택의 수를 제한하고 학생이 선택하는 방법을 이해하며 선택한 것을 따르도록 지지해 주는 것이 도움이 된다.

(4) 사회적 지원

① 사회적 지원의 의미

㉠ 자폐성장애 학생은 사회적 의사소통의 제한으로 인해 교수·학습활동에서 적극적으로 사회적 참여를 하는 데 어려움을 보일 수 있다.

㉡ 앞서 언급된 지원들 또한 사회적 참여를 증진시키는 데 도움이 되지만, 무엇보다도 학생의 사회적 참여 증진을 위해 학생의 사회적 지원자인 교사와 또래의 역할이 중요하다.

② 반응적 교사 및 또래배치

반응적 교사	• 자폐성장애 학생의 사회적 상호작용을 돕기 위한 사회적 지원으로 교사는 주도적 또는 지시적인 상호작용자가 되기보다는 반응적 상호작용자가 되어야 한다. 반응적 상호작용은 학생의 상호작용 주도를 촉진하며 반응하는 것이다. 교사는 자폐성장애 학생의 시도에 민감하게 주의하여 이에 반응을 하여, 자폐성장애 학생으로 하여금 교사를 자신의 어떠한 시도에도 반응을 해 주는 사람으로 인식하게 하는 것이 중요하다. • 교사는 자폐성장애 학생과 균형적인 상호작용을 이끄는 반응적 상호작용자로서 좋은 사회적 지원자가 될 수 있다. 사회적 의사소통이 요구되는 교수·학습활동 상황에서 학생이 상호작용의 반응과 주도를 균형 있게 할 수 있도록 교사는 반응적 상호작용전략을 활용할 수 있다. 교사가 반응적 상호작용전략을 활용하여 상호작용을 하게 되면, 학생은 교사가 자신의 어떠한 시도(주도)에도 반응을 해 주는 사회적 지원자로 인식하는 데 도움이 된다. • 교사가 활용할 수 있는 반응적 상호작용전략으로는 의사소통의 차례 주고받기, 학생의 의사소통에 반응하기, 학생의 목표수준에서 대화하기, 학생의 행동을 반영해 주기, 학생의 주도에 따르기, 학생의 의사소통 확장하기, 학생의 활동을 확장하기 등을 들 수 있다. 이는 자폐성장애 학생의 사회적 의사소통 향상을 위해 적용되는 강화된 환경중심 언어지도(EMT) 중 반응적 상호작용전략과 관련이 있다. 반응적 상호작용전략은 학생과의 호혜적 상호작용을 만들고 학생이 사회적 의사소통에 참여할 수 있도록 지원한다.

키워드 Pick

반응적 또래	• 교사는 자폐성장애 학생을 위한 또 다른 사회적 지원자로서 반응적인 또래를 선정하여 훈련하고 자연적인 상황에서 상호작용이 이루어질 수 있도록 활동 안에서 반응적 또래를 배치할 수 있다. 또래관계는 사회적 발달에 중요한 역할을 한다. 또래의 수용은 사회적 능력의 제한이 있는 자폐성장애 학생과 같은 학생의 고립 또는 거절을 줄여 준다. • 자폐성장애 학생의 또래상호작용의 기회를 제공하기 위해 또래모델링, 또래교수, 또래놀이친구, 또래네트워크 등의 다양한 또래 활용전략이 적용될 수 있다.

기출의 맥

각 교과마다 제시되어 있는 전략의 구체적인 내용은 학습장애에서 정리하게 됩니다. 이 부분에서의 핵심은 자폐성장애 학생에게 교과 지도를 할 때에도 시각적인 접근이 중요하다는 점이에요!

4. 자폐성장애 학생을 위한 교과 지도

(1) 읽기

① 자폐성장애 학생의 인지적 특성과 읽기이해의 어려움

마음이해의 결함	• 자폐성장애 학생은 다른 사람의 사고, 신념, 의도, 태도, 감정 등 마음 상태를 인식하고 자신과 다른 타인의 마음 상태를 이해하며 이러한 마음 상태에 대한 이해에 근거하여 행동을 예측하는 마음이해에 어려움을 가지고 있다. • 읽기와 듣기에서 이야기 등장인물의 관점을 이해하는 것이 중요하다. 마음이해에 어려움을 가진 자폐성장애 학생은 이야기 글의 등장인물의 동기 또는 감정을 이해하는 것을 어려워하거나 글의 내용을 예측하거나 추론하는 것을 어려워한다.
중앙응집력의 결함	• 일반적으로 글의 요점을 회상할 때 상세한 사항보다는 글의 구체적인 정보를 아우르는 도식을 중심으로 글의 전체적인 인상에 기초하여 글의 요점을 구성한다. • 그러나 약한 중앙응집력을 보이는 자폐성장애 학생은 글의 정보를 통합하는 도식을 찾지 못하고 글의 세세한 부분 부분만을 언급할 수 있다. • 또한 중앙응집력의 결함으로 인해 자폐성장애 학생은 읽은 글의 단어들은 기억할 수 있으나 중심 내용이 되는 문장은 기억하지 못하고 오히려 관련이 없는 글을 기억한다. 그리고 동음이의어의 경우 문맥에 맞게 그 뜻을 유추하지 못하여 읽기이해에 제한을 보인다.
실행기능의 결함	• 복잡한 과정으로 이루어지는 읽기이해는 단어재인 이상의 인지적 기술, 즉 읽기유창성, 언어이해 등을 필요로 할 뿐만 아니라 작업기억, 계획하기, 조직화하기, 자기조절과 같은 하위 영역을 포함하는 실행기능이라는 고차원적 인지기술에 영향을 받는다. • 인지와 행동을 조직하고 계획하며 실행하고 자기점검하며 새로운 지식을 자신이 가지고 있는 경험과 통합하는 능력인 실행기능에서 제한을 보이는 자폐성장애 학생은 읽기와 관련하여 배경지식을 점검하는 것을 어려워하고 읽은 내용을 자신의 이전 경험과 통합하는 데 제한된 능력을 보이며 읽기를 하는 중에 지속적으로 자기점검을 위한 지원을 필요로 한다.

② 일견단어교수(sight word instruction)

㉠ 일견단어교수는 개별 단어의 낱자와 소리의 관계에 대한 명확한 분석 없이 표의문자(logograph)로 단어를 인식할 수 있도록 지도하는 의미중심접근의 하나로 주로 지적장애 학생의 단어재인학습에 적용되고 있다.

㉡ 일견단어교수는 시각화된 단어의 반복적인 노출을 통해 단어의 시각적 형태·음·의미를 연합할 수 있도록 지도하는 것이다.

㉢ 일견단어교수가 갖는 제한성으로 인해 자폐성장애 학생에게 적용하는 데 한계가 있을 수 있으나, 추상적이며 청각기반의 개념을 학습하는 데 어려움이 있는 자폐성장애 학생을 위한 읽기 지도의 초기단계에 적용될 수 있을 것이다.

㉣ 일견단어교수 시 교사의 지도와 컴퓨터를 활용한 지도를 병행할 경우 컴퓨터 프로그램이 지속적으로 단어와 촉진을 제공하여 집단 활동 중심의 수업에서 교사의 지속적인 중재 없이도 학생의 동기수준을 높여 줄 수 있다.

③ 비연속 개별시행교수(DTT) : 단어재인을 위한 적용

㉠ 비연속 개별시행교수는 구조화된 교수환경에서 특정 기술을 가르치기 위해 응용행동분석의 원리를 적용한 기본교수 단위로, 단어재인뿐 아니라 교과 내용 지도에도 적용될 수 있다.

㉡ 비연속 개별시행교수의 기본요소에는 주의집중, 자극제시, 학생반응, 피드백, 시행 간 간격이 포함된다.

㉢ 비연속 개별시행교수는 학생이 교사가 제공하는 단서(변별자극)에 반응하는 것이기 때문에 분명한 단서가 제시되지 않을 때는 행동을 자발적으로 보이지 못하는 자극 의존성의 제한점을 가지고 있다.

㉣ 또한 교사가 엄격하게 통제된 학습환경을 만들어 지도를 하기 때문에 비연속 개별시행교수에서 획득된 기술이 학습 상황과 유사한 상황에서 나타나는 일반화의 제한을 가지고 있다.

㉤ 또 다른 제한점으로는 교사가 학생과 일대일 상황에서 개별적으로 상호작용하고 지속적으로 자극을 제공해야 한다는 점에서 집단 활동 중심의 학교 상황에서는 매우 제한적이라는 것이다.

㉥ 이러한 제한점을 줄이기 위해 자연적인 교수 맥락에서 비연속 개별시행교수의 요소(주의집중–자극제시–반응–피드백)가 들어가도록 구성하는 것이 중요하다.

④ 그래픽조직자 활용

㉠ 자폐성장애 학생은 환경에서 대부분의 신호를 이해하는 데 청각적 언어자극보다 시각적인 것을 더 많이 사용하고 잘 이해하는 시각적 학습자이다. 또한 자폐성장애 학생은 정보가 조직적이고 예측 가능한 형태로 제시될 때 또는 구체적, 시각적 자료를 활용하여 꾸준히 가르칠 때 가장 잘 학습한다. 이러한 특성을 가진 자폐성장애 학생을 대상으로 한 읽기 선행연구들을 보면 시각적 자료 활용이 읽기 이해에 도움이 될 수 있다.

키워드 Pick

㉡ 읽기 지도를 위한 시각적 전략 중 하나인 그래픽조직자는 그림과 텍스트를 결합시켜 정보, 지식, 개념을 구조화한 시각적 자료이다. 그래픽조직자를 사용하면 텍스트 구조를 시각화해서 요소들 간의 관계를 더 빨리 알 수 있으며, 정보를 효과적으로 회상하고 저장할 수 있고, 말로 설명할 수 없는 개념을 이해시킬 수 있는 장점이 있어 내용 학습에 어려움을 갖고 있는 학생들을 위한 교수에서 많이 사용되고 있다.

㉢ 마인드맵은 시각적 정보를 활용하는 것으로, 다양한 선, 색, 이미지 등을 활용하여 자신의 생각을 지도의 형태로 표현하는 것이다. 이 또한 그래픽조직자와 마찬가지로 자폐성장애 학생의 시각적 정보처리의 강점을 활용하는 접근이다.

(2) 쓰기

① 자폐성장애 학생을 위한 필기지원

㉠ 시각-운동기능 협응 및 소근육 움직임의 통제 등의 어려움으로 인해 필기도구의 사용을 힘들어하는 자폐성장애 학생을 위해서는 또래가 필기한 내용을 나중에 옮겨 적게 하거나 또래 또는 지원자가 필기를 해 줄 수 있다.

㉡ 일명 먹지라고 하는 특수용지(NCR용지: National Cash Register)를 활용할 수 있다. 두 장이 겹쳐 있는 특수용지에 또래가 필기를 하고 두 장 중 한 장을 자폐성장애 학생에게 준다.

㉢ 또는 학생이 필기해야 하는 쓰기의 양을 줄여 줄 수 있다.

㉣ 필기해야 할 내용 중 핵심어를 공란으로 한 프린트를 교사가 사전에 준비하여 학생에게 제시할 수 있다. 핵심어를 쓰는 빈칸을 채워 쓰기 위해 자폐성장애 학생은 수업 내용에 집중하여 들으며 쓰기 관련 활동에 참여할 수 있다.

② 컴퓨터 활용교수(CAI)를 활용한 철자 교수

㉠ 컴퓨터는 사용자가 모니터에 주의집중할 것을 요구하기 때문에, 많은 감각정보 중에서 필요한 자극을 선택하여 등록하는 데 어려움이 있는 자폐성장애 학생에게 적합할 수 있다.

㉡ 또한 컴퓨터가 갖는 예측 가능성이 자폐성장애 학생의 요구에 부합한다.

㉢ 컴퓨터는 자폐성장애 학생의 학습, 동기, 주의집중, 반응률, 문제해결 등의 수준을 향상시키는 데 활용될 수 있다.

㉣ 컴퓨터 활용교수의 장점은 즉각적인 피드백과 강화를 제공하고 교사의 감독의 양을 줄여 줄 수 있으며 학생의 수행수준에 맞게 교수내용 및 속도를 조절할 수 있다는 점이다.

③ **과정중심 접근법(과정중심 쓰기전략)과 자폐성장애 학생의 특성**: 쓰기의 과정을 다루는 과정중심 접근법은 자폐성장애 학생의 다음과 같은 특성과 관련하여 이들의 의사표현 능력의 향상을 기대할 수 있다.

㉠ 글로 자신의 의사를 표현하는 것은 상대방과 얼굴을 마주 보며 하는 의사소통이 아니기 때문에 면대면의 사회적 상호작용에서 어려움이 있는 자폐성장애 학생이 편안하게 의사를 표현할 수 있다.

㉡ 쓰기를 통해 시각적인 단서가 주어지면 자폐성장애 학생은 자발적이고 주도적인 의사소통 참여자가 될 수 있다. 자폐성장애 학생은 청각적 정보처리능력보다 시각적 정보처리능력에서 나은 수행을 보인다. 사진이나 그림 같은 시각적 단서는 동시적 특성을 가지기 때문에 시간에 구애받지 않고 충분히 훑어볼 수 있는 장점이 있다.

㉢ 쓰기에 사용되는 전략은 반복성과 일관성을 가진다. 자폐성장애 학생은 변화하는 것보다 일관성 있는 것에 높은 수행을 보인다.

(3) 수학

① 시각적 표상(visual representation)

㉠ 시각적 표상의 활용은 자폐성장애 학생의 수학 개념 학습 및 이해에 도움이 될 수 있다.

㉡ 자폐성장애 학생의 수학 지도를 위해 시각적 표상을 활용한 접근 중 하나로 TouchMath를 들 수 있다. 이는 해당 숫자가 갖는 개념에 해당하는 시각적 요소를 숫자에 표시해 주는 것으로, 예를 들어 숫자 5에는 5개의 고유점이 제시된다. TouchMath에 사용되는 고유점은 1~9까지의 각 숫자의 교유한 위치에 있는데 이 점들을 통하여 학생들은 추상적인 수에 대한 실제적 가치를 시각적으로 볼 수 있고 덧셈, 뺄셈 등의 기초연산을 할 때에도 기계적인 계산이 아닌 원리를 이해하면서 익힐 수 있게 된다. 학생은 각 숫자의 고유점의 일정한 위치 및 점을 찍는 순서에 대하여 완전히 익힐 때까지 반복 연습한다. 자폐성장애 학생의 시각적 강점을 활용하여 수학의 추상성을 명시적 교수를 통해 학습할 수 있도록 지도하는 것이이다.

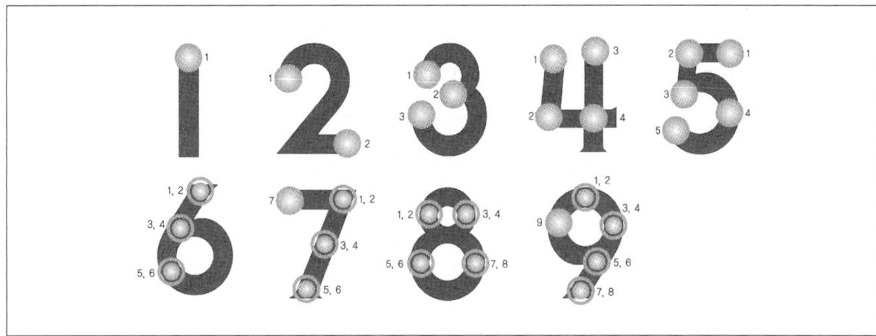

| 터치수학 숫자 포인트 |

㉢ CSA에 따른 터치수학

구체적 단계	• 그림카드 등을 활용하여 각 숫자에 배열된 터치포인트 연습 • 숫자 위에 스티커 붙이기 또는 색칠하기 등으로 연습
반구체적 단계	• 연필로 종이에 숫자를 쓰면서 터치포인트 연습 • 연필로 종이에 터치포인트에 따라 쓰기 연습
추상적 단계	• 머릿속으로 터치포인트를 생각하며 쓰는 연습 • 터치포인트를 생각하면서 손가락으로 허공에 숫자 쓰기 연습

키워드 Pick

② 직접교수와 자폐성장애 학생의 학습 특성

㉠ 교과 지도에서 효과성이 입증된 직접교수는 구조화되어 있고, 예측 가능하며, 교사의 시범을 시각적으로 관찰할 수 있고, 학생의 반응에 대해 적절한 강화 및 지속적인 피드백이 체계적으로 주어지는 것이다. 이러한 직접교수방법의 명시적, 구조적, 체계적인 성격은 자폐성장애 학생의 학습 특성에 적합할 수 있다.

㉡ 학생에게 사전에 계획되고 준비된 과제를 제공하고 매 회기 '시범–안내된 연습–독립된 연습'으로 구조화되고 학생이 다음 활동 순서를 예측할 수 있다.

㉢ 교사의 시범을 시각적으로 관찰할 수 있고, 학생의 반응에 대한 적절한 강화 및 지속적인 피드백이 뒤따르므로 자폐성장애 학생에게 심리적인 안정감을 줄 수 있다.

㉣ 이렇듯 반복적인 연습과 명시적이고 체계적인 교수를 실시하는 직접교수는 다른 장애보다도 수학교과의 특성 중 하나인 추상성 획득에 어려움이 있는 자폐성장애 학생의 연산능력 향상에 효과적일 수 있다.

③ 도식기반전략교수

㉠ 시각적 표상을 활용한 도식기반 중재와 더불어 주어진 수학과제를 수행하는 데 도움이 되는 인지적 전략을 지도하는 것이 자폐성장애 학생의 수학 지도에 효과적일 수 있다.

㉡ 도식기반전략교수는 이러한 도식기반의 중재와 전략교수를 결합한 것이다.

㉢ 도식기반전략교수는 문장의 의미적 이해에 어려움을 보이는 자폐성장애 학생이 문장제 문제의 의미를 이해하는 데 도움이 될 수 있다.

④ 스마트 기기의 활용

㉠ 최근 들어 시각적 강점을 가진 자폐성장애 학생의 교과 지도에 스마트 기기의 활용이 증대되고 있다.

㉡ 스마트 기기를 활용한 스마트 러닝 기반의 학습은 학생의 주의집중을 향상시키며 개인별 수준에 맞는 개별화된 학습과 즉각적 피드백이 가능하다.

㉢ 스마트 러닝 기반의 중재는 자폐성장애 학생의 수 세기뿐 아니라 문장제 문제해결 수행 등 다양한 학업수행에 적용될 수 있다.

맥 Plus

학습자의 유형과 특성

유형	특성
시각적 학습자	• 사람들의 이름은 잘 기억하지 못하지만 그들에 대한 사항들은 기억한다. • 시각적 도구를 사용하여 가르칠 때 학습을 가장 잘한다. • 이야기를 듣기보다는 자신이 읽기를 좋아한다. • 자신의 생각들을 암기하고 체계화하기 위하여 써 둔다. • 시각적 놀이를 좋아한다. 예 그림 퍼즐, 컴퓨터
청각적 학습자	• 외부 소음에 의하여 쉽게 방해를 받는다. • 이야기를 잘한다. • 자신의 보고서를 읽기보다는 발표하기를 좋아한다. • 사람들의 이름을 잘 기억한다. • 자신이 읽은 내용에 대하여 말하도록 요청받지 않으면 그 내용을 잊어버린다. • 신체적 보상(예 두들겨주기, 안아주기)을 좋아한다. • 방의 쾌적 요소(예 조명이 너무 밝거나 온도가 너무 높거나 소리가 너무 크거나)에 영향을 받을 수 있다.
운동감각적 학습자	• 들은 것보다는 행해진 것을 기억해 둔다. • 신체적으로 문제를 해결하는 경향이 있다. • 지켜보기보다는 참여하기를 좋아한다. • 신체적인 연극이나 역할놀이를 즐긴다. • 시범보이기를 즐긴다. • 몸짓을 통하여 자신의 감정이 드러나게 한다.

키워드 Pick

② 사회적 상호작용 및 의사소통을 위한 중재

1. 상황 이야기 11·12·13·15·20·23유, 12·21·22·23초, 09·18·22·25중

기출 LINE

09중)
- 개별화된 인지적 중재 방법이다.
- 학생들이 사회적 상황과 상대방의 입장을 이해할 수 있도록 돕는다.

20유)
- 우리 반 진우는 생일잔치에 참여하는 데 어려움이 있다. 그래서 다음과 같은 문장을 활용하여 지도하였다.

(1) 의미

① 상황 이야기(social story, social narrative)는 자폐성장애 학생의 특성을 고려하여 이들이 매일 접하게 되는 비구어적인 사회적 정보를 구체적이고 명시적인 정보로 설명하여 사회적 상황을 예측하게 하고 기대되는 사회적 행동을 할 수 있도록 돕는 것을 목적으로 한다(Gray, 2015).

② 상황 이야기는 사회적 상황에 대한 구체적 정보를 제공하여 현재 어떤 일이 일어나고 있는지, 왜 그러한 일이 일어났는지 등을 알게 하고 그러한 상황 속에서 다른 사람들은 어떻게 행동할 것인지 혹은 나는 어떤 행동을 해야 하는지와 다른 사람들의 정서적 반응은 어떠할지 등에 대한 구체적인 정보를 제공한다(Gray, 2015).

③ 상황 이야기는 사회적 상황에 대한 설명에서 시작하여 상호작용 대상자들의 입장과 생각을 명시적으로 안내하고 그러한 상황에서 기대되는 사회적 행동이 무엇인지를 구체적으로 설명한다.

④ 따라서 상황 이야기는 일과의 변화나 일상생활에 적응하는 것을 도울 수 있으며 사회적 상호작용과 의사소통능력을 촉진할 수 있고 적절한 사회적 행동을 습득하지 못하여 나타나는 문제행동을 예방하는 데도 효과적이다.

⑤ 자폐스펙트럼 장애 아동의 사회적 상황에서의 문제행동 예방과 사회적 상호작용의 시작행동과 유지의 향상을 위한 전략으로 사용하는 것이며, ASD 학생이 직면하게 될 다양한 상황에서 어떻게 반응해야 하는지에 대한 단서와 적절한 반응을 기술해 사회적 인지의 기본적인 이해가 가능하도록 도와주는 인지적 접근방법이다.

⑥ 자폐아동과 함께 일하고 살아가는 부모, 교사, 치료사, 이웃, 가족 구성원 등 모든 사람들이 쓸 수 있다.

⑦ 사회적 이해의 향상을 목표로 한다. 상황 이야기는 학생의 행동을 변화시킬 목적으로 쓰인 것이 아니라 사회적 상황과 상대방의 입장을 좀 더 쉽게 이해할 수 있도록 하기 위함이다. 즉, 상황을 기술하기 위하여 쓰인 것들이지 학생들이 해야 할 행동을 기술하기 위해서 쓰인 것이 아니다.

⑧ 상황 이야기는 전형적으로 1인칭(학생의 입장)의 관점에서 쓰이는데, 간혹 학생들이 의존하고 있는 사람, 즉 3인칭의 관점에서 쓰이기도 한다.

⑨ 상황 이야기는 ASD 학생의 시각적 인식의 강점을 활용하는 방법으로 대상의 수준에 맞게 개별화하여 글씨 외에도 사진이나 손으로 그린 그림, 실물을 간단한 상징으로 표현한 아이콘 등을 이야기에 포함시킬 수 있다. 그래서 읽기기술이 부족한 아동들에게도 사용할 수 있다.

⑩ 상황 이야기는 세 살 정도까지 어린 자폐아동들이 왜 자신이 특정 사회적 문제를 경험하고 있는지, 왜 다른 사람들이 자신들에게 그렇게 반응하는지, 앞으로 행동을 어떻게 고쳐야 하는지를 '설명'하도록 돕기 위해서 일련의 간단한 선 그림을 사용할 수 있다.

⑪ 상황 이야기 책은 다양한 형태로 제작할 수 있고, 제작하는 데 많은 시간이 소요되지 않으며, 제작 비용이 저렴하여 현장 적용이 수월하다는 장점이 있다.
⑫ 읽기를 하지 못하는 학생의 경우 오디오 테이프를 이용할 수 있으며, 중증자폐성장애 학생에게는 한 면에 하나의 문장이나 그림, 그림 문자, 사진을 사용할 수 있다.
⑬ 상황 이야기에 활용하는 삽화는 주의를 집중시킬 수 있고 상황에 대한 개념을 일반화하는 데 제한적이지 않다는 점에서 효과적이다.

(2) 특성

상황 이야기는 다음과 같은 특성을 지니고 있어 자폐성장애 학생에게 적용하기 매우 적합한 방법이다.

① 상황 이야기는 글자와 그림을 기반으로 하는 시각적 자료이다. 상황 이야기는 자폐성장애 학생들의 강점이 시각적 능력을 활용할 수 있다는 점에서 긍정적이며 반복적으로 사용할 수 있다.
② 학생과 상황에 관한 개별화된 정보를 숙지하고 그에 따른 이야기를 구성하므로 개별 학생에게 적합한 내용과 문장으로 구성할 수 있다.
③ 학생을 잘 아는 부모와 교사의 직접 관찰에 근거하여 부모와 교사가 직접 작성하므로 매우 실제적이고 개별 학생에게 적합한 내용을 구성하여 즉각적으로 적용할 수 있다.
④ 이야기의 주제는 일상생활 중 개별 학생이 어려움을 겪는 사회적 상황에 관련한 것이므로 사회적 상황에 대한 이해 능력이 향상되고 다른 사람과 적절한 의사소통방법을 습득하게 된다.
⑤ 상황 이야기는 다른 사람 및 자신의 생각과 감정을 명시적으로 설명하므로 자폐성장애 학생들이 이해하기 어려운 자신과 다른 사람의 감정을 이해하는 데 도움을 받을 수 있다.
⑥ 상황 이야기는 학생이 수행해야 하는 적절한 행동을 구체적이고 간략하게 제시하므로 바람직한 사회적 행동을 수행하는 데 도움을 줄 수 있다.

(3) 적용 지침

① 목적을 정의한다.
② 주제에 대한 정보를 수집해서 설명은 정확하도록 하고 지시적인 것들은 분명하도록 한다.
③ 자폐스펙트럼 장애 아동의 학습 스타일, 흥미, 요구 그리고 능력에 맞게 주제를 작성한다.
④ 보편적으로 제목은 의문문으로 물어볼 수 있다.
⑤ 이야기는 1인칭 관점으로, 긍정적 언어로, 명확하게, 문서를 쉽게 이해할 수 있도록 쓴다.
⑥ 상황 이야기를 작성할 때 문장의 비율이 중요하다. 예를 들어, 2~5개의 설명문, 확정문 등과 1개의 지시문 정도의 비율이 고려할 중요한 비율이다.
⑦ 이야기는 '해야 할 일'의 목록처럼 읽혀서는 안 된다.

기출의 맥

최근 기출에서 상황 이야기를 작성할 때 주의할 지침에 근거하여 서술해야 하는 문제가 출제되었습니다. 단계별 유의사항을 잘 정리해 두세요.

(4) 개발 단계

① 1단계 : 상황 이야기 주제 선정

㉠ 상황 이야기는 어려움을 경험하는 사회적 상황이나 앞으로 일어날 일에 대해 예측 가능성을 높여 주기 위한 내용들로 구성된다. 따라서 학생에게 필요한 상황 이야기의 주제를 선정하는 것이 우선적으로 필요하다.

㉡ 상황 이야기는 1인칭이나 3인칭으로 작성하고, 주제를 선정하고 이야기를 작성하며 적용하는 모든 과정은 개별화되어야 한다.

㉢ 예를 들어, 학교에서 자신의 담임선생님이 아닌 다른 선생님과 교육을 해야 하는 상황이나 수업 시간표가 바뀔 때 어려움을 겪는 학생의 경우, 그것을 상황 이야기 주제로 선정할 수도 있다.

㉣ 구체적으로 상황 이야기 주제를 설정하기 위한 정보는 부모나 교사와 같이 아동을 잘 아는 사람에 의해 수집될 수 있다. 먼저 학생이 주로 어려움을 경험하는 상황은 어떤 상황인지를 파악한다.

② 2단계 : 학생과 상황에 관한 개별화된 정보 수집

㉠ 상황 이야기 작성에 앞서 다양한 정보를 수집해야 하는데, 정보를 수집하는 이유는 상황 이야기가 필요한 주제를 설정하고 이야기 구성에 필요한 기본적인 정보를 평가하기 위한 것이다.

㉡ 정보 수집 내용에는 학생이 겪는 어려움은 무엇인지, 어려움의 정도는 어느 정도인지, 어떤 상황에서 가장 많은 어려움이 있는지를 파악해야 한다.

㉢ 이야기 구성 내용과 작성방법을 파악하기 위하여 아동의 언어이해능력은 어느 정도인지, 글을 읽을 수 있는 아동인지, 좋아하는 것은 무엇인지 등과 같은 아동의 특성과 발달에 대한 정보를 파악해야 한다. 이와 관련된 정보는 교사나 부모와 같이 아동을 잘 아는 사람들과 면담을 하거나 아동을 직접 관찰하는 방법 등을 활용하여 수집될 수 있다.

㉣ 상황 이야기는 이러한 과정을 거쳐 개별적으로 수집된 정보에 근거하여 작성되어야 한다.

㉤ 최근에 개정된 『새로운 상황 이야기 책(The New Social Story Book)』(Gray, 2015)에서는 크게 설명문과 코칭문으로 나누어 이야기를 구성하도록 제안하고 있다.

㉥ 개별 학생을 위한 이야기를 작성할 때 무엇보다 중요한 것은 이야기의 내용이 대상 학생에게 적합해야 하며, 내용이 잘 전달될 수 있도록 작성하는 것이다.

㉦ 설명문은 사실을 그대로 설명하는 설명문과 다른 사람의 관점을 설명하는 조망문, 설명한 내용을 강조하는 긍정문으로 구분된다.

㉧ 코칭문은 부드럽게 학생의 행동을 안내하는 문장으로, 청자 코칭문, 팀원 코칭문, 자기 코칭문으로 구분된다.

㉨ 이 외에도 내용을 이해했는지 점검하기 위한 미완성문도 이야기 작성을 위한 문장 유형에 포함될 수 있다. 미완성문은 이야기 중에 빈칸을 남겨 두어 청자(대상 학생)가 이야기의 내용을 잘 이해했는지 확인하거나 다음 단계에 어떤 일이 일어날지를 추측하기 위해 사용한다.

③ 3단계: 상황 이야기 작성

㉠ 상황 이야기는 개별적으로 수집된 정보에 근거하여 작성해야 하며, 대상 학생의 관심을 이야기에 포함시키고, 다음과 같은 이야기 작성지침을 따르면서 작성하는 것이 바람직하다.

㉡ 상황 이야기에서 묘사하는 사회적 상황과 사회적 단서와 반응은 가능한 한 긍정문으로 구성해야 한다.

㉢ 상황 이야기를 구성하는 문장수준은 개별 학생의 전반적인 인지능력이나 언어이해수준 등에 적합해야 한다. 또한 이미 작성된 이야기를 활용할 경우 아동의 수준에 적절하게 수정하여 사용해야 한다.

㉣ 상황 이야기에서 제시하는 정보는 사회적 상황에서 어떤 일이 일어나고 있는지, 그럴 때 어떤 행동을 해야 하는지, 다른 사람들의 마음은 어떠한지, 그러므로 나는 어떤 행동을 해야 하는지 등과 같은 구체적이고 명시적인 사회적 정보와 학생이 해야 할 구체적인 사회적 행동이다.

㉤ 이야기의 내용은 학생이 매일 접하는 일상생활과 관련된 내용으로 구성한다.

㉥ 상황 이야기는 기본적으로 글자라는 시각적 단서를 활용한다. 더불어 이러한 글로 된 이야기에 대한 이해를 도울 수 있도록 각 이야기에 그림이나 사진을 포함시킬 수 있다. 그림과 사진은 읽기기술이 부족한 아동에게도 효과적으로 활용될 수 있다. 또한 읽기능력이 전혀 없는 학생의 경우 그림 자료나 사진 자료만으로 이야기를 구성하여 지도할 수 있다.

㉦ 상황 이야기를 구성하는 문장은 1인칭 또는 3인칭 형태로 서술한다.

㉧ 가능한 한 짧은 이야기로 구성하고 각 페이지에 지나치게 많은 정보가 포함되지 않도록 유념한다.

㉨ 학생의 선호도와 흥미가 이야기에 포함되도록 한다.

④ 4단계: 상황 이야기 적용

㉠ 조용하고 편안한 장소에서 긍정적 태도로 이야기를 읽도록 하며 이야기를 소개할 때는 진지하고 침착하게 한다.

㉡ 상황 이야기를 처음 소개하는 단계이거나 대상 학생의 연령이 어린 경우 교사와 아동이 나란히 앉아서 이야기를 읽는 것이 바람직하다. 이와 같이 초기에는 교사와 함께 읽다가 점차 학생이 스스로 상황 이야기를 읽는 것이 익숙해지면 교사의 지원을 줄여 갈 수 있다.

㉢ 상황 이야기를 읽는 빈도는 아동의 여러 다양한 특성을 고려해서 결정해야 한다. 예를 들어, 상황 이야기가 매일 발생하는 일상적인 일에 관련한 내용일 경우 매일 한 번씩 이야기를 읽도록 할 수도 있고 경우에 따라서는 아침 등교 직후에 한 번, 점심 식사 후 한 번과 같이 하루에 두 번 매일 읽도록 할 수도 있다. 그러나 무엇보다 중요한 것은 아동의 요구에 적합해야 하고 읽기 싫은 아동에게 강요하거나 억지로 시키지 않아야 한다는 것이다.

㉣ 상황 이야기는 이야기만 읽기보다 실제 상황과 관련된 활동과 연계할 수도 있다. 예를 들어, 이야기 속 상황을 극놀이로 해 보는 것도 하나의 방법이 될 수 있다.

키워드 Pick

기출의 맥

상황 이야기 기출문제에서 가장 많이 출제되는 것은 제시된 문장의 유형을 파악하는 것이에요. 다양한 예시를 살펴보고, 직접 상황 이야기를 작성해 보며 예시를 만들어 보는 것도 좋은 연습방법입니다.

(5) 문장 유형

진술문 (설명문)	• 상황, 사건 또는 기대(누가, 무엇을, 언제, 어디서, 왜)를 기술하기 위한 진술문 • 육하원칙에 해당하는 질문에 대한 답을 제공하는 것으로 정확하고 객관적인 정보를 제시 • 맥락 그리고/또는 관련은 있지만 말로는 잘 표현하지 않는 상황, 사람, 활동, 기술 및 개념의 측면을 묘사하는 사실적이고 객관적이고 가정과 논박에서 자유로운 진술
지시문 (사용자 지도문)	• 학생의 기대행동을 기술하기 위한 지시문 • 특정 상황에서 행동에 대한 긍정적 반응 및 반응범주를 자연스럽게 제공하는 것으로, 대상자가 할 수 있는 행동을 구조화하여 제시 • 긍정적이고 융통성 있는 행동을 중심으로 기술해야 함 • '나는 반드시 ~할 것이다'와 같은 문장은 바람직하지 않음 • 제안하는 반응 또는 반응 선택을 묘사함으로써 행동 또는 사용자를 조심스럽게 안내하는 진술
관점문 (조망문)	• 학생들의 느낌, 믿음, 또는 알고 있는 것을 기술하기 위한 관점상의 문장 • 다른 사람의 느낌, 생각, 신념, 견해를 언급하는 것 • 개인의 내적 상태 또는 그들의 지식, 사고, 느낌, 신념, 의견, 동기, 신체적 조건이나 건강을 정확히 참조하거나 묘사하는 진술
확정문 (긍정문)	• 중요 개념에 대한 구분을 돕기 위한 확정적 문장 • 주변 진술의 의미를 강화하고 주어진 문화에서의 보편적으로 공유되는 가치 또는 의견을 표현하는 진술
협조문 (팀지도문)	• 학생으로 하여금 특정 상황에서 타인의 역할을 기술하도록 하기 위한 협조적인 문장 • 다른 사람이 대상자에게 어떻게 도움을 줄 수 있는지를 제시 • 제안하는 반응이나 반응 선택 또는 자기지도전략을 묘사함으로써 사용자 또는 사용자의 팀 구성원의 행동을 안내하는 진술
통제문 (자기지도문)	• 학생들의 회상을 돕기 위해 쓰인 통제적인 문장 • 특정 상황에 의미를 부여하고 특정 상황을 회상하거나 이에 대해 적용하는 데 도움을 주기 위해 대상자 개인이 진술하는 문장을 의미 예 내 몸은 매일 여러 차례 음식을 필요로 한다.
미완성문	• 다음에 어떠한 일이 일어날지를 예측하게 하는 것으로 다른 사람의 반응과 이 반응에 대한 자신의 반응 및 느낌에 대해 추측하는 문장을 의미 • 이해를 확인하기 위해 빈칸을 채우게 하는 진술로 사용자로 하여금 상황의 다음 단계, 다른 사람의 반응, 자기 자신의 반응을 추측해 보도록 격려함

맥 Plus

설명문과 코칭문으로 구분한 문장 유형과 예시

1. 설명문 유형

유형	내용	예시
설명문 (descriptive sentence)	이 문장은 관찰 가능한 상황적 사실을 설명하는 문장과 사실에 관련한 사회적인 가치나 통념에 관련한 내용을 제시한다.	• **사실설명**: 용돈은 나에게 필요한 것을 살 수 있도록 부모님께서 주시는 돈입니다. • **사회적 가치 및 통념**: 용돈을 아끼기 위해 필요한 물건만 구입하는 것은 매우 현명한 일입니다.
조망문 (perspective sentence)	이 문장은 다른 사람의 마음 상태나 생각, 느낌, 믿음, 의견, 동기, 건강 및 다른 사람이 알고 있는 것에 대한 정보 등에 관련한 정보를 제시한다.	• **다른 사람이 알고 있는 것에 대한 정보**: 내 친구는 나에게 무엇이 필요한지 알고 있습니다. • **느낌과 생각**: 우리 부모님은 내가 맛있는 음식을 골고루 먹을 때 매우 기뻐하십니다.
긍정문 (affirmative sentence)	이 문장은 일반적인 사실이나 사회적 규범이나 규칙 등과 관련한 내용을 강조하기 위한 문장으로 '확정문' 또는 '강조문' 등으로 소개된 바 있다.	• 도서관에서 친구에게 꼭 해야 할 말이 있을 때는 아주 작은 목소리로 말할 것입니다. 그것은 매우 중요합니다. • 친구의 물건을 사용하고 싶을 때는 친구의 허락을 받은 후 사용할 것입니다. 이것은 매우 중요합니다.

2. 코칭문 유형

유형	내용	예시
청자 코칭문 (sentences that coach the audience)	이 문장은 이야기를 듣는 학생이 할 수 있는 행동이나 반응을 제안한다. 기존의 지시문에 해당한다.	쉬는 시간에 나는 그림을 그리거나 책을 읽거나 다른 조용한 활동을 할 수 있습니다.
팀원 코칭문 (sentence that coach the team)	이 문장은 양육자나 교사와 같은 팀 구성원이 학생을 위해 할 수 있는 행동을 제안하거나 떠올리도록 한다. 기존의 협조문에 해당한다.	우리 엄마는 나에게 수건 접는 방법을 알려 주실 것입니다.
자기 코칭문 (self coaching sentence)	이 문장은 학생이 부모나 교사와 함께 이야기를 검토하면서 학생이 이야기 구성에 참여하는 것이다. 자기 코칭문은 학생의 주도권을 인정하고 스스로 이야기를 회상하며 다양한 시간과 장소에서 이야기의 내용을 일반화시킬 수 있도록 돕는다. 기존의 통제문에 해당한다.	선생님이 "눈과 귀를 교실 앞에 두어라"라고 하시면 나는 선생님이 하시는 말씀을 잘 듣고 선생님의 행동을 잘 보라는 뜻으로 이해하고 그것을 지키려고 노력하겠습니다.

키워드 Pick

맥 Plus

생각 이야기

① 다른 사람들은 자신이 생각하는 것과 다르게 생각할 수 있다는 것을 이해하는 능력을 '마음이해'라고 한다. 이는 다른 사람의 생각, 감정, 의견 등을 상상할 수 있는 능력이라 할 수 있다.
② 생각 이야기는 상황 이야기 형태보다 진일보한 것이다.
③ 이 방법은 사람들이 무엇을 생각하고 느끼는지를 개별적으로 결정하는 데 도움을 주며, 짧은 만화 대화에서 사용된 것과 유사한 그림, 상징과 함께 사용된다.
④ 상징은 구문, 행동, 사회적 오해 등을 표현한다.
⑤ 어떤 아동은 매일 몸을 씻는 것과 같은 위생과 관련한 일과를 수행하라는 부모님의 요청에 좀 더 구체적인 예를 필요로 한다. 규칙을 설명하는 시각적 지원이 소리나 감각적인 설명과 함께 주어질 때 어떤 아동은 좀 더 규칙을 잘 따르게 된다. 이처럼 생각 이야기는 '벗은 옷은 빨래통에 넣어라'와 같은 일반적인 요구를 설명하는 데 쓰일 수 있다.

2. 파워카드 15 · 23유, 11 · 19 · 22초, 20중

기출 LINE

19초) 그건 자폐성 장애 학생에게 주로 사용하는 파워카드 전략입니다. 자폐성장애 학생의 특별한 관심을 활용해 행동 변화의 동기를 제공하기 위한 시각적 지원 전략의 하나죠. 파워카드에는 그림과 스크립트가 사용됩니다.

(1) 의미

① 파워카드 전략(Power Card Strategy)은 아동의 특별한 관심을 사회적 상호작용교수에 포함시키는 시각적 지원방법이다.
② 파워카드 전략은 일상적 일과 속에서 필요한 의사소통능력, 숨겨진 교육과정으로 알려진 사회인지능력 등을 포함한 사회적 능력을 향상시키는 데 이들의 특별한 관심과 강점을 활용하기 때문에 매우 효과적인 방법으로 밝혀지고 있다.
③ 자폐성장애 아동들은 대부분 제한된 특별한 관심을 보이며 이러한 특별한 관심은 어린 시기부터 나타난다.
④ 오랜 시간 동안 이들의 특별한 관심은 일상생활을 방해하는 부정적 요소로 인식되어 왔으나 최근에는 즐거움을 표현하거나 여가 활동의 일부, 낯선 상황에 적응하거나 불안을 달래기 위한 기능이 있고, 이러한 특별한 관심을 각 아동이 지닌 강점으로 이해하고 긍정적으로 활용할 경우 학업과 발달에 도움이 된다고 한다.
⑤ 파워카드 전략은 이러한 특별한 관심을 긍정적으로 활용한 대표적인 강점중심의 중재방법이자 사회적 담화(social narrative)의 한 유형이다.
⑥ 파워카드 전략은 사회적 상황과 일상적 일과의 의미를 알려 주고, 언어의 의미를 알려 주며, 일상적 일과, 기대되는 행동, 다른 사람의 마음이해방법, 잠재적 교육과정으로 알려진 일상생활 중 해서는 안 되는 일과 해야 할 일 등을 지도할 때 효과적으로 활용할 수 있다(Gagnon, 2016).

(2) 구성요소

<table>
<tr><td rowspan="2">스크립트
(간단한 시나리오)
20중</td><td colspan="2">• 학생이 영웅시하는 인물이나 특별한 관심사, 그리고 학생이 힘들어하는 행동이나 상황에 관련된 간략한 시나리오를 작성한다.
• 시나리오는 대상 학생의 인지수준으로 작성한다. 이러한 간략한 시나리오와 더불어 특별한 관심사에 해당하는 그림을 포함한다.
• 스크립트는 두 문단으로 구성된다.</td></tr>
<tr><td>첫 번째 문단

두 번째 문단</td><td>영웅이나 롤 모델이 등장하여 문제 상황에 대한 해결이나 성공 경험을 제시

3~5단계로 나눈 구체적인 행동을 제시하여 새로운 행동을 습득할 수 있도록 함</td></tr>
<tr><td>파워카드</td><td colspan="2">• 이 카드에는 특별한 관심 대상에 대한 작은 그림과 문제행동이나 상황에 대한 해결방안을 제시한다.
• 파워카드는 지갑이나 주머니에 넣고 다니거나 책상 위에 두고 볼 수 있도록 한다.
• 파워카드는 학생이 습득한 행동을 일반화하기 위한 방안으로도 활용될 수 있다.</td></tr>
</table>

(3) 적용 절차

① 문제행동이나 문제 상황 파악하기
② 아동의 특별한 관심 파악하기
③ 문제행동에 대한 기능분석 실행하기
④ 파워카드 전략이 효과적인 방법인지 확인하기
⑤ 기초선 자료 수집하기
⑥ 파워카드에 들어갈 시나리오와 카드 디자인하기
⑦ 아동에게 시나리오와 파워카드 소개하기
⑧ 효과 검증을 위하여 중재 자료 수집하기
⑨ 중재 결과를 평가하고 필요한 경우 수정하기
⑩ 파워카드 전략의 사용을 얼마나 오랫동안 사용할 것인지를 결정하기 위하여 학생이 스스로 할 수 있도록 하기
⑪ 아동의 성과를 기초로 파워카드 전략을 사용하는 동안 시나리오 읽는 것을 점점 줄이기

키워드 Pick

3. 짧은 만화 대화(연재 만화 대화) 24유, 18 · 25중

(1) 의미

① 상황 이야기의 한 형태로 Gray(1994)가 개발한 연재 만화 대화(comic strip conversations)는 대화 시 다른 사람이 생각하고 느끼는 것이 무엇인지를 설명하기 위해 4~8개의 네모 칸에 선화를 통해 말풍선과 생각풍선 속에 대화자의 말, 생각, 정서를 표시할 수 있도록 구성되어 있다.

② 연재 만화 대화도 상황 이야기와 마찬가지로 학생에게 타인의 생각과 느낌에 대한 정보를 사전에 알려 주고 적절하게 대처할 수 있는 기술을 지도하는 데 효과적이다.

(2) 구성요소

① 문제를 일으키는 사건에 대한 기술

② 사건에 포함된 모든 사람의 생각과 감정

③ 문제에 대한 해결방안

④ 미래에 이러한 사건을 피할 수 있는 방법에 관한 생각

⑤ 강화

⑥ 적절한 상징(인물선화, 웃는 얼굴, 말풍선, 생각풍선)

⑦ 감정을 표현하기 위해 사용되는 색깔 예 초록-행복, 파랑-슬픔, 검정-화남

(3) 특성

① 짧은 만화 대화(Comic Strip conversation)는 상황 이야기와 같이 여러 다양한 사회적 상황에서 상호작용 대상자들과 교류하는 중에 발생하는 다양한 정보를 보다 용이하게 이해할 수 있도록 시각적으로 안내하는 사회적 담화방법의 한 유형이다(Gray, 1994).

② 이 방법은 상황 이야기와 같이 자폐성장애인이 많은 어려움을 겪는 사회적 상황을 보다 잘 이해할 수 있도록 지원한다.

③ 짧은 만화 대화는 국내에 연재 만화 대화 또는 토막 만화 대화 등으로 소개된 바 있다.

④ 짧은 만화 대화는 자폐성장애 학생들이 많은 어려움을 나타내는 사회적 상황에 대한 이해, 즉 다른 사람의 생각과 믿음, 동기와 같은 다른 사람의 마음이해를 지원하기 위해 자주 사용된다.

⑤ 구체적으로 짧은 만화 대화에서는 2명의 대화상대자를 그림으로 표현하고 그림 속의 주인공들이 자신의 생각과 동기, 믿음 등을 명시적인 그림과 글로 표현하여 사회적 상호작용능력과 적응능력을 지원한다.

(4) 적용 방법

① 2명 이상의 사람들이 간단한 그림을 그리며 대화를 나누는 것을 기본으로 한다. 이때 사용되는 그림은 사회적 상황에서 겪는 어려움을 지원하기 위한 설명으로 사용될 수 있다.

② ASD 학생이 주된 역할을 하고 교사, 또래, 학부모는 지원자의 역할을 한다. 대화를 하면서 친숙한 사람들을 그리고 평상시의 사회적 상호작용을 흉내 내기 위해 날씨와 같은 주제의 짧은 대화로 시작한다.

③ ASD 학생이 자신의 반응을 말하면서 그림을 그릴 수 있도록 지원자인 교사는 관련 상황 또는 상호작용에 관한 질문(예 그림에서 너는 어디 있니?, 이 사람은 누구니?, 너는 무엇을 하고 있니?, 무슨 일이 있었니?, 너는 어떻게 말했니?, 다른 사람들은 어떻게 말했니?, 네가 그렇게 말했을 때 너는 무슨 생각을 했니?, 다른 사람이 그렇게 말하거나 행동할 때 무슨 생각을 했을 것 같니?)을 한다.

④ 상황에 포함된 사람들의 생각이나 느낌을 지적하면서 ASD 학생이 다른 사람의 관점을 보다 잘 이해할 수 있도록 색깔을 사용한다.

⑤ 연재 만화 대화를 종료하기 전에 교사는 그려진 그림을 사용하여 사건 또는 상황을 요약해야 한다. 연재 만화 대화를 마친 후에는 대화과정 중에 나타난 문제에 대한 해결방안을 모색하고 미래에 이와 유사한 상황이 발생했을 때 할 수 있는 실행 계획을 학생이 세울 수 있도록 지원한다.

⑥ '대화상징사전'과 '사람상징사전' 같은 상징을 이용하여 그림을 그리고 이야기를 나눈다. 이러한 상징사전은 개인의 필요에 따라 재구성하거나 새롭게 개발할 수 있다.

(5) 적용 절차

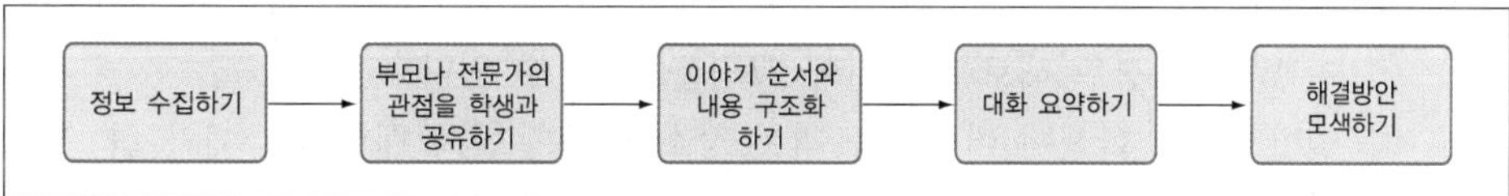

① 짧은 만화 대화 소개하기

㉠ 짧은 만화 대화는 부모와 교사와 같이 아동을 잘 아는 사람이 소개하는 것이 바람직하다. 부모나 교사는 짧은 만화 대화를 소개할 때 수용적인 태도로 이야기를 시작해야 한다. 또한 학생이 대화를 이끌어 나가도록 하고 대화를 이해하거나 생각을 표현할 때 도움을 줄 수 있다.

㉡ 짧은 만화 대화를 하는 동안에는 학생이 주로 '쓰고/그리고/말하게' 한다.

㉢ '대화'를 처음 하는 과정에서 부모나 교사가 질문하고 학생은 그 질문에 대한 반응을 '쓰고/그리고/말하는' 형태로 진행한다. 이 과정에서 아동은 '말하면서 그리는 것'에 익숙해지도록 한다.

② **짧은 만화 대화 상징사전 소개하기**: 짧은 만화 대화에서는 '대화상징사전(Conversation Symbols Dictionary)'과 '사람상징사전(Personal Symbols Dictionary)'이라는 두 가지 유형의 상징을 사용한다.

대화상징사전	• 기본적인 대화 개념인 '듣기, 방해하기, 조용한 말, 시끄러운 말, 말하기, 생각하기' 등으로 구성된 8개의 상징을 포함한다. • 짧은 만화 대화를 시작하는 초기단계에서는 하나 또는 두 개의 대화상징사전으로 시작하고 이 상징에 익숙해지면 점차 다른 상징을 추가한다.
사람상징사전	• 사람상징은 학생들이 자주 사용하는 상징이다. • 대화를 하는 과정에서 학생들의 사람상징사전이 만들어질 수 있다. • 이때 사용하는 사람상징은 가능한 한 대화를 방해하지 않을 정도로 단순하고 빨리 그릴 수 있어야 한다.

키워드 Pick

③ '가벼운 잡담'으로 대화 시작하며 관련 내용 그림으로 표현하기

㉠ 짧은 만화 대화와 일반적인 대화의 차이는 그림을 그린다는 점이다. 일반적인 대화는 얼굴을 마주 보며 이야기하지만 짧은 만화 대화는 옆에 앉아서 그림을 그리며 대화를 한다는 점에서 차이가 있는데, 이러한 자리배치는 학생이 대화를 주도하는 것을 도울 수 있다.

㉡ 짧은 만화 대화는 가벼운 잡담과 같이 모든 대화가 진행되는 장소에서 시작될 수 있다. '날씨 이야기'나 '주말에 뭐 했니' 등과 같은 주제는 대화를 시작하기에 아주 좋은 일반적인 주제이다. 또한 날씨는 그림으로 표현하기에도 매우 적절하다(예 햇볕, 비, 구름 등).

④ 대화를 하면서 나타난 상황을 그림으로 표현하기

㉠ 가벼운 잡담을 마친 후, 이야기 주제를 소개한다.

㉡ 대표적인 장소 상징(location symbol)은 그림판 왼쪽 위에 자리하게 한다. 장소 상징은 이야기 속에 나타난 장소에 대한 그림이다. 예를 들어, 학생이 "어제는 놀이터에 있었어요."라고 말하며 작은 그네를 왼쪽 위에 그릴 수 있다. 그와 관련된 그림을 그 옆에 계속 그려 나갈 수 있고, 다른 주제가 시작되거나 그 영역에 그림이 많아질 경우 새로운 공간에 그림을 그릴 수 있다.

㉢ 일반적으로 학생이 어려움을 겪는 장소가 짧은 만화 대화의 주제가 될 수 있다. 학생이 가능한 한 빨리 그림을 그리고, 부모/전문가는 질문을 하면서 학생의 그림을 안내하거나("너는 어디 있니?") 보다 이해하기 쉽게 명확히 말해 줄 수도 있다("너를 그려 보렴", "너 주변에 누가 있었는지 그려 보렴").

⑤ 앞으로 일어날 상황에 대한 그림 그리기

㉠ 짧은 만화 대화는 자폐아동에게 어떤 일이 일어날지, 언제 그 일이 시작되고 끝날지, 누가 관여하게 될지, 학생에게 어떤 점을 기대하는지 등과 같은 명확하고 정확한 정보를 제공하여 학생을 지원할 수 있다.

㉡ 짧은 만화 대화를 활용하여 앞으로의 상황에 대해 이야기를 나누게 될 경우 몇 가지 주의할 사항은 다음과 같다.

- 자폐성장애 학생은 정보를 글자 그대로 해석하고 행동은 짧은 만화 대화에서 제시한 것과 동일하게 하려는 경향이 있다. 그러므로 변화 가능한 일과를 대화 속에 포함시켜야 한다.
- 앞으로 일어날 일에 대해 설명할 때에는 상황이 바뀔 수도 있다는 것을 같이 알려 주어야 한다. 예를 들어, 20일에 체육대회를 계획하고 있더라도 비가 온 경우에는 연기될 수도 있다는 것을 알려 주어야 한다.

4. 그림교환 의사소통체계(PECS) 09 · 11 · 16 · 20 · 23유, 09 · 19 · 21초, 14 · 21중

(1) 의미

① 그림교환 의사소통체계(PECS)는 사회 의사소통에 많은 어려움이 있는 자폐성장애 학생들의 사회적 상호작용과 의사소통능력을 향상시키기 위하여 개발되었다.

② 표현언어가 부족한 전반적 발달장애나 기타 장애를 가진 아동들을 위하여 개발한 것이며, 응용행동분석에 근거한 전략이다.

③ 행동형성, 차별강화, 자극통제의 전이 등과 같은 행동주의 원리와 방법을 기반으로 하지만 사회적 상황 속에서 의사소통행동을 가르친다는 점에서 자연적 중재방법도 활용한다.

④ 그림교환 의사소통체계는 보완대체 의사소통의 한 방법이지만 아동이 의사소통 대상자에게 접근해야 하고 상호작용을 먼저 시작한다는 점에서 차이가 있다.

⑤ 그림교환 의사소통체계에서 사용하는 그림카드는 시각적 지원의 한 방법이므로 자폐성장애 학생들의 특성에 적합하다.

⑥ 표준화된 일련의 그림문자, 의사소통 책, 의사소통 판, 고도의 구조화된 교수 매뉴얼 등을 사용하는 체계적인 의사소통 훈련을 위한 접근이다.

⑦ 시각적인 의사소통방법이다.

㉠ 청각적 정보보다 시각적 정보를 더 쉽게 받아들이는 자폐아동의 경우 매우 유용하게 적용할 수 있다.

㉡ 자발적이고 실제적인 의사소통체계로서, 사진이나 그림과 같은 시각 자료를 서로 교환함으로써 타인과 의사소통을 하는 것이다.

⑧ 6단계로 나누어지며, 순서를 엄격하게 따른다.

(2) 기본원리

① 단어를 통한 의사소통의 교환 자리에 그림카드가 사용된다는 원칙을 알게 한다. 즉, 사물과 그림을 연결하는 짝 짓기 기술을 가르친다.

② 인과적 관계를 확실히 알도록 한다. 내가 A에게 사과카드를 주면 나는 반드시 A로부터 사과를 얻는다는 원칙이 전제되어야 한다.

③ 아동이 선호하는 사물이 무엇인가를 사전에 조사한 후 리스트를 만들어야 한다. 특히 중재 초기단계에서는 아동의 자발성이 부족하기 때문에 보상 효과가 매우 중요하다.

키워드 Pick

(3) 이론적 근거

① PECS는 자폐성장애 아동의 특별한 의사소통적 필요와 연계해서 개발되었다.

② 자폐성장애를 지닌 아동의 공통적인 특성 중 하나는 자신의 필요나 욕구를 충족시키기 위한 사회적 도구로 기능적인 의사소통을 습득하지 못한다는 것이다.

③ PECS는 이러한 아동에게 요구하기 기능을 충족시키는 사회적 시작행동을 가르침으로써 이들의 독특한 의사소통적 필요를 고려한다고 할 수 있다.

④ PECS의 가장 큰 효과는 자발적인 의사소통적 상호작용 비율을 증가시키는 것이다.

⑤ PECS에서는 가장 기본적이고 핵심적인 의사소통 문제가 의사소통 시작의 실패라고 보고, 자기-동기화된 요구를 시도하게 함으로써 기능적인 사회 의사소통기술을 가르친다. 즉, 원하는 사물의 사진이나 그림을 상대방에게 제시함으로써 자신의 요구를 표현하게 되고, 그 결과로 아동은 사진이나 그림에 있는 사물이나 활동을 얻게 된다.

⑥ 자폐성장애를 지닌 아동은 일반적으로 사회적 강화에 반응하지 않기 때문에 PECS에서는 구체적인 강화물을 요구하는 것부터 가르친다.

(4) 장단점

장점	• 언어적 촉구 없이도 자발적으로 의사소통을 시작하는 것에 초점을 맞추고 있다는 것이다(훈련 시작 단계에는 절대로 언어적 촉구가 포함되지 않는다). • 초기에는 아동을 훈련하기 위해 손을 펼쳐 보이는 신호를 사용하기는 하지만, 해당 학생이 촉구에 의존하게 될 가능성을 줄이기 위해 촉구는 체계적으로 철회된다. • '주고-받기'의 교환성의 개념, 상호작용 촉진, 자발성의 강화 등에 효과적이다. • 매우 보편적인 언어인 그림을 이용하기 때문에, 학생은 어떤 상황에서든 누구와도 의사소통이 가능하다. • 말 훈련 및 수화처럼 학생들에게 구어나 운동기능의 움직임을 모방하도록 요구하지 않는다. • 눈맞춤을 유지하도록 요구하지도 않는다. • 시선응시는 교환의 과정에서 자연스럽게 나타난다.
단점	• 초기 훈련단계에서는 2명의 강사가 필요하다. 목적이 자발적인 의사소통의 시작이기 때문에 의사소통 상대는 해당 학생에게 그림을 교환하도록 촉구하는 사람과 같은 사람일 수 없기 때문이다.

(5) PECS의 적용

① 아동들이 원하는 물건을 얻기 위하여 사물 그림을 교환하도록 훈련한다.

② 훈련은 각 아동들이 선호하는 강화물을 사정하는 것으로 시작된다. 아동의 강화 선호도를 결정하기 위하여 몇 가지 조합된 물건들이 각각의 아동들에게 반복적으로 제공된다. 그리고 아동의 강화는 시간이 지남에 따라 변할 수 있기 때문에 강화물 사정은 훈련이 종료될 때까지 반복될 수 있다.

③ 그림교환 의사소통체계에서 주로 강조하는 내용은 아동이 원하는 것을 '요청하기', '질문에 대답하기', 사회적인 상호작용을 위한 '설명하기(comment)' 등이다. 요청하기를 첫 번째 의사소통행동으로 가르치는 것은 아동이 의사소통 대상자에게 원하는 물건을 요청하고 의사소통 대상자는 그에 대한 반응으로 원하는 물건을 즉각적으로 제공하여 자연적으로 의사소통행동이 강화 받을 수 있게 하며, 이에 따라 의사소통을 하고자 하는 동기를 촉진할 수 있다.

④ 그림교환 의사소통체계를 적용하는 초기 훈련 단계에서는 복잡한 선수기술을 필요로 하지 않기 때문에 초기 의사소통행동을 습득해야 하는 어린 영유아나 능력이 낮은 자폐성장애 학생에게도 적용할 수 있다.

⑤ PECS 교수에서 중점을 두는 핵심적인 의사소통기술들은 의사소통 표현기술과 수용기술 측면으로 살펴볼 수 있다.

구분	내용
표현기술	• 강화물이나 활동 요구하기 • 도움 요구하기 • 주어진 과제에 대한 휴식 요구하기 • 원하지 않는 사물이나 행동에 대한 요구 거절하기 • 원하는 사물이나 행동에 대한 요구 확인하기
수용기술	• 기다리기 • 지시 따르기 • 지시에 반응하기 • 전이 단서와 시각적 스케줄 따르기

⑥ PECS를 시작하기 전에 아동과 교환할 그림들, 그림들을 보관할 의사소통판, 여러 가지 그림으로 복잡한 생각을 조합할 때 사용하는 플라스틱 보드 등을 준비한다.

⑦ 그림교환 의사소통체계를 적용할 때 교사들은 단계별 훈련 절차를 잘 지켜야 하고 아동의 일과 중에 그림교환 의사소통체계를 연습할 수 있는 기회를 자주 제공해야 한다.

⑧ 그리고 아동과 자주 상호작용하는 가족, 교사, 또래 친구들이 의사소통 대상자로 적극 참여해야 효과적이다.

키워드 Pick

기출의 맥

PECS는 6단계별 구체적인 내용이 정말 중요합니다. 상세한 내용들을 빠짐없이 반복적으로 다독하세요!

기출 LINE

9초)
- 동건이가 원하는 그림카드를 교사에게 주면 해당하는 사물을 주어 교환의 개념을 알도록 지도하였다.
- 동건이가 자신의 의사소통판으로 가서 그림카드를 가져와 교사에게 주면 해당하는 사물을 주어 자발적으로 교환하도록 지도하였다.
- 동건이가 선호하는 사물의 그림카드와 선호하지 않는 사물의 그림카드 중 선호하는 것을 식별하도록 지도하였다.
- 동건이가 그림카드를 사용하여 문장판에 문장을 만들고 그것을 교사에게 제시하도록 지도하였다.

(6) PECS의 6단계

1단계: 교환개념 지도와 교환 훈련	① 아동이 원하는 것, 즉 아동의 선호도를 파악한다(선호도는 몇 가지 사물을 책상 위에 올려두고 아동이 먼저 집거나 가지고 노는 것, 빨리 사용하는 것이 무엇인지 관찰하여 파악할 수 있다). 선호도를 평가하는 과정에서 유의할 점은 훈련자가 아동에게 원하는 것이 무엇인지 질문하지 않아야 한다는 것이다. 즉, 훈련자는 아동에게 "뭘 줄까?", "네가 원하는 것 좀 보여줘. 이거 줄까?" 등의 말을 하지 않는다. 훈련자는 질문하지 않고 아동이 좋아할 만한 몇 가지 물건을 제시하고 아동이 선택하는 것을 관찰한다. ② 선호하는 것이 무엇인지 확인되면, 훈련자는 아동이 선택한 선호물을 제외한 모든 물건을 치운다. ③ 훈련자는 아동이 충분히 볼 수 있는 위치에서 선호물을 보여 준다. 그리고 아동이 선호물을 향해 손을 뻗으려 할 때, 훈련자는 선호물의 그림카드를 아동의 손에 놓는다. ④ 아동이 그림카드를 손에 쥐고 있을 때, 훈련자(또는 보조자)는 아동이 그 그림카드를 훈련자가 내민 손에 놓도록 신체적 안내를 한다. ⑤ 아동이 그림카드를 훈련자에게 주는 순간 훈련자는 아동에게 즉각적으로 미소를 지으며, 아동이 원하는 것을 주면서 "그래, 너는 이거 원했구나? 여기 있어"라고 말한다. 이 단계는 아동이 원하는 것과 아동이 가지고 있는 그림카드를 교환한 첫 번째 교환단계이다. ⑥ 훈련자는 그림카드와 아동이 원하는 것을 교환하는 것을 계속하면서 아동이 그림카드를 집는 것에 대하여 제공하였던 신체적 촉진을 점차 줄여 나간다. ⑦ 훈련자는 아동이 그림카드를 집을 때마다 계속 손을 벌려서 아동이 그 손에 그림카드를 놓을 수 있도록 한다. ⑧ 아동이 훈련자가 벌린 손에 그림카드를 집어 놓을 수 있게 되면 훈련자는 손 벌리기 단서를 줄여간다. ⑨ 이 단계의 최종목표는 아동이 테이블 위에 있는 그림카드를 집어서 훈련자에게 주고 원하는 것을 받는 것이다. ⑩ 이 단계에서 훈련자는 아동의 앞이나 뒤에 위치한다.
2단계: 자발적 교환 훈련	① 이 단계에서 훈련자는 아동으로부터 조금 더 멀리 떨어진 곳으로 움직이고 의사소통판도 아동으로부터 보다 멀리 놓는다. ② 이 단계에서 아동은 교환을 하려면 의사소통 대상자에게 가까이 가서 그림을 가져야 한다는 것을 배우게 된다. 이때 훈련자는 의사소통 대상자를 향해 아동이 움직이는 것, 특별히 의사소통 대상자의 손을 향해 움직이는 것을 촉진해야 한다. ③ 유의할 점은 여러 의사소통 대상자(훈련자)에게 훈련을 받도록 하여, 이후 다양한 사람들과 의사소통을 시작할 수 있도록 해야 한다는 것이다. ④ 이 단계에서 2명의 훈련자가 참여하는데 훈련자 1은 아동의 시야에서 조금 멀리 이동하여 아동이 그림을 향해 다가가도록 하고, 훈련자 2는 아동이 훈련자 1의 얼굴이나 어깨를 만지도록 시범 보이거나 신체적으로 촉진한다.

3단계 : 그림변별 훈련	① 이 단계에서는 의사소통판에 있는 두 가지 이상의 그림을 변별하는 것을 습득하도록 한다. 이 훈련을 위해 교사는 의사소통판에 아동이 선호하는 것과 선호하지 않는(혹은 중립적인) 2개의 그림카드를 붙이고 아동에게 잘 보일 수 있도록 놓아둔다. 물론 이 단계에서도 언어적 촉진을 하지 않는다. ② 아동이 그림카드를 집어서 교사에게 주면 교사는 아동이 원하는 물건과 교환하도록 아동에게 그림카드에 있는 것(예 작은 과자)을 준다. ③ 만일 아동이 교사가 들고 있는 물건과 다른 그림의 그림카드를 집으려 하면 "우리는 이것을 가지고 있지 않아요."라고 말하면서 적절한 물건의 그림카드를 집을 수 있도록 촉진한다. ④ 그림변별 훈련과정에서 아동에게 촉진이나 도움을 제공하여 그림들 간의 차이를 변별할 수 있도록 지속적으로 연습할 수 있다. 기회를 제공하고 연습 회기 중 80% 정도의 정반응을 보일 때까지 계속한다. ⑤ 이 단계에서 주의할 것 중 한 가지는 그림카드의 위치를 계속 바꿔 주어 아동이 그림카드의 위치를 기억하여 그에 따라 반응하지 않도록 해야 한다. ⑥ 아동이 원하는 새로운 그림카드를 계속 추가하여 훈련할 수도 있고 그 외에 그림의 크기나 색깔을 달리하여 연습하도록 할 수도 있다.
4단계 : 문장 만들기 (문장으로 표현하기)	① 앞선 훈련 절차를 거쳐 4단계에 이르게 되면 대개 아동들의 의사소통판에는 12개에서 20개 정도의 그림카드가 포함된다. 이 단계에서는 그림카드의 크기를 조금 작게 하여 의사소통판이나 의사소통책에 정리해 둔다. 그림카드의 수가 많아지면 특정 유형이나 영역에 따른 분류체계에 따라 분류하여 쉽게 사용할 수 있도록 한다. 예를 들어, 음식, 장난감, 활동, 개인적 요구 등과 같이 주제별로 정리하여 색인 표시를 해 둘 수도 있다. ② 아동은 몇몇 의사소통 대상자와 여러 가지 요구나 바라는 것에 대하여 의사소통적 교환을 할 수 있게 된다. ③ 이 4단계에서 아동에게 "나는 ~을 원해요."라는 문장을 사용하여 '원하는 것 요청하기'를 가르친다. ④ 이때 '나는 원해요' 그림카드는 문장 띠에 미리 붙여 놓고, 아동은 자신이 원하는 사물의 그림카드를 붙인 후 그 의사소통 띠를 의사소통 대상자에게 제시하도록 한다. '나는 원해요' 그림카드는 대개 오른쪽 구석의 문장 띠에 고정시킨다. 훈련은 아동이 활용 가능한 전체 단어를 문장 띠에 사용할 수 있을 때까지 계속한다. ⑤ 훈련자/교사는 아동의 일상 환경을 구조화하여 하루 일과 전체를 통해 다양한 의사소통 기회 속에서 연습할 수 있을 때까지 계속한다.
5단계 : "뭘 줄까?" 라는 질문에 대답하기	① 이 단계의 목표는 아동이 일상생활 중 "뭘 줄까?"라는 질문에 대답하고 스스로 원하거나 필요한 물건과 행동을 요청하게 되는 것이다. ② 훈련은 원하는 물건과 '나는 이것을 원해요'라는 카드를 의사소통판에 제시하는 것으로 시작한다. ③ 교사는 '나는 이것을 원해요' 카드를 지적하면서 "뭘 줄까?"라고 질문한다. ④ 아동은 자신이 원하는 카드를 들어 문장 띠에 붙여 '문장'을 완성하여 원하는 물건을 그림카드와 교환하게 된다. 점차 "뭘 줄까?"라는 질문과 '원하는 그림'을 지적하는 시간은 0.5초에서 1초 정도로 짧아진다.

키워드 Pick

6단계 : 질문에 답하면서 설명하기	① 지금까지 아동이 다양한 상황, 그리고 다양한 사람들을 대상으로 '요청하기'라는 의사소통 기능을 사용하도록 훈련하였다. ② 6단계의 목적은 '새로운 의사소통 기능을 가르치는 것'이다. 명명하기 또는 이름 붙이기, 즉 "무엇을 보고 있니?"라는 새로운 질문과 앞서 습득한 "뭘 줄까?"라는 질문에 적절히 대답하도록 하는 것이다. ③ 이 단계는 그다지 원하는 것은 아니지만 이미 요청할 수 있는 물건으로 시작한다. 5단계처럼 지연된 촉진을 사용한다. ④ 훈련자는 테이블 위에 약간 선호하는 물건을 두고 '나는 이것을 보고 있어요' 또는 '나는 이것을 원해요' 그림카드를 올려 두거나 참조그림과 문장 띠가 있는 의사소통판 위에 이와 유사한 구를 놓아둔다. ⑤ 참조물건을 집으면 훈련자는 "뭘 보고 있니?"라고 질문하면서 '나는 ~을 보고 있어요' 카드를 지적하게 한다. ⑥ 아동이 이 카드를 바로 지적하지 못할 경우, 이 카드를 문장 띠에 올려놓고 훈련자가 신체적으로 안내하여 아동이 지적하도록 한다. ⑦ 카드를 문장 띠에 올려놓은 후 훈련자는 아동이 문장 띠에 원하는 물건의 그림카드를 올려놓는지 알아보기 위하여 5초 정도 기다린다. 만일 아동이 적절히 반응하면, 훈련자는 "그래, 너는 ~를 보았구나"라고 설명하고 아동에게 아동이 본 것과 연관되지 않은 작은 보상물을 준다. 아동이 이름을 말한 물건은 보상으로 제공하지 않는데 그 이유는 아동이 그 물건을 요청했다는 사인으로 혼동할지 모르기 때문이다. ⑧ 아동이 "뭘 보고 있니?"라는 질문에 대답할 수 있게 되면 훈련자는 "뭘 보고 있니?"라는 질문과 "뭘 줄까?"라는 질문을 아동에게 섞어서 제시한다. 이 단계에서 중요한 핵심은 "뭘 줄까?"라는 질문에 답할 경우 원하는 것을 제공하고, "뭘 보고 있니?"라는 질문에 답할 경우 원하는 것을 제공하지 않는다는 점이다. "뭘 보고 있니?"라는 질문에 정확히 답할 경우, 명명한 물건이 아닌 보다 효과적인 강화제에 의해 강화 받도록 한다(예 토큰과 같은 보상물, 칭찬 등). ⑨ "뭘 보고 있니?"라는 질문에 따른 반응을 잘 습득하게 될 경우, 점차 물질 강화제는 소거하고 사회적 강화에 반응할 수 있도록 한다. 구체물과 같은 물질 강화를 소거시키는 것은 자발적인 명명하기나 언급하기를 가르칠 때 매우 중요하다.

6단계에 대한 다양한 설명

구분	설명 ①	설명 ②	설명 ③
1단계	다양한 그림으로 기본적인 교환을 수행한다.	그림이나 물건의 교환과 함께 항목이나 활동의 요청이 포함된다.	요구하기(원하는 사물을 얻기 위한 아동의 '의사소통 대상자'를 향한 촉진된 그림 교환)
2단계	성인이나 또래의 관심을 얻고 거리를 조절하기 위하여 지속적으로 연습한다.	해당 학생과 의사소통을 위한 공책이나 판, 혹은 그림 사이의 거리가 멀어지고 학생은 그 그림이나 물건을 찾아서 주위에 있는 누군가와 그것을 교환함으로써 의도를 표현하도록 배운다.	아동과 의사소통 대상자 간의 간격 넓히기, 촉진 소거하기
3단계	다양한 그림들을 식별한다.	학생들이 더 많은 선택권을 가질 수 있도록 그림들 사이의 차이를 변별하도록 배운다.	그림 식별하기(의사소통 책/판에 있는 선정된 그림들 중에서 적절한 그림 선택하기)
4단계	그림을 이용하여 문장을 만든다.	요청하기	구절 사용하기(원하는 사물의 그림으로 구절을 만들기 위하여 그림 조합하기)
5단계	그림을 이용하여 질문에 대답한다.	"뭘 원하냐?"라는 질문에 대답하기	질문에 대답하기["무엇을 원하니?"라는 질문에 반응하기 위해서 적절한 그림(+발성) 사용하기]
6단계	이전에 습득한 상호작용을 확장한다.	질문에 대한 반응에 의견을 말하게 된다.	언급하기["무엇을 보았니?/들었니?", "이게 뭐지?" 등의 질문에 대답하기 위해서 그림(+발성) 사용하기]

키워드 Pick

맥 Plus

PECS의 단계별 적용 방법

1. 1단계

Ⅰ단계는 학생이 원하는 물건을 바라볼 때 '의사소통 파트너'와 자발적으로 그림을 교환하도록 가르친다. 언어지체를 보이는 아동을 위한 대부분의 언어 프로그램은 물건을 명명하는 것으로 시작한다. 그러나 자폐범주성 장애를 지닌 아동은 사회적인 목적(즉, 명명하기)보다는 선호하는 물건을 얻기 위한(즉, 요구하기) 의사사통의 동기가 더 크기 때문에 그림교환 의사소통체계교육은 먼저 학생이 요구하도록 가르치는 데 중점을 둔다. 이 단계의 핵심 구성요소의 하나는 아동이 의사소통 파트너에게 다가가도록 가르치는 것이다. 자폐범주성 장애를 지닌 많은 아동은 명확한 의사소통의 목적 없이 반향어 또는 반복된 말을 한다. Ⅰ단계 목표 중 하나는 그림교환을 통한 의사소통을 강화하는 것이다. Ⅰ단계 기술을 가르치기 위해서는 반드시 두 명의 훈련자가 있어야 한다. 한 사람은 학생의 앞에 손이 닿을 수 있는 거리에 있어야 하고(의사소통 파트너), 다른 한 사람은 학생의 뒤에서 신체적인 촉진을 제공할 준비를 하고 있어야 한다(촉진자). 의사소통 파트너는 선호하는 강화물을 가지고 그 물건의 그림을 아동 앞의 바닥에 놓는다. 의사소통 파트너는 물건을 보여 주면서 아동의 관심을 유도해야 하는데, 예를 들어 음식을 조금 먹거나 또는 아동에게 원하는 것을 물어보거나 사물의 이름을 명명하지 않으면서 아동의 관심을 그 사물로 끌어들이는 방식이다. 아동이 물건에 접근하면서 원하는 것을 가리킬 때 촉진자는 아동이 그림을 집어서 의사소통 파트너에게 다가가 손에 그림을 줄 수 있도록 돕는다. 그런 다음에 의사소통 파트너는 손을 펼쳐 받아 들고 즉시 원하는 물건을 주면서 언어적으로 그 물건의 이름을 말하고 아동을 칭찬한다. 아동이 잠시 물건을 접촉하는 동안 의사소통 파트너는 그림을 다시 아동의 앞에 놓는다. 그리고 의사소통 파트너는 그 음식을 다시 조금 더 제공하거나 물건이나 놀잇감을 회수함으로써(예 물건을 부드럽게 다시 가져가면서 "이제 내 차례야"라고 말함) 절차를 다시 시작하고 유도한다. 촉진자는 몇 번의 시도를 통한 역연쇄법을 통해 촉진을 줄인다. 학생이 Ⅰ단계를 습득하는 동안 선호하는 항목에 대한 그림교환의 기회가 다양한 상대와 다양한 환경에 걸쳐 다양한 항목으로 하루 종일 일어나야 하는데, 이 모든 것이 일반화를 증진시킨다.

2. 2단계

Ⅱ단계에서 학생은 그림의 일반화된 사용을 배우게 되는데, 그림을 획득하기 위해 조금 더 먼 거리로 이동하고 의사소통 바인더에서 그림을 독립적으로 꺼내고 다양한 환경에서 다양한 의사소통 파트너에게 그 물건을 전달하게 된다. 중요한 목표는 Ⅰ단계와 같은데, 다만 요구하기 의사소통을 보다 일관되게 하도록 교수하고 그림 및 의사소통 파트너를 향해 좀 더 먼 거리를 이동하게 만드는 것이 추가된다. Ⅱ단계에서도 두 명의 훈련자가 필요한데, 한 사람은 의사소통 파트너 역할을 하고 다른 한 사람은 신체적 촉진자 역할을 한다. 학생의 그림 어휘는 계속 확장된다. 앞 단계에서와 마찬가지로 훈련자는 학생이 그림을 획득하거나 의사소통 파트너에게 가도록 구어 촉진을 제공하지는 않는다. 더욱이 이 단계에서는 두 훈련자 모두 학생에게 의사소통 기회가 있다는 신호를 주는 단서(예 눈맞춤, 학생 쪽으로 기울이기, 얼굴 표정, 소리 나게 물건 흔들기)를 빠르게 제거할 필요가 있다. 이는 학생이 그러한 단서에 의존하지 않게 하고 원하는 어떤 것을 요구하도록 만들기 위함이다. Ⅰ단계에서처럼 의사소통 파트너의 역할은 교대되어야 하는데, 이를 통해서 학생은 자신이 원하는 물건에 접근할 수 있는 사람(가능하면 또래 포함)에게 다가가도록 학습할 수 있다. 또한 그림교환 의사소통체계는 다양한 장소에서 다양한 물건으로 실행되어야 한다. 이 단계는 그림교환 의사소통체계 훈련 중 두 명의 훈련자가 필요한 마지막 단계이다. 그러나 Ⅲ단계에서 학생이 어려움을 보인다면 다수의 훈련자는 계속 사용될 수 있다.

Ⅰ단계와 Ⅱ단계에서 다양한 물건과 함께 그림교환 의사소통체계의 사용을 배우게 되는데, 이때 각 물건에 대한 그림은 한 번에 하나씩 제공된다.

3. 3단계

III단계에서는 그림을 식별하도록 학습한다. 이 단계의 최종적인 목표는 학생이 자신이 원하는 물건 그림으로 구성된 의사소통 바인더의 많은 그림 중에서 그림을 선택할 수 있게 되는 것이다. III단계는 보통 의사소통 파트너와 학생이 의사소통 바인더를 사이에 두고 일대일로 마주 앉아서 하게 된다. 먼저, 두 개의 그림을 식별하도록 학습하는데 이때 하나는 선호하는 물건이고 다른 하나는 선호하지 않는 물건이다(III-a단계). 이 단계에서 의사소통 파트너는 두 물건을 가지고 학생의 바인더 앞에 해당하는 그림을 놓는다. 학생이 하나의 그림에 다가갈 때, 파트너는 학생이 옳은(즉, 원하는 항목) 그림을 만지면 긍정적인 언어강화를 제공하고 옳지 않은(즉, 원하지 않는 항목) 그림을 택하면 언어적으로 반응하지 않는다. 일단 학생이 그림을 교환하면 의사소통 파트너는 학생에게 해당하는 물건을 준다. 학생이 원하지 않는 물건을 받게 되면 그것을 밀어내거나 거절하게 될 것이고, 이때 의사소통 파트너는 오류수정기법으로 마무리한다. 이 기법은 네 단계로 구성된다. 첫째, 교사는 옳은 그림을 가볍게 두드린다. 그리고 구어로(또는 필요하다면 신체적으로) 학생이 올바른 그림을 교사에게 주도록 촉진한다. 이후에 교사는 주의를 분산시키고(예 학생에게 쉽고 간단한 과제 부여), 마지막으로 학생을 물건으로 유도함으로써 다시 시작한다.

III-b단계는 하나 이상의 원하는 물건 중에서 식별하도록 교수한다. 훈련은 식별을 위한 대응성 점검을 정기적으로 실시하고 학생의 의사소통 바인더에 제시된 그림의 수와 주어진 시간에 요구될 수 있는 물건 수를 점진적으로 증가시킨다는 점에서 III-a단계와 유사하다. 대응성 점검은 학생에게 선택할 2개의 물건을 보여 주고 학생이 성인에게 그림 1개를 건네주면 물건을 제공하고 어떤 물건을 선택하는지 지켜본다. 만일 학생이 교사에게 준 그림과 관련 없는 물건을 가져가면 성인은 이를 차단하고 오류수정기법을 실행한다. 이후에 아동이 가져가려고 했던 물건이 그 순간에 더 원했던 물건이라는 가정하에 그 물건과 그림을 가르친다. III단계 전 과정을 통해 교사는 학생이 자주 원하거나 원하지 않는 그림 및 물건을 다양화해야 하며, 의사소통 바인더에서 그림의 위치를 변동해야 한다. 결국, 학생은 자신의 의사소통 바인더에서 그림을 훑어봄으로써 다양한 물건을 선택할 수 있어야 하고 눈에 보이지 않는 물건을 요구하기 시작해야 한다.

4. 4단계

IV단계는 학생에게 문장을 구성하도록 교수한다. 궁극적으로, 학생은 독립적으로 문장 띠에 나는-원해요를 가리키는 그림을 올려놓고 원하는 물건이나 활동의 그림을 나는-원해요 그림 오른쪽에 놓고, 그 문장 띠를 의사소통 파트너에게 가져가게 된다. 이와 같은 과정은 역연쇄법을 통해 교수될 수 있다. 즉, 학생은 마지막 단계(즉, 문장 띠를 의사소통 파트너에게 건네주기)를 제외하고 모든 단계를 실행하도록 먼저 신체적인 촉진을 받으며, 나머지 촉진은 과정의 끝으로부터 시작까지 점진적으로 줄어든다. 앞에서와 같이, 각 교환이 이루어지는 동안 문장 띠를 들고 있거나 단어를 말하면서 가리키거나 아니면 파트너가 말해주는 단어를 가리키도록 학생을 신체적으로 촉진하면서 교환된 그림의 단어를 읽는다. 단, 학생이 물리적인 교환을 습득하면, 의사소통 파트너는 대개 문장 끝에서 시작하는 시간지연을 제공해도 좋다. 예를 들어, 의사소통 파트너가 "나는 …을 원해요"라고 읽고 그 문장을 마무리 짓기 전 2~3초 동안 잠깐 멈출 수 있다. 항상 그런 것은 아니지만 학생에 따라서는 문장 띠를 교환할 때 문장을 말하기 시작하기도 한다. 그러나 발화가 요구되는 것은 절대 아니다. 말이 동반되는지 여부와는 상관없이 그림교환 의사소통체계를 동반한 의사소통 시도가 강화된다.

학생이 요구하기를 위한 문장 구성을 습득하면, 다양한 유형(예 색, 모양, 크기)의 물건이 주어질 때 어떤 물건을 선호하는지 명확히 표현하기 위한 서술어나 한정어의 사용을 학습하게 된다. 예를 들어, 학생이 색칠을 할 때 몇 가지 색을 더 선호한다면 원하는 색의 마커를 요청할 필요가 생길 것이다. 한정어 교육은 그림교환 의사소통체계의 독립된 단계로 고려되지는 않지만, 대신 남아 있는 단계 전반에 걸쳐 학습하게 된다. 문장 내 한정어 그림을 추가하는 것은 III단계의 식별교육과 비슷한 방식으로 교수한다. 즉, 확실하게 식별할 수 있도록 오류수정 절차뿐만 아니라 추가적인 그림 사용을 교수하기 위한 역연쇄법을 사용한다. 일반화를 촉진하기 위해서 반드시 각각의 특성(예 큰 쿠키, 큰 크래커, 큰 공)을 지닌 다양한 물건을 가르쳐야 한다.

키워드 Pick

5. 5단계

Ⅴ단계는 "너는 무엇을 원해?"라는 질문에 학생이 응답하도록 가르친다. 이전 단계에서 그림교환 의사소통체계교육은 자발적인 요구하기에 중점을 두었다. Ⅴ단계를 학습한 후에 학생은 자발적인 요구하기와 "너는 무엇을 원해?"라는 질문에 답할 두 가지 기회 모두에 반응해야 한다. 먼저 의사소통 파트너가 "너는 무엇을 원해?"라고 질문하면서 학생의 의사소통 바인더상의 나는-원한다 그림을 가리킴으로써 점진적으로 감소된다. 이러한 촉진은 질문 후와 가리키기 전 사이에 시간지연을 적용함으로써 점진적으로 감소된다.

6. 6단계

Ⅵ단계에서는 "무엇을 보고 있니?"와 "무엇을 듣고 있니?"와 같은 질문에 대한 반응의 하나로 자발적으로 언급하기를 배운다. 이 단계는 Ⅴ단계와 유사한 방식으로 학습하게 되는데, 언급하기(예 나는-본다, 나는-듣는다)를 위한 문장-시작 그림이 추가된다. 그러나 이전 단계와는 달리 이 단계에서는 언급한 물건을 건네받지 않는다. 이러한 변화는 요구하기의 사회적 기능과 언급하기의 사회적 기능을 대조하는 방법을 제공한다. 이 단계 전반에 걸쳐 의사소통 파트너는 매일 언급하기를 할 수 있도록 다양한 기회를 제시한다. 결국 학생이 보고 듣는 물건에 대해 자발적으로 언급할 때까지 의사소통 파트너가 하는 질문은 점차적으로 줄어든다. 비록 공식적인 그림교환 의사소통체계는 여섯 개의 공식적인 단계와 한정어 수업으로 끝나지만 Frost와 Bondy는 많은 부가적인 표현언어 및 수용언어 기술교수를 추천한다.

5. 중심축 반응 훈련(PRT) 09 · 17 · 20 · 24유, 09 · 13 · 17 · 21초, 11 · 19 · 23중

(1) 의미

① 중심축 반응 훈련(Pivotal Response Training)은 자폐성장애 아동의 전반적인 사회적 능력을 향상시키는 데 효과가 있는 것으로 밝혀진 증거기반의 중재방법이다.

② 중심축 반응 훈련은 응용행동분석원리를 기반으로 하였으나 성인중심의 전통적인 응용행동분석방법과 같이 분리된 개별행동을 중재목표로 하기보다는 자연적 환경에서 자연적 중재 절차를 사용하므로 자연적 중재 모델이다.

③ 중심축 반응 훈련은 자폐성장애 학생에게 반드시 필요한 중심 영역을 중재하고 일반화하는 것을 주요목표로 하는데, 자폐성장애 학생에게 필요한 구체적인 중심반응행동은 눈 맞춤, 시작행동, 공동관심, 조망수용, 도움 요청하기 등이다. 이러한 기술이 중심행동인 것은 이와 같은 능력을 습득할 경우 일상생활 속에서 여러 다양한 행동에 일반화시켜 사용할 수 있는 기본적인 기술이기 때문이다.

㉠ **중심축 반응**: 자연스럽게 발생하는 후속결과에 의해서 다른 행동으로 일반화되고, 유지되는 행동이다. 훈련으로 향상될 경우 훈련받지 않은 다른 행동에도 변화를 가져올 수 있는 행동이다.

㉠ 중심축 영역은 다양한 행동에 영향을 미치며, 이에 따라 기타 중요한 발달영역들에서 상당한 부수적인 습득이 발생한다.

④ 아동이 시도한 것을 보다 자연스럽게 강화하기 위해 아동이 좋아하는 물건들을 섞어 놓는 비연속 시행을 자연스러운 상황에서 사용하도록 체계적으로 가르칠 수 있다.

기출의 맥

PRT는 중심축 반응이란 무엇인가를 이해하면 됩니다. 그리고 중심축 반응의 대표적인 영역별 의미를 이해하고, 그에 해당하는 전략을 정리하는 것이 중요해요!

기출 LINE

11중)
- 자연스러운 상황에서 사회적 의사소통 기술을 지도하여 문제행동의 발생을 예방함과 동시에 습득한 기술을 다른 사회적 기술로 확장시켜 학생 스스로 환경적 문제에 대처하도록 한다.

21중)
- 자연적 환경에서 발생하는 다양한 학습 기회와 사회적 상호작용에 반응하도록 지도한다.
- 학습 상황에서 습득한 중심축 반응을 유사한 다른 상황에서도 보일 수 있도록 일반화를 강조한다.
- 동기화, 환경 내의 다양한 단서에 대한 반응, 자기주도, 자기관리 능력의 증진에 초점을 둔다.

⑤ PRT는 자연적인 상황에서 학생이 선호하는 사물을 활용하는 중재로서 중재계획과 실행단계에서의 가족 참여, 자연스러운 환경에서의 중재, 핵심적인 중심반응의 중재, 가정과 학교의 모든 상황에서의 중재실행을 강조한다.

⑥ PRT는 중심반응(중심행동)에 뒤이어 자연스럽게 발생하는 후속결과에 따라 유지되고 일반화될 수 있음을 강조하며, 학생이 선호하는 물건을 활용하여 비연속 시행을 자연스러운 상황에서 사용하도록 체계적으로 지도하는 것이다.

(2) 목표

① 아동이 자연적 환경에서 발생하는 다양한 학습기회와 사회적 상호작용에 반응하도록 한다.

② 중재 제공자에 의한 지속적인 감독의 필요성을 감소시킨다.

③ 아동을 자연적 환경에서 분리시키는 서비스를 감소시킨다.

④ 일반적인 환경에서 기능수행과 자극에 대한 반응성을 높이는 데 필요한 기술을 지도한다.

(3) 중심축 반응 영역 17 · 22유, 17초, 19 · 23중

① 동기유발

㉠ 동기유발 요소

요소	설명
선택 기회 제공하기	아동과 상호작용을 하는 동안 아동에게 선택 기회를 제공할 경우 동기가 강화될 수 있다. 선택 기회 제공이란 아동이 선호하는 교재를 선택하도록 하는 것이다.
기존에 학습하였던 내용과 새로운 내용을 같이 제시하기	아동에게 이미 성취하였던 과제와 새로운 과제를 같이 섞어서 제시할 경우 학습동기가 강화될 수 있다.
아동의 시도 강화하기	아동이 무엇인가를 하고자 하는 모든 시도를 강화한다. 비록 그 시도가 틀린 반응이거나 적절한 반응이 아니라 하더라도 무엇인가를 하고자 하는 시도가 명확하다면 이러한 모든 시도를 강화하여 아동의 동기를 강화할 수 있다.
자연적이고 직접적인 강화 제공하기	자연적이고 직접적인 강화는 아동의 학습동기강화에 매우 효과적이다.

키워드 Pick

㉡ 동기유발 방법

절차	설명
학습자의 관심 유발하기	교수활동을 시작하기 위해서는 먼저 학습자의 관심을 유발해야 한다. 이를 위해 먼저 학습자와 눈을 맞추고 그 다음에 요구나 지시를 해야 한다.
함께 조절하기	함께 조절하기(shared control) 단계에서는 교사나 전문가가 학생의 일과 중에서 어떤 부분을 교사가 도와주고 어떤 부분을 학생이 스스로 하게 해야 하는지를 결정해야 한다. 즉, 교수활동을 하는 동안 교사나 부모의 촉진과 지원이 제공되어야 하는데 이 과정에서 아동이 스스로 할 수 있는 것을 찾아 아동이 스스로 해야 하는 부분을 정하고 학습자가 스스로 할 수 없는 부분은 교사가 도움을 주도록 조절할 수 있다.
학습자의 선택 활용하기	아동이 스스로 선택하고 좋아하는 것을 활용하는 방법은 학습자의 동기를 유발하는 데 효과적이다. 이를 위해서 먼저 학생의 선호도를 파악해야 하며 파악된 정보는 교재 교구를 선정하거나 물리적 환경 구성에 활용될 수 있다. 또한 공룡을 좋아하는 학생의 경우 활동을 마친 후 공룡 인형을 강화인으로 제공하는 것과 같이 아동의 선호도와 선택을 자연적 강화인으로 활용할 수 있다.
다양한 활동 · 다양한 교재 · 다양한 반응 활용하기	아동에게 새로운 기술을 가르칠 때 다양한 활동과 다양한 교재를 활용하여 가르칠 수 있다. 아동수준에 맞는 다양한 활동과 교재, 다양한 반응을 사용할 경우 효과적으로 학생의 동기를 유발시킬 수 있으며 습득된 기술을 일반화시키는 데도 매우 효과적으로 사용될 수 있다.
습득된 과제와 유지과제 같이 사용하기	아동이 이미 습득한 기술, 즉 쉬운 기술과 습득해야 할 새로운 기술, 혹은 어려운 과제를 섞어서 제시할 경우 아동의 학습동기가 유지될 수 있다.
아동의 시도 강화하기	아동의 목표행동과 관련된 모든 시도를 강화하여 아동의 동기를 지속시킬 수 있도록 한다.
즉각적이고 자연적인 강화 사용하기	강화는 아동이 목표행동을 수행한 직후에 바로 제공되는 것이 효과적이다. 또한 제공되는 강화는 아동이 좋아하는 것이면서 활동과 직접 관련되어야 한다.

② 복합단서 반응하기 22유

㉠ 복합단서에 반응하기는 중심반응 중 하나인데 그 이유는 많은 학습 상황에서 다양한 단서에 반응해야 하는 일이 많기 때문이다.

㉡ 복합단서에 반응하기란 학생이 이미 습득한 중심행동을 여러 다양한 속성과 특징을 지닌 복잡한 요구에 반응하도록 하는 것이다.

㉢ 예를 들어, 학생이 '크레파스'라는 명칭을 이미 알고 있다면 이것을 활용하여 새로운 자극인 색깔자극을 더 제시하여 '파란색 크레파스'에 반응하도록 하는 것이다.

자극을 다양화하고 단서 증가시키기	• 첫째, 한 가지 속성의 단서를 지닌 자극에 반응하게 한다. 예를 들어, 친구에게 인사를 가르치고자 할 경우 처음에는 '친구'라는 한 가지 속성을 지닌 단서에만 반응할 수 있도록 친구에게 인사하기를 가르치는데, 이때 처음에는 1명의 친구에게 인사할 수 있도록 하고 점차 여러 친구에게 인사하기를 할 수 있게 가르친다. • 둘째, 두 가지 단서를 제공하여 학습자가 이러한 하나 이상의 단서에 반응할 수 있도록 한다. 예를 들어, 친구에게 인사하기를 가르칠 경우, 빨간 옷을 입은 친구에게 인사하도록 가르칠 수 있다. 여기서 두 개의 단서는 '친구'와 '빨간 옷'이다. • 셋째, 보다 복잡한 단서에 반응하게 한다. 예를 들어, '노란 핀을 꽂고 빨간 외투를 입은 친구'에게 인사하기 등과 같이 여러 단서를 제공하여 그에 반응하게 가르친다. 여기서 제시된 단서는 '노란 핀, 빨간 외투, 친구'라는 세 가지 단서이다.
강화스케줄 활용하기	• 첫째, 다양한 강화인을 활용하여 학습자들에게 목표기술을 가르치기 위해 동기를 향상시킨다. 예를 들어, 학습자가 만화 보기를 좋아한다거나 컴퓨터 게임하기를 좋아할 경우 그들이 좋아하는 것을 강화인으로 활용할 수 있다. • 둘째, 학습자가 목표기술을 잘 사용할 수 있도록 연속 강화를 제공할 수 있다. 예를 들어, 교사의 질문에 대답할 때마다 매번 간단한 만화를 보게 할 수 있다. • 셋째, 학습자가 새로운 기술을 어느 정도 습득하고 나면 점차 강화스케줄을 변경하여 간헐강화를 제공할 수 있다. 예를 들어, 처음에는 교사의 질문에 반응할 때마다 강화를 하다가 점차 세 번 반응할 때마다 강화를 제공하거나 혹은 평균 세 번 반응할 때 강화를 하는 방법 등과 같이 간헐강화방법을 사용할 수 있는데 이러한 간헐강화의 가장 커다란 강점은 습득된 행동을 유지시키는 데 효과적이라는 것이다.

기출의 맥

복합단서 반응하기를 정확하게 이해하지 않으면 풀 수 없는 적용문제가 출제되었습니다. '복합단서'가 무엇인지, '복합단서에 반응한다는 것'이 무엇인지를 정확히 이해해야 해요!

키워드 Pick

③ 자기관리하기

㉠ 자기관리(self-management)를 중심행동으로 선정한 이유는 자기관리기술은 여러 상황 속에서 많은 사람과 다양한 행동을 하도록 일반화를 촉진할 수 있으며, 다른 사람의 도움이나 훈련된 중재자의 도움을 거의 받지 않고도 습득된 행동을 할 수 있기 때문이다.

㉡ 즉, 자기관리기술을 가르치는 것은 부모나 교사에 대해 의존하는 정도를 줄이고 스스로 행동하게 하려는 것이다.

㉢ 자기관리를 촉진하려면 학습자가 스스로 목표기술이 무엇인지 확실히 알아야 하고 다음으로 목표기술의 발생 여부를 기록하고 모니터링할 수 있어야 한다.

④ 스스로 시작행동하기 24유

㉠ 중심축 반응 훈련에서 목표로 하는 네 번째 주요 사회적 기술은 자발적으로 시작행동을 하는 것(self-initiation)이다.

㉡ 자발적 시작행동을 중심행동으로 선정한 이유는 스스로 시작하는 상호작용을 통해 학습이 일어나는 일이 많기 때문이다. 사회적 상황에서 상호작용 대상자에게 먼저 말을 걸거나 몸짓으로 의사소통을 시도하는 행동 등이다.

㉢ 예를 들어, 친구들이 놀고 있을 때, "나도 같이 놀자"라고 말하거나 공을 던지면서 "자, 받아"라고 말하는 것 등이 시작행동을 하는 것에 해당한다.

㉣ 다른 사람에게 질문하는 것은 중요한 시작행동의 예이다. 따라서 다른 사람에게 질문하는 것을 가르치는 것도 시작행동을 가르치는 것이다. 아동이 할 수 있는 질문의 예는 "이게 뭐야?", "어디 가요?" 등이 있다.

㉤ 스스로 시작행동하기는 또래를 매개로 하거나 학습자 주도적인 전략을 사용하도록 하여 지도할 수 있다.

(4) 중심반응에 따라 적용할 수 있는 7가지 실행지침

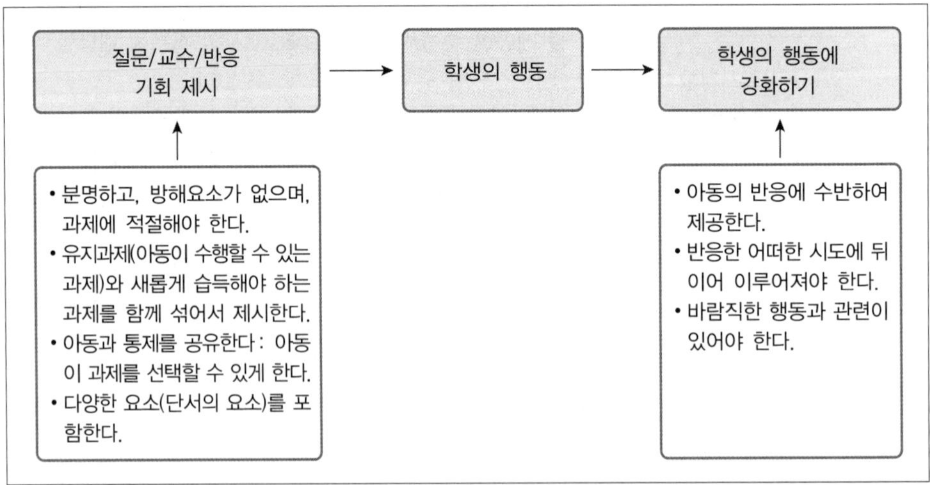

| 중심축 반응 훈련의 모델과 실행지침 |

(5) DTT와 PRT의 비교

구분	비연속 개별시행교수	중심축 반응 훈련
교재 (stimulus Item)	• 치료자가 선택 • 준거에 도달할 때까지 반복 훈련 • 중재 절차의 시작은 자연적 환경에서 기능적인지 여부를 고려하지 않고 목표과제와 관련된 교재 제시	• 아동이 선택 • 매 시도마다 다양하게 제시 • 아동의 일상환경에서 쉽게 찾을 수 있는 연령에 적합한 교재 사용
상호작용	• 훈련자가 교재를 들고 있음 • 아동에게 반응하도록 요구함 • 교재는 상호작용하는 동안 기능적이지 않음	• 훈련자와 아동이 교재를 가지고 놀이에 참여함 예 교재는 상호작용과 가족들과의 일과 중에 기능적인 것임
반응	• 정반응이나 정반응에 가까운 반응을 강화함	• 반응하고자 하는 시도(자기자극행동 제외)는 대부분 강화함
결과	• 먹을 수 있는 강화제를 사회적 강화와 함께 제공	• 자연적 강화(예 교재를 가지고 놀 수 있는 기회 제공)를 사회적 강화와 함께 제공

 Plus

중심축 반응 훈련의 적용과 예

기법	전략	설명
선행사건중심 중심축 반응 중재전략	아동의 주의를 끌고 교수기회 만들기	• 교수기회를 만들기 전에 아동의 주의를 끌고 그래서 아동이 강화에 반응할 수 있는 기회를 만든다. 지시가 명확하고 아동의 연령과 발달 수준에 적합해야 한다. • 제시되는 기회는 아동의 기대되는 반응에 기반을 둔다(예 요구, 시작행동, 질문). 항상 목표 영역을 염두에 둔다(언어, 사회성, 놀이).
	복수단서 포함 시키기	• 다양한 특성을 갖는 물건을 사용해서 모든 단서에 주의를 기울일 수 있게 한다(크기, 모양, 색 등).
	유지과제 분산 시키기	• 이미 학습한 더 쉬운 반응을 습득(더 어려운) 과제에 분산시킨다. • 행동 탄성을 형성시킨다. 빠른 속도를 유지한다.
	주도 공유하기	• 아동이 좋아하거나 선택한 놀잇감과 자료를 사용한다. • 아동의 주도를 따른다. • 교수자료를 선택할 때 동기유발을 고려한다.
후속결과중심 중심축 반응 중재전략	즉각적이고 후속적으로 강화하기	• 아동이 반응-강화 관계를 확실히 배울 수 있도록 아동의 시도를 가능한 한 신속하게 강화한다. 강화는 아동이 시도를 하면 제공된다. 목표행동을 향한 지도를 하지 않으면 제공되지 않는다.
	시도 강화하기	• 상황에 맞는 시도는 반드시 강화되어야 한다. • 목표에 더 가까운 시도를 하면 더 큰 강화를 받는다. • 시도는 명확하고, 모호하지 않으며, 목표에 따른 것이어야 한다.
	자연적이고 직접적인 강화 사용하기	• 강화는 기능적이고 반응과 직접적으로 관련되어야 한다. • 훈련 중에도 자연적인 환경에서와 같은 강화를 얻을 수 있어야 한다.

키워드 Pick

6. 비연속 개별시도 훈련(DTT) 11 · 13 · 21 · 22유, 15 · 25초, 17중

(1) 의미

① 특정 기술을 가르치기 위해 구조화된 환경 내에서 ABA 원리를 강력하게 적용하는 것이다.

② 시행 간 간격을 두고 아동이 반응을 정확하고 능숙하게 할 때까지 시행을 반복한다.

③ 시행(trial)은 '단일 교수단위'를 의미하며, 식별자극, 아동의 반응, 후속결과의 세 요소로 구성되어 있다.

④ 비연속(불연속, discrete)은 시행 간에 짧은 기간이 있다는 것을 의미하며, 이에 따라 시행과 시행 사이에 시행 간 간격이 있다.

⑤ 비연속 개별시도의 각 구성요소(식별자극, 반응, 후속결과, 시행 간 간격)를 아동의 학습을 증진시킬 수 있는 방법으로 여긴다.

⑥ 비연속 개별시도교수는 긍정적 학습 성과가 바람직한 행동과 강화 간의 즉각성을 증진시키고, 강화물의 가치를 높이며, 식별자극이 명확할 때 이루어질 수 있다는 이론적 기초에 기반을 둔다.

⑦ 만약 아동에게 식별자극을 제시하고, 아동이 정확한 반응을 하지 않으면 무시를 하고 짧은 간격(즉, 시행 간 간격)을 둔 다음 다시 식별자극을 제시하는데 이때는 아동이 정확한 반응을 하도록 촉구(prompt)를 제공한다.

(2) 기본요소

주의집중	• 자극 의존성을 배우기 위해, 학생들은 자극에 참여할 필요가 있다. • 시행을 시작하기 위해서는 학생의 주의를 끌어야 한다. 그렇지 않으면 학생이 자극을 놓칠 수 있다. • 일반적으로 교사는 학생에게 가깝게 접근해서 학생들의 이름을 말하고, 눈을 마주치며, 만지고, 혹은 학생이 관심을 갖는 물건을 잡는다.
자극 제시	• 주의를 끈 다음, 교수 혹은 지시를 한다. • 교수를 위한 기술적인 용어가 차별자극이다. 이것은 특별한 반응의 예상을 학생에게 알리는 것이다. • 매번 같은 시간에(일관성), 많은 정보를 포함하지 않으며(간결성), 그리고 행동발생에 필요한 것을 정확하게 상세화(명확성)한다면, 차별자극은 보다 빨리 학습된다는 것을 기억하면서 학생의 반응에 대한 차별자극을 우선 결정한다.
촉진	• 자극의 제공과 동시 또는 자극 제공 후 바로 교사는 학생이 변별자극에 올바르게 반응하도록 지원한다.
학생반응	• 차별자극을 제시한 다음에 학생반응을 기다린다. • 학생반응은 3가지 반응만이 가능하다(정확한 반응, 부정확한 반응, 또는 무반응). • 교사는 학생이 정확하게 반응할 수 있는 가능성을 최대화시키는 방법을 고려해야 한다.

후속자극/ 피드백	• 교사는 학생의 반응에 따라 후속결과를 제공한다. • 학생반응이 정확하다면, 피드백으로 강화를 제공한다. • 학생이 부정확한 반응을 보이거나 무반응을 보인다면, 지시에 반응하도록 촉구함으로써 피드백으로 오류를 수정한다.
시행 간 간격	• 후속자극을 제시한 후에 교사는 대략 1~5초 정도의 간격을 두고, 다음 개별시행의 단서를 제공한다. • 학생이 올바른 반응을 하도록 하기 위해 강화를 받는 동안의 시행들과 교사가 그 시행 동안에 자료를 기록하는 사이의 짧은 기간이다. • 시행 간 간격 후에, 학생이 아직도 참여하고 있는지, 그리고 다른 차별자극을 제공했는지를 확인한다.

(3) 목표

① 지시하면 반응하지만, 지시하지 않으면 반응하지 않는 것을 가르쳐 자극 의존성을 기르도록 한다.

② 여기서 자극이란 특정 반응에 원인이 되는 어떤 것을 의미하고, 자극통제는 자극이 제시될 때마다 같은 행동반응으로 나타나는 것이다.

(4) 특징

① 일반적인 특징

㉠ DTT는 ASD 학생이 이전에 갖고 있지 않던 음성이나 몸동작 등 새로운 행동조성을 지도하거나 다양한 요구에 정확하게 반응하는 변별능력을 지도하는 데 유용하다.

㉡ 주로 새로운 기술을 습득시킬 때나 시작하는 기술을 가르치기 시작할 때 사용한다.

㉢ **상대적으로 기록하기 쉬움**: 시도가 시작되고 어떤 행동이 수반되는지가 매우 명확하기 때문에 상대적으로 기록하기 쉽다는 특성이 있다.

㉣ 교사가 연습의 빈도를 통제할 수 있고 강화와의 유관성이 비교적 명백하다.

㉤ 한 사람의 교수자나 한 가지 조건의 환경에서 습득한 기술은 다른 상황에서 일반화되지 못하는 경우가 많으므로, 기술의 일반화를 촉진시키는 것으로 밝혀진 우연교수를 포함하여 행동주의 원리에 입각한 다양한 전략을 사용할 필요가 있다.

㉥ 구조화된 환경에서 실시되는 불연속 시행 훈련은 자연적인 환경에서 실시되는 중심축 반응 훈련, 우발교수, 공동행동일과와 같은 다른 전략들과 함께 사용할 때 가장 효과적일 수 있다.

② 학생의 동기를 향상시키는 DTT의 특성

㉠ 개별시행이 매우 짧기 때문에 학생이 많은 학습기회를 가질 수 있다.

㉡ 교사가 학생과 일대일로 일을 하기 때문에 학생의 개별적인 요구에 맞게 교수수정을 할 수 있다.

㉢ DTT가 정확한 형식을 가지고 있기 때문에 학생을 위한 교수 상황이 분명할 수 있다. 특히, 개별시행의 시작점과 종료점이 매번 명확하고 구성요소가 분명하고 간략하다.

키워드 Pick

(5) 제한점

① DTT를 적용했을 때 학생은 교사가 제공하는 단서에 반응하는 것이기 때문에 분명한 단서 없이 행동을 시작하는 것은 학습하지 못한다.
② 교사가 매우 엄격하게 통제된 학습환경을 만들기 때문에 학생은 DTT에서 획득한 기술을 다른 환경으로 전이시키지 못할 수 있다.
③ 교사가 학생과 개별적으로 상호작용하고 지속적으로 단서를 제공해야 한다는 점에서 매우 노동집약적인 방법이라 할 수 있다.

(6) DTT를 시작하기 전에 고려할 사항

① 교수자는 교수환경을 통제할 수 있어야 한다. 만일 아동이 정반응 여부에 상관없이 강화물에 접근할 수 있다면 학습이 일어나기는 어렵다. 정반응 증가에 있어서 강화물이 지니는 중요성을 고려한다면 강화물에 대한 조건적인 접근(즉, 차별강화)이 가능하도록 환경을 조절하는 것이 목표가 되어야 할 것이다.
② 교수자는 아동이 강화물에 접근할 수 있도록 비연속 개별시도를 구성하기 위해 아동의 기술수준을 충분히 이해하고 있어야 한다. 예를 들어, 아동이 새로운 기술을 처음 배울 때 정반응 가능성을 높이기 위해 일련의 촉진이 필요할 수 있다. 따라서 사과라는 단어를 보여 줄 때 아동이 사과를 찾는 반응을 높이기 위해서는 위치 촉진이나 모델링을 제공할 수 있다. 필요 시에 촉진을 사용하는 것은 중요하다. 그러나 가능한 한 빨리 촉진을 소거시키는 것도 동등하게 중요하다. 그렇게 함으로써 아동은 촉진에 의존하지 않게 된다. 촉진 의존성은 교수자가 시범을 보여주거나 아동이 손이나 팔로 짚는 동작을 하도록 신체적으로 촉진할 때까지 아동이 특정 반응을 보이지 못할 때 발생할 수 있다.
③ 교수 상황에서 아동의 동기를 유지하는 것은 매우 중요하지만 실제로 그렇게 하기는 어렵다. 왜냐하면 많은 자폐범주성 장애 아동이 매우 제한된 관심을 보이기 때문이다. 행동중재자는 동기 유지를 위해 다양한 전략을 사용한다. 유지를 위한 분산(maintenance interspersal)은 이미 습득된 과제 사이사이에 새로운 과제를 섞는 것이다. 유지를 위한 분산의 중요성을 이해하기 위해서는 하루 종일 어려운 과제만 마주해야 하는 상황을 생각해 볼 수 있다. 행동중재자가 자주 사용하는 두 번째 행동기법은 선택이다. 과제나 강화물을 선택하게 한다고 정반응의 비율이 항상 증가하는 것은 아니지만 선택의 제공은 문제행동감소와 관련이 있다.

(7) 불연속 시행의 유형

<table>
<tr><th>유형</th><th colspan="2">내용</th></tr>
<tr><td rowspan="3">집중시행
(massed trials)</td><td colspan="2">교사는 같은 반응을 끌어내기 위해서 여러 번 같은 차별자극을 연속해서 사용
예 시험을 위한 벼락공부</td></tr>
<tr><td>장점</td><td>• 기술을 빨리 가르치는 데 효과적</td></tr>
<tr><td>단점</td><td>• 정보를 빨리 잃어버리는 경향, 연속해서 같은 반응을 여러 번 요구했을 때 불순종, 공격 등의 행동</td></tr>
<tr><td rowspan="3">분산시행
(distributed trials)</td><td colspan="2">시행을 훈련 회기 동안에 분산</td></tr>
<tr><td>장점</td><td>• 학습한 반응은 시간이 지나도 유지되는 것</td></tr>
<tr><td>단점</td><td>• 학습하는 데 오래 걸릴 수 있음</td></tr>
<tr><td rowspan="3">집단시행
(collective trials)</td><td colspan="2">학생은 동일한 과제를 받고, 교사는 학생에게 질문을 권유함. 교사는 학생에게 첫 번째 질문에 대답하도록 요구함(관심을 얻고, 차별자극을 제시한다). 교사는 정확한 대답을 알고 있음. 그리고 교사는 틀린 대답을 수정하고, 다른 학생을 불러 대답하도록 함(반응과 후속결과를 제공한다). 그리고 나서 다른 학생에게 다음 질문에 대답하도록 요구함</td></tr>
<tr><td>장점</td><td>• 스포트라이트의 공유
• 다른 사람으로부터 배우는 것을 허용
• 모델링으로 얻는 이익을 허용</td></tr>
<tr><td>단점</td><td>• 학생에게 직접 질문하지 않으면 주의를 기울이지 않음
• 일부 학생들은 다른 사람이 하는 것을 이해하지 못해서 모델링으로부터 배우지 못함</td></tr>
</table>

키워드 Pick

기출 LINE

23중)
- 학생이 정반응만 보일 수 있는 자극 촉진을 사용함
- 반복된 오반응으로 인한 학생의 좌절감 발생을 예방하도록 자극 촉진을 사용함
- 최대-최소 촉진을 이용한 용암법을 통해 촉진을 제거함

(8) 시행을 지도하는 다양한 방법

비연속 개별시도교수는 구조화된 교수방법이지만 회기를 실행하는 방법은 다양하다.

무오류학습 대 시행착오 23중	• 무오류학습은 중재자가 회기 중에 대상자가 오류를 보이지 않도록 대상자의 오류나 시도를 허용하지 않는 것을 말한다. • 무오류학습을 통해 새로운 반응을 소개할 때 중재자는 식별자극을 제시한 직후에 즉각적으로 촉진을 제공해 대상자가 확실하게 정반응을 보일 수 있도록 한다. • 촉진을 빠르게 소거하는 노력도 이루어진다. • 중재자는 오반응을 막고 정반응을 위한 촉진을 신속하게 제공한다. • 무오류학습은 시행착오로 불리는 많은 절차와 대조된다. 시행착오 절차가 사용되는 경우 대상자의 오반응이 나타나면 중재자는 중립적으로 "아니"라고 말하거나, 무시하거나, 자료를 치우거나, 과제를 다시 제시하는 등의 행동을 하게 된다.
교수자료 제시	• 학생의 목표(정반응)를 일반화시키고 유지시키기 위해 교수자료 제시를 다양하게 할 수 있다. • 목표 자료는 단독으로 제시할 수도 있고, 다른 오답과 함께 제시할 수도 있다. • 목표를 단독으로 제시할지 다른 오답과 함께 제시할지는 초기 기술진단과 방해자극이 있는 유사한 과제에 반응하는 능력에 대한 지속적인 평가를 기반으로 결정한다. • 예를 들어, "과일이 아닌 것을 찾아봐."라는 지시에 반응하도록 가르칠 때 트럭(분명하게 과일이 아닌) 그림을 반복적으로 보여 줌으로써 시작할 수 있다. 또는 오답이나 다른 교육과정 목표 자료와 함께 제시하여, 트럭 그림과 오렌지 그림을 제시하는 것이다.
분산회기 및 변동회기	• 분산 또는 변동회기의 시기 선택에 대한 결정 또한 이루어져야 한다(숙달되지 않은 과제가 분산될 때 변동회기라는 용어가 사용된다). • 분산회기는 중재자가 한 회기에 다양한 기술을 제시한다는 뜻이다. • 예를 들어, 만일 대상자가 "이름이 뭐니?"에 대해 독립적으로 대답하는 것을 막 습득하였고 목표반응이 "병호"라면 중재자는 "이 의자는 무슨 색이지?" 또는 "어디 살아?" 등을 묻는 것으로 목표를 분산할 수 있다. • 분산된 또는 뒤섞인 회기는 식별교수에 도움이 될 수 있으며(즉, 대상자가 목표반응을 언제 해야 할지 배우도록 도와줌) 목표기술을 확실하게 숙달하도록 도와준다. • 대상자에 따라서 처음부터 분산회기를 적용하기도 하고 독립적인 반응이 먼저 나타난 후에 목표회기를 분산하거나 변동하기도 한다. 초기 기술평가에서의 아동의 반응에 따라 결정한다.

7. 환경중심 언어중재(MT)/강화된 환경중심 언어중재(EMT) 25중

(1) 의미

MT	• 비연속 개별시행교수와 같은 집중적인 교수전략이 새로운 언어기술을 습득하는 데 효과적이었다면 습득한 기술을 자연스러운 환경에서 기능적으로 활용할 수 있도록 하는 자연적 교수 또한 중요하다. • 자발적인 의사소통 시도가 많이 일어나도록 하는 환경을 구성하는 것이 중요하며, 해당 환경에서 가장 자연스러운 대화 상대자 혹은 교수자(예 부모 혹은 교사)의 역할이 매우 중요하다. • 환경중심 의사소통 중재(milieu language inetrvention)는 환경중심 교수전략(milieu teaching)을 의사소통에 적용한 것으로 아동이 처한 일상생활환경에서 아동의 관심과 흥미에 따라 의사소통 증진을 하는 접근방법이다. • 환경중심 교수전략은 모델링, 요구 모델, 시간지연, 우발교수로 구성된다. • 아동에게 해당 기술이 없는 경우 초기 기술습득단계에서는 모델링 절차가 적용된다. 모델링은 먼저 아동과 공동관심을 형성한 후 아동이 보이는 흥미와 관련된 구어 혹은 몸짓 시범을 제공한다. 아동이 교사의 시범을 따라 한다면 즉각적인 칭찬과 함께 원하는 물건이나 활동을 제공한다. 만약 아동이 따라 하기에 실패한다면 두 번째 시범과 반응기회가 제공되며, 아동이 다시 오반응을 보이는 경우 교사는 이에 대한 정확한 피드백을 제공하고 즉각적으로 아동이 요구한 물건이나 활동을 제공한다. • 요구 모델의 목적은 아동이 목표기술을 기능적으로 사용하고 이를 일반화하도록 격려하는 데 있다. 예를 들어, 교사는 아동이 원하는 것을 알아챈 다음 바로 아동에게 "무엇을 줄까?"라고 구어적으로 요구(verbal mand)하고 아동의 반응을 기다린다(약 5초 이내). 아동이 적절히 반응하면 칭찬과 함께 즉각적으로 아동이 원하는 것을 제공한다.
EMT	• 환경중심 언어중재를 좀 더 확장한 '강화된 환경중심 언어중재(EMT)'는 대화중심 중재이다. • 이는 아동의 흥미와 의사소통 시도를 일상적인 맥락에서 언어를 시범 보이고 촉진하는 기회로 활용하는 전략으로 다음과 같은 요소로 구성된다. — 상호작용을 촉진하는 환경 조성 — 반응적 상호작용 — 놀이 시범 보이기와 확장하기 — 의사소통목표 시범 보이기 — 시간지연전략 — 일반적인 환경중심교수 절차

기출의 맥

MT/EMT는 의사소통장애에서 더욱 구체적으로 정리하게 됩니다. 여기에서는 MT/EMT를 자폐성장애 학생에게 적용하는 것에 초점을 두고 정리해 두세요.

키워드 Pick

(2) 강화된 환경교수의 구성요소별 근거와 예

구성요소	근거	예시
환경 구성	• 요구를 촉진한다. • 성인과의 놀이 및 상호작용을 유지하고 확장시키기 위해 아동의 참여를 촉진한다. • 물리적 환경 구성을 통해 아동의 행동문제를 예방하고 관리한다.	• 간식을 선택하게 하거나 구어 요구를 촉진하기 위해 때때로 간식을 조금씩만 제공한다. • 놀이 확장을 위해 부가적인 자료를 제공한다. 예를 들어, 농장놀이 시 물을 제공해서 동물을 목욕시키거나 물을 마시게 하도록 한다. • 카펫 조각 같은 물리적 단서를 이용해 놀이 공간을 지정해 준다. 아동의 손이 닿는 곳에 있는 놀잇감/자료의 수를 제한한다.
반응적 상호작용	• 아동을 긍정적 상호작용에 참여시킨다. • 아동이 반응하도록 준비시킨다. • 아동이 대화에 참여할 수 있도록 여유를 갖는다. • 특정 또는 모든 의사소통 시도를 강화한다.	• 놀이나 대화에서 아동이 이끄는 대로 따르기 때문에 아동이 뭔가를 '수행'해야 한다는 부담을 주지 않는다. • 아동의 행동을 따라 하고 적절한 언어로 '맵(map, 하는 행동을 계속 따라가며 묘사하기)'한다. 두 가지 모두 아동이 성인의 의사소통에 주목할 수 있게 해준다. • 아동의 모든 구어, 음성 또는 비구어 상호작용 차례에 맞추어 즉각적으로 반응한다.
아동의 목표 및 목표 수준의 언어 모델링	• 목표언어에 대한 명확하고 구체적인 모델을 보여준다. • 목표를 자발적으로 모방할 수 있도록 준비시킨다.	• 아동이 흥미 있어 하는 맥락 내에서 선정된 아동의 언어목표 모두를 시범 보인다. • 선정된 목표를 강화된 환경교수 절차를 사용해서 촉진하기 전에 이 목표들을 삽입함으로써 아동의 반응을 확장한다.
환경교수 촉진	• 새로운 형태를 습득하도록 지원한다. • 구어 선택을 지원한다. • 질문에 답하도록 지원한다. • 더 복잡한 요구를 시도하도록 신호를 준다.	• 아동이 좋아하는 간식이지만 이름을 모르는 과일의 이름을 가르치기 위해 시범 촉진을 제공한다. • 선택 질문에서 사과와 멜론의 이름을 사용한 시각적 선택지를 제공한다. • 아동에게 간식으로 어떤 과일을 먹고 싶은지 묻는다. • 멜론을 들고 아동이 선정된 언어목표를 사용해서 요구하도록 기다린다.

(3) 자폐성장애 학생을 위한 EMT 구성요소별 수정

① 환경 구성

㉠ 자폐범주성 장애 아동이 관심을 갖는 자료와 활동을 고르는 것은 어려운 일이다. 왜냐하면 이들은 제한된 관심을 보이는 경우가 많기 때문이다.

㉡ 자폐범주성 장애 아동은 놀잇감이나 놀이 일과에 대한 흥미가 제한된 경우가 많고, 이것은 모델링과 다양한 언어 형태의 촉진기회를 제한한다. 아동이 오랜 시간 동안 가지고 놀 수 있는 놀잇감을 제시하는 것과 다른 놀잇감을 노출시켜서 성인이 다양한 어휘를 시범 보일 수 있게 하는 것 사이에는 섬세한 균형이 필요하다.

② 반응적 상호작용

㉠ 놀이와 의사소통에서 아동의 주도 따르기, 구어 또는 비구어로 차례 주고받기, 아동의 행위를 구어로 설명하거나 매핑(mapping, 하는 행동에 대해 계속 따라가며 묘사하기)하면서 따라 하기 등의 전략은 강화된 환경교수의 구성요소인 반응적 상호작용에 포함되는 핵심전략이다.

㉡ 이 전략의 목표는 새로운 형태의 언어를 모델링할 기회를 제공하는 비구어 및 구어 의사소통에 아동을 참여시키고, 아동이 의사소통 파트너로 성인과 상호작용할 가능성을 높이는 것이다.

㉢ 아동과 성인 간의 놀잇감 놀이나 비구어 상호작용은 언어 모델링의 맥락이 되어준다. 그러나 자폐범주성 장애 아동의 기능적 놀이기술이 제한되거나 놀잇감을 반복적이고 부적절하게 가지고 놀거나 성인과의 상호작용 비율이 낮을 때에는 이러한 반응적 상호작용전략을 실행하기가 쉽지 않다.

㉣ 아동의 주도 따르기와 비구어적으로 따라 하기는 아동과 성인 간의 연계를 촉진하고 비구어 참여를 확대하려는 의도를 지니지만, 또한 성인이 아동의 행동에 후속적으로 반응할 때 기존의 행동을 강화하기도 한다.

㉤ 이 전략의 효과적인 사용을 위해서 성인은 아동의 적절한 행동이나 놀이행동을 할 때까지 기다려야 한다. 또한, 아동의 주도를 따르거나 아동의 행동을 따라 하는 것은 종종 아동과 반응적 성인 간의 비구어적 연계를 촉진하는 데 충분하다.

㉥ 이 전략을 적용할 때에는 새로운 자료를 사용해서 아동의 놀이 행동을 확장시키거나 새로운 행동을 모델링함으로써 아동을 더 복잡한 놀이계획과 일과 쪽으로 진전시켜 가도록 균형을 맞추어야 한다.

③ 언어 모델링

㉠ 언어 모델링은 아동에게 진행 중인 성인과의 상호작용 내에서 목표언어 형태에 대한 명백한 특정 모델을 제공한다.

㉡ 언어 모델링은 또한 아동이 목표행동을 자발적으로 하도록 유도한다. 그러나 자폐범주성 장애 아동에 따라서는 목표행동을 아동이 선택하는 언어 수준에 맞춰 모델링하기 어려울 수 있다. 성인은 다양한 어휘를 모델링하도록 특별한 주의를 기울여야 하는데, 이것은 제한된 관심을 보이는 아동에게는 어려울 수 있기 때문이다.

키워드 Pick

㉢ 부가적인 자료로 아동의 제한된 놀이 관심을 보완하는 것은 성인에게 더 다양한 어휘를 모델링할 수 있는 기회를 제공한다.

㉣ 성인은 말을 따라 하고 시작할 때 대명사 반전("나"라고 말하고 싶을 때 "너"라고 말함)을 보이는 아동과 상호작용을 하게 되는 경우 모델링에 특별한 주의를 기울여야 한다. 아동이 "나"라고 말하도록 촉진하는 것은 대명사를 바르게 사용하도록 훈련하는 한 가지 방법이다(특히 아동이 요구할 때). 그러나 이것이 반드시 적절하게 언급하는 능력을 지원해주는 것은 아니다. 성인이 아동의 행동을 따라 하고 행동에 맞는 언어를 매핑하면서 "나"라는 언어 모델을 제공하는 것은 스스로의 행동을 언급하는 것을 배우고 있는 아동에게 중요한 전략이 될 수 있다.

④ **환경교수**

㉠ 환경교수의 촉진전략은 아동이 새로운 의사소통 형태를 산출하도록 촉진하기 위해 설계되었다.

㉡ 자폐범주성 장애 아동의 구어행동의 세 가지 특성이 촉진의 효과적인 사용을 방해할 수 있다. ⇨ ⓐ 무분별한 모방, ⓑ 반향어, ⓒ 구어 촉진에 대한 저항

㉢ 아동이 모델링 상황에서 통제 촉진(controlling prompt)을 모방할 때, 통제 촉진은 소거되거나 중요성이 최소화될 수 있다.

㉣ 모델 절차는 통제 촉진인 "말해 봐"로 시작하고 이것은 아동이 성인 모델을 모방해야 한다는 것을 알려 준다. 자폐범주성 장애 아동이 "말해 봐"라는 촉진을 포함한 성인의 발화를 전부 따라 할 때, "말해 봐"라는 촉진을 없애고 아동이 해야 하는 말을 강조해서 말함으로써 성인이 모방을 요구하는 의도를 명확히 알 수 있게 해 준다.

㉤ 반향어가 있는 아동은 선택을 하는 대신 선택 요구를 반복할 수 있다.

㉥ 환경교수에서는 어떤 촉진 절차를 사용하든지(모델, 요구 모델, 시간지연, 우발교수) 성인은 항상 아동이 신체적으로 성인이나 물건을 향한다든가 물건을 향해 손을 뻗거나 쳐다보는 것을 통해 선호나 사회적 의도를 나타낼 수 있을 만큼 충분한 시간을 허용해야 한다.

8. 우발(우연)교수 11 · 19유, 13초

(1) 의미

① 우연교수(incidental teaching)는 좋아하는 물건들을 갖거나 좋아하는 활동들을 하도록 학생들을 유인하기 위해 어떤 학생의 자연스러운 환경을 의도적으로 조직할 때 발생한다. 학생들을 도와 그들의 직업기술을 개선시키면서 동시에 수용언어기술을 향상시켰으며, 또래들과의 상호작용을 증가하게 했고, 적절하게 요청하고 반응하는 능력을 끌어올렸으며, 그들의 주의 공유하기, 놀이 및 사회적 의사소통기술을 증진시켰다.

② 아동의 관심과 동기를 기초로 일상적인 활동 중에 교수를 제공하는 것을 말한다.

③ 응용행동분석에 근거한 전략이다.

④ 미리 계획된 학습목표와 아동의 선호도를 중심으로 학습환경을 구성한 뒤, 아동이 특정 사물이나 활동에 관심을 보이기 시작하면 아동에게 질문하거나 촉구함으로써 그 관심을 격려하고 이때 아동이 적절한 반응을 보이면 선호하는 물건을 준다.
⑤ 자연적으로 발생하는 활동의 맥락에서 아동의 선호도를 중심으로 이루어진다.
⑥ 우발교수의 핵심은 아동이 시작하는 상호작용이다.
⑦ 이름과는 반대로 우연교수는 교수를 위해서 아주 많은 계획이 요구되며, 학생의 시작하기가 도출될 수 있는 환경을 준비하는 것이 핵심적인 사항이다.

(2) 적용

① 우발교수는 아동의 관심과 동기를 기초로 일상적인 활동 중에 교수를 제공하는 것이다.
② 교사들은 미리 계획된 학습목표와 아동의 선호도를 중심으로 학습환경을 구성한다.
③ 아동이 특정 사물이나 활동에 관심을 보이기 시작하면 교사는 아동에게 질문하거나 촉진함으로써 그 관심을 격려한다.
④ 이때 아동이 적절한 반응을 보이면 선호하는 물건을 받는다.

(3) 우발교수의 장점

① 일반 유아교육활동 중에 교수가 제공되기 때문에 기술의 일반화를 촉진한다.
② 자폐범주성 장애를 지닌 아동들이 보이는 결함인 사회적 시작행동이 근본적인 구성요소로 포함한다.
③ 부모들은 일상적인 매일의 일과 중에 우발교수를 병합할 수 있다.

(4) 우발교수의 효과

① 우발교수전략은 자연적으로 발생하는 활동의 맥락 내에서의 개인의 선호도를 중심으로 이루어진다.
② 의사소통기술의 개발, 또래와의 상호작용, 학문적 기술의 습득 등에 있어서 자폐범주성 장애를 대상으로 하는 효과가 입증되어 왔다.
③ 우발교수전략은 유아기 아동을 대상으로 개발되었지만 모든 연령과 장애에 대해서도 성공적으로 적용되어 왔다.

(5) 4단계

① 아동이 물건 또는 활동을 원하거나 필요로 하는 상황을 찾거나 만들어 준다.
② 공동의 주의집중을 한다.
③ 관심을 보일 때까지 기다린 후 적절한 반응을 보이도록 촉구하고 필요한 경우 아동의 반응을 정교화하거나 시범을 보인다.
④ 적절한 반응에 대한 긍정적인 피드백(원하는 물건이나 활동)이나 칭찬을 제공한다.

키워드 Pick

9. 공동행동일과 11유, 13중

(1) 의미

① 응용행동분석에 근거한 전략이며, 중도 장애아동들의 언어발달을 지원하기 위하여 개발한 것이다.

② 자연적 언어 패러다임의 원리를 기초로 한다.

③ 공동행동 일과는 둘 이상의 사람들 간의 일과적 상호작용을 의미한다. 이 일과들이 종종 되풀이될 때 사건은 더 의미 있게 되고 학생은 무엇인가 통제하고 있다는 느낌을 얻게 되며, 활동의 인지적 과제에 참여한다.

④ 학생들의 mand, tact, 반향행동, 그리고 결국에는 언어 내 행동의 사용을 장려하기 위한 여러 상황들이 마련된다.

⑤ 일과들의 반복성은 획득, 유지, 그리고 일반화 등을 촉진하는 의사소통전략들을 연습하기 위한 빈번한 기회를 제공한다.

⑥ 일과들은 자연스러운 환경에서 발생하기 때문에, 그 상황에 있는 다른 사람들은 일과들에 대해 알고 있고, 쉽게 시작하며 이에 따라 반응할 수 있다.

⑦ 아동이 새로운 반응을 습득하고 적절한 시기에 바람직한 반응을 사용하도록 단서들을 제공하는 친숙한 일과들의 일관성에 의존하는데, 이 일과들이 자주 반복될 때 사건들은 더 의미 있게 되고 아동은 통제감을 얻는다.

맥 Plus

mand와 tact

1. 요청하기(mand) 훈련은 학생이 원하는 물건과 그것을 나타내는 단어를 간단히 연합하는 데 도움이 된다. 이것은 나아가 미래에 해당 학생이 갖기를 원하는 것을 위해 말을 하거나 수화를 할 가능성을 높인다.
2. 자발적인 재치 있는 말(tact)의 교수는 학생의 어휘를 증가시키기 위해 종종 사용된다. 자발적인 재치 있는 말은 환경 내의 자극에 대해 명명하기, 명칭 붙이기, 언급하기로 구성된다. 전형적인 발달에서 자발적인 말은 걸음마기의 아동이 새로 배운 사물의 이름을 알고 있음을 자랑하기 위해 그것을 볼 때마다 손가락으로 가리키는 형태로 종종 관찰된다. 가능하다면 촉구에 대한 의존성을 막기 위해서 독립적 혹은 자발적으로 말하는 능력을 키우는 데 초점을 맞추어야 한다. 또한 자발적인 말을 가르치는 일은 평범한 명사, 동사, 형용사, 부사, 전치사 등을 포함하는 다양한 어휘를 증가시키는 데 사용될 수 있다.

(2) 고려사항

① 일과의 주제를 선정할 때 그것이 참여자 모두에게 의미 있으며 친숙한 것임을 확실히 하라.

② 다른 사람들과 상호작용하고 의사소통할 수 있는 많은 기회들과 함께 하루 종일 빈번하게 일과를 제시하라.

③ 성과를 구체화하라.

④ 일과의 시작과 끝이 분명한 상태에서 순서를 따르고 있다는 것을 확실히 하라.

⑤ 일과의 시작 및 끝을 나타내는 명확한 신호들을 규명하라.

⑥ 즉시 숙달할 것으로 기대하지 말고 자신의 역할이 있는 학생들을 돕기 위해 언어 및 일과를 시범 보일 준비를 하라.
⑦ 일과를 매일 반복할 계획을 세우고 점차 변화를 추가하라.
⑧ 학생들을 도와 역할들을 구별하게 하고 성인의 언어적 촉구의 필요성을 줄이도록 일과에 소도구를 포함시켜라.

(3) 중요한 요소

① 명백한 주제 또는 목표
② 공동주의와 상호작용을 위한 요구
③ 분명하게 정의된 역할들의 제한된 수
④ 교환할 수 있는 역할
⑤ 논리적인 순서
⑥ 예측 가능한 순서에서의 순서 주고받기를 위한 구조
⑦ 계획된 반복
⑧ 통제된 변인을 위한 계획

(4) 대표적인 일과

① 간식준비, 미술, 물건 조립 등과 같은 특정 결과물의 준비 또는 제조
② 가상놀이와 지역사회 생활기술을 포함하는 이야기 또는 중심적인 줄거리
③ 오전 이야기 나누기, 집단 음악치료, 레크리에이션치료 등의 활동에 사용될 수 있는 협동적인 차례 지키기 게임

10. 비디오 모델링 24유, 18초, 24중

(1) 의미

① 비디오 모델링은 누군가가 보여주는 기술이나 행동의 이미지를 봄으로써 그 기술이나 행동을 발전시키는 교수방법으로 정의된다.
② 모델은 또래, 성인, 애니메이션이 될 수 있으며 자기 모델링의 경우 자기 스스로 보여주는 사람이 될 수 있다.
③ 새로운 기술 및 행동을 가르치거나 향상시키거나 또는 문제행동을 대체하거나 없애기 위하여 사용된다.
④ 비디오 모델링 형식의 가장 중요한 핵심적인 특징은 보여주는 행동이 항상 긍정적이라는 것이다. 이 전략은 '하지 말아야 할 것'은 다루지 않는다.
⑤ 보통 '자기관찰(self-observation)로 불리는 비디오 교수의 또 다른 형식이 있는데, 이것은 관찰자가 성공뿐만 아니라 실수를 통해서 배울 수 있도록 있는 그대로의 비디오 장면이 분석되는 것을 말한다.
⑥ 비디오 모델링은 전 연령 범위에 걸쳐 효과적인 것으로 여겨진다.
⑦ 응용행동분석 등의 다른 중재를 보충하기 위해 사용될 수 있으며 주요 중재로도 사용될 수 있다.

키워드 Pick

기출 LINE

24중) 비디오 모델링에는 선생님께서 모델을 보여 주신 것처럼 성인 비디오 모델링 중재법도 있지만, 비디오 자기 모델링 중재법이라는 것도 있어요. 학생 A의 특성을 보니 비디오 자기 모델링 중재법의 활용도 고려해 보면 좋겠네요.

(2) 유형

유형	의미	장점	단점
또래/성인	• 또래나 성인이 모델이 되는 유형이다.	• 쉽게 연출할 수 있다. • 유지가 잘 된다.	• 모델이 높은 관심을 불러일으키지 않는다. • 일반화에 대한 결과가 일관적이지 않다.
자기	• 자신이 모델이 되는 유형이다.	• 자신감 부족이 문제가 되는 경우에 유용하다. • 다른 유형에 비해 높은 관심을 불러일으킬 수 있다. • 일반화가 잘 된다.	• 연출하기 어려울 수 있다. • 편집이 더 복잡하다.
관점	• 과제를 통해 조망적 관점으로 바라보게 하는 것이다. • 자기 자신을 보는 것이 아니라, 자신의 조망적 관점에서 보는 것이라는 것을 상상할 수 있어야 한다.	• 쉽게 연출할 수 있다. • 실제 생활을 묘사한다. • 편집의 필요가 적다.	• 행동의 범위가 제한적이다. • 아직 연구가 거의 없다.
애니메이션	• 애니메이션으로 제작된 비디오를 보는 것이다.	• 아동에게 인기 있는 형식이다. • 보통 전문적으로 제작된다.	• 모델과의 관련성이 적다. • 행동의 범위와 구체성이 제한적이다.

(3) **비디오 자기 모델링**(VSM : Video Self-Modeling)

① 의미 : 대상자 자신이 시범자인 모델이 되는 것으로, 대상자 자신이 바람직한 행동을 성공적으로 수행하는 것을 관찰하여 목표행동을 모방하도록 하는 것이다.

② 중재의 6단계

1. 개념화	문제 정의하기 ⇨ 목표 설정하기
2. 촬영 전	계획하기 ⇨ 이미지 확인하기
3. 촬영	자기 모델링 도구 ⇨ 비디오 캡처
4. 촬영 후	비디오 분할 ⇨ 자기 모델링 테이프
5. 시청하기	시간 계획하기 ⇨ 테이프 재생
6. 평가	자료 수집하기 ⇨ 추수지도

11. 사회적 도해 13유, 11 · 20초

(1) 의미

① 아동들의 행동 중에 보인 사회적 실수에 대한 이해를 돕기 위한 전략이다.
② 사회적 실수를 저지른 다음에 시행하며 회상적인 형태를 취한다.
③ 학생과 교사는 실수를 하게 된 주변 환경에 대해 기술하기 위하여, 사회적 실수로 인하여 상처를 받을 수 있는 사람을 구분해 내기 위하여, 이러한 실수를 하지 않도록 하기 위한 계획수립을 위하여 협력한다.

(2) 단계

① 자신이 한 실수 확인하기
② 실수로 인해 상처를 받은 사람 확인하기
③ 문제해결책 알아보기
④ 실수를 반복하지 않기 위한 계획 수립하기

12. 공동관심 중재

전략	예시
환경 설정	• 아동과 가까이 앉아서 눈을 맞춘다. • 손이 닿는 곳에 놀잇감을 둔다. • 방해물을 없앤다. • 아동의 사회 의사소통 시도를 촉진하기 위해 환경을 사용한다.
아동의 주도 따르기	• 행동하기 전에 기다린다. • 아동이 방 안을 탐색하도록 허용한다. • 아동이 선택한 놀잇감에 대해 큰 관심을 보인다.
발판교수	• 발판교수를 할 공동관심기술을 확인한다. • 아동의 기술에 대해 굉장한 긍정적인 강화를 제공한다. • 기술학습을 촉진하기 위해 촉진의 위계를 사용한다.
언어 확장	• 아동이 하고 있는 것에 대해 말한다. • 아동이 말한 것을 반복한다. • 아동의 의사소통을 확장한다. • 교정 피드백을 제고한다.
모방	• 아동이 놀잇감을 가지고 하는 행동을 모방한다. • 아동의 언어를 그대로 따라 한다.

기출 LINE

13유) 김 교사는 다양한 놀이 상황에서 수호가 실수를 한 후 자신의 잘못을 깨닫게 하는 중재법을 적용하였다. 이 중재법은 수호가 잘못한 상황을 돌이켜보도록 함으로써, 자신의 잘못으로 인해 다른 친구들이 마음의 상처를 받을 수 있다는 것을 이해하도록 도와주는 것이다.

키워드 Pick

13. 또래매개교수

(1) 의미 및 효과

① 또래매개교수는 일반아동을 또래교수자로 선정하여 자폐성장애 아동과 사회적 상호작용을 촉진하는 방법을 가르치는 것이다.

② 또래매개교수는 대개 학교 및 교실과 같은 자연스러운 상황, 즉 최소제한환경 속에서 일반아동들과 자연스럽게 상호작용할 기회를 갖게 됨에 따라 자연스럽게 상호작용할 기회를 증가시킬 수 있다.

③ 또래매개교수는 자연스러운 상황 속에서 여러 명의 친구들과 상호작용을 촉진할 뿐 아니라 습득된 사회적 기술을 일반화시키기에 보다 용이하다.

(2) 절차

① 또래매개자 선정하기

㉠ 또래매개자를 선정할 때는 사회적 상호작용 대상자로서 4~5명의 일반아동을 선정하는 것이 바람직하다. 그 이유는 여러 명의 아동이 상호작용 대상자가 될 경우 습득한 기술을 일반화하는 데 보다 효과적이며, 1명의 유아를 선정하여 지속적으로 상호작용하게 될 경우 느끼게 될 수 있는 부담감을 감소시킬 수 있기 때문이다.

㉡ 또래매개자를 선정할 때는 성인의 지시를 잘 따르는 아동, 사회적 상호작용에서 긍정적인 행동을 나타내느 아동, 출석률이 좋은 아동, 모든 또래매개 활동에 잘 참여할 수 있는 아동 등을 고려하는 것이 보다 효과적이다.

② 또래매개교수의 의미 교육하기

㉠ 또래매개자에게 자폐성장애 아동과 상호작용하는 방법을 지도하기에 앞서, 자폐성장애 친구와 상호작용하는 방법을 배워야 하는 이유와 자폐성장애 친구와 교실 내의 다른 친구들과 상호작용하는 것을 배워야 하는 이유와 의미를 설명할 필요가 있다.

㉡ 더불어 자폐성장애 친구가 일반 친구들과 어떤 점에서 비슷한지, 그리고 어떤 점에서 차이가 있는지를 설명할 필요가 있다.

③ 상호작용기술 훈련하기

㉠ 교사는 다음의 사회적 기술을 또래매개자에게 소개하고 시범 보이며 구체적으로 교육한다. 이 단계에서 또래들에게 모델링, 촉구, 강화의 방법을 사용하게 한다.

㉡ 또래들은 서로서로 그 기술을 연습한다.

㉢ 또래매개자는 배우고 연습한 사회적 상호작용방법으로 자폐성장애 친구와 상호작용한다.

㉣ 교사는 또래매개자에게 촉진과 칭찬을 제공한다.

④ 실제 상황 속에서 실행하기

㉠ 또래매개교수를 실제 상황 속에서 시행할 경우 초기에는 1명의 또래교수자가 한 명의 자폐아동과 5~6분간의 놀이회기 동안 상호작용하도록 하여 자폐성장애 아동이 또래와의 상호작용에 적응할 수 있도록 하다가 점차 상호작용의 지속시간과 빈도를 증가시킨다.

㉡ 또래매개교수를 실행할 경우 사회적 상호작용을 촉진할 수 있는 놀잇감과 책, 사물을 선정해야 하며 이때 자폐성장애 아동의 특별한 관심을 활용한다면 더욱 중재 효과를 높일 수 있다.

⑤ 하루 일과 속에서 연습하기

㉠ 앞에서 설명한 순서대로 훈련을 한 후에는 하루 일과 전체에 걸쳐 연습할 수 있도록 연습의 기회를 만들고 확장해야 한다.

㉡ 예를 들어, 미술시간에 필요한 재료를 친구에게 빌려 달라고 요청할 수 있게 하거나 간식시간에 서로의 간식을 나눌 수 있는 기회 제공하기 등은 또래와의 사회적 상호작용을 촉진할 수 있는 좋은 기회이다.

㉢ 교사들은 자폐아동이 또래교수자인 친구들과 자연스럽게 사용할 수 있는 기회를 찾아내고 계획할 수 있어야 한다.

14. 기능적 의사소통 훈련(FCT)

(1) 의미

① 문제행동과 동등한 기능으로 작용하는 수용 가능한 대체행동을 가르치는 것이다.

② 학생은 동등한 기능(결과)을 달성하지만, 사회적으로 수용 가능한 대체행동을 배운다.

③ 학생에 따라 언어적인 방법, 혹은 비언어적인 방법으로 의사소통을 가르친다.

④ 문제행동과 동일한 기능을 가진 적절한 대체행동을 가르침으로써 문제행동을 감소시키고자 개발한 것이다.

⑤ 긍정적 행동지원에 근거한 전략이다.

⑥ 원하는 것이나 필요한 것을 요구하는 수단으로 혹은 도움을 요청하거나 쉬고 싶다는 것을 표현하는 수단으로 문제행동을 사용하는 것 대신에, 똑같은 기능을 지닌 적절한 의사소통 형태를 여러 환경에서 학생에게 가르침으로써 문제행동을 감소시킬 수 있다.

(2) 자연적 강화 적용

① 중재전략으로 기능적 의사소통 훈련을 사용하는 특별한 경우에는 의사소통을 대체행동으로 사용함으로써 부수적인 혜택을 가져올 수 있는데, 이것은 의사소통이 지니는 고유의 능력인 자연적 강화군 때문이다.

② 다시 말해서, 만일 아동이 다른 사람에게 강화물을 얻으려고 구하거나 물어보는 행동을 학습한다면 중재자가 인위적으로 다른 사람을 훈련시켜 적합한 반응을 하게 하지 않아도 아동 스스로 자신이 원하는 강화물을 얻을 수 있을 것이다.

③ 자연적 강화군을 이용하는 것은 구조화된 환경과 고도로 훈련 받은 전문가가 없어도 기능적 의사소통 훈련을 성공할 수 있게 하는 데 필수적이다.

키워드 Pick

(3) 대체반응의 특성

반응일치	• 반응일치란 의사소통행동을 문제행동이 가지고 있는 기능과 일치시켜야 한다는 것이다. • 이것은 기능의 동등성과도 관련된다.
반응성공	• 행동을 유지시키는 강화(예 관심 끌기 또는 회피)를 끌어내는 기능을 하는 일반적인 행동을 사용하는 것만으로는 문제행동을 감소시킬 수 없다. 예를 들어, 도움을 줄 수 있는 상대방이 없는 상태에서 단순하게 "도와주세요."라고 말하는 것은 회피에 의한 문제행동을 감소시키는 효과를 기대할 수 없을 것이다. • 이 의사소통 노력에 반응을 해 줄 수 있는 상대방이 반드시 있어야 하는데, 이러한 개념을 반응성공이라고 부른다.
반응효율성	• 기능적 의사소통 훈련 연구에서는 새로운 의사소통행동이 문제행동보다 원하는 강화를 더 효율적으로 끌어낼 수 있게 하는 것이 가장 효과적이라고 제안한다. • 다시 말해서, 고함을 지르거나 때리는 것보다 "도와주세요."라고 말하기가 더 쉽게 도움을 받을 수 있다면 기능적 의사소통 훈련은 성공할 것이다.
반응의 수용 가능성	• 행동이 주위의 중요한 사람들에게 수용 가능한지 여부를 포함시켜야 한다. • 만일 새로운 의사소통행동이 지역사회환경 내에서 수용할 수 없는 행동이라면, 다른 사람들은 이에 대해 적절하게 반응하지 않을 것이며 따라서 행동을 통해서 원하는 결과를 가져오지 못할 것이다. • 반응의 수용 가능성은 문화적인 고려라 할 수 있는데, 즉 관련된 지역 문화가 의사소통 요구에 적절하게 반응할 것인지 확인하는 것이다.
반응의 인식 가능성	• 심각한 의사소통적 요구를 가지고 있는 사람을 위해 고려해야 할 중요한 사항 중 하나는 이들에게 가르치는 행동이 고도의 훈련을 받지 않은 사람을 포함해서 누구나 알아차릴 수 있는 것이어야 한다는 것이다. • 반응의 인식 가능성은 최중도장애를 지닌 학생에게 특별히 중요하다. 이와 관련해서 중도 언어장애 학생을 위한 기능적 의사소통 훈련에서 의사소통의 방법으로 보완대체 의사소통전략을 사용했을 때 성공적인 결과를 보여 준 많은 연구가 보고되었다. • 보완대체 의사소통기기를 사용하는 것은 중도 장애학생과 이들의 훈련된 의사소통 상대의 반응인식 가능성을 높여 줄 뿐만 아니라 지역사회 내에 훈련받지 않은 의사소통 상대의 반응인식 가능성을 높여 이들의 요청을 이해하고 적절히 반응할 수 있도록 도와준다.
반응환경	• 기능적 의사소통 훈련을 실행하려는 노력의 결과에 영향을 주는 한 가지 요인으로 아동의 조절 정도 또는 선택을 들 수 있다. • 선택의 기회를 주는 환경을 만드는 것은 다양한 교육활동에서 중요하게 고려되는 조건이다. • 아동이 일상적인 활동에서 선택할 수 있게 해 주는 것은 의사소통 훈련에서 특별히 강조된다. 예 언제 휴식을 취할 것인지, 언제 물을 마실 것인지, 언제 사회적 관심을 요청할 것인지 선택 • 기능적 의사소통 훈련의 결과와 관련된 두 번째 환경적 요인은 연구 참여자들이 어떤 집단에 속하는가이다.

(4) 적용 방법

① 교수기회 만들기

㉠ 문제행동의 기능과 이에 따른 적절한 대안적 행동이 정해진 후, 일반적으로 한 사람이 의사소통 훈련을 담당하고 시작하게 된다.

㉡ 하루에 최소 30~60분 정도의 시간을 일주일에 몇 번 시행하는 등의 방법으로 진행할 수 있다. 그러나 가장 이상적인 방법은 매일 자연스러운 상황에서 높은 빈도로 교수기회를 만드는 것이다.

㉢ 하루 전반에 걸친 훈련을 '분산연습'이라고 한다. 다시 말해서, 학생은 교수회기 사이사이에 다른 활동을 할 수 있다. 이것은 중단되지 않고 계속해서 교수회기가 제공되는 집중연습과 반대되는 개념이다. 대부분의 교수는 이 집중연습(교수회기 간에 간격이 거의 없음)과 넓은 간격의 분산연습(교수회기 간에 긴 시간이 있음) 사이 어디쯤에 위치해 있다.

㉣ 요구하기 기회는 하루 중 다양한 시간대에 일어날 수 있기 때문에 분산연습이 이러한 상호작용과 더 비슷하며, 따라서 가능하다면 더 선호된다.

㉤ 학생에 따라서는 넓은 간격의 분산연습으로 시작하는 것이 문제가 될 수도 있다. 왜냐하면 분산연습은 아무래도 연습기회가 적기 때문에(반드시 그런 것은 아니지만) 기술을 학습할 수 있는 기회가 산발적일 수 있다. 때문에 기술 습득이 늦어질 수도 있고, 학생에 따라서는 이러한 훈련을 받기 싫어서 피하려고 방해행동을 보일 수도 있다. 더욱이 상황에 따라서는 중재자에게 간헐적인 교수기회를 식별하고 사용하는 방법을 훈련시키기 어려울 수도 있다.

㉥ 이러한 한계 때문에 정해진 시간 동안 집중해서 훈련시키기도 한다. 이 방법은 학생에게 빠른 습득을 가져다주기 때문에 그리고 하루 중 잘 훈련된 중재자가 학생을 가르칠 수 있는 시간이 제한되기 때문에 사용된다.

② 교수맥락 선택하기

㉠ 교육이 이루어지는 장소나 맥락 또한 극도로 인위적인 환경에서부터 보다 자연스러운 환경의 연속체상에서 이해할 수 있다.

㉡ 목표환경, 즉 학생이 의사소통했으면 하는 환경에서 훈련을 한다면 중재 효과의 일반화와 유지를 촉진할 수 있다.

㉢ 분리된 장소에서 기술을 가르치는 전형적인 교수 모델에서는 학생이 행동을 학습한 후에 그 행동이 발생하기를 바라는 장소에서 행동을 사용할 수 있도록 독려해야 한다.

(5) 주요 단계

단계	설명
1. 행동의 기능 진단하기	문제행동을 유지시키는 변인을 확인하기 위해 두 개 이상의 기능적 진단기법을 사용한다.
2. 의사소통 양식 선택하기	아동이 다른 사람과 어떻게 의사소통하는 것이 좋을지 결정한다. 예 음성, 보완대체 의사소통기기
3. 교수 상황 만들기	문제행동을 일으키는 환경(예 어려운 과제)을 확인한 뒤에 이 환경을 대체행동을 가르치는 환경으로 사용한다.
4. 의사소통 촉진하기	의사소통이 발생하도록 목표한 장소에서 대체 의사소통을 잘 사용할 수 있도록 촉진한다. 개입이 가장 작은 촉진을 사용한다.
5. 촉진 소거하기	훈련 시 더 이상 문제행동이 일어나지 않는다면 가능한 한 빨리 촉진을 줄여 나간다.
6. 새로운 의사소통 행동 교수하기	가능할 때 동일한 기능을 가진 다양한 대체 의사소통행동을 가르친다. 예 "도와주세요" 또는 "이해가 안 됩니다."라고 말하기
7. 환경 수정하기	적절한 경우에는 환경에 대한 변화(예 학교에서 학생-과제 간 적합도 높이기)를 시도한다.

③ 인지적 특성에 따른 중재

1. 마음이해능력 향상을 위한 중재

(1) 활동중심의 마음이해 향상 프로그램

① 제1부: 정서이해 향상 프로그램

주제	활동 내용 및 설명	활동 예시
1단계: 얼굴표정 인식	• 얼굴표정이해 향상 활동 • 즐거움, 슬픔, 화남, 두려움의 감정을 알고 사진이나 그림 속에서 찾기 • 여러 가지 감정을 그림으로 표현하기	• 어떤 표정일까요? • 얼굴표정 콜라주
2단계: 상황에 근거한 감정	• 여러 가지 상황을 이해하고 그에 따른 감정 이해를 위한 활동 • 생일 선물을 받고 즐거워하는 그림을 보면서 그림 속 주인공의 감정은 어떤 감정일지 알아보는 활동	• 내가 행복할 때 • 우리 엄마와 아빠가 슬플 때 • 친구가 무서울 때

3단계: 바람에 근거한 감정	• 상호작용 대상자가 원하는 것이 무엇인지를 알고, 원하는 것, 즉 바람이 이루어졌을 때의 감정과 바람이 이루어지지 않았을 때의 감정을 이해하기 위한 활동 • 생일 선물로 장난감 자동차를 원했는데, 어머니께서 책을 선물한 경우 어떤 감정일지 생각해 보는 활동	• 오늘은 나의 생일 • 친구가 바라보는 음식은? • 새 자전거를 갖고 싶은 내 친구
4단계: 믿음에 근거한 감정	• 다른 사람의 믿음을 이해하고 추론하며 이러한 믿음에 대한 감정을 이해하고 이후의 결과에 대한 감정을 이해할 수 있는 활동 • 친구가 생일 선물로 원하는 것이 장난감 자동차이고, 친구는 생일 선물로 장난감 자동차를 받을 수 있을 것으로 믿고 있는데, 실제 선물로 책을 받았다면 그 친구의 감정이 어떨지를 생각하고 말로 표현하기	• 내 마음을 아는 우리 엄마 • 내 생각에 우리 엄마는 • 놀이공원에 가고 싶은 내 친구

② 제2부: 믿음이해 향상 프로그램

주제	활동 내용 및 설명	활동 예시
1단계: 시각적 조망 수용	• 다른 사람의 시각적 조망에 대한 이해 촉진 활동으로 나와 다른 위치에서 사물을 바라볼 때 다른 것을 볼 수 있다는 것을 이해하도록 하는 활동	• 선생님은 무엇을 보고 계실까요? • 선생님에게는 어떻게 보일까요?
2단계: 경험을 통한 인식의 이해	• 사람들은 자신이 경험한 것은 잘 알지만 경험하지 않은 것은 알 수 없다는 것을 이해하는 활동 • 나는 과자 상자에 무엇인가를 넣는 것을 보아서 알지만 다른 친구는 넣는 것을 못 봤으므로 알 수 없다는 것을 이해하는 활동	• 친구는 무엇을 감추었는지 알 수 있을까요?
3단계: 사실과 일치하는 믿음의 이해	• 다른 사람이 생각하거나 믿고 있는 것이 사실과 같은 것을 이해하는 활동 • 예를 들어, 친구는 초콜릿을 냉장고에 넣어두었다고 생각하는데, 실제로 초콜릿이 그 친구의 생각과 같이 냉장고에 있는 경우	• 어디에 있는 자동차를 가지고 놀까? • 친구는 어디에 있는 블록을 가져올까?
4단계: 틀린 믿음의 이해	• 다른 사람이 생각하고 있는 것과 사실이 일치하지 않는 것을 이해하는 활동 • 예를 들어, 친구가 초콜릿을 냉장고에 넣어 두었고, 친구는 초콜릿이 냉장고에 있다고 생각하는데, 사실은 다른 친구가 냉장고에 있는 초콜릿을 다른 장소로 옮겨 두었지만, 여전히 그 친구는 냉장고에 있을 것이라고 생각하는 것을 이해하는 활동	• 내 과자 상자 • 내 초콜릿은?

키워드 Pick

(2) 이야기책을 이용한 마음이해 향상 프로그램

① 정서 및 인지적 용어를 포함하고 있는 글 없는 그림책 교수를 실시한 결과 자폐성 장애 아동이 심리적 상태를 나타내는 낱말을 보다 다양하게 자주 사용할 수 있었다.

② 따라서 정서 및 인지적 용어가 포함된 그림책이나 이야기책을 활용할 경우 자폐성 장애 아동의 마음이해능력을 향상시킬 수 있다는 것을 알 수 있다.

(3) 상황 이야기

① 상황 이야기는 마음이해능력을 촉진시키기 위한 여러 가지 전략 중 하나이다.

② 상황 이야기는 다른 사람의 마음이해능력을 발달시킬 수 있는 중요한 정보를 제공하는데, 주로 다른 사람들이 알고 있는 것과 이들의 생각, 믿음, 그리고 그러한 상황과 관련된 느낌 등을 잘 설명한다.

③ 또한 상황 이야기는 심리적 상태를 표현하는 용어에 대한 이해와 어휘능력을 향상시킬 수 있다.

(4) 짧은 만화 대화

① 짧은 만화 대화는 자폐성장애 학생의 사회성 능력과 사회인지능력을 향상시키는 데 효과적인 방법이다.

② 짧은 만화 대화는 '대화'를 하면서 대화 속 인물들의 생각과 느낌, 기분과 동기를 이해하는 데 용이하게 사용될 수 있다. 따라서 다른 사람의 마음이해능력을 향상시키기 위하여 짧은 만화 대화를 적용할 수 있다.

2. 실행기능 향상을 위한 중재

① 특정한 실행기능 기술을 개발시킨다. 예를 들어, 과제를 작은 단계로 나누어 가르쳐 계획하기를 도와주고 점진적으로 복잡한 목표와 순서를 발달시킬 수 있도록 한다.

② 과제수행을 관리하고 수행할 수 있도록 구체적이고 체계적인 안내를 한다. 이효신 등(공역, 2010)은 이를 '실행비서'라고 하였는데 이 실행비서는 수행해야 할 과제를 조직하고 계획하는 방법을 구체적으로 안내하는 것과 같은 방법이다. 구체적으로 시간표 적기, 숙제 검토, 교과서 분류, 대안적 전략과 검목표 '체크하기' 독려, 각 활동에 걸리는 시간 설정하기 등과 같이 구체적인 안내를 할 경우 실행기능의 문제로 인해 겪을 수 있는 혼란을 줄일 수 있다.

③ 외부환경의 구조화를 통하여 스스로 독립적인 실행기능을 발휘할 수 있도록 돕는다. 자폐성장애 학생들은 계획과 조직, 자기조절능력에서 어려움이 있기 때문에 환경 구성이나 환경 내 인적 구성원이 외적 구조화를 제공하는 방법이다.

④ 실행기능의 목표를 포함시킨 놀이 활동이나 교육과정 중에 실행기능 향상의 목표를 달성하게 할 수 있다.

⑤ 구조화의 정도가 높은 교육환경을 제공한다. 교육환경 내에서 구조화는 크게 사회적 환경의 구조화, 물리적 환경의 구조화, 시간표의 구조화 등을 들 수 있다.

사회적 환경의 구조화 방법	교사 대 학생 비율이나 교수집단의 크기 조절하기, 학교생활을 같이 하는 짝이나 모둠 친구들 구성하기, 학생과 교사비율 및 교수집단의 크기 조절하기 등
물리적 환경의 구조화 방법	안전하고 예측 가능한 환경을 제공함. 예를 들어, 학교지도 및 학급지도 게시하기, 내 자리에 이름표 붙이기, 교실 공간에 영역 표시하고 이름표 붙이기 등
시간의 구조화	학생들에게 예측 가능성을 증가시켜 학교 환경에 대한 적응을 높일 수 있음. 예를 들어, 주간 시간표나 일일 시간표 및 일일 활동표, 특별한 행사 알리미 등

3. 중앙응집능력 결함에 대한 중재

① 자폐성장애인들의 중앙응집능력이 일반인에 비해 취약하기는 하지만 그것을 결함으로 보기보다는 이들의 인지처리 성향으로 이해하고 이러한 특성을 잘 활용할 수 있도록 강점기반의 교육적 지원이 필요하다.

② 자폐성장애 학생들은 사실적 정보에 관련한 지식을 보다 잘 습득하고, 암묵적 과제를 잘 수행하는 경향이 있다. 따라서 이와 같은 인지적 강점을 교육적으로 잘 활용하여 진로 지도에 활용할 수 있다. 인지적 자원을 많이 사용하지 않으면서 과제를 수행할 수 있는 암묵적 기억의 양을 향상시킬 경우 일상생활에 적응하는 데 보다 용이하도록 할 수 있을 것이다.

4. 기억 특성에 대한 중재

① 자폐성장애 학생들은 이미 습득된 과제를 회상하는 데 어려움이 있다. 구체적으로 이전의 경험을 통해 습득하여 저장된 정보를 필요한 상황에서 사용하기 위하여 회상하는 데 어려움을 겪는다. 이러한 어려움을 위해 입력된 과제를 회상할 수 있도록 촉진을 제공할 경우 회상의 어려움이 적었다. 따라서 회상을 도울 수 있는 상황적 단서를 제공할 필요가 있다.

② 자폐성장애 학생의 약점을 보완하고 강점을 강화할 수 있는 교수방법이 필요하다. 자폐성장애 학생들은 학습 과제를 기억하는 데 많은 어려움이 있지만 암묵적 기억 과제와 의미적 연관성이 적은 과제 기억에서는 어려움이 적은 것으로 나타났다. 따라서 다양한 사례를 중심으로 실행적 차원에서 교육을 실시할 경우, 자폐성장애 학생의 기억능력을 촉진시킬 수 있을 것이다.

키워드 Pick

③ 반응촉진전략을 사용한다. 자폐성장애 학생은 특정 학습내용을 습득하는 데 어려움이 있지만, 이미 습득한 과제를 회상하는 데도 어려움이 있다. 따라서 교사들은 이러한 어려움을 최소화하기 위하여 다양한 촉진전략을 사용할 수 있다. 예를 들어, 특정 어휘를 기억하지 못하는 학생에게 해당 어휘의 일부를 알려 주어 전체 단어를 회상하도록 지원하는 방법이나, 그와 관련된 그림이나 사진을 시각적으로 보여 주는 방법 등이 모두 반응촉진전략에 해당한다. 반응촉진전략은 모든 교사들이 자주 사용하는 교수방법이며, 자폐성장애 학생을 위한 효과가 입증된 교수방법의 하나이기도 하다. 일반적인 반응촉진전략의 유형으로는 언어적 촉진, 시각적 촉진, 신체적 촉진 전략이 있으며, 이러한 촉진체계를 어느 정도 사용하는가에 따라 최소 촉진, 최대 촉진으로 구분한다.

④ 감각 특성에 따른 중재

1. 환경분석 및 환경지원

(1) 환경분석

① 학교환경에의 적응과 활동 참여를 위해, 교사는 자폐성장애 학생의 감각처리요구를 판별하고 자폐성장애 학생이 일상적으로 생활하는 학교 맥락과 주된 과제가 지닌 감각적 특성을 면밀히 파악한다.

② 개별 학생의 감각적 요구에 대한 정확하고 효과적인 환경분석을 위해서는 다양한 상황, 다양한 사람이 포함된 상황, 다양한 활동, 다양한 시간대에서 관찰 및 평가가 이루어져야 할 것이다.

(2) 환경수정 및 지원

환경분석 또는 기능적 행동평가 등을 통해 학생이 보이는 문제행동이 감각조절과 관련이 있다고 판단된 경우, 즉 감각자극을 획득하거나 회피하고자 문제행동을 보이는 경우 대체 자극원을 제공하거나 풍부한 환경을 제공하는 등의 선행사건 중재계획을 통해 감각조절 관련 문제행동의 발생을 예방할 수 있다.

대체 자극원 제공	감각자극에 대한 요구와 관련되어 있고 기능(감각 획득 또는 회피)이 동일한 특정 대체 자극원을 제공한다. 청각적 · 시각적 · 신체적 자극 등의 다양한 자극을 제공한다.
풍부한 환경 제공	감각자극이 풍부하고 좋아하는 활동이나 사람이 많은 환경을 구성해 주어 바람직하지 않은 행동을 감소시키고 참여와 학습을 증진시킨다.

2. 감각 특성에 따른 학습지원 전략

활동준비 전략	• 학습활동을 하기 전에 해당 활동과 관련 있는 자료 또는 과제수행과정을 미리 제시해 주면, 학생은 활동에의 참여와 상호작용을 위해 기대되는 것이 무엇이며 실제적으로 어떤 활동이 이루어지는지를 예측하여 불안감을 감소시키고 활동에의 참여를 준비할 수 있게 된다. • 둔감반응학생에게는 활동, 자료, 과정 중에 감각자극을 추가하여 학생의 높은 역치에 감각자극이 도달하여 학생이 반응할 수 있도록 한다. • 민감반응학생에게는 친숙한 감각을 제공하여 민감해 하는 자극의 유입을 줄여 주는 등 학생의 낮은 역치로 인해 민감 또는 회피반응을 최소화할 수 있도록 한다.
독립과제 수행지원전략	• 독립과제수행지원전략은 다른 사람의 도움이나 활동에 대한 저항 없이 독립적으로 과제를 완수할 수 있도록 개인 및 환경적 자원을 사용하는 전략이다. 학생이 독립과제를 수행하기 전에 이러한 전략에 대한 교수와 더불어 충분한 연습 및 적용 기회가 제공되어야 한다. • 둔감반응학생에게는 작업과제 내에 학생의 높은 역치를 충족시킬 수 있는 감각자극을 포함시킨다. 또는 수행을 지원해 주는 방식으로 선호하는 감각에 접근 기회를 제공한다. • 민감반응학생에게는 식별요소(각성시키지 않은 요소)를 고려한 작업과제를 제공한다. 학생의 역치보다 낮은 수준의 감각자극을 포함한 과제를 하도록 한다.
시각적 지원전략	• 시각적 지원은 학생이 해야 할 활동이나 앞으로 일어날 일을 예측하고 기대할 수 있게 하며 전이 과정을 보다 쉽게 경험할 수 있고 상황에 대한 기대를 할 수 있게 한다. 시각적 지원은 다양한 방식으로 제공할 수 있다. • 둔감반응학생에게는 감각자극을 얻을 수 있는 위치에 시각적 지원을 배치한다. 학생의 주의를 유지시킬 수 있도록 감각자극을 시각적 지원에 추가한다. • 민감반응학생에게는 낮은 감각적 요구가 포함된 시각적 지원을 제공한다. 학습자에게 친숙한 감각자극을 시각적 지원으로 활용한다.
안정을 위한 지원전략	• 안정공간은 과제를 회피하거나 처벌과 연계된 공간이 아닌 학생에게 긍정적인 분위기를 제공하는 공간이다. 안정공간으로의 접근 기회는 하루를 시작하거나 쉬는 시간 또는 점심시간 등 학생의 일과 내에서 제공할 수 있다. • 둔감반응학생에게는 학생이 충분한 자극을 취할 수 있는 안정공간을 제공한다. 안정시키는 감각을 포함한 사물을 안정공간에 배치한다. 학생의 높은 역치에 도달할 수 있는 감각자극을 안정공간에 배치한다. • 민감반응학생에게는 학생이 흥분하거나 불안한 상태에서 자극의 유입을 차단하여 안정된 상태로 회복할 수 있는 안정공간을 제공한다. 안정공간환경은 선호하는 감각을 활용하여 감각적으로 안정시키는 공간으로 만든다.

키워드 Pick

3. 감각처리 패턴에 따른 학습전략

중재/학습 전략		감각처리패턴	
		낮은 등록	감각추구
중재의 전반적인 접근		높은 역치를 충족시키기 위하여 감각을 삽입함으로써 활동이 아동의 관심을 얻게 함	높은 역치를 충족시키기 위하여 감각을 삽입함으로써 아동이 방해 감각을 추구하지 않게 함
학습전략	미리 보여 주기	전달 매체와 관련된 활동으로 아동의 높은 역치를 충족시켜 다음 과제를 준비시킴	다음 활동의 역치를 충족시키는 감각이 포함된 즐거운 과제에 참여하게 함
	독립적으로 작업하기	활동 중 높은 역치를 충족시키는 감각 삽입	수행을 도와주는 방법으로 선호하는 감각에 접근하게 함
	시각적 지원	감각에 접근할 수 있도록 지원 제공	관심을 유지시키기 위하여 감각 추가
	나만의 공간	안정된 감각을 위한 아동의 필요를 충족시키기 위하여 나만의 공간구성	아동의 높은 역치를 충족시키기 위하여 나만의 공간에 감각을 포함시킴
	상황 이야기	배경감각이 포함된 이야기 개발	상황 이야기를 사용하는 동안 추가 감각 사용

중재/학습 전략		감각처리패턴	
		감각민감	감각회피
중재의 전반적인 접근		낮은 역치를 고려하여 식별할 수 있는 감각정보를 제공함으로써 아동이 학습할 수 있게 함	식별할 수 있는 감각정보 제공
학습전략	미리 보여 주기	과제수행 전에 식별할 수 있는 감각 제공	새로운 과제를 제공할 때 기대되는 또는 친숙한 감각 제공
	독립적으로 작업하기	과제수행 중에 지속적으로 식별할 수 있는 자극 제공	과제수행 중에 아동의 역치보다 낮은 감각으로 요구/지시
	시각적 지원	낮은 감각적 요구로 접근할 수 있도록 시각 정보 배치	사용자에게 친숙한 감각으로 시각 정보 사용
	나만의 공간	나만의 공간 환경 내에 평온하게 하는 감각 제공	선호하는 감각이 있는 안전한 공간 구성
	상황 이야기	식별할 수 있는 감각을 수용하는 동안 상황 이야기 논의	친숙한 감각이 있는 장소에서 상황 이야기 검토

4. 감각중재 관련 유의점

① 자폐성장애 학생의 비전형적인 감각처리에 대한 감각중재로는 감각통합치료(SIT), 감각통합중심의 접근, 감각자극기법, 청각통합 훈련 및 관련 청각중재(AIT), 시각치료, 감각운동 통제기법, 신체연습 등이 있다.

② 이 중에서 가장 보편적으로 활용되는 감각통합치료는 전정감각 또는 고유 수용감각을 자극하는 활동을 통해 자폐성장애의 감각적 비정상성을 극복하는 것을 목적으로 한다. 감각통합치료는 특별한 장비가 요구되는 임상환경에서 직접적으로 일대일중재를 실시하는 모델이다. 치료계획은 개별적으로 고안되며 숙련된 치료자에 의해 이루어진다. 이러한 직접적인 중재와 더불어 학교나 가정에서의 프로그램, 과제 및 환경수정, 전문가의 자문 서비스가 제공된다.

③ 감각중재는 자폐성장애 학생을 위한 증거기반의 실제로서의 엄정한 연구에 의한 증거가 부족하다. 대표적인 중재인 감각통합치료에 대해서도 경험적 증거가 부족하다는 점을 교사는 유념해야 한다. 그래서 교실 내에서 일상생활과는 별개로 감각통합치료를 제공하기보다는 교실을 포함한 학교 내 일상적인 환경에서 학생이 보이는 감각반응을 파악하여 환경적 수정을 통해 학생이 감각조절을 하여 교수·학습활동에 참여할 수 있도록 시도해야 한다.

키워드 Pick

⑤ 발달적 · 관계중심 중재

1. DIR/Floor Time 접근(DIR: the Developmental, Individual Difference, Relationship based)

(1) 주요 개념

① 초기 정서발달의 4단계

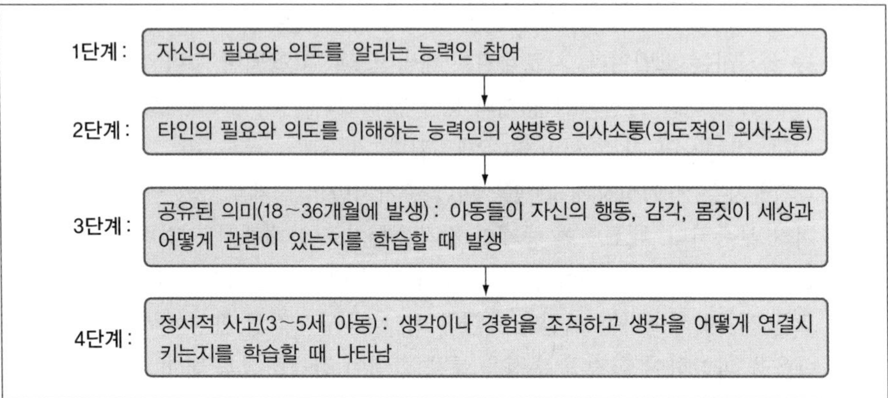

1단계: 자신의 필요와 의도를 알리는 능력인 참여

2단계: 타인의 필요와 의도를 이해하는 능력인의 쌍방향 의사소통(의도적인 의사소통)

3단계: 공유된 의미(18~36개월에 발생): 아동들이 자신의 행동, 감각, 몸짓이 세상과 어떻게 관련이 있는지를 학습할 때 발생

4단계: 정서적 사고(3~5세 아동): 생각이나 경험을 조직하고 생각을 어떻게 연결시키는지를 학습할 때 나타남

② 4단계를 6가지 발달적 기술로 확장

- 세상의 광경, 세상의 소리와 감각에 흥미를 갖는 능력
- 자기자신을 고요하게 하여 양육자를 보고 양육자의 소리를 듣고 양육자의 움직임에 따를 수 있는 능력
- 쌍방향 의사소통
- 복잡한 몸짓을 만드는 단계
- 생각을 창조하는 능력
- 생각과 생각을 연결하거나 논리적으로 사고하는 능력

③ DIR/Floor Time 접근의 우선적 목표는 아동이 6가지 발달적 이정표를 거쳐 진보할 수 있도록 도움으로써 아동이 계획적이며 상호작용하는 개인으로서 자신에 대한 감각을 형성하는 것이 가능하도록 하는 것이다.

(2) Floor Time의 주요 개념에 근거한 전략들

① Floor Time 기술은 성인이 아동의 감정을 이해하여 동조하고 많은 의사소통의 주기를 개방하고 폐쇄함으로써 아동의 수준에 맞게 마음을 끌 때 효과적이다.

② 5단계 접근

단계	내용
1단계	관찰(아동을 보고 듣기)
2단계	의사소통의 주기를 개방하거나 접근하기(상황에 적절한 단어와 몸짓에 반응하기)
3단계	아동 주도 따르기
4단계	확장하기와 확대하기(언어 또는 놀이)
5단계	의사소통 주기의 종결을 아동이 시작하도록 허용하기

2. 반응적 교수

(1) 주요 개념

① 반응적 교수 교육과정은 아동이 '중심축'을 사용하도록 격려함으로써 발달을 촉진한다.

② **중심축 행동**: 주도성, 사회적 놀이, 공동주의, 문제해결, 의사소통, 신뢰, 능력에 대한 감수성 등

③ **기초적 전제**: 어린 아동들이 습득하는 발달적·사회정서적 성과들은 일상적인 상호작용에서 중심축적인 발달행동들을 사용하는 것과 분명하게 관련된다는 것

④ 자폐증과 전반적 발달장애 아동을 포함한 6세 이하의 장애아동을 위해 설계되었다.

⑤ 반응적 교수는 양육자가 일과를 통해 아동과 상호작용하는 잠재성을 최대화하는 것을 지원하기 위해 개발되었다.

⑥ **반응적인 유형을 초래하는 5가지 차원의 특징**

㉠ 상호성 또는 상호작용적인 사건들로 균형감 있게 주고받기 관계

㉡ 수반성 또는 아동의 의도와 의사소통을 격려하기와 같은 것으로 아동의 사전 행동과 즉각적이고 직접적인 관계를 가지는 상호작용

㉢ 통제분배(shared control), 아동의 주제 또는 관심의 조절에 대한 격려

㉣ 표현적, 생동감 있는, 그리고 따뜻한 애정(affect)

㉤ 상호작용적 조화(interactive match)로 아동의 발달 수준, 흥미, 행동양식, 기질에 적절한 행동

(2) 반응적 교수의 주요 개념에 기초한 전략들

① 장난감이 없는 면대면 게임하기

② 반복적 놀이 또는 순차적 행동 지지하기

③ 반복되는 놀이에 참여하여 상호적으로 만들기

④ 아동과 장난감 가지고 놀기

⑤ 공동 활동 일과 동안 의사소통 습관 형성하기

⑥ 활동적이기

⑦ 기대하며 기다리기

⑧ 쾌활한 방법으로 아동에게 반응하기

⑨ 아동의 주의를 산만하게 하는 것보다 흥미를 끄는 것을 더 많이 두기

⑩ 억양과 비언어적 몸짓으로 의사소통하기

⑪ 아동이 선호하는 것과 아동의 개인적 성과에 영향을 미치는 활동을 할 수 있는 기회를 제공하고, 아동이 선택할 수 있는 기회를 제공함으로써 아동은 자신이 세상을 통제하는 느낌을 갖게 됨

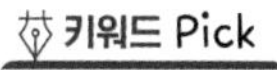

3. 관계발달중재(RDI)

(1) 주요 개념

① 사회정서적 발달영역에서 부모들이 전문가들이 하는 것처럼 자폐스펙트럼장애가 있는 자녀들과의 관계를 발달시키도록 돕는 것이다.
② 장애인의 삶의 질에 초점을 맞춘 발전된 치료방법이다.
③ 목적: 일반화된 동기 혹은 능력의 획득
④ 부족한 점을 찾아 촉진한다.
⑤ 정서, 역할, 사고, 조망, 복잡성의 정도에 초점을 맞추어 자폐스펙트럼 장애가 있는 아동에게 종종 어려운 영역인 정신적 충만감을 발달시키는 것을 목표로 한다.
⑥ 일반화 능력은 정신적 충만감에서 중요한 측면이다.
⑦ 사회정서 관계발달의 초기 형태에서 시작된다.
⑧ 규칙적 양식에서 일어나는 예측 불가능한 변화들은 불확실성을 경험하게 한다. 이러한 패턴 안에서의 작은 변화들을 스스로 조절할 수 있도록 자폐스펙트럼 장애 아동을 지원함으로써 아동은 조절능력을 경험하고 다른 상호 조절된 활동에 참여하기 위해 점차적으로 동기화된다.

(2) 관계발달중재의 중심 개념에 기초한 전략들

전략	내용
의사소통 강조하기	• 목표: 중요한 사건을 둘러싼 분명한 경계를 형성하여 자폐스펙트럼장애아동이 사건의 중점을 명확히 하고 그것을 기억할 수 있도록 하는 것 • 강조하기의 예시: 몸짓, 표현 또는 단어 사용 전에 멈추기, 구어적 의사소통의 속도 변화시키기, 얼굴표정을 과장하기, 자폐스펙트럼 장애 아동에게 기대거나 향하기, 고개 끄덕이기, 침묵하기
구조화	• 설정된 목적들을 확장하기 위해서 활동들이 변경될 때 그 목표들은 구조화되어야 함 • 활동의 덜 중요한 양상을 최소화하기, 문자화된 일정표와 같은 것으로 구조를 더하거나 혹은 활동에 부가적인 구조를 더함으로써 환경 수정하기
비계 설정 (scaffolding)	• 관계발달중재의 부분으로 포함 • 지원이 제공됨에 따라 자폐스펙트럼 장애 아동은 능력을 경험하거나 시연할 수 있게 됨 • 아동이 점차 숙달함에 따라 지원은 줄어듦
복잡성 (정교함, elaboration)	• 활동에 점진적으로 복잡성이 추가되어 그 활동이 조금 더 '실제사회, 현실(real-world)'의 조건에 가까워지는 과정 • 사물을 다양한 다른 방법으로 사용하기, 청각, 운동감각, 시각과 같은 다양한 감각양식 활용하기

4. 덴버 모형(denver model)

(1) 주요 개념

① 자폐증이 있는 어린 아동(영아와 학령 전 아동)들을 위해 개발된 초학문적 모델이다.

② "아동의 중재에서 가족은 지도적인 위치에 있어야 한다."

③ 가족들과의 협력이 강조되며 부모는 유아특수교사, 언어치료사, 보조교사로 구성된 간학문적 팀의 필수적인 구성요소이다.

④ 자폐증은 사회적 장애이므로 사회적 장애가 강조되어야 하며, 관계 형성이 중재의 핵심이다.

(2) 덴버 모형의 주요 개념에 기초한 전략들

① 각 아동의 교육과정에 포함되는 7가지 영역

- 사회 상호작용
- 의사소통
- 놀이기술
- 대근육 운동기술
- 소근육 운동기술
- 인지
- 개인의 독립성

② 순서 주고받기(turn-taking)를 포함한 감각사회적 일과

③ 공유된 조절(share control)과 긍정적인 정서 강조

5. SCERTS

(1) 주요 개념

① 주요 영역: 사회적 상호작용, 정서조절, 교류적 지원

② 사회적 의사소통의 핵심 사항: 공동주의하기, 상징의 사용

③ 감정조절의 중점: 자기조절, 상호조절, 악화된 조절

④ 교류적 지원의 4가지 핵심 양상

- 개인을 위한 개인 간 지원
- 학습과 교육적인 지원
- 가족지원
- 전문가를 통한 지원

(2) SCERTS의 주요 개념에 기초한 전략들

① 자연적 상황에서의 기능적 의사소통의 사용을 강조한다.

② 전문가들 간에 협력적이고 지원적인 관계 형성은 전략들을 성공적으로 수행할 수 있는 환경이 된다.

키워드 Pick

CHAPTER

09 학습장애

맥 VIEW

01 학습장애 정의

- 법적 정의
- 다양한 학습장애 정의의 공통요소

02 학습장애 하위 유형

- 법적 분류
- Kirk & Gallagher(2003)의 분류
- 언어성 학습장애(VLD)와 비언어성 학습장애(NLD)

03 학습장애 진단 및 평가

- 학습장애 진단준거 및 일반적인 진단절차
- 학습장애 진단 모델
  - 불일치 모델
    - 의미
    - 심각한 불일치 산출 공식
    - 단점 및 문제점
    - 수정된 불일치 모델
  - 중재반응 모델
    - 의미
    - 적용절차
    - 3단계 모델
    - 특징
    - 장단점
    - 해결해야 하는 문제점
    - 하위 모델
  - 내재성 처리과정 결함 접근
  - 저성취 모델
- 진단평가를 위한 검사도구
  - 기초학습기능검사
  - 기초학력검사(KISE-BAAT)
  - 기초학습기능 수행평가체제(BASA)
  - BASA-읽기검사

04 읽기의 이해 및 지도

- 읽기에 대한 개념적 이해
- 읽기 교수 영역
  - 읽기선수기술
    - 프린트인식
    - 자모지식
    - 음운인식
    - 구어를 통한 듣기 이해
  - 단어인지
  - 읽기유창성
  - 어휘
  - 읽기이해
- 읽기 검사의 이해
- 읽기 문제의 어려움
- 읽기 중재
  - 전통적인 읽기 교수법(다감각적 교수법)
  - 단어인식능력 향상을 위한 교수법
    - 의미중심 프로그램
    - 해독중심 프로그램
  - 읽기유창성 향상을 위한 지도
  - 읽기이해력 증진을 위한 교수법
    - 어휘력 증진을 위한 교수
    - 독해력 증진을 위한 교수
      - 관련 지식 자극하기
      - 반복 읽기
      - 심상화 · 형상화하기
      - 재진술하기
      - KWL
      - 사전읽기전략
      - 그래픽 자료를 이용하는 방법
      - 질문하기
      - 상호호혜적 교수법
      - 문맥분석전략
      - SQ3R
      - 심상 만들기
      - 요약하기
      - RIDER전략
      - 설명식 글에 대한 전략

05 쓰기의 이해 및 지도

- 쓰기의 이해
  - 쓰기의 영역
  - 쓰기 능력의 발달
- 쓰기평가
  - 쓰기평가의 과정 모델
  - 대표적인 검사도구
  - 대안적 쓰기평가
  - 쓰기 수행평가
  - 쓰기 오류 유형
- 쓰기 지도
  - 필기 지도
  - 철자 지도
  - 작문 지도
  - 자기조정전략 발달
  - 컴퓨터 활용
  - 질문전략
  - 언어요소와 연계한 쓰기 활동
  - 효과적인 작문 교수

06 수학의 이해 및 지도

- 수학학습장애의 특성
- 수학학습장애의 진단 및 평가
- 일반적인 수학 지도
  - 수학학습장애 지도의 기본관점
  - 직접교수법
  - 명시적 수업과 수업의 재조직
  - 교육과정중심측정(CBM)의 활용
  - 컴퓨터 및 전자계산기 사용
- 영역별 수학지도
  - CSA
  - 수의 이해
  - 사칙연산
  - 문장제 문제
  - 분수
  - 도형 및 공간 감각

07 내용교과 및 학습전략 지도

- 그래픽 조직자
- 내용교과의 학습 안내
  - 안내노트
  - 학습가이드
  - 워크시트
- 기억전략
  - 두문자어 전략
  - 어구 만들기
  - 핵심어 전략
  - 말뚝어 방법
  - 기억술 중심 교육 프로그램
- 기초학습능력 향상을 위한 학습전략 지도
  - 학습전략의 이해
  - 학습전략 프로그램의 범주
  - 학습장애 학생을 위한 학습전략 프로그램

08 사회성의 이해 및 지도

- 사회성의 개념
- 학습장애 학생의 사회적 기술
- 사회적 기술 평가
- 사회적 기술 지도전략
  - 사회적 기술 훈련의 절차(요소)
  - FAST
  - SLAM
  - 스킬 스트리밍 프로그램
  - ASSET 사회적 기술 훈련 프로그램
  - The ACCEPT 프로그램
  - 자기옹호 지도 프로그램
  - 자존감 향상 전략

학습장애

기출의 맥

법적 정의는 학습장애를 크게 두 부분으로 구분합니다. 이 부분을 잘 확인하세요!

01 학습장애 정의

① 법적 정의 20 · 25초, 21중

대상자 선정기준	개인의 내적요인으로 인하여 듣기, 말하기, 주의집중, 지각, 기억, 문제해결 등의 학습기능이나 읽기, 쓰기, 수학 등 학업성취 영역에서 현저하게 어려움이 있는 사람	
진단평가 영역	① 지능검사 ③ 학습준비도검사 ⑤ 지각운동발달검사	② 기초학습기능검사 ④ 시지각발달검사 ⑥ 시각운동통합발달검사

② 다양한 학습장애 정의의 공통요소

1. 내적 원인(기본심리처리장애 vs 중추신경계의 기능 결함 vs 일반적인 내적 원인)

국내외의 학습장애 정의들을 종합해 보면, 학습장애를 내재적 원인에 의한 것으로 정의한다. 다만, 추정되는 내재적 원인을 무엇으로 보느냐가 정의에 따라 다소 차이를 보이는데, 첫째 기본심리처리장애, 둘째 중추신경계의 기능 결함, 셋째 일반적인 내적 원인으로 추정되고 있다.

(1) 기본심리처리장애

① IDEIA에서 학습장애가 기본심리처리장애에 의한 것이라 명시하고 있다.

② 기억, 청각적 지각, 시각적 지각, 구어, 사고와 같은 인지적 지능에 관한 것으로, 이들 중 한 가지 혹은 그 이상에서의 결함이 학습장애를 유발한다는 것을 의미한다.

③ **장점**: 인지적 기능의 측정은 학습장애 아동과 일반적인 저성취아동과의 구분을 가능하게 해 준다는 점이다(Mather & Gregg, 2006).

④ **문제점**: 기본심리처리장애의 의미가 불명확하고 측정하기 어렵다.

(2) 중추신경계의 기능 결함

① NJCLD는 기본심리처리의 장애라는 표현을 학습장애 정의에 포함하지 않고, 학습장애의 원인을 중추신경계의 기능 결함에 따른 것으로 추정한다고 제시하였다.

② 학습장애 아동의 기본심리처리상의 문제는 주로 행동관찰을 통해 추정하는 수준이므로, NJCLD는 학습장애 정의에 이를 단정적으로 기술하는 것은 바람직하지 못하다는 입장을 보이고 있다.

(3) 일반적인 내적 원인

국내의 두 정의(법적 정의, 한국특수교육학회 정의)를 비롯하여 다양한 정의에서는 학습장애가 기본심리처리의 장애나 중추신경계의 기능 결함의 문제로 인한 것이라고 구체적으로 명시하지 않고, 다만 학습장애가 외부적인 요인에 의해 발생하는 것이 아니라 개인의 내적 문제에 의한 것이라고 명시하고 있다.

2. 학습장애의 이질성 및 대표적인 문제 영역

① 학습에서의 심각한 어려움은 다양한 학습 영역에서 발생할 수 있으며, 아동마다 문제를 보이는 영역이 다를 수 있다.

② 캐나다와 미국 NJCLD 정의 등은 학습장애가 이질적인 집단임을 구체적으로 명시하였다.

③ 대부분의 학습장애 정의는 구어(말하기, 듣기)와 읽기, 쓰기, 수학, 사고 혹은 추론 등을 학습장애의 주요 문제 영역으로 제시하였다.

④ 국내의 「장애인 등에 대한 특수교육법」과 한국특수교육학회 정의는 기억, 주의, 지각과 같은 학습장애를 유발하는 인지적 기능을 학습장애의 주요 문제 영역으로 포함한다.

3. 학습장애의 배제 조항

① 대부분의 학습장애 정의에는 배제 조항이 명시되어 있으며, 이는 학습장애를 판별하는 데 매우 중요한 준거가 되는 요소가 된다.

② 한편, 배제 조항의 세부 내용에서의 정의에 따라 약간의 차이가 존재한다.

③ **미국 IDEIA**: 다른 장애 상태나 개인의 외적인 문제가 일차적으로 작용하여 초래된 학습의 어려움은 학습장애에서 제외하고 있다.

④ **미국 NJCLD 등**: 학습장애가 다른 장애와 함께 나타날 수 있다고 명시하고 있어, 기본적으로 학습장애의 중복장애 가능성을 인정하였다. 또한 환경적·경제적 어려움, 불충분한 교수 등의 불리한 외적요인과도 함께 나타날 수 있음을 인정한다.

⑤ 다른 장애 및 외적요인과의 중복 가능성을 명시했느냐 하지 않았느냐의 차이일 뿐, 학업상 어려움의 직접적인 원인이 다른 장애나 외적요인에 의한 것이라면 학습장애로 인정하지 않는다는 점은 동일하다.

키워드 Pick

4. 일생을 통해 일어날 수 있는 장애

① 학습장애는 발달단계와 환경의 요구에 따라 상태나 정도가 다르게 나타날 수 있기는 하지만, 학령기뿐 아니라 성인기에도 지속될 수 있다.

② 다양한 정의에서는 학습장애가 학령기에 제한된 장애가 아닌 일생을 통해 일어날 수 있다는 점을 명시적으로 언급하였다(미국 NJCLD 정의, 캐나다의 정의, 국내 한국특수교육학회의 정의 등).

5. 진단준거

① 최근 Kavale 등(2009)이 제안한 학습장애 정의에는 중재반응준거와 불일치준거에 대한 언급이 모두 포함되어 있다.

② 그 밖의 다양한 정의에도 진단준거 중 불일치준거에 대한 언급이 포함되어 있다.

학습장애 정의 간의 유사점과 차이점

정의	원인			이질성 및 문제 영역		배제 조항		일생을 통한 장애	진단준거	
	중추신경계의 기능장애	기본 심리 처리 장애	일반적인 개인 내적 원인	기초 학습 영역	인지 처리 영역	다른 장애나 외적 요인 배제	다른 장애 및 외적요인과 중복 가능성을 명시적으로 언급		능력과 수행 간의 불일치 준거	RTI
미국 IDEIA		○		○		○				
미국 NJCLD	○		○	○		○	○	○		
Kavale et al.	○	○		○					○	○
일본 문부성	○			○		○				
대만 교육부	○	○		○		○				
캐나다 LDAC	○	○		○			○	○	○	
한국 장애인 등에 대한 특수교육법			○	○	○					
한국 특수교육학회			○	○	○	○	○	○		

02 학습장애 하위 유형

① 법적 분류

학습기능	듣기, 말하기, 주의집중, 지각, 기억 및 문제해결을 포함
학업성취 영역	읽기, 쓰기 및 수학을 포함

② Kirk & Gallagher(2003)의 분류

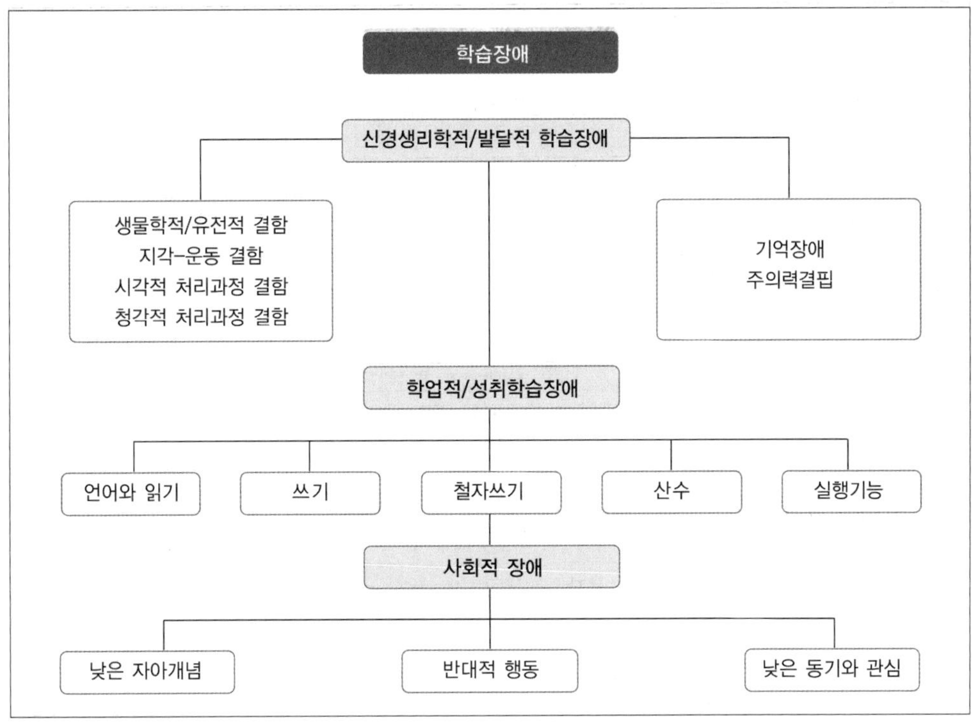

③ 언어성 학습장애(VLD)와 비언어성 학습장애(NLD)

1. 언어성 학습장애(VLD)

① 좌반구의 기능장애로 인해 언어능력에 심각한 문제를 갖는 상태이다.
② 말하기, 듣기, 읽기 및 쓰기 등의 4가지 언어 양식은 상호 연관적인 특징을 가진다. 이 중 한 가지 언어양식에서라도 문제가 생기면 다른 언어양식의 습득을 방해할 수 있다.
③ 듣기이해와 읽기이해 간의 상관성 역시 매우 높다.
④ 구어를 듣고 이해하는 능력에 결함을 가진 아동은 글을 읽고 의미를 이해하는 과제에서도 어려움을 가질 가능성이 크다.

2. 비언어성 학습장애(NLD) 11중

① 뇌의 우반구 체계 결함에서 비롯되는 것이다.
② 언어성 학습장애와는 대조적인 특성을 나타낸다.
③ 개인의 학업과 사회정서/적응에 영향을 주는 신경심리학적 강점과 결함을 가진 학습장애의 한 유형이다.
④ NLD 아동은 대체로 언어성 지능지수보다 동작성 지능지수가 유의하게 더 낮게 나타난다.
⑤ NLD 아동이 결함을 보이는 4가지 주요 영역

운동기능장애	조정 및 균형 문제, 글 쓸 때의 운동 문제
시각-공간-조직화 기능장애	심상의 부족, 빈약한 시각 기억, 잘못된 공간 지각, 집행기능(정보 습득, 정보해석, 정보를 토대로 결정하는 능력)의 어려움
사회성 기능장애	비언어적 의사소통을 이해하는 능력 부족, 전환이나 새로운 상황에의 적응 문제, 사회적 판단 및 사회적 상호작용 결함
감각기능장애	시각, 청각, 촉각, 미각, 후각 중 특정 감각에서의 민감성

기출 LINE

11중)
- 불안, 우울 등의 감정 문제가 나타날 수 있으므로 정기적으로 관찰하고 상담한다.
- 적절한 대인관계를 형성하는 데 어려움이 있으므로 사회적 기술을 명시적으로 가르친다.
- 전체와 부분의 공간적 개념을 이해하는 데 어려움이 있으므로 학습하기 전에 선행 조직자를 제공한다.
- 논리적이고 복합적인 정보의 처리에 어려움이 있으므로 학습 자료를 논리적인 순서로 세분화하여 제시한다.

03 학습장애 진단 및 평가

① 학습장애 진단준거 및 일반적인 진단절차

1. 학습장애 진단준거

① 불일치준거: 심한 불일치의 존재 여부
② 배제준거: 다른 장애가 없는 교육지체
③ 특수교육준거: 특수한 교수방법이 요구되는 아동

2. 학습장애 진단을 위한 일반적인 절차

① 학업성취 저해의 외적요인(장기결석, 열악한 가정환경)이나 내적요인(감각이상 학습동기나 적응상의 문제)을 고려하고도 학년수준이나 연령수준에 비해 지나치게 학업성취 수준이 낮은지 확인한다.

② 아동의 교과 활동 및 교과 외 학교생활을 전반적으로 체계적 관찰하고, 부모와의 면담을 통해 설명 가능한 원인을 규명한다.

③ 교과 내용 중심 교사제작검사를 실시하고, 오류 분석-오류 유형을 파악하며 적절한 교육을 실시한다.

④ 표준화된 검사를 실시하고, 기초학습기능검사를 실시한다. 5개 하위검사에서 현 학년 수준에 비해 지체된 정도를 파악한다.

⑤ 초등학교 저학년의 경우 1년 이상, 고학년의 경우 1.5년 이상, 중학교의 경우 2.0년 이상 지체를 보일 경우 학습장애 선별척도를 실시하여 총점 62점 이하, 혹은 언어성 영역에서 21점 이하, 비언어성 검사에서 42점 이하인 경우 개인용 지능검사를 통해 지능수준이 80 이상임을 확인하고 종합적으로 학습장애 여부를 확인한다.
또는 학습장애에 대한 의뢰가 있을 경우, 지능지수 80 이상인 아동을 대상으로 기초학습기능검사로 현재 학년 수준을 먼저 확인한다. 그런 다음, 학습장애 선별척도로 언어성 21점 이하 비언어성 42점 이하, 총점 62점 이하인 아동을 선별한다. 배제요인에 해당되는 경우를 제외하고 능력-수행 불일치 기준을 초등 저학년은 0.5, 초등 고학년 1.0, 중학생 1.5, 고등학생 2.0년 이상으로 한다.

키워드 Pick

맥 Plus

Kavale과 Forness의 학습장애 판별 5단계

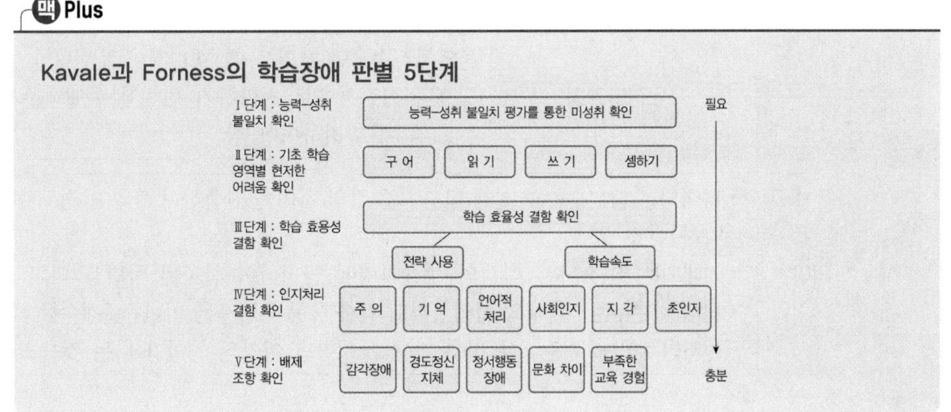

기출의 맥

불일치 모델은 단점에도 불구하고 여전히 대표적으로 적용되는 진단 모델입니다. 불일치의 개념과 산출방법을 정확하게 이해해 두세요!

기출 LINE

9초) 학습잠재력을 측정할 수 있는 지능검사를 통해 지능지수를 파악하고 같은 학년 수준의 학업 능력에서 얼마나 벗어나 있는지 확인한다.

기출의 맥

각 불일치 산출공식에서 '현저한 차이'를 어떻게 규정하였는지 정확하게 기억해 두세요!

② 학습장애 진단 모델

1. 불일치 모델 25초, 09 · 21중

(1) 의미

① 만약 아동의 연령과 능력 수준에 적절한 학습 경험을 제공했음에도 불구하고, 읽기, 쓰기, 수학 등 영역 중 하나 또는 그 이상에서 자신의 연령과 능력에 상응한 성취를 하지 못할 때 특정 학습장애가 있다고 진단한다.

② 말하기, 듣기이해, 쓰기, 기초읽기, 읽기이해, 수학연산 또는 수학추리 영역 중 하나 또는 그 이상에서 성취수준과 지적 능력 간의 심각한 불일치가 나타나면 학습장애로 진단한다.

(2) 심각한 불일치 산출 공식 10초

① 학년수준 편차공식

공식	• 식 1: EGL − AGL [미국의 경우 EGL = CA − 5, 우리나라의 경우 EGL = CA − 6(숫자 5, 6은 학교에 입학하기 전까지의 연수를 의미), AGL = 학업성취도 검사의 학년규준점수 사용] EGL: 기대되는 학년수준, CA: 생활연령, AGL: 실제 학년수준
예시	• 학년수준 편차공식을 적용한 예

김다빈	초등학교 3학년 (수학학습장애 위험군 학생으로 선별되어 진단·평가 의뢰)
생년월일	2008년 1월 2일
검사 실시일	2018년 3월 2일
학업성취도 검사명	기초학습기능검사 − 셈하기
학업성취도 검사결과	원점수(15) → 학년규준점수(1.6)
진단공식 및 기준	학년수준 편차공식(현저한 차이기준: 1학년 이상)
학년수준 편차 공식 적용	EGL − AGL = (CA − 6) − 학년규준점수 = 3.2 − 1.6 = 1.6
진단결정	불일치점수로만 보았을 때, 학습장애로 진단할 수 있으나 학습장애로 진단하기 위해서는 배제준거 등도 함께 고려하여야 함

의미	• 기대되는 학년수준과 실제 학년수준 간의 차이를 산출하여 불일치 정도를 파악하는 것 • 기대되는 학년수준: 학생의 생활연령에 근거하여 산출된 학년을 의미 • 실제 학년수준: 학생의 학업성취도 검사를 통해 산출된 학년규준점수를 의미 • 현저한 차이의 기준: 두 점수 간에 1~2학년 이상의 차이가 나는 것을 의미

단점	• 학년수준의 개념이 모호할 뿐 아니라 학년규준 및 연령규준 점수를 등간척도처럼 사용하는 문제점 • 검사도구마다 학년규준점수나 연령규준점수의 의미가 다르기 때문에 학년규준 및 연령규준 점수를 사용함으로써 생기는 측정적 문제 • 현재 학년만을 고려하므로 학생의 지능에서 제시되는 기대학년수준을 무시하여 주로 지능이 낮은(IQ 70~90) 학생을 과잉판별하는 반면, 평균 이상의 지능을 지니면서 학업에 어려움을 보이는 학생은 과소판별하는 결과를 초래 • 학년수준 편차공식은 학년 및 연령 규준점수를 등간척도 혹은 비율척도인 것처럼 사용하는 문제점이 존재 • 학년 및 연령 규준점수를 사용함으로써 생기는 측정문제가 지적되고 있음 • 그 밖에 평균으로의 회귀현상, 초등학교 저학년과 중학교 이상의 학생에 적용될 경우 신뢰성이 떨어지는 점 등이 문제점으로 지적됨

② 기대학령공식

Bond와 Tinker 공식	• 식 2 : (YIS × IQ / 100 + 1.0) − AGL (YIS = 검사 직전까지 학교에 재학한 연수, AGL = 학업성취도 검사의 학년규준점수 사용) YIS : 재학 연수, IQ : 지능지수, AGL : 실제 학년수준
예시	• 기대학령공식을 적용한 예

김다빈	초등학교 3학년 (수학학습장애 위험군 학생으로 선별되어 진단·평가 의뢰)
생년월일	2008년 1월 2일
검사 실시일	2018년 3월 2일
학업성취도 검사명	기초학습기능검사 − 셈하기
학업성취도 검사결과	원점수(15) → 학년규준점수(1.6)
지능검사명	K−WISCⅢ
지능검사 검사결과	전체지능지수(100)
진단공식 및 기준	기대학령공식(현저한 차이기준 : 1학년 이상)
기대학령공식 적용	(YIS × IQ / 100 + 1.0) − AGL = (2 × 100 / 100 + 1.0) − 학년규준점수 = 3 − 1.6 = 1.4
진단결정	불일치점수로만 보았을 때, 학습장애로 진단할 수 있으나 학습장애로 진단하기 위해서는 배제준거 등도 함께 고려하여야 함

키워드 Pick

의미	• 학생의 생활연령뿐 아니라 지능 및 재학 연수 등을 고려한 불일치공식 • 기대되는 학년수준과 실제 학년수준 간에 현저한 차이가 나야 하며, 학년수준 편차공식과 동일한 기준이 적용 • 기대학령공식은 지능 및 재학 연수들을 고려하여 기대되는 학년수준을 계산함으로써 학년수준 편차공식의 단점을 보완하려 하였지만, 근본적으로 학년수준 편차공식과 비슷한 통계적 문제를 지님
문제점	• 학년규준 및 연령규준 점수를 등간척도 혹은 비율척도인 것처럼 사용하는 문제점 • 학년규준 및 연령규준 점수를 사용함으로써 생기는 측정적 문제 예 검사도구별로 학년규준점수나 연령규준점수가 다름 • 기대학령공식을 초등학교 저학년(1~2학년)과 중학교 이상의 학생에게 적용할 경우 신뢰성이 떨어지는 문제점 • 여러 문제점으로 인해 여러 편의 연구에서 기대학령공식이 학습장애 학생을 진단하는 데 적절하지 않은 것으로 밝혀짐

기출 LINE

21초) 두 검사 점수 간의 상관계수는 1이 아니기 때문에 지능점수가 평균(100) 이상이더라도 학업 점수는 낮게 추정될 수 있어요. 이러한 문제 때문에 두 점수 간의 불일치된 표준 점수를 이용하는 능력-성취 불일치 모형에서는 영호를 학습장애로 과잉 진단할 수 있어요.

③ 표준점수 비교공식 21초

공식	표준점수 공식	• 식 3: 지능지수 − 학업성취점수 (두 점수 모두 평균이 100, 표준편차가 15인 표준점수)
	차이점수 공식	• $\dfrac{Z_{achi}-Z_{abil}}{\sqrt{(1-r_{xx})+(1-r_{yy})}}$ (Z_{achi} = 성취 Z점수, Z_{abil} = 지능 Z점수, r_{xx} = 성취검사 신뢰도, r_{yy} = 지능검사 신뢰도)

예시

• 표준점수 비교공식 적용의 예

최용석	초등학교 3학년 (수학학습장애 위험군 학생으로 선별되어 진단·평가 의뢰)
학업성취도 검사명	기초학습기능검사 − 읽기Ⅱ(신뢰도 = .98)
학업성취도 검사결과	원점수(29) → 학년별 백분위(16) → Z점수(−1) → 표준점수(85)
지능검사명	K−WISCⅢ(지능검사 신뢰도 = 0.84)
지능검사 검사결과	전체지능지수(표준점수 95) → Z점수(−0.33)
진단공식 및 기준	표준점수 비교공식(표준점수공식, 차이점수공식) (현저한 차이 기준: 1SD → 표준점수 15점 차이)
표준점수 공식적용	95 − 85 = 10
진단결정	표준점수 15보다 작기 때문에 학습장애로 진단할 수 없음
차이점수 공식적용	$\dfrac{(-1)-(-.33)}{\sqrt{(1-.98)+(1-.84)}} = -1.57$
진단결정	불일치점수로만 보았을 때, 학습장애로 진단할 수 있으나 학습장애로 진단하기 위해서는 배제 준거 등도 함께 고려하여야 함

의미	• 지능지수와 학업성취점수를 표준점수로 변환하여 두 점수를 비교하는 공식 • **표준점수공식**: 지능지수와 학업성취점수를 평균이 100이고 표준편차가 15인 표준점수로 변환한 후 두 점수를 비교하는 것. 두 점수 간의 차이가 약 1~2 표준편차(SD)일 때 현저한 불일치를 보이는 것으로 평가 • **차이점수공식**: 지능검사와 학업성취도 점수는 Z점수로 변환한 후, 두 측정값의 차이를 표준오차로 나누어 산출하는 것 • 산출된 값과 이미 정한 불일치 기준값(cut-off SD)을 비교하여 현저한 차이 여부를 결정
문제점	• **평균으로의 회귀 현상**: 두 측정값이 완전한 상관이 아닐 때 나타나는 현상으로, 표준점수 비교공식은 지능과 학업성취값이 완벽한 상관이라는 것을 가정, 즉 지능지수가 100인 학생은 학업성취점수도 100, 지능지수가 85인 학생은 학업성취점수도 85일 것으로 가정. 그러나 완전한 상관이 아닐 때, 지능지수가 100 이상인 학생의 학업성취점수가 지능지수보다 낮게 나타나는 경향, 지능지수가 100 이하인 학생의 학업성취점수는 지능지수보다 높게 나타나는 경향이 있음 • 평균으로의 회귀 현상으로 인해 표준점수 비교공식은 지능이 높은 학생은 과잉판별하고 지능이 상대적으로 낮은 학생은 과소판별하는 문제가 있음

④ 회귀공식

공식	기대되는 학업성취	식 5: $r_{xy}(IQ-100)+100$ (r_{xy}= 두 측정값의 상관계수)
	측정의 표준오차	식 6: (SEM) = SD$\sqrt{(1-r_{xy})}$ (r_{xy}= 두 측정값의 상관계수)

예시

• 회귀공식 적용의 예

최용석	• 초등학교 3학년 (읽기학습장애 위험군 학생으로 선별되어 진단·평가 의뢰)
학업성취도 검사명	• 기초학습기능검사 – 읽기 II(신뢰도 = .98)
학업성취도 검사결과	• 원점수(29) → 학년별 백분위(16) → Z점수(−1) → 표준점수(85)
지능검사명	• K–WISC III(지능검사 신뢰도 = 0.84)
지능검사결과	• 전체지능지수(표준점수 95) → Z점수(−0.33)
학업성취도 검사와 지능검사의 상관	• 0.64
진단공식 및 기준	• 회귀공식(현저한 차이 기준: 기대되는 학업성취도 점수의 95% 신뢰구간 내에 실제 학업성취도 점수가 속하지 않을 경우)

키워드 Pick

	회귀공식	• 기대되는 학업성취 = 0.64(95 − 100) + 100 = 96.8 • 측정의 표준오차 = $15\sqrt{(1-0.64)}$ = 9 • 기대되는 학업성취도 점수의 신뢰구간(95% 신뢰구간) = 96.8 ± 1.96(9) = 79.16~114.44
	진단결정	• 실제 학업성취도 점수가 85이고, 85는 95% 신뢰구간 안에 해당하는 점수이기 때문에, 현저한 불일치를 보인다고 판단할 수 없고, 따라서 학습장애로 진단할 수 없음
의미	• 두 측정값이 완전한 상관이 아닐 때 나타나는 평균으로 회귀하는 현상을 통계적으로 재조정한 공식 • 회귀공식이 가지는 통계적 복잡성으로 인해 학교 현장에서 적용하는 데 다소 어려운 점이 있음	

기출의 맥

불일치 모델의 단점은 중재반응 모델의 장점과 연결될 수 있습니다. 핵심을 이해하고 파악해 두면 됩니다.

(3) 단점 및 문제점

① 불일치점수의 일관성 없는 적용(서로 다른 기준의 적용과 장소에 따른 불일치)에서 본질적인 타당성 문제가 제기된다.

② 학습장애를 진단하는 데 있어 통계적 기준과 임상적 판단 간의 충돌이 있을 수 있다.

③ 불일치 기준을 사용할 경우 초등학교 학년 초기에 학습장애를 진단하기가 매우 어렵다. 따라서 이 접근은 실패할 때까지 기다려야 하는 문제점을 안고 있다.

④ 불일치 모델에 의한 학습장애 진단결과의 일관성이 부족하다.

⑤ 불일치점수의 신뢰성 문제와 불일치 공식 및 판단 기준에 따라 학습장애 적격성 여부가 다르게 나타난다는 점이다.

⑥ 학생의 학교교육 이전 교육경험에 대해 통제할 수 없으므로 내적인 원인으로 인한 학습의 어려움과 교육경험의 부족으로 인한 학습의 어려움을 차별화하는 것이 어렵다.

⑦ 진단과정에서 학생의 교육적 요구 및 특성에 대한 파악이 중요한 비중을 차지하지 못하고 진단결과가 교수계획에 주는 시사점이 부족하다.

⑧ 표준화검사도구의 심리측정적 특성상 만 9세 이전에 학습장애로 진단하기 어려워 조기중재가 쉽지 않다.

(4) 수정된 불일치 모델(Kavale)

① 불일치 모델은 학습장애의 정의에서 여전히 중요한 요소이기 때문에 불일치 모델을 포기하는 것은 적절치 않다고 주장하면서 '수정된 불일치 모델'을 제안한 것이다.

② 불일치 모델을 기본으로 하되, 다양한 평가를 함께 활용하여 학습장애를 판별하도록 한다.

③ 불일치가 미성취를 확인하는 중요한 기능을 갖고 있음을 강조하면서, 불일치평가를 1단계에서 실시할 것을 제안하였다.

④ 불일치평가가 필요조건이지 충분조건은 아님을 강조하였다.

⑤ 다양한 평가를 함께 활용하여 학습장애 적격성 여부를 결정해야 한다고 주장하는 모델이다.

2. 중재반응 모델(RTI) 12·19·20·21·25초, 09·21중

(1) 의미

① 효과적인 수업에 얼마나 반응하는가의 정도로 학습장애 여부를 판단하는 접근이다.

② 중재반응은 중재에 따른 행동 또는 성취의 변화로 정의할 수 있다.

③ 효과적인 수업이란?

㉠ 특정한 특질과 문제를 가진 아동을 위해 고안된 구체적이고 명확하게 설명된 교수방법으로 객관적이고 체계적이며, 데이터에 의거한 연구들을 통해 아동의 특정한 학습목표를 향상시킨다고 증명된 교수방법이다.

㉡ 통합학급교사가 매일 매일 감당할 수 있는, 그러면서도 대상 학생을 위해 집중적이고 체계적인 교수의 노력이 가미된 교육을 의미한다.

④ 중재반응 개념도 불일치 접근을 하고 있다. 그러나 능력-성취의 불일치가 아니라 중재 전후의 수행수준 간 불일치를 의미한다.

⑤ 모든 중재의 목적이 기초선과 중재 후의 성취도 수준 간의 차이를 가져오게 하는 데 있다고 보았을 때, 적절한 일정 기간 동안에 그러한 차이를 보이지 않는 것은 학습장애가 있다는 부분적인 증거가 될 수 있다. 따라서 학습장애 적격성 판단을 위한 중재반응 접근은 만약 학생의 학업성취가 효과가 증명된 중재를 제공했음에도 변화가 없을 때 학습장애를 가지고 있다고 진단하게 된다.

⑥ 중재반응 모델은 모든 학생을 대량으로 선별하고, 위험군 학생의 읽기와 수학 등 핵심 영역을 여러 회기에 걸쳐 반복적으로 사정하고 이를 기초로 학습장애를 판별하고자 한다.

(2) 적용절차

특별한 문제가 없는 평상시의 통합교육에 각 학생들이 어떻게 반응하는지를 교육과정중심측정(CBM)을 통해 점검해 나간다. 또래에 비해 심각하게 반응도가 낮은 학생에게는 2단계에서 효과적인 중재를 일정 기간(보통 10~15주 정도) 체계적이고 집중적으로 투입하면서 역시 그 반응도를 교육과정중심측정방법을 사용하여 추적해 나간다.

① 학급의 교사가 학생들에게 효과가 입증된 수업을 제공한다.

② 학생들의 성취도를 지속적으로 측정한다.

③ 반응하지 않는 학생들에게는 학급교사 또는 다른 사람이 또 다른 수업 또는 집중적인 수업을 제공한다.

④ 다시 성취도를 지속적으로 측정한다.

⑤ 여전히 반응하지 않는 학생들은 특수교육대상자이거나 특수교육대상자 진단을 필요로 한다.

기출 LINE

9초)
- 중재에 대한 변화를 판단하기 위해 진전도를 모니터하는 평가방법을 활용한다.
- 연구에 기반을 두었으며 과학적으로 검증된 학습전략이나 중재를 도출하여 사용한다.
- 문제해결접근방법을 사용하여 조기에 판별이 가능하기 때문에 판별을 위해 학생이 '실패를 기다리는' 일을 감소시킬 수 있다.

21중)
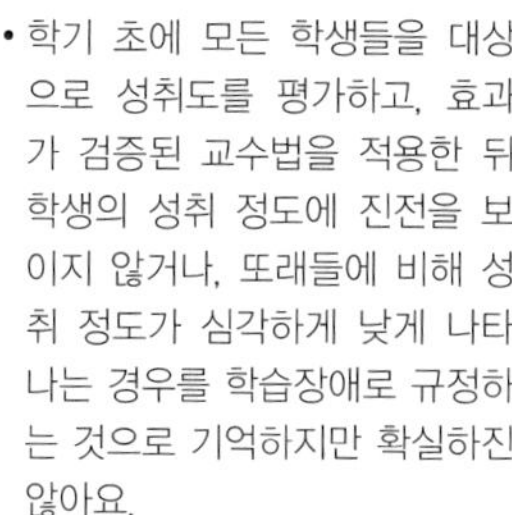
- 학기 초에 모든 학생들을 대상으로 성취도를 평가하고, 효과가 검증된 교수법을 적용한 뒤 학생의 성취 정도에 진전을 보이지 않거나, 또래들에 비해 성취 정도가 심각하게 낮게 나타나는 경우를 학습장애로 규정하는 것으로 기억하지만 확실하진 않아요.

키워드 Pick

기출의 맥

RTI는 거의 3단계 모델과 관련지어 출제됩니다. 각 단계별 활동과 의사결정 내용 등을 구체적으로 정확하게 정리해 두어야 해요!

(3) 3단계 모델(중층적 다차원 교수) 19 · 20 · 21초, 19중

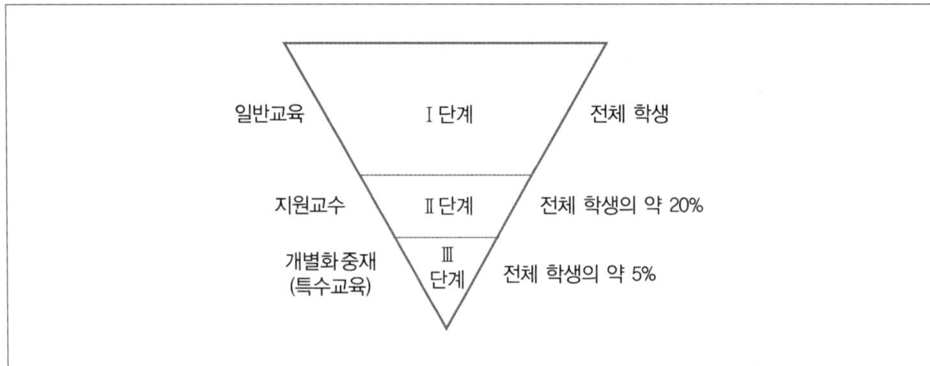

단계	내용
1단계 19초	• 일반아동의 학습능력보다 낮은 성취수준과 느린 성장속도를 보이는 학생을 선별하는 단계이다. • 과학적으로 검증된 교수법으로 교육을 잘 받았음에도 불구하고, 반응을 보이지 않는 하위 약 20%에 해당하는 학생들은 1단계에서 2단계로 넘어가게 된다. • 1단계에서 모든 학생들은 1년에 적어도 2~3번 정도 평가를 받으며, 표준화검사, CBM, 관찰, 기타 검사들을 사용하고, 학생의 수행수준과 진전도율을 분석한 후 교육의 효과가 없어 좀 더 전략적으로 중재가 제공되지 않는다면 기대되는 기준에 도달하지 못할 것이라고 결정되었을 때 2단계로 넘어가기 위해 선별된다. 여기에는 약 20%의 학생들이 해당한다.
2단계	• 전략적으로 집중교육을 제공한다. • 전략적 집중교육에서는 학생들의 요구에 맞추어 중재계획을 세워야 하고, 중재결과는 CBM을 통해 적절한 간격으로 평가하고 진전도 모니터링을 해야 한다. • 1단계에서보다 더 자주 진전도 모니터링을 하고 한 달에 적어도 두 번 이상을 평가해야 한다. • 중재의 결과, 성공적인 학생은 1단계로 가게 되지만 만일 학생이 2단계의 전략적인 집중교육을 잘 받았음에도 불구하고 기대수준에 도달하지 못하면 3단계로 넘어가서 강도 높은 중재를 받게 된다.
3단계	• 특수교육 서비스와 같은 강도 높은 개별화중재를 제공한다. • 전략적인 중재를 더 향상해서 제공할 수도 있고, 중재빈도와 지속시간을 증가시켜서 제공하여 학생의 수행수준과 발달률을 촉진시킬 수도 있다. • 특별히 훈련된 일반교사, 특수교사 등이 가르치게 되며, 표준화된 평가, CBM, 오류 분석, 면접, 관찰, 기능적인 행동평가 등의 모두가 포함되며, 직접평가에 의해 측정하여 학생이 어느 면에서 결함이나 부족함이 있는지를 평가한다. • 이 단계는 학생이 학습장애인지 아닌지를 진단평가하기 위한 의미의 성격을 지니고 있으며, 이 단계에서 성공을 하면 그 학생은 이전 단계로 갈 수 있고 성공하지 못하면 학습장애 적격성 판정을 위해 특수교육평가에 의뢰된다.

단계	대상	프로그램	집단 구성	시간/담당자	평가
1단계 교육: 일반교육	• 모든 학생	• 일반교육 프로그램이 과학적으로 검증된 요소를 반영	• 다양한 집단 구성 활용(대집단, 소집단, 협동학습, 또래교수 등)	• 일반교육과정에서 배정된 시간 • 일반교사	• 전체 학생을 대상으로 학습장애 위험군 학생을 선별하는 평가를 1년에 2회 실시(1학기 초, 2학기 초)
2단계 교육: 지원교수	• 1단계 교육에 반응하지 않은 학생으로 전체 학생의 약 20% 정도	• 체계적이고 과학적으로 검증된 교육 프로그램을 통해 1단계 교육 보충·지원 • 연습 기회 확대, 지원 확대, 선수 개념 및 기술교수 등 효과적인 교수전략 활용 • 지속적인 성취도 모니터링	• 교사 1명당 학생 4~6명 정도의 소집단	• 1단계 교육을 받은 상태에서 주 3회, 회기당 30분 또는 1시간씩 추가적으로 교수 • 학교에서 지정한 자(특수교육교사)	• 적어도 2주에 한 번 학생의 성취 진전도 모니터링
3단계 교육: 개별화중재(특수교육)	• 2단계 교육에 반응하지 않은 학생으로 전체 학생의 약 5% 정도	• 집중적이고 과학적으로 검증된 교육 프로그램을 통해 개별화된 교육적 요구 충족 • 효과적인 교수전략을 활용한 집중적 교수 실시(집중적, 개별화된 중재) • 지속적인 성취도 모니터링	• 교사 1명당 학생 3명 이하 정도의 소집단	• 매일 1시간씩 추가적으로 교수 또는 주 3회, 회기당 2시간씩 추가적으로 교수 • 학교에서 지정한 자(특수교육교사)	• 적어도 2주에 한 번 학생의 성취 진전도 모니터링

Chapter 09

키워드 Pick

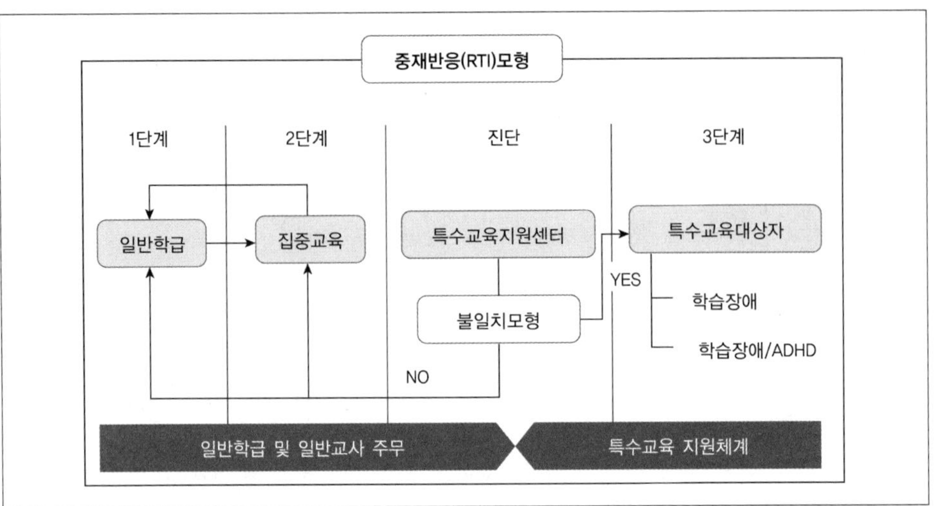

| RTI 3단계 모형 |

맥 Plus

RTI와 PBS

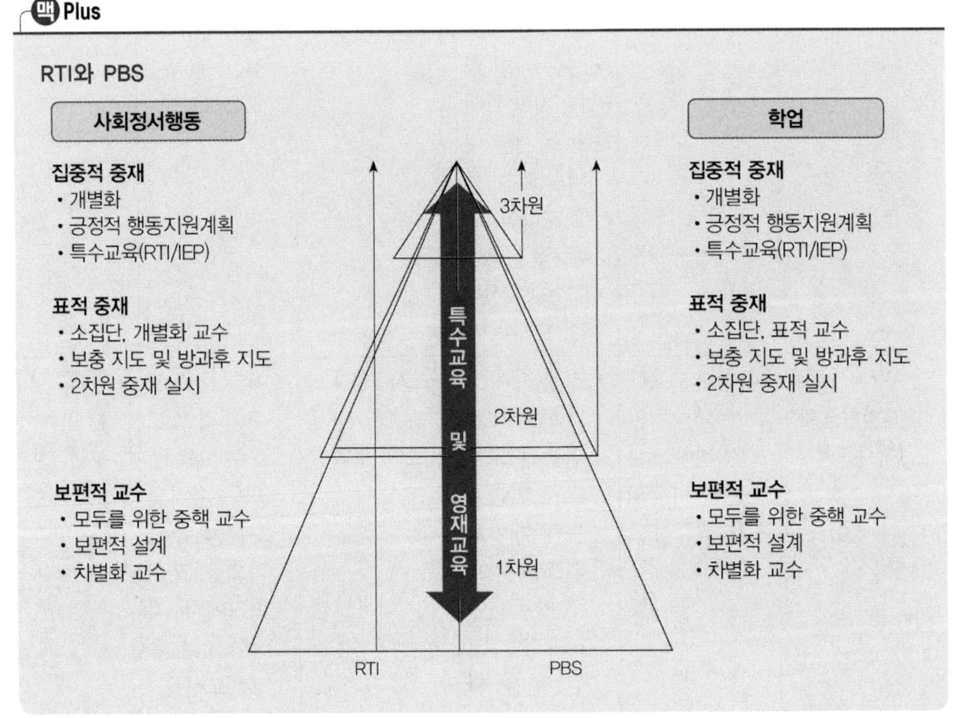

(4) 특징

① 보편적, 전체 집단 중심의 선별과 진전도 점검(교수수정을 위한 데이터기반의 의사결정)
② 보충중재, 집중중재와 더불어 일반학급에서 증거기반중재 실시
③ 예방과 중재가 연계된 서비스 전달체계
④ 특수교육을 위한 적격성 관련 정보를 제공하는 데이터 수집
⑤ 부모 참여와 팀 기반의 의사결정

(5) 장단점 20초

구분	내용
장점	① 학생을 이미 나타난 결함을 대상으로 판별하기보다는 장애위험이 포착되는 시점부터 추적할 수 있다. ② 결과적으로 학습장애 아동을 조기에 판별해 낼 수 있다. ③ 평가 과정이나 절차에 상관없이 일단 효과적인 교육을 제공할 수 있다. ④ 잘못 판별할 수 있는 가능성을 줄일 수 있다. ⑤ 판별을 위한 평가와 교수계획, 성취도 점검 등을 서로 유기적으로 연결시킬 수 있다. ⑥ 학습장애의 중요한 영역인 읽기를 강조한다. ⑦ 수업이나 교육과정의 질이 학습문제의 원인이 아니라는 점을 확인할 수 있다. ⑧ 불일치 모델과는 달리 진단 자체보다는 교육을 강조함으로써 최대한 빨리 학습장애 위험군 학생을 선별하여 적절한 교육적 지원을 해 줌으로써 학생의 학업성취도를 극대화할 수 있다. 즉, 불일치 모델에서는 학습장애로 진단될 때까지 일반교육 이외에 교육적 지원을 받지 못하는 반면, 중재반응 모델에서는 일단 학업문제가 확인되면 즉시 교육적 지원이 제공된다. ⑨ 중재반응 모델에서는 학습장애 위험군 학생에게 먼저 중재를 제공하고 중재에 대한 학생반응에 따라 학습장애 적격성을 결정하기 때문에 외적인 요인(예 교육경험의 결핍, 가정환경 등)에 의한 학습부진과 내적 원인에 의한 학습장애의 변별이 가능하다.
단점	① 전통적으로 학습장애는 중추신경계의 결함으로 인한 심리과정상의 기능 결함이 일차적인 원인으로 지목되고 있음에도 불구하고 그에 관한 어떠한 정보도 제시하지 못한다. ② 타당화된 중재방법과 특정 방법에 관한 합의를 도출하기가 어렵다. ③ 설령 합의를 본다고 해도 이를 누가, 어떤 훈련을 거쳐 담당할 것인가가 문제가 된다. ④ RTI가 새로운 학습장애의 개념(중재에 대한 부적절한 반응 또는 무반응)을 제공하고 있는가이다. 그러나 중재에 대한 부적절한 반응과 무반응을 보이는 아동들은 모두 학습장애 아동인가에 대한 의문이 제기된다(낮은 성취와 저성취를 구분하기 어렵다). ⑤ RTI가 학습장애를 가진 학생과 다른 요인으로 인해 학습문제를 가지고 있는 학생을 효과적으로 구분할 수 있는가이다. ⑥ RTI가 학습장애의 다양한 양상 대신 읽기에 초점을 두어 중재한다. ⑦ RTI가 학습장애를 진단함에 있어 유치원부터 고등학교에 이르는 모든 연령에 걸쳐 사용될 수 있는가이다. ⑧ RTI가 기술적으로 적절하게 실행될 수 있는가이다. ⑨ RTI가 현재의 진단 절차(과잉진단, 오진단)를 개선할 수 있는가이다. ⑩ 현재까지 읽기를 제외한 나머지 학업 영역(쓰기, 수학 등)에서는 과학적으로 검증된 교수 프로그램에 대한 연구가 부족하기 때문에 현 상황에서 이 모델을 적용하여 학습장애를 진단하는 데는 무리가 있다. ⑪ 읽기를 제외한 나머지 영역에서의 학습장애 위험군 선별검사 및 학업성취 진전도 검사가 아직 부족한 상황이다. ⑫ 학업 영역별 학습문제를 지닌 이질적인 학습장애 학생에 대한 다양한 평가와 교수를 어떻게 체계적으로 적용할 것인가에 관한 문제점이 지적되고 있다. ⑬ 실제 학습장애 학생을 진단하기 위한 형식적인 절차를 명확하게 제시하지 못하는 상황이다.

키워드 Pick

⑹ 해결해야 하는 문제점

① 연구를 통해서 각 교과별로 혹은 적어도 읽기, 수학, 쓰기 영역에서만큼은 과학적이고 질적으로 우수한 교수가 어떤 것들이며, 어떤 구성요소들을 담고 있어야 하는지에 대한 명확한 기준이 제시되어 있어야 하고 효과적인 중재방안이 마련되어야 한다.

② 중재반응 모델은 표준화된 검사와 교육과정중심측정(CBM)을 통해서 학생들의 반응과 발달률을 측정하여 단계마다 결정을 해야 하는 시스템이다. 이를 정확하고 유용하게 실행하기 위해서는 평가시스템의 완비와 타당하고 신뢰할 수 있는 평가도구가 개발되어야 한다.

③ 학습장애 진단 및 평가에서 일반교사, 특수교사, 심리검사자, 기타 관련 전문가들의 전문성 확보가 이루어져야 한다.

④ 중재반응 모델은 주로 CBM을 통해서 진전도 평가가 이루어지고 있는데 각 영역, 즉 읽기, 수학, 쓰기에서 특정 기술이나 기능만을 대상으로 이루어졌다. 예를 들어, 읽기의 경우 대다수 기본적인 읽기나 읽기유창성에, 수학의 경우 사칙연산에 국한된 경우가 많았다. 즉, 단순히 읽기를 유창하게 한다고 해서 국어를 잘한다고 할 수 없고, 사칙연산만을 잘한다고 해서 수학을 잘한다고 할 수 없는 것처럼 각 영역 내에서 반드시 이수해야 하는 기술이나 기능들을 포함시켜서 실행해야 한다.

⑤ 학습장애 학생들은 중추신경계의 결함으로 인한 기본적인 심리과정상의 문제가 지적되어 왔음에도 불구하고 중재반응 모델은 이것과 관련해서 어떤 정보도 제시하지 못하였기 때문에 의학적인 접근을 고려해야 할 것이다.

기출의 맥

RTI의 하위모델은 기본적으로 중재반응의 개념으로 진단을 하는데, 각 모델마다 초점이 다른 것입니다.

⑺ 하위 모델

① 예언-준거 모델

㉠ 이 중재 모델들은 읽기학습에서 읽기수행을 가장 잘 예언하는 읽기기술을 제시하는 과정과 구성기술에 초점을 두고 있다.

㉡ 읽기능력평가에 사용된 준거에는 읽기정확성, 읽기속도, 그리고 읽기이해가 포함된다.

㉢ 직접교수 모델과 전략 훈련 모델은 읽기수행을 가장 잘 예언하는 전략과 기술을 지도하는 데 초점을 두고 있다.

㉣ LD 진단의 목적은 타당한 중재에 대해 합리적인 기간 후에 부적절하게 반응하는 학생들을 진단하기 위한 것이지, 정상적인 읽기기술을 교정하려는 것은 아니다.

㉤ 결정되어야 하는 것은 무엇이 '합리적인 기간'을 구성하는가와 부적절한 반응을 어떻게 판단할 것인가이다.

② 이중불일치 모델 10유, 10 · 12초

<table>
<tr><td rowspan="1">의미</td><td colspan="2">• Fuchs와 Fuchs(1998)는 처치 타당도 개념에 기반을 둔 LD 진단과정에 대한 재개념화를 제안하였다.
• 학생들은 일반교육과정으로부터 혜택을 받을 수 없다는 경험적인 증거를 제시하기 전까지 혹은 제시할 수 없으면 학습장애 학생으로 진단되지 않는다.
• 어떤 시점에서 능력과 성취도를 측정하여 아동의 수준을 평가하는 전통적인 학습장애 평가와는 달리, 처치 타당도 접근은 일반교육과정에서 CBM을 사용하여 계속적으로 아동의 진전도를 평가한다.
• Fuchs와 Fuchs는 특수교육에서는 아동의 수행이 이중불일치를 보일 때만, 즉 교실 급우들과 비교하여 낮은 수준의 수행을 보이고 급우들보다 실제적으로 낮은 수준의 진전도를 보일 때 특수교육대상자가 된다고 지적한다.</td></tr>
<tr><td>전제</td><td colspan="2">• 학생의 능력이 폭넓고 다양하기 때문에 다른 학생들은 서로 다른 교육적 성과를 경험하게 된다고 가정한다.
• 낮은 학업수행은 아동이 배치된 교실과 관련이 있다. 만약 학생의 성장속도가 다른 학생들과 비슷하다면, 학생은 다른 학생의 속도와 불일치가 없다고 여겨지고 특수교육 배치 대상자로 여겨지지 않는다. 반대로, 성장속도가 교실의 다른 학생들과 비교하여 낮다면, 대안적 중재 혹은 특수교육 배치를 고려할 수 있게 된다.
• 만약 일반교실의 대다수의 학생들이 지역 혹은 국가수준의 규준과 비교하여 부적절한 성장을 한다면, 학생의 중재에 대한 반응을 고려하기 전에 전체 교실의 교육적 프로그램을 향상시키기 위한 고려가 있어야 할 것이다.</td></tr>
<tr><td rowspan="2">단계</td><td>문제진단</td><td>학생의 학업수행이 추가적인 평가를 정당화할 수 있을 만큼의 결함인지를 결정하기 위한 것이다.</td></tr>
<tr><td>문제증명</td><td>특수교육과 관련 서비스를 정당화할 수 있을 만큼 학생의 학업 결함이 심각하고 중대한지를 결정하기 위해 고안된 단계이다.</td></tr>
</table>

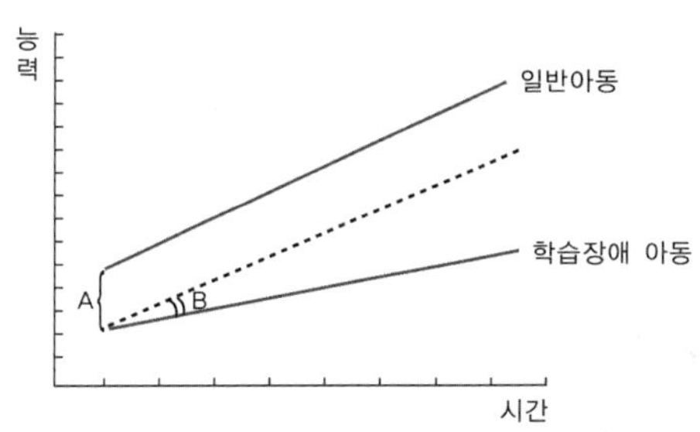

• 일반아동의 발달을 나타내는 선과 학습장애 아동의 발달을 나타내는 선이 있다. 중간에 있는 점선은 일반아동의 발달선과 평행한 가상의 발달선을 의미한다.
• A는 일반아동과 학습장애 아동의 초기 수행수준 차이를 나타낸다.
• B는 일반아동에 비하여 학습장애 아동의 발달속도가 느려짐을 보여 주는 발달 기울기를 나타낸다.
• 학습장애 아동이 이중불일치 문제를 가지고 있다는 것은 A에 해당하는 초기 수행수준의 차이와 B에 해당하는 발달 기울기 차이가 있음을 의미하는 것이다.

| 이중불일치 현상 |

Chapter 09

키워드 Pick

③ 기능평가 모델

㉠ 기능적 관점에서 중재자의 역할은 낮은 수행을 설명해 줄 수 있는 요인들을 분석하고, 학업에 대한 반응을 개선하기 위한 교수적 중재를 실행하는 것이다.

㉡ 기능적 접근에서는 Fuchs와 Fuchs(1977, 1978)의 이중불일치 접근에서 제안된 것과 같이, 학업반응은 구두 읽기, 수학, 계산, 작문 그리고 철자 등에 대한 교육과정 기반 측정을 사용하여 조작되어야 한다.

㉢ 학업의 어려움을 교정하기 위한 기능적 접근의 가장 중요한 개념은 교수적 위계이다.

㉣ 교수적 위계는 중재요소와 기술의 완전한 숙달단계 사이의 관계에 대해 기술한다.

㉤ 교수적 위계에서 학생들은 획득, 유창성, 일반화 그리고 적응의 단계를 거쳐 간다.

맥 Plus

중재반응 모델에서 교수적 반응을 평가하는 3가지 방법

① **최종 상태**: 기준점에 대한 규준참조/준거참조의 중재 후 성취점수를 기준점과 비교
② **기울기 불일치**: 진전도 점검평가와 함께 규준집단의 평균 비율에 대한 성장 비율 비교
③ **이중불일치**: 부적절한 반응을 판별하기 위해 진전도 점검평가에서의 수행수준과 성장 비율 비교

중재반응 모형 시행을 위한 중요한 접근방식

① **문제해결 모형**: 학교에서 관리자들과 교사, 그리고 순회하는 전문가들로 구성된 의사결정 팀을 만든다. 선별과 진전 상태를 모니터하는 자료에 근거하여 팀은 행동적인 혹은 학업적인 문제와 이를 다룰 수 있는 중재를 발견하고, 중재의 성과를 평가하고, 문제가 해결되지 않았다면 새로운 중재를 제안한다. 이 모형은 행동적 어려움을 다루는 중재반응 모형 시행에 기초하고 있지만 학업적 문제에도 사용되고 있다.
② **표준 프로토콜**: 일반적인 선별과 진전도 점검 자료에 근거하여 위험 아동들을 발견한다. 중재들은 일반적으로 각 단계에서 표준화되어 있고 아동의 교수에 대한 반응에 따라 강도와 차별의 정도가 높아진다. 이런 모형은 읽기 교수의 성과를 향상하려는 노력에 기초하고 있다.

다양한 중재반응 모델들이 공통적으로 가지고 있는 요소들

① 중재에 대한 반응이 없거나 낮은 경우 단계적으로 선별하여 중재에 대한 강도를 높여 중재한다.
② 중재반응 모델에서는 중재를 위해 과학적으로 검증된 효과적인 교수방법을 사용한다.
③ 제공된 중재에 대한 학생의 반응은 표준화된 교육과정중심측정에 의해 평가를 하고, 1단계에서 3단계로 가면서 더 자주 점검한다.
④ 점검결과는 교사, 학생, 학부모가 공유를 하고 학생들의 교육적 요구를 반영하여 교육을 제공한다.
⑤ 3단계에서 중재를 했음에도 불구하고 반응을 보이지 않은 학생은 학습장애 적격성 여부를 판단하기 위해 특수교육평가에 의뢰한다.

3. 내재성 처리과정 결함 접근(인지처리 결함 접근) 13중

(1) 의미

① 정보처리이론 관점에 따른 접근이다.

② 처리과정이란 시간의 흐름 속에서 자극으로 들어온 정보를 변형시키고 조작하여 특정 형태로 반응하는 일련의 정신적 행위나 조작이다.

③ 심리적 혹은 인지적 처리와 과정을 학습장애 현상의 핵심 원인으로 이해할 경우 학습장애 진단 및 선별은 그러한 과정의 특징을 분석하여 개인 내 혹은 개인 간 특징과 비교·분석하는 접근인 소위 내재성 처리 결함(instrinsic processing deficits) 모델로 나타날 것이다.

④ 내재성 처리과정 결함 접근은 인지적 처리과정 변인이나 해당 교과 기본학습 기능에서의 수행 정도를 바탕으로, 개인 내 혹은 개인 간 여타 기능의 수행 정도와 어떤 차이가 있는지, 그리고 그러한 차이가 해당 교과 학업성취의 차이를 얼마나 설명하는지 등을 확인하는 방법이다.

⑤ 아직 연구와 실제적인 타당성이 다른 두 접근에 비해 상대적으로 미흡한 편이지만, 이론이나 학습장애 분야의 연구 역사를 고려할 때 매우 유망한 접근이다.

(2) 전제사항

① 특정 처리과정상의 결함은 전반적인 인지능력과 비교적 독립적으로 특정 교과 영역의 학습에 영향을 미친다.

② 특정 처리과정상의 결함은 외적인 요소, 즉 심리적 동기나 학습기회 등과 같은 요인에 직접적인 영향을 받지 않는 개인의 내적인 특징이다.

③ 처리과정은 검사도구 등 다양한 측정방법을 통해 그 수행 정도를 나타낼 수 있다.

(3) 장단점

구분	내용
장점	① 학습장애 역사를 충실히 반영하고 있다. ② '무엇 무엇이 아닌 것이 학습장애이다.'라는 현재의 소극적 접근보다 '학습장애란, 무엇이다.'라고 규정하여 이를 직접 측정하려는 적극적인 접근이다. ③ 발달연령, 학습수준 등 선행학습 정도와 상관없이 어느 연령대에서나 학습장애 여부를 선별하고 진단할 수 있다. ④ 지금 당장 자신의 필요에 맞는 수업을 받고 있어서 읽기의 특정 영역에서(단어읽기)는 학업성적이 두드러지게 또래와 차이나지 않지만, 다른 특정 영역(독해)에서는 차이가 나는 학생들을 가려낼 수 있다. ⑤ 중재 프로그램 기획에 도움을 줄 수 있다.
단점	① 이론적으로나 실제적으로 아직 충분한 근거가 확립되어 있지 않다. ② 사실, 우리는 수학학습장애에 결정적으로 영향을 미치는 것이 인지처리과정인지, 그 영향력이 얼마나 되는지, 또는 그러한 능력의 결함이 어떤 식으로 수학교과의 학습부진과 관련되어 있는지 등에 대해 별로 아는 것이 없다.

기출 LINE

10초) 지혜의 인지적 처리과정 특성을 분석하여 학업성취의 문제가 지혜의 심리처리 과정에 의한 것으로 확인되면 학습장애로 진단한다.

키워드 Pick

(4) 내재성 처리과정 변인의 프로파일

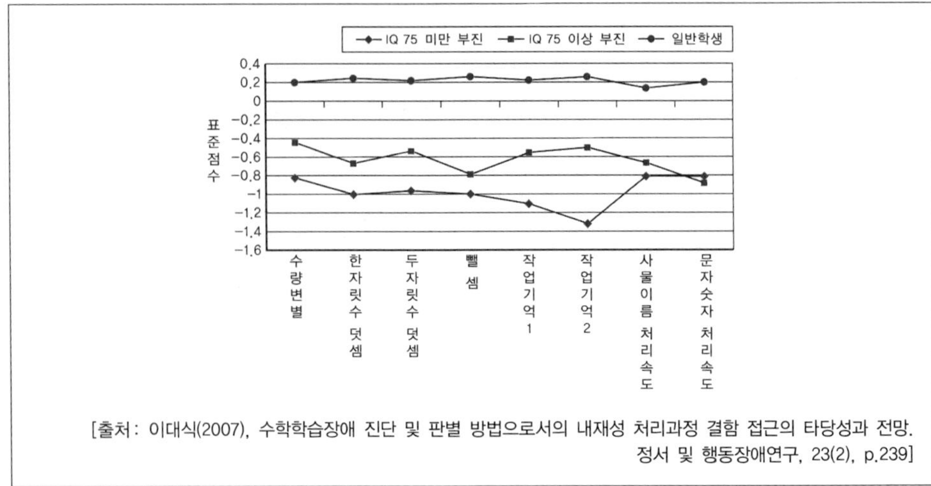

[출처: 이대식(2007), 수학학습장애 진단 및 판별 방법으로서의 내재성 처리과정 결함 접근의 타당성과 전망. 정서 및 행동장애연구, 23(2), p.239]

| 부진학생과, 일반학생 간 내재성 처리과정 변인에서의 프로파일 특징 비교 |

(5) 읽기 영역 진단

① 읽기성취도(단어인지 성취도, 읽기유창성 성취도, 읽기이해 성취도) 평가를 실시하여 저성취를 확인해야 한다.

② 읽기인지처리(단어인지 인지처리, 읽기유창성 인지처리, 읽기이해 인지처리) 평가를 실시하여 낮은 점수를 확인하여야 한다.

③ 지능지수가 70 이상임을 확인하여야 한다.

④ 읽기성취도의 저성취는 다른 장애의 결과로 나타나는 것이 아님을 확인하여야 한다.

⑤ 읽기 영역 검사 유형

읽기 영역			
검사	단어인지	읽기유창성	읽기이해
읽기성취 검사	• 단어인지 성취검사	• 읽기유창성 성취검사	• 읽기이해 성취검사
읽기 인지처리 검사	• 음운인식검사 • 자모지식검사 • 빠른 자동 이름대기 검사 • 음운기억검사 • 어휘검사	• 빠른 자동 이름대기 검사 • 어휘검사	• 문장 따라 말하기검사 • 듣기이해검사 • 어휘검사

4. 저성취 모델

(1) 의미

① 학업성취에 대해 절선점수를 정하고 이를 기준으로 학습장애 적격성을 결정하는 모델이다.

② 일반적으로 지능지수가 정신지체기준(약 70 이상)보다 높으면서 학업성취도가 16~25백분위 이하에 속하는 학생을 판별한다.

③ 지능–성취 불일치를 보이는 학생과 지능–성취 불일치는 보이지 않으나 학업성취도가 낮은 학생(저성취 학생)은 차이점보다 공통점이 많다는 연구결과로부터 도출된 모델이다.

④ 학업성취도 결과 자체를 진단의 중요한 기준으로 활용한다.

(2) 장단점

① **장점**: 적용하기 용이하다.

② **단점**

㉠ 학습장애로 인한 기대하지 않은 저성취와 다른 요인(교육경험, 사회경제적 요인 등)에 의한 저성취를 차별화하기 어렵다.

㉡ 학업성취도 평가 과정에서 하나의 검사도구만을 활용할 경우 저성취 모델의 신뢰성에 관한 문제가 발생한다.

㉢ 한 차례 실시한 학업성취도 평가의 결과가 정해진 기준(절선점수)보다 낮은 학생을 학습장애로 판별하기 때문에 평가도구의 측정 오류에 관한 문제가 발생한다.

㉣ 학습장애 판별기준이 임의적이다.

키워드 Pick

기출의 맥

최근 영역별 대표적인 검사도구에 대한 문제가 자주 출제되고 있습니다. 학습능력을 평가하는 대표적인 검사도구의 목적, 구성, 결과 등을 요약해서 알아 두세요!

③ 진단평가를 위한 검사도구

1. 기초학습기능검사

<table>
<tr><td>목적 및 대상</td><td>• 기초학습기능검사는 학생의 기초학습기능의 학년 수준 및 연령 수준을 파악하기 위한 검사로 만 5세부터 12세 11개월까지의 학생을 대상으로 한다.
• 능력이 부족한 장애학생뿐만 아니라 일반학생의 경우도 학력 수준을 평가할 수 있다.</td></tr>
<tr><td>구성체계</td><td>• 기초학습기능검사는 세 가지 영역(정보처리 기능, 언어 기능, 수 기능)으로 총 270문항이다.
<table>
<tr><th>영역</th><th>소검사</th><th>측정요소</th><th>검사순</th><th>문항수</th><th>총 문항수</th></tr>
<tr><td rowspan="3">정보처리 기능</td><td rowspan="3">정보 처리</td><td>관찰능력</td><td rowspan="3">1</td><td rowspan="3">60</td><td rowspan="9">270</td></tr>
<tr><td>조직능력</td></tr>
<tr><td>관계능력</td></tr>
<tr><td rowspan="3">수 기능</td><td rowspan="3">셈하기</td><td>기초개념 이해능력</td><td rowspan="3">2</td><td rowspan="3">60</td></tr>
<tr><td>계산능력</td></tr>
<tr><td>문제해결능력</td></tr>
<tr><td rowspan="3">언어 기능</td><td rowspan="3">읽기 I</td><td>문자와 낱말의 재인능력</td><td>3</td><td>50</td></tr>
<tr><td>독해능력</td><td>4</td><td>50</td></tr>
<tr><td>철자의 재인능력</td><td>5</td><td>50</td></tr>
</table></td></tr>
<tr><td>실시 방법 및 채점</td><td>• 기초학습기능검사의 각 소검사는 학생의 학년에 따라 다르다. 시작점 문항에서 실시하여 3문항을 모두 맞추지 못하면 시작점 바로 이전 문항에서 거꾸로 실시하여 3문항을 연속으로 맞출 때까지 실시한다. 3문항을 연속으로 맞추었을 때는 그 이전의 쉬운 문항들은 맞춘 것으로 간주하고, 다시 시작점 문항 뒤로 돌아가서 계속 실시한다.
• 정보처리, 셈하기, 읽기(I , II) 소검사는 시작점 문항부터 계속해서 5문항을 틀리면 검사를 중지하나, 쓰기(철자의 재인능력)검사는 7개 문항을 틀리면 검사를 중지한다.
• 이 검사는 시간 제한이 없는 능력 검사이므로 피검사자가 충분히 생각해서 대답할 수 있도록 하되 셈하기 검사의 경우 약 30초, 다른 소검사들은 15초 정도가 적당하다. 총 소요시간은 40~60분 정도이다.</td></tr>
<tr><td>결과 및 해석</td><td>• 기초학습기능검사는 검사 실시 결과 얻은 원점수를 의미 있게 해석하기 위하여 학년 규준(grade equivalents), 연령 규준(age equivalents)과 학년 및 연령별 검사 백분위의 세 가지 유형의 유동점수(derived score)를 산출한다. 이러한 점수들은 각 소검사 및 전체검사로 제시된다.</td></tr>
</table>

2. 기초학력검사(KISE-BAAT)

기초학력검사(Korea Institute for Special Education-Basic Academic Achievement Test : KISE-BAAT)는 박경숙, 김계옥, 송영준, 정동영, 정인숙(2005)이 기초학력을 측정하기 위해 개발한 검사이다. 2016년 국립특수교육원의 기관 영문명칭(National Institute for Special Education : NISE) 변경으로 NISE-BAAT와 혼용되어 사용되고 있다.

<table>
<tr><td>목적 및 대상</td><td>• KISE-BAAT는 읽기, 쓰기, 수학의 세 영역에서의 학생의 기초학력을 측정하기 위한 검사로 만 5세부터 14세까지의 학생을 대상으로 한다.
• 명칭은 NISE-BAAT와 혼용되어 사용되고 있다.</td></tr>
<tr><td>구성체계</td><td>• KISE-BAAT는 세 가지 소검사(읽기, 쓰기, 수학)로 총 480문항의 가형과 나형의 동형검사로 이루어져 있다.
• KISE-BAAT의 구성 체계
<table>
<tr><th colspan="2">읽기</th><th>문항수</th><th>쓰기</th><th>문항수</th><th colspan="2">수학</th><th>문항수</th></tr>
<tr><td colspan="2">선수기능</td><td>15</td><td rowspan="4">선수기능</td><td rowspan="4">20</td><td rowspan="3">수</td><td>범 자연수</td><td>24</td></tr>
<tr><td colspan="2" rowspan="2">음독능력</td><td rowspan="2">25</td><td>분수와 소수</td><td>12</td></tr>
<tr><td>비와 백분율</td><td>7</td></tr>
<tr><td rowspan="5">독해 능력</td><td>낱말이해</td><td>20</td><td>도형</td><td>도형</td><td>24</td></tr>
<tr><td>문장완성</td><td>10</td><td>표기능력</td><td>20</td><td>연산</td><td>덧셈, 뺄셈, 곱셈, 나눗셈, 암산</td><td>94</td></tr>
<tr><td>어휘선택</td><td>10</td><td>어휘구사력</td><td>20</td><td>측정</td><td>측정, 시간과 화폐, 어림</td><td>60</td></tr>
<tr><td>어휘배열</td><td>10</td><td>문장구사력</td><td>20</td><td>확률과 통계</td><td>확률과 통계</td><td>18</td></tr>
<tr><td>짧은글 이해</td><td>30</td><td>글 구성력</td><td>20</td><td>문제 해결</td><td>문제 해결</td><td>21</td></tr>
<tr><td rowspan="2">총 문항수</td><td colspan="2">120</td><td colspan="2">100</td><td colspan="3">260</td></tr>
<tr><td colspan="7">480</td></tr>
</table></td></tr>
</table>

키워드 Pick

실시 방법 및 채점	• KISE-BAAT는 한 번의 회기(session) 내에 검사 전체를 시행해야 한다. 1개의 소검사를 시행하는 데 60~90분이 소요되며 검사 순서는 구성영역 순으로 실시한다. • 단, 순서대로 실시하는 것이 어려울 경우 검사의 순서를 바꿔 실시할 수 있으나 피검사자의 부적절한 동기나 피로의 누적 등으로 인해 한 번의 회기 내에 검사 전체를 시행하기 어려운 경우에는 평가 영역별로 검사를 분리해서 시행해도 된다. 그렇지만 첫 번째 검사와 두 번째 검사의 간격이 일주일 이상이어서는 안 된다. • 5~6세의 어린 학생과 특수학생의 경우에는 언제나 모든 검사 영역에서 1번 문항부터 실시하며 4학년 이상의 학생은 KISE-BAAT(읽기)와 KISE-BAAT(쓰기)에서 선수기능검사는 생략한다(시작문항 이전에 위치한 선수기능검사의 원점수는 합산에 포함). • KISE-BAAT는 연속해서 한 검사 영역에서 5문항에 대해 정답을 제시하지 못하면 해당 검사 영역을 중단하고 다음 검사 영역을 실시한다.
결과 및 해석	• KISE-BAAT는 소검사별로 백분위점수, 학력지수(평균 100, 표준편차 15인 표준점수), 학년 수준을 제공한다. 학년에 상관없이 환산점수의 합에 해당되는 학력지수가 분류, 제공된다. • BAAT의 검사결과로 학습장애를 진단할 때에는 학력지수나 학년규준점수 둘 중에서 어느 한 점수가 −2표준편차 이하이거나 2년 이상 지체된 것으로 나타났을 때 학습장애로 진단한다.

3. 기초학습기능 수행평가체제(BASA)

<table>
<tr><td>BASA의 구성</td><td>• 기초학습기능 수행평가체제(Basic Academic Skills Assessment : BASA)는 학습의 기초가 되는 기능인 3R, 즉 읽기, 수학, 쓰기 영역과 관련한 기초학습기능의 수행수준을 파악하는 것은 물론, 중재에 따른 진전도를 모니터링할 수 있도록 개발된 일련의 선별·진단 평가 체제이다.</td></tr>
<tr><td>기초학습 기능의 발달단계와 BASA의 관련성</td><td>
<table>
<tr><th>구분</th><th>읽기(Reading)</th><th>수학(Arithmetic)</th><th>쓰기(Writing)</th></tr>
<tr><td>심화</td><td>–
(독해)</td><td>–
(수학적 추론)</td><td>BASA-쓰기검사
(작문/생각 쓰기)</td></tr>
<tr><td>유창성</td><td>BASA-읽기검사
(음독 유창성)</td><td>BASA-수학검사
(연산 유창성)</td><td>–
(철자/듣고 쓰기)</td></tr>
<tr><td>기초</td><td>BASA-EL(초기읽기)
(음운인식)</td><td>BASA-EN(초기수학)
(수 감각, Number Sense)</td><td>–
(습자/보고 쓰기)</td></tr>
</table>
</td></tr>
<tr><td>BASA 읽기검사</td><td>• 초등학교 1학년부터 성인을 대상으로 읽기학습부진학생을 선별하고 읽기장애를 진단하기 위한 읽기유창성 검사이다.</td></tr>
<tr><td>BASA 수학검사</td><td>• 초등학교 1학년부터 성인을 대상으로 수학학습부진학생을 선별하고 특수교육대상자의 수학 수행수준을 진단·평가하기 위한 연산 유창성 검사이다.</td></tr>
<tr><td>BASA 쓰기검사</td><td>• 초등학교 1학년부터 성인을 대상으로 쓰기 문제를 가진 수검자를 지도하기 위해 쓰기 능력의 발달 수준을 측정하고 평가하기 위한 검사도구이다.
• 제시된 이야기 서두를 읽고, 1분 동안 구상한 다음 3분 동안 생각나는 바를 이어서 쓰도록 하는 방식으로 검사를 실시하고, 채점은 정량적 평가(정확한 음절의 수)와 정성적 평가['글의 형식', '글의 조직', '글의 문제', '글의 표현', '글의 내용', '글의 주제' 영역에 대하여 평가기준표(rubric)에 따라 각각 1~5점으로 평가]를 병행하는데, 형성평가를 통한 쓰기(작문) 유창성의 진전도 모니터링은 정량적 평가결과를 활용한다.</td></tr>
<tr><td>BASA 초기문해 검사</td><td>• 만 4세 이상의 아동에게 실시하고, 아동의 초기문해 수행수준과 읽기장애를 조기에 판별하여 문제를 예방할 수 있으며 아동의 성장과 진전도를 측정하는 데 유용하다.</td></tr>
<tr><td>BASA 초기수학 검사</td><td>• 만 4세 이상의 아동에게 실시하고, 수 감각 능력 발달과 성장을 측정하여 초기수학부진아동의 진단 및 평가, 수학학습장애 혹은 학습장애 위험군 아동의 조기판별 및 초기수학 준비기술을 평가하는 데 활용할 수 있는 검사도구이다.</td></tr>
<tr><td>BASA의 특징</td><td>• 교육과정중심측정(CBM) 절차에 근거하여 개발되었다.
• 실시가 간편하고 시간이나 비용이 적게 든다.
• 학습 효과 확인 및 진도·교수·중재 계획 수립에 유용하다.
• (읽기·쓰기·수학) 기초학습기능과 관련하여 집단에서의 상대적 위치(백분위)뿐만 아니라 오류유형 및 강·약 부분을 직접적으로 확인할 수 있다.</td></tr>
</table>

키워드 Pick

4. BASA-읽기검사

목적 및 대상	• BASA-읽기검사는 아동, 초등학생, 중학생, 고등학생, 대학생, 성인, 특수아동의 읽기곤란/장애 진단(기초선) 및 변화 점검(형성평가)을 목적으로 개발된 검사이다.
구성체계	• BASA-읽기검사는 크게 기초평가와 형성평가로 구성되어 있다. • 기초평가는 3회의 읽기검사(읽기검사 자료 1)를 실시하여 아동의 중재 이전의 수행수준, 즉 기초선(baseline)을 확인하기 위한 것인데, 참고 자료로 아동의 독해력을 간접적으로 측정할 수 있는 읽기검사 자료 2(빈칸 채우기 검사)를 포함한다. • 형성평가는 중재에 따른 아동의 성장(변화) 추세를 지속적으로 점검하고 중재 계획을 수립하는 데 참고할 정보를 수집하기 위한 것이다.
채점방법	• BASA-읽기검사는 대상 학생이 맞게 읽은 음절수를 점수로 한다. 따라서 검사자용 검사지 옆에 표시된 글자 수를 보고 학생이 읽은 전체 음절 수에서 틀리게 읽은 음절 수를 빼서 계산한다. • 읽기검사가 진행되는 동안 대상 학생이 틀리게 읽은 음절에는 사선(/)표시를 해 두면 좋다. • 읽기에 어려움을 겪는 아동이 자주 범하는 오류에는 대체, 누락, 잘못된 발음, 삽입, 반복 등이 있다.
결과 및 해석	• 기초평가 결과에 대한 해석은 대상 학생에게 실시하여 얻은 3개의 원점수로부터 시작한다. • 이들 3개의 원점수 중에서 중앙치(median)를 대상 학생의 대푯값으로 삼아 해당 학생의 읽기(음독) 유창성 수행수준에 대한 상대적 및 절대적 해석을 한다. • T점수, 백분위점수 및 백분위점수 단계, 학년점수 등은 검사 요강에 제시된 규준표를 참고하면 된다.

04 읽기의 이해 및 지도

① 읽기에 대한 개념적 이해

1. 읽기과정의 이해

① 읽기는 의미를 찾는 활동이다.
② 읽기는 의미를 구성하는 과정이다.
③ 읽기는 전략적 과정이다.
④ 읽기는 상호작용과정이다.
⑤ 언어학습활동으로서 읽기는 사회적으로 중재된다.

2. 읽기의 기능적 구성

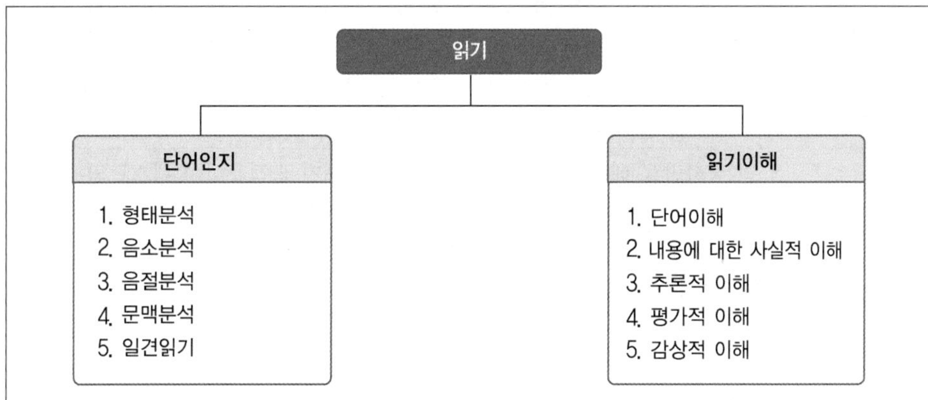

(1) 단어인지 22 · 24초

형태분석	문자의 시각적 특징이나 단서에 근거해 단어를 인식하는 것
음소분석	단어를 구성하고 있는 문자소와 음소의 대응관계를 분석함으로써 단어를 인지하는 것
음절분석	단어를 구성하고 있는 각 음절에 해당하는 소리를 분석적으로 지각함으로써 전체 단어를 인지하는 것
문맥분석	주위의 다른 단어나 의미에 의존해서 모르는 단어를 해독하려는 것
일견읽기 24초	단어에 대한 의식적인 음소나 음절분석을 실시하지 않으면서 즉각적으로 단어를 인지하는 것

기출 LINE

24초) 수아에게 이러한 낱말을 여러 번 보여 주면서 자동적인 낱말 읽기를 지도하려고 해요. 예를 들어, '지하철' 낱말을 보았을 때 'ㅈ', 'ㅣ', 'ㅎ', 'ㅏ', 'ㅊ', 'ㅓ', 'ㄹ'로 분절하기보다 눈에 익어서 보자마자 빠르게 읽는 것이지요.

키워드 Pick

기출 LINE

19중) 학생 E가 글을 읽은 후, 질문하기 전략을 사용하여 읽기 이해 수준을 확인할 수 있는 질문을 만들어 보고, 질문에 답할 수 있도록 구성함: 사실적 / 추론적 / 평가적 이해

(2) 읽기이해 25초, 19중

단어에 대한 이해	읽기 자료의 전체 내용을 이해하고 내용에 대한 기억에 중요한 역할을 함
내용에 대한 사실적 이해	읽기 자료에 쓰인 내용을 있는 그대로 의미화할 수 있는 능력
추론적 이해	읽기 자료에 나타난 정보를 있는 그대로가 아닌 개인적 경험, 지식, 직관을 이용해 가설화할 수 있는 능력
평가적 이해	독자의 지식, 경험, 가치 체계를 중심으로 읽기 자료에 포함된 내용의 정확성, 저자의 의도, 정보의 유용성 등을 판단하는 것
감상적 이해	읽기 활동 자체를 통해 심미적 만족을 갖게 되는 상태

3. 읽기의 접근방법

구분	내용
상향식	먼저 문자를 정확하게 해독한 후 음성언어 이해능력을 동원하여 의미를 파악하게 된다.
하향식	독자는 과거의 경험과 언어, 세상에 대한 배경지식으로 개별적인 단어나 단어의 부분에 의존하는 것이 아니라, 읽기에서 나타나는 의미를 가정하거나 추측한다.
혼합식	잘 읽는 사람은 배경지식과 경험을 인쇄된 메시지에 적용하여 텍스트의 의미를 추측하고 구성하는 데 사용한다. 그렇지만 잘 알려지지 않은 단어와 만나게 될 때, 독자는 상향식 전략을 적용하게 된다. 이와 같이 배경지식과 해독기술은 서로 상호작용하게 된다.

기출의 맥

읽기의 하위 영역별 개념을 정확하게 이해하는 것이 가장 중요합니다. 각 용어나 개념의 키워드를 정확히 파악해 두어야 해요.

② 읽기 교수 영역 14·19초, 14·18·21중

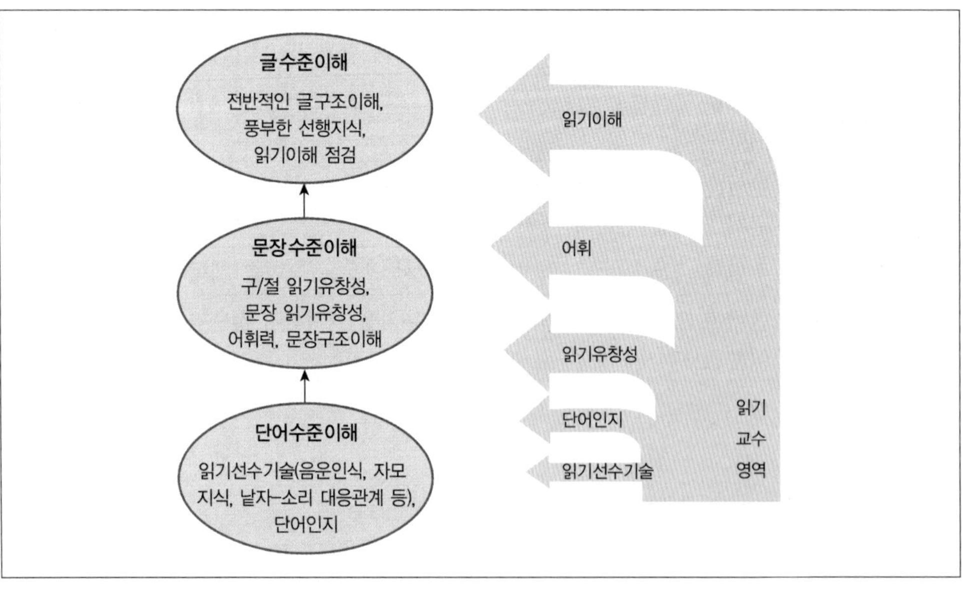

| 읽기이해의 과정과 읽기 교수 영역과의 관련성 |

1. 읽기선수기술

(1) 정의

① **읽기선수기술**: 발현적 문해, 문해 출현을 읽기에 한정하기 위해 사용한 용어이며, 프린트 인식, 자모지식, 음운인식 및 듣기이해를 포함한다.

② **발현적 문해, 문해 출현**: 어린 아동의 초기 읽기 및 쓰기 행동(그림책 페이지 넘기기, 낙서하기 등)이며, 이러한 행동은 궁극적으로 읽기 및 쓰기 능력으로 발전하게 된다.

(2) 하위 기술 및 교수법

① 프린트인식(print awareness)

<table>
<tr><td>의미</td><td>• 아동이 문자언어(문어)가 어떻게 사용되는지를 이해하는 능력을 의미
• 프린트 기능에 대한 인식: 문어가 메시지 또는 의미를 전달한다는 것을 이해하는 능력
• 프린트 관례에 대한 인식: 프린트의 특성 및 구조에 대한 관례적인 지식(예 왼쪽에서 오른쪽으로 읽는다는 것 등)을 이해하는 능력</td></tr>
<tr><td>하위기술</td><td><table>
<tr><th>하위기술</th><th>예시과제</th></tr>
<tr><td>책 오리엔테이션</td><td>책의 앞면, 뒷면 식별하기</td></tr>
<tr><td>프린트 대 그림</td><td>어디를 읽어야 하는지 가리키기(그림이 아닌 프린트를 가리켜야 함)</td></tr>
<tr><td>프린트 읽는 방향</td><td>책을 읽을 때 왼쪽에서 오른쪽으로 읽는 것을 알고, 손가락으로 책 읽는 방향 가리키기</td></tr>
<tr><td>소리-단어 연결</td><td>교사가 읽는 단어를 손가락으로 가리키기</td></tr>
<tr><td>글자, 단어, 문장</td><td>단어의 경계를 알고, 단어가 시작되는 부분과 끝나는 부분을 손가락으로 가리키기</td></tr>
<tr><td>글자와 단어 순서</td><td>글자를 구성하는 음소나 단어를 구성하는 음절의 순서가 바뀐 것을 변별하기</td></tr>
<tr><td>문장부호</td><td>마침표의 의미 알기</td></tr>
</table></td></tr>
<tr><td>활용지침</td><td>• 프린트의 기능 및 관례 가르치기
• 책 읽어주기
• 프린트를 자주 접할 수 있도록 주위 환경 마련하기
• 프린트를 활용하는 놀이하기
• 구어와 문어 간의 관련성을 이해하도록 돕기
• 프린트의 기능 강화하기
• 프린트의 관례 강화하기
• 책 읽기를 통해 프린트 관례에 대한 질문하기</td></tr>
</table>

키워드 Pick

② 자모지식

<table>
<tr><td>의미</td><td>• 자음자와 모음자의 이름에 대한 지식, 자음자와 모음자의 소리에 대한 지식, 자음자와 모음자의 이름과 소리를 빠르고 정확하게 인출하는 능력 등</td></tr>
<tr><td>하위기술</td><td><table>
<tr><th>하위기술</th><th>예시과제</th></tr>
<tr><td>같은 자모 인식</td><td>자음자와 모음자의 이름을 듣고 해당 자모 가리키기</td></tr>
<tr><td>자모 이름 암송</td><td>자음자와 모음자의 이름을 순서대로 암송하기</td></tr>
<tr><td>자모 이름</td><td>무작위 순서로 제시된 자음자와 모음자를 보고 이름 말하기</td></tr>
<tr><td>자모 소리</td><td>무작위 순서로 제시된 자음자와 모음자를 보고 소리 말하기</td></tr>
</table></td></tr>
<tr><td>활용지침</td><td>• 자모 관련 책이나 자모 블록 등을 자주 접할 수 있도록 하기
• 개별 자모의 이름 가르치기
• 개별 자모의 소리 가르치기
• 개별 자모의 이름과 소리를 가르칠 때 음운인식 활동과 결합하기</td></tr>
</table>

③ 음운인식 18유, 10 · 14 · 25초, 21중

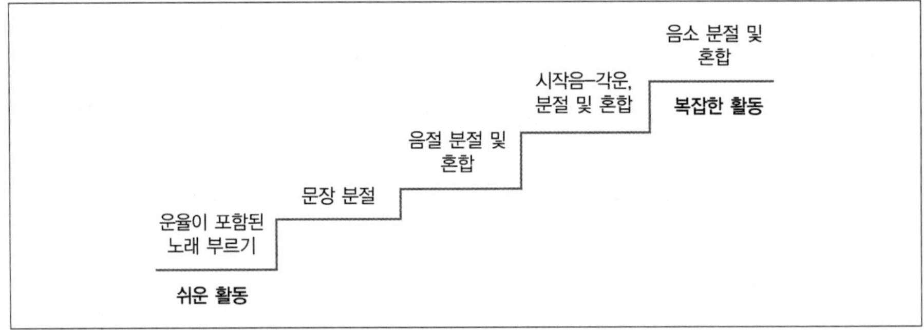

| 음운인식 활동 |

㉠ 음운인식의 이해

정의	• 말소리를 식별하는 능력 • 같은 소리로 시작되는 단어와 다른 소리로 시작되는 단어를 인식하는 능력, 단어를 구성하는 음소를 셀 수 있는 능력, 단어를 구성하는 소리들을 합성 · 분절 또는 조작할 수 있는 능력 등
중요성	• 음운인식은 읽기능력과 높은 상관이 있으며, 더 나아가 향후 읽기능력(단어인지, 읽기유창성, 읽기이해 포함)을 예측하는 강력한 변인임
음운인식 단위	• 음절 • 초성-각운 • 음절체-종성 • 음소
음운인식 과제유형	• 변별 • 분리 • 분절 • 합성 • 대치 • 탈락

ⓛ 음운인식교수를 위한 언어의 구조 이해: 한글의 6가지 유형

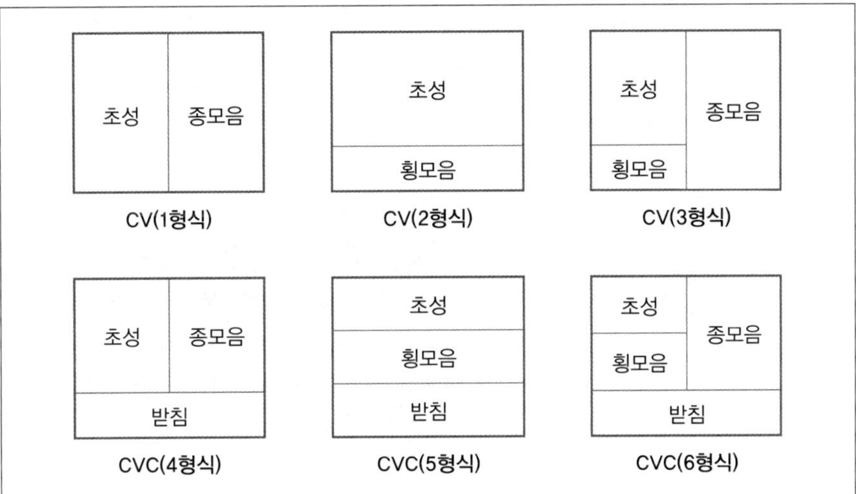

ⓒ 음운인식 오류와 지도방법 14초

오류	지도방법
음소 생략	• 어떤 단어에서 하나의 음소를 생략했을 때 남아 있는 단어를 알 수 있다. • 'smile'에서 's'를 생략하면 어떤 단어가 될까? • '상자'라는 단어에서 'ㅇ'을 생략하면 어떻게 소리 날까?
단어 짝 맞추기	• 'pen'과 'pipe'는 같은 소리로 시작하는가? • '사과'와 '사자'는 같은 소리로 시작하는가? • '공'과 '방'은 같은 소리로 끝나는가?
혼합	• 분리된 음소를 듣고 하나의 단어를 형성할 수 있다. • 'b-i-g'는 무슨 단어일까?
음성 분리	• 아동은 하나의 단어에서 개별 소리를 인식한다. • 'van'에서 첫소리는 무엇일까?
음소 분절	• 하나의 단어를 개별 소리로 나눌 수 있다. • 'grab'에는 얼마나 많은 소리로 이루어졌나?
음소 수 세기	• 'cake'는 몇 음소로 되어 있나? • '사'는 몇 개의 음소로 되어 있나?
생략된 음소 찾기	• 'eat'에는 없지만 'meet'에는 있는 소리?
다른 단어 찾기	• 'bag', 'nine', 'beach', 'bike'에서 시작하는 소리가 다른 단어는 무엇인가?
단어에서 소리음 찾기	• 'bike'에서 'k'는 어디에 있나?
음소 첨가	• 주어진 단어에 음소를 첨가하여 새로운 단어를 만든다. • 'park'에 's'를 더하면 어떤 단어가 될까? • '사'에 'ㅇ'을 더하면 어떤 글자가 될까?

Chapter 09

키워드 Pick

음소 대치	• 새로운 단어를 만들기 위해 하나의 음소를 대치시킨다. • 'bug'라는 단어에서 'g' 대신에 'n'을 넣으면 무슨 단어가 될까?
음소 확인	• 다른 단어에서 같은 소리를 인지할 수 있다. • 'fix', 'fall', 'fun'에서 같은 소리는 무엇일까?

기출의 맥

음운인식 훈련에 대한 기출문제는 주로 예시과제를 중심으로 주어집니다. 예시를 보고 음운인식훈련의 단위와 과제를 파악할 수 있어야 합니다.

기출 LINE

10초)
- 몇 개의 학용품을 제시하고, '지'로 시작하는 것을 찾게 한다.
- '자'와 '추'를 만들 수 있는 네 개의 낱자 카드를 제시하고, '자'를 만들어 보게 한다.

㉣ 음운인식 단위 및 과제 유형에 대한 예시 18유, 14·25초

음운인식의 하위기술		예시과제
음절	변별	• 앞에 있는 종이에 그림들이 있어요. ('사자, 두부, 버섯, 고추' 그림을 각각 손으로 짚으면서) 이 그림은 '사자, 두부, 버섯, 고추'예요. ○○가 /두/로 시작하는 그림을 찾으세요. [답: 두부]
	분리	• 선생님을 따라 하세요. /고추/. (학생이 '고추'라고 따라 한다.) /고추/에서 첫소리가 무엇이죠? [답: 고] • 선생님을 따라 하세요. /다리미/. (학생이 '다리미'라고 따라 한다.) /다리미/에서 가운뎃소리가 무엇이죠? [답: 리]
	합성	• 선생님이 단어를 따로따로 나눠서 말할 거예요. 그러면, ○○가 듣고, 합쳐서 말하는 거예요. /사-자/ [답: 사자] • 선생님이 단어를 따로따로 나눠서 말할 거예요. 그러면, ○○가 듣고, 합쳐서 말하는 거예요. /지-우-개/ [답: 지우개]
	분절	• 선생님을 따라 하세요. /두부/. (학생이 '두부'라고 따라 한다.) 이번에는 ○○가 /두부/를 따로따로 나눠서 말해 주세요. [답: 두-부] • 선생님을 따라 하세요. /고양이/. (학생이 '고양이'라고 따라 한다.) 이번에는 ○○가 /고양이/를 따로따로 나눠서 말해 주세요. [답: 고-양-이]
	탈락	• 선생님을 따라 하세요. /고추/. (학생이 '고추'라고 따라 한다.) 이번에는 /고/를 빼고 말해 보세요. [답: 추] • 선생님을 따라 하세요. /자전거/. (학생이 '자전거'라고 따라 한다.) 이번에는 /거/를 빼고 말해 보세요. [답: 자전]

	대치	• 선생님을 따라 하세요. /공부/. (학생이 '공부'라고 따라 한다.) 이번에는 /부/를 /기/로 바꾸어 말해 보세요. [답: 공기] • 선생님을 따라 하세요. /무지개/. (학생이 '무지개'라고 따라 한다.) 이번에는 /지/를 /니/로 바꾸어 말해 보세요. [답: 무니개]
초성 -각운	변별	• 앞에 있는 종이에 그림들이 있어요. ('달, 눈, 집, 밤' 그림을 각각 손으로 짚으면서) 이 그림은 '달, 눈, 집, 밤'이에요. ○○가 /알/로 끝나는 그림을 찾으세요. [답: 달]
	합성	• 선생님이 단어를 따로따로 나눠서 말할 거예요. 그러면, ○○가 듣고, 합쳐서 말하는 거예요. /프-울/ [답: 풀]
	분절	• 선생님을 따라 하세요. /발/. (학생이 '발'이라고 따라 한다.) 이번에는 ○○가 /발/을 따로따로 나눠서 말해 주세요. [답: 브-알]
음절체 -종성	변별	• 앞에 있는 종이에 그림들이 있어요. ('달, 눈, 집, 밤' 그림을 각각 손으로 짚으면서) 이 그림은 '달, 눈, 집, 밤'이에요. ○○가 /누/로 시작하는 그림을 찾으세요. [답: 눈]
	합성	• 선생님이 단어를 따로따로 나눠서 말할 거예요. 그러면, ○○가 듣고, 합쳐서 말하는 거예요. /기-음/ [답: 김]
	분절	• 선생님을 따라 하세요. /잠/. (학생이 '잠'이라고 따라 한다.) 이번에는 ○○가 /잠/을 따로따로 나눠서 말해 주세요. [답: 자-음]
음소	변별	• 앞에 있는 종이에 그림들이 있어요. ('도, 레, 미, 파' 그림을 각각 손으로 짚으면서) 이 그림은 '도, 레, 미, 파'예요. ○○가 /드/로 시작하는 그림을 찾으세요. [답: 도]
	분리	• 선생님을 따라 하세요. /게/. (학생이 '게'라고 따라 한다.) /게/에서 첫소리가 무엇이죠? [답: 그] • 선생님을 따라 하세요. /형/. (학생이 '형'이라고 따라 한다.) /형/에서 끝소리가 무엇이죠? [답: 응]

키워드 Pick

합성	• 선생님이 단어를 따로따로 나눠서 말할 거예요. 그러면, ○○가 듣고, 합쳐서 말하는 거예요. /그-애/ [답: 개] • 선생님이 단어를 따로따로 나눠서 말할 거예요. 그러면, ○○가 듣고, 합쳐서 말하는 거예요. /드-아-을/ [답: 달]
분절	• 선생님을 따라 하세요. /구/. (학생이 '구'라고 따라 한다.) 이번에는 ○○가 /구/를 따로따로 나눠서 말해 주세요. [답: 그-우] • 선생님을 따라 하세요. /돈/. (학생이 '돈'이라고 따라 한다.) 이번에는 ○○가 /돈/을 따로따로 나눠서 말해 주세요. [답: 드-오-은]
탈락	• 선생님을 따라 하세요. /새/. (학생이 '새'라고 따라 한다.) 이번에는 /스/를 빼고 말해 보세요. [답: 애] • 선생님을 따라 하세요. /귤/. (학생이 '귤'이라고 따라 한다.) 이번에는 /을/을 빼고 말해 보세요. [답: 규]
대치	• 선생님을 따라 하세요. /나/. (학생이 '나'라고 따라 한다.) 이번에는 /아/를 /이/로 바꾸어 말해 보세요. [답: 니] • 선생님을 따라 하세요. /별/. (학생이 '별'이라고 따라 한다.) 이번에는 /을/을 /응/으로 바꾸어 말해 보세요. [답: 병]

④ 구어를 통한 듣기이해

㉠ 아동에게 책을 읽어 주는 활동은 조기 읽기발달에 상당히 중요한 영향을 미쳤다.

㉡ 특히 부모가 자녀에게 책을 읽어 줄 때 단순히 글을 읽어 주는 것만이 아니라 자녀와 활발하게 상호작용을 하는 것이 중요하다.

㉢ 아동-부모 간 상호작용을 통해 책의 내용을 이야기하는 활동은 아동의 읽기능력뿐 아니라 읽기에 대한 태도 형성에 중요한 역할을 한다.

2. 단어인지

(1) 단어인지의 정의 10초

① 단어인지: 단어를 빠르게 소리 내어 읽고, 단어의 의미를 파악하는 능력을 의미한다.

② 음독(decoding)

㉠ 낱자(군)와 소리의 대응관계를 활용하여 낯선 또는 모르는 단어를 읽는 과정

㉡ 음독은 단어인지를 위해 반드시 이루어져야 하는 과정

㉢ 단어를 구어로 바꾸는 과정

(2) 단어인지 교수법

① 파닉스교수

㉠ 정의: 음운인식과 낱자(군)-소리의 대응관계를 활용하여 단어를 읽을 수 있도록 가르치는 읽기 교수법이다.

㉡ 유형

유형	내용
합성 파닉스	• 부분-전체 접근법을 적용하여 단어를 구성하는 각각의 낱자를 소리로 바꾼 후, 이 소리들을 합쳐서 단어를 읽도록 가르치는 단어인지 교수법 • 교사는 학생에게 단어를 구성하는 각각의 낱자에 대응하는 소리를 가르친 다음, 이 소리들을 합쳐서 단어를 읽도록 지도
분석 파닉스	• 합성 파닉스와 반대로 전체-부분 접근법을 적용하여 각 낱자에 대응하는 소리를 따로 가르치지 않고 단어 내에서 낱자-소리 대응관계를 파악하도록 가르치는 단어인지 교수법
유추 파닉스	• 학생이 알고 있는 단어나 단어의 부분을 활용하여 새로운 단어를 읽도록 가르치는 단어인지 교수법
임베디드 파닉스	• 글을 읽는 과정에서 파닉스교수를 삽입하여 단어를 읽도록 가르치는 단어인지 교수법 • 주로 총체적 언어 프로그램의 일부로 활용. 핵심은 '글'이라는 맥락 안에서 글의 의미를 파악하는 데 도움을 주는 방법 중 하나로 파닉스 교수의 요소를 포함 • 임베디드 파닉스는 일반적인 파닉스교수처럼 순서성과 체계성에 따라 낱자(군)-소리를 가르치는 것이 아니라, 해당 글에 포함된 단어를 중심으로 가르치는 낱자(군)-소리가 선택됨

② 총체적 언어/통언어적 교수

㉠ 읽기능력이 자연적으로 습득된다는 철학에 기반을 두고 있다.

㉡ '의미 있는' 읽기 활동을 통해 단어를 가르칠 것을 강조한다.

㉢ 학생에게 의미 있는 단어를 선택하고 이를 반복적으로 접할 수 있는 기회를 제공함으로써 학생이 단어의 시각적 형태, 발음 그리고 의미를 연결할 수 있도록 지도한다.

㉣ 학생에게 의미 있는 단어를 선택하여 가르치기 때문에, 단어인지 교수를 할 때, 낱자(군)의 난이도와 순서를 특별히 고려하여 지도하지 않는다.

㉤ 다양한 문학작품을 접할 수 있도록 하는 것을 강조한다.

㉥ 최근 파닉스교수가 단어인지능력을 향상시킨다는 충분한 근거가 제시된 이후부터 총체적 언어교수에서도 임베디드 파닉스를 삽입하여 단어를 가르치는 경우가 많다.

기출의 맥

파닉스교수는 해독중심 접근에 따른 대표적인 교수전략입니다.

기출의 맥

총체적 언어 교수, 통언어적 교수는 의미중심 접근의 대표적인 교수전략입니다.

키워드 Pick

3. 읽기유창성 13·24·25초, 12·18중

기출 LINE

24초) 글에서 단어를 읽을 수는 있으나 또래에 비해 빈번하게 띄어 읽어서 뜻이 잘 드러나도록 자연스럽게 읽지 못함

(1) 읽기유창성의 이해

정의	• 글(읽기지문)을 빠르고 정확하게, 그리고 적절한 표현력을 가지고 읽는 능력		
요소	• 정확성	• 속도	• 표현력
중요성	• 읽기유창성은 글을 읽고 이해하는 능력과 높은 관련성이 있음		

(2) 읽기유창성 평가

① 분당 정확히 읽는 단어의 수를 계산하는 방법은 단순하며, 읽기속도와 정확성을 측정할 수 있어 유창성 점검에 적절하다.

② 가장 비형식적인 사정은 학생이 큰 소리로 읽는 것을 듣고 유창성의 진전도를 판단하는 것이다. 그러나 좀 더 형식적인 유창성 측정을 포함시켜야 한다. 예를 들어 학생의 읽기 비율은 분당 90단어 이상으로 빨리 읽어야 하고, 표정을 갖고 구두로 읽을 수 있어야 하며, 구두로 읽을 동안 읽고 있는 내용을 이해할 수 있어야 한다.

③ 유창성을 가장 쉽게 사정할 수 있는 방법은 학생이 표현력을 가지고 유창하게 읽는 정도(분당 정확하게 읽은 단어의 수)를 인쇄된 읽기유창성 규준이나 표준과 비교하는 것이다.

④ 학생의 읽기유창성의 진전도는 교사의 교수 효과성을 결정하고, 교수목표를 설정하는 데 도움이 된다.

⑤ 유창성 성장의 변화 정도를 그래프로 보여 주면 학생의 동기를 유발시킬 수 있다.

⑥ 유창성 측정의 다른 방법은 비형식적 읽기 인벤토리, 오류 분석, 연속 기록 등이 있지만 이 절차들은 유창성 점검보다는 학생이 범하는 단어재인의 오류 유형을 확인하는 것이다.

기출 LINE

12중)
- 읽기 유창성 지도를 할 때 학생 A가 잘 못 읽은 어절에 대해 교정적 피드백을 해 주는 것이 중요해요.
- 읽기 유창성을 향상시키기 위해서는 동일한 읽기 자료를 반복하여 소리 내어 읽도록 하는 것이 좋아요.

(3) 읽기유창성 교수법

① 효과적인 읽기유창성 교수의 일반적인 특성 19초

㉠ 학생에게 동일한 글을 소리 내어 반복하여 읽도록 한다.

㉡ 소리 내어 반복 읽기를 실시할 때, 먼저 글을 유창하게 읽는 사람이 유창하게 글을 읽는 것을 시범 보인 다음, 학생에게 같은 글을 소리 내어 읽도록 한다.

㉢ 학생이 글을 읽을 때 오류를 보이면 체계적인 오류 교정 절차를 적용하여 오류를 교정한다.

㉣ 학생이 동일한 글을 세 번 이상 소리 내어 반복하여 읽도록 한다.

㉤ 일주일에 세 번 이상 읽기유창성 교수를 실시한다.

㉥ 학생이 글에 포함된 단어의 약 90% 이상을 정확하게 읽을 수 있는 글을 선택하여 읽기유창성 교수에 사용한다.

② 읽기유창성 교수를 계획할 때 고려할 사항

㉠ 우선 학생이 읽기유창성 교수에 필요한 기본적 읽기기술(적절한 단어인지능력)을 가지고 있을 때 실시한다.

㉡ 학생의 읽기수준에 적절한 글을 선택하여야 한다.

㉢ 적절한 글: 학생이 글에 포함된 단어의 약 90% 이상을 정확하게 읽을 수 있는 수준을 의미한다.

③ 반복 읽기

짝과 함께 반복 읽기	• 또래교수를 활용한 읽기 프로그램의 한 유형이다. • 읽기유창성이 좋은 또래친구와 짝을 이루어 소리 내어 반복 읽기를 하는 방법이다. • 학습장애 학생을 위해 별도로 적용할 수도 있고, 학습장애 학생이 포함된 일반학급에서 학급 전체를 대상으로 적용할 수도 있다. • 구성요소 및 절차 – 짝 정하기(학생 A, 학생 B): 학생 A는 유창하게 읽는 학생, 학생 B는 덜 유창하게 읽는 학생으로 구성 – 학생 B의 수준에 적합한 글 선택하기 – 짝과 함께 반복 읽기 절차를 명시적으로 설명하고 연습하기 – 짝과 함께 반복 읽기 적용하기
끊어서 반복 읽기 24초	• 끊어 읽기와 반복 읽기를 결합한 교수이다. • 끊어 읽기는 글을 구성하는 문장을 의미가 통하는 구나 절 단위로 끊어서 제시하는 방법으로, 읽기유창성의 요소 중 표현력 향상에 효과적이다. • 구성요소 및 절차 – 끊어서 반복 읽기 활동에 필요한 읽기 지문 준비하기 – 교사가 끊어 읽기 시범 보이기 – 학생과 함께 끊어 읽기 연습하기 – 학생이 독립적으로 끊어서 반복 읽기

키워드 Pick

4. 어휘

(1) 어휘와 어휘지식

① 어휘(vocabulary): 어휘는 단어(word)와 구별되는 개념으로, 단어가 모여서 이루어진 집합을 지칭한다. 즉, 단어가 개별적 단위라면 어휘는 단어들이 모인 집합을 의미한다. 어휘는 집합 개념을 띠고 있기 때문에, 어휘지식은 단일 단어에 대한 지식뿐만 아니라 문맥 속의 단어 의미 추론과 단어 사이의 연관성 이해 및 활용 능력 등을 포함한다.

② 어휘지식

양적 어휘지식	• 어휘의 양을 의미 • 학습자가 몇 개의 어휘 의미(표면적 지식)를 알고 있는지와 관련
질적 어휘지식	• 어휘의 깊이 • 어휘의 의미를 얼마나 잘 이해하는지와 관련 • 어휘의 특성 · 조직 · 활용 등이 포함

③ 어휘지식의 수준 17 · 25초, 19중

결합지식	목표어휘와 정의 연결, 단일 맥락에서 어휘 의미 이해
이해지식	목표어휘를 관련 어휘들과 연결 지어 범주화, 목표 어휘에 대한 다양한 의미 이해
생성지식	여러 상황에 어휘 적용, 비슷한 어휘들 간의 구분, 다양한 어휘 범주 이해

(2) 어휘 교수법

① 직접교수법과 간접교수법

직접교수법	• 교사가 목표어휘를 직접적으로 가르치는 것을 의미
간접교수법	• 여러 맥락에서 다양한 어휘를 접할 수 있는 기회를 마련해 줌으로써 학생이 간접적으로 어휘를 획득할 수 있도록 하는 것을 의미 • 다독 • 우연교수

② 어휘지식수준에 따른 교수법

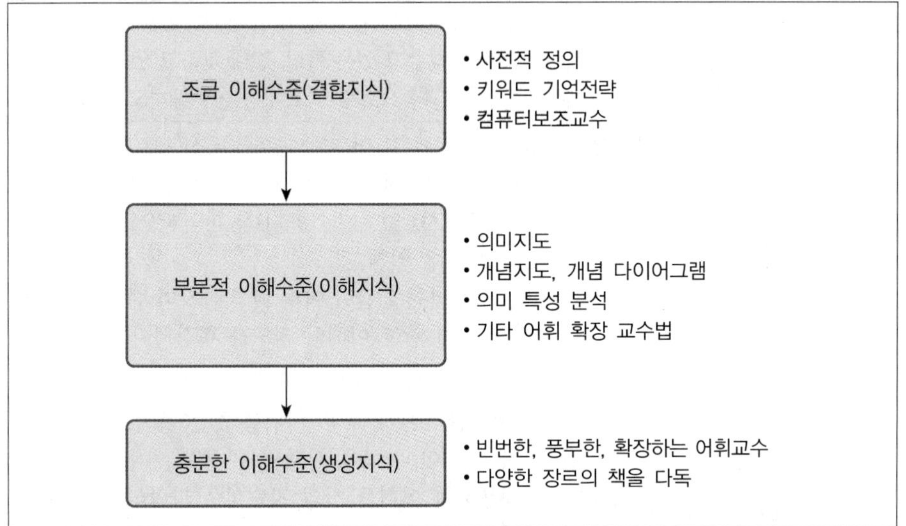

사전적 정의 19중	• 교사는 학생에게 목표어휘의 사전적 의미를 찾고, 해당 어휘를 사용하여 문장을 만들고, 간단히 평가하는 형식으로 수업을 구성할 수 있음 • 사전적 정의를 찾는 방법은 목표어휘의 의미를 간단하게 이해하는 데는 도움이 되지만, 여기서의 어휘이해 정도는 다소 표면적인 수준이고, 충분한 이해수준을 이끄는 데는 한계를 지님 • 이 방법은 학생이 실제로 해당 어휘를 '어떻게 활용할 것인가'를 가르치는 데 한계가 있음
키워드 기억전략	• 목표어휘와 학생이 이미 알고 있는 키워드를 연결하여 목표어휘를 가르치는 방법 • '키워드'는 학생이 이미 알고 있는 단어 중, 목표어휘와 청각적으로 비슷한 어휘 • 키워드 기억전략은 목표어휘의 다양한 의미 이해 및 관련 어휘와의 연결(이해지식)보다는 목표어휘의 단순한 정의를 연결하는 것(결합지식)을 목적으로 함
컴퓨터 보조교수	• 어려운 어휘의 정의를 제공하거나, 어려운 어휘를 쉬운 어휘로 바꿔주는 등의 방법을 적용할 수 있음
의미지도 17초	• 목표어휘를 중심으로 이와 관련되는 어휘를 열거하고, 그 어휘들을 그래픽 조직자를 활용하여 범주화하여, 각각의 범주에 명칭을 부여하는 방법 • 의미지도는 목표어휘와 관련된 다양한 어휘 간의 관계를 파악하도록 함으로써, 학생이 어휘를 보다 조직적으로 기억하도록 도와줌 • 의미지도는 학생이 자신의 선행지식과 연결하여 새로운 어휘의 의미를 이해하고 어휘력을 확장하는 데 유용한 방법 • 그래픽 조직자의 활용은 학생이 어휘 간의 관련성을 이해하도록 도와주며, 또한 완성된 의미지도에 대한 활발한 논의는 의미지도의 효과성을 극대화할 수 있음

키워드 Pick

<table>
<tr><td>개념지도와 개념 다이어그램</td><td>• 개념지도: 목표어휘의 정의, 예, 예가 아닌 것으로 구성된 그래픽 조직자
• 개념 다이어그램: 개념 비교표를 만들어서 학생이 개념의 특성(반드시 갖추어야 하는 특성, 가끔 갖추고 있는 특성, 절대 갖추고 있지 않는 특성), 예와 예가 아닌 것 등을 비교함으로써 목표개념을 이해하도록 도와주는 방법</td></tr>
<tr><td>의미특성 분석</td><td>• 목표어휘(가로줄 구성)와 그 어휘들의 주요 특성(세로줄 구성)들 간의 관계를 격자표(grid)로 정리하는 방법으로, 학생들은 각각의 어휘와 각 특성이 관련있는지(+표시) 없는지(−표시)를 파악함으로써 목표어휘의 의미를 폭넓게 이해할 수 있게 됨
• 의미특성분석은 목표어휘를 관련 어휘 및 학습자의 선행지식과 연결함으로써 학습자의 어휘에 관한 이해의 정도를 확장시키는 것을 목표로 함</td></tr>
<tr><td>기타 어휘 확장 교수법</td><td>• 어휘 관련시키기 활동: 이미 학습한 어휘의 의미를 강화하고 확장시키는 방법으로, 유의어, 반의어 및 유추 어휘를 찾는 형식으로 구성. 유추 어휘는 일반적으로 유의어, 반의어, 상위-하위 개념, 부분-전체, 원인-결과 등의 개념을 적용하여 어휘들 간의 관련성을 파악하는 과제로 구성됨
• 질문-이유-예 활동: 해당 어휘를 사용한 이유를 이야기하고, 해당 어휘와 관련된 자신의 경험을 예로 들어 이야기해 보는 활동. 여기서 이유를 설명하도록 하는 것은 중요한데, 학생은 이유를 설명함으로써 목표 어휘와 예의 관계를 명확하게 이해할 수 있기 때문</td></tr>
<tr><td>빈번한, 풍부한, 확장하는 어휘교수</td><td>• 효과적인 어휘교수는 학생이 어휘를 다양한 맥락에서 반복적으로 접함으로써 단순히 정의를 아는 것에 그치는 것이 아니라, 목표어휘와 관련 어휘의 관계 및 다양한 맥락에서의 의미를 파악함으로써 점차적으로 어휘에 관한 '소유권'을 갖도록 하는 것을 목적으로 함
• 풍부한 어휘교수와 확장하는 어휘교수
<table><tr><td>풍부한 어휘교수</td><td>단순히 어휘의 정의를 제시하는 것 이상의 교수로서, 목표어휘의 다양한 의미를 이해하고 관련 어휘 및 학습자의 선행지식과 연결 짓도록 하는 것을 의미</td></tr><tr><td>확장하는 어휘교수</td><td>학생이 수업시간에 학습한 어휘를 다양한 상황에서 활용할 수 있도록 하는 교수를 의미</td></tr></table></td></tr>
<tr><td>다양한 장르의 책을 다독</td><td>• 다양한 장르의 책을 다독하는 것은 간접교수법
• 이를 3단계 어휘 교수법에 포함시킨 이유는 학습장애 학생을 위해서는 이들이 다양한 장르의 책을 다독할 수 있도록 계획하고 지원하여 관리하는 것이 필수적이기 때문
• 학생이 책을 읽다가 모르는 어휘가 나오면 스스로 파악할 수 있도록 돕는 전략을 가르쳐야 함. 이러한 전략의 예로는 문맥분석전략과 단어형태 분석전략 등을 들 수 있음
<table><tr><td>문맥분석 전략</td><td>모르는 어휘가 포함된 문장을 읽거나, 앞뒤 문장을 읽으면서 어휘의 뜻을 유추하도록 돕는 것</td></tr><tr><td>단어형태 분석 전략</td><td>단어를 구성하는 형태소를 파악하여 모르는 어휘의 뜻을 파악하도록 돕는 것</td></tr></table></td></tr>
</table>

5. 읽기이해

(1) 읽기이해의 이해

① **읽기이해**: 자신의 선행지식과 글에서 제시되는 정보를 연결하여 의미를 형성해 가는 과정을 의미하는 것으로 읽기 교수의 궁극적인 목적이다.

② **학습장애 학생의 읽기이해 특성**

㉠ 자신이 읽은 글의 내용을 기억하는 데 어려움을 보인다.
㉡ 중심 내용과 세부 내용을 파악하는 데 어려움을 보인다.
㉢ 불필요한 정보를 무시하는 데 어려움을 보인다.
㉣ 읽은 글의 내용을 바탕으로 추론하는 데 어려움을 보인다.
㉤ 글을 전략적으로 읽고 이해하는 데 어려움을 보인다.
㉥ 읽기이해 점검을 잘 수행하지 못한다.
㉦ 글의 구조를 이해하고 활용하는 데 어려움을 보인다.

(2) 읽기이해 교수법 20중

① **읽기 전 전략**: 글을 읽기 전에 선행지식을 활성화하는 것은 읽기이해에 도움이 되며, 대표적인 전략으로 브레인스토밍, 예측하기 등이 있다.

브레인스토밍	브레인스토밍은 크게 선행지식 생성하기, 선행지식 조직하기, 선행지식 정교화하기의 단계로 진행할 수 있다. • **선행지식 생성하기**: 학생은 앞으로 읽을 글에 대한 제목을 보고, 제목에 대해 이미 알고 있는 것을 자유롭게 말하고, 교사는 이를 그래픽 조직자 등의 형식을 사용하여 시각적으로 조직한다. • **선행지식 조직하기**: 학생이 다 말하고 난 후에 교사는 학생과 함께 학생이 말한 내용을 비슷한 내용끼리 분류한다. • **선행지식 정교화하기**: 정교화 단계에서는 학생이 정리한 내용을 보고, 더 추가할 내용이 있는지를 확인하고 필요한 경우 새로운 내용을 추가한다.
예측하기 22초, 20중	• 글을 읽기 전에 글의 제목, 소제목, 그림 등을 훑어본 다음, 앞으로 읽을 글에 대한 내용을 예측하는 활동이다. • 학생은 글을 읽는 동안 예측하기 활동을 통해 자신이 예측한 내용이 실제 글의 내용과 비슷한지 여부를 점검하게 되고, 필요에 따라 예측한 내용을 변경하는 등 보다 능동적인 독자로서의 특성을 보이게 된다고 하였다.

기출의 맥

읽기이해를 위한 전략은 뒷부분에서 총정리하게 됩니다. 이 부분에서는 '읽기이해'의 개념을 이해하기 위해 제시한 전략들이라고 이해해 두세요.

키워드 Pick

기출 LINE

10중) 글의 구조(text structure)에 대한 지도를 하여 글의 중요한 내용을 파악하도록 한다.

② **읽기 중 전략**: 읽기 중 전략에는 글의 구조에 대한 교수, 중심내용 파악하기, 읽기이해 점검 전략, 협동학습, 그래픽 조직자 등이 있다.

글의 구조에 대한 교수 24중	• **글 구조**: 글에 나타나는 조직적인 특성, 글의 프레임을 제시하는 역할 • **대표적인 구조의 유형**: 이야기 글, 설명글 등 • **이야기지도전략**: 이야기 글의 구조인 이야기문법을 가르치는 방법 중 하나. 글의 중요한 내용을 시각적으로 기록하게 함으로써 학생이 글의 내용을 파악하는 데 도움을 주는 방법 • **비교-대조 구조에 대한 교수요소**: 설명글에 대한 교수 　– **단서단어에 대한 교수**: '이와 비슷하게, 둘 다, 모두, 그리고, 반면, 하지만, 그러나, ~보다, ~와는 반대로' 등의 비교-대조 구조를 이해하는 데 도움이 되는 단어를 가르치고, 이러한 단어가 문장 내에서 어떻게 사용되는지를 교수한다. 　– **어휘교수**: 단서 단어에 대한 교수가 끝나면, 교사는 오늘 읽을 글에 포함된 중요 단어들(예 온혈, 냉혈, 산소 등)에 대한 교수를 실시한다. 　– **문단을 읽으면서 내용 분석하기**: 학생이 먼저 스스로 해당 문단을 읽고 교사가 학생과 함께 다시 읽는다. 이때 학생이 두 동물의 유사점과 차이점을 파악하여 표시하면서 글을 읽도록 하고, 글을 다 읽은 다음에는 학생이 분석한 내용에 대해 이야기한다. 　– **비교-대조 구조에 대한 이해를 돕는 그래픽 조직자 사용하기**: 비교-대조 구조에 대한 이해를 돕는 그래픽 조직자를 사용하여 중요한 내용을 시각적으로 정리한다. 　– **비교-대조 질문하기**: 비교-대조 질문을 제시함으로써, 학생이 글의 내용을 정리하도록 돕는다. 예를 들어, 교사는 "이 문단은 무엇을 비교하고 있나요?", "두 동물은 무엇이 비슷한가요?", "두 동물은 무엇이 다른가요?" 등의 질문을 제시한다. 　– **요약하기**: 학생은 지금까지 내용을 정리하여 각 문단의 중심 내용을 요약한다. 교사는 문단요약 틀을 제공해 줌으로써 학생이 내용을 요약하는 것을 도울 수 있다.
중심 내용 파악하기 25중	• **중심 내용 파악하기**: 해당 문단의 중요 내용을 찾고, 이를 자신의 말로 표현하는 전략 • **3단계** 　– **1단계**: 각 문단이 '무엇' 또는 '누구'에 관한 내용인가를 파악하기 　– **2단계**: 각 문단에서 '무엇' 또는 '누구'에 관한 가장 중요한 내용 파악하기 　– **3단계**: 1~2단계에서 파악한 내용을 10어절 이내의 문장으로 표현하기

③ 읽기 후 전략

읽기이해 질문에 답하기 및 읽기이해 질문 만들기	• 교사는 읽은 글의 내용에 관한 질문을 만들어 학생에게 제시하고, 학생은 질문에 대한 답을 하는 형식으로 수업을 진행한다. • 읽기이해 질문 만들기 전략은 학생이 자신이 읽은 내용을 다시 한번 복습하게 하고, 특히 중심 내용을 다시 한번 살피고 기억하는 데 효과적이라고 보고되었다. • 읽기이해 질문 만들기 전략을 효과적으로 적용하기 위해서는 학생에게 '좋은 질문'에 대한 명시적 교수를 실시하여야 하는데, 좋은 질문이란 중심 내용을 강조하고, 단편적인 지식보다는 글의 내용을 통합적으로 파악하여 답할 수 있는 질문을 의미한다.
요약하기	• 읽은 글의 전체 내용을 종합적으로 파악하여 필요 없는 내용은 버리고 중요한 내용에 초점을 맞추어 정리하는 것을 돕는 전략이다. • 글을 다 읽은 후의 전략은 학생이 전체 글의 내용 및 글 구조를 다시 한번 살피고, 문단별 중심 내용을 다시 한번 확인하고 기억하는 데 도움이 된다. • 요약하기 전략의 대표적인 5가지 원리 – 별로 중요하지 않은 내용 버리기 – 불필요한 내용 버리기 – 상위 단어를 사용하여 여러 개념을 한꺼번에 표현하기 – 중심 문장 고르기 – 중심 내용 만들기

④ 다전략교수

㉠ 읽기 활동에서 학생의 능동적인 참여를 강조하면서 여러 읽기이해전략을 결합하여 사용하는 다전략교수의 효과를 검증하는 연구가 증가하였다.

㉡ 다전략교수 시 주의할 점: 너무 많은 전략을 결합하여 사용하는 것은 학생에게 혼동을 가져올 수 있다.

㉢ 대표적인 다전략교수

교수	내용
상보적 교수	• 교사와 학생이 글에 대해 구조화된 대화를 함으로써 학생의 읽기이해력을 향상시키는 것을 목적으로 하는 전략 • 4가지 전략(순서대로 한 번 사용하고 끝나는 것이 아니라, 문단별로 순환적으로 사용) – 예측하기: 글을 읽는 목적을 설정하는 데 도움 – 질문 만들기: 학생이 자신이 읽은 글에서 중요한 내용에 집중할 수 있도록 돕는 전략 – 명료화하기: 학생이 자신의 글에 대한 이해 여부를 점검하도록 돕는 전략 – 요약하기: 학생이 자신이 읽은 글의 내용을 정리하고, 중요한 내용을 기억하는 것을 돕는 전략

키워드 Pick

<table>
<tr>
<td>협력적 전략읽기</td>
<td>
• 상보적 교수와 효과적인 교수–학습 이론의 특징(직접교수, 협력 활동 등)을 결합하여 개발
• 목적: 학생이 읽기 전, 읽기 중, 읽기 후 활동에 능동적으로 참여하여 읽기이해력을 향상
• 4가지 전략: 사전검토, 읽기이해 점검, 중심 내용 파악하기, 마무리
• 협력적 전략읽기 단서 카드의 예시
<table>
<tr><th>사전검토(preview)</th><th>읽기이해 점검(click and clunk)</th></tr>
<tr>
<td>• 브레인스토밍
• 예측하기: 제목, 소제목, 그림 등을 훑어보고 읽을 내용 예측하기</td>
<td>• 글의 내용을 이해하고 있는지 여부를 파악하기
• 글의 내용을 이해하지 못하였을 때
– 다시 읽기
– 문맥의 뜻을 파악하기 위해 이해가 잘 안 되는 문장의 앞 문장과 뒤 문장을 읽어보기
– 단어 형태 분석해 보기(접두사, 접미사, 어간/어미 등)
– 사전 찾기
– 친구 또는 교사와 이야기 나누기</td>
</tr>
<tr><th>중심 내용 파악하기(get the gist)</th><th>마무리(wrap-up)</th></tr>
<tr>
<td>• 이 문단은 '무엇'에 관한 내용인가?
• 이 문단에서 '무엇'에 관한 가장 중요한 내용은 무엇인가?
• 10어절 이하로 표현하기</td>
<td>• 질문 만들기
– 바로 거기 유형
– 생각하고 찾기 유형
– 작가와 나 유형
• 요약하기
이 글의 전체 내용은 ________</td>
</tr>
</table>
</td>
</tr>
<tr>
<td>K–W–L 전략</td>
<td>
• 앞으로 읽을 글에 대하여 선행지식을 활성화하고 읽은 내용을 요약하는 것을 돕는 전략
• 3단계
– 1단계: 읽을 글의 제목에 대해 자신이 이미 알고 있는 것(What I Know)을 기록
– 2단계: 앞으로 글을 읽음으로써 배우고 싶은 내용(What I Want to Know)을 기록
– 3단계: 글을 다 읽은 후, 자신이 글을 통해 배운 것(What I Learn)을 요약
</td>
</tr>
</table>

③ 읽기 검사의 이해

1. 교육과정중심측정 읽기검사

(1) 교육과정중심측정검사의 개념적 이해

① 교육과정중심측정검사는 특수아동의 학업성취의 평가에 전통적으로 사용되어 오던 표준화된 상업용 검사도구의 대안으로 개발된 검사이다.

② 상업용 학업성취검사는 검사 문항이 수업시간에 다루어지는 교과 내용과 무관하게 구성되기 때문에 수업계획에 유용한 정보를 제공하지 못하는 단점을 갖는다.

③ 특수아동의 경우 상대적 서열에 대한 평가보다 시간에 따른 변화에 대한 평가가 중요한 의미를 갖는데, 이러한 변화를 측정·평가하는 데 표준화된 학업성취검사는 제한점을 갖는다.

(2) 특징

① 수업 활동과 연계된 직접평가이다.

② 주별, 격주별로 반복적인 검사를 실시해서 상대적인 서열보다는 학습 기능의 성장에 대해 평가한다. 또한 특수아동의 성장에 대한 평가결과는 현재 특수아동에게 제공되고 있는 교육 프로그램의 효과성에 대한 형성적 평가자료로서 활용된다. 형성평가 목적으로 검사결과를 활용하는 경우 조직화된 수업의 진행, 학습목표 및 과정에 대한 학생들의 인식 및 참여, 학생의 성취수준에 있어서 긍정적 결과를 가져올 수 있다.

③ 측정학적으로 적합: 지금까지의 경험적 연구들은 교육과정중심측정검사가 평균 .90 이상의 높은 신뢰도와 .70 이상의 준거지향 타당도를 가지고 있는 것으로 보고하고 있다.

(3) 유형

① 구두 읽기검사

개요	특성
검사목적	읽기유창성 평가
검사방법	한 학년 동안 수업시간에 사용될 읽기 자료 또는 수업시간에 직접적으로 사용되지 않지만 아동의 읽기능력을 고려할 때 적합할 것으로 판단되는 읽기 자료에 포함되어 있는 지문 중 일부를 무선적으로 선택하여(대략 300~350단어를 포함) 실시한다.
검사결과의 활용	검사결과는 1분 동안 학생이 읽은 총 단어 수에서 틀리게 읽은 단어 수를 뺀 것이다. • 명백하게 대상 단어를 잘못 읽은 경우 • 3초 동안 대상 단어를 읽지 못하는 경우 • 대상 단어를 읽지 않고 그냥 넘어간 경우
장점	검사 제작과 실시가 간편하기 때문에 읽기장애 아동의 유창성 평가를 위해 특수교사가 쉽게 사용할 수 있는 검사이다.
단점	읽기 활동의 또 다른 중요한 측면인 읽기이해력의 측정이 어렵다.

키워드 Pick

② 빈칸 채우기 읽기검사

개요	특성
검사목적	• 읽기유창성과 읽기이해력
검사방법	• 수업 활동에 사용될 읽기 자료나 아동의 읽기수준에 적합한 다른 자료를 근거로 검사를 위해 약 300~350개 정도의 단어가 포함된 읽기 자료를 선택한다. 첫 문장과 마지막 문장은 그대로 놓아두도록 한다. 두 번째 문장부터 일정한 규칙에 의해 일부 단어를 지우고, 지워진 부분에 괄호를 만들어 학생이 문법과 문맥을 고려해 적합할 것으로 판단되는 단어를 직접 적어 넣도록 지문을 재구성한다. • 삭제할 단어를 선정할 때 고려할 점 – 삭제할 단어는 문맥적으로 최소한 다른 하나의 문장과 관련성을 가지고 있어야 한다. – 삭제할 단어는 주변 구절에 의해 예견될 수 있는 것이어야 한다. – 삭제할 단어는 전반적인 주제와 관련하여 구체적인 내용이나 의미를 제공하는 상대적인 중요성을 가지고 있는 것이어야 한다. – 삭제할 단어는 검사에 참여하는 학생이 계속 흥미를 갖고 끝까지 빈칸을 채우고자 하는 동기를 가질 수 있도록 내용과 난이도 면에서 적절성을 가지고 있는 것이어야 한다.
검사결과의 활용	• 2분 동안 문법과 문맥을 고려했을 때 학생이 올바르게 적은 단어 수가 최종 검사결과로 활용된다.
장점	• 구두 읽기검사와는 달리 집단으로 검사를 실시할 수 있다. • 유창성뿐만 아니라 읽기이해력을 동시에 측정할 수 있다.
단점	• 검사 자료 개발이 구두 읽기검사보다 상대적으로 복잡하다. • 검사 자료의 난이도가 높은 경우 검사 도중 아동이 쉽게 좌절하여 포기하는 경우가 있을 수 있다.

③ 선택형 읽기검사

개요	특성
검사목적	읽기유창성과 읽기이해력
검사방법	빈칸 채우기 검사와 동일한 방법으로 실시하되, 삭제된 단어에 대응하는 선택형 예제 3~5개를 제시한다. 이때 삭제된 단어는 정답의 역할을 하게 되며, 다른 단어들은 오답의 역할을 하게 된다.
검사결과의 활용	올바른 선택 수에서 틀린 선택 수를 뺀 결과를 활용한다.
장점	읽기장애 아동의 검사 참여 동기를 적절히 유지하면서 아동의 읽기유창성과 이해력을 측정하기에 적합하다.
단점	오답의 역할을 하는 선택지들을 매력적으로 만드는 것이 쉽지 않기 때문에 검사개발이 상대적으로 어렵다.

(4) 교육과정중심측정 읽기검사결과의 활용

① 설정된 목표선을 기준으로 읽기장애 아동의 성장속도가 목표선 기울기보다 낮게 나타나거나 또는 목표선 아래로 검사점수가 세 번 이상 연속하여 위치할 때에는 현재 적용되고 있는 교수전략에 대한 재검토가 이루어진다.

② 아동의 성장속도가 목표선 기울기보다 높거나, 검사점수가 계속 목표선 위에 위치할 때에는 목표선의 수준이나 기울기를 상향조정함으로써 더 높은 교육결과를 의도하도록 요구된다.

2. 읽기과정중심 읽기이해평가

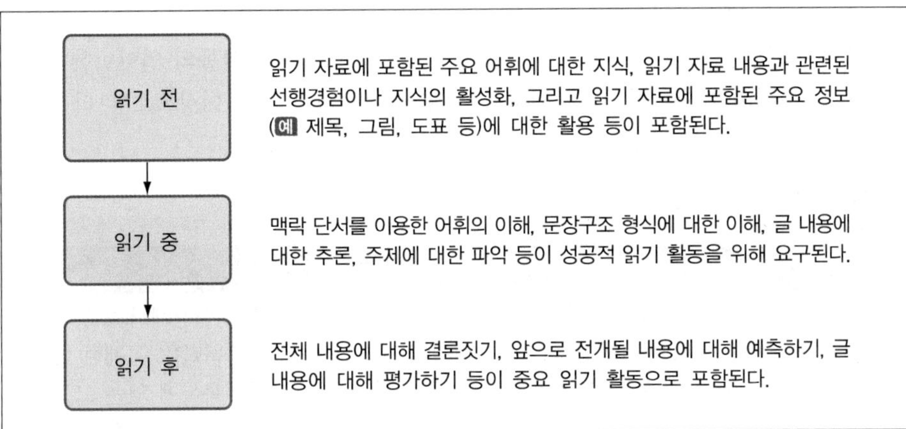

3. 비형식적 읽기평가

(1) 검사의 개요

학년-준거평가로 유치원 수준에서 초등학교 6학년 수준의 읽기 자료를 대상으로 각 대상 학년마다 분기별(4분기) 문장 특성에 맞는 텍스트를 선별하여 하위검사도구를 제작할 수 있다. 선별된 문장은 50~100단어로 구성되도록 하며, 이해도를 파악하기 위해 각 글에 대해 3~5문항의 개방형 질문을 제작한다.

(2) 검사실시의 목적

아동의 어휘력, 문자해독의 정확성 및 유창성, 읽기이해력, 듣기이해력에 대한 평가를 통해 읽기장애 아동의 현 읽기능력 및 잠재능력 수준을 파악하고, 현재 가지고 있는 읽기능력 수준에 적합한 교육 프로그램을 제공하기 위함이다.

키워드 Pick

(3) 검사준거

① **독립수준(독립적 읽기수준)**: 다른 사람의 도움 없이 혼자서 읽기 활동을 수행할 수 있는 수준으로, 단어의 95%(99%)가량을 알고 독해력 질문의 약 90%(95%)를 바르게 답할 수 있다.

② **교수수준(수업을 통한 읽기수준)**: 수업 활동을 통한 조력을 제공했을 때 자신감을 가지고 읽기 활동을 수행할 수 있는 학년수준으로, 학생이 선정한 단어의 90%(95%) 정도를 알고 독해력 질문에서 70%(75%) 정도의 점수를 얻는다.

③ **좌절수준(심리적 좌절수준)**: 필요한 조력을 받더라도 심각하게 읽기 어려운 수준으로, 학생이 90% 미만(75% 이하)의 단어를 알고 70% 미만(50% 이하)의 이해력을 답하는 수준이다.

④ **듣기이해수준**: 문자해독 활동을 제외시켰을 때 읽기장애 아동의 언어이해수준이 어느 정도인지를 측정하기 위한 것으로, 내용 이해력이 75% 이상으로 나타나는 최종 학년수준이 듣기이해수준이 된다.

(4) 검사의 실시 절차

하위검사	내용
단어읽기검사	각 학년별 수준으로 구성된 단어목록을 이용해서 시간제한과 무제한 방식으로 이루어진다. 시간제한방식은 단어 즉시 읽기능력을, 무제한 방식은 아동의 문자해독전략을 측정하기 위한 것이다. 단어목록에 있는 모든 단어를 즉시 해독한 마지막 학년수준으로 문장읽기검사의 시작수준을 결정한다.
문장읽기검사	문자해독과 읽기이해력에 있어서 현저한 어려움을 나타내는 심리적 좌절수준을 확인할 때까지 검사 자료의 난이도를 증가시켜 가면서 실시하게 된다. 읽기검사 전 활동, 읽기검사 중 활동, 이해력 검사로 실시된다.
듣기이해검사	검사자가 아동에게 읽기 자료를 읽어 주고 난 후 자료 내용에 대한 이해력 평가를 통해 이루어진다. 아동이 가지고 있는 듣기이해능력은 자료 내용에 대한 이해의 정확성이 75% 이상의 수준을 유지하는 최종 학년수준으로 결정된다.

(5) 표기 방법과 읽기 오류 유형

① 검사지 표기 방법

정반응	체크 기호(✓)를 사용하여 표시한다.
대체반응	시간제한검사 시 대체반응을 한 경우에는 아동이 발음한 대체어를 그대로 써넣는다. 이어지는 무제한 검사에서 정반응을 하면 아무런 표시를 하지 않으나, 아동이 대체어를 반복하여 사용하는 경우 상동 기호(〃)를 사용해 표시한다.
모른다고 하는 경우	"dk"(don't know)를 사용해 표시한다.
무반응	숫자 '0'을 사용하여 표시한다.

② 일반적인 읽기 오류 12중

오류의 유형	행동평가준거
누락	아동들은 읽을 때 단어나 단어의 어떤 부분을 생략하는 경향이 있다.
첨가	가끔 아동은 교재에 없는 말을 추가시킨다.
대치	아동이 어떤 단어 대신에 다른 단어로 바꾸어 읽는다.
반복	단어와 문자를 반복하는데, 특히 그들이 모르는 단어를 대할 때 반복한다.
음의 생략이나 첨가	아동이 자신이 읽는 단어에 음을 첨가하거나 생략한다.
반전	–
속독과 부정확한 읽기	어떤 아동들은 읽기 자료에서 오류를 많이 범하여 특히 읽을 수 없는 단어들은 빠뜨리고 빨리 읽어 나간다.
한 단어씩 느리게 읽기	어떤 아동들은 단어를 하나씩 하나씩 천천히 읽는다. 이것은 단어 의미 파악에 집중하기 때문에 생긴 습관이다.
독해력 부족	어떤 아동들은 단어의 의미를 파악하기는 하나, 자료의 의미에는 주의를 거의 집중시키지 않는다.

(6) 비형식 읽기검사결과의 활용

① 단어읽기검사의 경우 단어 해독의 정확성과 오류 유형을 검사결과로 얻을 수 있다.

② 단어 해독의 정확성 결과의 경우 시간제한을 통해 얻은 검사결과와 시간제한 없이 얻은 검사결과 간의 비교가 유용한 정보를 제공한다.

③ 시간제한 방식의 검사가 해독 전략을 사용하지 않고 자동적으로 단어를 인식할 수 있는 능력을 측정하는 반면, 무제한 방식의 검사는 해독전략을 활용했을 때의 읽기능력을 측정한다.

㉠ 두 검사결과 간에 유의미한 차이가 있으며 주로 시간제한방식의 검사결과가 현저하게 낮은 경우, 읽기 활동 중 아동의 주의력과 작업기억력이 단어 해독과정에 집중 투여됨으로써 상대적으로 읽기이해에 많은 어려움을 겪을 것으로 생각할 수 있다. 이 경우 문자해독전략에 대한 교육보다는 읽기유창성을 높이기 위한 교육에 강조점을 두어야 할 것이다.

㉡ 한편, 두 검사 모두에서 낮은 결과를 나타낸 경우에는 문자해독전략 훈련에 더 많은 시간을 할애하는 것이 바람직할 것이다.

④ 문장읽기검사결과와 듣기이해검사결과 간의 차이를 살펴보는 것도 유용한 정보를 제공한다. 듣기이해검사결과는 아동의 인지능력 또는 일반적 언어이해능력을 나타내 주는 지표라고 할 수 있다. 수업을 통한 읽기수준과 듣기이해능력수준 간에 차이가 많이 나는 경우는 집중적인 수업 활동을 통해 아동의 읽기이해력이 상당히 향상될 잠재력이 있음을 시사한다.

키워드 Pick

⑤ 수업을 통한 읽기수준과 관련해 교사가 고려해야 하는 것이 읽기장애 아동의 심리적 좌절수준이다. 수업을 통한 읽기수준과 심리적 좌절수준 간 차이가 큰 아동은 두 수준 간 차이가 작은 아동보다 적절한 교육 프로그램을 제공받았을 때 급속한 읽기 성장을 나타낼 가능성을 더 많이 가지고 있다. 한편, 두 수준 간 차이가 작은 아동은 그렇지 않은 아동보다 더 집중적이고 체계화된 교육 프로그램이 제공되어야 한다.

⑥ 단어읽기검사와 문장읽기검사결과 간의 차이를 살펴보아야 한다. 단어읽기검사결과보다 문장읽기검사결과가 현저하게 낮게 나타나는 경우에는 아동이 읽기이해와 관련된 인지전략을 효과적으로 활용하지 못하고 있다고 생각할 수 있다. 이 경우 읽기이해력을 증진시키기 위한 체계적인 프로그램이 우선적으로 계획·제공되어야 한다.

4. 문제해결 과정으로서의 읽기평가

① 문제해결 과정으로서의 읽기검사들은 읽기문제를 가지고 있는 아동들의 읽기정확성과 유창성, 그리고 읽기이해력을 평가하는 데 유용하게 활용될 수 있다.

② 읽기정확성과 유창성에 있어서의 문제들은 구두 읽기검사를 통해 측정될 수 있다.

③ 읽기이해력의 문제들은 비형식 검사의 경우에는 다시 말하기와 촉진 질문을 통해, 교육과정중심측정이나 기초학습기능검사의 경우에는 빈칸 채우기와 선택형 검사방법을 통해 확인될 수 있다.

④ 문제해결 과정으로서의 읽기검사들은 주기적 평가 활동을 통해 대상 아동의 읽기능력 향상평가와 이를 기초로 한 교육 프로그램 효과성 평가에 활용될 수 있다.

⑤ 특히, 기초기능학습 읽기검사의 경우 동형의 검사들이 학년수준별로 제공되고 있기 때문에 이를 활용해 아동의 읽기능력이 얼마나 향상되고 있는지를 반복적으로 평가할 수 있다.

⑥ 읽기 활동과 관련된 학습장애 아동의 총체적 이해는 읽기검사를 통한 능력수준의 객관적 이해와 아동이 가지고 있는 읽기흥미 또는 학습동기에 대한 이해를 함께 가질 때 이루어진다.

⑦ 읽기를 포함한 모든 학습활동은 인지적 활동일 뿐만 아니라 그 안에 재미와 흥미가 내재해 있는 정의적 활동이다. 그러므로 학습장애 아동이 가지고 있는 인지적·정의적 문제들을 총체적으로 고려하는 평가 및 교육활동이 계획되고 실시되어야 한다.

④ 읽기 문제의 어려움

원인에 대한 초기 이해	• 시지각 정보처리 과정 • 읽기학습방법과 선호하는 정보지각양식의 불일치
원인에 대한 최근 이해	• 언어 관련 인지능력인 음운인식능력 및 언어정보에 대한 단기기억력 결함 • 어휘력, 의미론, 구문론 등과 관련된 언어지식의 부족 • 읽기 자료와 관련된 선행학습 및 사전경험의 부족

⑤ 읽기 중재

1. 전통적인 읽기 교수법: 다감각중심 읽기 교수법 11중

(1) Fernald의 읽기 교수법

① 의미 및 특징

㉠ 하나의 전체적인 단위로서 단어 쓰기의 중요성을 강조한다.

㉡ 아동이 몇 개의 단어를 읽고 쓰는 것을 배운 후 선택한 주제에 따라 이야기를 쓰도록 권장하여 결정된 맥락 안에서 단어의 의미를 강조한다.

㉢ 아동이 단어를 반복숙달하는 데 유용한 전략으로 단어의 시각적 형태를 강조한다.

㉣ 아동은 인쇄된 단어를 시각적으로 추적하며, 그것을 말하고, 기억으로 쓰는 단계를 통해서 읽기능력이 발전된다.

② 단계

1단계	교사가 학생들이 선정한 단어를 종이나 카드 위에 따라 쓸 수 있을 만큼 크게 쓴다. ㉠ 교사는 학생에게 하고 싶은 이야기를 하도록 한다. ㉡ 교사는 학생이 불러 주는 이야기를 적는다. ㉢ 교사는 학생들에게 적은 이야기에 포함된 단어 중에서 학습하고자 하는 단어를 선택하도록 한다. ㉣ 교사는 학생이 선택한 단어를 단어장에 크게 쓴다. ㉤ 교사는 학생이 단어장에 있는 단어를 손가락을 따라 쓰면서 소리내어 읽도록 한다(이때 네 개의 감각-시각, 청각, 운동학, 촉각이 단어학습과정에 관여한다). ㉥ 학생은 단어카드를 보지 않고 단어를 쓸 수 있을 때까지 선택된 단어를 손가락으로 계속 따라 쓴다. ㉦ 교사는 학생이 학습한 단어카드를 단어상자에 알파벳순으로 보관한다. ㉧ 교사는 학생이 불러준 이야기에 포함된 모든 단어에 대한 학습이 끝나면 학습한 단어를 가지고 학생이 글을 직접 쓰도록 요구한다(이 과정에서 새로운 단어가 출현하는 경우 이에 대한 단어학습을 병행한다). ㉨ 학생이 이야기를 다 쓰면, 교사는 이를 워드 프로그램을 이용해 다시 작성하도록 한다. 워드 프로그램을 이용해 작성된 글을 출력하여 학생이 이를 읽어보도록 한다.
2단계	교사가 학생이 선정한 단어를 쓰고 학생은 손가락을 따라서 쓰지 않고 바로 읽는다. 1단계와 마찬가지로 단어들을 쓰고, 타자기로 치고, 읽는다.
3단계	학생들이 단어를 보고 말한다. 이때 필요하면 단어를 말하여 준다. ㉠ 책에서 단어를 읽기 시작한다. ㉡ 책에서 단어를 모두 골라서 읽은 다음, 새로 배운 단어들을 복습하고 기억해서 쓰고 검토·확인한다.
4단계	전에 배운 단어들과 비슷한 점을 이용하여 새로운 단어들을 알아낸다. ㉠ 필요하면 교사가 비슷한 점을 지적한다. ㉡ 학생들은 여러 가지 읽기 자료들을 사용한다.

키워드 Pick

(2) Gillingham의 읽기 교수법

① 특징

㉠ 문자와 음소의 대응관계에 대한 지식을 다감각적 방법을 통해 획득하도록 프로그램을 구성하였다.

㉡ 단점: 프로그램에 참여하는 아동의 학습동기에 대한 고려가 거의 없다.

② 단계

1단계	• 교사는 학생이 문자에 대한 지식과 문자와 음소의 대응관계를 인식하도록 한다. • 교사는 학생에게 학습해야 할 문자를 소개하기 위해 이 문자가 들어 있는 단어를 같이 제시한다. • 교사는 문자에 대한 소개를 끝내고 난 후 문자가 적혀 있는 연습카드를 이용해 문자의 이름과 문자와 대응하는 음소를 교수한다(이때 자음과 모음에 대한 학습이 같이 이루어지는데, 자음과 모음을 구별하기 위해 사용되는 연습카드는 다른 색을 사용한다).
2단계	• 음운결합 활동을 통해 단어 만들기 활동을 한다. • 배운 문자를 이용해 형성된 단어는 단어카드에 기록되며, 기록된 단어카드는 따로 보관된다. • 학생들은 단어카드에 쓰여진 단어를 쓰면서 단어를 구성하는 문자가 무엇인지를 구두로 말하는 학습활동을 한다. • 단어카드가 어느 정도 만들어진 후에는, 단어카드를 이용해 문자에 대한 복습 활동을 같이 실시하게 된다.
3단계	• 지금까지 작성된 단어카드를 이용해 문장을 작성하거나 이야기를 작성하는 활동이 이루어진다. • 이 단계에서는 학습한 단어에 대한 재학습 및 읽기 활동과 함께 글쓰기 활동이 중요한 교수-학습활동이 된다.

(3) Hegge-Kirk-Kirk 읽기 교수법 11중

① 교정적 읽기 프로그램이라고도 불리며 많은 연습기회를 통해 문자와 음소의 대응관계를 파악하도록 교수-학습활동이 구성되어 있다.

② 모든 자음과 모음에 해당하는 음소를 아동이 모두 알도록 교수-학습활동이 이루어진다.

③ 문자와 음소에 대한 학습이 끝난 다음에는 이들 문자들로 구성되는 단어를 중심으로 한 활동으로 이루어진다.

(4) 신경학적 각인 읽기 교수법 17초, 11중

① 의미

㉠ 음운분석이나 단어인식, 읽기이해와 관련된 명시적 교수-학습활동보다는 학생의 읽기유창성을 향상시키기 위해 적용될 수 있는 방법이다.

㉡ 중도 읽기장애 아동을 대상으로 할 수 있다. 교사와 아동이 가까이 앉아서 같이 빠른 속도로 읽기부터 시작한다.

㉢ 이 접근의 의도는 아동이 타인과 자신의 소리를 들음으로써 유칭한 읽기를 각인할 수 있다는 데에 있다.

② 적용방법

㉠ 이 교수법은 교사와 학생이 함께 주어진 자료를 가능한 한 빨리 읽는 연습을 하도록 구성되어 있다. 주어진 시간 동안 아동이 피로를 느끼지 않는 범위 내에서 가능한 한 많이 읽는다.

㉡ 처음에는 교사가 아동보다 조금 더 크게 빨리 읽는다(교사가 주도). 아동은 실수를 두려워하지 말고 계속 따라 읽도록 격려된다.

㉢ 교사는 읽는 글자를 손으로 지적해 준다. 아동이 읽기수준을 따라오면 교사는 소리를 낮추고 천천히 읽으며, 아동이 손으로 글자를 지적하도록 한다(아동이 주도하고 교사는 따라가기). 이렇게 지도하는 이유는 아동이 유창하게 읽도록 돕는 것이 주목적이기 때문이다. 따라서 읽기 교재는 아동의 수준보다 조금 낮은 것을 선택하여야 한다. 이 접근의 장점은 구어표현, 유창성, 읽기에 대한 자신감 형성에 유리하다는 것이며, 단점은 이해, 단어인식 등을 등한시하고 있다는 것이다.

㉣ 고흥미-저어휘 방법으로서, 이 방법은 나이 든 아동을 대상으로 흥미가 높고 어휘가 적은 교재를 선정하여 읽기를 접근한다. 성인용 그림동화, 스포츠, 미스터리, 과학, 모험 등을 다룬 교재를 사용한다. 교사는 교수에 앞서서 먼저 각 교재의 읽기수준을 평가해야 한다.

㉤ 이 교수법의 기본적인 가정은 학생들이 읽기과제수행 시 자신의 목소리와 타인의 목소리를 함께 들음으로써 관련된 읽기 기능을 더 효과적으로 획득할 수 있다는 것이다.

㉥ 신경학적 각인방법에서는 별도로 준비·개발된 읽기 자료를 요구하지 않는다. 이 교수법은 읽기유창성 향상을 목적으로 하기 때문에 읽기 자료의 선택은 대상 학생이 포함된 단어를 성공적으로 인식할 수 있는 수준의 자료를 중심으로 이루어진다.

기출 LINE

11중) 읽기 유창성 문제를 가진 학습장애학생에게 도움이 된다. 교사와 학생은 함께 읽기 자료를 가능한 한 빠르고 정확하게 읽어 나간다. 초기에는 교사가 더 큰 목소리로 더 빠르게 읽어나가지만 점차 학생이 주도적으로 읽는다.

키워드 Pick

③ 전략

함께 읽기	• 교사와 학생이 함께 주어진 자료를 가능한 빨리 읽는 연습을 하도록 구성한 것이다. • 학생들은 읽기과제수행 시 자신과 타인의 목소리를 함께 들음으로써 유창성과 관련된 읽기 기능을 더 효과적으로 획득할 수 있다는 근거를 기초로 적용한다.
반복 읽기	• 50~200개 단어로 구성돼 있고, 학생들이 이 단어들을 대부분 인식할 수 있는 읽기 자료를 가지고 일정 수준의 유창성에 이를 때까지 반복적으로 자료를 읽도록 하는 방법이다.

2. 단어인식능력의 향상을 위한 교수법

(1) 의미중심 프로그램

① 통언어적 접근

㉠ 문자해독을 위한 구체적인 기능을 직접 가르치기보다 이들 기능들이 의미 획득 또는 내용 이해를 위한 읽기 활동 과정에서 자연적으로 습득되므로 일상적인 언어경험이나 기능과 구별되는 인위적인 음운분석 또는 결합 기능에 대한 교육은 불필요하다.

㉡ **일견단어 교수법**: 반복적인 노출을 통해 주어진 단어의 시각적 형태를 기억하도록 하고, 단어의 시각적 형태와 음, 그리고 의미를 서로 연합시키도록 하는 방법이다. 13 · 17중

㉢ 읽기 활동과 쓰기 활동이 통합됨으로써 읽기와 쓰기 활동이 연계되어 강조된다.

㉣ 학생들의 흥미와 관심을 유발하기 위한 기능중심이므로 인위적 자료가 아닌 문학 작품과 같은 흥미 있는 읽기 자료를 사용한다.

② 언어경험 접근 11 · 21초

㉠ 개요

- 읽기 활동과 다른 언어 활동을 통합하여 프로그램이 구성되며, 아동의 학습동기 유발을 통해 학습참여를 유도한다. 언어경험 접근에서 사용되는 읽기 자료는 학생들이 경험한 이야기를 중심으로 구성된다.
- 읽기 활동과 다른 언어 활동을 통합하여 프로그램이 구성되며, 아동의 학습동기 유발을 통해 적극적인 학습참여를 유도한다.
- 언어경험 접근에서 사용되는 읽기 자료는 학생들이 경험한 이야기를 구두로 말하고, 교사는 이를 문어로 기록한다. 이때 학생들이 자유롭게 이야기를 전개할 수 있도록 학생 자신의 경험을 그림으로 나타낸 결과물을 활용할 수도 있다. 일단 교사는 학생의 이야기를 있는 그대로 적은 다음, 편집과정을 통해 문자해독, 적절한 다른 대체단어의 선택, 사용된 문장구조의 확인 및 변경 등을 수행하게 된다. 이러한 과정을 통해 작성된 글이 바로 읽기 활동을 위한 교수-학습자료로서 사용된다.

㉡ 장단점

장점	• 말하기, 듣기, 쓰기 활동을 읽기 프로그램에 통합함으로써 아동이 자신의 언어활동, 환경과의 접촉, 일상적 생활경험에 더 민감해지도록 한다. • 자신의 경험을 중심으로 한 읽기 자료의 구성은 읽기 활동에 대한 학생들의 학습동기를 높여 주는 기능을 수행한다. • 논리적인 이야기 전개나 여러 사상들(events)에 대한 통합적 사고 등을 통해 언어뿐만 아니라 사고력도 함께 개발할 수 있다.
단점	• 계열성을 갖는 구체적 읽기 기능(예 음운분석, 음운결합, 단어 형성 등)에 대한 체계적인 교육을 제공하지 않는다. • 읽기 활동이 아동의 경험과 어휘력에 의존하는 데 비해, 어휘력 개발을 위한 구체적 프로그램이 존재하지 않는다.

㉢ 절차

- 아동이 재미있어 하는 주제나 활동을 선택한다.
- 교사, 아동이 함께 그 활동에 대해 이야기한다.
- 아동 또는 교사(소집단의 경우)가 받아쓴다.
- 교사가 지적한 단어를 개인별 또는 합창으로 읽는다.
- 입력한 단어를 아동에게 제시하고, 아동은 이야기 읽는 연습을 한다.
- 새로 나온 단어는 단어카드를 작성하여 빈칸 채우는 방법으로 연습한다.

③ 읽기회복법

㉠ 개요: 초등학교 1학년, 즉 읽기를 배우는 첫해에 어려움을 겪는 아동을 위하여 하루에 30분 정도 일대일로 가르치는 것으로, 일반학급에서 사용하는 문해방법이며 초기의 읽기와 쓰기 활동을 결합한 것이다.

㉡ 절차

- 친숙한 책을 반복하여 읽기
- 익숙하지 않은 책을 다시 읽고 계속적인 기록 분석하기
- 이야기 쓰기
- 새로운 책 읽기

(2) 해독중심 프로그램

① 음운분석적 접근

㉠ 의미: 문자 및 문자와 음소의 대응관계에 대한 지식, 그리고 단어를 구성하는 음소의 분석 및 결합 기능들이 문자해독기술 향상을 위한 중요한 교수-학습활동이 된다.

㉡ 방법

종합적 방법	학생들이 각 문자에 대응하는 음소에 대한 지식을 먼저 획득하도록 한 후, 학습한 음가들을 통해 주어진 단어에 대한 해독 활동을 수행할 수 있도록 가르친다.
분석적 방법	단어를 구성하는 통합된 부분으로서 문자의 음가를 학습하도록 하는 것이 강조된다.

기출의 맥

언어경험 접근은 적용절차가 가장 중요한 부분입니다. 그런데 이 절차는 매우 다양한 문헌에서 다양하게 표현하며 설명합니다. 단계별 명칭은 다양할 수 있으니, 단계별 활동의 핵심의미를 파악해 두는 데 초점을 두세요!

기출 LINE

11초)
- 성호가 놀이공원에서 한 일을 자유롭게 말하게 하며, 필요한 경우 현장체험학습 사진이나 동영상 자료를 보여준다.
- 성호가 놀이공원에서 한 일을 이야기한 내용 그대로 받아 적는다.
- 성호가 자신이 이야기한 내용의 글이 친숙해질 때까지 여러 번 읽도록 지도한다.
- 성호가 생소하거나 어려운 낱말, 혹은 배우고 싶은 낱말을 선택하게 하여 낱말카드로 만들어 지도한다.
- 성호가 자신이 이야기한 내용의 글을 능숙하게 읽게 되면, 다른 학생의 이야기를 읽도록 지도한다.

키워드 Pick

② 언어학적 접근

㉠ 의미: 의사소통을 중심으로 한 문자해독 읽기 활동을 강조하는 것으로, 인쇄문자를 언어적 의사소통과정으로 변환시키는 활동을 한다. 음운분석적 접근과는 달리 철자나 발음이 서로 유사한 단어 자체를 문자해독의 단위로 설정하여 반복되는 부분과 구별되는 음운 부분을 통해 각 부분이 가지고 있는 소리를 학생들이 쉽게 파악할 수 있도록 한다.

㉡ 장단점

장점	실제 단어를 사용함으로써 문자와 음소에 대응관계에 대한 간접적 교육과 더불어 읽기가 쓰여진 구어를 의미화하는 과정이라는 것을 학생들이 느끼도록 한다.
단점	어휘 선정이 제한적일 수 있다는 것과 여전히 읽기이해력의 향상에는 크게 도움을 주지 못한다.

(3) 문맥단서

① 단어가 제시되는 문장이나 내용을 통해 단어를 인지하도록 지도한다.
② 문맥을 통해 아동이 친숙하지 않은 단어를 추측하도록 도울 수 있다.

(4) 구조분석

접두사, 접미사, 음절 등 단어를 분석함으로써 단어를 인지하여 읽게 된다.

3. 읽기유창성 향상을 위한 지도 13·19초, 21중

(1) 유창성 지도

① 유창성 지도는 학생이 단어인지를 자동적으로 하지 못할 때 유용하다.
② 유창성 지도를 실시해야 하는 경우

㉠ 학생에게 아직 배우지 않은 내용을 구두로 읽게 했을 때, 10% 이상 단어인지에서 실수를 할 때
㉡ 학생이 구두로 잘 읽지 못할 때
㉢ 구두로 읽은 내용에 대해 잘 이해하지 못할 때

(2) 반복 읽기와 모니터링

① 반복 읽기는 실질적으로 단어인지, 속도, 정확성을 향상시킨다.
② 여러 번 혹은 유창성이 획득될 때까지 내용을 읽고 또 읽는다.
③ 읽기 연습은 오디오 테이프, 개인 지도, 또래 지도 등을 통해 증가될 수 있다.

기출 LINE

19초)
- 유창하게 글을 읽는 시범을 제공한다.
- 묵독보다는 음독 읽기 연습을 충분히 제공한다.
- 학생들에게는 교수 수준에 적합한 지문을 사용한다.
- 체계적인 오류 교정 절차를 제공해야 효과적이다.

기출 LINE

13초)
- 반복읽기 전략을 통해 글 읽기 속도를 증진시킬 수 있다.
- 반복읽기를 지도할 때 잘못 읽은 단어가 있다면 교사는 피드백을 즉시 제공하여 교정한다.

(3) 학생이 소리 내어 반복 읽기를 할 수 있는 방법 21중

학생-성인 읽기	• 학생-성인 읽기에서 학생은 성인과 함께 일대일로 읽게 된다. • 성인은 먼저 본문을 읽으면서 유창하게 읽는 시범을 보이고, 학생은 성인의 도움과 격려를 받으면서 같은 내용을 읽는다. 아주 유창하게 읽을 수 있을 때까지 학생은 반복해서 읽는다. 대략 서너 번 정도 반복해서 읽어야 한다.
함께 읽기	• 함께 읽기에서 학생은 교사(혹은 유창하게 읽는 성인)와 함께 읽게 된다. 물론 학생은 교사가 읽고 있는 같은 본문을 볼 수 있어야 한다. • 이때 너무 길지 않고 학생들 대부분이 독립적으로 읽을 수 있는 수준의 책을 선택하는 것이 좋다. • 아동이 내용을 예측할 수 있는 책은 특히 함께 읽기에 유용하다.
테이프 활용하여 읽기	• 학생은 테이프 활용하기 읽기를 통해 유창하게 읽는 내용을 들으면서 책을 읽게 된다. • 교사는 학생의 독립적 읽기수준에서 책을 선택하고 유창하게 읽는 책의 테이프 기록을 준비해야 한다. 이때 테이프는 음향 효과나 음악이 함께 나와서는 안 된다.
짝과 읽기	• 짝과 읽기에서 짝이 된 학생들은 돌아가면서 서로서로 큰 소리로 책을 읽게 된다. • 더 유창하게 읽는 학생이 덜 유창하게 읽는 학생과 짝이 된다. 더 잘 읽는 학생이 유창하게 읽는 시범을 보인다. 그러면 다른 학생이 같은 내용을 큰 소리로 읽는다. • 유창하게 읽는 학생은 다른 학생의 단어인지를 돕고 피드백을 제공한다. 유창하게 독립적으로 읽을 수 있을 때까지 읽기를 반복한다. • 짝과 읽기에서 반드시 더 유창하게 읽는 학생과 유창하게 잘 읽지 못하는 학생이 서로 짝이 될 필요는 없다.
역할 수행	• 역할 수행에서 학생들은 또래나 다른 사람들과 함께 책 속에서 주어진 역할을 연습하고 수행한다.

4. 읽기이해력 증진을 위한 교수법

(1) 어휘력 증진을 위한 교수전략

수업 초반부나 중간에 새롭게 읽기 자료에 나타난 단어에 대한 의미를 설명하기, 새로운 단어에 대한 단순한 정의 내리기, 새로운 단어의 동의어나 반의어 찾기 등의 수업 행동이다.

① 문맥을 이용한 교수전략

문맥을 활용한 어휘 정의하기	교사가 먼저 새로운 어휘를 학생들에게 소개한 후 이 어휘가 포함된 문장을 학생에게 제시하여, 문장 속에 내포된 어휘의 의미를 학생들이 정의하도록 요구하는 활동을 전개한다.

키워드 Pick

어휘 의미 발견하기	학생들이 읽어야 할 부분 중 새로운 어휘가 나오는 일부분을 발췌하여 학생들에게 제시하고, 주어진 자료의 전반적 내용을 고려했을 때 새로운 어휘의 의미가 무엇인지를 질문과 토론을 통해 발견하도록 한다.
문장 만들기	학생들이 새롭게 접하게 될 단어와 이 단어와 관련되어 있으면서 학생들이 이미 알고 있는 단어들을 동시에 제공하고, 이 단어들을 이용해 문장을 만들어 보도록 하는 방법이다.

② 범주를 이용한 교수전략

단어유창성 방법	주어진 시간 안에 범주에 속하는 가능한 한 많은 단어를 학생들에게 말하도록 요구함으로써 유창성을 향상시키려는 방법이다.
나열-범주-명칭 부여	제시된 대상 단어와 관련이 있는 단어들을 학생들에게 모두 나열하도록 하고 그다음으로는 이를 범주화하도록 하며 마지막으로 범주화된 집단에 대해 적절한 명칭을 부여하는 활동이 이루어진다.
특징분석 방법	범주들이 먼저 제시되고, 제시된 범주에 해당하는 단어들을 학생들이 나열하도록 요구한다. 그다음에 각 범주의 특징이 무엇인지를 확인하도록 하고 마지막으로 여러 범주들에 걸쳐 공통된 특징과 그렇지 않은 특징이 무엇인지를 확인하도록 학생들에게 요구한다. 이러한 활동을 통해 학생들은 범주에 속하는 단어들의 의미적 차이점과 유사점을 확인해 나가게 되는 것이다.
도식활용 방법	핵심 어휘를 중앙에 위치시키고, 이와 관련된 단어들을 그래픽 형식으로 확인해 나가도록 함으로써 핵심 어휘의 의미를 파악하도록 학생들에게 요구하는 방법이다.

(2) 독해력 증진을 위한 교수전략

① 관련 지식 자극하기 전략 14초

의미	• 글을 읽기 전에 관련 지식에 관해 토론을 하게 하거나 회상하도록 한다. 사전지식이나 경험과 관련짓기도 이에 해당한다. • 읽기 자료의 주요 내용들을 논리적이고 의미 있게 서로 연결하고 글의 내용을 중심으로 적절한 추론을 내릴 수 있도록 학생들을 도와주는 역할을 수행한다.
적용예시	• 이 교수전략의 예로는 이전 읽기 내용과 현재 읽기 내용을 서로 연관시켜 주기, 이야기의 전반적 맥락을 제시하여 주기, 학생들이 글의 내용과 관련한 경험이나 지식을 서로 이야기하도록 하기 등을 들 수 있다.

② 반복 읽기

의미와 효과	• 독해에 어려움이 있는 경우 같은 글을 여러 번 반복해서 읽어보도록 하는 것으로, 단순하지만 효과가 큰 방법 중 하나이다. • 텍스트를 반복적으로 읽음으로써 유창해지고 자신감을 갖게 된다. • 잘 알지 못하는 단어를 식별하는 연습기회를 갖게 된다.
절차	• 아동들은 읽기의 속도와 정확도를 위한 구체적인 기준을 가지고 반복하여 읽는다. • 아동의 성취 정도를 차트나 그래프로 기록한다. • 점차 유창하게 읽게 되면, 이해력을 높여 주기 위하여 읽은 것을 기억하고 생각하기를 촉구하고 토론한다.

③ **심상화·형상화하기**: 읽은 글의 내용이 잘 표현되어 있는 그림이나 도표 혹은 그래픽을 작성하도록 하는 방법이다. **14초, 10·11중**

④ **재진술하기**: 읽은 글의 내용을 자신이 이해한 대로 자신의 말로 다시 진술해 보도록 하는 방법이다.

⑤ **K-W-L 기법**: 학생들의 배경지식을 활성화하여 아동의 독해력을 향상시키기 위한 전략이다. **15중·24중**

K (What I Know)	• 내가 아는 것 • 학생들이 교과에 대해 가지고 있는 모든 지식을 생각해서 말한다. • 한 그룹의 학생들이 그들의 지식을 공유할 수 있다.
W (What I Want to Know)	• 내가 알기를 원하는 것 • 학생 각자는 자신들의 읽기에서 배우기 원하는 것을 생각해서 종이 위에 쓴다. 그 후 학생들은 질문에 대한 답을 비교할 수 있다.
L (What I Learn)	• 내가 배운 것 • 학생들은 조용히 교재를 읽고 그들이 읽은 내용에서 배운 것을 쓴다. 이 문제에 대한 대답은 그룹에 의해 공유될 수 있다.

⑥ 사전읽기전략

의미	• 읽기 활동을 수행하는 개인 자신의 목적이 무엇인지 결정하기, 전체 제목이나 장·절 제목, 그림, 표 등을 이용해 전체적인 내용 분석하기, 글의 서론이나 요약 부분을 중심으로 전체 개요 파악하기, 글 내용에 대한 질문 만들기, 다른 단원이나 이전 학습내용과의 관련성 파악하기 등의 활동으로 구성된다.
주요활동	• 목표설정 수행하기 • 글의 구성부분들(제목, 장, 절, 제목, 그림, 표 등) 분석하기 • 서론과 요약의 핵심을 검토하기 • 알고자 하는 내용을 중심으로 질문 만들기

키워드 Pick

Chapter 09

⑦ 그래픽 자료를 이용하는 방법

의미	• 이야기의 구성요소를 시각적으로 이해하는 학습자에게 가장 적합하다. • 흔히 어린 독자나 읽기에 문제가 있는 학습자들은 여러 가지 사실들이 복잡하게 전개되어 당황하게 되므로 사건과 내용의 전개과정을 이야기 구성도와 같이 단순한 구조로 나타내어 쉽게 이해할 수 있도록 한다. • 일반적인 글의 구조는 나열식, 계열적 순서, 비교-대조, 원인과 결과, 이야기문법구조 등이다. • 읽기 활동을 진행하는 동안 글의 구조가 위에서 제시된 유형들 가운데 하나인 경우 일정한 형식으로 구성된 그래픽 자료를 이용해 전체 글의 내용과 관계를 파악하도록 하는 방법이다.
글의 구조에 따른 전략	• 비교-대조: 글의 구조를 이용한 핵심내용 및 내용 간의 관계 파악을 돕는 비교표를 작성하는 방법이다. • 이야기문법과 이야기지도 활용하기: 글의 내용에 대해 배경, 주요 등장인물, 주요 갈등 사건, 문제해결 과정, 결말 등의 요소별로 내용을 정리하게 하는 방법이다. – 이야기문법: 이야기 구조의 틀 – 이야기지도: 이야기문법을 구조화한 시각적 자료
실시효과	• 지시적 회상 및 암시적 회상의 향상, 미숙한 독자에게 효과가 기대되며, 이야기식의 문장이해에 적합하다.
적용방법	• 이야기의 주인공을 찾고, 그 이야기가 언제, 어디서 일어났는지, 주인공이 무엇을 하였는지, 그 이야기가 어떻게 끝나는지, 그리고 그 주인공이 어떻게 느끼는지 등을 찾도록 한다. • 학생들이 한 이야기를 읽는 동안 장소, 주인공, 그 주인공의 목표, 그 목표를 달성하는 데에 가로놓인 장애물 등에 대해 스스로 질문하도록 가르친다. • 학생들에게 이야기지도를 구성하도록 가르친다. 그 지도는 장소, 문제, 목표, 행위, 결과에 대한 정보 등을 기록하도록 한다.
특징	• 시각적 자료 및 공간적 표현을 활용하여 교과 내용을 조직적으로 파악하도록 돕는다. • 정보들이 어떻게 연관되어 있는가를 시각적으로 보여 준다. • 글 내용의 논리적인 구조를 보여 준다. • 다양한 교과 내용을 독해하는 데 사용할 수 있다.

⑧ 질문하기: 글의 내용에서 사실적 정보 혹은 추론적 정보에 대해 각각 질문을 제시하여 그 질문에 답해 가는 과정을 통해 내용 파악에 도움을 주는 방법이다. 14초

㉠ 질문의 유형

인지-기억질문	재개념 또는 검토, 사실 제시, 세부적 묘사
수렴적 사고질문	관계, 사실설명, 이유, 결론, 유추
확산적 사고질문	새로운 생각, 이해 및 유추를 통한 새로운 반응 도출을 위한 질문
평가적 사고질문	특정 영역, 잘 서술되지 않은 영역에 대한 판단, 의견 제시

ⓛ 질문기법

기술영역	행동	질문의 예
지식	사실의 회상, 정의	이것은 무엇이지?, 어디에 있지?, 언제 일어났지?
이해	주제 묘사, 비교, 대조, 짝짓기	무엇이 발생했나?, 주제가 무엇이지?, 어떻게 비슷하지?, 어떻게 다르지?
적용	규칙 및 기법을 적용하여 문제해결	어떻게 쓰레기를 줄여야 하는가?, 상황을 바꾸면 어떻게 될까?, 나에게는 어떻게 관련되지?
분석	증거발견, 원인과 동기찾기	왜 그렇게 되었지?, 원인은 무엇이지?, 어떤 결말이 나올까?, 어떻게 끝날까?
종합	예언, 문제해결	이 단락의 제목을 무엇이라고 붙일까?, 나에게 이러한 일이 일어난다면 나는 어떻게 할까?
평가	이견, 해결책에 대한 판단	이 글의 내용에 동의하는가?, 내 생각은 무엇이지?, 이 글의 내용은 옳은가?

ⓒ 특징

- 질문을 통해 독자가 글의 내용을 생각하게 한다.
- 지식, 이해, 적용, 분석, 종합, 평가 등의 상위인지 사고를 하도록 유도한다.
- 글의 주요 내용에 주의를 기울이게 한다.
- 글을 읽는 동안 자신의 이해를 점검하게 한다.

⑨ 상호호혜 교수법(호혜적 교수법) : 구조화된 토론중심 학습활동을 통해 글의 내용 이해를 촉진하는 방법 17초, 09 · 15 · 23중

㉠ 주요 학습활동

활동	내용
예측	• 교재에 포함된 목차나 그림, 또는 지난 시간에 논의된 내용 등을 중심으로 다음에 무슨 내용이 전개될지 예측해 본다. • 교사가 읽기전략으로 예측하기가 갖는 이점에 대해서 토론하는 것이다. • 본문의 다음에 나올 내용에 대한 예측하기 활동은 본문에 대한 사전지식과 관련된다. • 또한 자신들이 예측한 것을 확인하거나 반박하기 위해 본문을 더 읽어야 할 필요성을 제공해 준다. 따라서 이 전략은 읽고 있는 자료에 대한 독해와 이미 읽은 자료에 대한 독해 점검 모두를 포함한다. • 교사는 다양한 예측하기 활동을 위해 포스터나 차트를 만들어 교실 정면에 전시함으로써 수업진행을 맡은 학생을 지원해 줄 수 있다.
질문	• 주어진 학습 과제를 읽은 다음 이와 관련한 질문들을 만들어 내고 이를 학생들로 하여금 답하게 한다. • 질문 생성하기는 학생에게 시험문제가 될 수 있는 정보들을 확인해 볼 기회를 제공한다. 또한 여러 가지 다양한 유형의 질문을 통해 공부하는 법을 토의할 기회가 될 수 있다.

기출 LINE

15중) 김 교사는 학생들과 함께 질문하고 토론하면서 교사 주도로 수업을 하다가, 점진적으로 학생들이 학습에 대한 주도권을 갖도록 하였다. 김 교사는 수업 시간에 학생들과 함께 다음과 같은 방법으로 교수·학습활동을 하였다.

기출 LINE

23중)

- 상보적 교수 활용 시 유의사항
  - 교사와 학생은 구조화된 대화를 통해 읽기 이해 능력을 향상시키도록 한다.
  - 사용되는 4가지 전략은 문단이나 단락별로 순환적으로 사용될 수 있다.
  - 예측하기 전략의 경우, 글을 읽는 중간에 지금까지 읽은 내용을 바탕으로 앞으로 이어질 내용을 예측하게 한다.
  - 질문 만들기 전략에 사용되는 질문은 핵심어(키워드)를 활용하여 만들 수 있으며, 글의 갈래에 따라 핵심어(키워드)는 달라질 수 있다.

키워드 Pick

요약	• 전체적인 내용에 대해 요약한다. • 본문의 다른 부분들로부터의 정보들을 통합할 기회를 제공한다. • 읽은 부분에서 가장 중요한 아이디어들을 종합하여 확인하고 토의해야 한다.
명료화 23중	• 내용 이해 중 불분명한 부분에 대해 명확히 한다. • 명료화하기는 학생들로 하여금 본문의 주요 요점들을 확인하고 어려운 개념을 확인하게 한다. • 어려운 개념에 대한 확인은 독해의 한 측면인데, 학습장애 학생들은 종종 자신이 읽은 내용의 일부분을 이해하지 못했음을 깨닫지 못한다. 이러한 학습장애 학생에게 명료화하기 역할을 맡기면, 명료화하기 활동 자체가 다른 학생을 위해 문제되는 개념을 '질문하고 명료화하는' 것이기에 당황하지 않고 질문할 수 있게 된다.

ⓛ 4가지 구성요소의 적용

- 호혜적 교수의 4가지 구성요소는 특정 기간 동안 이러한 유형의 수업을 진행할 교사가 가르친다.
- 교사는 먼저 각 전략에 대해 설명하고, 관련된 예들을 제공해 주며, 교사의 도움하에 연습을 시킨다. 5일이나 6일째 되는 날 교사와 학생들은 함께 읽기 토론을 통해 배운 전략들을 사용한다. 그때 교사는 전략들에 대해 계속해서 모델링해 주고, 전략을 사용하는 학생들을 칭찬한다. 그리고 학생들이 다른 전략들도 사용하도록 촉구한다.
- 여기서 학생 지원으로서의 '비계설정'의 본질을 명심하라. 교사는 변함없이 학생들의 기술이 향상되도록 모델링해 주고, 일단 학생들의 전략 사용이 증가해 가면 선택적으로 책임을 학생에게로 전환시킨다.
- 2주의 기간이 끝날 무렵에는 '교사'의 역할이 교체되어 학생들이 촉진자가 된다.

ⓒ 교사의 역할

- 읽기이해와 관련된 4가지 학습전략을 학습할 수 있도록 모델의 역할을 수행한다.
- 점차적으로 학습의 주도권이 학생들에게 이양될 수 있도록 구조적인 교수활동을 계획, 진행, 평가하게 된다.
- 모든 학생들이 적극적으로 수업 활동에 참여할 수 있도록 수업 참여를 위한 촉진자의 역할을 수행한다.
- 학생들이 내용 이해를 위한 전략들을 적절하게 활용하고 있는지에 대한 평가활동을 한다.
- 필요 시 도움을 제공하는 역할을 한다.

㉣ 고려할 점
- 학생 상호 간에 상호작용을 촉진하기 위한 구조적인 활동이어야 한다.
- 학습활동의 지도자 역할을 수행하는 학생이 단순히 교사의 역할을 대행하기보다는 전반적 학습활동 과정을 책임 있게 진행할 수 있는 능력을 개발할 수 있도록 해 주어야 한다.
- 학생들이 각 학습전략을 어떻게 활용하는지에 대한 분명한 인식을 가질 수 있도록 해야 한다.

⑩ 문맥분석전략

㉠ 문자인식과 관련하여 글을 읽는 동안 의미를 모르는 낯선 단어를 만났을 때 학습장애 학생들이 적용할 수 있도록 가르칠 수 있는 전략이다.

㉡ 문맥분석은 주어진 정보들을 근간으로 낯선 단어에 대한 의미를 파악하기 위한 활동이다.

㉢ 학습장애 학생들은 어떤 경우에 문맥분석을 해야 하며, 어떤 경우에 문맥분석을 하지 말아야 하는지에 대해 일반학생에 비해 잘 인식하지 못하고 있기 때문에 이에 대한 적절한 전략교육이 필요하다.

문맥단서를 사용할 경우	문맥단서 대신 직접 사전을 찾는 경우
• 낯선 단어의 의미에 대해 직접적인 설명이 글에 포함되어 있는 경우 • 낯선 단어의 의미와 밀접하게 관련되어 있는 단서가 존재하며, 단서를 통해 단어의 의미를 추론했을 때 글이 다른 내용과 일관된 의미를 갖게 되는 경우 • 구체적인 사실에 대한 상세한 기억이나 학습보다는 전체적인 내용에 대한 파악이나 핵심주제를 파악하는 것이 중시되는 읽기 활동의 경우	• 정확하게 단어의 의미를 이해하도록 요구되는 경우 • 낯선 단어가 문장과 글의 핵심단어로서 기능을 하며 이 단어에 대한 정확한 이해 없이 전체 글의 내용을 이해하기 어려운 경우 • 문맥단서가 여러 개의 의미를 나타내고, 다중의 의미 중 어느 것이 적합한지를 모르는 경우 • 낯선 단어와 함께 사용된 단어들의 정확한 의미에 대해 불확실한 경우 • 낯선 단어를 글을 읽는 동안 여러 번 접하게 되고, 따라서 이 단어가 중요한 단어로 부각되는 경우

⑪ SQ3R 방법 11중

㉠ 내용중심교과의 설명문으로 구성된 교재를 읽을 때 도움이 되는 방법으로, 조사 또는 훑어보기, 질문, 읽기, 암송, 검토를 의미하는 단어의 머리글자이다.

㉡ 설명문은 이야기식의 교재보다 이해하기가 어렵기 때문에 전반적인 내용을 파악하기 위하여 먼저 문단을 조사하고, 본문에 대해서 질문하고, 답을 찾기 위해서 읽고, 찾은 답을 본문을 보지 않고 암송하고, 문단 전체를 다시 검토하는 방법을 통하여 이해력을 증진시킬 수 있다.

기출 LINE

11중) 독해 문제를 가진 학습장애 학생이 설명문으로 된 글을 읽을 때 도움이 된다. 이 방법은 먼저 본문을 훑어보고 질문을 한 뒤, 질문의 답을 찾기 위해 본문을 읽고, 찾은 답을 되새기고, 다시 검토하는 방법을 사용한다.

키워드 Pick

단계	목표
Survey (훑어보기, 조사)	매우 짧은 시간에 필자의 의도와 목적을 파악하고, 읽기목표를 확인하고 명확하게 하기 위해 필요한 정보를 수집하는 것을 목표로 한다.
Question (질문하기)	읽기과정에 능동적으로 참여하게 하기 위하여 목적을 의식하면서 글을 읽도록, 질문을 제기하고 그에 대한 해답을 찾으면서 글을 읽는다.
Read (읽기)	훑어보기를 하면서 대충 만든 구조에 정보를 채워나간다.
Recite (자신의 말로 정리하기, 암송하기)	글을 읽으면서 학습한 것이나 알게 된 것을 자신의 기억 속에 저장한다.
Review (점검하기)	자신의 머릿속에 다시 정리하고, 기억하게 한다.

기출 LINE

14초) 방금 읽은 글의 장면을 눈을 감고 머릿속으로 그려보세요.

⑫ 심상 만들기 교수전략(심상 재현하기) 14초

개념	• 학생들이 주요 내용을 효과적으로 연결하고 요약할 수 있도록 도와주는 기능으로, 학생들이 글을 읽는 동안 마음속에 글의 내용에 대한 심상을 만들어 보도록 요구하기, 글을 읽고 난 후 글의 내용을 대표할 수 있는 그림을 그리도록 요구하기, 글을 읽는 동안 글 속에 들어 있는 삽화를 보면서 글의 내용과 관련지을 수 있도록 유도하기 등이다.
특징	• 글의 내용을 회상할 수 있는 때와 장소를 인출하도록 돕는다. • 이야기 상황이나 주제어를 시각적인 상으로 그려서 기억하도록 돕는다. • 읽은 글의 내용을 오랫동안 기억하게 한다. • 효과적으로 주요 내용을 연결하고 요약할 수 있도록 돕는다. • 글의 내용과 관련된 영상을 마음속에 형성하는 동시에 사실 정보를 명제로서 부호화하도록 돕는다.

⑬ 효과적인 학습동기 교수전략

㉠ 학생들로 하여금 읽기 활동에 적극적으로 참여하도록 유도함으로써 궁극적으로 학생들의 읽기능력 향상에 도움을 주는 기능을 수행한다.

㉡ 학생들이 읽기 활동에 참여하는 동기는 크게 내재적 동기와 외재적 동기로 나누어 볼 수 있다. 내재적 동기요인으로는 글의 내용에 대한 관심, 새로운 내용에 대한 학습 호기심, 글 속에 숨어 있는 복잡한 암시와 해결책 찾아내기, 친구들과의 대화에서 책의 내용에 대해 이야기하기 등을 들 수 있고, 외재적 동기요인으로는 교사의 요구에 순응하기, 교사로부터 인정받기, 친구들과 경쟁하기 등을 들 수 있다.

⑭ 요약하기

개념	• 텍스트의 전체 내용을 종합적으로 읽어보면서 중요하지 않은 정보를 버리도록 가르치는 것이다.
특징	• 글의 주요 아이디어를 보여 주도록 한다. • 문단별 중심 내용을 확인하고 기억하게 한다. • 글의 내용을 요점 정리함으로써 어려운 글을 분명하게 한다. • 불필요한 내용과 주요 내용을 구분하게 한다.
장점	• 학생들로 하여금 읽기 자료에 적극적으로 상호작용하도록 한다. • 읽고, 묻고, 바꾸어 말하는 읽기 활동의 세분은 학생들로 하여금 고도의 주의집중을 하도록 한다. • 학생들로 하여금 읽기 자료를 작은 부분으로 잘라서 정보를 기억하도록 한다. • 학생들이 정보를 읽고 시험을 보거나, 교사의 질문 또는 과제를 자신의 말로 하는 등 보고서를 자신의 말로 써야 할 때 유용한 전략이다. • 수학의 응용문제를 푸는 데에도 큰 도움을 준다.

⑮ RIDER 전략: 읽기이해력 향상을 위한 전략으로서, 학생들의 기억과 읽기이해를 향상시키기 위해 읽은 내용을 시각적 이미지로 형상화하는 것이다. 11중

Read	첫 문장 읽기
Image	읽은 내용을 시각적 이미지로 만들기
Describe	이미지 묘사하기 • 만약 설명할 수 없다면 그 이유를 말하라. • 형상화할 수 있다면 앞의 이미지(앞 문장에서 만든)와 비교하라. • 자신에게 이미지를 설명하라.
Evaluate	이미지 평가하기 • 학생이 만든 이미지가 가능한 한 많은 정보를 포함하고 있는지를 확인하고 만족스럽다면 다음 단계로 넘어가라.
Repeat	다음 문장에도 이상의 단계를 반복하기

⑯ 설명식 글의 이해를 돕기 위한 전략

㉠ 설명식 글의 전반적인 내용 파악을 위해 추천되는 효과적이고 효율적인 교수전략

• 목표를 설정하라.: 자기동기화는 글을 읽기 전에 학생이 갖추어야 하는 중요한 요소이며, 적절히 사용되는 경우 이해와 기억의 결과를 높이는 데 효과적이다. 따라서 제시된 글을 읽는 전반적 목적과 관련된 세부 목표를 설정하는 것은 중요하다. 또한 목표를 세운 다음에는 자기확신기술(seld-affirmaation statement)을 사용하도록 한 것이 도움이 된다. 자기확신기술은 '나는 이것을 잘한다.', '이것은 약간의 노력이 필요하지만 나는 해 낼 수 있다.'와 같은 것으로, 긍정적인 자기동기화전략 중 하나라고 할 수 있다.

키워드 Pick

- **제목, 주제어, 시각 자료와 같은 구성요소들을 분석하라.** : 학생들은 글을 구성하는 제목들을 먼저 훑어봄으로써 전체적인 내용의 구조를 파악할 수 있다. 또한 주제어 또는 강조된 단어들을 봄으로써 세부적으로 중요하게 다루어지는 내용이 무엇인지를 파악할 수 있다. 또한 표나 그림들을 통해 구체적 세부 내용들을 확인할 수 있다.
- **서론과 결론 부분을 읽어라.** : 서론과 결론을 읽는 것이 전체 내용의 얼개를 형성하는 데 도움이 될 수 있다.
- **본문에 질문이 제시된 경우 예상 답을 생각해 보라.** : 나중에 본문을 읽을 때 중요 내용들을 정확하게 파악하고 이해하는 데 많은 도움이 될 수 있다.

ⓛ 설명식 글의 구조 파악에 근거한 이해촉진 교수전략

나열형 22초, 24중	• 여러 가지 중요 사실들을 동등한 수준에서 제시하고 이를 설명하는 형식 • 전체 글의 주제, 주요 개념들, 주요 개념 설명에 포함된 세부 개념들로 구성 • 도식을 이용해 학습자가 구성요소들을 파악하면서 글을 읽게 되면 글에 대한 이해와 기억이 촉진될 수 있음
비교 대조형 13중	• 두 개 이상의 사건, 현상 또는 사물을 비교하는 형식 • 비교 대상 간에 존재하는 차이점과 공통점이 무엇인지를 파악하는 것이 중요 • 시각 보조도구를 사용하면 도움이 될 수 있음
원인 결과형	• 현상이나 사건이 촉발되게 한 원인과 그로 인해 발생한 결과를 설명하는 형식 • 각 결과를 확인하고 그 결과와 관련해 원인요인들을 파악하는 것이 글을 이해하는 데 중요한 부분을 차지하게 됨 • 시각 보조도구 활용

⑰ 시각 및 청각에 기초한 읽기이해 전략

시각에 기초한 전략	시각적 심상	• 상상하기를 사용하여 학생에게 읽기 자료에 대한 시각적 이미지를 만들어 내는 것을 체계적으로 가르치면서 읽기를 향상시키는 것 • 학생은 눈을 감고 자신이 읽은 장면을 생각하고 이야기를 이해하는 데 필요한 장면의 여러 측면을 찾고 이러한 측면을 포함한 이미지를 만들어 내도록 배움 • 심상화 연습은 특정 기간 동안은 낮은 읽기수준을 요하는 단락을 활용하여 매일 시행해야 함 • 학생이 적절한 읽기수준에 올라설 때까지 일정 기간이 지나고 나면 단락의 읽기수준을 체계적으로 상승시킬 수 있음
	의미지도와 이야기지도 17초	• 글의 내용을 파악하기 위하여 이후에 공부하는 데도 사용될 수 있는 글로 표현된 결과물을 만들어 냄 • 참여적 조직자, 혹은 인지조직자라고도 불림 • 읽기과제뿐만 아니라 수업 중에 제공되는 과제를 해야 하는 중등 학생들에게 매우 유용

	비계설정 교수	• 의미지도와 관련된 읽기 교수의 한 방법 • 종종 학습장애 학생들은 읽기에서 조직기술이 부족하기 때문에 그들에게 구문을 읽고 이해하는 데 도움을 줄 수 있는 체계적인 방법을 제시하는 것이 학생들의 읽기기술을 향상시키는 데 있어 매우 효과적 • 멘토는 쉬운 개념에서 좀 더 복잡한 개념으로 점진적으로 이동시켜 최종적으로 배워야 할 개념에 근접하게 하는 질문이나 학습 과제를 사용 • 비계나 학습지원은 제안된 단계나 지침의 형태로 제공될 수 있음
	삽화	• 기초 읽기 구문에 삽화를 삽입하는 것이 비장애아동의 읽기를 향상시킨다고 알고 있지만, 학습장애 학생들에게는 오히려 삽화가 그들의 읽기이해를 방해할 수도 있다는 증거가 있음 • 일부 전문가들은 그림을 제시하는 것이 학습장애 학생들을 더 산만하게 할 수 있다고 하였음 • 교사가 글 속 그림과 읽기 자료 사이의 관계를 강조해 준다면 그림이 이해를 향상시켜 줄 수 있음 • 읽기 구문에 그림을 사용하는 것과 관련된 논쟁은 계속적인 연구가 필요함
청각/언어에 기초한 전략	선행조직자 기법	• 학생이 읽기를 하기 전에 이야기에 대해 생각하도록 하는 활동은 읽기이해와 구어읽기수행을 향상시켜 줄 수 있음 • 읽기 전 활동의 유형 • 질문하기, 이야기에 대한 짧은 개요 등
	이야기 다시 말하기와 자기질문법	• 체계적으로 구문을 읽고 중심생각과 세부사항에 대한 질문을 하도록 배움 • 읽기이해 질문을 계속하기 전에 학생은 이야기의 주요 사건을 다시 말함
	TWA 전략	• T(Think before reading) : 저자의 목적과 글의 주제에 대해 내가 이미 알고 있는 것에 대해 생각하기 • W(While reading) : 읽기 속도에 대해 생각하고 새로운 지식과 이미 알고 있는 바를 연결시키며 필요하다면 중요한 부분을 다시 읽기 • A(After reading) : 중심생각을 찾기, 말로 학습한 정보를 요약하기
	반복 읽기	• 읽기에 어려움이 있는 학생들에게 읽기유창성을 향상시켜 줄 수도 있음 • 반복 읽기는 학생이 이미 배운 구문의 읽기유창성과 이해를 향상시킬 뿐만 아니라 전혀 연습한 적이 없는 구문에서의 읽기유창성과 이해도 향상시킨다는 보고가 있음

Chapter 09

키워드 Pick

05 쓰기의 이해 및 지도

① 쓰기의 이해

1. 쓰기의 영역 23초, 25중

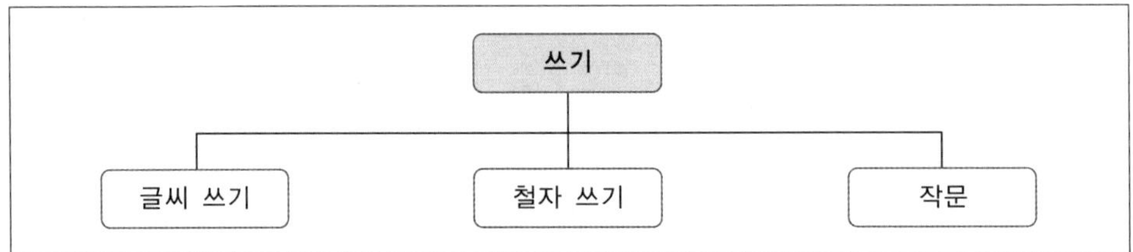

기출 LINE

20중) 먼저 글씨를 바르고 정확하게 쓰는 것에 중점을 두고 글자 크기, 글자 및 단어 사이의 간격, 줄 맞춰 쓰기 등이 올바른지 확인하시면 좋겠어요. 그 다음에는 글씨를 잘 알아볼 수 있게 쓰는 것뿐 아니라 빠르게 쓸 수 있는 것도 목표로 해 주세요. 정해진 시간 동안 얼마나 많은 글자를 쓸 수 있는지를 확인하면 좋겠네요.

(1) 글씨 쓰기 12중

형식	• 3P : 자세(Posture), 위치(Position), 연필(Pencil)
기능	• 질적인 측면, 알아볼 수 있는 글씨 • 글씨모양, 띄어쓰기, 크기, 연결성, 기울기, 위치 등
속도	• 양적인 측면, 유창성 20중

(2) 철자 쓰기 25중

의미		• 단어를 맞춤법에 맞게 쓰는 것을 의미 • 한글 맞춤법은 소리대로 적되, 어법에 맞도록 쓰는 것을 원칙으로 함
오류 유형 14 · 18 · 22중	음운처리 오류	• 낱자-소리 대응관계를 제대로 적용하지 않는 오류 • 소리 나는 대로 표기되는 철자를 쓸 때, 소리를 다른 단어로 잘못 쓰는 오류
	표기처리 오류	• 소리 나는 대로 표기되지 않는 단어를 정확하게 쓰지 못하는 오류 • 소리 나는 대로 표기되지 않는 단어를 철자로 쓸 때, 소리만으로 올바른 표기를 할 수 없고 낱자 및 글자의 형태에 대한 인식(즉, 표기처리) 능력이 요구됨 • 같은 소리가 나는 다른 낱자로 대치하는 오류, 전체 단어를 소리 나는 대로 표기하는 오류, 단어의 일부를 소리 나는 대로 표기하는 오류, 실제 발음상 구분이 되지 않는 글자에서의 오류 등이 포함
	형태처리 오류	• 단어를 구성하는 형태소에 대한 인식이 부족하여 나타나는 오류 • 어간과 어미의 경계를 구분하지 못하는 오류, 시제 선어말 어미를 제대로 인식하지 못하는 오류, 어미를 변환하는 오류, 동음이의어로 혼동하는 오류 등이 포함

(3) 작문

① 작문(쓰기 표현)은 글쓴이가 쓰고자 하는 바를 글로 표현하는 것을 의미하며, 쓰기의 궁극적인 목표는 작문능력을 향상시키는 것이다.

② '잘 쓴 글'이란 '주제와 관련된 중심 아이디어와 뒷받침하는 정보 및 예들이 응집력 있게 조직된 글'을 의미한다.

③ 작문의 평가는 양적인 평가와 질적인 평가로 나뉜다. 양적인 평가는 제한된 시간 동안 산출된 단어나 절의 수로 평가하고, 질적인 평가는 산출한 글의 내용, 구조, 표현 등을 루브릭을 통해 평가한다.

2. 쓰기 능력의 발달

단순 연상적 쓰기	필자가 자신의 머릿속에 떠오르는 생각을 그대로 문자로 옮겨 좋은 글쓰기 기능
언어 수행적 쓰기	국어의 어법 · 문제 · 규칙 · 관습에 익숙해짐으로써 도달할 수 있는 수준의 기능으로서, 특정 단어의 철자 · 구두점 · 표현 · 문맥에 맞지 않는 표현의 회피 등과 같은 표현행위가 자동적으로 이루어지는 단계
의사소통적 쓰기	독자를 고려하여 글을 쓸 수 있는 기능
통합적 쓰기	필자가 쓰기의 과정에서 예상되는 독자의 입장을 고려함과 동시에 필자 자신이 독자가 되어 독자의 입장을 반영할 수 있는 기능
인식적 쓰기	정보의 저장, 인출, 처리 및 조정, 재고 및 교정의 복잡한 사고과정을 통해 창의적인 글쓰기가 가능한 단계

키워드 Pick

② 쓰기평가

1. 쓰기평가의 과정 모델

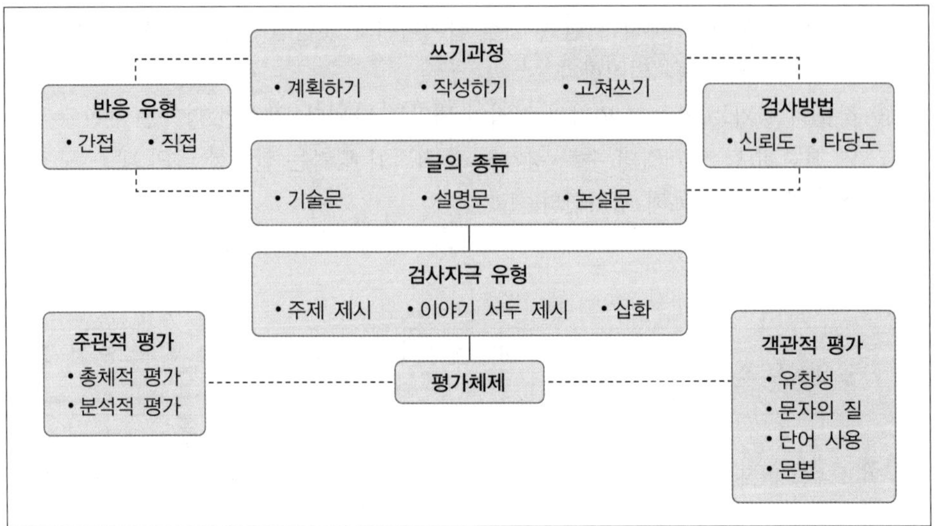

(1) **반응유형에 따른 평가**: 직접평가와 간접평가

구분	직접평가	간접평가
주요 특징	글쓴이에게 자극을 제공하고, 특정 방식으로 자신을 표현하는 반응을 글로 이끌어내는 방법으로, 구체적으로 표준화된 기준을 사용하여 채점이 매겨지고 기록된다.	어떤 과정적이거나 설명적인 것을 요구하지 않는 대신 선택문항 중에서 올바른 답안을 고른다.
중점	작문능력	언어사용과 의사소통
장점	• 학생이 쓴 글을 분석하기에 용이하다. • 문장의 구조와 작문 능력 두 가지를 다양하게 볼 수 있다. • 단순히 수행의 산출물이나 결과보다는 어떻게 학생이 수행하는가에 대한 과정적인 평가를 할 수 있다.	–
단점	• 시간이 많이 소요된다. • 신뢰도가 낮은 점수를 산출할 우려가 있다. • 자극이 선행지식에 따라 달리 나타날 수 있어 자극 유형에 기인한 것으로 돌릴 수도 있다. • 학생들의 취향에 따라 문법과 구문 형태를 선택해서 글을 짓기 때문에 쓰기 표본이 종종 특정 기술을 평가하지 못할 수도 있다.	–

(2) 체제에 따른 평가: 주관적 평가와 객관적 평가

① 주관적 평가

분석적 평가	글을 하나하나의 구성요소가 합쳐진 전체로 보고 하부 영역 준거들로 평가하는 방법
총체적 평가	학생들이 작성한 글에 대한 총체적 인상에 의존하는 것으로, 한 편의 글은 통일성 및 일관성을 갖춘 유기적 조직체로 인식하고 글의 전체적인 유창성을 평가하는 방법

② 객관적 평가

유창성	• 유창성은 학생이 작문하는 데 있어 문장이 점점 능숙해지고, 점점 그 길이가 증가하는 정도 • 단어 속에서의 글자, 문장과 문단 속에서의 글자, 산문 내에서의 단어에 관한 유창성은 제한된 시간 안에 쓰인 글을 대상으로 하여 맞게 쓴 총 단어 수, 정확한 단어 수, 정확한 음절 수, 정확한 철자 수, 순서에 맞는 단어 수로 보기도 함
문장의 질	• 구문 성숙도 • 학생이 보다 폭넓고 복잡한 문장을 사용하는 정도 • 명백히 다른 범주(불완전문, 단문, 중문, 복문)에 속하는 문자의 수를 세는 방법이 있음 • 단위 길이의 평균을 계산하는 방법이 있음 **절, 단문, 중문, 복문의 수를 세는 방법** • 불완전문: 주어, 동사, 목적어가 없거나 주어, 동사의 불일치 또는 기타 문장상의 문제가 있는 문법적으로 불완전한 문장 • 단문: 주어, 동사, 목적어가 하나만 있으며 독립절이 없는 문장 • 중문: 주어, 동사, 목적어가 하나만 있으며 접속사를 사용하며 독립절을 가지고 있는 문장 • 복문: 여러 개의 주어, 동사, 목적어가 있으며 종속접속사를 사용하며 독립절을 가지고 있는 문장
어문규정	• 문장부호, 맞춤법 등 문장을 문법적으로 올바르게 쓰는 것과 쓰기표현에 적절한 요소들을 포함 • 이를 위해서는 문법적으로 맞지 않는 문장이나 쓰기의 오류 빈도를 살펴봄

Chapter 09

키워드 Pick

2. 대표적인 검사도구: 기초학습기능검사와 기초학력검사 23중

① 이들 검사는 모두 규준지향검사로, 쓰기장애 학생의 쓰기 특성을 구체적으로 파악하는 데에는 여러 제한점이 있다.

② 이 검사들은 해당 학생의 상대적 위치를 결정하는 데는 적절한 수단이 되지만, 다양한 쓰기 영역에서 왜 특정 점수를 얻었는지에 대한 정보는 제공해 주지 못한다.

③ 이들 검사는 일반학생을 규준집단으로 하여 개발된 것이기 때문에, 기억이나 주의 등의 심리과정에서 심각한 문제를 가진 학습장애 학생에게는 지침대로 검사를 실시하더라도 정확한 결과를 수집하는 데 제한이 따른다.

④ 무엇보다도 이들 검사로는 장애학생의 지속적이고 일관된 평가를 실시하기가 힘들다.

○ 기초학습기능검사와 KISE-기초학력검사 비교

내용	기초학습기능검사	KISE-기초학력검사
적용 연령	• 유치원~초등학교 6학년	• 유치원~중학교 3학년(만 5세 0개월 0일~14세 11개월 30일)
평가 범주	• 사물, 숫자, 기호, 문자 변별 • 낱말의 철자 재인능력	• 선수 기능 • 표기 기능 • 어휘 구사력 • 문장 구사력 • 글 구성력
총 문항 수	• 50문항	• 300문항
검사 중지	• 연속적으로 5문항을 틀리면 검사 중지	• 한 검사 영역에서 연속적으로 5문항 이상 틀리면 해당 검사 영역을 중단하고 다음 검사 영역을 실시함
점수	• 백분위점수, 학년(연령)규준점수	• 백분위점수, 환산점수, 학력지수(평균 100, 표준편차 15), 학년규준
신뢰도	• 표준화학력진단 검사와의 공인타당도=.51~.68 • 학년별 문항 내적합치도=.93~.98	• 기초학습기능검사와의 공인타당도 =.68 • 문항 내적합치도=.98
특징	• 정보처리능력, 읽기, 셈하기 검사를 통해 하위검사 간 점수 비교 가능	• 가형 및 나형 동형검사 • KISE-BAAT 쓰기, 읽기, 수학 검사를 통해 학업 영역 간 점수 비교 가능

3. 대안적 쓰기평가

① **교육과정중심측정(CBM)**: 아동의 진전 여부를 점검하고, 상황에 따라서는 교수방법을 조절할 수 있다. CBM은 읽기, 철자, 쓰기, 셈하기 등의 유창성을 표준화된 방식으로 간단히 측정하는 방법이다.

- BASA 쓰기검사의 내용 및 평가 방법
  - 개인용 검사도구로서 학생이 주어진 시간 동안 얼마나 많은 글자를, 얼마나 정확하게 쓰는지를 측정한다.
  - 검사자는 아동에게 이야기 서두를 제시하고 1분간 생각하게 한 후 3분간 서두에 이어질 내용을 쓰도록 한다.

○ 기초평가와 형성평가

기초평가	아동의 기본 쓰기 수행수준을 측정하기 위해 실시하며, 이야기 서두 제시검사를 1회 실시하는 것을 원칙으로 한다. 단, 검사결과를 신뢰하기 어려운 경우에는 총 2회 실시한 후 더 높은 점수를 채택하여 아동의 기초선을 설정한다.
형성평가	기초평가를 통해 쓰기 수행수준을 확인한 후, 다양한 이야기 서두를 활용하여 지속적으로 대상 아동의 쓰기발달을 모니터링할 수 있다. 매 검사 회기마다 무선으로 검사 자료를 선택하여 형성평가를 실시한다.

○ 평가방법

정량적 평가	• 쓰기유창성을 측정하기 위해 실시하며, 아동이 쓴 글에서 정확하게 쓴 음절의 수를 계산하여 기록한다. • 정확 음절의 수 = 총 음절의 수 − 오류 음절의 수 • **오류 유형 분석**: 소리 나는 대로 쓰기, 삽입, 대치, 생략 등의 오류를 유형에 따라 기호로 표시한다.
정성적 평가	• 부가적인 평가로서 아동의 쓰기능력에 대한 구체적인 정보를 얻기 위해 실시한다. 아동이 쓴 글을 6개 영역으로 나누어 1~5점으로 점수를 부여한다. − 글의 형식: 글의 종류에 알맞은 형식 및 구성요소 − 글의 조직: 문장 및 단락 간의 연결과 글의 형식 및 구성요소들의 조직 − 글의 문체: 어휘의 적절성, 구체성, 정확성, 다양성, 독창성 등 − 글의 표현: 맞춤법, 문장부호, 띄어쓰기의 정확성 − 글의 내용: 글의 주제와 내용의 관련성, 일관성 − 글의 주제: 글을 쓴 목적이나 동기의 명확성

② **포트폴리오 평가**: 학생의 작업물을 일정한 기간 동안 수집하여 학생의 노력, 성취도 및 변화과정을 지속적이고 종합적으로 파악할 수 있게 한다. 교사의 평가 외에 학생 자신의 자기평가 혹은 자기반성 부분을 포함할 수 있다.

절차

1. 포트폴리오의 목적을 확인한다.
2. 포트폴리오의 유형을 결정한다(과정 포트폴리오 대 결과 포트폴리오).
3. 포트폴리오를 조직화하는 절차를 결정한다(수집 날짜, 교과목 등의 결정).
4. 포트폴리오 목표와 관련된 실제 학급에서의 결과물 범위를 선정한다.
5. 포트폴리오에 포함된 항목의 중요성을 기록한다.
6. 포트폴리오를 정기적으로 검토하고 평가한다.

키워드 Pick

③ **루브릭을 이용한 평가**: 루브릭은 과제수행에 대한 기대 사항을 일목요연하게 보여주는 평가준거를 말한다. 따라서 루브릭을 이용한 평가는 학생이 완성한 결과물의 질적인 수행수준을 판단하기 위해 채점 기준표를 마련하여 평가하는 방식이다. 이러한 루브릭에 기본적으로 포함되어야 할 요소는 다음과 같다. 17중

㉠ 과제나 학습활동과 관련된 중요한 영역이나 특성

㉡ 각 영역을 평정하는 수치나 척도 예 Likert 척도

㉢ 각 척도에 대한 구체적인 지표

④ **철자 오류 분석**: 삽입, 생략, 대치, 소리 나는 대로 쓰기, 반전, 발음상의 오류 등

삽입	불필요한 글자를 쓰는 것
생략	써야 할 글자를 빠뜨리고 쓰지 않는 것
대치	써야 할 글자 대신에 모양이나 발음이 유사한 다른 글자로 대치하는 것
소리 나는 대로 쓰기	맞춤법과는 상관없이 소리 나는 대로 글자를 쓰는 것
반전	단어 내 글자를 뒤바꾸어 쓰는 것
발음상의 오류	학생의 잘못된 발음으로 인한 잘못된 철자

⑤ **그 밖의 평가기준**

㉠ **작문길이분석**: 전체 단어 수(유창성), 어휘 다양도(다양성)

㉡ **문장의 정확성**: 문장부호의 정확성, 조사 사용의 정확성, 시제호응의 정확성, 접속사 사용의 정확성

㉢ **작문 내용 수준분석**: 내용의 정확성, 내용의 풍부성, 문단 구조의 적절성, 문단 내용의 동일성 등에 대해 3점 척도로 점수화

4. 쓰기 수행평가

(1) 쓰기 수행평가의 특징

① 학생들의 쓰기 수행능력 발달과정을 이해하고 도움을 제공하는 데 목적이 있다.

② 결과로서 글뿐 아니라 결과를 만들어내는 실제적 능력인 인지과정을 평가해야 한다.

③ 단편적인 영역을 일회적으로 평가하기보다는 학생 개개인의 쓰기에 대한 연속적인 발달과정에 대해 전체적이면서 하나의 통합된 형태로 이루어져야 한다.

④ 쓰기 교수–학습 장면과 동일 시공간을 사용하면서 하나의 통합된 형태로 이루어져야 한다.

⑤ 현실적인 교실의 학생들의 수행은 신뢰롭고 공정하며 타당하게 평가할 수 있도록 명확한 준거를 가지고 평가해야 한다.

(2) 평가문항의 유형

평가문항	문항의 유형(Ⅰ)	문항의 유형(Ⅱ)	비고
서술형 및 논술형 문항	응답제한형	내용제한형	응답을 제한하는 방식에 따른 분류
		분량제한형	
		서술방식제한형	
	응답자유형	범교과형	내용의 특성에 따른 분류
		특정 교과형	
		단독과제형	자료나 정보의 제시 방식에 따른 분류
		자료제시형	

5. 쓰기 오류 유형

(1) 쓰기 오류의 유형 11초

오류 유형	정의
문장부호 잘못 사용 (문장부호)	쉼표, 마침표, 따옴표와 같은 문장부호를 잘못 사용하거나 생략한 경우
소리 나는 대로 (소리)	맞춤법을 무시하고 소리 나는 대로 쓴 음절
생략	써야 할 음절을 빠뜨리고 쓰지 않은 경우
대치	써야 할 음절 대신에 글자나 발음이 유사한 다른 음절을 잘못 사용한 경우
삽입	불필요한 음절을 삽입한 경우
순서 무시	한 단어 내에서 음절의 순서를 무시하고 쓰거나 뒤바꾸어 쓴 경우, 혹은 무의미 단어
문맥에 불일치하는 T-unit	전체 이야기의 문맥에 적당하지 못하거나, 의미가 일치되지 않는 T-unit
불완전한 T-unit	시간의 부족 등으로 인해 완성하지 못한 채 남겨진 T-unit
접속사 과다 사용	그리고, 그러나 등의 대등접속사를 문장 앞이나 중간에 2회 이상 연속하여 사용한 경우

Chapter 09

키워드 Pick

(2) 한글 맞춤법에 기초한 쓰기 오류의 유형 분류 25중

유형	내용	정의
소리에 관한 오류	된소리	• 조음 기관에 강한 긴장을 일으켜 발음되는 소리로 우리나라 말 중에서 된소리가 될 가능성이 가장 높은 것은 'ㄱ, ㄷ, ㅂ, ㅅ, ㅈ'의 다섯 가지 소리임. 맞춤법 규정 제5항은 "한 단어 안에서 뚜렷한 까닭 없이 나는 된소리는 다음 음절의 첫소리를 된소리로 적는다."라고 제시됨 예 외양간, 일찍, 밝기
	구개음화	• 구개음이 아닌 소리가 다른 소리의 영향을 받아 구개음으로 변하는 것으로 맞춤법 규정 제6항에 "'ㄷ, ㅌ' 받침 뒤에 종속적 관계를 가진 '-이(-)'나 '-히'가 올 적에는 그 'ㄷ, ㅌ'이 'ㅈ, ㅊ'으로 소리 나더라도 'ㄷ, ㅌ'으로 적는다."라고 제시됨 예 밭이, 같이
	'ㄷ' 소리 받침	• 다른 음이 특정한 조건에서 구별되지 않는 경우를 중화라 하는데 'ㄷ, ㅅ'은 받침소리로는 중화가 됨. 맞춤법 규정 제7항에 "'ㄷ'소리로 나는 받침 중에서 'ㄷ'으로 적을 근거가 없는 것은 'ㅅ'으로 적는다."라고 제시됨 예 연못, 방긋, 반듯하게
	모음	• 'ㅖ'는 'ㅔ'로, 'ㅢ'는 'ㅣ'로 혼동하여 발음하는 경향이 있음. 이 외에도 단모음과 이중모음의 혼동 오류 경향이 있음 예 'ㅐ'와 'ㅔ', 'ㅚ'와 'ㅟ'의 혼동
	음절의 끝소리 규칙	• 연음: 자음(받침)으로 끝나는 말이 모음으로 시작되는 어미를 만날 때, 그 모음이 어미가 실질적인 뜻이 없는 모음이면 받침이 뒷모음의 첫소리로 옮겨 발음 됨 예 빗을 • 절음: 자음(받침)으로 끝나는 말이 모음으로 시작되는 어미를 만날 때, 그 모음 어미가 실질적인 의미가 있는 모음이면 받침의 자음이 대표음(ㄱ, ㄴ, ㄷ, ㄹ, ㅁ, ㅂ, ㅇ) 중의 하나로 바뀐 후, 그 바뀐 자음이 모음의 첫소리로 옮겨져 발음되는 것을 말함 예 웃어른
형태에 관한 오류	체언과 조사	• 맞춤법 규정 제14항에 "체언은 조사와 구별하여 적는다."라고 제시됨. 체언과 조사를 구별하여 적는다는 것은 결국 체언의 끝받침을 조사의 첫소리 자리로 내려 적지 않는 것을 의미함 예 무엇이, 밭으로
	어간과 어미	• 맞춤법 규정 제15항에 "용언의 어간과 어미를 구별하여 적는다."라고 제시됨 예 갑니다, 쫓아가며
	접미사가 붙어서 된 말	• 맞춤법 규정 제19항에는 "'간에' '-이'나 '음/ㅁ'이 붙어서 명사로 된 것과 '-이'나 '-히'가 붙어서 부사로 된 것은 그 어간의 원형을 밝혀 적는다."라고, 제20항에는 "명사 뒤에 '-이'가 붙어서 된 말은 그 명사의 원형을 밝혀 적는다."라고 제시됨 예 밝기, 공놀이, 꼼꼼히, 찬찬히
	준말	• 맞춤법 규정 제35항에는 "모음 'ㅗ, ㅜ'로 끝난 어간에 '-아/어-, -았-/-었-'이 어울려 '와/ㅝ, ㅘㅆ/ㅝㅆ'으로 될 적에는 준 대로 적는다.", 제39항에는 "어미 '-지' 뒤에 '않-'이 어울려 '-잖-이' 될 적과 '-하지' 뒤에 '않-'이 어울려 '-찮-'이 될 적에는 준 대로 적는다."라고 제시됨 예 안 돼요, 던져, 그만뒀다, 힘들잖아요, 되었잖아

③ 쓰기 지도

1. 필기 지도

(1) 학습장애 아동의 필기장애의 요인

① 운동의 문제
② 소근육운동의 문제
③ 글자에 대한 잘못된 시지각
④ 빈약한 시각적 기억
⑤ 불량한 교수방법
⑥ 정서적 문제
⑦ 동기화의 결여

(2) 학습장애 아동의 필기문제

① 느리게 쓰기
② 글자나 숫자의 부정확
③ 경사각도의 문제
④ 띄어쓰기의 문제
⑤ 깔끔하게 쓰지 못함
⑥ 수평을 유지하지 못함
⑦ 알아보기 힘들게 쓰기
⑧ 연필을 너무 세게 또는 힘없이 쥠

(3) 필기에 필요한 선행기술

선행기술	지도방법
근육조정운동	가위질, 핑거페인팅, 손가락으로 추적하기, 색칠하기, 칠판에 판서하기 등
눈-손 협응	도형 그리기
시각적 식별	크기, 모양, 세부적인 상황에 대한 인식 연습

(4) 글씨 쓰기를 위한 교수방법

① 교수원리

㉠ 직접교수
㉡ 개별화교수
㉢ 아동 개인의 요구에 부응하는 다양한 방법을 사용한다.
㉣ 글씨 쓰기는 일주일에 몇 시간씩 자주 지도한다.
㉤ 짧은 글씨 쓰기 수업은 아동의 쓰기 맥락 속에서 지도한다.
㉥ 글씨 쓰기 기술들은 별도로 과잉학습하고, 쓰기 맥락 속에서 적용하며, 정기적으로 점검한다.
㉦ 아동들은 자신의 글씨 쓰기를 평가하고, 필요하다면 다른 아동들의 글씨 쓰기도 평가한다.
㉧ 교사들의 글씨 쓰기는 아동들이 따라 하는 모델이 된다.
㉨ 글씨 쓰기를 지도할 때는 시각과제와 운동과제를 둘 다 이용해서 지도한다.
㉩ 베껴 쓰기

- 전통적인 글씨 쓰기 교수법으로, 교사가 먼저 글씨 쓰는 것을 시범 보인 후, 학생이 같은 글자를 베껴 쓰도록 하는 방법이다.
- 교사는 글씨 쓰는 것을 시범 보일 때, 글자를 구성하는 낱자의 이름과 글자의 필순을 말로 표현한다.

키워드 Pick

㉠ 거꾸로 쓰기의 지도
- 쓰기 전에 아동에게 글자 이름을 말하게 하라.
- 글자를 기억하는 데 기억 단서를 아동에게 주어라.
- 아동의 책상에 자모음판을 붙여라.
- 대응되는 글자를 나누어서 지도하라.
- 대응되는 글자를 배우는 데 어려움이 있는 아동들을 촉진시키기 위해서 글자 속에 시각단서를 주어라.

② 글씨 쓰기 교수 절차 18중

교수적 접근	기술
움직임 모방	교사는 비언어적 움직임 단서를 사용하여 시범 보인다.
시각적 단서	숫자가 적혀 있는 화살표 단서를 사용하여 글자의 획을 긋는 순서를 제시한다.
기억 재생	학생들은 글자를 가리고 외워서 글자를 써 본다.
시각적 단서 + 기억 재생	숫자가 적혀 있는 화살표 단서를 사용하여 글자의 획을 긋는 순서를 제시하고, 학생들은 글자를 가리고 외워서 글자를 써 본다.
모방	학생들은 글자 모형을 살펴보고 나서 교사의 글자 형태에 대한 힌트 없이 그 글자를 따라 쓴다.
통제	음운론적 인식 훈련

③ 글씨 쓰기 기초능력 향상을 위한 교수방법

활동	내용
알파벳 Warm-up	학생들은 각 글자의 이름을 배우고, 글자의 이름과 모양을 맞추고, 알파벳 순서에 따라 글자를 연습한다.
알파벳 연습	교사는 목표글자를 따라가면서 글자의 모양을 어떻게 만드는지 시범으로 보인다. 또한 학생들은 각자 숫자가 적힌 화살표 단서를 따라 글자를 써 보고 나서, 화살표 단서 없이 줄 쳐진 노트에 글자를 써 본다. 연습을 하는 동안에 학생들은 글자의 이름을 말해 보고, 가장 잘 쓴 글자에 동그라미를 친다. 이러한 글자 쓰기 연습을 마치고 나면 단어 쓰기를 연습한다.
알파벳 로켓	글씨 쓰기 유창성을 위한 활동으로, 학생들은 26~34개 글자로 이루어진 문장을 따라 써보게 한다. 3분 동안 실수 없이 문장을 빠르게 베껴 쓰도록 한다.
알파벳 Fun	글자 형태를 조작하는 데 초점을 두는 활동으로, 알파벳 글자를 길게 늘려 써 보기도 하고, 길이를 짧게 하거나 뚱뚱하게도 써 보게 한다.

④ 글씨 쓰기를 지도할 때 유의할 사항

㉠ 잘 알아볼 수 있게 글씨를 쓰도록 지도한다. 잘 알아볼 수 있는 글씨를 쓰는 것은 글자 형태, 글자 기울기, 글자 크기, 글자 및 단어 사이의 간격, 줄 맞춰 쓰기 등의 영향을 받는다.

㉡ 글씨를 유창하게 쓰도록 지도한다. 글씨를 유창하게 쓴다는 것은 글씨를 알아볼 수 있도록 쓸 뿐 아니라 빠르게 쓰는 것을 의미한다.

⑤ 효과적인 글씨 쓰기 교수의 일반적인 특성

㉠ 글씨 쓰기를 명시적이고 직접적으로 가르쳐야 한다. 글씨 쓰기의 정확성과 유창성에 어려움을 보이는 학생에게는 글씨 쓰기 교수시간을 별도로 마련하여 일주일에 적어도 세 번 이상, 최소 10분 정도씩 꾸준히 지도하여야 한다.

㉡ 글씨 쓰기 연습을 반복적으로 할 수 있도록 기회를 제공하여야 한다. 특정 글자 몇 개를 하루에 집중적으로 지도하고 다음 글자로 넘어가는 것보다 여러 개의 글자를 며칠에 걸쳐 반복적으로 연습하는 것이 좋다.

㉢ 올바른 글씨 쓰기에 대한 명시적 시범을 보여야 한다.

- 글씨 쓸 때의 바른 자세, 바르게 연필 잡는 법, 종이의 위치를 바르게 하는 것에 대해 명확하게 시범 보이기(교사는 종이를 올바른 위치에 놓은 다음, 바른 자세로 연필을 쥐고 쓰는 방법을 시범 보인다.)
- 올바른 글자 형태를 산출하는 방법에 대해 명시적으로 시범 보이기(교사는 각 낱자 및 글자를 올바르게 쓰는 방법을 시범 보인다.)

㉣ 글씨 쓰기에 대한 안내된 연습을 제공하여야 한다.

㉤ 교사와 학생이 함께 글씨 쓰기에 대해 안내된 연습을 한 후, 학생이 스스로 글씨 쓰기 연습을 할 수 있도록 기회를 제공하여야 한다.

- 학생이 스스로 글씨 쓰기와 관련하여 정확성과 유창성(정해진 시간 동안 얼마나 많은 글자를 쓸 수 있는지)에 대한 목표를 설정하게 한다.
- 학생이 자신의 글씨 쓰기 정확성과 유창성을 스스로 확인하도록 한다.

㉥ 학생이 쓴 글씨에 대한 피드백을 제공하여야 한다.

- 교사는 학생이 올바르게 쓰지 못한 글씨에 대해서 교정적 피드백을 제공하여야 한다.
- 교사는 학생이 올바르게 쓴 글씨에 대해 긍정적 피드백(예 칭찬)을 제공하여야 한다.

2. 철자 지도

(1) 철자를 하기 위한 능력

① 단어를 읽어야 한다.
② 발음과 구조적 분석의 관계에 대한 지식과 기술을 소지하고 있어야 한다.
③ 단어를 시각화한다.
④ 단어를 쓸 수 있는 운동력을 사용할 수 있어야 한다.

(2) 철자장애의 원인적 요인

① 시각 및 청각 결함
② 환경적 요인과 동기유발요인
③ 음소요인
④ 시기억
⑤ 지각 결함

(3) 철자 교수를 위한 방법

방법	내용
우연학습	아동이 우연히 철자법을 배울 수 있고, 읽으면서 철자법을 배우기 때문에 철자법을 의도적이고 체계적으로 지도할 필요가 없다고 보는 접근법으로, 자연습득법이라고도 한다.
단어목록에 의한 학습	아동들이 단어목록을 통해 철자 쓰기를 배우게 한다. 이 분야에서는 아동들에게 수백 단어를 가르쳐야 하는지, 아니면 구어에서 가장 많이 사용되는 단어나 사회적 이용가치가 있는 단어를 가르쳐야 하는지에 대해서 논란의 여지가 있으나, 이들 3가지 요소 모두를 포함하고 있는 일련의 단어목록을 선택하고 이를 포함시킨다.
일반화에 의한 철자학습	일반아동들의 경우, 이전에 배우지 않은 단어의 철자도 말할 수 있는 일반화 기술을 학습한다고 생각한다. '가다', '가고', '가지'를 학습하고 이를 '오다', '오고', '오지' 등의 단어에 일반화시킨다.
기타 철자 교수법 15 · 18중	• **자기교정법**: 학생 자신이 쓴 단어와 정답을 비교하여, 자신이 잘못 철자한 단어를 확인하여 수정한 후, 단어를 바르게 베껴 쓰는 방법이다. 가리고, 기억하여 쓰고, 비교하기는 자기교정법에 속하는 활동이다. • **지속적인 시간지연법**: 학생이 단어를 외워서 베껴 쓰는 활동을 할 때, 처음에는 단어를 가린 후 1초 후에 단어를 기억하여 쓰도록 하다가, 점차적으로 시간을 늘려서 3초, 6초, 9초 후에 단어를 기억하여 쓰도록 한다. • **목표단어 반복 쓰기**: 전통적인 철자 교수방법으로 목표단어를 반복적으로 베껴 쓰는 방법이다.

⑷ 철자 특성에 따른 철자 교수법 14 · 15중

교수법	내용
음운처리 교수법	• 음운처리는 소리(음소)의 인식뿐 아니라 낱자–소리의 대응관계에 관여하며, 음운처리에 문제가 있는 학생은 소리 나는 대로 표기하는 철자에서 오류를 보인다. • 자주 사용하는 낱자–소리 대응관계(예 기본 자음, 기본 모음)를 먼저 가르친다. 그다음 이중모음과 겹자음순으로 가르친다. 또 시각적인 형태나 발음이 비슷한 낱자를 동시에 가르치지 않도록 한다.
표기처리 교수법	• 표기(orthography)는 말소리를 나타내는 문자체계를 의미한다. • 음운처리는 말소리에 대한 민감도를 나타내는 반면, 표기처리는 말소리를 나타내는 문자와의 친밀도를 의미한다. • 표기처리는 학생이 올바른 단어표기를 인지하는 능력이라고 할 수 있다. • 한글 철자 오류에서 가장 빈번하게 나타나는 것이 표기처리의 문제로 인한 오류인데, 그 이유는 한글의 음운변동 현상 때문이라고 할 수 있다. • **전략 1**: 음운변동 규칙별로 단어를 묶어서 소개하고, 같은 음운변동 규칙이 적용되는 단어끼리 분류하는 활동을 적용할 수 있다. – 단어들을 분류하기 전에 모든 단어 읽기 – 음운변동 규칙이 적용되는 단어 소개하기 – 교사가 단어 분류 활동에 대해 시범 보이기 – 학생이 단어 분류하기 – 학생이 분류한 단어를 점검하도록 하기 – 확인하기 – 가리고, 베껴 쓰고, 비교하기 • **전략 2**: 문장 안에서 단어의 쓰임을 인식할 수 있도록 하는 것이 좋다.
형태처리 교수법	• 형태처리 오류는 단어를 구성하는 형태소에 대한 인식이 부족하여 나타나는 오류이다. • **전략 1**: 용언의 기본형과 용언의 변형을 연결하여 교수하는 방법으로, 어미의 종류에 따라 단어를 분류하는 활동을 할 수 있다. – 단어들을 분류하기 전에 모든 단어 읽기 – 어간과 어미를 명확히 알려 주기 – 교사가 단어를 분류하는 활동에 대해 시범 보이기 – 학생이 단어를 분류하도록 하기 – 학생이 분류한 단어 점검하도록 하기 – 확인하기 – 가리고, 베껴 쓰고, 비교하기 • **전략 2**: 문장 안에서 단어의 쓰임을 인식할 수 있도록 하는 것이 좋다.

기출의 맥

철자오류 유형별 교수법은 대부분 예시를 통해 출제됩니다. 예시를 보고 어떤 철자 유형인지, 무엇을 지도해야 하는지를 파악할 수 있어야 합니다.

키워드 Pick

(5) 철자 지도의 일반적인 원칙

1. 구체적인 교수	
명시적 교수	• 모든 초기 철자개념과 기술들을 일련의 단계에 따라 직접적으로 지도함 • 교사는 분명하고 일관된 언어와 새로운 내용의 충분한 설명을 제공함
확대된 교사 모델링	• 교사는 학생이 철자쓰기를 독립적으로 수행하기 전에 철자쓰기 기술과 전략을 충분하게 설명하고 시범 보임 • 초기 철자학습기술을 성공적으로 적용하기 위해 학습장애단계에 따라 언어화 절차(생각을 큰 소리로 말하기)를 적용함
2. 교수적 비계	
과제 난이도 조절	• 기술들을 체계적으로 제시하고 쉬운 단계에서 어려운 과제로 옮겨 감 예 단어의 초성을 확인하고 쓰는 과제에서 전체 단어를 분절하고 쓰는 과제로 이동 • 아동의 학습발달단계를 고려한 지도 제공 • 예시는 전 시간에 학습된 자료를 기초로 주의 깊게 선택됨 예 목표단어는 이미 학습한 단어를 포함함
교수자료 비계설정	• 소리와 글자의 구체적인 표현을 제시할 수 있는 글자 조각과 같은 교수자료 비계가 제시될 수 있음 • 촉진은 점차 없어지도록 함
다양한 활동 제공	• 다양한 감각(시각, 청각, 운동감각, 촉각)을 활용한 철자학습 제공 • 일상쓰기 활동을 지속적으로 제공 • 게임을 활용한 철자 프로그램 제공 • 컴퓨터를 이용한 철자쓰기 활동 제공 • 단어를 연필로 종이에 쓰는 활동도 제공
3. 양질의 피드백을 적용한 다양한 연습 기회	
소그룹 교수	• 3~5명의 학생들을 소그룹화하여 교사와 학생 간의 상호작용을 촉진함
오류 수정	• 개별학생의 오류를 바른 답으로 모델링해 주고 연습할 수 있는 기회를 많이 제공 • 분산된 학습과 전이를 위한 훈련 제공 • 표기 난해어 벽보 게시: 표기하기 어려운 글자를 교실 벽에 게시하거나 집에 걸어 두어 환기시키도록 함
검사–학습–검사	• 현행 수준을 알 수 있는 지속적인 검사와 학습 연계

(6) 효과적인 철자 교수의 특성

① 교사는 학생이 철자를 바르게 쓰도록 명시적으로 가르쳐야 한다.
② 철자를 반복적으로 연습할 수 있도록 충분한 기회를 제공하여야 한다.
③ 학생이 쓴 단어에 대한 피드백을 제공하여야 한다(교정적 피드백, 긍정적 피드백).
④ 한 번에 너무 많은 단어를 가르치지 않는 것이 좋다(한 번에 약 3~5단어 정도가 적당).
⑤ 학생에게 철자를 쓰도록 한 후, 약간의 시간(예 약 3초)을 주어 학생이 자신이 쓴 것을 검토하도록 하고, 학생이 검토한 결과에 따라 긍정적 혹은 교정적 피드백을 제공한다.
⑥ 학생이 스스로 자신이 올바르게 글자를 썼는지 여부를 점검하게 한다.
⑦ 파닉스 교수법 등과 같은 읽기 교수와 철자 교수를 결합하여 적용하는 것이 좋다.
⑧ 작문 교수와 철자 교수를 결합하여 적용하는 것이 좋다.

3. 쓰기 지도(작문 지도): 쓰기과정적 접근 11 · 12초, 10 · 13 · 14 · 22 · 23중

기출의 맥
쓰기 영역에서 가장 출제가 많이 되는 부분입니다. 단계별 활동과 핵심을 구체적으로 정확하게 정리해 주세요!

(1) 쓰기단계

단계	내용
글쓰기 준비단계 (계획하기)	• 글쓰기 주제를 선택 • 쓰는 목적(정보제공, 설명, 오락, 설득 등)을 명확히 함 • 독자를 명확히 함(또래 학생, 부모, 교사, 외부심사자) • 목적과 독자에 기초하여 작문의 적절한 유형을 선택(이야기, 보고서, 시, 논설, 편지 등) • 쓰기를 위한 아이디어를 생성하고 조직하기 위한 사전 활동을 함(마인드맵 작성, 이야기하기, 읽기, 인터뷰하기, 브레인스토밍, 주제와 세부항목 묶기 등) • 교사는 학생과 협력하여 글쓰기 활동에 참여(내용을 재진술/질문을 함, 논리적으로 맞지 않는 생각을 지적함)
초고 작성단계	• 일단 초고를 작성하고 글을 쓸 때 수정하기 위한 충분한 공간을 남김 • 문법, 철자보다 내용을 생성하고 구성하는 데 초점을 맞춤
수정단계 (내용 수정하기)	• 초고를 다시 읽고, 보충하고, 다른 내용으로 바꾸고, 필요 없는 부분을 삭제하고, 옮기면서 내용을 고침 • 글의 내용을 향상시키고 다양한 시각을 제안할 수 있도록 또래집단(글쓰기 도우미 집단)을 활용하여 피드백을 제공 • 내용에 초점을 맞춰 수정 • **또래교수를 사용한 수정전략**: 서로의 글을 읽고, 잘 쓰인 한 곳과 개선이 필요한 두 곳(이해가 잘 안 되는 부분, 내용이 더 필요한 부분)을 골라 수정
편집단계 (쓰기의 기계적인 측면 교정하기)	• 글의 의미가 잘 전달될 수 있도록 문자의 형태를 바꿈 • 필요하다면, 사전을 사용하거나 교사로부터 피드백을 받음 • 쓰기의 기계적인 측면(예 철자, 구두점, 문장구성)에 초점을 맞춰 교정 • **또래교수를 사용한 편집하기 전략**: 서로의 글을 읽고, 철자, 구두점, 완전한 문장인지 여부, 문단 들여쓰기 여부 등을 표시하여 교정
쓰기결과물 게시단계 (발표하기)	• 쓰기결과물을 게시하거나 제출(학급 신문이나 학교 문집에 제출) • 적절한 기회를 통하여 학급에서 자기가 쓴 글을 다른 학생들에게 읽어주거나, 학급 게시판에 올려놓음

키워드 Pick

(2) 쓰기과정 접근법에서의 교사의 역할

① 쓰기과정에서 교사의 모델링(모범)을 제공한다.
② 쓰기과정은 협동적인 작업을 통해 이루어지도록 한다.
③ 교사는 지속적으로 구체적인 단서를 제공한다.
④ 학생이 주도적으로 점검과 수정을 할 수 있도록 훈련시킨다.

(3) 쓰기과정 접근법의 장점

① 글쓰기 활동이 지속적으로 일어나고 반복된다.
② 자기주도적인 학습을 강조하는 교육환경을 조성한다.
③ 읽고 쓰기를 통합하는 학습이 강조된다.

(4) 유의할 점

글씨 쓰기나 철자와 같은 기능적 훈련을 제공하지 않고 매 단계마다 구체적이고 적극적인 도움이 제공되지 않으면 적절하지 않다. ⇨ 학습장애 아동의 쓰기 지도는 쓰기의 기초 기능을 강조하고 적절한 훈련을 제공하며, 기능적 훈련을 쓰기과정에 통합하는 것이 필요하다.

(5) 작문 지도를 위한 지침

① 쓰기를 위한 시간을 별도로 할당한다.
② 다양한 쓰기과제를 제시한다.
③ 쓰기를 촉진하는 글쓰기 환경을 조성한다.
④ 다른 과목과 쓰기를 통합한다.
⑤ 효과적 쓰기를 위한 쓰기단계를 따르도록 한다.
⑥ 어문규정에 익숙하게 하고 쓰기를 자동화한다.
⑦ 훌륭한 쓰기 작품의 특징에 대한 명확한 지식을 갖도록 지도한다.
⑧ 세련된 글을 쓰는 과정을 수행할 수 있도록 한다.
⑨ 쓰기를 향상하기 위한 목표를 세우고 이를 달성하도록 한다.
⑩ 학생들의 쓰기 수행능력을 향상시키는 교육을 지속적으로 실시한다.
⑪ 쓰기과정의 각 단계마다 모델링이 제공되어야 한다.
⑫ 쓰기과정은 교사를 비롯하여 다른 학생과의 협력적인 작업을 통해 이루어져야 한다.
⑬ 교사는 쓰기과정의 각 단계를 촉진할 수 있도록 단서를 지속적으로 제공해야 한다.
⑭ 학생은 자기주도적으로 점검과 수정을 할 수 있도록 훈련되어야 한다.

4. 자기조정전략 발달: 다양한 쓰기전략들의 명시적이고 직접적인 지도

(1) 교수목표

① 학생들의 쓰기과정과 관련된 지식과 기술전략을 발달시킨다.

② 학생이 스스로 점검하고 지속적으로 글을 쓰는 데 필요한 능력을 계속적으로 발달시키도록 지원한다.

③ 학생들이 글쓰기에 대한 긍정적인 태도를 발달시키도록 촉진한다.

(2) 교수단계

① 1단계: 배경지식 형성하기

교사는 글을 쓰는 데 필요한 전략과 자기조정과정에 대한 배경지식을 학생이 갖도록 돕는다. 주요 활동으로 일상생활에서 사용해 본 경험을 모둠별로 기록하고 발표하기, 글을 쓸 때 좋은 점을 발표하기, 다양한 이야기 구조의 예시 글을 제시하고 어떻게 쓰였는지 알아보기, 알고 있던 것과 새로 알게 된 것을 기록하고 발표하여 조직화하기, 주제를 모둠별로 정하기, 의미망(개념지도, 의미지도, 마인드맵 등 그래픽 조직자의 사용) 그리기 등을 포함할 수 있다.

② 2단계: 학습전략에 대해 토의하기

현행 수행수준과 특정 과제를 수행하기 위해 사용하는 전략들에 대해 조사한다. 부정적이고 비효율적인 생각이나 믿음에 대해 이야기하며, 앞으로의 쓰기 공부를 통해 얻어지는 이점에 대해 강조한다. 더 나아가 전략학습의 효과를 모니터링하는 법을 가르치면서 진전에 대한 모니터링의 개념을 소개한다.

③ 3단계: 모델링하기

교사는 적절한 자기교수법(문제 정의하기, 주의하기와 계획하기, 전략 실행하기, 자기평가하기, 대처하기와 자기조정하기, 그리고 자기강화의 조합)들을 적용해 가면서 소리 내어 전략 사용법을 모델링해 준다. 교사와 학생은 전략을 더 효율적인 방향으로 변경하기도 하고 본인을 위한 자기진술법을 개발하고 기록한다.

④ 4단계: 기억하기

학생은 기억술을 이용하여 전략과 자기진술을 외운다.

⑤ 5단계: 지원하기

학생은 학습한 전략과 자기진술들을 사용하여 글쓰기를 연습하며, 학생이 능숙해질 때까지 교사와 동료학생들을 지원해 준다.

⑥ 6단계: 독립적 수행하기

학생은 교사의 지원이나 도움 없이 독립적으로 전략을 사용한다. 이 단계에서는 가능하면 도움을 받지 않고 스스로 배운 것들을 사용하도록 하되, 허용적인 분위기를 조성하여 자신감을 갖게 한다.

(3) 자기교수의 6가지 형태

① 문제 정의하기
② 주의 기울이기와 계획하기
③ 전략 실행하기
④ 자기평가하기
⑤ 대처하기와 자기조정하기
⑥ 자기강화하기

(4) **기억술을 이용한 쓰기전략**: 작문능력 향상을 위한 기억술전략

기억술	의미
STOP & LIST	• Stop: 멈춘다. • Think of purpose: 글을 쓰는 목적에 대해 생각한다. • List ideas: 관련된 아이디어를 나열한다. • Sequence them: 아이디어들을 순서대로 배열한다.
POW	• Pick my ideas: 쓸 아이디어들을 고른다. • Organize my notes: 써 놓은 것들을 조직화한다. • Write and say more: 추가할 내용을 찾아 쓴다.
C-SPACE	• Character: 등장인물 • Setting: 배경(장소, 시간) • Problems: 문제(사건) • Actions: 행위(문제해결을 위한 행동들) • Consequence: 결과(행위의 결과) • Emotions: 감정(느낌, 기분)
WWW WHAT-2 HOW-2	• Who are the main character: 주요 등장인물은 누구인가? • Where does the story take place: 사건이 발생한 장소는 어디인가? • When dose the story take place: 사건이 발생한 시점은 언제인가? • What do the main character want to do: 등장인물이 원하는 일은 무엇인가? • What happens next: 그로 인해 일어난 일은 무엇인가? • How dose the story end: 이야기는 어떻게 결말을 짓는가? • How do main character feel: 주요 등장인물은 어떤 느낌을 가지는가?
DARE	• Develop a position statement: 자신의 입장을 밝힌다. • Add supporting argument: 지지하는 논거를 보탠다. • Report and repute counterargument: 반대 입장을 이야기하고 논박한다. • End with a strong conclusion: 강력하게 결론을 맺는다.

(5) **이야기 글쓰기와 주장하는 글쓰기**

이야기 글쓰기	POW + WWW What 2 How 2 25중	• Pick my idea: 쓸 내용에 대해 생각을 꺼내라. • Organize my notes: 생각을 조직하라. • Write and say more: 생각을 추가하면서 써라. • Who: 누가에 대해 써라. • When: 언제에 대해 써라. • Where: 어디서에 대해 써라. • What 2: 무엇을 원했는지, 무슨 일이 일어났는지에 대해 써라. • How 2: 어떻게 끝났는지, 어떤 느낌이었는지에 대해 써라.

주장하는 글쓰기	POW + TREE	• Pick my idea: 쓸 내용에 대한 생각을 꺼내라. • Organize my notes: 생각을 조직하라. • Write and say more: 쓰면서 더 생각을 꺼내라. • Topic sentence: 주장 문장을 제시하라. • Reasons: 주장에 대한 근거를 제시하라. • Explain: 근거를 설명하라. • Ending: 결론을 써라.

5. 컴퓨터 활용

① 한글 프로그램은 철자 및 구두점, 띄어쓰기 등의 교정을 쉽게 해 주므로 학생이 작문에 노력을 기울일 수 있게 한다.

② 운동기능에 문제가 있는 쓰기장애아들에게도 컴퓨터는 매우 좋은 쓰기 수단이 될 수 있다.

③ 편집이 원활하다는 점 역시 컴퓨터가 갖고 있는 장점이다.

6. 질문전략

① 질문 혹은 대화 내용은 아동으로 하여금 기억을 탐색하여 부가적인 내용을 인출하고, 사건에 대한 감정을 되살리며, 중심 주제를 명확히 하고, 글을 조직화하여 정리할 수 있도록 도와주는 것이어야 한다.

② 질문전략에서는 주로 '왜, 어디서, 언제, 누구랑, 무엇을, 어떻게'의 육하원칙에 근거한 질문들이 사용된다.

③ 생각기록지를 사용할 수 있다.

7. 언어요소와 연계한 쓰기 활동

언어요소	쓰기기술의 기초	언어요소에 따른 쓰기 교수전략
음운론	• 음성학 • 음소 • 알파벳(자모음) • 음소분석 • 철자	• **알파벳 교수**: 문자카드나 3D문자를 이용한 자동적인 문자인식, 이름쓰기, 알파벳 순서 가르치기, 시각적 단서로 색깔 이용하기 • **소리 결합하기**: 2~3음절 단어에서 개별적인 소리의 분절과 결합 • **첫소리와 끝소리**: 단어 안에 있는 첫소리와 끝소리 정의하기 • **소리 분절**: 개별단어에서 음소를 분할하는 것을 반복해서 연습

키워드 Pick

형태론	• 단어의미 • 접두사, 접미사 • 음절구분 • 철자 • 복수, 과거시제	• **음절 유형과 음절 분리**: 다양한 음절 유형을 구분하는 법을 가르치고 구두 및 시각적 표상을 활용하여 음절 분리 가르치기 • 기본단어, 접두사, 접미사 가르치기 • **합성어**: 합성어의 의미를 정의하고 개별적 단어 분리하기 • **기능어**: 빈칸 채우기 활동을 하는 동안 기능어(접속사, 전치사, 대명사, 보조 단어) 사용을 강조하기
의미론	• 어휘 • 단어의미 • 음절구분 • 동의어와 반대말 • 단어관계	• **쓰기를 위한 의미 결합**: 작문과정에서 브레인스토밍하는 동안 아이디어들을 시각적 의미망으로 정리하기 • **어휘**: 다양한 어휘 습득을 위해 그림카드 · 이야기책 · 컴퓨터 프로그램을 이용하기, 시각적 카드 · 어휘목록카드 사용하기 • **유추, 반의어, 동의어, 다의어**: 단어 사이의 관계를 인지하고 이해할 수 있도록 직접적으로 가르치기 • **빈칸 채우기**: 문장을 제시하고 내용의 일관성을 유지하도록 빈칸 채우기
구문론	• 문법 • 문장구조 • 대문자 • 구두점 • 단락 조직	• **문장 생성**: 노트에 문법적으로 정확한 문장을 만들어 쓰고, 이를 개별단어로 자름. 단어를 섞어 놓고 학생들이 문장을 재배열하게 함 • **문장 확장과 수정**: 예시 문장을 제공하거나 학생들에게 질문하면서 기본명사-동사를 확장하는 방법을 시범 보임 • **단락 생성**: 문장(주제문장, 세부문장, 전이문장)을 사용하여 단락을 만드는 법을 배우고 연습 • **작문 규칙**: 대문자, 구두점과 같은 규칙을 사용하는 능력을 향상하기 위해 예시문을 구두점 없이 읽음. 규칙이 무시된 글을 시각적으로 보여 주고 쓰기의 형식이 중요하다는 것을 가르침. 글을 교정 볼 때에 한 가지 규칙에 집중해서 보도록 함
화용론	• 주제 • 중심 내용 • 결합(화합) • 간결 • 결론	• **이야기 바꾸어 말하기**: 짧은 이야기를 읽고 학생들에게 순서와 표제어를 사용하여(첫째, 그리고, 다음, 마지막으로) 이야기를 다시 하게 함 • **이야기 공유하기**: 개별적인 사건이나 이야기 요소를 포함한 글을 말로 공유하고, 시작 · 중간 · 끝을 이어쓰기 활동과 연계 • **토론하기**: 개별 혹은 집단으로 자신의 생각을 말하게 함. 학생들이 특정 주제에 대한 구체적인 근거를 가지고 자신의 입장을 주장해야 함. 이러한 토론은 학생들이 생각을 일관성 있게 주장할 수 있는 능력을 개발하는데, 이는 주장하는 글쓰기능력 향상과 직결됨

8. 효과적인 작문 교수

교수	내용
명시적인, 직접적인, 체계적인 교수	작문 교수의 유형과 상관없이, 가능한 모든 작문 교수는 명시적 · 직접적 · 체계적인 교수로 제공되어야 함을 말한다.
쓰기과정에 대한 명시적 전략교수	쓰기의 과정인 계획하기, 초안 작성하기, 수정하기를 명시적이고 체계적으로 가르치는 교수를 말한다. 초기에는 쓰기과정에 대한 전략 사용에 대해 시범 및 교사의 안내를 받으며 작문을 하지만, 궁극적으로 쓰기과정에 대한 전략을 내면화하여 학생 스스로 전략을 적용하는 것을 목표로 한다.
자기조절전략교수	자기조절전략교수는 쓰기과정에 대한 명시적 전략교수를 기본으로 하되, 자기조절적 요소(예 목표 설정, 자기점검, 자기강화)를 포함하여 구성된 전략교수이다.
글의 구조에 대한 명시적 교수	글의 장르별로 글의 구조에 대해 명시적 · 체계적으로 가르치는 교수를 말한다. 이야기 글의 경우에는 이야기문법을 중심으로 글의 구조를 가르치고, 설명글의 경우에는 서술, 비교-대조, 열거 등 글의 구조를 가르친다. 또한 논설문의 경우 주장, 근거, 결론 등의 구조를 가르친다.
계획하기 활동	글을 쓰기 전에 생각 꺼내기 활동을 함으로써 학생이 작문에 대한 아이디어를 생성하고 조직하도록 하는 것을 말한다. 이때 의미지도 등과 같은 그래픽 조직자를 활용하는 경우가 많다. 계획하기 활동을 개별적으로 또는 집단 활동으로 진행할 수 있다.
요약하기에 대한 명시적 교수	읽기와 결합된 작문 교수로, 글을 읽은 다음 읽은 내용을 요약하여 쓰는 것을 말한다.
목표설정 및 자기점검	글을 쓰기에 앞서 글쓰기의 목표(예 작문의 양, 전략 사용 등)를 설정하고, 글을 쓰는 과정에서 목적 달성 여부를 점검하도록 하는 것을 말한다. 목표는 가능한 한 구체적으로 설정하는 것이 좋다. 자기점검은 자기점검표를 제작하여 학생에게 제공하여, 학생이 자기점검표에 자신의 목표 달성 여부를 스스로 표시하여 기록하도록 한다.
안내된 피드백	학생이 작성한 글에 대해 교사나 또래 친구들이 피드백을 제공하는 것을 말한다.
또래교수 활용	쓰기과정(계획, 초안 작성, 수정 등)에서 또래와 함께 작업하도록 하는 것을 말한다.
문장 작성에 대한 명시적 교수	문장 구조, 특히 복문의 산출에 대한 명시적인 교수를 제공하는 것을 말한다.

키워드 Pick

06 수학의 이해 및 지도

① 수학학습장애의 특성

1. 수학능력에 영향을 주는 요인

수학능력에 영향을 미치는 요인	• 지적/인지적 능력, 인지적 학습전략과 같은 심리적 요인 • 다양한 수학 영역에 걸친 지도의 양과 질 • 수학에 대한 영속성, 자아개념, 태도와 같은 인성요인 • 지각과 신경적 충격과 같은 신경심리학적 패턴
수학능력을 방해하는 요인	• 지각적 기술 • 같은 행동의 반복 • 언어 • 추리 • 암기

2. 수학학습장애의 특성

(1) 일반적인 특성

① 취학 전 기본 수학개념(크기, 순서, 양, 거리, 공간 등)의 습득 정도가 불충분하다.
② 공간지각능력이 미흡하다.
③ 운동—시각 혹은 운동과 지각능력 간의 협응능력이 부족하다.
④ 읽기의 어려움으로 인한 수학 문장제 문제 혹은 지시문 이해에 어려움을 겪는다.
⑤ 방향이나 시간개념이 미흡하다.
⑥ 기억(특히 작동기억)능력이 부족하다.
⑦ 수학불안 및 수학교과에 대한 부정적인 태도를 가지고 있다.

기출 LINE

19중)
- 중요한 정보를 선택하지 못하는 '선택적 주의 집중력' 부족을 보임
- 수식 방향과 수 정렬이 복잡하고, 수를 혼돈하여 기입하며 문제를 푸는 위치를 자주 잃어버리는 등 시공간 능력에 어려움을 보임

(2) 정보처리적 특성(인지적 특성) 19·24중

영역	장애 특성
주의 결함	• 계산법이나 문제해결 단계에 주의를 유지하지 못하거나 교사의 중요한 교수 내용에 주의를 유지하지 못한다. • 주의집중능력은 기초적인 수 세기부터 간단한 연산, 여러 단계를 거쳐야 하는 복잡한 연산문제를 해결하는 데까지 요구된다.
시각-공간 결함 19·24중	• 문제지에서 해결하던 문제의 위치를 찾지 못한다. • 수 6과 9, 2와 5, 17과 71 등을 구별하지 못한다. • 동전, 계산기호, 시계바늘 등을 구분하지 못한다. • 공책의 선에 맞춰 글씨를 쓰지 못한다. • 수학의 방향성을 이해하지 못한다. 즉, 덧셈은 위에서 아래로, 다시 무리짓기는 왼쪽에서 오른쪽으로 수 배열하기에서 어려움을 보인다. • 수직선 사용에 어려움을 보인다. • 시공간능력은 수학연산을 수행하고, 수의 크기 개념을 형성하고, 정신적으로 표상된 수직선과 같은 공간적인 형태에서 정보를 표상하고 조직하기 위해 필요하다.

청각처리 결함	• 말로 연습하는 데 어려움이 있다. • 수계열대로 세기를 하지 못한다.
기억 결함	• 수학적 사실이나 새로운 정보를 파지하지 못한다. • 계산에서 순서를 잊어버린다. • 시각읽기에 어려움이 있다. • 여러 단계로 된 문장제 문제를 해결하지 못한다. • 수학학습장애 학생은 일반학생에 비해 작동기억에 결함이 있는 것으로 보고되었다.
운동 결함	• 수를 알아보지 못하게 쓰거나 느리게 쓰고 부정확하게 쓴다. • 좁은 공간에 숫자를 너무 크게 쓴다.
언어능력 결함	• 언어는 수학적 정보를 상징적으로 나타내고, 수학 기호는 수 언어 개념을 나타낸다. • 언어능력은 문장제 문제해결능력에 유의한 영향을 미칠 뿐 아니라 수학과제 전반에 걸쳐 영향을 미치는 것으로 보고되었다.
처리 속도	• 처리 속도는 수학문제를 해결하는 데 걸리는 시간과 밀접하게 관련이 있다. • 처리 속도는 정확성과 유창성을 구성요소로 하며, 느린 처리 속도는 수학학습장애 학생의 특성 중 하나이다.

② 수학학습장애의 진단 및 평가

1. 수학학습장애 진단

수학학력 진단평가도구	• 기초학습 기능검사 • 초등학교 3학년 국가수준 기초학력 진단평가 • 기초학력검사(KISE-BAAT) • 기초 학습기능 수행평가 체제(수학, BASA Math) • 국가수준 학업성취도평가 • ACCENT 수학 학업성취도검사 • Wide Range 학력 테스트 3
교육과정 중심측정 (CBM)	• 교사제작의 비형식적인 검사와 다른 점은 타당하고 신뢰로운 표준화된 검사방법과 절차에 따라 교수방법의 효과를 학습한 내용의 학습 정도를 보고 판단한다는 것이다.
교사에 의한 비형식적 검사	• 학급에서 일단 수학학습장애로 의심이 가는 아동들이 있을 경우, 교사는 대개 공식적인 검사 이전에 비형식적인 교사제작검사나 교육과정중심측정을 통해서 문제의 심각성을 파악해야 한다. • 비형식적 검사는 단순 연산이나 기본 수학개념의 이해를 요하는 문제로서 짧은(5분 이내) 검사시간을 요하는 문항 수를 비교적 많이 제시하는 것이 좋다. • 많은 문항을 제시하는 이유: 아동들에게 검사시간에서 오는 부담을 줄이고 또 문제해결 속도와 정확성을 파악할 수 있기 때문이다.

키워드 Pick

	• 방법: 학습자가 알아야 할 교육내용이나 연간교육목표 달성 여부를 즉각 알 수 있는 내용으로 검사를 구성한다. • 가장 기본이 되는 개념이나 연산을 묻는 문제를 제시하는데, 여기서 중요한 것은 반드시 속도검사 형태로 제시해야 한다는 점이다. 왜냐하면 학습장애 아동들은 정답 자체를 제시할 수는 있지만 보통 그 과정이 오래 걸리기 때문이다.
불일치 정도 판단	• 먼저 1~2개의 표준화된 지능검사로부터 도출된 지능지수 그리고 표준화된 수학규준참조검사를 실시하고, 그 결과를 또래들의 결과와 비교하여 학습장애 여부를 판정한다.
면담과 관찰을 통한 평가 18초	• 아동의 수학교과 활동을 체계적으로 관찰하고, 이전 학년 담임과 부모와의 면담 등을 통해 수학학습부진 혹은 수학학습장애의 설명 가능한 원인을 규명하도록 한다.

2. 수학 진단 · 평가의 대안적 접근

(1) 포트폴리오 평가

① 일정한 기간 동안 학생에 의해 수행된 관찰 가능한 증거에 대해 평가를 하는 활동이다.

② 학습장애의 문제해결 과정에 초점을 두어 학습자의 학습진행 정도를 파악함으로써 학습목표 달성 여부는 물론, 추후 교수활동에 참고할 만한 유용한 정보를 제공할 수 있다.

(2) 오류 분석

① 주요 목적: 교수과정에서 학습자가 갖고 있는 학습문제의 유형과 성격을 정확히 파악하고 그에 따라 효과적인 중재방안을 내리는 것을 주요 목적으로 한다.

② 오류 분석 절차

㉠ 학생들에게 각 유형별로 관심 있는 문제들을 풀게 하여 적절한 행동표집을 한다.

㉡ 학생들에게 문제를 풀도록 격려하고 큰 소리로 무엇을 하는지 말하게 한다. 그러나 학생의 대답에 영향을 주지 않도록 한다.

㉢ 학생의 모든 반응을 기록한다.

㉣ 반응의 유형을 찾는다.

㉤ 어떤 명백한 유형 예외를 찾는다.

㉥ 학생들의 계산에 어려움을 주는 원인으로 확인된 유형을 목록화한다.

㉦ 학생들을 면접한다. 의심이 가는 유형을 확인하기 위하여 학생이 문제를 어떻게 풀었는지 말하도록 한다.

③ 오류 분석 시 유의할 사항

㉠ 학습장애 아동들은 매우 다양한 형태의 오류를 보인다. 따라서 가능한 한 최대한의 오류를 범할 수 있는 기회를 제공하고 교정해 주어야 한다.

㉡ 한 가지 오류 유형의 진단 및 처치가 반드시 다른 유형의 오류를 감소시켜 주거나 없애주지 않으므로 모든 오류 유형에 대해 교사는 명시적으로 교정해 주어야 한다.

㉢ 아동이 오류를 보이면 정확하고 구체적으로 교정해 주어야 하며 반드시 충분한 연습을 통해 숙달하도록 해야 한다.

③ 일반적인 수학 지도

1. 수학학습장애 지도의 기본관점

① **포괄적인 프로그래밍**: 수학 영역에 포함되어 있는 다양한 수학적 활동을 모두 경험할 수 있도록 조직한다.

② **개별화**: 아동마다 서로 다른 수학적 과정에 기초하여 개별화 프로그램을 수립한다.

③ **교정적인 피드백**: 잘못된 것에 관한 정보와 대안적 방법을 제공한다.

④ **지도의 다양한 접근**: 한 가지 원리에 다양한 접근방법을 시도한다.

⑤ **일반화**: 학습한 내용을 다양한 상황에서 활용할 수 있도록 해야 한다.

⑥ **기능적 수학 지도**: 수학기술 자체만을 가르치는 것이 아니라 실생활과 관련된 장면, 특히 물건 사기, 용돈 계획세우기, 시장을 봐서 요리하기, 온도계 읽기와 키 재기, 시각을 말할 때나 시간 계산할 때와 같은 생활 장면에 계산기술을 접목시켜 지도함으로써 과제를 의미 있게 하고, 나아가 실생활 적응능력도 향상시킬 수 있도록 해야 한다.

2. 직접교수법 09·11유, 09·11초, 12·16·20·21중

(1) 직접교수법의 이해

구분	내용
정의	• 구체적인 학습기술을 완전 습득하기 위한 방향의 교사안내 수업이며, 고도로 참여하는 작은 집단으로 이루어진다.
내용조직 방식	• **논리적 위계와 과제분석기법**: 목표학습 상태를 교사가 직접, 가능한 한 상세히, 그리고 구체적으로 보여 주고, 잘 계획된 수업환경하에서 반복적으로 익히도록 하는 것이 최선이다.
교사의 수업진행 방식	• 자극과 반응 간의 관계에 대한 행동주의적 입장으로 정확하고 뚜렷하게 원하는 행동을 보여 주고 학생들로 하여금 실행해 보도록 한다. – 일반적인 일의 문제해결 전략을 분명히 가르쳐야 한다. – 소집단으로 수업해야 한다. – 실수를 체계적으로 교정하고 적합한 반응을 강화하여야 한다. – 이전에 배운 내용을 누적하여 검토하도록 한다. – 학습과정의 각 단계마다 숙달수준을 고수하여야 한다.

기출의 맥

직접교수법은 수학뿐만 아니라 구체적인 기술을 지도할 수 있는 전략입니다. 다만 수학 영역에서 대표적으로 사용될 수 있기 때문에 학습장애 영역에서 수학에 대한 전략을 소개하는 것입니다.

키워드 Pick

기출 LINE

9유)
- 아동에게 개념을 지도할 때에는 내용을 논리적으로 계열화해야 해요. 과제 위계에 따라 설명하면서 구체적인 시범을 보이는 것이 효과적이지요. 그리고 학습 초기에 아동의 사전지식을 꼭 확인할 필요가 있지요.
- 교사는 아동의 반응을 지속적으로 점검하고, 즉각적인 피드백을 주어야 해요. 교사가 주도하는 수업에서 아동들은 다양한 연습을 통해 습득한 개념을 자동화시킬 수 있는 것이지요.
- 학습의 통제가 교사에서 아동으로 점차 전이된다.
- 교사는 언어적 상호작용을 통해 학습 내용을 지도한다.
- 아동들은 교사 행동을 관찰함으로써 사고나 기능을 배울 수 있다.

특징	• 교수전략으로서는 철저하게 학습 향상을 위한 피드백을 주고, 잘못된 반응을 보일 때는 정확하고 신속하게 이를 교정해 준다. • 학습자들이 지루하지 않게 학습진도를 빠르게 이끌어 나가면서 숙달 정도를 높인다. 그러면서도 학습자들의 참여를 유도한다. • 교사가 이러한 교수활동을 능숙하게 해 나갈 수 있도록 바람직한 교수활동의 시범과 체계적인 보조를 숙달될 때까지 제공한다. • 일단 교수활동이 종료되면 지속적으로 학습자들의 학업성취 정도를 평가하되 평가 내용은 교수활동에서 다루어졌던 것과 밀접하게 관련이 있어야 한다. • 수업을 위한 시간배당이 충분하면서도 지속적이고, 내용전달 범위는 확장하며, 학생수행을 모니터해야 한다. • 낮은 수준의 인지적 능력으로 질문하고, 정확한 반응을 많이 일으키며, 학생에게 주는 피드백은 교정적이면서도 학업적인 것이어야 한다. • 직접교수에서는 교사가 교수목표를 통제하고 학생의 능력수준에 맞는 교재를 선택하며 수업 내용을 일정한 속도로 보조를 맞춘다. • 수업은 권위주의적이지 않고 구조적이며 쾌활한 분위기에서 진행된다.
적용	• 교사의 목적이 교재나 학습지에 아직 나타나 있지 않은 정보를 제공하려고 할 때 가장 적절하다. • 교사가 학생들의 흥미나 성공을 일으키고 싶을 때 적절하다. • 직접교수는 기초지식, 규칙, 행동위계 등을 과잉학습하고 완전학습할 필요가 있을 때 적절하다. • 통합학습에 소속된 특수아동들에게 일반교육과정을 수정해서 그 단원에 필수적인 '큰개념'을 가르쳐야 할 때 적절하다.
단계	• 1단계 – **설명하기**: 주어진 목표를 달성하는 데 필요한 지식, 전략, 과정 등에 대하여 구체적으로 설명한다. • 2단계 – **시범 보이기**: 주어진 학습 과제를 성취하는 데 필요한 사고의 과정을 구체적이고 단순한 예를 통해 직접 시범을 보인다. • 3단계 – **질문하기**: 설명한 내용 및 시범 보인 내용을 더욱 구체적으로 이해시키기 위하여 세부단계별로 명시적인 질문을 하여 이해 정도를 확인한다. • 4단계 – **학습자의 독자적 연습**: 주어진 학습목표를 달성하기 위하여 학습자 스스로 또는 학습자 상호 간에 실제로 이해하거나 표현하는 활동을 한다. • 5단계 – **자기점검과 평가**: 앞에서 학습한 내용을 자기 스스로 점검하고 조정하는 초인지 활동을 한다. – 학생들에게 처리과정을 안내할 수 있는 절차적 지원을 제공하여야 한다. – 시범과 소리내어 보여 주기를 통하여 유도하면서 시범을 보여 주어야 한다. – 과제의 어려움을 줄이는 기법을 통하여 처음 해보는 연습을 제공하여야 한다. – 피드백 제공과 자기점검 절차가 필요하다. – 새 예제를 제공하여 독려적 연습을 할 수 있도록 제공한다.

(2) 직접교수의 구성요소 25중

<table>
<tr><td rowspan="4">수업목표</td><td colspan="2">• 교사주도적 수업은 학생의 기대되는 결과를 제시해야 하고, 수업목표는 관찰 가능하고 측정 가능한 행동, 행동이 발생할 조건, 수용 가능한 행동 수행을 위한 기준의 3가지 요소를 포함해야 한다.
• 예를 들어, '교사가 철자쓰기 목록의 단어를 읽어 주면(행동발생 조건) 수민이는 10개의 단어 철자를 100% 정확하게(성취기준) 쓸 것이다(행동)'라는 수업목표를 세운다.</td></tr>
<tr><td>행동</td><td>• 수업목표는 수업이 끝난 후 교사가 아닌 학생에 의해 나타나는 행동을 묘사해야 한다.
• 학생이 나타내는 행동은 관찰될 것이며, 학생이 얼마나 잘 수행하는지가 측정될 것이다.
• 교사는 종종 최종 목표를 보충하거나 그 이상의 활동을 수업에 포함시킨다.
• 일반적으로 수업은 두 개 이하의 목표를 갖는다. 두 개의 목표는 학생들이 행동적 · 사회적 목표와 학업적 · 기능적 목표를 동시에 수행하는 경우에 쓰일 것이다.</td></tr>
<tr><td>행동발생 조건</td><td>• 학생이 행동을 수행할 조건은 목표에 제시되어야만 한다.
• 전형적으로 조건은 자료, 촉진, 그리고 교수를 포함한다.
• 행동발생 조건이 너무도 당연한 것처럼 보이기 때문에 행동목표의 구성요소에서 종종 간과되고 있다. 하지만 특정 행동을 위해 적용되어야만 하는 특별한 조건이 있다.</td></tr>
<tr><td>성취기준</td><td>• 교사는 행동의 수행에 대해 수용 가능한 기준을 마련해야만 한다.
• 이것은 종종 백분율로 쓰인다. 예 80 또는 100%의 정확도
• 기준은 학생이 수행하도록 기대되는 학습의 단계를 반영해야만 한다.
• 만약 학생이 기술을 습득한 것만을 증명하도록 기대한다면 백분율 혹은 정확한 항목 비율(10개 단어 중 10개)이 적절할 것이다.
• 때로는 행동에 따라 백분위 또는 비율이 적절하지 않을 수 있다.
• 학생이 주어진 시간 간격 동안 목표행동을 여러 번 나타내는 것을 기대할 수도 있다.</td></tr>
<tr><td>주의집중 단서</td><td colspan="2">• 수업 시작 전, 교사는 주의집중 단서를 이용하여 학생의 관심을 얻어야 한다. 학생은 수업 내용과 교사의 설명을 보고 듣고 집중하는 상황에 참여해야 한다.
• 교사는 지도하고 있는 내용과 학생의 능력, 경험, 주의집중행동 등에 근거하여 주의집중 단서를 선택한다.</td></tr>
</table>

키워드 Pick

예상단계	• 성공적인 수업은 예상단계에서부터 시작된다. • 예상단계를 통해 학생의 사전지식을 연결하고 새로운 수업을 촉진할 기억 또는 연습들을 유발할 수 있다. • 예상단계가 잘 설계되고 실행된다면 학생들은 자신의 관심을 그날의 학습에 집중할 수 있다. • 예상단계는 학생의 사전지식을 연결하고 새로운 수업을 촉진할 기억 또는 몇몇의 연습을 유발할 수 있다. • 예상단계는 짧아야 하고 교수시간의 적은 부분을 차지해야 한다.
검토, 선행학습 확인 및 목표진술	• 교사는 이전에 학습한 자료를 복습하고 사전에 필요한 요소를 확인하며 현재 학습 목적을 제시하거나 유도한다. • 이 3가지 구성요소는 다른 순서로 이루어질 수 있으며 때로는 유사하거나 중복될 수 있다. • 특히 목표 진술은 수업에 대한 개요를 제공하는데, 이는 학생에게 수업시간 동안 무엇을 배울지 예상할 수 있는 '생각의 틀'을 제공한다.
교수와 모델링 21중	• 교수목표에서 요구하는 행동을 구체적으로 제시하는 것이다. • 모델링은 행동주의적 모델링과 인지주의적 모델링을 포함한다. − **행동주의적 모델링**: 기술의 실제 시연을 의미한다. − **인지주의적 모델링**: 시범 보이는 사람의 사고과정을 이해하는 데 있어서 학생을 도울 수 있는 자기대화를 포함한다. 자기대화를 제공할 때, 교사는 학생이 과제를 수행하는 동안에 그들이 생각하는 것을 명확히 이야기한다. 이는 교사로 하여금 과제뿐만 아니라 과제를 완수하는 데 사용된 전략도 함께 보일 수 있도록 한다. • 교사는 필요할 때 촉진과 피드백을 사용하여 학생들의 대답을 요구해야 한다.
안내된 연습 21중	• 교사가 행동을 시범을 보이면(예 해당 수업의 행동목표) 학생은 직접적인 감독하에 수업목표를 학습할 기회를 가지게 된다. • 안내된 연습은 학생이 해당 기술을 교사와 함께 연습하는 전략이다. • 교사는 질문하고, 연습 부족으로 발생되는 실수를 확인하여, 오류를 정정하며, 필요한 경우 재교수함으로써 학생을 지원하는 데 쉽게 적용될 수 있다.
독립연습	• 학생이 독립적으로 과제를 수행하도록 기대되며 교사의 피드백이 안내된 연습에서처럼 빠르게 제공되지는 않는다. • 전통적 교수에서는 독립연습이 숙제의 형태로 제시되는 경우가 있다. 독립연습은 학생이 안내된 연습에서 높은 성공률(90~100%)을 보이기 전까지 시작되어서는 안 된다. • 독립된 연습으로 숙제를 적절하게 사용하는 교사는 교실에서 안내된 연습시간을 위한 일정을 계획한다. • 유능한 교사는 학생이 그들의 수업 목표를 높은 성공률로 완수할 수 있기 전까지 숙제를 부여하지 않는다.

마무리	• 교사는 학습내용을 요약하고 검토하여 이를 이전에 학습한 내용 또는 경험과 통합함으로써 수업을 마무리한다. • 교사가 시간의 흐름을 잃거나 수업을 끝내는 데 필요한 시간을 잘못 판단하여 마무리 시간을 제공하는 데 실패하는 경우가 있으므로 타이머를 활용하는 방법 등을 통해 수업 내용을 통합할 수 있는 기회를 갖도록 한다.

(3) **직접교수의 효과적인 교수 기능**

복습 기능	• 교사가 수업의 도입부에서 학생들에게 선행기술을 복습할 수 있는 기회를 제공함으로써 습득의 여부와 재교육의 필요를 평가할 수 있다.
제시 기능	• 교사는 행동적 목표로서 정의된 수업목표를 설명해 주고 교수를 시작하는데, 이때 작은 단계로 나누어 새로운 기술을 가르친다. • 요점을 강조하며, 풍부한 설명과 단계를 말로 하면서 하는 시범, 모델, 구체적인 예시를 제시해 준다.
안내된 예시 기능	• 교사의 직접적인 지도하에 학생에게 수업목표가 되는 기술이나 내용을 연습할 기회를 제공한다. • 이 단계에서 교사는 학생의 반응을 평가하고 이해 정도를 점검할 수 있도록 질문과 답하기를 실시하고, 구어 또는 문어 단서로써 촉진을 제공한다. • 학생의 반응이 80% 이상 성공할 때까지 연습 기회를 충분히 제공한다.
피드백 및 교정 기능	• 교사는 안내된 연습을 하는 동안 학생에게 피드백과 교정을 자주 제공한다. • 학생의 부주의로 실수한 경우는 학생의 오류를 교정하고 진도를 나가기 위해 수업을 계속 진행한다. • 학생의 대답이 부정확한 경우 좀 더 간단한 형태로 질문을 다시 하고 촉진을 제공하며, 필요한 경우 다시 가르친다.
독립적 연습 기능	• 학생이 안내된 연습단계에서 적절한 성공률(80%)을 보일 경우 과잉학습되도록 독립된 연습 기회를 제공하여 학생의 반응이 확고하고 오류가 없으며(약 95%의 성공률), 신속하고 자동적으로 될 때까지 충분한 연습 기회를 제공한다.
주간·월간 복습 기능	• 교사는 학생에게 가르친 기술이나 내용을 주기적으로 체계적인 복습과 검사, 다시 가르치기 등을 통해 추수지도를 한다. 주간·월간 복습은 기술의 유지와 다시 가르칠 필요를 판단하는 데 중요하다.

키워드 Pick

3. 명시적 수업과 수업의 재조직

(1) 명시적 수업

분명하고 정확하면서 애매하지 않게 내용을 전달하는 것을 말한다.

(2) 수업의 재조직

① 학습자들에게 전달하고자 하는 주요 개념을 명료화한다. 꼭 알아야 할 지식이나 기술, 개념, 아이디어를 가장 확실하고 효과적으로 숙달할 수 있도록 교육과정을 조직하는 것이 필요하다.

② 각종 학습전략이나 인지전략을 활용할 경우에는 필요성, 효과, 그리고 활용방법과 활용 절차를 학습자들에게 명확히 보여 주거나 납득시킨다.

③ 교사는 학습자에 대한 지원을 점진적으로 줄여서 마침내 학습자 스스로 학습을 개선해 나갈 수 있도록 한다.
④ 학습하고자 하는 개념이나 아이디어와 관련이 있는 다른 여러 교과목의 내용들을 의미 있고 요령 있게 통합시킨다.
⑤ 본 내용을 학습하는 데 필수적인 사전 배경지식을 확인하고 준비시킨다.
⑥ 복습은 누가적으로, 자주, 다양한 유형의 과제를 가지고 충분하게 시킨다.
⑦ 충분하고 다양한 예를 제시한다.

4. 교육과정중심측정(CBM)을 통한 목표구조 활용

목표초과	애초에 목표가 너무 낮은 수준에서 결정되었든지, 아니면 수업이 예상보다 높은 효과를 나타내고 있는 경우로서, 목표를 상향조정한다.
목표적정	애초 설정한 목표선에 아동의 성취수준이 근접해 가는 모습으로 바람직하다.
목표미달	애초에 목표가 너무 높았던 경우에는 학습자의 현재 수준을 조사하여 목표를 재조정하고 목표 자체에는 무리가 없지만 교수방법에 문제가 있을 수도 있으므로 가능한 조속히 현재 교수방법을 변경한다.

5. 컴퓨터 및 전자계산기 사용

(1) 전자계산기의 효과

① 단순 계산능력을 저해하기보다는 오히려 향상시켰다.
② 4학년의 경우에서는 계산기 사용이 단순 연산능력의 발달을 저해하였다.
③ 특히 시험을 치를 때 계산기를 사용함으로써 성적이 향상되었다. 이 효과는 학습상의 문제가 있는 학생들에게서 두드러졌다.
④ 계산기 사용으로 인해 학생들의 수학에 대한 태도가 향상되었다.
⑤ 계산기 사용은 지필연습과 함께 지도될 수 있다.
⑥ 복잡한 문제해결에 전자계산기를 사용하도록 함으로써 수학과목에 대한 자아개념을 향상시켰다.

(2) 전자계산기 사용 시 고려할 점

① 기본 계산원리를 익히기 전에는 가급적 계산기 사용을 자제시켜야 할 것이다.
② 계산기 조작에 서투른 장애아들이 많기 때문에 계산기 조작을 숙달시켜야 한다.
③ 계산기가 언제나 답을 구하는 최선의 방법이 아님을 인식시킨다.
④ 암산으로 수행하는 자신의 능력에 자신감을 갖도록 하고, 계산기를 사용해야 할 때를 스스로 결정하게 한다.
⑤ 어려운 문장제 문제나 수학문제를 만났을 때 미리 포기하기보다는 계산기를 사용하게 함으로써 할 수 있다는 자신감과 도전하려는 태도를 갖게 해 준다.

④ 영역별 수학지도

1. CSA : 기본적인 수학개념의 이해 13초, 21중

기본적인 수학 개념 이해를 위해 일반적으로 구체물 → 반구체물 → 추상물 등의 CSA 순서에 따라 보조교재나 교구, 또는 구체물을 사용하는 것이 효과적이다.

C (Concrete)	• 구체적 수준 • 문제를 풀기 위해 3차원 사물을 사용
S (Semiconcrete)	• 반구체적 수준 • 2차원적인 그리기(그림, 선, 패)
A (Abstract)	• 추상적인 수준 • 사물이나 그림의 사용 없이 수, 식, 기호, 문자 등을 사용

기출 LINE

13추초) CSA 순서를 생각해서 오리와 거위 모형을 가지고 함께 풀이를 했더니 수식을 만들어 내더라고요.

2. 수의 이해

(1) 수 감각

① 수 감각의 의미

㉠ 수 감각은 유아기부터 습득하게 되는 기본적인 능력으로서, 수에 대한 인지를 할 수 있는지 아는 것을 의미한다.

㉡ 학습장애 학생의 수 감각 향상을 위해서는 일상생활에서 쉽게 찾을 수 있는 구체물이나 반구체물을 활용하여 수를 접할 수 있는 기회를 제공해 주어야 한다.

② 수 감각의 개발을 위해 교수내용을 구성할 때 반영해야 하는 목표 및 내용 요소

㉠ 첫째, 수 표현방법, 수 관계, 수 체계에 대한 이해이다.

㉡ 둘째, 연산의 의미와 연산관계 이해하기로서, 관계성에 관한 감각을 얻거나 어떤 연산을 선택할 것인지 결정하는 것이다.

㉢ 셋째, 숙련된 계산하기와 합리적 어림하기로서, 학생은 암산, 지필전략, 어림을 배우는 경험을 가져야 한다.

③ 수 감각능력을 증진할 수 있는 교사의 수업시간 특성

㉠ 초기 수 감각을 향상시키기 위해서는 수 세기, 숫자 읽고 이해하기, 수의 크기 변별하기, 두 수 중 제3의 숫자와 더 가까운 수 가려내기, 수 배열 이해하기, 간단한 덧셈과 뺄셈 연산과정 이해하기 등을 포함한 교수를 제공한다.

㉡ 계산 알고리즘과 기본적인 사실을 가르치기 전에 수와 연산에 대한 의미를 이해할 수 있는 충분한 기회를 제공한다.

㉢ 암산전략을 사용하고 어림할 수 있는 기회를 자주 제공한다.

㉣ 다양한 방식으로 문제를 해결하도록 장려한다.

㉤ 학생으로 하여금 자신이 추론한 것에 대해 이야기할 수 있도록 격려한다.

㉥ 학생이 아이디어를 생성하고 설명하는 분위기를 만든다.

㉦ 증명을 통해 논리와 추론을 발달시키도록 돕는다.

키워드 Pick

④ 수 감각교수의 단계별 지도 내용 및 학습활동

단계	내용
1단계: 수 거꾸로 세기	1부터 20까지의 수를 거꾸로 세는 활동으로 수 카드를 거꾸로 배열하기, 수직선에 수 거꾸로 쓰기 등을 통해 수의 순서 감각을 익히고 앞뒤 수의 관계를 파악하여 기계적으로 거꾸로 수 세기를 할 수 있게 한다.
2단계: 11~20 두 자릿수 의미 이해하기	주어진 숫자를 보고 1단위와 10단위 막대(1단위 막대를 10개 합친 것과 같은 길이)를 사용하여 나타내기, 10개를 한 묶음으로 세기 활동을 통해 수 의미를 이해하고 십의 자릿수 개념을 이해하도록 한다.
3단계: 빠진 수 넣기	1~20의 수 중 무작위로 표본 추출된 세 수의 배열에서 처음, 중간, 끝에 빠져 있는 수를 인식하는 것으로 수 카드 배열, 수직선에서의 수 계열을 인식하도록 한다.
4단계: 수 뛰어 세기	주어진 수만큼 뛰어 세기를 하는 활동으로, 게임보드의 말과 수직선을 이용하여 뛰어 세기에서의 규칙과 배열을 이해하게 한다.
5단계: 수 가리기	주어진 수를 제시된 수와 다른 한 수로 분해하는 활동으로, 수 막대를 이용하여 수 관계를 인식하게 하고, 수직선을 이용해 수를 분해하도록 한다.
6단계: 주어진 수에 가까운 수 찾기	주어진 수와 제시된 나머지 두 수의 관계를 파악하여 주어진 수에서 상대적인 크기를 알게 하기 위하여 게임보드 및 수직선에서 수의 거리를 측정해 보는 활동을 한다.
7, 8단계: 덧셈구구	수 막대를 이용하여, 덧셈의 효과 및 관계를 이해하도록 한다. '한 자릿수 + 한 자릿수' 덧셈 문항에서 게임보드 및 수직선을 활용하여, 더 큰 수를 변별한 후 그 수부터 세어 올라가도록 하는 전략을 사용한다.
9, 10단계: 수 막대를 이용하여 뺄셈의 효과 및 관계를 이해하기	'한 자릿수 – 한 자릿수' 뺄셈 문항에서 게임보드 및 수직선을 활용하여 빼는 수만큼 거꾸로 세기 전략을 사용한다.

⑤ 수 감각과 연산능력향상을 위한 지도

단계	교수목표	지도 내용	학습활동
1	수의 순서 익히기	20부터 거꾸로 기계적 수 세기	수 카드를 거꾸로 배열하기, 수직선을 이용하여 수를 거꾸로 배열하고 쓰기
2	• 수 의미 이해 • 십의 자릿수 개념 익히기	수 막대를 이용하여 두 자릿수 11~20 나타내기	10단위와 1단위 막대를 이용하여 십과 일의 자릿수 나타내기
3	수 계열 인식하기	연속된 수 중 빠진 수 넣기	수 카드를 이용하여 빠진 수 채워 넣기, 수직선을 이용하여 빠진 수 채워 넣기
4	• 규칙적 수 배열 • 이해하기	주어진 수만큼 뛰어 세기	게임보드를 이용하여 같은 간격으로 뛰어 세기, 수직선을 이용하여 주어진 수만큼 같은 간격으로 뛰어 세기
5	수 관계 인식하기/수의 분해 이해하기/수의 상대적인 크기 알기	주어진 수를 두 수로 나누기	수 막대를 이용하여 두 수 간의 관계를 인식하기, 수직선을 이용하여 제시된 수와 남은 수를 분해하기
6		주어진 수에 가까운 수 찾기	게임보드를 이용하여 수 간 거리를 비교하고 조작하기, 수직선을 이용하여 수 간 거리를 비교하고 조작하기
7	연산(덧셈) 이해하기	• 한 자릿수 + 한 자릿수(10 미만) • 한 자릿수 + 한 자릿수(10 이상)	수 막대를 이용하여 덧셈의 효과 및 관계 이해하기, 게임보드를 이용하여 수 세기 전략을 사용하기, 수직선을 이용하여 수 세기 전략(이어 세기 전략) 사용하기
8			
9	연산(뺄셈) 이해하기	한 자릿수 − 한 자릿수	수 막대를 이용하여 뺄셈의 효과 및 관계 이해하기, 게임보드를 이용하여 수 세기 전략 사용하기, 수직선을 이용하여 수 세기 전략 사용하기, 수직선을 이용하여 수 세기 전략(거꾸로 세기 전략) 사용하기
10			

키워드 Pick

(2) **수 개념**: 기수와 서수

기수	• 일정한 양을 나타낼 때 마지막으로 세는 수이다. • 주어진 양을 셀 때 마지막으로 세는 수가 곧 전체의 양을 나타내는 것을 의미한다. • 기수를 지도하기 위한 방법으로는 양을 수로 나타내거나 수를 양으로 나타내는 연습이 효과적이며, 기수를 지도할 때 고려해야 할 점 중에 하나는 양을 표현하는 숫자에는 계열성이 존재한다는 것이다.
서수	• 순서를 나타내는 수로서, 일정한 집단의 양을 순서적 개념으로 표현하는 것을 의미한다. • 어떤 집합에 포함되어 있는 물체의 위치를 인식하고 표현하는 수 세기를 말하며, 집합 속에서의 순열이나 순서를 특징지어 주는 수학적 용어이다. • 서수는 사칙연산문제를 풀어 나가는 데 필요한 기법이자 순서적인 개념이 있는 양을 표현할 수 있는 유용한 개념으로, 서수를 지도하기 위해서는 일상생활 활동이나 게임 등을 통해 순서적 개념을 반복적으로 학습시키는 것이 효과적이다.

(3) **수 세기** 14중

① 수 세기 전략

일대일 대응	• 사물과 숫자를 일대일로 대응시켜 전체의 양을 세는 방법이다. • 일대일 대응은 사물과 수를 연결 지어 양에 대한 개념을 형성하게 하고 수의 계열성을 형성하는 데 도움이 되기 때문에 수 개념을 형성하는 핵심적인 기술 중의 하나이다. • 일대일 대응 지도 시 고려할 사항 – 하나의 사물에는 하나의 수 이름을 부여해야 한다. – 수에는 순서가 있기 때문에 일대일 대응을 하는 과정에서는 수의 계열성을 고려해야 한다. – 일대일 대응을 좌우 어느 방향에서 시작하는지는 중요하지 않지만, 한 방향을 정해서 순서에 맞게 대응해야 한다. – 구체물이나 반구체물을 조작하는 것이 익숙해지면, 손가락으로 구체물을 지시하면서 대응되는 양에 부합하는 수를 이야기하도록 유도하고, 다음에는 구어적인 수 세기만을 통해 일대일 대응을 할 수 있도록 연습시켜야 한다.
기계적 수 세기	• 수에 대한 개념을 형성한 이후에 일정한 수의 양을 기계적으로 반복해서 세는 과정이다.
중간부터 수 세기	• 학생이 아는 기수에서부터 수를 셀 수 있도록 하는 방법이다.
건너뛰며 수 세기	• 일정한 양을 건너뛰며 수를 세는 방법이다. • 처음부터 건너뛰며 수 세기, 중간부터 건너뛰며 수 세기 등이 있다.

② 유의할 점

㉠ 대응 수 세기는 단순 수 세기가 적어도 10까지 이루어진 다음 소개하는 것이 좋다.

㉡ 중간에서부터 세기나 건너뛰며 세기는 단순 수 세기가 어느 정도 이루어진 다음에 도입하는 것이 바람직하다.

㉢ 무조건 구체물을 이용한 수 세기가 유리한 것만은 아니므로 간혹 간단한 상징 등 중간 정도의 구체물을 조작하도록 하는 것이 효과적일 수 있다.

㉣ 수 세기에 대한 아동들의 응답을 통일시킬 필요가 있다.

㉤ 수 세기에서 오류를 범하면 그 즉시 수행을 멈추도록 하고 교사가 시범을 보인다.

3. 사칙연산

(1) 사칙연산의 이해를 위한 필수기술

① 구체적 · 반추상적 · 추상적 수준에서의 이해가 이루어져야 한다.

② 기본 사실은 반드시 자동적인 수준으로 기억되어야 한다.

③ 자릿값, 즉 일의 자리, 십, 백, 천 등의 자릿값을 이해하고 있어야 한다.

• 자릿값의 하위 요소 13중
  - 숫자의 읽고 쓰기
  - 자릿값에 맞게 세로로 배열하기
  - 풀어서 자릿값 표현하기
  - 구조에 대한 이해가 되어야 한다.

④ 재조직기술, 즉 받아올리기, 빌려 오기 등이 가능해야 한다.

⑤ 산수문제를 푸는 데 사용되는 단계로서 아라비아 기수법이 필요하다.

(2) 사칙연산 기술 및 지도

덧셈교수	• 기초적인 덧셈기술의 학습단계 　- 1단계: 모두 세기 　- 2단계: 이어 세기 　- 3단계: 부분 인출 　- 4단계: 직접 인출 • 큰 가수를 기준으로 이어 세기 • 부분 인출 및 직접 인출 • 두 자릿수 이상의 덧셈교수
뺄셈교수	• 뺄셈 개념 및 뺄셈식 알기 • 뺄셈구구 교수 • 두 자릿수 이상의 뺄셈교수

키워드 Pick

곱셈교수	• 묶어 세기 또는 건너뛰며 세기를 통한 곱셈 개념 • 곱셈식 알기 • 몇 배 개념 알기 • 곱셈구구 교수 • 두 자릿수 이상의 곱셈교수
나눗셈교수	• 나눗셈 개념 및 나눗셈식 알기 • 나눗셈구구 교수 • 두 자릿수 이상의 나눗셈교수

① 덧셈 14중

㉠ 기본적인 덧셈기술의 학습단계

1단계: 모두 세기	두 수를 더할 때, 각 수를 1부터 센 다음, 이들을 합쳐서 다시 센다. 이 시기에는 일반적으로 손가락이나 사물을 사용하여 수 세기를 한다.
2단계: 이어 세기	두 수를 더할 때, 한 숫자에서 시작해서 더해지는 만큼 나머지 수를 센다. 이어 세기의 초기 단계에서는 두 수의 크기와 상관없이 앞의 수를 기준으로 뒤의 수를 세는 방법을 사용하다가, 점차 발달하면서 두 수 중 큰 수를 변별하고 큰 수를 기준으로 나머지 수를 세는 방법을 사용한다. 이어 세기 초기에는 손가락이나 사물을 사용하여 수 세기를 하다가, 점차 언어적으로 수 세기를 한다.
3단계: 부분 인출	직접 인출 단계 전에 나타나는 과도기적 단계로, 학생이 직접 인출할 수 있는 덧셈식에서 추가적으로 필요한 계산을 더해서 계산하는 방법이다.
4단계: 직접 인출	두 수의 합을 계산과정을 거치지 않고 바로 장기기억에서 인출하여 답하는 것을 의미한다.

㉡ 덧셈능력 향상을 위한 전략

큰 수부터 이어 세기	• 큰 가수를 기준으로 이어 세기를 하기 위해서는 다음과 같은 선행 지식과 기술이 필요하다. – 덧셈식의 순서와 상관없이 효율적인 순서로 연산을 할 수 있다는 것을 알아야 한다. – 두 수 중 큰 수를 변별할 수 있어야 한다. – 1이 아닌 곳에서 시작하여 셀 수 있어야 한다.
부분 인출 및 직접 인출	• 연산을 잘하려면, 기본셈(사칙연산구구)을 잘 이해할 뿐 아니라 충분한 연습을 통해 기본셈을 빠르고 정확하게 할 수 있어야 한다. • 이를 위해서는 학생이 점차적으로 부분 인출과 직접 인출을 통해 기본셈을 할 수 있도록 도와주어야 한다.

손가락 수 세기	• 손가락으로 세어야 하는 수를 표상할 수 있고 수 세기를 하는 동안 세고 있는 수의 양을 유지시킴으로써 세고 있는 수를 잊지 않도록 하는 장점이 있다. • 손가락으로 가수와 피가수를 표현할 수 있고, 이를 바탕으로 덧셈에 대한 수식을 만들어 낼 수 있는 단서를 제공해 준다. • 간단한 덧셈의 경우 손가락 수 세기를 활용하는 것이 학생의 연산능력을 향상시키는 데 도움이 될 것이다.
수식의 활용	• 동일 수 활용: 덧셈, 뺄셈이나 곱셈을 할 때 같은 수를 활용하는 것(5 + 5) • 큰 수로부터 이어 세기: 주어진 연산문제에서 큰 수에서 시작해 나머지 수를 세는 것 • 가족 수 활용: 수 조합의 관계를 이용하여 지도하는 방법 • 10 이용하기 – 덧셈을 할 때 10을 활용하는 방법: 10을 만드는 방법, 자릿값을 활용하는 덧셈 – 뺄셈을 할 때 10을 활용하는 방법: 피감수에 있는 10에서 감수를 빼는 전략, 감수를 10으로 만들어서 피감수에서 빼는 전략

ⓒ 덧셈구구 교수의 3단계

1단계	• 학생이 덧셈구구의 기본 개념을 이해하도록 가르친다. 이때 실생활과 연결하여 구체물을 조작하는 활동을 통해 덧셈의 개념을 이해시킨다.
2단계	• 2-1단계: 사칙연산구구표를 이용하여 학생이 다양한 덧셈구구들 간의 관련성을 이해하도록 도와준다. 예 학생이 덧셈구구표를 보고, 어떤 수들은 서로 간에 공통점이 있다는 것을 파악하도록 한다. 예를 들어, 학생은 덧셈구구표를 보고, 덧셈식에서 두 수의 위치가 바뀌어도 답은 똑같다는 공통점을 발견할 수 있다. 이것이 '교환법칙'인데, 학생은 교환법칙을 이해함으로써 100개의 덧셈구구 대신 55개의 덧셈구구만을 외우면 된다. • 2-2단계: 덧셈구구표를 점진적으로 소개하여 학생이 이를 효율적으로 학습할 수 있도록 도와야 한다. 예 학생들은 어떤 수에 0을 더하면, 그 수 그대로가 답이 된다는 공통점을 발견할 수 있다. 이것이 '+0 법칙'이며, 학생들은 '+0 법칙'을 이해함으로써, 55개의 덧셈구구 중 10개의 덧셈구구를 학습하게 된다. 이와 같이 학생들이 덧셈구구를 한꺼번에 외우는 것이 아니라, 쉽게 외워지는 순서에 따라 점진적으로 외우게 하는 것이 더 좋다.
3단계	• 학생들이 2단계에서 학습한 사칙연산구구를 자동화할 수 있도록 반복하고, 누적하여 연습할 때, 교사는 다음의 세 가지 절차를 활용하는 것이 좋다. 첫째, 새로 학습한 구구를 집중적으로 반복하기, 둘째 새로 학습한 구구와 이전에 학습한 구구를 섞어서 누적 반복하기, 셋째 새로 학습한 구구의 숙달 정도를 평가하기 등이다.

키워드 Pick

㉣ 두 자릿수 이상 덧셈을 위한 다양한 활동

- 받아 올리는 수는 고정적인 위치에 적도록 지도하는 것이 좋다. 이때 일의 자리의 답을 적는 곳과 받아 올리는 수를 적는 곳에 색깔을 넣어 학생들이 받아 올림을 올바르게 할 수 있도록 돕는다.
- 받아 올림을 해야 하는 계산식에서 답을 적는 곳에 네모로 표시하고, 각 네모에는 하나의 숫자만 들어가야 함을 강조한다. 이때 하나 이상의 숫자가 들어가게 될 경우에 받아 올림을 해야 함을 가르친다. 일의 자리의 6과 8을 합치면 14가 되는데, 네모 칸에는 하나의 숫자만 들어가야 하기 때문에 받아 올림을 해야 함을 설명한다. 이때 일의 자리와 십의 자리의 칸은 각각 색깔을 달리 표시하여, 학생이 자릿값을 보다 명시적으로 이해할 수 있도록 돕는다.
- 두 개 이상의 수를 더해야 하는 계산식의 경우, 자릿수를 맞춰 계산하는 것을 돕기 위해 다음과 같이 형광펜 또는 세로 줄을 표시하여 도움을 주거나, 격자 표시가 된 종이를 사용한다.
- 두 개 이상의 수를 더해야 하는 계산식의 경우, 자릿수를 맞춰 계산하는 것을 돕기 위해 일의 자리를 계산할 때는 십의 자리와 백의 자리는 가린 상태에서 일의 자리를 계산하도록 한다. 또한 십의 자리를 계산할 때는 나머지 자리(일의 자리와 백의 자리)를 가린 상태에서 계산하게 한다.

② 뺄셈

뺄셈 개념 및 뺄셈식	• 덧셈과 뺄셈의 기초가 되는 것은 '가르기'와 '모으기'이다. • 모으기는 흩어져 있는 것을 한군데로 모으는 활동이며 덧셈의 기초가 된다. • 가르기는 이와 반대되는 개념으로 모은 것을 보통 두 덩어리나 세 덩어리로 나누는 작업을 의미한다. • 이는 뺄셈 개념을 형성하기 위한 기본 활동이다. • 모으기와 가르기 활동은 놀이의 형태로, 초기에는 10을 가지고(10이 되는 두 수를 보수 혹은 짝꿍 수) 실시하는 것이 좋다(예 1, 9 / 2, 8 / …… 8, 2 / 9, 1). 그다음 합이 10이 넘는 수의 가르기와 모으기 활동을 실시하는 것이 좋다. • 덧셈과 뺄셈은 수직선으로 표현하는 것이 좋다. 그러나 아동은 수직선에서 더하기를 쉽게 하지만 빼기는 잘 못하는 경향이 있다. • 더하기는 계속 앞으로 가면 되지만 빼기는 수직선상에서 앞으로 뒤로 왔다 갔다 해야 하기 때문에 어려움을 겪는 것이다. • 학생들에게 개념의 이해와 표현의 문제는 다를 수 있으므로 다양한 표현 활동을 통해 개념을 학습하도록 한다.

뺄셈구구 교수	• 뺄셈의 개념을 가르치고 뺄셈식을 익히게 한 다음, 뺄셈구구 연습 기회를 충분히 제공하여 빠르고 정확하게 계산할 수 있도록 교수하여야 한다. • 뺄셈구구는 덧셈의 역관계에 기초하여, 빼는 수와 답이 한 자리다. • 뺄셈구구는 덧셈의 역관계를 강조한 짝이 되는 뺄셈식을 충분히 연습하여 자동화할 수 있도록 하는 것이 좋다. • 뺄셈구구 제시 순서는 덧셈구구의 순서와 동일하게 진행한다.
두 자릿수 이상의 뺄셈을 위한 다양한 활동	• 반구체물(예 그림 등)을 활용하여 받아 내림의 개념을 식과 연결하여 이해할 수 있도록 교수한다. • 받아 내림을 할 때, 받아 내린 수 '10'을 더하고, 그 위의 값은 '1'이 줄어드는 것에 대한 단서를 제공한다. 이때 일의 자리와 십의 자리에 해당하는 칸은 각각 색깔을 다르게 표시하여, 학생이 자릿값을 보다 명시적으로 이해할 수 있도록 돕는다. • 세 자릿수 이상의 뺄셈식에서는 자릿수를 맞춰 받아내림을 하며 계산하는 것을 돕기 위해 가림카드를 사용한다.

③ 곱셈

㉠ 곱셈의 이해

곱셈 개념	• 묶음의 개수와 묶음 내의 수를 알아본 후, 같은 수를 여러 번 더하여 전체의 수를 알아보는 활동은 곱셈의 기초가 된다. • 전체의 개수를 하나씩 제시하지 않고 묶음을 만들어, 같은 수를 더하는 식으로 구하는 것이 빠르고 능률적임을 알게 하는 것이 중요하다. • 동수누가의 관계를 이해하도록 지도한다. • 동수누가를 곱셈식으로 표현하는 것이 같은 수를 여러 번 더하는 것보다 더 효율적임을 알게 한다. • 묶어 세기와 비슷하게 건너뛰며 세기는 곱셈의 기초가 된다. • 몇씩 건너뛰며 몇 번을 세는지 알아보기, 같은 수를 여러 번 더하여 전체 수를 알아보는 활동은 덧셈에서 곱셈으로 자연스럽게 넘어가는 경험을 제공한다.
곱셈식	• 같은 수를 여러 번 더할 경우 같은 수 더하기를 곱하기로 나타내는 것이 훨씬 간편함을 이해시킨다. • 구체적인 생활 장면을 도입하여 ○개씩 묶기(예 5개씩 묶기) → 묶음 수 찾기(예 4개) → 덧셈식으로 나타내기(예 5 + 5 + 5 + 5)의 과정을 거친 후, 반구체물 도식을 통해 5씩 4묶음을 5×4라고 표현하도록 한다.
몇 배 개념 알기	• 미완성된 반구체물(예 그림)을 활용하여 아동에게 곱셈식을 완성하도록 한다. 예 "5개씩 4묶음은 모두 몇 개입니까?"에 해당하는 '몇 개'의 그림을 직접 그림 • 그다음 '몇 개'에 해당하는 수를 빈칸에 쓰도록 하고, '5의 몇 배는 몇이다'(예 5×4= 20의 곱셈식으로 쓰고, 5의 4배는 20이다.)를 지도한다.

키워드 Pick

기출 LINE

19중) 문제를 집중하여 풀었으나, 시간이 오래 걸림. 곱셈구구를 할 수 있음에도 불구하고 자동화가 부족하여, 기본 셈의 유창성에 영향을 줄 수 있으므로 반복·누적된 연습 기회를 제공할 필요가 있음

ⓒ 곱셈구구 교수

- 곱셈구구의 궁극적인 목적은 학생이 계산과정을 거치지 않고 바로 장기기억에서 답을 인출할 수 있도록 하는 것이다.
- 이를 위해 곱셈의 개념, 곱셈식, 몇 배 개념 등을 이해하도록 하고, 그다음 충분한 연습을 통해 곱셈구구의 기본셈을 빠르고 정확하게 할 수 있도록 이끌어 내야 한다.
- 곱셈구구는 한 자릿수 곱하기 한 자릿수로 100개의 기본 곱셈구구가 있으며, 세 단계로 나누어 실시하는 것이 좋다.

1단계	• 앞서 설명한 곱셈의 개념, 곱셈식, 몇 배 개념 등을 학생이 이해하도록 가르쳐야 한다. 이때 학생이 경험할 수 있는 상황을 통해 곱셈구구를 알 수 있게 하는 것이 좋다. 예 7단의 경우 1주일씩 세어 보기 활동을 통해 4주일은 며칠인지 알아보기
2단계	• 2-1단계: 곱셈연산구구표를 이용하여 학생들이 다양한 구구 간의 관련성을 이해하도록 도와야 한다. 예를 들어, 학생이 곱셈구구표를 보고, 어떤 수들이 서로 간에 공통점을 갖고 있다는 것을 파악하도록 한다. • 2-2단계: 곱셈연산구구표를 점진적으로 소개하여 학생이 이를 효율적으로 학습하도록 도와야 한다. 예를 들어, 학생들은 어떤 수에 0을 곱하면, 항상 0이 된다는 공통점을 발견할 수 있다. 이것이 '×0 법칙'이며, 학생은 '×0 법칙'을 이해함으로써 55개의 곱셈구구 중 10개의 곱셈구구를 학습하게 된다. 이와 같이 학생이 곱셈구구를 한꺼번에 외우는 것이 아니라, 더 쉽게 외워지는 순서에 따라 점진적으로 외우게 하는 것이 더 좋다.
3단계 19중	• 학생이 2단계에서 학습한 곱셈연산구구를 자동화할 수 있도록 반복, 누적된 연습 기회를 제공하여야 한다. 사칙연산구구의 자동화를 위해 연습을 할 때, 교사는 다음의 세 가지 절차를 활용하는 것이 좋다. 첫째, 새로 학습한 구구를 집중적으로 반복하기, 둘째 새로 학습한 구구와 이전에 학습한 구구를 섞어서 누적 반복하기, 셋째 새로 학습한 구구의 숙달 정도를 평가하기이다.

④ 나눗셈

<table>
<tr>
<td rowspan="3">나눗셈
개념 및
나눗셈식</td>
<td colspan="2">• 곱셈이 같은 수를 계속 더하는 동수누가의 더하기 개념이라면 나눗셈은 같은 수를 계속 빼 주는 동수누감의 빼기 개념이다. 이런 의미에서 곱셈과 나눗셈은 상대적인 개념이다.
• 나눗셈을 계산하기 위해서는 포함제 개념과 등분제 개념의 이해가 필요하다. 23중</td>
</tr>
<tr>
<td>포함제</td>
<td>• 포함제는 '어떤 수 안에 다른 수가 몇이나 포함되어 있는가'를 구하는 것으로 '횟수'의 개념이다.
• 예를 들어, 12 ÷ 3은 '12 안에 3을 몇 번 포함하고 있는가?'라는 의미이다.
• 포함제 나눗셈 개념을 묻는 문제에는 일반적으로 '~씩'이라는 어휘가 들어간다.</td>
</tr>
<tr>
<td>등분제</td>
<td>• 등분제는 '어떤 수를 똑같이 몇으로 나누는가'를 구하는 것으로 '개수'의 개념이다.
• 예를 들어, 12 ÷ 3을 생각해 보면, "사과 12개가 있는데 3개의 접시에 똑같이 나누어 담는다면 한 접시에는 몇 개가 담기는가?"라는 의미이다.
• 등분제 개념이 담긴 문제에는 '똑같이 나누면'과 같은 어휘가 많이 제시된다.
• 등분제의 개념은 분수의 개념이 되므로 이에 대한 철저한 이해가 필요하다.</td>
</tr>
<tr>
<td></td>
<td colspan="2">• 일반적으로 나눗셈교수는 나눗셈 개념 설명 → 나눗셈식 알기 → 나눗셈구구 교수 → 두 자릿수 이상의 나눗셈교수의 순으로 진행할 수 있다.
• 우선 나눗셈 개념을 교수할 때에는 포함제와 등분제의 개념을 그림을 활용해 실생활과 연결하여 가르치는 것이 좋다.
• 나눗셈의 개념을 설명한 다음 포함제와 등분제의 개념을 다시 정리한 후 이를 나눗셈식으로 표현하도록 한다.</td>
</tr>
<tr>
<td>나눗셈
구구지도</td>
<td colspan="2">• 나눗셈구구의 궁극적인 목적은 학생이 두 수의 나눗셈을 계산과정을 거치지 않고 장기기억에서 답을 바로 인출하여 답할 수 있도록 하는 것이다.
• 나눗셈구구는 곱셈과 나눗셈의 역관계에 기초하여 나누는 수와 몫이 한 자리이다.
• 단, 0으로 나누는 것이 불가능하므로 90개의 기본 나눗셈구구가 있다.
• 곱셈의 역관계를 강조한 짝이 되는 나눗셈식을 충분히 연습하여 자동화할 수 있도록 하는 것이 좋다.
• 나눗셈구구 제시 순서는 곱셈구구의 순서와 동일하게 진행한다.</td>
</tr>
</table>

Chapter 09

키워드 Pick

(3) 연산 오류 11 · 16 · 18 · 25초, 13 · 17중

① 연산의 오류 유형

연산방법 선택의 실수	아동은 잘못된 연산과정을 통해 문제를 푸는 경우가 있는데, 예를 들어 덧셈 대신에 뺄셈을 하는 것이 여기에 속한다.
계산상의 오류	정확한 연산법을 사용하고 있으나 기본적인 수 계산을 기억하는 데 실수하는 경우이다.
결함이 있는 연산	올바른 연산방식을 사용하고 있으나 처리과정에 결함이 있는 경우이다. 이러한 문제는 계산상의 문제로 나타나는 것이 아님을 인지하여야 한다.
무작위 응답	어떻게 문제를 풀어야 할지 잘 모르는 아동은 문제에 있는 숫자를 임의로 골라서 무작위로 나열한다.

② 결함이 있는 연산의 오류 사례

㉠ 자릿값에 상관없이 일의 자리와 십의 자리 각각의 합을 적는다.

㉡ 모든 숫자들을 함께 더한다. 합이 10보다 크면, 단위를 다음 오른쪽 열로 옮긴다. 이런 유형은 자릿값을 고려하지 않았음을 반영한다.

㉢ 숫자를 왼쪽에서 오른쪽으로 더한다. 합이 10보다 크면, 단위를 다음 오른쪽 열로 옮긴다. 이런 유형은 자릿값을 고려하지 않았음을 반영한다.

㉣ 위치를 고려하지 않고 큰 수에서 작은 수를 뺀다. 위의 숫자(피감수)를 아래 숫자(감수)로부터 빼거나 반대로 한다.

㉤ 필요없을 때에도 받아내림을 한다.

㉥ 곱셈연산을 수행하기 전에 십의 자리 승수에 받아 올림 수를 더하지 않는다.

㉦ 몫에서 0을 생략한다.

(4) 연산을 위한 기억술 전략

DRAW 23중	부호읽고 풀어쓰기 전략(DRAW)은 가감승제(사칙연산)가 포함된 문제풀이를 돕는다. • D: 수학부호 찾기 • R: 문제 읽기 • A: 문제 풀기 • W: 답 쓰기
ORDER	이부순서 계산완료 전략(ORDER)은 사칙연산의 혼합 문제의 계산 순서를 기억하도록 돕는다. 문제의 내용을 파악하고 계산부호를 읽은 후 계산 순서를 정하여 차례대로 계산한다. • O: 문제를 읽고 이해하기 • R: 부호를 찾아 읽기 • D: 계산 순서 정하기 • E: 순서에 따라 계산하기 • R: 완료하기

EQUEL	양곱표 계산표 전략(EQUEL)은 '보다, 크다, 작다, 같다' 와 같은 것을 결정하기 위한 전략이다. • E: 문제의 양쪽 검토하기 • Q: 더하기, 곱하기 확인하기 • U: 덧셈은 동그라미나 선으로 표기하고 곱하기는 '묶음' 이용하기 • E: 양쪽의 합을 각각 계산하기 • L: 같거나 다른 것 표시하기

(5) 수학기술 향상을 위한 방법

방법	내용
네모 칸 또는 보조선 이용	계산문제를 풀 때 자릿수를 잘 맞추지 못하는 아동을 위하여 네모 칸이나 보조선을 이용하여 쉽게 자리를 잡을 수 있게 해 준다.
문제의 수 조절	한 면에 동시에 제시되는 여러 개의 문제로 혼돈스러워 하는 아동을 위하여 한 면에 2~3개의 문제만 제시한다.
자동 암산	아동이 더 이상 셈하기 전략에 의존하지 않게 될 때 자동적인 암산(예 '7 + 6'을 계산할 때 자동적으로 답이 '13'임을 아는 것)을 할 수 있게 된다. 이를 위하여 한 번에 두세 개를 넘지 않는 연산을 제시하고, 질문하면 즉시 말하도록 연습시킨다.
구체물 조작	아동에 따라서는 기본적인 수 개념 및 관계를 학습하기 위하여 구체적인 조작물을 사용하는 것이 도움이 된다. 예를 들어, 콩 · 블록 · 나무젓가락 · 빨대 · 바둑알 · 껌 · 사탕 등의 사물을 직접 조작하면서 셈하기, 구구단 등의 관계를 학습할 수 있다.
언어적 촉진	직접 말로 계산을 도와주는 방법으로, 예를 들어 두 자릿수 곱셈에서 "먼저 오른 쪽 수끼리 곱해야지.", "칸을 잘 맞춰서 쓰는 것 잊어버리지 말고.", "아래 위의 숫자들을 엇갈려 곱하는 것도 잊어버리지 말아야지."라고 언어적인 촉진을 하는 것이다.
실제 상황 활용	문제해결 과정에서 실제 상황을 활용하여 아동의 이해를 돕는 방법이다. 예를 들어, 아동 자신의 시험 점수나 나이 등을 연습문제에 사용할 수 있다.
단서적 단어 인식	문장제 문제에서 자주 사용되는 주요 단어들을 단서로 이용하게 한다. 예를 들어, '모두 합쳐서'나 '모두 다'는 덧셈이나 곱셈에서, '남은 수'나 '나머지'는 뺄셈에서, '각각'이나 '똑같이' 등은 나눗셈에서 단서로 사용되는 단어들이다.

키워드 Pick

4. 문장제 문제 13초, 12 · 15중

(1) 문장제 문제 해결을 위해 필요한 능력

① 문제를 읽고 그것을 이해할 수 있어야 한다.
② 문제해결에 적합하게 수학적으로 식을 세울 수 있어야 한다.
③ 세운 식을 오류 없이 연산할 수 있어야 한다.

(2) 문장제 문제에 영향을 미치는 변인

① 문장제 문제의 유형
② 문장제 문제에 나타나는 주요 단어의 존재 유무
③ 상식에 근거한 문제 속의 내용 이해
④ 문장의 문법적 복잡성
⑤ 불필요한 정보의 제시 정도

(3) 문장제 문제의 오류 유형 13초, 12 · 17중

① 빼는 대신 더하거나 곱하는 대신 더하는 등의 잘못된 조작에 의한 실수
② 조작은 맞게 했으나 계산상의 실수를 저지르는 경우
③ 부주의에 의한 잘못된 조작과 같은 실수나 계산상의 실수와는 달리 단순한 실수가 아닌 절차적 오류(입력 오류, 정교화 오류, 생략 오류, 산출 오류)로서, 계산규칙을 제대로 이해하지 못해서 일어나는 오류

㉠ 입력 오류는 문제에 대한 정보를 머릿속에 입력하는 과정에서 생기는 오류로서, 학생들이 문제내용을 꼼꼼히 보는 대신 대강 훑어보고 문제해결을 시도하려 할 때 생긴다.

㉡ 정교화 오류는 입력된 정보를 바탕으로 문제해결을 시도하는 단계에서 나타나는 오류로서, 부적절한 전략 사용이나 필요한 단계의 생략, 법칙의 잘못된 적용(예 243 × 5를 2 × 5, 4 × 5, 3 × 5로 계산한 후 102015로 답을 쓰는 경우) 등이 여기에 속한다.

㉢ 산출 오류는 자기가 수행하고 있는 문제해결 과정에 대해 초인지를 사용하여 제대로 평가할 능력이 없는 경우에 일어난다.

④ 실수도 오류도 아닌 마구잡이반응으로서, 학습에 대한 동기가 결여되어 있거나 인지능력이 크게 부족한 경우, 혹은 문제풀이시간이 부족한 경우에 주로 발생한다.

기출의 맥

문장제 문제 지도전략이 최근 더 다양하게 출제되고 있어요. 모든 전략을 빠짐없이 구체적으로 잘 정리해 두시기 바랍니다!

(4) 문장제 문제 지도전략

① 문제의 수학적 표현

㉠ 도표나 도형 혹은 적절한 형태의 그림을 문제의 내용에 맞게 그려 보도록 한다.
㉡ 문장제 문제의 주요 단어에 주목하도록 한다.
㉢ 스키마를 활용하여 문장제 응용문제를 수학적으로 해석하게 한다(문장제 문제의 문법적 구조와 내용의 의미 요소를 분석하여 의미망 형태로 나타낸 다음, 의미망 사이의 관계를 원래 문제의 내용에 따라 수학적으로 표현하는 방법).

② 핵심어 전략 18초, 21중

㉠ 일반적으로 문장제 문제에 많이 등장하는 단어들(예 얼마나 더 많이 혹은 적게, 모두, 각각, 남은 것 등)에 적절한 연산을 연계시켜 문제를 해결하도록 하는 방법이다.

㉡ 이를 테면, '얼마나 더 많이'나 '적게', '각각', '남은 것' 등은 주로 뺄셈식을 활용하고, '모두'는 덧셈식을 활용하도록 한다.

㉢ 핵심어 전략은 자칫 과잉 일반화를 초래하여 학생들이 전체 문제의 맥락을 파악하는 대신 특정 단어에만 지나치게 주의를 집중할 경우 오답에 도달할 가능성이 있다.

③ 인지전략(전략교수)의 훈련 17·24중

㉠ 인지전략의 이해

의미	• 문장제 문제해결에 소요되는 과정을 단계별로 나누어 이행해 나가는 과정과 방법상의 절차에 관한 훈련방법이다.
적용 조건	• 첫째, 교사들이 이 과정을 따라 문제를 해결하는 모습을 명시적으로 보여 주어야 한다. • 둘째, 학생들과 같이 시연하고 나아가 학생들이 개별적이고 자율적으로 전략을 활용할 수 있을 때까지 연습을 시키도록 한다. • 셋째, 일단 어느 정도 전략 활용이 숙달되면 다양한 예들을 적용할 수 있는 기회를 제공해야 한다. 이 과정에서 지속적인 점검과 즉각적이고 교정적인 피드백을 제공해야 한다.
문장제 문제의 인지전략에 포함되어야 할 요소	• 문장제 응용문제 해결을 위한 문제해결 절차(보통 7~8단계) • 문제해결 인지전략의 자율적인 활용능력 배양을 위한 메타인지 전략 • 교사에 의한 인지전략 및 메타인지전략 활용에 관한 명시적 시범 • 인지전략 및 메타인지전략 활용을 위한 충분한 기회 제공 • 인지전략 및 메타인지전략 활용을 위한 충분하고 다양한 예 • 지속적인 점검과 즉각적이고 교정적인 피드백 • 단계적인 전략의 자율적 사용
초인지전략의 필요성	• 인지전략을 자발적이고 자율적으로 활용할 수 있도록 하기 위해서는 초인지전략이 필요하다. • 즉, 자기점검전략이나 자기교수전략을 활용하여 자발적으로 전략을 활용할 수 있는 능력을 키워주는 것이 중요하다.
인지전략의 단점	• 대다수의 학습장애 학생들에게 전략단계를 암기해야 한다는 부담감을 준다는 것이다. 그러므로 이 전략은 중재 초기부터 암기 기법을 사용한 전략을 많이 사용한다.

키워드 Pick

㉡ 문장제 문제 해결을 위한 인지전략의 예

문장제 문제 해결을 위한 인지전략의 예 (1)	ⓐ 문제 읽기 ⓑ 문제 해석하기, 문제 의역하기, 수학적으로 문제 해석하기 ⓒ 시각화하기 ⓓ 문제 진술하기 ⓔ 가설 세우기 ⓕ 추측하기 ⓖ 계산하기 ⓗ 자기 점검하기
문장제 문제 해결을 위한 인지전략의 예 (2)	ⓐ 문제 읽기 ⓑ 문제 다시 읽으며 필요한 정보 추출하기 ⓒ 생각하기 ⓓ 문제 풀기 ⓔ 점검하기
문장제 문제 해결을 위한 인지전략의 예 (3)	STAR 전략은 문제를 이해하고 그림 식으로 바꾼 후 풀고 답을 검토하기 과정을 의미한다. 이는 문장제 문제나 방정식을 풀기 위해 이용되는 단계를 기억하게 돕는다. • S: 문장제 문제 이해하기 • T: 문장에 문제를 그림 형태의 방정식으로 바꾸기 • A: 문제를 풀어 답 찾기 • R: 문제풀이 과정 검토하기

㉢ 인지전략과 자기조절 초인지전략을 이용한 전략교수 17중

단계	인지전략단계	자기조절 초인지전략		
		말하기(자기교시)	묻기(자기질문)	점검하기(자기점검)
1	문제 읽기	"문제를 읽자. 이해하지 못하면 다시 읽자."	"문제를 읽고 이해했는가?"	문제를 풀 수 있는 만큼 이해했는지 점검하기
2	문제를 자신의 말로 고쳐 말하기	"중요한 정보에 밑줄을 긋자. 문제를 나의 말로 다시 말해 보자."	"중요한 정보에 밑줄을 그었는가? 문제가 무엇인가? 내가 찾는 것은 무엇인가?"	문제에 있는 정보 확인하기
3	그림이나 다이어그램으로 문제를 표상하기	"그림이나 다이어그램을 만들자."	"그림이 문제에 적합한가?"	그림이 문제 속 정보와 비교하여 어긋나는지 점검하기

4	문제해결 계획 세우기	"필요한 단계와 연산기호를 결정하자."	"만약 내가 ~을 한다면 답을 얻을 수 있는가? 다음에 해야 할 것은 무엇인가? 몇 단계가 필요한가?"	계획이 잘 세워졌는지 점검하기
5	답을 어림해 보기	"어림수를 찾아 머릿속으로 문제를 풀고 어림값을 쓰자."	"올림과 내림을 했는가? 어림수를 썼는가?"	중요한 정보를 사용하였는지 점검하기
6	계산하기	"정확한 순서대로 계산하자."	"내가 한 답은 어림값과 비교하여 어떠한가? 답이 맞는가? 기호나 단위를 잘 썼는가?"	모든 계산이 올바른 순서대로 이루어졌는지 점검하기
7	모든 과정이 옳은지 점검하기	"계산을 점검하자."	"모든 단계를 점검했는가? 계산을 점검했는가? 답은 맞는가?"	모든 단계가 맞는지 점검하기, 만약 틀렸다면 다시 하기, 필요한 경우 도움을 요청하기

④ 시각적 표상화전략 24초

의미	• 시각적 표상화전략은 제시된 문제 상황을 그림이나 도식으로 나타내어 문제해결을 시도하는 방법이다. • 문장제 문제의 문법적 구조와 내용의 의미 요소를 분석하여 의미망 형태로 나타낸 다음, 각 의미망 사이의 관계를 원하는 문제의 내용에 따라 수학적으로 표현하는 스키마(도식이나 의미망 등) 사용전략 또한 시각적 표상화 전략의 하나이다.
시각적 표상화의 예 (1)	• 4학년 1반 학생과 선생님이 이어달리기를 했다. 모두 3명이 총 2km를 뛰었다. 그중 기철이가 890m, 영철이가 570m를 각각 뛰었다면, 나머지 한 사람은 몇 미터를 뛴 것인가? 뛴 거리 [2,000] = [890] + [570] + [ ] 전체 부분 1 부분 2 부분 3

키워드 Pick

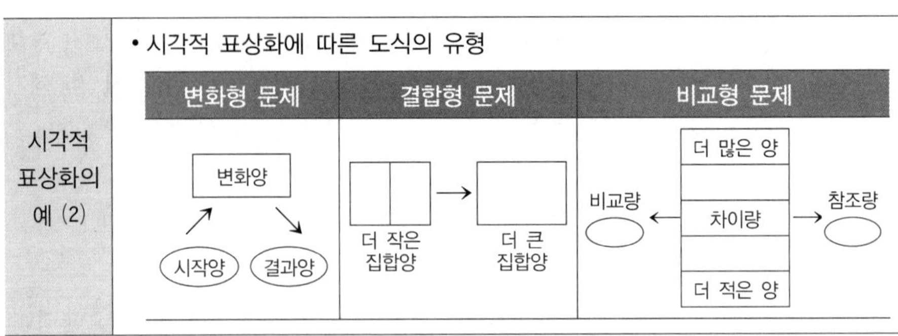

시각적 표상화의 예 (2)	• 시각적 표상화에 따른 도식의 유형

⑤ **표상교수** 13추 · 24초, 21중

㉠ '표상'이란 문제를 읽고 문제해결에 필요한 정보를 파악하여 이를 '의미 있게 해석'하는 것이다.

㉡ 쉽게 표현하면, 표상은 문제를 읽고 문제의 유형을 파악하는 것을 의미한다.

㉢ 일반적으로 이 과정에서 그림이나 도식을 활용한다.

㉣ 대표적인 문장제 문제의 유형 13초

덧셈과 뺄셈에 적용되는 유형	변화형	어떤 대상의 수가 변화하는 형태의 문제로, 시작, 변화량, 결과의 관계를 파악해야 하는 문제
	결합형	대상 간의 관계가 상위/하위 관계 형태의 문제로, 상위 개념, 하위 개념 1, 하위 개념 2의 관계를 파악해야 하는 문제
	비교형	두 대상 간의 차이를 비교하는 형태의 문제로, 비교대상 1, 비교대상 2의 차이의 관계를 파악해야 하는 문제
곱셈과 나눗셈에 적용되는 유형	배수 비교형	목적 대상을 비교 대상의 배수 값과 관련지어야 하는 문제로, 목적 대상, 비교 대상, 대상과 비교의 관계를 파악해야 하는 문제(만세형)
	변이형	두 대상 간의 관계가 인과관계로 진술되어 있고, 이 둘 사이 인과관계 값 중 하나를 파악해야 하는 문제(나란히형)

㉤ 도식을 활용한 표상교수의 문제해결 전략 절차

문제유형찾기	• 문제를 읽고 자신의 말로 표현해 본다. • 문제의 유형을 찾는다.
문제의 정보를 표상 도식에 조직화하기	• 문제에서 찾아낸 정보를 표상 도식에 기록한다. • 모르는 정보란에는 '?' 표시를 한다.
문제해결계획하기	• 표상 도식에 있는 정보를 수학식으로 바꾼다.
문제해결하기	• 수학식을 풀어 답을 쓰고, 답이 맞았는지 검토한다.

㉥ 도식화를 통한 문장제 문제 해결 절차: 단짝친구

단	단서를 주는 단어에 밑줄, 숫자에 동그라미하기
짝	문제 유형을 파악하고 도식과 짝 맞추기
친	곱셈과 나눗셈 중 어느 것에 친한가 찾기
구	식을 세우고 답을 구하기

⑥ 문제 자체의 조설

㉠ 문장제 응용문제의 소재를 일상생활에서 일어나는 사례를 중심으로 구성함으로써 학습자들에게 문제의 현실감을 높이고 그를 통해 학습자들의 문제해결에 대한 동기와 흥미를 높인다.

㉡ 문장제 응용문제의 구조와 용어를 조절함으로써 문제의 난이도를 낮추는 방법이다.

⑦ 컴퓨터 보조학습과 교수설계 원리의 결합

㉠ 컴퓨터를 이용한 문장제 문제 학습 시에도 수업 진행의 일반적인 원칙(숙달 학습, 빠른 수업 흐름, 즉각적이고 체계적인 피드백, 개별 학습의 지속적인 점검 등)들은 여전히 유효하다.

㉡ 또한 효과적인 교수설계 원리들(세부적인 다단계로 이루어진 명시적 전략, 전략의 일관성 있는 적용, 다양하고 풍부한 예 제공, 혼동할 가능성이 있는 내용을 분리하여 제시하는 등)도 프로그램에 반영시켜야 한다.

㉢ 컴퓨터를 이용한 문장제 응용문제 지도 시 특별히 고려해야 할 사항

- 단순히 문장제 응용문제를 컴퓨터를 통해 그것이 게임 형식이든, 튜토리얼 형식이든 제시하는 것만 가지고서는 효과를 거둘 수 없다.
- 기존의 연구들에서 효과적이라고 규명된 원리들, 즉 교사에 의한 명시적 시범과 즉각적이고 교정적인 피드백, 교수설계 원리, 예의 조직과 범위 등이 같이 구현되었을 때만 효과를 거둘 수 있다.
- 즉, 컴퓨터 보조학습의 효과도 결국은 사용된 전략과 그 전략의 훈련방식 그리고 교수설계상의 특징에 의해 달라진다. 아울러 비용문제, 교사의 프로그램 개발 능력, 장비 구비 현황, 학습자들의 준비 정도 등도 고려되어야 한다.

⑧ 도구조작을 이용한 문장제 해결 전략

㉠ 학습장애 학생의 수학적 이해를 위해서는 수학지식을 개념의 복잡도에 따라 순차적으로 조직하는 것이 중요할 것이다.

㉡ 동작적 · 영상적 · 상징적 수준으로 점차 그 추상성을 높여 제시하는 것은 Piaget의 인지발달이론에 비추어 가장 자연스러운 위계라 할 수 있다.

㉢ 이 중 가장 기본이 되는 것이 동작적인 것이며, 학습장애 학생에게 수학의 기본적인 개념을 이해하도록 지도할 때 가장 중요시해야 하는 부분도 이 점이라는 것은 주지하는 사실이다.

키워드 Pick

㉣ 도구를 이용한 구체적인 경험을 통해 학생들은 추론적 사고과정을 구체화해 경험할 수 있는 기회를 얻게 되기 때문이다.

㉤ 학습장애 학생들 중 관계를 인지하고 연관성을 이해하는 데 어려움을 가지고 있는 학생들을 위해 도구를 이용하여 문장제 해결 전략을 사용한다면 학생들이 문제 상황을 이해하는 데 도움을 줄 수 있다.

⑨ 문장제 작성 활동

㉠ 수학문장제 지도 중 학생들이 스스로 문제를 만들 기회를 주는 활동으로 기대와 우려를 가지게 만드는 교수법이라 할 수 있다.

㉡ 학생들에게 문장제 해결 활동에 작문 활동까지 더해진다면 학습동기가 크게 낮아질 것이기 때문이다.

㉢ 이 지도법을 효과적으로 사용하기 위해서는 문장제 작성 지도가 선행되어야 할 것이다. 교사들이 주제를 이해하고 이를 문제 만들기에 이용하는 방법에 대해서 학생들에게 모형을 제시해 주고 시범을 보이는 것이 중요하다.

㉣ 또한 다른 교과 활동의 쓰기수업과 연계적으로 이루어지는 것도 효과적일 것이다.

5. 분수

① 분수는 수학의 여러 영역 중에서 수학학습장애 아동들이 특히 어려움을 겪는 영역 중의 하나이다.

② 각 과제 유형 중에서 다양한 예들을 제시하여 가능한 한 최대한 아동의 오류 가능성을 검증하고 그에 대한 교정을 하도록 한다.

6. 도형 및 공간 감각

① 특정 모양을 식별할 수 있도록 하기 위해서는 해당 도형에 속하는 예들과 그렇지 않은 예들을 체계적으로 제시하는 것이 효과적이다.

② 대체적인 학습순서는 기본 도형에 대한 개념과 이의 식별, 도형의 안과 밖 구별하기, 다면체 개념과 이의 식별, 면적 구하기, 각도나 선분 및 지름 등의 개념, 다각형 구별하기 등으로 생각해 볼 수 있다.

③ 특히, 비언어적 학습장애를 보이는 아동들의 경우 공간 감각과 위치 감각이 매우 미흡할 수 있다. 이들에게 공간 감각을 연습시키기 위한 방법으로는 블록, 장난감, 모형, 퀴즈, 퍼즐, 쌓기용 장난감 등을 활용할 수 있을 것이다.

④ 공간 감각은 또한 숫자 이해에도 중요한 역할을 한다. 예컨대, 수직선상에서 가까운 수와 먼 수의 차이를 아는 것은 공간 감각을 숫자의 크기와 연관시켜 이해하도록 하는 데 중요한 활동으로 볼 수 있다.

07 내용교과 및 학습전략 지도

① 그래픽 조직자 10 · 11 · 12 · 24초, 10 · 13 · 14 · 15 · 17 · 25중

1. 의미

그래픽 조직자 혹은 도식 조직자는 학생들에게 개념과 사실에 관련된 사항을 시각적으로 제시해주며, 특정 개념 · 사실과 관련된 정보와 정보들 간의 연관성을 알기 쉽게 전달하기 위해 사용된다.

2. 효과적 활용법

① 불필요한 방해요소를 뺀 중요한 정보만 담고 있어야 한다.
② 그래픽 조직자는 시각적으로 정보를 배열하는 것에 그치는 것이 아니라 학생이 가진 기존 지식에 연결시켜 지식의 폭을 확장시키고 이를 오래 기억할 수 있도록 도와주어야 한다.
③ 학생들이 기억하기 용이한 그래픽이나 표 등으로 표현하는 것이 좋다.

3. 기능에 따른 그래픽 조직자 유형

선행 조직자 22중	선행 조직자는 교수계열에서 수업 준비를 위해 활용되는데, 수업을 본격적으로 시작하기 전에 제시되고 교수에 대한 정보를 제공해 준다. 보통 이전 차시에 대한 정보를 제공하고, 해당 수업에서 다룰 내용에 대한 소개, 수행해야 할 과제나 교수원리에 대한 설명, 주요한 어휘나 개념에 대한 소개 등이 포함된다. **선행 조직자 사용의 유의사항** • 선행 조직자를 계획할 때는 독특한 것보다는 중요한 것에 중점을 둔다. • 선행 조직자를 활용하는 목적에 대해 알린다. • 주제를 밝히고 구체적인 설명을 제시한다. • 다루어야 할 하위 주제나 범주, 개념 등을 밝힌다. • 배경정보, 새로 배우는 어휘, 조직적 구조에 대한 설명을 한다. • 기대되는 성과, 결과 등에 대해 진술한다.
수업 조직자	수업 조직자는 수업 중 제시하는 내용의 구조와 핵심사항을 강조하기 위하여 사용될 수 있다. 개념도와 같은 표나 그래픽을 활용할 수도 있고, 학습지침의 형태를 빌어 '오늘 수업에서 눈을 크게 뜨고 살펴봐야 할 것은 ______'과 같은 문구를 제시하여 학생들의 학습을 도와줄 수도 있다.
마무리 조직자	마무리 조직자는 교수의 계열상 마지막에 제공되고, 해당 수업에서 다룬 핵심사항을 정리하거나 학생의 이해 정도를 평가하는 자료로 사용될 수 있다.

기출의 맥

그래픽 조직자는 매우 광범위하게 적용되는 전략이며, 그 유형도 아주 다양합니다. 따라서 그래픽 조직자에 대한 문제는 특히, 해당 문제 상황을 중심으로 의미와 유형을 파악해야 한다는 점 잊지 마세요! 하나의 그래픽 조직자의 유형을 지칭하는 방식도 학자나 문헌에 따라 다양하다는 점도 참고하세요!

기출 LINE

10초)
• 논리적 구조에 따라 개념과 개념 간의 관련성을 보여준다.
• 내용의 복잡한 관계를 시각적으로 표현하여 정보를 쉽게 이해한다.

15중)
• 매트릭스를 이용하여 다양한 물질을 고체, 액체, 기체로 범주화하여 분류함
• 벤 다이어그램을 활용하여 고체, 액체, 기체의 공통점과 차이점을 찾음
• 순환적 그래픽조직자를 사용하여 고체, 액체, 기체 사이의 순환적 변화를 이해함

키워드 Pick

4. 의미에 따른 다양한 그래픽 조직자 17초, 15·17중

개념도	• 특정 개념을 좀 더 자세하게 이해하기 위해 사용되는 그래픽 조직자이다. • 개념도는 특정 개념의 특성(반드시 갖추어야 하는 특성, 간혹 나타나는 특성, 전혀 나타나지 않는 특성)과 예시와 비예시를 확인하고, 학생 스스로 해당 개념의 정의를 만들어 볼 수 있게 해 준다. • 관련 있는 개념들이 서로 어떤 관련성을 지니는지를 시각적으로 표현하여 제시하는 그래픽 조직자의 한 유형이다. 일반적으로 여러 개념이 상위개념과 하위개념의 관계로 연관되어 있을 때 많이 활용한다.
개념 비교도 24중	• 여러 개념 간의 공통점과 차이점을 시각적으로 비교할 수 있도록 제시하는 그래픽 조직자의 한 유형이다.
개념 조직도	• 개념 조직도는 학습할 내용 중 주요한 개념을 구성하고 있는 주요 정보 간의 관계를 보여 주는 데 주로 활용된다.
개념 연결도	• 개념 연결도와 개념도의 두 가지 그래픽 조직자 모두 학습한 특성 및 예시를 바탕으로 내가 쓴 정의 혹은 나의 이해를 작성하게 함으로써 학생이 학습한 내용의 핵심을 이해할 수 있도록 도와준다.
의미 특성 분석	• 목표개념과 주요 특성과의 관계를 표로 정리하여 해당 개념에 대한 이해를 확고히 할 수 있는 의미 특성 분석표를 활용할 수도 있다. • 간단한 ○, × 표식을 활용하여 목표개념이 어떤 특성을 가지고 있는지의 여부를 표시하여 학습내용을 정리하게 할 수 있다. • 목표개념과 그 개념의 주요 특성 간의 관계를 격자표(grid)로 정리하는 방법으로, 학생들은 각 개념이 각 특성과 관련이 있는지(+표시) 없는지(−표시)를 분석하여 해당 개념의 의미를 폭넓게 이해할 수 있게 한다.
추정 및 예상 그래픽 조직자	• 학생으로 하여금 자신의 선행지식을 활성화하고 배우게 될 주제에 대한 기초를 제공한다. 예 K-W-L 기법
위치 및 패턴 그래픽 조직자	• 학생으로 하여금 사건을 순서대로 배열하고, 원인-결과 관계를 볼 수 있게 해 준다. 예 타임라인
묶음 및 조직 그래픽 조직자	• 학생으로 하여금 개념들 간의 구조와 관계를 명시화하도록 도와준다. 예 개념도
비교 및 대조 그래픽 조직자	• 학생들로 하여금 복잡한 관점이나 연관된 개념을 관련시킬 수 있도록 도와준다. 예 벤다이어그램

이상의 그래픽 조직자 이외에도, 의미지도, 주제도해, 순서도, 개념 연결도, KWL 차트(내가 알고 있는 것, 내가 알고 싶은 것, 내가 배운 것) 등의 기법이 사용되기도 한다.

5. 그래픽 조직자의 유형별 도식형태의 예

유형	도식의 형태 예시	활용 가능한 내용의 예시
계층형		• 동·식물의 종 분류 • 정부 조직도
연속형		• 역사적 사건의 발발 및 촉발 요인 • 문제해결 과정
개념형		• 이야기 속 인물 간 관계 • 과학의 관련 개념 연결
순환형		• 물질의 순환 • 먹이사슬
비교, 대조형		• 책과 영화의 유사성과 차이점 비교 • 원인류와 영장류의 특징 비교
매트릭스형		• 과학실험결과의 기록 • 역사적 사건의 영향력 기술

② 내용교과의 학습 안내

1. 안내노트 17초, 10·25중

(1) 의미

① 학습장애 학생들은 그들의 듣기, 언어 및 운동 기술의 결함 때문에 강의 중에 무엇이 중요하며 정확하고 빨리 기록하고 있는지를 확인하기가 어렵다.

② 노트에 한 개념을 선택하고 쓰는 동안에 노트필기전략과 형식을 갖지 못할 수 있다. 이들에게 효과적인 노트필기를 위한 여러 전략과 형식들을 가르치기가 어렵다.

③ 안내노트는 교과과정 내용을 조직하고 강화하여 학습장애 학생과 일반학급 또래학생들에게 수업 중에 적극적으로 참여하는 방법을 제공해 주는 방법이다.

④ 안내노트는 중요 사실, 개념 및 관계성을 기록하도록 표준 단서와 특정 여백을 남겨 두어 학생에게 강의를 안내하도록 하는 교사제작 인쇄물이다.

(2) 안내노트의 개발단계

① 중심 개념, 핵심 용어와 구, 정의가 포함된 강의노트를 사용한다.
② 강의 순서와 병행되는 원주형 구조(비교 정보)와 골격형 구조(개요)를 포함하여 일관된 형식을 사용한다.
③ 안내노트의 코너에 학생들이 노트를 복습할 때마다 기록할 수 있는 기록박스를 배치한다.
④ 완성된 안내노트는 OHP로 사용한다. OHP를 가려서, 논의하고 있는 각 부분만을 보여 준다.
⑤ 사용되는 정보의 유형과 분량을 알려 주기 위해 채워 넣어야 할 각 단어에 해당하는 빈칸이나 제목 아래의 숫자 목록과 같은 시각적 단서를 제공한다.
⑥ 논의를 하기 전에, 학생들에게 전체 단위 혹은 단원에 해당하는 안내노트를 준다.
⑦ 수업의 도입단계에서 학생들의 안내노트를 무작위로 선택한다. 내용을 검토하고 잘못 이해한 것을 명료화한다.
⑧ 짧게(3~5분) 녹화된 강의와 안내노트 OHP를 사용하여 안내노트 기입법을 모델링해 준다.

(3) 수업 구조화를 위한 아이디어

① 학생들이 이해하기 위해 노트필기는 하지 않고 경청하고 질문만 행하는 시간을 확인한다. 그런 다음 그들에게 칠판 내용을 베껴 쓰거나 학생 자신의 개요를 생성할 충분한 시간을 제공한다.
② OHP를 복사해서 유인물로 사용한다.
③ 학생으로 하여금 이해하였는지 확신하도록 하기 위해 교수 후 즉시 자신의 노트필기를 되돌아볼 시간을 허용한다. 그런 후 그들이 물어볼 만한 질문에 답해 준다.
④ 학생들에게 단계 순서(예 수학 계산의 순서)를 칠판이나 게시판에 제공한다.
⑤ '학생 친화적'이고 노트필기하기 쉬운 강의를 설정한다. 이것은 학생들의 전략 사용을 촉진할 뿐 아니라 "교사로 하여금 자료가 어떻게 조직되고 제시되는지에 대해 더 많이 인식하게 만든다".

2. 학습가이드(학습안내지, 학습지침) 25중

(1) 의미

① 학습지침(혹은 학습가이드)은 내용교과에서 다룬 핵심어를 알려 주거나 핵심적인 개념을 이해하는 데 필요한 정보를 미리 제공함으로써 학생이 중요한 정보에 집중할 수 있도록 도와준다.
② 학습지침에서는 단답형, 연결형, 빈칸 채우기, 질문에 답하기, 그래픽, 도식 채우기 등의 양식을 활용할 수 있는데, 학생이 집중해야 할 중요한 정보를 알려 주거나 자세히 점검할 수 있게 도와준다.
③ 학습지침을 사용하게 되면 학생이 혼자서 공부하는 것보다 훨씬 더 효과적인 성과를 얻을 수 있으며 그래픽을 활용할 때 더 효과적이라고 한다.

(2) 개발지침

① 주요 개념, 핵심어 및 정의가 포함된 노트를 사용한다.
② 수업 순서와 병행되는 비교표(정보의 비교)와 골격형 구조(내용 개요를 포함한)를 사용하고 형식을 일관되게 사용한다.
③ 학생이 학습지침에 메모할 수 있는 칸을 별도로 마련한다.
④ 수업에서 학습지침을 활용할 때는 정보의 전부를 보여 주기보다는 일부를 가려서 해당 부분만 보여 준다.
⑤ 정보의 유형과 분량을 알려 주기 위하여 채워 넣어야 할 각 부분에 번호나 소제목 번호를 써 주는 등 시각적 단서를 제공한다.
⑥ 토론을 하기 전에 학생들에게 단원 혹은 차시 전체에 해당하는 학습지침을 제공한다.
⑦ 수업 도입단계에서 학생들의 학습지침을 무작위로 골라 내용을 검토하고, 학생이 잘못 기입한 것에 대해서는 추가적인 교수를 제공한다.
⑧ 학습지침 사용방법에 대해 직접교수를 실시한다.

(3) 사용단계

① 1단계: 학습지침에 이름을 쓴다.
② 2단계: 학습지침에서 빈칸을 채우거나 관련된 것들끼리 연결하는 등 각 부분을 채워 넣는다.
③ 3단계: 용어(어휘)만 제시된 부분에서는 각 용어의 정의/의미를 찾아 적는다.

- 교과서/교재에서 굵은 글씨나 고딕체로 된 부분을 찾고 해당 단어 주변을 읽고 그 뜻을 기록한다.

④ 4단계: 질문형으로 제시된 경우는 질문에서 요구하는 핵심사항을 찾아 답을 적는다.

- 질문을 잘 읽고, 질문에서 요구하는 핵심단어에 밑줄을 긋는다.
- 교재에서 핵심단어를 찾고 질문 또는 핵심단어 주변의 구문을 읽는다.
- 질문에서 요구하는 답을 찾아 기록한다.

⑤ 5단계: 도식, 그래픽 등이 제시된 경우에도 4단계와 같은 방식을 취한다.

키워드 Pick

3. 워크시트

① 워크시트는 중심내용 및 주요 어휘에 관한 개요를 제시한다.
② 중심 내용이 적힌 아웃라인에서 핵심 단어들을 빈칸으로 제시함으로써, 학생이 수업을 들으면서 빈칸을 채우도록 할 수 있다.

맥 Plus

내용 교과 지도 시 유의사항: 과학과와 사회과

◎ 과학과 및 사회과 지도 시 유의사항

과학과	사회과
• 교과서에서 나오는 자료의 우선순위를 결정하라. • 사전에 어휘를 교수하라. • 학생이 자료를 읽은 후 어떤 내용이 있었는지를 설명하게 하라. • 그래픽 조직자, 시각적 보조자료, 학습지침 등을 제공하라. • 시청각 자료를 활용하여 보충 지도를 하라. • 기억전략 등을 이용하여 어휘학습을 보조하라. • 일부 내용에서는 협동학습을 활용하라.	• 학생 참여를 증대시킬 수 있는 방법을 모색하라. • 내용을 조직화하고 학습에 도움이 되는 방법을 제시하라. • 문제해결 모델을 활용하여 지도하라. – 문제나 질문의 맥락을 제공하라. – 가능한 문제해결방식을 제시하고 이에 대한 질문을 한다. – 가능한 해결책을 재검토한다. – 해결책을 설명하고 문제의 맥락을 재설정한다. – 결정에 따라 행동하고 결과를 평가한다. • 개념을 일상생활이나 사건과 연결시켜 지도하라. • 교수내용을 수정하고 조정하라.

③ 기억전략

1. 두문자어 전략(약성어법, Acronyms)

① 두문자어는 기억해야 할 정보의 첫 글자를 따서 또 다른 단어를 만드는 형태로, 기억해야 할 정보가 길거나 일련의 정보 혹은 목록을 기억하고자 할 때 주로 두문자어를 활용한다.

② 두문자어를 제대로 활용하기 위하여 학생들은 정보를 세심하게 읽고, 핵심어에 동그라미 등의 표시를 하고 이를 의미 있는 방식으로 배열해야 한다. 그러고 나서 기억하기 쉽게 첫 글자에 밑줄을 긋고 이를 차례대로 모아 소리 내어 여러 번 읽게 한다.

③ 두문자어 전략은 구체적인 순서대로 정보를 기억해야 하는 경우와 순서가 필요 없는 경우 모두에서 활용될 수 있다.

2. 어구 만들기(어크로스틱스, Acrostics)

기출 LINE

10중) '활로 방어한 장군이다'라는 문장을 만들어 광물(활석, 방해석, 장석)의 상대적인 굳기 순서를 기억하도록 도와준다.

① 각 단어의 첫 글자가 다른 단어를 대신하도록 하는 문장을 만드는 방법이다.

② 어크로스틱은 두문자어와 유사하지만, 목록에 있는 단어들의 첫 글자로 구나 문장을 나타내는 새로운 단어를 만들어 낸다는 점에서 다르다. 예를 들어, 태양계 행성을 회상하기 위해 학생은 다음의 어크로스틱을 배울 수 있다.

⇨ My Very Eager Mouse Jumped Straight Under Nellie's Pillow(Mercury, Venus, Earth, Mars, Jupiter, Saturn, Uranus, Neptune, Pluto).

③ 두문자어와 어크로스틱은 학습자가 각 글자가 나타내는 단어를 회상할 수 있어야만 도움이 된다. 다시 말해, 학생이 먼저 Huron과 H를 연상하고 있었어야 HOMES에서 H가 Huron임을 회상할 수 있게 되는 것이다.

④ 시각적인 그림(예 5대호에 있는 집 그림)을 동반한 두문자어와 어크로스틱은 두문자어를 단독으로 가르치는 것보다 더 성공적일 수 있다.

⑤ 교사는 학생에게 특정한 두문자어와 어크로스틱스 전략을 제공해 줄 수도 있고, 학생으로 하여금 자신의 전략을 직접 만들어 내도록 가르칠 수도 있다.

3. 핵심어 전략 10 · 13중

① 친숙한 정보를 가지고 새롭고 친숙하지 않은 단어와 연결시킬 때 유용하다.

② 핵심어 전략은 관련이 없어 보이는 2개 이상의 정보를 연합하여 정보의 회상을 도와주는 전략이다.

③ 이미 학습한 용어·개념에 대해 음성학적으로 유사한 정보를 연결시키는 것이다.

④ 핵심어 전략은 특히 장애학생들에게 사용했을 때 효과적이라는 연구 결과가 있다.

⑤ 예를 들어, 안타깝게라는 단어의 의미를 학습하면서 단어의 뜻을 좀 더 쉽게 회상할 수 있도록 한 야구선수가 타석에서 안타를 치지 못해 괴로워하는 모습의 사진을 보여 주는 것이다.

⑥ 핵심어 전략의 절차

단계	내용
1단계 : 재부호화하기	낯선 단어를 음향학적으로 유사하면서 친숙한 단어와 연관시키는 것 예 Pennsylvania의 핵심어는 pen이 될 수 있고, Pensylvania의 수도인 Harrisberg의 핵심어는 hairy가 될 수 있음
2단계 : 연관시키기	상호적이면서 외우기 쉬운 시각적 이미지와 연관시키는 것 예 hairy pen
3단계 : 인출하기	회상하는 것 예 주 이름이 주어졌을 때 수도 이름을 회상하거나 반대로 수도 이름이 주어졌을 때 주 이름을 회상하는 것

4. 말뚝어 방법(페그워드 전략) 11초, 11 · 13중

① 기억되는 정보를 순서적으로 번호를 매길 때 숫자에 대한 운율적 단어들을 사용하는 방법이다(1은 'bun', 2는 'shoe', 3은 'tree' 등).

② **말뚝어 방법의 예**: 정지한 물체는 정지한 채 있으려고 한다는 뉴턴의 운동 제1법칙을 기억시키려고 할 때, 정지한 bun(1)의 그림을 보여 준다. 곤충은 다리가 여섯 개라는 것을 기억시키려고 할 때, stick(3)에 매달려 있는 곤충을 그리도록 한다.

③ 페그워드 전략은 순서를 가지고 있는 정보를 기억하기 쉽게 소리가 유사한 단어로 연결시키는 전략이다.

④ 페그워드 전략의 핵심은 외워야 할 단어의 운을 사용하여 순서 혹은 번호가 매겨진 정보를 암기하는 것이다.

Chapter 09

키워드 Pick

⑤ 우리가 어렸을 때 많이 불렀던 "하나 하면 할머니가 지팡이 짚고서 잘잘잘, 둘 하면 두부장수가 두부를 판다고 잘잘잘잘~"의 노래가사가 페그워드 전략을 활용하고 있는 예가 된다.

5. 기억술 중심 교육 프로그램(일반적인 기억전략)

① 기억술 중심 교육 프로그램들은 아동의 기억과 회상을 촉진시키기 위해 효과적으로 활용될 수 있는 전략을 중심으로 구성된 프로그램을 말한다.

② 기억전략이란 정보를 부호화하고 인출하는 과정에서 학습자가 사용하는 인지적 행위 또는 절차를 말하는 것으로, 구체적 학습 과제의 특성을 반영하기보다는 일반적인 인지적 조작을 가리킨다.

③ 기억술 중심의 교육 프로그램들은 학습내용을 기억하고 회상하는 과정을 돕는 데 유용한 것이 사실이지만, 실제 학교학습 현장에서의 전반적인 학습활동 수행능력을 향상시키는 데 제한점을 갖는다.

④ 효과적으로 학습활동을 수행하기 위해서는 '언제', '어떤 상황에서', 그리고 '왜' 이 같은 전략들을 활용해야 하는지에 대한 분명한 의사결정능력이 필요하다.

⑤ 기억술 중심의 교육 프로그램들은 실제 학습장면에서 이러한 사고전략들을 계획, 점검, 수정하는 활동과 관련된 초인지전략을 포함하지 않고 있다는 한계점을 갖는다. 또한 이들 사고전략을 적극적으로 활용해야 하는 필요성에 대한 인식과 학습동기를 증진시키기 위한 교수전략들을 프로그램 내에 포함하고 있지 못한 것이 또 다른 한계점이라고 할 수 있다.

구분	내용
시연 22중	• 가장 간단한 형식의 기억전략으로, 주어진 정보를 단순히 반복하여 되뇌는 인지적 조작 • 일반적으로 학습장애 학생이 많이 활용하는 기억전략
심상화 14초, 10 · 11중	• 사물에 대한 기억을 마음속에 영상화하여 기억하는 방법 • 예를 들면, '나무', '구름', '바람', '하늘'이라는 단어를 기억하도록 했을 때, '나뭇가지가 바람에 의해 조금씩 흔들리며, 흔들리는 나뭇가지 사이로 파란 하늘과 약간의 구름이 흘러가는 장면'을 마음속에 만들어 본다면 주어진 단어를 기억하거나 회상하기가 쉬울 수 있음
언어적 정교화	• 주어진 자료의 내용을 보다 의미 있는 단위로 만들어서 기억하거나 회상하는 데 사용되는 기억전략 • '표지판'이라는 대상어를 기억해야 할 때, '뚱뚱한 사람이 얼음이 얇음을 경고하는 표지판을 읽고 있다.'는 문장을 만들어 대상어를 기억하는 경우를 그 예로 들 수 있음
범주화	• 주어진 정보를 공통된 속성에 따라 분류하여 기억하는 방법 • 예를 들면, '사과', '버스', '택시', '바나나', '기차', '배'를 기억해야 하는 경우 이들 제시어를 과일과 운송수단으로 나누어서 기억하는 방법을 사용할 수 있을 것

④ 기초학습능력 향상을 위한 학습전략 지도

1. 학습전략의 이해

(1) 학습전략의 의미

학습전략	• 다양한 교과 영역에 걸쳐 아동의 학업성취를 증가시키기 위해 적용되는 일종의 사고전략으로, 내삽적, 외삽적, 재해석적 사고활동이 학습활동과 관련해 효과적, 효율적으로 이루어질 수 있도록 해주는 인지적 도구이다.	
사고전략	• 현재 주어진 정보를 넘어서 새로운 의미를 창출하는 기제로서 현재의 정보와 창출되는 의미 간의 차이를 채우는 사고활동을 하도록 한다. • 이와 같은 사고활동의 성공적 수행은 제시된 학습 과제에 내재해 있는 내용 및 원리를 성공적으로 부호화, 저장, 인출하는 것을 가능하게 한다.	
사고활동	내삽적 사고활동	주어진 자료가 완벽하지 않을 때, 즉 중간에 누락된 것이 있을 때 전체적인 의미를 형성하도록 자신의 경험이나 지식을 추가로 포함시키는 것이다.
	외삽적 사고활동	결론적인 내용이 누락되었을 때 주어진 정보를 중심으로 종합적인 결론을 도출하는 사고활동이다.
	재해석적 사고활동	새로운 해석을 위해 자료를 다시 배열하거나 조직하는 사고활동을 말한다.

(2) 학습전략의 필요성: 이론적 근거

학습이론적 근거	• 결과로서의 학습을 강조하여 과제, 환경, 결과에 대한 분석, 계획, 통제를 통한 행동의 변화를 도모하는 행동주의적 접근은 학습결과의 유지 및 일반화에 제한된 효과를 가지며, 학교학습 이후에 일반적 사회 생활에서 요구되는 계속적 자기학습능력이나 문제해결능력을 신장시키는 데 한계가 있다. • 학습을 과정으로 이해하며 지식의 획득, 조직, 변형, 평가, 활용과 관련된 내적 사고과정의 변화를 도모하는 인지학습이론은 단편적 지식이나 기능을 넘어서 자신이 직면한 문제를 해결할 수 있는 기본학습능력을 강조한다. 학습의 과정에서 아동들이 얻어야 할 산물은 단편적 지식이 아닌 다양한 상황에 이를 활용할 수 있는 문제해결능력이다.
철학적·인식론적 근거	• 사람들이 가지고 있는 잠재적 가능성은 적절한 경험적 자극을 통해 실현된다. 따라서 개인이 가지고 있는 사고능력을 최대한 발휘하기 위해서는 효과적인 사고전략을 활용할 수 있도록 교육적 도움을 제공해야 한다(아리스토텔레스). • 학습자는 자신의 선행경험과 지식, 가치, 태도 등과 같은 요인에 근거한 총체적인 의미 형성의 과정(학습)에 참여함으로써 지식을 습득한다. 이를 위해서 학습자는 학습과정을 스스로 계획, 통제, 평가할 수 있는 능력을 가지고 있어야 하며, 이러한 능력을 계발하는 데 학습전략 교육이 도움을 줄 수 있다(구성주의 인식론).

Chapter 09

키워드 Pick

경험과학적 근거	• 추론기술을 가르치기 전보다 가르치고 난 후 학습장애 학생들이 다른 사람의 주장에 대한 이해와 주장을 뒷받침하는 자료의 타당성을 평가하는 데 있어 상당히 향상된 결과를 나타내 보였다. • 학습장애 학생에게 질문전략을 사용해 아동 스스로 질문에 대한 답을 구성해 보도록 했을 때가 교사가 학습내용을 일방적으로 설명해 주었을 때보다 더 성공적인 학습결과를 가져왔다. • 스스로 주어진 정보에 대한 정교화 활동을 수행하도록 했을 때가 교사가 직접 정교화한 결과를 제공했을 때보다 높은 학업성취결과를 가져왔다. • 학습장애 학생에게 학습전략 훈련을 시켰을 때 일반아동과 마찬가지로 이들 전략들을 효과적으로 활용하며, 그 결과 일반아동처럼 성공적인 학업수행을 나타냈다.

(3) **학습전략 프로그램의 목적**: 자기조절 학습능력의 신장

자기조절 학습능력	학습 과제에 대한 성공적인 정보처리를 위해서 요구되는 학습전략을 자동적으로 처리할 수 있는 능력
자기조절 학습능력의 구성	① 인지적 요인: 학습전략, 초인지전략 ② 동기적 요인: 자아효능감, 성취가치, 귀인 ③ 행동적 요인: 연습, 행동관리, 시간관리
학습단계별 자기조절 학습능력	① 학습 전 단계: 학습목표 설정, 학습전략의 활용계획수립, 자아효능감 인식 ② 학습 중 단계: 과제에 대한 주의집중력, 자기지시적 행동, 자기점검행동 ③ 학습 말 단계: 자기평가, 귀인, 적응행동

2. 학습전략 프로그램의 범주

학습전략	내용
인지적 전략 22중	• 시연전략: 암송, 따라 읽음, 복사, 노트 정리, 밑줄치기 • 정교화 전략: 매개단어법, 심상, 장소법, 의역, 요약, 유추생성, 생성적 노트정리, 질문–대답 • 조직화 전략: 결집, 기억조성법, 핵심아이디어 선택, 개요화, 망상화, 다이어그램화
초인지적 전략 16중	• 계획전략: 목표 설정, 대충 훑어봄, 질문생성 • 점검전략: 자기검사, 시험전략 • 조정전략: 독서 속도 조절, 재독서, 복습
자원관리전략	• 시간관리: 시간표 작성, 목표 설정 • 공부환경관리: 장소 정리, 조용한 장소, 조직적인 장소 • 노력관리: 노력에 대한 귀인, 기분, 스스로에게 이야기하기, 끈기 가짐, 자기강화 • 타인의 조력 추구: 교사로부터의 조력 추구, 동료로부터의 조력 추구, 동료·집단학습, 개인 지도

3. 학습장애 학생을 위한 학습전략 프로그램

(1) 호혜적 교수법

의미	• 구조화된 토론 중심 학습활동을 통해 학습 과제의 내용 이해를 촉진하기 위한 프로그램이다.
4가지 읽기 학습전략	① 예측하기: 목차나 그림 또는 지난 시간에 논의된 내용 등을 중심으로 다음에 무슨 내용이 전개될지에 내해 예측한다. ② 질문하기: 관련된 질문을 만들어 내고 질문에 답하도록 한다. ③ 요약하기: 전체적인 내용에 대한 요약을 한다. ④ 명료화하기: 이해가 불분명한 부분이 남아 있는 경우 명확하게 확인하는 활동을 한다.
적용	• 프로그램이 진행됨에 따라 점차 학습활동의 주도권과 책임을 학생들이 갖도록 수업 활동이 이루어진다. • 교사는 학생이 네 가지 학습전략을 학습할 수 있도록 모형의 역할을 수행하며, 점차적으로 학습의 주도권이 학생들에게 이양될 수 있도록 구조적인 교수활동을 계획·진행·평가한다. • 모든 학생들이 적극적으로 수업 활동에 참여할 수 있도록 수업 참여를 위한 촉진자의 역할을 수행하며, 학생들이 내용 이해를 위한 전략들을 적절하게 활용하고 있는지에 대한 평가 활동과 필요 시 도움을 제공하는 역할도 함께 수행한다.

(2) 전략중재모형 23중

읽기, 수학, 내용교과(사회, 과학), 시험 준비, 노트필기, 시간 관리와 같은 전반적인 학습 활동의 성공적 수행을 위해 요구되는 구체적인 학습전략을 포함한다.

① 구성

㉠ 내용학습과 관련된 선수지식이나 기능에 대한 교육

㉡ 장기적이고 집중적인 학습전략 훈련

㉢ 내적인 사고과정을 보여 줄 수 있는 설명과 실연의 효과적 활용

㉣ 개인적 노력을 강조할 수 있는 정의적 요인 포함

㉤ 다양한 상황에서의 학습전략의 일반화에 대한 강조와 관련된 사고전략

키워드 Pick

② 실행단계

1단계 : 사전검사와 수업 참여 약속	• 시험을 통해 학습장애 학생에게 특정 과제를 위한 전략이 필요한지를 결정한다. • 평가결과를 학생에게 설명하고, 학생은 새로운 전략을 통해 습득 가능한 성취수준에 대한 정보를 듣게 된다. • 과제 및 상황과 관계있는 전략들을 찾아, 학생에게 새로운 전략을 교수할지 여부를 결정한다. 여기에서는 학생들이 전략을 배우는 데 있어 스스로 '선택'하도록 하는 것이 매우 중요하다. • 학습전략 교수 접근은 이러한 결정을 내리는 데 있어 학생이 참여해야 함을 강조하며, 새로운 전략의 학습을 결정하는 데 있어서는 학생과의 합의가 필요하다. 이 단계는 보통 첫 수업시간에 이루어진다.
2단계 : 학습전략의 설명	• 학생에게 전략을 소개하고, 전략의 다양한 구성요소들을 설명한다. • 이 단계에서 초점을 두는 사항은 전략의 핵심 요소와 이러한 요소들이 어떻게 적용되는가에 관한 내용이다. • 학생들은 이 전략이 어디에, 그리고 어떤 조건하에서 적용되는지에 대한 설명도 듣게 된다. • 이 단계 역시 보통 1차시 분량의 수업시간 동안에 이루어지나, 적절한 전략 적용의 문제는 훈련의 모든 단계에서 다루어지게 될 것이다.
3단계 : 학습전략의 모델링	• 다음 날, 교사는 전략 사용에 관해 토의하면서 전략의 각 단계를 시범을 통해 보여 준다. • 이렇게 하여 교사는 전략 사용에 관해 학생 스스로가 언어적으로 교수(조용한 언어적 교수 또는 "내적 언어")하는 방법을 모델링해 준다. • 전략의 각 단계들을 모델링해 준 후 학생들에게 질문을 받는다. 이 교수단계에서는 여러 가지 과제들을 포함할 수 있고, 교사는 학생들이 다양한 관점에서 전략의 특정한 측면들을 모델링할 수 있도록 촉진한다.
4단계 : 학습전략의 언어적 정교화 및 시연	• 이 단계에서 학생은 전략을 암송하며 학습해야 한다. • 학생들은 전략을 적용하고자 시도하기 전에 전략의 각 단계들을 아주 빠르게 말할 수 있어야 한다. • 또한, 학생들은 각 단계에서 취해야 할 행동들을 명확히 인지해야 하며, 각 단계들이 왜 중요한지에 대해 전반적으로 말할 수 있어야 한다. • 이 단계는 학습장애 학생들이 전략을 독립적으로 적용할 수 있도록 도와주기 위한 것이며, 대개의 경우 1차시 분량의 수업시간 동안에 끝낼 수 있다.

5단계 : 통제된 연습과 피드백	• 학년수준의 어려운 과제에 전략을 적용하기에 앞서, 학생들은 전략을 좀 더 단순한 과제에 적용하는 것부터 익혀야 한다. – 이것은 어려운 과제가 학생의 전략 습득능력에 부정적인 영향을 주어서는 안 된다는 가설에 근거한다. – 따라서 '통제된 자료'들에 전략을 적용해야 한다(통제된 자료란, 학생의 학년수준에 맞는 자료가 아니라 학생의 학습수행수준에 맞는 자료를 말한다). – 만약 SCORE A 전략을 배우는 중이라면, 학생은 우선 이전에 익힌 자료 중 2개 또는 3개 단락으로 이루어진 작문에 이 전략을 적용해 볼 것이다. 그리고 학생은 교사를 통해 교정적인 피드백을 명확히 받을 수 있게 될 것이다. 만약 6학년 학습장애학생이 4학년 수준 정도의 과학과제를 수행할 수 있다면, 이 학생은 4학년 수준에 맞는 과제를 가지고 전략을 습득해야 한다. 학생이 SCORE A 전략을 통해 주제를 잘 찾아내는지 그리고 정확하게 전략을 적용하는지에 대한 일일기록은 이 단계에서 계속해서 진행될 것이다. 이 단계는 학생이 전략에 대해 완벽하게 알게 되고 4학년 수준의 과제를 완전히 이해할 때까지 수일 동안 여러 차시에 걸쳐 반복될 것이다(길게는 1주 또는 2주가 걸릴 수도 있다). 즉, 학생은 다음 단계로 넘어 가기 전에 100%에 가깝도록 완벽하게 전략을 적용할 줄 알아야 한다. 학생이 4학년 수준의 과제로 전략을 능숙하게 사용하게 되면 4개 단락으로 구성된 5학년 수준의 과제로 넘어가게 된다. 또한 학생 스스로 학습전략을 얼마나 잘 습득했는지 차트를 만들어 확인하게 한다.
6단계 : 심화된 연습과 피드백	• 이 교수적 모델에서 학생이 연습하는 과제의 난이도는 학생의 학년에 맞는 수준에 도달할 때까지 점차 어려워진다. • 특히 이 단계에서는 이전 단계에서 학생에게 사용했던 촉진과 단서들이 조금씩 제거된다. • 학생이 앞서 언급한 SCORE A 전략을 통해 5학년 수준의 과제를 익히게 되면, 6학년 수준의 좀 더 복잡한 과제로 기대수준을 높인다. 학년수준에 맞는 과제에서의 전략을 적용하게 되기까지는 대개 5차시에서 10차시 정도의 시간이 소요된다. 이 단계에서도 역시 학생의 진보 정도를 확인하기 위해 차트를 만들게 한다.
7단계 : 학습전략 획득평가와 일반화 약속	• 학습장애 학생이 학년수준에 맞는 과제에 전략을 적용할 수 있게 되면, 새로 습득한 전략을 일반학급에서 제시되는 다른 유사한 과제들로 일반화시키는 것이 중요하다. • 따라서 학생이 모든 교과목의 작문과제에 전략을 적용하도록 합의해야 한다. 학생과의 합의는 단 몇 분 정도밖에 소요되지는 않지만, 일반화를 위한 이 과정은 학습 절차에 있어 매우 중요한 단계이다.

키워드 Pick

8단계 : 일반화	• 일반화와 유지단계는 이 모델이 있어서 가장 중요한 부분이다. • 학생이 SCORE A 전략을 학교생활 전반에 걸쳐 적용하는 방법을 습득하지 못한다면, 이 전략을 가르치기 위해 투자한 많은 시간이 수포로 돌아간다. • 그러나 만약 이 전략을 완벽히 습득한다면, 학생은 다양한 작문과제에 대해 독립적으로 성공적인 수행을 할 수 있게 되고, 앞으로의 많은 수업들에서 학습을 향상시킬 기술을 갖게 된다. • 일반화는 3단계에 걸쳐 이루어진다. 첫 번째 단계는 일반화에 대한 소개이다. 이 단계는 새로운 기술이 적용될 수 있는 여러 상황들을 학생이 알 수 있도록 하기 위한 단계로 학생이 다양한 형태의 과제 전략을 적용해 보도록 권고한다. 두 번째는 실행단계인데, 이 단계에서 학생은 다른 일반학급을 통해 얻은 학년수준에 맞는 특정 과제에 전략을 적용해 본다. 이 과정에서, 특수교육교사는 일반교육교사와 함께 학생이 전략을 사용하도록 권장한다. 그리고 교사는 전략을 적용한 결과를 확인한다. 마지막으로 유지단계가 실행된다. 특정한 전략을 훈련받은 학생이 주기적으로 그 전략을 사용하도록 상기시키고, 교사는 전략이 적용되면 그 결과에 대해 확인해야 한다.

(3) 과정중심 교수법

임상적 상황이나 특수학급에서 사용되는 학습전략 프로그램을 일반학급 상황에서 사용할 수 있도록 만들어진 학습전략 프로그램이다.

① 주요 학습활동

활동	내용
전략계획	성공적인 과제수행을 위한 일련의 행동계열에 대한 활동으로서, 주어진 과제를 어떻게 성공적으로 수행할 것인가와 관련된 활동이다.
부호화 전략	주어진 정보를 처리하는 방식과 관련된 것으로서, 크게 순차적 부호화와 동시적 부호화로 구성된다.
협동적 교수-학습활동	교수-학습활동의 주도권과 책임감을 교사와 학생이 공유하도록 할 것과 점차 학생중심의 학습활동이 이루어질 수 있도록 교수활동이 계획, 실행되어야 한다.
교과내용 학습전략	학습에 함께 고려되어야 할 중요한 요인의 하나로서 실제 사용되고 있는 교과내용을 통해 적용되어야 함을 의미한다.

② 실행단계

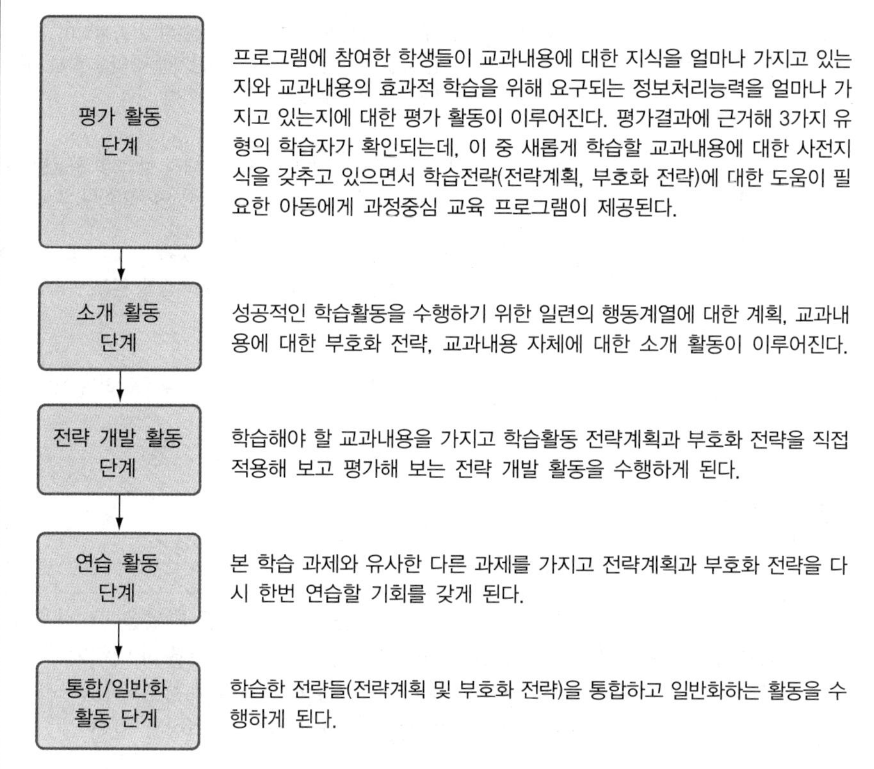

단계	내용
평가 활동 단계	프로그램에 참여한 학생들이 교과내용에 대한 지식을 얼마나 가지고 있는지와 교과내용의 효과적 학습을 위해 요구되는 정보처리능력을 얼마나 가지고 있는지에 대한 평가 활동이 이루어진다. 평가결과에 근거해 3가지 유형의 학습자가 확인되는데, 이 중 새롭게 학습할 교과내용에 대한 사전지식을 갖추고 있으면서 학습전략(전략계획, 부호화 전략)에 대한 도움이 필요한 아동에게 과정중심 교육 프로그램이 제공된다.
소개 활동 단계	성공적인 학습활동을 수행하기 위한 일련의 행동계열에 대한 계획, 교과내용에 대한 부호화 전략, 교과내용 자체에 대한 소개 활동이 이루어진다.
전략 개발 활동 단계	학습해야 할 교과내용을 가지고 학습활동 전략계획과 부호화 전략을 직접 적용해 보고 평가해 보는 전략 개발 활동을 수행하게 된다.
연습 활동 단계	본 학습 과제와 유사한 다른 과제를 가지고 전략계획과 부호화 전략을 다시 한번 연습할 기회를 갖게 된다.
통합/일반화 활동 단계	학습한 전략들(전략계획 및 부호화 전략)을 통합하고 일반화하는 활동을 수행하게 된다.

(4) 통합전략 교수법

일반화를 고려한 효과적인 학습전략 교육을 위해서는 일반학급 상황에서 내용학습과 함께 학습전략 학습이 일어날 수 있도록 하는 전략이다.

① 특징

㉠ 교수적 학습 경험과 구성적 학습 경험을 통합하는 학습활동이 강조된다.

㉡ 지시적 설명과 대화적 학습활동이 통합되어 있다.

㉢ 동료 학생들 간의 협동학습을 강조한다.

㉣ 학습전략에 대한 분석적 활동을 포함하고 있다.

키워드 Pick

② 단계

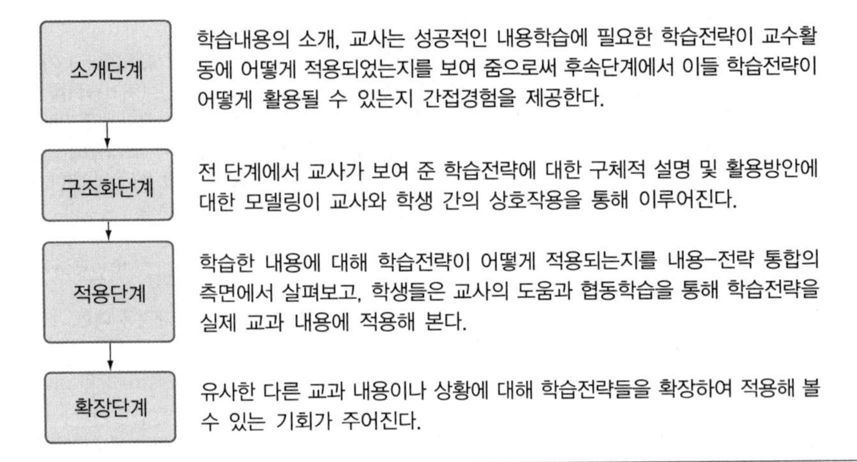

(5) 학습활동별 학습전략

① 읽기 학습활동을 위한 학습 전략

문맥분석 전략	• 글을 읽는 동안 의미를 모르는 낯선 단어를 만났을 때 적용하는 전략 • 주어진 정보들을 근간으로 낯선 단어의 의미를 파악하기 위한 활동 • 문맥분석을 통한 추론이 항상 옳은 결과를 가져오는 것은 아니며, 때로는 엉뚱한 의미를 형성할 수 있기 때문에 주의를 요함
사전읽기 전략	• 읽기 자료에 대한 본격적인 읽기 활동을 전개하기 전에 글 전체 내용에 대한 파악을 돕도록 함 • 사전읽기전략은 읽기 활동을 수행하는 개인 자신의 목적이 무엇인지 결정하기, 전체 제목이나 장 · 절 제목, 그림, 표 등을 이용해 전체적인 내용 분석하기, 글의 서론이나 요약 부분을 중심으로 전체 개요 파악하기, 글 내용에 대한 질문 만들기, 다른 단원이나 이전 학습내용과의 관련성 파악하기 등의 활동으로 구성
글의 구조에 따른 그래픽 조직자	• 전체적인 글의 내용 이해를 돕기 위해 글의 구조를 반영하는 그래픽 자료를 이용하는 방법 • 글의 구조에는 나열식, 계열적 순서, 비교-대조, 원인과 결과, 이야기분법 구조 등이 있음 • 읽기 활동을 진행하는 동안 일정한 형식으로 구성된 그래픽 자료를 이용해 전체 글의 내용과 이들 내용 간의 관계를 파악할 수 있도록 할 수 있음

② 쓰기 학습활동을 위한 학습 전략: DEFENDS 글쓰기 전략

단계	내용
단계 1	글쓰기의 목표와 주제를 결정하라.
단계 2	주요 아이디어와 세부적 사실을 생각하라.
단계 3	주요 아이디어와 세부적 사실의 순서를 결정하라.
단계 4	첫 문장에서 글의 주제를 분명하게 표현하라.
단계 5	각각의 주요 아이디어와 이를 뒷받침하는 사실을 기술하라.
단계 6	전체적인 글의 주제를 마지막 문장에 다시 한 번 진술하라.
단계 7	쓴 글을 읽으면서 잘못된 곳을 교정하라.

③ 수학학습활동을 위한 학습 전략

㉠ 단순계산을 돕기 위한 학습전략: DRAW 계산전략

단계	내용
단계 1	• Discover the sign • 어떤 계산활동을 요구하는 문제인지 계산 기호를 확인하라.
단계 2	• Read the problem • 문제를 읽으라.
단계 3	• Answer or draw and check • 직접 답을 구하거나 다른 대안적인 방법을 이용하여 답을 구하라.
단계 4	• Write the answer • 최종적인 답을 답란에 기입하라.

㉡ 자리값 이해를 돕기 위한 학습전략: FIND 전략

단계	내용	예시
단계 1	• Find the columns • 각 자릿수를 나타내는 행들을 확인하라.	5 ✎ 8
단계 2	• insert the T • T자를 그려 넣으라.	5 | 8
단계 3	• Name the column • 각 열의 자릿수를 확인하라.	십 일
단계 4	• Determine the answer • 요구되는 답을 구하라.	5 | 8

키워드 Pick

ⓒ 문장제 수학문제 학습능력 향상을 위한 단계적 계열화 학습전략

수업차수	학습활동	학습활동에 사용되는 수학문제
1	숫자와 단어만을 이용해 수학문제풀기 활동을 수행	7개의 사과 _6개의 사과 __개의 사과
2	구 형식을 이용해 문제풀기 활동을 수행	8개의 사탕을 가지고 있음 _5개의 사탕을 친구에게 줌 __개의 사탕을 지금 가지고 있음
3	문장 형식을 이용해 문제풀기 활동을 수행	철수는 4개의 연을 가지고 있다. 철수는 1개의 연을 동생에게 주었다. 철수는 __개의 연을 현재 가지고 있다.
4	불필요한 정보가 포함되지 않은 문장제 문제를 이용해 수학문제풀기 활동 수행	영희는 어제 철수에게 100원을 빌렸다. 오늘 영희는 철수에게 30원을 갚았는데, 얼마를 더 갚아야 하는가?
5	관련 없는 정보가 포함된 문장제 문제를 이용해 수학문제풀기 활동 수행	상수네 집에는 닭이 5마리, 비둘기가 10마리 있었다. 어제 비둘기 한 마리가 멀리 날아가 버렸다고 한다. 남아 있는 비둘기는 몇 마리인가?
6	학생 스스로가 문제를 만들어 보도록 하고, 만든 문제를 이용해 수학문제풀기 활동을 수행	(학생이 만든 문장제 문제 이용)

(6) 학습상담 및 학습컨설팅 전략

① 인지전략 활용전략

㉠ 학습장애 학생들에게 체계적인 지원을 제공하여 인지전략을 익히고 활용할 수 있도록 한다.

㉡ 능동적인 태도로 학습 상황에 학습한 인지전략들을 적용할 수 있도록 일반화와 전이의 기술을 함양하기 위한 존력이 요구된다.

② 학습동기 강화 전략

㉠ 학습장애 학생들의 학습동기 강화를 위하여 내적통제소재, 예를 들어 자신의 능력이나 노력 등이 성취로 이어질 수 있음을 경험하게 하는 등의 성공적인 성취경험을 제공해야 한다.

㉡ 칭찬과 격려와 같이 동기를 고무하기 위한 촉진적인 작용들도 학습동기 강화에 도움이 될 수 있다.

③ 학습된 무기력 해소 전략

㉠ 응용행동분석을 적용한 상담전략을 통해 학습된 무기력에 영향을 미치는 선행요인과 결과요인을 분석함으로써, 상담 기법으로서 외부적 환경의 변화를 통한 행동의 변화를 계획할 수 있다.

㉡ 멘토를 활용할 수 있다. 학습장애 학생과 유사한 문제를 경험하였으나, 현재는 성공적으로 적응을 이룬 선배로부터의 지원은 학습된 무기력을 이겨 내고 자기효능감과 의지를 가질 수 있도록 할 수 있다.

(7) 시험전략 16중

① 장애학생에게는 효과적으로 시험 치는 전략이 필요한데, 특히 일반교육 교실에서의 성공을 촉진하기 위해 그러하다.

② 경도·중등도 장애학생도 비장애 급우와 함께 표준화된 학교시험에 참여해야 하기 때문에 시험전략은 중요하다.

③ 모든 목적에 적합한 또는 일반적 시험전략에는 학업적 준비, 물리적 준비, 태도개선, 불안감소, 동기개선이 있다.

학업적 준비	학생들이 언제 그리고 무엇을 공부해야 하는지에 대해 설명한다. 특히 학생은 어떤 내용을 공부해야 하는지 알아야 한다. 교사는 학생이 시험 치게 될 기술과 지식에 대해 명시적이어야 한다. 학생은 또한 사용될 시험 질문의 유형을 알아야 한다. 예 논술, 참/거짓, 선긋기, 선다형
물리적 준비	학생이 특히 시험을 치기 전에 건강하고, 적절하게 음식을 섭취하고, 밤에 충분히 휴식을 취해야 함을 의미한다.
태도개선	학생은 시험을 치는 것에 대해 건강하고 긍정적이고 확신에 찬 태도를 가져야 한다. 교사는 학생의 시험 태도를 평가해야 하고, 그 결과에 근거하여 중재해야 한다.
불안감소	불안은 자주 학생의 시험 수행을 방해할 수 있다. Scruggs와 Mastropieri(1992)는 불안감소를 위한 전략을 다음과 같이 제시한다. • 다양한 시험 형식을 경험하게 한다. • 시험 치는 기술을 가르친다. • 시험이 시행되는 동안 행해지는 평가적인 언급을 줄인다. • 학생이 작업에 임하고 자신들의 시간을 현명하게 사용하도록 과제수행 행동의 자기점검법을 가르친다. • 긴장을 푸는 데 자기점검 절차를 사용한다.
동기개선	노력에 대한 외적강화를 제공하는 것, 적절한 귀인을 가르치고 격려하거나 또는 성공/실패가 학생의 통제 밖의 힘에 의한 것이 아니라 개인의 노력에 기인하게 하는 것, 학생이 시험을 치는 상황에서 성공하도록 그들 자신이 통제하는 전략을 사용하게끔 격려하는 것에 의해 성취될 수 있다.

키워드 Pick

08 사회성의 이해 및 지도

① 사회성의 개념

1. 사회성의 개념

사회성은 주어진 상황에서 특정인이 사회적 과제를 얼마나 성공적으로 해결할 수 있는지에 대한 종합적이고 전반적인 평가이며, 적절한 대인관계를 형성하는 능력 전반을 지칭한다.

2. 사회성의 구성요소

(1) 사회성의 다요인 구인

긍정적 대인관계	• 친구 및 성인과 얼마나 잘 지내는지에 대한 개념 • 사회적으로 얼마나 잘 수용되는지를 판단하는 중요한 기준
연령에 적합한 사회 인지	• 자아에 대한 인식(자아개념)과 사회적 상황에 대한 인식 및 사회적 정보 파악 등을 포함하는 개념
문제행동의 부재	• 사회 적응을 방해하는 부적절한 문제행동
효과적인 사회적 기술	• 사회적 과제를 수행하기 위해 사용하는 구체적이고, 관찰 가능한 행동

(2) 사회적 기술 / 사회적 능력 / 사회적 인지

사회적 능력 = 사회적 기술 + 사회 인지

사회적 기술	• 구체적인 상황에서 발휘되는 적절한 사회적 반응 • 사회적으로 인정되는 방식으로 또래나 주변 사람들과 관계를 형성하는 데 요구되는 기술을 말하는 것으로, 흔히 대인관계기술, 혹은 인간관계기술을 포함 • 개인이 긍정적인 사회적 관계를 형성하고 유지하게 해 주는 능력 • 또래들에 의한 수용과 만족스러운 학교 적응 • 좀 더 큰 사회환경을 효과적으로 다루고 적응하는 능력
사회적 능력	• 주어진 준거에 비추어 특정 개인이 사회적 과제를 얼마나 성공적으로 해결했는가에 대한 사회적 작용자가 내리는 성과중심의 평가적 용어
사회적 인지	• 사회적 정보를 파악하는 능력

② 학습장애 학생의 사회적 기술

1. 학습장애 아동들의 사회적 기술 결함의 원인

① 학습장애 아동들은 다른 일반아동들보다 사회적 상황을 인지적으로 파악하는 능력이 부족하다.
② 학습활동에서 심각한 부진을 보이는 이유와 마찬가지로 사회적 기술의 결함도 확인되지는 않았지만 그것을 담당하고 있는 뇌신경의 결함 때문이다.
③ 적절한 사회적 상호작용을 학습할 기회를 충분히 갖지 못했거나 가족과의 일상생활에서 적절한 상호작용 경험이 부족하기 때문이다.
④ 낮은 학업성취나 학습장애 자체가 학업적 자아개념과 나아가서 전반적인 자아개념의 저하로 이어지고 이것이 다시 원만한 대인관계 형성에 장애를 초래한다.

2. 사회적 기술 결함의 유형 16중

① **기능 결함**: 또래와 적절하게 상호작용하는 데 필요한 사회성 기술을 가지지 않았다고 보는 것
② **수행 결함**: 효과적인 사회적 상호작용을 위한 사회성 기술을 가지고 있지만, 이러한 기능을 적절한 수준에서 수행하지 못하는 것
③ **자기통제 결함**: 충동적이거나 공격적인 사회적 행동을 억제하는 적당한 행동 통제가 부족한 것

3. 사회적 기술 부족의 예들

① 타인들과 상호작용을 방해하는 사회적 지각과 사회 인지 부족
② 결과예측능력 부족
③ 감정 표현의 어려움
④ 타인과 동감하기 어려움
⑤ 충동 조절이 어려움
⑥ 부적절한 옷차림과 위생
⑦ 듣는 사람으로서의 역할 수행과 이해력 부족
⑧ 제3자의 관점에서 보지 못함
⑨ 대화 상대자를 보고 미소를 짓는 시간이 매우 적음
⑩ 최종 결과에 영향을 줄 역할을 사회적 상황에서 하지 않으려 함
⑪ 애매하거나 불완전한 정보를 주었을 때 명료화해 줄 것을 잘 요구하지 않음
⑫ 자신감이 없고 학습된 무기력감을 보임
⑬ 공격적이거나 반사회적인 행위를 보임
⑭ 교사에게 부적절한 질문을 하는 경우가 많음
⑮ 대인관계상의 문제해결능력이 약함
⑯ 미래를 계획하는 능력이 약함

키워드 Pick

③ 사회적 기술 평가

1. 사회적 타당성에 따른 사회적 기술 평가방법의 분류 11초, 19중

기출의 맥
여기에서의 사회적 타당성은 사회적 기술에 대한 정보를 얼마나 타당하게 얻을 수 있는가를 의미합니다. 즉, 사회적 기술을 얼마나 타당하게 평가할 수 있는가를 의미한다는 것을 정확히 이해하고 각 타입을 파악해야 해요.

유형 1	• 유형 1 측정은 사회적 타당도 기준에 따라 측정하는 것으로, 이 측정은 사회기관(학교, 법정, 정신건강 기관들)이나 중요한 타인들(부모, 교사, 또래)이 중요하게 생각하는 사회적 행위를 중심으로 측정한다. • 여기에는 또래의 수용 정도, 교우관계 정도, 교사가 학부모 판단 그리고 학교 출석기록이나 훈육조치 사항, 학교 정학 등과 같은 실제적인 자료가 포함된다. 예컨대, 부모나 교사들에게서는 구조화된 면접이나 비형식적 면접을 통해 아동의 사회적 기술에 관한 정보를 다양하게 입수할 수 있다. • 또래로부터 가장 좋아하거나 싫어하는 친구를 적어 내도록 하는 교우관계도(sociogram)를 통해 아동의 사회적 기술 관련 정보를 입수할 수 있을 것이다. • 유형 1 측정의 가장 큰 장점은 높은 사회적 타당도다. 현재 아동이 소속해 있는 기관의 기록이나 중요 타인들을 대상으로 한 것이기 때문에 아동의 사회적 기술 정보를 가장 직접적으로 타당하게 얻을 수 있다. • 하지만 이 측정의 결정적 단점은 단기간의 중재 효과를 검증하기에는 너무 둔감하다는 것이다. 사회적 행위에 얼마나 변화가 있어야 사회적 타인들이 이를 인정할 것인가 하는 문제인데, 대개는 아주 눈에 띄는 변화가 있어야만 타인들이 이를 알아챌 수 있기 때문이다.
유형 2	• 유형 2 측정은 그것 자체로서는 사회적인 타당성을 갖고 있지 않지만 유형 2 측정과 경험적인 관계가 있다. • 여기에 해당하는 것이 교실, 운동장 그리고 가정 같은 자연적인 상황에서 사회적 행위를 관찰하는 것이다. • 아동의 사회적 기술 구사 여부를 제대로 관찰하기 위해서는 많은 준비와 훈련이 필요하다. 예컨대, 어떤 행동을 어떠한 방식으로 관찰하고 기록할 것인가를 사전에 분명하게 관찰자가 숙지하고 있어야 할 뿐만 아니라, 능숙하게 관찰결과를 기록할 수 있을 때까지 훈련을 거쳐야 한다. • 관찰하고자 하는 상황이 자연적이어야 하겠지만, 종종 의도적으로 상황을 구조화하여 사회적 기술의 특정 측면을 집중적으로 관찰할 수도 있다. 이러한 측정은 사회적 기술 훈련 프로그램 연구에서 많이 사용되며, 특히 개별 실험사례 연구에서 많이 사용된다.
유형 3	• 가장 사회적 타당도가 약한 측정은 유형 3 측정으로서 행동적 역할 수행검사, 사회적 문제해결 측정, 사회적 인지 측정 등이 이에 속한다. 이러한 측정들은 약간의 안면타당도는 있을지 모르지만 앞의 두 측정 유형과는 거의 관계가 없다. 또한 사회적 행동을 제대로 예측하지도 못한다. • 이 측정결과는 자연적인 상황에서의 행동이나 사회적 지위 혹은 교사나 부모의 사회적 기술에 대한 판단과 별로 관계가 없다. • 대표적으로 자기평가나 자기보고 혹은 자기성찰에 근거한 질문지법을 들 수 있다. • 사회적 타당도가 가장 낮지만 현실적으로 가장 많이 이용되고 있는 방법이다. • 우리나라 학술정보 DB에 실려 있는 사회적 기술 관련 연구들 중 대부분이 이러한 자기질문지를 이용하여 사회적 기술을 측정하고 있다.

2. 대표적인 사회적 기술 측정방법 09중

구분	내용
자기보고법	• 자기보고법(서술형)은 서면이나 면대면 인터뷰를 통해 사회적 기술과 관련된 자기 상태를 표현하는 방식으로, 여기에서는 비교적 비구조화된 방식으로 자신의 견해나 상태를 표현하는 방식을 의미하는 것으로 한정하기로 한다. • 사실, 교우도검사나 평정척도검사 등도 넓은 의미로는 자기보고에 의존하지만, 매우 구조화되어 있다는 점에서 자유서술식의 자기보고나 인터뷰와는 차이가 있다. • 서술형 자기보고법은 시행이 간편하고 짧은 시간에 많은 사람을 대상으로 많은 문항을 물어볼 수 있다는 점에선 편리하고 간편하다. • 또한 자료를 수량화하여 통계 처리하고 이를 수나 표로 제시할 수 있다. • 반면, 단점은 사회적 타당도를 보장할 수 없다는 점이다. • 행동과 생각의 괴리도 문제이다. • 특정 상황에서 특정 사회적 기술을 구사해야 한다는 것을 이야기할 수 있다는 것과 실제로 그렇게 하는 것과는 특히 경쟁적인 대안행동이 가능할 경우에는 별 관련이 없다. • 자기보고는 서면과 면대면 인터뷰 두 방식으로 할 수 있다. − 면대면 인터뷰는 특히 읽기 부담을 많이 느끼는 학습장애 아동들에게 유리한 방법이다. − 서면 질의는 학습장애 아동들의 읽기문제를 고려하여 결과를 해석해야 한다. − 서술형 자기보고법은 구체적인 예나 상황을 들어 아동의 반응을 이끌어 낼 수 있기 때문에 아동의 사회적 기술에 관해 좀 더 자세히 알 수 있는 방법이기도 한다.
지명도 측정법/ 교우도검사 21유, 15 · 22중	• 지명도 측정법(Nomination Sociogram) 혹은 교우도검사는 대상 아동이 또래에게 어떻게 인지되고 있는지를 알아보는 데 유용한 방법이다. • 피험자들은 특정 집단에서 가장 좋아하는 친구와 가장 싫어하는 친구 몇 명을 우선순위에 따라 지목하고, 그 결과를 통해 교우도를 작성하는 것이다. 측정 결과에 따라 학급 내의 아동들은 인기아동, 거부되는 아동, 논란의 여지가 있는 아동 그리고 무관심한 아동으로 구별될 수 있다. • 이 방법은 신뢰도가 높고 타당하기는 하지만 거부되는 아동의 경우 그 이유가 해당 아동이 사회적으로 무관심하기 때문인지 아니면 적극적으로 배척당하기 때문인지 구별하지 못한다는 단점이 있다. • 또한 문제행동을 보이는 학생을 신뢰도 높게 추출해 낼 수는 있지만, 교사로 하여금 훈련을 시킬 구체적인 문제행동이나 사회적 기술에 대해서는 정보를 제공해 주지 않는다. • 학령기 아동의 경우, 발달단계의 특징상 변화가 많고 역동적인 교우관계에 따라 항상적인 사회적 기술이나 사회적 수용을 보이기도 하고, 때로는 일시적인 사회적 수용 정도를 보이는 특징을 갖고 있다. • 마지막으로, 어떤 아동이 훈련의 결과로 사회적 기술을 갖게 되었어도 실제로 또래들에게 그러한 변화가 감지되기까지는 일정한 시간이 걸린다. 이러한 점에서 사회적 기술 훈련 프로그램의 효과를 측정하는 도구로서 한계가 있다.

기출 LINE

15중) 김 교사는 학습장애 학생 A가 친구들로부터 어떻게 인식되고 있는지를 알아보기 위하여 반 학생들에게 같은 반에서 옆에 앉고 싶은 친구와 좋아하는 친구 세 명을 각각 적게하고, 옆에 앉기 싫은 친구와 싫어하는 친구 세 명도 각각 적게 하였다.

키워드 Pick

<table>
<tr><td>사회적 지위 평가
(또래 지명)</td><td>• 친구로부터 얼마나 많은 긍정적 혹은 부정적 지명(nomination)을 받았는지를 평가한다.
• 학생들에게 가장 좋아하는 친구 3명과 가장 싫어하는 친구 3명을 적도록 한 후, 각 아동별로 얼마나 많은 긍정적 혹은 부정적 지명을 받았는지를 평가한다.
• 그 결과에 기초하여 인기 있는 학생, 거부되는 학생, 인기와 거부를 동시에 받은 학생 그리고 무관심하게 여겨지는 학생을 파악한다.</td></tr>
<tr><td>행동 평정
척도</td><td>• 사회적 기술 소유 정도를 3점, 5점, 혹은 7점 척도에 아동 자신, 또래, 부모 혹은 교사로 하여금 평정하게 하는 방법이다.
• 장점은 짧은 시간에 많은 항목을 조사할 수 있다는 점이다. 특히 연구자나 조사자가 의도한 측면을 적절한 문항 개발을 통해 비교적 구체적으로 자세히 알아볼 수 있다.
• 서로 다른 상황(가정, 학교, 지역사회 등)이나 집단 내에서 아동의 사회적 기술 상태를 상대적으로 비교해 볼 수 있다는 장점도 있다.
• 아동이 문항을 이해하는 한 검사 실시가 용이하다.
• 검사를 실시하거나 아동이 검사 문항에 답하는 것에는 특별한 훈련이 필요하지 않다.
• 외적 환경의 영향도 별로 받지 않고, 분석 절차가 용이하며 검사의 측정학적 특성과 수량화하기가 용이하다.
• 평정척도기법은 이러한 장점에도 불구하고 몇 가지 치명적인 약점을 갖고 있다.
– 첫째, 실제 특정 환경에서 특정 시간에 피험자가 특정 사회적 기술을 구사할 것인지에 대해서는 거의 알려 주는 바가 없다. 그 이유는 사회적 기술이 무엇이고 어떻게 해야 하는지 아는 것과 실제로 행하는 것 간에는 개념의 차이만큼 거리가 있기 때문이다.
– 둘째, 이 검사의 결과는 전적으로 피험자의 주관과 감정 그리고 의도에 따라 결과가 달라질 수 있다.
– 셋째, 평정척도 자체의 특성에서 오는 타당성의 문제다. 즉, 5점 척도 '아주 그렇다(5점)'와 '약간 그렇다'(4점) '보통이다'(3점) '약간 그렇지 않다'(2점) '항상 그렇지 않다'(1점)에서 '보통'과 '아주 그렇다' 간 차이는 2점이고, '항상 그렇지 않다'와 '아주 그렇다' 간 차이는 4점이다. 하지만 이것이 후자가 전자의 두 배를 의미한다고 볼 수는 없다.
• 평정척도나 교사 혹은 또래들에 의한 평정은 주관적이고 다분히 과거 회상적이다. Polloway 등(2001)은 문제행동이나 사회적 기술을 보다 구체적으로 평가하는 데 필요한 절차를 다음과 같이 제안했다.
<table><tr><td>1단계</td><td>사회적 기술에 대해 과제분석을 실시한다. 예컨대, 지시 이행하기 사회적 기술의 경우, 생각할 수 있는 과제분석결과는 '사람에게 향한다, 눈을 본다, 평상적인 목소리를 유지한다, 자세를 바로 한다, 지시를 잘 듣는다' 등을 들 수 있다.</td></tr><tr><td>2단계</td><td>사회적 기술의 각 하위 요소를 학생이 이해할 수 있도록 정확하고 분명하게 행동적으로 정의한다.</td></tr><tr><td>3단계</td><td>2단계에서 정의한 행동적 요소를 수행 정도에 따라(예 잘 이행했으면 2점, 미흡하면 1점, 못했으면 0점 등) 평가하기 위한 평정척도를 작성한다.</td></tr></table></td></tr>
</table>

<table>
<tr><td></td><td><table>
<tr><td>4단계</td><td>2단계와 3단계에서 정의한 요소행동과 평정기준에 따라 학생 행동을 신뢰도 높게 관찰할 수 있는 관찰자를 확보한다.</td></tr>
<tr><td>5단계</td><td>학생으로 하여금 해당 사회적 기술을 적용할 것을 요구하는 실제 생활환경을 조성한다.</td></tr>
<tr><td>6단계</td><td>개별적인 검사 시기를 계획하고 비간섭적인 관찰을 하여 사회적 기술의 구사 여부와 정도를 기록한다.</td></tr>
</table></td></tr>
<tr><td>직접 관찰법</td><td>• 직접 관찰을 관찰 상황을 어떻게 구성하느냐에 따라 구조화된 환경에서는 관찰과 비구조화된 환경에서의 관찰로 나누어 볼 수 있다.
• 수업시간, 체육시간, 점심시간, 여가시간, 등하교시간, 쉬는 시간, 가정에서의 시간 등 여러 상황에서 아동에 대해 관찰할 수 있다.
• 관찰내용으로는 수량화하거나 유목화할 수 있는 것뿐만 아니라 질적인 사항까지 포함해야 한다.
• 관찰의 성공 여부는 관찰도구의 치밀성에 따라 달라진다.
• 어떤 항목을 어떤 식으로 관찰 기록할 것인가는 구체적인 사회적 기술 문제의 진단은 물론이고 해결책 제시와도 밀접한 관련이 있다.</td></tr>
<tr><td>행동 간 기능적 연쇄성 분석</td><td>• 행동 간 기능적 연쇄성 분석법은 사회적 기술 문제진단에서부터 문제해결에까지 이르도록 해 주는 진단 및 처방 방법이다.
• 먼저, 핵심은 사회적 기술이 문제가 되는 상황의 전후 맥락과 사회적 기술 문제를 구체적으로 파악하는 것이다.
• 다음으로는 해당 사회적 기술 문제의 원인을 규명하여 해당 문제를 일으키거나 유지시키는, 즉 특정 행동에 기능하는 자극이나 반응을 변화시킴으로써 목표행동을 변화(증가, 감소, 제거 등)시키고자 한다.
• 이 방법의 가장 큰 특징은 문제나 지도방법을 미리 정하지 않고 구체적이고도 종합적인 문제행동과 그 환경 변인의 기능평가자료에 근거하여 그때그때 형성된 가설에 따라 문제와 지도방법을 결정한다는 점이다.
• 예컨대, 아동의 자리이탈행동이 문제가 된다면 지도방안을 사전에 결정하여 투입하기 보다는 해당 문제행동이 왜 일어나는지 분석하여 가설을 형성하고, 그 가설이 맞는지를 중재와 효과 검증을 통해 확인하는 것이다.
• 평가목적과 평가방법의 연계성 측면에서 행동 간 기능적 연쇄성 분석법은 특히 평가와 지도 활동이 분리되지 않고 사회적 기술 문제해결을 위한 하나의 필수과정으로 결합되어 있다는 점에서 매우 유용한 접근이라 하겠다.</td></tr>
</table>

키워드 Pick

④ 사회적 기술 지도전략

1. 사회적 기술 훈련의 절차(훈련 요소)

① 비디오, 오디오 혹은 실연을 통해서 시범을 보인다.
② 역할 수행 기회를 제공한다.
③ 수행에 대한 피드백을 제공한다.
④ 학습한 기술의 일반화와 유지에 힘쓴다.

기출 LINE

15중) (가)의 결과와 학생들과의 면담을 통해 학생 A의 충동적 행동을 중재할 필요성을 확인하였다. 김 교사는 사회성 기술을 가르치는 인지 전략 중 상황맥락 중재를 활용하기로 하였다. 문제가 생기면 충동적으로 반응하지 말고 일단 행동을 멈추고 생각하고, 문제 해결을 위해 무엇을 할 수 있는지 다양한 대안을 모색하며, 어떤 것이 최적의 해결 방안일지 선택을 한 후, 수행해 보도록 하는 4단계 방법으로 지도하였다.

2. FAST(Freeze, Alternatives, Solutions, Try) 전략(대인관계 문제해결중재) 15·19중

목적	• 상황맥락 중재 중 하나로서, 문제 상황에 반응하기 전에, 학생이 문제를 주의 깊게 생각하고, 대안을 모색하여, 각 대안의 결과를 예측함으로써 최선의 대안을 선택할 수 있도록 한다. • 교사는 FAST 전략의 단계를 가르치고, 시범을 보인 후, 다양한 상황 맥락에 대한 역할극을 통해 학생이 FAST 전략 사용을 연습할 수 있도록 한다. • 전략을 상황 맥락에 일반화하여 적용할 것을 강조한다.
단계	① F: 멈추고 생각하라. ② A: 대안을 생각하라. ③ S: 해결방안들을 탐색하라. ④ T: 시도하라.

3. SLAM 전략(대인관계 문제해결 전략) 22중

목적	상황맥락 중재 중 하나로서, 타인에게 부정적 피드백을 들을 때, 적절하게 받아들이는 것을 돕는다.
단계	① Stop: 지금 하고 있는 일을 멈추라. ② Look: 상대방의 눈을 바라보라. ③ Ask: 상대방이 말한 것이 어떤 의미인지 명확하게 말해 줄 것을 요청하라. ④ Make: 상대방에게 적절한 반응을 하라.

4. 스킬 스트리밍 프로그램

개발 목적	• 부적절한 사회적 행동을 보이는 학생에게 긍정적 사회적 기술을 가르치고 연습시키기 위해 개발되었다.	
특성	• 중요한 사회적 기술을 교수내용으로 선정하여 각 기술을 과제분석을 통해 하위 단계로 나누어 제시한다. • 시범과 역할극 등을 통한 충분한 연습의 기회를 제공한다. • 목표행동을 연습하는 과정에서 교사와 친구의 피드백을 받고, 실제생활에서의 일반화를 강조한다.	
8단계	1단계	사회적 기술 정의하기
	2단계	사회적 기술 시범 보이기
	3단계	사회적 기술의 필요성 알게 하기
	4단계	역할놀이 배역 선택하기
	5단계	역할놀이 구성하기
	6단계	역할놀이 수행하기
	7단계	역할놀이 수행에 대한 피드백 제공하기
	8단계	사회적 기술에 대한 숙제 내주기

5. 학습장애청소년을 위한 ASSET 사회적 기술 훈련 프로그램

단계	활동 내용
검토	이전에 배운 기술을 검토하고 숙제를 평가하여 그 결과를 통합한다.
설명	수업에서 다루고자 하는 기술을 설명하고 토론한다.
이유	왜 해당 기술이 중요하고, 왜 학생들이 배워야 하는지 이유를 제공한다.
예	해당 기술이 적용될 수 있는 장면을 보여 준다. 이러한 예들은 학생들의 경험과 흥미에 직접 관련된다.
확인	하위 요소 기술들을 나열한 종이를 학생들에게 준다.
시범	비디오나 교사를 통해서 해당 기술을 시연하고 모델을 보인다.
언어적 시연	각 학생들로 하여금 해당 기술의 하위 요소들을 말로 되새기게 한다. 일단 언어로 시연한 다음, 하위 요소들을 담고 있는 게임이나 활동들을 한다.
행동적 시연	해당 기술과 하위 기술들을 직접 행하고 숙달 정도를 보인다.
숙제	일반화를 꾀하기 위해 학교 밖에서 학생들이 학습한 사회기술을 적용할 수 있도록 과제를 제시한다.

키워드 Pick

6. The ACCEPT 프로그램

① 1단계: 정의와 안내된 토의
② 2단계: 긍정적인 예
③ 3단계: 부정적인 예
④ 4단계: 기술의 정의를 다시 검토하고 재정의
⑤ 5단계: 긍정적인 예
⑥ 6단계: 활동
⑦ 7단계: 긍정적인 예
⑧ 8단계: 준거 역할극
⑨ 9단계: 비형식적 계약

7. 자기옹호 지도 프로그램 17 · 23초

자기옹호의 의미		• 자기옹호(self-advocacy)란 자신에 대한 전반적인 지식과 기본적인 권리를 인식하고 이를 기반으로 다양한 대상과 상황 속에서 자신의 욕구, 필요, 신념, 권리 등을 적합한 의사소통방법으로 표현하는 것을 의미한다. • 타인에게 자신의 요구를 적절히 표현하기 위해서는 자기의 권리를 적절히 표현할 수 있는 자기옹호능력이 요구된다. • 높은 수준의 자기옹호기술을 지닌 학생일수록 다양한 맥락과 상황에서 효과적으로 자기결정을 할 수 있으며 현재뿐만 아니라 미래의 성공적인 삶을 위해 목표를 설정하고 실행하기 위한 전략을 효과적으로 사용할 수 있다.
자기옹호의 구성요소 23초	자기지식	• 자기지식은 학습장애 학생이 자신의 장애와 강약점, 관심, 필요, 학습양식을 명확하게 인식하는 것을 의미한다.
	권리지식	• 권리지식은 학습장애 학생이 인간 · 시민 · 학생으로서의 기본적인 권리를 아는 것이다. • 자신의 장애로 인하여 겪는 어려움을 극복하는 데 필요한 지원을 받을 권리를 인식하는 것을 말한다.
	의사소통	• 의사소통은 장애학생이 자기지식과 권리지식을 바탕으로 자신의 생각을 대화기술, 듣기기술, 신체적 언어기술을 사용하여 적절하게 표현하는 것을 의미한다.
	리더십	• 리더십은 장애학생이 개인과 집단의 구성원으로서 자신의 역할을 알고 적극적으로 수행하는 것을 말한다.

자기옹호 중재 프로그램

차시	영역	주제
1	의사소통 ↕ 자기인식	나의 장점과 단점 알기
2		내 친구 소개하기
3		내가 좋아하는 것, 싫어하는 것 알기
4		나의 감정 표현하기
5	의사소통 ↕ 자기옹호	주장적 행동 이해하기
6		나의 주장 표현하기
7		자기옹호하기
8		도움 요청하기
9		단순 거절하기
10		나의 상황에 따라 거절하기
11		취향에 따라 선택하기
12		기호에 따라 선택하기
13	의사소통 ↕ 리더십	리더십 이해하기
14		자기계획, 점검하기
15		회의를 통한 리더십 행동하기
16		배려, 나눔을 통한 리더십 행동하기

8. 자존감 향상 전략

① 정도가 아주 심할 때에는 배치 이전에 정신분석이나 심리학적 분석 서비스를 제공한다.

② 임상적 치료관계를 형성한다.

③ 학생과 비슷한 처지에 있다가 문제를 성공적으로 해결한 사람들의 이야기를 통해 치료한다.

④ 소집단을 형성하여 돌아가면서 자신의 감정을 공유하도록 하고, 남의 말을 듣는 방법을 학습하도록 하며, 서로를 관찰하면서 인정하도록 권장한다.

⑤ 미술, 춤, 음악 등과 같은 예술치료를 활용한다.

⑥ 성공과 실패에 대한 건전한 정서적 태도를 갖도록 집단이나 개인상담을 활용한다.

키워드 Pick

REFERENCE

참고문헌

Chapter 06

지적장애

특수아동교육 4판, 이소현 외, 학지사, 2024
지적장애아 교육 3판, 송준만 외, 학지사, 2022
지적장애 이해와 교육, 백은희, 교육과학사, 2020
지적장애아교육, 신진숙, 양서원, 2020
지적장애교육, 조인수, 대구대학교출판부, 2014

Chapter 07

정서행동장애

정서행동장애, 이성봉, 학지사, 2022
정서행동장애 개론, 이승희, 학지사, 2017
정신질환의 진단 및 통계 편람 5판, 권준수 외, 학지사, 2016
정서행동장애학생 교육, 곽승철 외, 교육과학사, 2017
정서 및 행동장애아 교육 3판, 윤점룡 외, 학지사, 2017

Chapter 08

자폐성장애

자폐성장애학생 교육, 방명애, 학지사, 2018
자폐범주성장애, 이소현 외, 학지사, 2017
정신질환의 진단 및 통계 편람 5판, 권준수 외, 학지사, 2016
자폐스펙트럼장애의 이해, 이승희, 학지사, 2024
자폐성장애 학생을 위한 최상의 실제, 김건희 외, 학지사, 2018

Chapter 09

학습장애

학습장애 아동의 이해와 교육 3판, 김동일, 학지사, 2016
학습장애 진단과 판별, 김동일, 학지사, 2016
학습장애 이론과 실제, 김애화, 학지사, 2012
학습장애 총론, 한국학습장애학회, 학지사, 2014
학습장애 학생을 위한 교수-학습 전략, 김윤옥, 교육과학사, 2016
학습장애 학생교육, 정대영, 시그마프레스, 2020
학습부진 및 학습장애 교육, 이대식, 학지사, 2020

임지원 특수교육의 맥

2. 특수아동교육 ❶

초판인쇄 | 2025. 2. 5. **초판발행** | 2025. 2. 10. **편저자** | 임지원
발행인 | 박 용 **발행처** | (주)박문각출판 **등록** | 2015년 4월 29일 제2019-000137호
주소 | 06654 서울시 서초구 효령로 283 서경 B/D **팩스** | (02)584-2927
전화 | 교재 문의 (02)6466-7202, 동영상 문의 (02)6466-7201

저자와의
협의하에
인지생략

정가 35,000원

ISBN 979-11-7262-407-1
ISBN 979-11-7262-452-1(세트)